国家社会科学基金重大项目（11&ZD160）"现代城市交通发展的制度平台与法律保障机制研究"结项成果

现代城市交通发展的
制度平台与法律保障机制研究

周佑勇　等著

中国社会科学出版社

图书在版编目(CIP)数据

现代城市交通发展的制度平台与法律保障机制研究／周佑勇等著. —北京：
中国社会科学出版社,2017.9
ISBN 978 - 7 - 5203 - 1049 - 9

Ⅰ.①现⋯　Ⅱ.①周⋯　Ⅲ.①城市交通 - 交通法 - 研究 - 中国　Ⅳ.①D922.144

中国版本图书馆 CIP 数据核字(2017)第 229659 号

出 版 人　赵剑英
责任编辑　梁剑琴
责任校对　周　昊
责任印制　李寡寡

出　　版　中国社会科学出版社
社　　址　北京鼓楼西大街甲 158 号
邮　　编　100720
网　　址　http：//www. csspw. cn
发 行 部　010 - 84083685
门 市 部　010 - 84029450
经　　销　新华书店及其他书店

印　　刷　北京君升印刷有限公司
装　　订　廊坊市广阳区广增装订厂
版　　次　2017 年 9 月第 1 版
印　　次　2017 年 9 月第 1 次印刷

开　　本　710×1000　1/16
印　　张　37.75
插　　页　2
字　　数　638 千字
定　　价　128.00 元

课题首席专家　　周佑勇

子项目负责人和主要成员
　　　　　龚向和　　孟鸿志　　顾大松
　　　　　过秀成　　刘艳红　　高　歌
　　　　　李煜兴　　熊樟林　　刘启川
　　　　　李　川　　杨　洁　　陈道英
　　　　　胡朝阳　　周忠学　　余　睿
　　　　　张马林　　唐济宇

课题主持单位
　　　　　东南大学法学院
　　　　　东南大学交通法治与发展研究中心

目　录

第一编　现代城市交通的可持续发展与
民生保障问题研究

第五编 现代城市交通安全的法律调控机制研究

附　现代城市交通法治发展报告（2011—2015）

引　言

一　研究背景

我国正处于城镇化、城市现代化的转型发展期。"城市发展，交通先行"，现代城市交通已成为提升城市功能和地位、增强城市活力与竞争力、营造城市独特品质与鲜明特色的重要支撑。综观我国城市交通发展历程，经过三十多年的改革开放，无论是交通基础设施的规模和质量，还是交通服务能力和水平，均得到了显著的提升，交通系统对城市经济与社会发展的贡献程度逐步提高。但与此同时，伴随着我国城市化进程，各种各样的"城市病"亦日益显露出来。特别是城市发展与交通发展之间的矛盾日渐突出，严重的交通拥堵已是城市发展"顽疾"，"以车为本"的交通现状难以继续，公众普遍期待着"以人为本"的公平交通及其制度保障机制。在这种背景之下，如何构建现代城市交通发展的制度平台与法律保障机制，成为摆在我们面前的一个重大研究课题。

第一，交通发展与城市发展的矛盾日渐突出，两者关系需要实现从被动到主动的转变。

当前，我国城市发展与交通发展处于较严重的脱节状态。具体表现为城市发展呈现"交通追随土地开发"的模式，造就了"单中心向心式"的城市发展形态，也即是一种"摊大饼式"的城市发展形态。随着经济的高速增长，机动化进程的加快，这种以土地开发为先导，被动建设交通设施来支撑城市发展的"交通追随型"模式不仅无法缓解中心城的交通拥堵，反而刺激了中心城内土地开发强度的增加，从而引发了更大强度的交通需求产生。此外，由于中心城内功能集中，就业岗位与人口骤增，造成交通流在中心区高度聚集，向心型交通所具有的不均衡性加重，超过同期中心区交通的承受能力，从而导致中心区道路交通状况日趋恶化，出现了城市发展与交通发展的"双输"局面。

同时,我国当前的城市发展出现了两大新趋势,对协调城市发展与交通发展关系提出了新要求:一是城镇群的出现。由于城镇化发展和城市交通特征在城镇密集地区的迅猛扩展,冲击了既有的城市交通管理、建设、投资体制,也冲击着以公路为核心的城际交通组织模式,成为城市与城市交通发展矛盾最突出的表现。二是城乡统筹发展的趋势。城市郊区和周边地区在城市的带动下,城市化发展迅猛。在一定程度上,城乡的界限已逐渐模糊,特别是随着《城乡规划法》的颁布实施,统筹城乡发展将成为近年来我国经济与社会发展的战略方向。城乡交通统筹发展是实现城乡统筹发展的重要环节,是正确处理城市发展与交通发展关系的又一新课题。

为了打破传统的交通发展与城市发展的被动关系,及时回应城镇群、城乡统筹发展的新要求,各地交通发展与城市发展关系已经出现从被动到主动的转变,如《北京城市总体规划(2004—2020年)》就明确提出:未来在城市重点发展方向上,将超前规划综合交通走廊以支撑产业和人口的发展,吸引城市中心产业和人口转移,使城市建设和城市交通建设协调发展。

第二,严重的交通拥堵已是城市发展"顽疾",治堵方案需要从注重行政措施的"管理"趋向法治为基础的"治理"。

城镇化、机动化是经济社会繁荣的标志,但随之而来的交通拥堵问题却成为世界各国难以摆脱的困扰。被雅各布斯所指出的大城市病——交通拥堵,至今仍是我国大城市的通病。仅以北京为例,截至2010年北京市区每天交通堵车的时间已由2008年的3.5小时增至2010年的5小时,北京的交通已不堪重负。2010年12月,北京市公布《关于进一步推进首都交通科学发展　加大力度缓解交通拥堵工作的意见》,推行以小客车摇号、限行为主的治堵措施。虽然在摇号、限行措施出台后,北京交通拥堵状况有所缓解,但随着时间推移,行政的管控措施逐渐失去效用。据北京交通研究中心数据,2010年北京交通拥堵指数曾经达到中度拥堵的6.1,2011年工作日高峰时段交通指数下降到4.8。不过,随后指数开始稳步攀升,2012年达到5.3,2013年和2014年均稳定在5.5,2015年指数达到5.7,已经接近2010年的拥堵指数,摇号、限行的行政措施逐渐失去效应,在法律上也引发较多争议。

我国各大城市因交通拥堵引发大量的问题——车辆运行成本大幅增

加、环境污染、城市人居环境恶化等。为了解决城市交通拥堵，交通主管部门不仅选择传统的增加供给方式——加大交通基础设施建设力度，大力发展公共交通、轨道交通等。与此同时，交通主管部门也在大力推动交通供需方式从供给增加到需求管理的转变，实现动态与静态需求管理的结合。如在动态的需求管理方面，主要加强对机动车使用的管理——"禁摩""单双号"限行、机动车号牌"摇号"等制度，也在探讨征收"拥堵费"等；而在静态的需求管理方面，对不同区域制定不同停车设施配建标准和不同的停车服务价格等，从而促进城市交通拥堵问题的解决。

在努力改进交通管理制度的同时，主管部门逐渐意识到治堵对策不限于增加供给与实施需求管理，交通参与者符合规范的交通行为也是解决城市拥堵的重要方面。主管部门不再单方、强制性地加强交通管理，开始探索合作式、非强制性的交通治理，通过诱导措施如强调公交优先、发展人行步道、自行车专用通道等方式，通过交通参与者的自觉行为，在源头上解决城市拥堵"顽疾"。对交通治堵措施的法律问题也逐渐得到重视，如2016年7月，交通运输部印发的《城市公共交通"十三五"发展纲要》提出，谨慎采取机动车限购、限行的"两限"政策，避免"两限"政策常态化，已经实行的城市，适时研究建立必需的配套政策或替代措施。2016年10月19日，交通运输部副部长刘小明在全国中心城市交通改革与发展研讨会上提出，推进城市交通供给侧结构性改革，必须坚持问题导向，选对路径，其中最重要的是调整理念，"必须按法律、经济、科技及必要的行政手段，来选择交通发展战略和政策"。初步显现了治堵对策从注重行政措施的"管理"到以法治为基础的"治理"转变。

第三，"以车为本"的交通现状难以为继，公众普遍期待着"以人为本"的交通法治。

多年来，我国客观上逐步形成了"以车为本"的城市交通格局。一方面，国家现行政策鼓励私人拥有小汽车，以形成国内小汽车市场，确保国家汽车工业的经济规模和支柱产业地位，因而机动车保有量的增长，特别是私人小汽车保有量的增长将是我国大中城市汽车发展不可逆转的态势。另一方面，投资偏重道路建设，以促进汽车行业、交通相关产业的发展。道路设施建设与管理对公共交通支持不够，城市道路注重干道而轻视支路建设，造成公交线路设置在干道上过于集中和重复，影响了公交网络覆盖率的提高；道路交叉口的大型化和立体化，又造成换乘不便，换乘问题日益突出。① 同时，城市机动车挤占非机动车道及人行步道，严重侵害了骑车人和步行者的权益，使城市慢行交通条件日益恶化，安全性降低，出现了公众反映强烈的"杭州飙车案""张明宝醉驾案"等，最终引发了社会的强烈反响，杭州市在"飙车案"后通过执法、宣传等多种方式，大力推动"礼让斑马线"行动，取得了很好的效果，而"张明宝醉驾案"后，因为公众的强烈要求，刑法条文修改推动刑罚打击"醉驾"，有力遏制了酒驾、醉驾现象。

"以车为本"的城市交通现实，凸显"不平等交通"的矛盾，而在交通安全事件中"汹涌"的民意，实际上反映了社会公众对"以人为本"交通法治的普遍期待。

二　研究意义与价值

第一，提炼现代城市交通发展基本理念。

城市交通发展不仅是一个自然科学技术问题，更是一个重大的人文社会科学问题。城市交通发展在实践中面临的重重矛盾和困境，需要人文社会科学从不同视角进行集成研究和理论创新，以提炼支撑现代城市交通发展的基本理念。

详言之，在城市发展与交通发展的关系问题上，需要一种"科学发展""可持续发展"的发展理念；在应对交通拥堵的突出问题上，交通管理体制改革需要一种从"管理"到"治理"，再到"善治"的交通发展理念转变；在交通资源的利用乃至处理交通参与主体的矛盾机制中，需要"以人为本"的公平法治理念，特别要从人权保障的高度凝练交通法的基本范畴，明确交通资源公平分配的平等权理念向提升每一个人出行质量的交通人权理念转变。

第二，深化城市交通管理体制机制变革。

城市与交通协调发展是交通管理体制改革永恒的主题。当前，以地方政府机构改革为契机，各地正在大力推进中心城市交通行政管理体制改革。因此，本课题以城市发展问题为导向，按照发展现代交通运输业的要

---

① 参见陈春妹、王晓明《城市交通发展观念的三大转变》，《北京规划建设》2006年第5期。

求，根据中心城市和区域一体化、城乡一体化的趋势，以构建综合交通运输体系为目标，深化城市交通行政管理体制改革的研究。

交通从城市的配套性基础设施开始转变为城市发展的关键性因素。交通发展根本目的不再限于交通本身，而是为引领城市的经济和社会发展服务。其中，交通规划、建设、投融资等机制发挥着至关重要的作用，因此，通过交通管理机制创新，推行交通与城市的协调发展，也是本课题研究的重要意义与价值之所在。

第三，完善现代城市交通法治发展的制度环境。

随着改革的日益深入，交通运输体制改革已进入攻坚阶段，面临着诸多矛盾与问题，而问题的解决需要体制机制的改革与创新，涉及利益关系的重新调整和配置，迫切需要运用法治思维和法律方式实现法治保障；同时，"以人为本"的交通发展理念，需要制度的保障，而公众反映强烈的城市交通安全问题，更需要良好的法律调控机制。我国现有调整城市交通的立法还很不完善，从而使城市交通管理呈现出很大的随意性，由此给城市的可持续发展和百姓的生活也带来了诸多负面影响。现代法治社会要求城市政府必须依法管理，以合理利用和开发自然资源，合理安排城市生存发展空间。可以说，法治是城市交通发展的前提和保障。因此，全面系统研究现代城市交通发展的法制环境，提出科学可行的城市交通法治化理论，这不仅是我国保障人权、全面建设和谐城市、走可持续发展之路的必然要求，也是全面推进城市政府依法行政、建立法治政府的必然要求，其对丰富和完善我国的城市交通法治理论以及推进城市交通的法治建设，也具有重要的理论价值和现实指导意义。

三　国内外研究述评

交通发展是城市发展的重心，可以说，没有现代的交通就没有现代的城市。而现代的城市正是现代文明的表现。但是，交通问题往往阻却人们获得"美好的城市生活"——严重的机动车污染、交通拥堵以及交通资源配置不均衡等问题，已经成了现代"城市病"的代名词，而交通问题同时也困扰着现代城市的发展。因此，为了解决现代城市交通发展问题，国内外学界纷纷从交通工程学、城市规划学、土木工程学、管理学、法学等不同学科乃至交叉学科角度展开研究。目前，研究成果主要集中在

"现代城市交通的可持续发展""城市交通拥堵的成因与对策""城市交通基础设施的建设与投融资机制"以及"城市交通安全的法律规制研究"等方面。

从总体上而言,不同学科在现代城市交通发展问题的研究上各有特点,特别是针对具体问题的自然科学研究成果较为丰富,如交通工程学、交通规划学领域,学者对于解决城市交通拥堵的交通信号系统的研究、城市交通基础设施的建设与投融资创新机制研究以及城市交通规划的研究成果已经卓有成效。而在社会科学领域,学者从管理学、行政法学、刑法学角度对具体问题的研究成果也在不断增加,如道路交通安全法律体系的完善、"醉驾入刑"问题的讨论,已经成为当前学界研究的热点问题。但是,由于城市交通发展问题既是一个自然科学问题,也是一个很重要的社会科学问题,学界特别是国内学界两大学科之间的分割局面,必然导致现有研究成果的贯通性较差,未能形成统一的现代城市交通发展基本理念,无法将本质上属于交叉学科的城市交通发展问题形成优秀的交叉学科理论研究成果,进而无法为政府决策提供科学依据,也无法在交通管理体制与机制的制度创新层面得以反映。

从我国人文社科立项情况看,对交通发展问题竟处于一种"集体无意识"状态。根据近年来国家社科基金项目和教育部人文社科项目立项情况来看,法学涉及"交通"问题研究的极少。以2011—2015年国家社科基金年度项目(含重点项目、一般项目和青年项目)立项情况来看,各类人文社会科学立项总数为17607项,其中涉及"交通"问题研究的项目总共41项,仅占比0.23%。在这41项中,法学仅8项、经济学(理论经济、应用经济和统计学)13项、管理学10项、历史学6项、社会学3项和国际问题研究1项。因此亟待运用多学科知识展开现代城市交通发展的制度与理论研究。从具体研究来看,目前本课题的国内外研究成果主要集中在"现代城市交通的可持续发展""城市交通拥堵的成因与对策""城市交通基础设施的建设与投融资机制创新研究""城市交通安全的法律规制"四个方面,以下逐一展开评述:

第一,关于现代城市交通的可持续发展研究。

国外关于现代城市交通可持续发展的法治化研究已有初步进展,形成了以公民权利保障为核心理念的交通发展法律制度。在我国,也制定了比较完备的交通法律法规,对交通发展的法律研究也在逐步展开,但仅局限于法律法规层面，交通发展法治化研究远没有提升到宪法与行政法层面。当然，现阶段关于交通发展在宪法与行政法层面也有一些非系统化的研究，主要有如下几种情况：

（1）从民生改善视角对现代城市交通发展予以研究。首先，有学者认为交通发展是民生的基本内涵之一。[①] 民生的基本要求是：积极解决好教育、就业、收入分配、社会保障、医疗卫生和社会管理等直接关系人民群众根本利益和现实利益的问题。民生即"人民生计"，广义上的民生包含了城市交通发展。此类研究对民生改善与交通发展进行了研究，认为交通发展应在民生改善的理念指导下，切实贯彻科学发展观，以人为本、全面、协调、可持续发展，交通发展蕴含着"人本价值"，体现出民生的终极关怀。其次，认为城市交通应为保障和改善民生服务。[②] 比如有学者指出城市交通拥堵问题是一个民生问题，问题的解决应实现从"以车为本"向"以人为本"的转变，核心是公平分配路权和公共服务资源均等化。[③]"交通保障惠及民生""交通管理、让民生做主"等观点，在一定程度上认识到了民生保障是城市交通发展的目的性价值。还有学者认为交通运输业作为国民经济的战略性、先导性、基础性产业，对保障和改善民生有着十分重大的意义。并且从发展、均衡、安全、服务四个层面来梳理重庆市交通发展中的民生思路，提出将民生为现代城市交通体制改革的出发点和落脚点。[④] 然而民生保障作为交通发展的目的性价值尚未明确提出，民生保障作为交通发展的基本价值指向还不清晰。

（2）从公民权利角度对现代城市交通发展的研究。主要从交通事故中受害人的权利救济、律师代理交通事故处理中的权利、工作期间发生交通事故的权利救济等方面进行研究。[⑤] 这类研究具有重要的价值，抓住了

①　参见滕宏伟《重庆交通发展中的民生思路》，《重庆交通》2013 年第 1 期。

②　参见吴太成、胡启《加快改善交通运输环境为增长保民生保稳定服务》，《乌蒙论坛》2009 年第 3 期；刘振强《道路交通事故安全——关系民生的重大问题》，《中国汽车界》2009 年第 1 期。

③　杨向前：《民生视域下我国特大型城市交通拥堵问题研究》，《城市规划》2012 年第 1 期。

④　滕宏伟：《重庆交通发展中的民生思路》，《重庆交通》2013 年第 1 期。

⑤　参见常善《交通事故当事人的权利与义务》，《汽车运用》2001 年第 4 期；陈福阵《交通事故损害赔偿的三种权利主体探析》，《消费导刊》2009 年第 6 期；王洪明《浅析工作期间发生交通事故的权利救济》，《交通企业管理》2008 年第 4 期。

交通发展的核心要素："权利保障"，认为交通发展过程中对公民权利具有侵害性，但仅停留在法律层面尤其是私法层面，远没有上升到宪法位阶，上升到公民基本权利的保障层次，使公民权利在实践中得不到彻底的保障。

上述两方面的研究成果中，较大缺陷在于交通发展中的"民生"与"权利"处于割裂状态。质言之，学界关于交通发展与民生保障的研究或者停留在政策、政治话语中，未上升至法律层面，或者局限于私法层面，未提升至宪法与行政法层面。民生保障是交通发展的目的性价值，具有价值导向功能，从公法学视角观之，民生问题的实质即权利问题。而民生（乃至权利）保障的核心需要国家履行相关义务。

第二，关于城市交通拥堵的成因及对策研究。

国内外学者普遍认为，城市交通问题的关键是交通拥堵的问题，尤其在大城市，交通拥堵及由此导致的时间浪费、运营成本上升、交通事故增加、空气和噪声污染加剧等，给人民的生活、工作带来诸多不便，增加了巨大的社会成本，严重阻碍了城市的持续健康发展。[1] 因此，深入研究交通拥堵问题就成为当务之急，具体成果主要体现在对城市交通拥堵的成因与对策研究方面。

（1）城市交通拥堵既有交通设施供给不足的原因，也有交通管理方面的原因。交通设施供给不足，主要体现在道路交通基础设施落后，道路交通设施运输能力不能满足需求。[2] 有学者指出，城市人口和规模已经远远超出城市起初设计和规划的容纳与接待能力，城市规模增大，其城市面积和土地也不断向外延伸，一定程度上拉长了居民的出行距离，客流量长时间的周转必然超过道路交通供给的实际承载力。[3] 道路交通管理设施落后，交通流组织和管控水平不高，措施不完善，中国特有的行人、非机动车和机动车三元混合交通流结构，又使现有道路交通设施的运输能力得不到充分利用而加重了交通拥堵。[4] 有学者指出交通拥堵的主要原因是城市

① 张欣：《关于城市交通拥堵的探讨》，《科技与企业》2013年第11期。
② 闫庆军、徐萍平：《基于外部性的交通拥堵成因分析与缓解策略》，《经济论坛》2005年第5期。
③ 郭继孚、刘莹：《对中国大城市交通拥堵问题的认识》，《城市交通》2011年第3期。
④ 张骏：《基于仿真优化的城市交通信号控制系统研究》，硕士学位论文，西南交通大学，2006年。

规划布局不合理，直接原因则是轨道交通发展严重滞后，以及缺乏公平有效的交通需求管理。[①] 还有学者认为，造成交通拥堵的主要原因其实是城市管理不能适应城市化的发展，这一点首先体现在城市规划上，即产业和公共资源过度向城市中心区集中。[②] 现行以功能分区为主的城市规划理念，增大了人们获取各种商品和服务的难度，诱发和加大了人们的出行频率。这不仅加重了市民对私人汽车的依赖，也加重了城市公共交通负担。[③]

（2）解决城市交通拥堵的根本途径体现在"硬件"与"软件"两大方面。在"硬件"方面，不论是学者还是政策层面，均认为加快交通基础设施建设加强供给，是一重要的途径。譬如，有学者总结"治堵"的关键在于实现道路供需平衡，其具体措施就是要增加道路供给，或者减少道路需求，或者二者兼有。从增加道路供给的角度来看，首先要扩展道路，增加新路；其次要对现有道路进行改造，增加道路通行的能力。从减少道路需求的角度来看，具体措施应包括：减少需求总量；调控各种出行方式的比例，提高道路的使用效率，相应地减少道路的低效需求。从二者兼而有之的视角来看，就是要增加道路供给与减少道路需求并举，如修建地铁，在增加了道路供给的同时，也因提高了道路的使用效率，而相对地减少了低效的道路需求。[④] 不过，研究成果更多集中在"软件"建设方面，主要是建议政府出台政策，包括：征收道路拥挤费[⑤]、削减机动车交通[⑥]、优先发展公共交通[⑦]。也有学者从全新的视角，提出在政府非营利平台私家车共享模式下，出行线路相同的私家车相互共享降低空载率，大幅度减少私家车的上路数量，从而达到缓解城市交通拥堵的目的。[⑧]

---

① 赵坚：《集约型城镇化与我国交通问题研究》，中国经济出版社2013年版，第9页。

② 窦红：《大城市交通拥堵与人口控制》，载李铁主编《城镇化改革的地方实践》，中国发展出版社2013年版，第298页。

③ 张莉娜：《浅谈解决中国城市交通拥堵问题的主要思路》，《现代企业文化》2009年第5期。

④ 刘治彦：《大城市交通拥堵的缓解策略》，《城市问题》2014年第12期。

⑤ 吴毅洲：《基于TDM的城市交通拥挤对策研究》，《交通科技》2005年第3期。

⑥ 范冠峰：《如何破解我国大城市交通拥堵的困局》，《理论界》2009年第2期。

⑦ 张天培：《关于优化交通资源配置的思考》，《综合运输》2006年第12期。

⑧ 陈国鹏：《"互联网＋交通"视角下缓解城市交通拥堵的私家车共享模式研究》，《城市发展研究》2016年第2期。

上述研究成果在讨论城市交通拥堵的成因方面较为出色，但是对于治理城市拥堵的方案却陷于"头痛医头、脚痛医脚"的困境，无法提供系统的制度解决方案，特别是未能以行政管理学、行政法上的"治理"理论为依据，对交通管理体制与运行机制创新提供整体解决方案，也未能着重从城市交通的可持续发展角度切入，全面处理城市发展与交通发展的有机统一问题。

第三，关于交通基础设施的建设与投融资机制研究。

作为一项公共物品，城市公共交通基础设施工程投资大、周期长，具有非竞争性和非排他性等特点，使得追求利润最大化的理性经济人对其望而却步，政府主体成为这项公共物品（资源）的主要配置者。但是在资源稀缺的普遍规律作用下，单一的城市地方政府投资，将使得公共物品需求与政府财力所能提供的物品量之间产生缺口。只有多样化的投资主体介入，才能弥补投资财力的不足。而随着经济体制改革的不断深化，我国投融资体制改革正朝着投资主体企业化和多元化、筹资方式多样化和市场化方式转变。

现有国内成果以工程管理学科的研究为主，且多局限在个案问题的管理对策解决。部门法学在道路运输、道路安全、城市交通投融资与社会资本筹措利用、市政工程法等方面进行了初步探索，但对于基础设施建设特别是城市交通基础设施的研究为数甚少；境外对此研究优于境内，但鉴于社会经济制度的不同，差异较大，必须立足于中国国情，进行批判性的借鉴与吸收。

郑玉颜、关敬辉在《城市轨道交通建设中面临的几个问题》中指出，技术障碍、融资缺口和负担差距是当前面临的主要问题，政府应当在决策、提供经费和营造有利投资环境中发挥作用。[①] 高向宇在《城市交通基础设施的建设与管理》中通过广州与美国加州交通局管理机制比较提出，应加快交通信息系统开发，改进管理体制，并应大力加强科学、民主决策。[②] 卢利强、卢涛和岑鑫明在《城市道路交通设施管理机制的研究》中指出，当前的主要问题是多头管理、建设维护与安全管理脱节，可借鉴

[①]　郑玉颜、关敬辉：《城市轨道交通建设中面临的几个问题》，《城市轨道交通研究》2010年第6期。

[②]　高向宇：《城市交通基础设施的建设与管理》，《公路》2001年第3期。

美、英、德等国经验，理顺交通管理部门和建设、养护主管部门的关系。① 在投融资方面，刘尔思在《我国城市交通设施建设通融资方式研究》中通过对国外经验的借鉴，建议加快推进投融资体制的市场化、尝试投融资方式的多元化、把握投融资项目的可控制性、实现城市交通设施建设融资方式的可持续性。② 郝成、李静在《北京、香港、纽约城市轨道交通投融资模式对比分析》中指出，投融资模式的设计和选择是城市轨道交通项目科学决策中的关键环节。通过对北京、香港、纽约三个典型城市轨道交通投融资模式的分析，初步总结出三个城市在投融资模式上的特点。在分析差异性的基础上，对北京的城市轨道交通投融资模式提出相关政策建议，如允许轨道交通投资经营主体经营公共汽车业、旅游业、广告业、沿线房地产业及商业等与轨道交通相关联的行业，以提高轨道交通企业的综合效益；实施多元化的经营战略，吸引各种经济成分参与到轨道交通建设中来；政府在城市轨道交通投融资中发挥主导作用，以有效保证债务性融资的数量、期限、结构和成本。③ 王琳运用SWOT的分析方法，分析了我国交通基础设施建设投融资发展的机遇、威胁、优势和劣势，进而有针对性地提出四种不同的投融资战略。④ 赵紫星在《公路交通基础设施投融资现状与改进建议》中提出了对我国公路交通基础设施投融资模式的改进建议，如挖掘公路交通建设系统内在的融资潜力，构建扩展新的融资渠道；寻求新的银行贷款质押渠道，继续争取信贷支持；设立公路交通产业投资基金，完善交通投融资系统。⑤ 孙虎成指出，当前国家正在加快推进财税体制改革，对交通运输行业传统的投融资模式产生了全面冲击，迫切需要建立新的投融资机制，他提出了全面转变交通投融资理念、确立国道的中央事权责任、优化中央资金支出结构、研究建立国家和省级公路发展基金的可行性方案、修订《收费公路条例》、完善交通基础设施特许

---

① 卢利强、卢涛、岑鑫明：《城市道路交通设施管理机制的研究》，《中国公共安全》（学术版）2009 年第 4 期。

② 刘尔思：《我国城市交通设施建设投融资方式研究》，《云南财贸学院学报》2004 年第 6 期。

③ 郝成、李静：《北京、香港、纽约城市轨道交通投融资模式对比分析》，《城市轨道交通研究》2009 年第 1 期。

④ 王琳：《交通基础设施建设投融资的 SWOT 分析》，《现代商业》2012 年第 6 期。

⑤ 赵紫星：《公路交通基础设施投融资现状与改进建议》，《当代经济》2012 年第 17 期。

经营制度和推进交通预算绩效管理制度建设这七项改革建议。[①] 韩晓岚、费鹏就上海，张霆就南京，林圣康就广州，郑洁就重庆，周汉麒、洪文胜就武汉，廖芳就北京等城市交通设施建设或投融资经验、问题及对策建议进行研讨。[②] 除此之外，还有学者就交通系统的利益关系、公共交通设施用地策略、交通基础设施国有资产流失等问题进行了研究。[③] 我国台湾学者较多对公共工程契约、政府采购进行讨论，专门针对城市交通基础设施建设及投融资的专论尚未发现。

目前，城市交通基础设施建设领域的法律问题众多，如不同主体的法律地位、用地与拆迁、建设合同、不同运营模式及投融资方式及其法律效果等，且均为困扰理论与实务界的重大疑难问题。相关研究特别欠缺多学科的交叉集成研究、工程与法律的交叉以及公法与私法的结合，急需展开全面的法律研究，特别从法制层面提供有益的解决方案。

第四，关于城市交通安全的法律规制研究。

当前，我国大中城市已经进入汽车时代，汽车拥堵已是重要的"城市病"，同时机动车增加引发的安全问题已经成为困扰现代城市的一大难题。人们在获得现代交通工具带来的诸多便利同时，也承受着大量交通安全问题带来的严重问题。而早期交通管理思想更注重保障机动车行驶人的自由，以促进城市的发展、交通运输业的发展，但是，当城市与交通运输业发展到一定规模时，交通事故的数量和危害程度都会超出社会的容忍范围，进而引发严重的城市交通安全问题，如公众反应强烈"杭州飙车案"

---

① 孙虎成：《深化财税体制改革背景下交通基础设施投融资改革思路研究》，《交通运输部管理干部学院学报》2015年第2期。

② 参见韩晓岚、费鹏《上海市公交基础设施投融资新模式探索》，《技术经济与管理研究》2003年第2期；张霆《南京市交通设施市场化投融资模式研究》，《河海大学学报》（哲学社会科学版）2010年第2期；林圣康《广州市交通设施建设管理现状与对策分析》，《广东公安科技》2003年第3期；郑洁《重庆市综合交通体系重点建设项目融资模式研究》，《重庆交通学院学报》（社会科学版）2006年第2期；周汉麒、洪文胜《加快推进武汉城市交通建设投融资体制改革》，《学习与实践》2005年第7期；廖芳《北京交通基础设施投融资的实践与思考》，《交通科技》2016年第4期。

③ 参见邓文斌、梁青槐、刘金玲《城市轨道交通系统的利益关系分析》，《北京交通大学学报》（社会科学版）2004年第1期；张新兰、陈晓《落实公共交通设施用地策略研究》，《城市规划》2007年第4期；李忠奎《交通基础设施国有资产流失原因及改革方向分析》，《水运管理》2003年第8期。

"张明宝醉驾案"等。

目前，大量的城市道路交通安全研究集中于交通工程学、车辆技术学、信息技术学等方面，① 交通安全的法律规制研究则集中于行政法学、刑法学领域。在行政法学领域，主要是对交通违法行为的处理研究，特别表现为行政处罚的构成要件、处罚裁量基准等方面的内容，② 如田勇军探讨了各类交通行政处罚中，"一事不再罚"之"一事"的认定标准，③ 黄锴以"黄灯处罚案"为研究对象分析法律续造在行政处罚中的适用，④ 郝振清认为制定交通行政处罚裁量基准应当遵循合法性、合理性和地域适当性的原则，具体制定交通行政处罚裁量基准应当借鉴司法解释模式，将违法行为的事实要件具体化，选取切合实际的处罚格次，确定细化的处罚刻度，并向全社会公开裁量基准。⑤ 而在刑法学领域，主要是对交通违法行为"出行入刑"的研究，特别是在公众热议的多起醉驾案中，刑法学界展开了深入的探讨。⑥

但是，对于城市交通安全的法律规制研究，仍然存在诸多的不足：

（1）风险社会刑法意义下的交通安全问题研究未能得到深化。首先，方法论的缺失。刑法学者往往直接将社会学中的风险社会理论运用于刑法学，而对于风险社会理论如何才能引入刑法学领域缺乏深入的研究。因为风险社会的价值追求在于更多地限制行为人的自由以减少风险保护社会，而现代刑法学一个基本功能在于保障自由，防治国家权力的过分干涉。也正是没有能够理清刑法学与风险社会之间的交叉与融合关系，所以国内有

---

① 张艳玲：《道路交通安全管理问题研究综述》，《道路交通与安全》2008 年第 4 期。

② 徐晋：《有关机动车停车交通违法行为法律适用的思考》，《交通与运输》2008 年第 3 期。

③ 田勇军：《交通行政处罚中"一事不再罚"之"一事"问题探析》，《交大法学》2016 年第 1 期。

④ 黄锴：《法律续造在行政处罚法中的适用及限制——以"黄灯案"为分析对象》，《政治与法律》2013 年第 8 期。

⑤ 郝振清：《交通运输行政处罚自由裁量基准刍议》，《生产力研究》2011 年第 4 期。

⑥ 较有代表性的成果有刘艳红：《交通过失犯认定应以结果回避义务为基准》，《法学》2010 第 6 期；夏勇：《作为情节犯的醉酒驾驶——兼议"醉驾是否一律构成犯罪"之争》，《中国刑事法杂志》2011 年第 9 期；曲新久：《危险驾驶罪的构成要件及其问题》，《河北学刊》2012 年第 1 期；周详：《"醉驾不必一律入罪"论之思考》，《法商研究》2012 年第 1 期；梁根林：《"醉驾"入刑后的定罪困扰与省思》，《法学》2013 年第 3 期。

的学者反对将风险社会引入刑法学。其次，具体而深入的研究较少。我国一些较有影响的研究多集中于风险社会下公共政策的变化及其对社会危害性概念功能的影响以及刑法范式与刑法功能等抽象问题；而对于风险社会下刑法学的基础理论——例如法益理论、罪责理论、犯罪形态论、刑法刑法学等——则缺乏精致而深入的探讨。这种研究现状反映了我国刑法对于风险社会下刑法归责的研究还处于刚刚起步的阶段，精深细致的研究之路还很漫长，需要刑法学投入更多的精力。

（2）行政法上的治理理论未能贯穿于交通安全问题研究。在城市交通不发达的时代，由政府单方主导的管理体制即能够在很大程度上处理城市交通安全问题。因此，传统的城市交通安全法律制度主要一种行政法意义上的管理制度，更多通过对交通行政违法行为的处理达到管理目标。但是，随着城市交通发展，特别是现代城市的交通难题引发的严重交通安全问题，管理思想主导的行政法机制也不敷应用，城市交通安全的政府管理应实现向政府与公众合作"治理"的变迁，行政法机制应作相应的调整。但是，行政法学研究仍然主要从行政处罚的角度切入城市交通安全问题，未能重点研究城市交通安全行政法调控机制中的政府与公众的"合作"治理机制。

（3）基于人权保障的民商法学研究存在普遍的缺失。城市交通安全问题不限于行政法学与刑法学角度，在高度危险的城市机动车时代，作为交通参与主体的自然人生命权、健康权保障需要私法调控机制的介入，但现有民商法学研究在城市交通安全问题的处理上囿于传统的民事赔偿、侵权责任问题域；在应对道路交通事故损害，探讨建立损害填补机制，推动传统的侵权责任机制向责任分摊机制和社会保障机制转化时，存在普遍的不足。因此，如何推进强制保险和社会救助基金的建立，实现制度的配套机制完善，需民商法学理论密切关注实践，深化其研究内容。

四　总体框架、基本思路与主要内容

（一）总体框架

本项研究以现代城市交通发展集中存在的"两个问题"（交通拥堵、交通安全）为切入点，围绕科学发展的"两个理念"（以人为本、可持续发展），深入城市交通发展的"四个领域"（交通管理、交通规划、交通

建设、交通安全），从法制建设的"三个层面"（理念、体制与机制）展
开研究，推动"三个发展"（交通发展、城市发展、法治发展）。总体框
架图 0－1 如下：

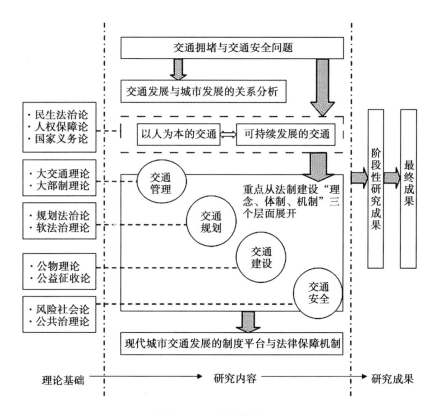

图 0－1　研究总体框架

（二）基本思路

第一，以"以人为本"与"可持续发展"的基本理念为统摄。"以人
为本"与"可持续发展"是现代城市交通发展的基本理念。但是，作为
传统自然科学的交通工程学、土木工程学、城市规划学、交通规划学等学
科，对于城市交通发展主题中的"以人为本"与"可持续发展"基本理
念并不清晰。因此，研究者当秉持人文社会科学方法，在现有的自然科学
研究成果中，凝练现代城市交通发展中的"以人为本"与"可持续发展"
理念，并以此统摄后续不同部分的研究。

第二，以城市交通拥堵与交通安全问题为抓手。城市中严重的交通拥

堵问题，是一个"可持续发展"层面的城市发展问题，而机动车激增后凸显的交通安全问题，则是"以人为本"层面的人权保护问题。因此，不论是交通发展与城市发展的关系，还是城市规划与交通规划的衔接；不论是基础设施的建设，还是行政管理体制机制的改革与创新，均应当紧紧围绕该"交通安全"与"交通拥堵"问题的解决而展开。

第三，以城市交通管理体制与机制的平台建设为落脚点。现代城市交通发展的自然科学研究成果，大都物化为现代城市的基础设施；而人文社会科学的研究结论，更应凝结为稳定长效的制度结果。因此，不论城市交通行政管理向公共治理的变革，还是交通基础设施建设投融资的机制创新，拟或是交通安全的刑法调控，以及交通拥堵的治理方案，最终均表现为系统的制度平台建设。

第四，着力推进现代城市交通发展的法治化进程。交通的发展推进城市的发展，而城市的发展促进城市的美好生活。因此，城市交通发展本质上是一种交通的人权、城市生活的人权，特别需要纳入自由、平等的社会主义法治保障体系，唯其如此，方能在城镇化、城乡一元化中高度推进现代城市交通的发展。

（三）主要内容

具体而言，本项研究主要从以下五个方面展开：

第一，现代城市交通的可持续发展与民生保障问题研究。围绕"以人为本"的科学发展理念，以"可持续发展"为逻辑基点，以"民生保障"为价值导向，系统梳理现代城市交通发展存在的制度问题。尤其是在交通为民、保障民生的政治背景下，研究现代城市交通发展过程中如何对公共利益与个体权益、交通发展与社会公平、政府权力与公民基本权利（包括平等权、自由权、社会权利）等关系范畴进行科学定位，在此基础上对交通发展的民生改善与公民基本权利保障予以对策性研究。

第二，现代城市交通规划及其法治化治理研究。立足于我国城市交通规划的制度实践，将"交通规划、城市发展与法治化治理"三者融为一体，探寻城市交通规划及其法治化治理对"城市发展与交通发展"的双重意义，提出系统的、针对性强的、符合我国国情的城市交通规划法治化建设的新模式和新对策。

第三，现代城市交通运输管理体制及运行机制研究。研究在"大部制"改革趋势之下，应当如何整合现有分属于交通、建设、市政、规划、公安交管等行政部门的交通运输管理职能，厘清交通运输管理部门内部权责关系，构建集中式与一体化的交通运输综合管理体制及相应的运行机制，促进交通与城市可持续同步发展。

第四，现代城市交通设施建设及其投融资制度研究。从公、私法交叉，法学与工程学相结合的视角，研究交通运输管理体制下的物——交通基础设施及其产权的科学定位与制度设计、城市公共交通基础设施建设中的工程管理与法律问题，以及城市公共交通工程建设的投融资体制改革问题。

第五，现代城市交通安全的法律调控机制研究。通过我国交通安全法律规范历史演进的解读，提炼我国交通安全法律调控的功能转向。针对城市交通快速发展所带来的严重交通安全问题，研究应当如何建立更有效的城市交通安全管理系统与执法管理机制、应急管理机制，如何建立更加科学合理的道路交通事故损害填补机制，推进强制保险和社会救助基金的制度协调与完善，以及通过引入风险社会理论，将包含交通肇事罪、危险驾驶罪等在内的交通安全犯罪作为一类犯罪进行系统研究，为交通安全的刑法治理提供立法对策性研究。

五　研究方法与创新点

（一）研究方法

第一，交叉学科研究方法。交通拥堵与交通安全问题，既是一个交通工程学、城市规划学及交通安全学的问题，也是一个行政管理学、社会学与法学的交叉问题。本课题重点运用交叉学科的研究方法，侧重于法学与交通科学的交叉，以交通拥堵与交通安全问题为抓手深入研究。

第二，定性分析方法。现代城市交通发展的"以人为本"与"可持续发展"理念，不局限于交通工程学、城市规划学乃至车辆设计学中的技术问题，更体现了伦理学、宪法学意义上的核心价值，因此，本课题运用人文社会科学典型的定性分析方法，凝练现代城市交通发展的基本理念，并以此作为展开的中心指导思想。

第三，比较研究方法。以人性化交通为脉络的现代城市，系现代文明的重要表征,而现代城市交通发展问题,在全球范围内具有普适性,因此,比较分析中外城市交通发展问题,也是实现研究预期目标的重要方法。

(二) 创新点

第一,明确城市交通权独特价值及国家义务实现机制。

"以人为本""可持续的交通"需要交通权的基本权利理论基础。现代城市交通权是交通权在特定领域的发展,集中展现于最具现代性表征的城市之中,是指人们利用城市各种公共道路交通资源的权利,具体涵盖主体要素、客体要素和内容要素三个方面的构成要素。主体要素只能是享有一定权利、承担相应义务的公民;客体要素有着确定权利指向的作用,主要指交通要素与交通行为;内容要素异常丰富,包括交通通行权、交通选择权、交通占用权、交通知情权、交通救济权等。由于城市交通权具有公共本性的内置特质,城市交通权的最终实现需要国家的强力干预即依赖国家义务的切实履行。国家对城市交通权负有尊重义务、保护义务和给付义务,应当建构起完善的现代城市交通权国家义务体系和现代城市交通权国家义务的救济机制。

第二,构建城市交通规划的治理新模式与治理规则。

城市交通规划具有与行政立法以及其他行政行为同样重要的意义,必须严格贯彻人权保障、权力制约、科学发展与可持续发展、利益衡量与协调等法治理念,并采用硬法与软法并举的治理新模式。在"硬法"治理层面,因为城市交通规划属于城市规划的专项规划,就《城乡规划法》与"交通法"之于城市交通规划的关系而言,《城乡规划法》中关于城市规划的规定属于城市交通规划的"一般法","交通法"中关于各具体交通规划类型的规定则属于城市交通规划的"特别法"。因此相应的对策有三个方面:要完善城市交通规划与其他类型规划的衔接关系;厘清城市交通规划法律体系,以解决当不同类型的城市交通规划之间存在的规划冲突;明确不同交通规划类型的主管机关及组织协调机制,以应对涉及多部门的城市交通规划编制审批。在"软法"治理层面,特别注重法律原则、欠缺法律责任的"软条款"、裁量基准、公共政策以及技术标准对城市交通规划的规制。

第三,改革"公共治理"范式下的中心城市交通管理体制。

在"大交通"与"大部制"的背景下，应对中心城市交通运输管理体进行改革，明确交通管理体制改革的核心和方向："交通问题就是管理问题、管理问题是体制问题、体制问题的核心是利益问题"，建议设立统一交通决策平台——交通决策与协调委员会，同时以"统一交通决策；整合交通资源；分离决策、执行、监督；减少管理层次"作为具体改革目标，设立"交通管理委员会"、组建"交通管理专家委员会"及建立交通融资平台。以杭州综合交通管理体制改革为例，交通管理体制改革的基本架构可以考虑从以下几个方面展开：（1）设立"杭州市交通管理委员会"；（2）交通管理委员会实现"两级垂直管理"；（3）确立交通管理委员会的权威性；（4）组建"杭州市交通管理专家委员会"；（5）剥离行政职能与经济利益；（6）建立交通融资平台；（7）完善法制建设，依法行政。

第四，确立城市交通基础设施的公物法地位及公共利用规则。

当前，城市公共设施建设的投融资方式已呈现多元化的趋势，各种如PPP、BOT、BT、TOT等新型投融资形态层出不穷，社会资本参与城市交通投资、建设和运营已是大势所趋。城市交通设施作为公共物品，基于其权力（权利的）来源的不同，有着迥异于私法财产的公法属性，在私有化、财产处分、强制执行及公共征收等方面均受到严格的公法限制。同时，受到公法财产属性影响的交通基础设施，还应在其建设、运营和利用的规则范围内接受公共财产一般原理的约束，形成区别于私法利用的公法利用规则，回归其公共财产的法律属性，追溯其设置和运行的初衷，特别重视城市交通基础设施的三种不同层次的利用规则，包括城市交通基础设施的基础利用规则、特别利用规则、目的外利用规则，并以此指导城市交通基础设施建设运行中的利益均衡及路径选择。

第五，构建基于城市交通安全需求的公私法多重调控机制。

随着工具主义的交通秩序至上观向人权保障导向的交通秩序观的逐渐转化，我国道路交通安全法律调控功能应当确立以秩序为主兼顾人权的"新秩序观"。与之相应的是，城市交通安全的行政法调控机制需要从"管理"到"治理"的转变，推动其向政府、市场与社会"合作治理"变迁。城市交通安全刑法调控需要从"危险"到"风险"的转变，关注风险社会态势下由于风险的系统性、不可预测性、专业认识性、抽象性和集合性特点所带来的影响，并在发展危险驾驶罪为核心的交通犯罪体系、明确危险入罪认定和适用的依据以及设置专门程序保障刑事一体化三个方面进一步完善城市交通安全的刑罚调控机制。随着城市交通的发展,城市交通安全引发的严重社会风险,使得交通安全的公法调控机制同时注重私法机制,主要包括交通事故损害侵权法制、强制保险法制、救助基金法制三方面的调控作用,以克服风险社会中城市交通安全问题引发的社会恐慌,进而实现城市交通关系中人的"人权保障"。

第一编

现代城市交通的可持续发展与民生保障问题研究

第一章

现代城市交通可持续发展与民生关系的法理定位

与社会政治、经济发展水平、文化、法治环境等多重因素相关，民生改善和民生发展要坚持全面持续和可协调原则，要统筹兼顾，统筹社会经济、文化发展，统筹我国地区的不均衡发展，为民生改善和发展创造条件。随着社会经济的发展，人民生活水平的提高，人们对我国城市交通提出了越来越高的要求。但是，一方面，我国目前的城市交通仍然停留在过去的水平上，社会不断增长的交通需求与我国交通有效供给的不足仍是城市交通基本矛盾。同时，另一方面，城市交通发展过程本身也有可能会带来一些负的外部性问题，如环境污染、交通拥堵、交通安全等。[①]

有效供给不足和发展过程中的负外部性，说明了我国城市交通可持续发展面临诸多难题，变革发展理念和发展模式、实现经济、社会和资源环境协调发展，也因而显得非常必要。但是，如果仅仅只是从技术层面加以革新，实际上是无法达到相应要求的。这是因为，从根本上来说，城市交通中的交通拥堵、污染、交通规划中的车本位等不合理现象，凸显的是民生权利抑或利益保护的缺失，而不单单是技术层面的形式问题。问题的关键不在技术，而在理念，我们需要转换一种理念。我们非但需要认识到，要在城市交通中坚持公共交通优先，构建以人为本的可持续交通，而且还应当看到，城市交通不仅是民生权利保护的基本内涵，民生权利保护更是城市交通可持续发展的价值目标。

一 民生新内涵

民生一词不是舶来品，古已有之。最早语出《左传·宣公十二年》

---

① 参见清华大学"可持续交通交通课题组"《中国城市可持续交通：问题挑战与实现途径》，中国铁道出版社 2007 年版，第 3—5 页。

"民生在勤，勤则不匮"，意指百姓的基本生计。而且，近代孙中山先生的三民主义也包括了民生主义，他认为民生就是"人民的生活——社会生存、国民的生计、群众的生命"，"民生就是政治的中心、经济的中心和种种历史活动的中心"。①《现代汉语词典》对民生一词解释为："人民的生计。"② 当然，尽管古代民生概念、孙中山先生的民生观与社会民生需求存在差异，但它们实际上都至少包含了人民的生活、基本生计的内容。

而且，新中国成立后，也把民生当成国民经济和社会发展的重点内容。党的十七大首次单篇阐述民生问题，提出加强以改善民生为重点的社会建设。十八大把民生问题摆在更加突出的位置，对进一步保障和改善民生作出全面的部署。十八届四中全会提出了用法治的方式来改善和保障民生，把民生与法治结合起来，坚持用人类社会普遍的理性思维来解决中国的民生问题，无疑为依法治国增添了新的内容。近年来我国政府的工作报告中，都把民生放在政府工作的首要位置，对民生问题倾注了大量的话语。在学界，关于民生的话语讨论不仅仅限于法学、政治学等人文科学领域，也拓展到了自然科学领域，相关论著、文章数量甚为可观。总之，关注民生、重视民生、保障民生、改善民生，一直是我国理论与实践中的热点话题。

诚然，对现代民生问题要做一个精准的概念界定是非常困难的，究其原因，民生问题所涵盖的内容极其复杂，小至普通黎民百姓柴米油盐等日常生活，大到国家经济发展战略、民族复兴、中国梦的实现，都可以看成民生问题。但是，这并不意味着民生概念就不可以加以某种内涵界定或者外延列举，实际上，从对我国理论研究的观察来看，依然是有诸如此类方面的努力的。譬如，东南大学法学院龚向和教授便从民生权利保障的角度出发，对民生的基本外延做了列举，他认为："传统意义上的民生保障应包括教育就业、收入分配、社会保障、住房、社会秩序"③ 等内容，其对应的基本权利谱系应是生存权和发展权，也就是社会权的基本内容，民生水平应当成为我国经济、社会发展水平的主要指标。显然城市交通是一个

---

① 《孙中山全集》，人民出版社 1981 年版，第 802—805 页。

② 《现代汉语词典》，商务印书馆 1989 年版，第 790 页。

③ 龚向和：《从民生改善到经济发展——社会权法律保障新视角研究》，法律出版社 2013 版，第 22 页。

综合性的民生问题，对应的不是单个某一民生权利，从基本权利角度研究民生问题后文即将论述，在此不做详细介绍。根据国家统计局统计年鉴上的指标体系所列，民生指标大体涵摄有人口、就业与职工工资、财政、人民生活、交通运输、资源和环境、教育和科技、卫生和社会服务、文化和体育、公共管理和社会保障及其他。①

又如，吴忠民教授对民生概念做了三层具有递进关系的界定，这种界定具有一定的代表性。他认为：第一层是生存意义上的民生，是指民众的基本生计状态，他认为，这是首要意义的民生，可以理解为主要解决生存权问题的民生，生存权可以理解为公民享有维持其基本生存所必不可少的权利，包括生命权和尊严权，获得基本必要生活资料的权利。② 也可理解为人们获得足够的食物、衣着、住房以维持有尊严的基本生活水准的权利，包括食物权、衣着权、住房权等具体内容。③ 生存权是其他一切权利之基础和前提，人只有在获得基本生存的状况下，才有可能享有、实现其他权利。《国家人权行动计划（2012—2015 年）》把生存权列为首先保护的权利，包括工作权利、基本生活水准权利、社会保障权利等。对此，我国现行宪法也在相关条款规定了公民享有的基本生存权的内容，如劳动权利、社会保障权等。而且，需要注意的是，尽管最低生活保障权、充足食物权等权利，没有在我国宪法中明文规定，但实际上它们同样是生存权的基本内容，国家负有相应之义务保障人民的基本生存。

第二层是指民众的发展机会和能力，可理解为解决有关发展权问题的民生，发展权同样是一项不可剥夺的基本人权。为防止个人与社会差距过大，每个公民享有发展的机会，这是人之为人的当然要求。但是，发展作为一项权利却是近来才有的。在人权谱系里，瓦萨克将发展权定义为第二代人权，《世界人权宣言》亦称，每个社会成员享有自由发展所必需的经济社会文化各方面权利。从权利的功能来看，这显然是以人的全面发展为导向的。这些权利有些是我国宪法明文规定的，有些权利虽然未在宪法当

---

① 参见《中国统计年鉴》，国家统计局网站（http：//www.stats.gov.cn/tjsj/ndsj/2013/indexch.htm）。

② 李步云主编：《人权法学》，高等教育出版社 2005 年版，第 118—121 页。

③ 上官王亮：《究竟什么是生存权》，《江苏警官学院学报》2006 年第 11 期。

中明列出来，如旅游权①、出行权、迁徙自由等。但在我国人权实践中，其同样得到了相当的保护，在我国民生话语中，它们实际上就是指公民都平等地享有改革开放带来的红利，均享我国经济社会文化发展的成果，包括充分就业、接受必要教育、广泛参与社会事务、享有一个有利于健康生活的工作环境等。

当然，作为发展权的一个部分，城市交通的可持续发展也理应包括在内，城市交通作为公民外出、旅游、迁徙等出行的基本方式，完善的城市交通系统、城市交通系统与铁路、公路、民航等对外交通的有效衔接，有利于公民旅行权利的实现，方便公民工作，满足日常生活之需要，它当然符合发展权的应有之义。反之，交通事故、交通的拥堵、交通污染的减少，也有利于人民的生命财产安全、身体健康，这些可以为获得良好发展机会提供生物意义上的保障。城市交通规划属于城市公共事务，享有发展权，意味着公民有权参与我国经济社会的可持续发展进程，公民如能获得充分参与讨论乃至制定之机会，则城市交通规划设计、城市交通设施建设，也会尊重当地基本历史社会传统，充分反映民意，甚至具有重要文化之意义。

第三层是社会福利意义上的民生，人不仅要生活下去，更要生活得有尊严，更好地体现人的价值，可以理解为福利权。美国学者韦尔曼认为其"是一种与公共福利制度，主要与社会保障制度相关联的权利，是一种接受福利利益或援助的权利"②。福利意义上的民生，主要是解决为全社会成员提供一个比较高水平的生活、工作、出行等环境问题。从人的需求层次角度出发，这是比满足生存更高层次的需求。要提高社会成员的福利水平，必然要求提高经济发展水平和财政收入，消除国民收入分配不均等问题。国家有义务为民众提供较高水平的福利，以实现经济的可持续发展，维持社会稳定。以福利经济学的观点来看，经济福利享有，很大程度上取决于民众收入水平，更是与国民收入在社会成员之间的分配情况密切相关。

在城市交通的可持续发展问题上，我们同样需要秉承福利意义上的民

---

① 关于有权旅行、公民出行等民生问题所涉及的旅游权问题，参见陈新民《宪法基本权利之基本理论》，元照出版公司 2006 年版，第 455—504 页。

② 胡敏洁：《转型时期的福利权实现路径——源于宪法规范与实践的考察》，《中国法学》2008 年第 6 期。

生观念，它们二者之间关系密切。譬如，城市公共交通不仅满足人要获得一般发展机会和能力的需求，更要提供一个舒适高质量的生活空间。譬如，时下正在不断发展的智能调度系统，就可以有效提高城市交通的服务水平，实践中如各地的公交车站设置港湾式停靠站点等，此类交通设施不但具有遮阳避雨功能，而且还美观大方，具有相当艺术价值。另外，还有如新建高速公路、地铁、大型城市公共设施等，这些都是较高水平的民生观念在城市交通领域的体现。[①]

总之，从以上分析中我们可以看出，民生、民生权利是一个有机的系统，是一个内部由若干相互联系、密切作用的要素所构成的一个有机整体。城市交通虽然关涉基本民生，但是其主要不是解决公民基本生存问题，功能上应当满足人更高的需求，也不是单向度的某项权利，而是各种民生问题的综合，其应当属于第二、第三层次意义上的民生内容。

我国交通经过几十年的发展，面貌已大为改观，可以说已基本满足人们的出行要求。但是，在城市交通的可持续发展问题上，仍然无法满足人们日益增长的出行要求。譬如，中国城市地铁用十年时间，就走完了发达国家一百年的路程。城市之间现在普遍开通城际高铁、动车，高速运行的轨道交通，极大促进了经济发展，满足了人的出行需求。但是，地铁、高铁等是典型的高风险工程，施工技术复杂，不确定因素众多。我国地铁、高铁等在高速发展的同时，亦伴随较大的安全隐患。因交通施工导致的路面坍塌事故，地铁、高铁的安全事故，经常见诸报端，这在北京、上海、广州、温州等大城市均有发生。[②] 因此，从总体上来看，我们城市交通仍然处于矛盾之中。一方面，我国民众渴望舒适、安全、便捷的城市交通，但另一方面，我国城市交通仍然面临着交通拥堵、污染严重、交通安全隐患、交通发展不平衡等严重问题。这些都属于典型的民生问题，需要国

---

① 参见吴忠民《民生的基本涵义及其特征》，《中国党政干部论坛》2008年第5期。也有学者认为民生具有基础保障性的特点，解决公民基础生活问题，因此这些带有福利性质事项不属于民生改善问题。参见吕勇《"民生"概念应有准确界定》，《中国经济时报》2008年12月22日。

② 如温州重大铁路交通事故：2011年7月23日20时30分05秒，甬温线浙江省温州市境内，由北京南站开往福州站的D301次列车与杭州站开往福州南站的D3115次列车发生动车组列车追尾事故，造成40人死亡、172人受伤，中断行车32小时35分，直接经济损失19371.65万元。见新华网《"7·23"甬温线特别重大铁路交通事故调查报告》，http：//news. xinhuanet. com/politics/2011—12/28/c_ 111327438. htm。

家、政府予以解决。

但是，问题在于，长期以来，我国发展注重 GDP 增长，而 GDP 侧重于对经济增量的反映，忽略了经济质量的好坏，不能反映经济发展对环境的损害、经济增长与人均收入差距的关系等方面。这种"重经济发展、轻民生改善"的做法，最终损害了经济的可持续发展和民生利益的保护。多年来，我国经济高速发展，人民收入水平飞速提高，据有关数据显示，人均收入已接近或达到中等发达国家水平（根据国家统计局的相关资料，2013 年我国人均 GDP 已超过 6000 美元，已经进入中等偏上收入国家的行列）。但是，长期以来的粗放式经济增长模式，能源利用低效率等现象，导致贫富差距、地区差异、环境污染等问题日益严重，甚至引发了社会群体性事件，严重危及社会安全稳定。如果不能顺利进行经济增长方式的转变，实现经济可持续增长，有可能出现所谓"中等收入国家陷阱"，而改善民生，用民生来度量经济社会发展的质量，才是跳出所谓陷阱的有效路径。

科学发展观坚持发展是第一要务，核心是以人为本，"以人为本"是民生蕴含之所在，解决民生问题是落实科学发展观的根本，要始终把实现好、维护好、发展好最广大人民的根本利益作为出发点和落脚点，不断解放和发展社会生产力。落实到民生问题上，民生是发展的目标，也是发展的矛盾，发展则是改善民生的基础前提乃至根本途径，民生改善的根本出路在于不断坚持科学发展。坚持将民生保障与贯彻科学发展、促进社会和谐结合起来，不断完善保障和改善民生的制度安排。构建民生社会、民生型政府要完善社会保障体系，为社会弱势群体提供就业、养老、医疗、住房、教育等方面的保障，更需要提供高水平的民生服务，为民众生活提供各种便利，而这其中，当然也包括可持续发展的城市交通在内。从根本上来说，公共交通是社会福利措施的重要内容，有利于改善民生，促进社会稳定。在西方所谓"福利国家"里，政府运用国家机器，为民众生活提供了高水准社会服务和基础设施，包括较为发达社会保险、教育、完善的城市交通等方面。通过税收杠杆和福利补助矫正社会不同阶层的收入差距，一定程度上缓解了社会矛盾，有利于社会稳定，这为我们构建民生型政府提供了某种有益的借鉴。民生型政府要求政府在维持民众基本生存和生活状态、保障民众基本发展机会、发展能力以及基本权益保护方面，承担更多的职责和义务。总而言之，"保障民生不是谁的仁慈恩惠，而是执政党和政府的宪法责任，是全社会的法律义务"①。

二 作为民生基本内涵的城市交通可持续发展

如上所述，城市交通无疑属于民生的范畴。建筑、生态、交通，这是建构现代城市的三大基本要素，交通更是城市发展的支撑，交通是否可持续发展是衡量一个城市发展水平的重要标志，也是经济发展是否惠及民生的重要体现。近年来，全国人大和政协会议上，有关城市交通的提案也在逐年增多，如何缓解交通压力、改善市民出行条件，一直是人们关注的重点。

可持续发展的核心是处理人与人特别是人与自然的关系，也是一个动态系统，是有关经济发展、环境友好、社会和谐的复合系统。1987 年，世界环境与发展委员会（挪威首相布伦特兰任主席，故该委员会又称布伦特兰委员会），第一次对可持续发展做了定义："既能满足当代人的要求又不危及后代人满足其需要的发展。"可持续发展的提出，标志着我们已经深刻认识到必须改变固有的发展模式，要求在发展过程中，必须协调好发展与生态环境、资源利用，人口数量增长和素质提高，收入分配差距扩大导致部分社会成员贫困等关系，走经济发展和资源环境兼顾的发展道路。

1992 年，183 个国家和地区的代表出席了里约热内卢的联合国环境与发展大会，通过了《全球 21 世纪议程》，把可持续发展从理念推向行动，该议程是一份可持续发展的行动书，加深了人们对环境问题的认识，把环境问题与经济、社会发展结合起来。《全球 21 世纪议程》确定了若干行动建议，包括减少贫困、削减浪费性消费、保持生物多样性等。并于同年12 月，成立了联合国可持续发展委员会，监督该议程在各成员国的实现情况。

在可持续发展问题上，联合国开发计划署（UNDP）最早提出了可持续发展的指标，并且，联合国环境问题科学委员会（SCOPE）还进一步提出了可持续发展的经济、社会、环境的指标体系（见表 1 - 1）。该指标

---

① 张文显：《民生呼唤良法善治——法治视野内的民生》，《中国党政干部论坛》2010 年第 9 期。

主要包括预期寿命、教育水准、生活质量，[①] 这是典型的民生内容。

表1-1　　　　　　　　SCOPE提出的可持续发展指标体系[②]

经济	社会	环境
经济增长	失业指数	资源净消耗
存款率	贫困指数	混合污染
收支平衡	居住指数	生态系统风险
国家债务	人力资本	对人类福利影响

　　由于城市交通可持续发展是可持续发展内容之一，是指"能以经济高效、社会公平、环境友好、资源节约的方式，不断满足当代人日益增长的交通需求，又不损害自然、环境及后代人需求的交通发展模式"[③]。因此，布伦特兰委员会和世界银行也曾对可持续交通的内涵做了上述界定，认为城市交通的可持续发展应当包括经济与债务的可持续、生态与环境的可持续、社会的可持续。民生指数评价指标体系同样也包括了经济发展、民生改善、社会发展、生态建设等方面（见表1-2）。

表1-2　　　　　　　　发展与民生指数评价指标体系[④]

一级指标	二级指标（部分）	三级指标（部分）
经济发展	经济增长 结构优化 发展质量	人均GDP 高技术产品产值占工业总产值比重、城镇化率 全社会劳动生产率
民生改善	收入分配 生活质量	每万人拥有公共汽（电）车辆 平均预期寿命
社会发展	公共服务支出 区域协调 社会安全	人均基本公共服务支出 社会安全指数
生态建设	资源消耗 环境治理	单位GDP能耗、建设用地占用、环境污染治理 投资占GDP比重、环境质量指数

---

　　① 有关可持续发展的基本指标体系，参见孙波《可持续发展评价指标体系述评》，中国社会发展研究网（http://www.nisd.cass.cn/news/602697.htm）。

　　② 李杨：《基于可持续发展理论的我国公路发展模式研究》，博士学位论文，大连海事大学，2013年。

　　③ 江玉林主编：《中国城市公共交通可持续发展重大问题解析》，科学出版社2010年版，第2页。

　　④ 2013年地区发展与民生指数（DLI）统计监测结果：http://www.stats.gov.cn/tjsj/zxfb/201412/t20141231_661933.html。本书从实际需要出发，简略了部分指标。

从某种程度上来说，城市交通可持续发展的基本内涵与民生基本要求具有一致性：

第一，可持续发展的城市交通要求满足社会经济发展的需求，具有经济的可持续性，这是民生改善的基本前提。我国目前正在努力构建民生型政府，全面建设小康社会。同时，新型城镇化需要城市交通提高供给能力，改善交通状况。城市公共交通是与民众日常工作、生活息息相关的公共基础设施，是关系国计民生的社会公益事业。但是，民生改善与一国或者地区财政收支状况密切相关，财政收入担负着公众的基本公共物品和公共服务的提供与保障，发达国家的交通系统要远远先进于发展中国家、不发达国家，究其原因，就是因为它们有足够的财政收入的支持。财政收入的提高总是与民生水平的提高存在某种正相关关系，我们可以看到，正是由于国家财政收入的不断增加，才有可能采取措施，加大对教育、医疗卫生、社会保障与就业、城市交通等民生领域的投入。

但是，我们也应当看到，基于经济社会发展的不平衡，人民对城市交通发展成果的分享也会出现不均衡的现象，东部发达地区已经开始进行同城化趋势下长三角的交通联动、产业联动与空间联动等基本公共服务保障，开始进入长三角城市群地区协调发展新时代，甚至提出了全球性核心地区的概念，而西部广大地区连基本交通设施都尚未完成。① 城市交通可持续发展要求"明确的、可持续的交通要求，交通政策和相关制度的支持和保障"，更要求长期"投资和资金维护体系"，要求财政可持续，我们需要改变过去地方财政主要依靠出让土地使用权的土地财政模式，使民生财政成为公共财政的发展方向。虽然随着我国经济增长放缓，财政收入增速下降，但是民生的刚性支出不能下降。对此，十二届全国人大历次会议都明确强调，即使在财政收入增速放缓的情况下，仍然要加强保障和改善民生方面的支出，继续向民生薄弱地区和领域倾斜。这其中，当然也包括城市交通领域。现阶段，我国许多地区都有诸如此类的民生政策。譬如，提出对于公用交通事业的政策性亏损由财政予以全额弥补；财政补贴残疾人、老人等特殊群体优惠乘车费用；公交企业车辆购置和更新公共财政全额投入，减免公用公交企业营运车辆的车辆年检费、过路过桥费等。

---

① 参见吴浙《中国区域经济数字地图·东部沿海地区 2012—2013》，科学出版社 2013 年版，第 125 页。

第二，城市交通的可持续发展要求环境的可持续，环境的可持续性同样是民生改善的基本内容。交通可持续发展的环境要求，包括与交通规划与设计、交通系统运行两个方面。① 我国经济发展长期是粗放型的增长，这种增长以资源的过度消耗为代价，以生态环境损失换取经济增长，重开发轻保护，这样必然导致环境的恶化，生态功能下降，直接影响人的生活质量、民生的改善。因此，我们需要明确以下三点：

首先，应当认识到，城市交通可持续发展需要解决的就是如何提高土地利用效率的问题，做到在城市交通发展的同时，减少对土地特别是对耕地的占用。应当确立，城镇化过程不应当导致耕地面积、特别是基本农田面积减少，这与我国农业安全和发展战略是一致的。城市交通的改善同步于城镇化过程，在城镇化的过程中特别注意保护耕地，满足农业发展基本用地，通过城市交通引导城市向非耕地区发展，处理好耕地保护和城市交通的关系。

其次，城市交通可持续发展还要减少或者降低汽车尾气排放。近年来，燃油车辆尾气排放已经成为我国大气污染的一个主要来源，日益严重的北京雾霾天气就充分说明了这个问题。同时，除了汽车尾气排放外，城市交通还会产生噪声污染，这些都严重影响了周边居民的生活质量。因此，提倡城市交通的可持续发展，就必须最大限度地降低汽车尾气的排放。

最后，在人文文化环境方面，城市交通规划和设计中还要特别注意文化遗产的保护，注重市民文化权利的保护，充分尊重当地的人文历史传统、社会风俗习惯，这也是民生的基本要求。譬如，南京"法桐让路"事件②，就是在城市交通发展和市民文化权利保护博弈中，政府尊重了的市民意见，保护了当地的历史文化传承。因此，提出绿色出行、绿色交通，制定有关机动车辆污染物的排放标准，乃至实施车辆限行等措施，都是实现环境可持续的基本要求，都是民生改善的基本要求。城市交通可持续发展既要实现城市交通和经济发展的动态平衡，更要实现交通发展和生态环境保护、资源有效利用的动态平衡。

---

① 参见中国可持续交通课题组《城市交通可持续发展——要素、挑战及对策》，人民交通出版社 2008 年版，第 11—12 页。

② 参见龚向和《城市交通发展与市民文化权利保护——南京"法桐让路"事件的思考》，《东南大学学报》2012 年第 3 期。

第三，城市交通的可持续要求社会的可持续，完善的城市交通也是衡量一个国家的经济发展水平、文明程度的重要标志。社会可持续性主要是指满足社会公正公平和日益多样化的交通出行方式，这也是民生发展的基本要求。社会公平正义是社会主义法治国家的基本价值目标，也是广大人民群众追求的理想状态。在人类思想史上，马克思主义第一次科学阐明了实现社会公正的途径，并把社会公正的实现同人的解放和全面发展结合起来。[①] 我国当下正处于新的历史起点上，发展机遇和挑战并存，发展和稳定的矛盾并存，我们面临的社会矛盾和国际局势较之以往更加复杂，统筹兼顾社会各阶层利益的难度上升。因此，妥善解决社会公正问题，已成为我国在可持续发展中不得不面对的重大课题。

而且，不唯上述，实际上，社会不公正问题可能在交通领域更为明显。应当看到，虽然现代城市交通加速了各地区的联系，促进了社会的发展，提高了文明程度，城市交通可持续发展同样要求农村交通不能与城市交通差距太大，要保证全体社会成员的公平出行权。但是，我国城乡差距导致的不公平现象同样出现在交通发展领域，富裕城市与贫困城市在交通资源分配上也是不均衡的，城市环境保护的责任和义务也是不均等的，这与公平正义观念是相悖的。实践中，这样的案例十分常见。譬如，近年来出现的交通安全事故中，往往是路人死伤严重。这些现象说明，相对于机动车辆而言，行人无疑为相对弱势一方，交通发展同样要保证社会成员包括弱势群体在内的基本安全；又如，交通污染所造成的交通伤害主要影响的也是弱势的道路使用者、特别是贫困人群的利益，加剧了社会不公平。再如，城市交通应当关注代际公平，不损害下一代人的利益等。

因此，交通资源的分配注重社会公平，城市交通发展的成果应该惠及绝大多数的社会成员，实现以人为本的社会发展理念，从而实现真正意义上的发展，这是可持续发展的本来之义。并且，社会可持续同样要求城市交通要满足不同层次的交通需求，不能让一个群体的需求建立在侵犯其他群体的权益上。实践中，城市机动车挤占非机动车道及人行道，就是严重侵害骑车人和步行者的权益的行为，使城市慢行交通条件日益恶化，安全性降低，出现了公众反响强烈的"杭州飙车案""张明宝醉驾案"等。这就要求有效治理城市交通拥堵，优先满足城市公共交通需求、满足个体交

---

① 任理轩：《理性看待当前的社会公正问题》，《人民日报》2011 年 12 月 16 日第 2 版。

通中步行、自行车等绿色交通方式的需求，不能仅以车辆出行为需求基础。相反，我们要确立以"以公共交通为导向的城市发展模式"（TOD），我国大多数城市都处于成长型阶段，因此在进行交通规划中，引入 TOD 模式是一种可持续化的交通发展思路。① 而需要注意的是，这些措施，同样都是民生基本措施。近年来我国地方政府在构建民生型政府、改善和发展民生所开展的"交通畅通工程""宜居城市"等活动中，都是强调发展公共交通，强调社会公平。所以说，城市交通可持续要求社会可持续性，与民生型政府构建所要求的社会公平具有内在一致性。

三　民生保障：现代城市交通可持续发展的价值目的

如上所述，我们从经济、社会、环境三个方面说明了城市交通可持续发展的内涵同民生具有内在一致性。民生是一个自创性的系统，其范围相对城市交通来说要广泛得多，但二者是相辅相成的。一方面，在民生系统内，教育、就业、社会保障、社会稳定等民生内容的改善，能促进城市交通可持续发展；另一方面，城市交通可持续发展也能更好地促进教育、就业、社会保障等。作为民生系统，其内部各要素互为动力，相互促进，城市交通可持续发展也是促进民生其他要素发展的动力之一，而且，更为重要的是，民生保障是城市交通发展的目的，民生保障对城市交通而言具有目的性价值，这主要表现为以下几个方面：

（一）城市交通发展为民生改善提供动力支持

城市交通发展是民生改善的动力，并不仅仅表现在交通发展可以改善出行条件，提高生活质量这一个方面。城市交通同样具有丰富的外延，关涉土地利用、征收征用、公共交通优先、公交路线的设计、出行方式的选择等诸多方面，这些都在某种程度促进了民生的改善，是民生发展、民生型政府构建的动力。

---

① TOD 模式是美国新城市主义代表人物彼得·卡尔索普提出，该模式意在进行城市规划时，使公共交通的使用效率最大化，尽量减少对私人汽车的依赖，以有效缓解城市化各种压力。主要通过土地策略和交通政策来解决城市交通拥堵和用地间的矛盾，此种模式国际上已有广泛应用。参见俞洁、杨晓光等《基于 TOD 模式的成长型城市公共交通规划》，《交通运输工程学报》2007 年第 3 期。

具体来说，譬如，合理的城市交通规划和城市规划能够有效提高土地利用效率，保护耕地，能够保证农业生产和农业安全；城市交通发展势必出现土地征收和征用现象，土地征收"异化为侵犯农民土地权利的工具，异化的根源在于发展理念出现了偏差，且制度设计不合理，政府成为利益当事人"[①]。这是我国目前影响社会稳定，激发社会矛盾、对立的重灾区。因此，依法征收征用、提高补偿标准，努力实现和谐拆迁、文明拆迁、稳定拆迁，这既是实现社会安宁、促进社会和谐重要方面，亦是一项重大民生工程。又如，公共交通优先的可持续发展模式，能够有效降低汽车尾气排放，可改善空气质量，给民众一个更好的生活、工作环境，是提高健康权的基本要求；人性化、具有地方特色、人文内涵的公交设施，提升了生活品位，满足人们精神文化的需求，是公民文化权利具体要求；高品质的城市公共交通设施，比如城际高铁、我国正大规模开发的高铁系统，客观上提升了社会福利水平；提倡步行、自行车出行等绿色交通能够缓解人民的出行压力，提高出行质量；加强交通安全建设，减少交通事故的数量和影响，妥善处理交通事故，这些一定程度上保护了公民生命权，提高了人均寿命，也有利于公民财产安全；妥善处理交通引发的社会公共性、群体性事件，完善利益表达诉求机制，改善政府管理职能，有助于社会稳定；[②] 公共交通规划设计过程中广泛吸收民意、倡导公共参与有利于社会和谐；甚至加强中小学交通安全教育，有助于受教育权的有效实现；随着我国城镇化加速，农村地区发展水平越来越快，农村和城市的差距逐渐缩小，构建城乡一体化的交通，交通发展惠及大多数民众，这是社会公平的要求，也是改善农村地区民生的重要方向，是基本公共服务均等化的要求，更是基本权利均衡享有的要求，等等。

（二）民生改善是城市交通发展的目的性价值

"价值"是一个哲学上的概念，主要表征某种人类社会的普遍的关系，就是"客体的存在、属性和变化对于主体人的意义"。它反映的是

[①]　张明：《农民权利保护视野下的土地征收制度研究》，博士学位论文，吉林大学，2011年。

[②]　彭小兵等：《城市交通群体性事件处置机制研究》，《重庆大学学报》（社会科学版）2014年第2期。

主体的人对于客体的某种需要的满足，是人的实践活动的动机和目的。[①] 从价值论的角度，价值可以分为目的性价值和工具性价值，城市交通促进民生，可以理解为城市交通对民生改善和发展而言具有某种工具性价值意义。如果说此种工具价值的意义尚未明显的话，那么，显而易见，民生改善则是城市交通发展的目的性价值所在。十七大以来，我国坚持以构建民生型政府为发展目标，注重发展民生事业，以民生问题为出发点和归宿，建设民生政府是坚持以人为本、执政为民理念的必然要求。[②] 提高民众生活水平，保障和改善民生，是我国发展经济的最终目的，更是城市交通可持续发展的目的。因此，城市交通观念和模式要以民生改善为目的，民生状况的改善是衡量城市交通是否可持续的标准。我们要把保障和改善以城市交通为主要内容的民生问题，作为政绩考核评价的重要取向，要求政府进一步加大对城市交通相关领域、社会事业的支持保障力度，根据地区经济发展水平、财政收入水平、社会发展程度完善以城市交通为主要内容的民生制度安排，落实各项制度，构建可持续发展的城市交通，让民众均享城市交通发展的成果，让人民生活得更加幸福、更有尊严。

公共交通的发展和完善与保障和改善民生，提高公众生活水平有着密切关系。绿色交通理念的建立、城市公交优先制度实现必然成为解决我国城市交通问题的选择。公交优先制度、绿色交通等城市交通发展，其目的是实现"科学发展""以人为本"的基本理念。公交优先不仅是公交车量的优先，更是社会公众的优先，是民生优先。同样，绿色交通是一个有效缓解交通发展和环境污染矛盾、减轻车辆排放、减少交通事故发生的全新交通理念和出行方式。它强调的是城市交通的"绿色性"。它的特点是效率、安全、舒适；低能耗、低污染，即减轻交通拥挤，减少环境污染，促进社会公平，合理利用资源。最终目的仍然体现在民生改善上。荷兰曾经系统研究和实验了"环境可持续交通运输"项目，旨在分析绿色交通方式对当地经济和社会的影响，通过他们的研究，得出了绿色交通模式下会产生显著的社会效益，并且缩小了社会不同阶层之间的差异，"不同阶层的人在进入社会经济领域内的机会上的差异会越来越小"，交通安全保障

---

① 李德顺：《价值论》，中国人民大学出版社 2007 年版，第 17 页。

② 肖陆军：《科学发展观与构建民生型政府》，《重庆师范大学学报》2008 年第 2 期。

得到提高，公众健康乃至人均寿命也有明显改善。① 西方国家为解决交通
拥堵问题，都曾经通过立法等方式支持新能源公交车辆的发展，鼓励发展
公共交通。建设部在 2004 年 3 月下发的《关于优先发展城市公共交通的
意见》中将公共交通的性质定义为 "重要的城市基础设施，是关系国计
民生的社会公益事业"。公共交通关系千家万户，是最为基本的民生需求
之一，各地都出台了有关的公交优先制度，将公交优先作为一项惠民措
施，如各地都规定了一定年龄（65）岁以上老人免费乘坐公共汽车，公
路上有专门公交线路，严禁其他车辆停靠。

---

① ［英］罗德尼·托利编：《可持续发展的交通——城市交通与绿色出行》，孙文财等译，
机械工业出版社 2013 年版，第 22—33 页。

第二章

现代城市交通可持续发展与
公民权利保障关系论纲

通过前文可以清晰地从宏观上获知现代城市交通可持续发展民生价值的内涵,当然,倘若更为全面地呈现现代城市交通可持续发展的民生样态,应从微观上进一步剖析现代城市交通可持续发展与公民权利的深层关系。基于此,从以下四个层面逐一缕析现代城市可持续发展与公民权利,特别是平等权、社会权、文化权之间的关系。

一 现代城市交通可持续发展与公民权利

现代城市交通中的核心是交通,交通有着广义和狭义的含义。"在广义上,交通泛指一切事物相互交往中所发生的通达现象和过程;在狭义上,交通专指人类相互交往所发生的通达现象和过程。"① 毋庸置疑,现代城市交通中的交通偏重狭义上的交通含义。因此,我们认为,所谓的交通,主要是指交通主体人的活动,其本质是人的能力的外在表现。交通是一个过程,是人类不断交换资源的过程;交通发展的原因是资源分布的不均,资源分布的不均衡性与人类生存和发展的需求之间的矛盾构成交通产生、发展的不竭动力;交通发展的目的是不断满足和实现人的需求;交通表征着社会生产力发展的程度;交通的标识是时间、空间、资源。交通主体的人在一定意义上是公民,交通目的是公民权利的不断实现、不断发展的过程,交通的三个标识表征了公民权利的动态发展、静态的不平等以及核心所指。实践中,由于公民权利是一定时空境遇下的权利,也是一定生产力发展程度下的权利,因而交通与公民权利往往是交织在一起的,交通

---

① 桑业明:《论交通文化的本质》,《长安大学学报》(社会科学版) 2010 年第 3 期。

对于公民权利有着非凡的意义。

公民权利衍生于公民之中，故欲求公民权利必先探寻公民概念。公民这一概念肇始于古希腊罗马的奴隶制城邦国家，亚里士多德对此有记载，"城邦正是若干公民的组合"，"凡是有权参加议事和审批职能的人，我们就可以说他是那一城邦的公民"。① 但是，彼时享有公民权利的人只是当时社会中的少数人，如奴隶主、自由职业者等，广大奴隶作为奴隶主的财产，是"会说话的工具"，② 并不享有公民的任何权利。德国著名学者马克斯·韦伯认为，现代意义上的公民概念是在民族国家已经形成的条件下出现的，在资产阶级共和国里，才有真正意义上的公民和公民权利。我国学者郭忠华、刘训练也确认，"真正明确提出公民身份（公民权利与公民义务）概念并有意识对它加以研究，则肇始于英国著名社会学家 T. H. 马歇尔"③。据此，我们可知公民概念是一个自我创生的发展过程，这其中，公民资格享有的范围、公民权利的内涵、公民身份的变化等，都在不断发生调整和更新。

但是，这并不等同于说其是杂乱无章的，实际上，这个过程无论如何变化，权利仍然是公民概念的应有之义，公民一刻不能离开权利，离开了权利的公民乃是一个空洞之物。概而言之，"公民概念的最终确立，寓示着个体在国家中地位的提高，这是个体权利不断扩大的结果"④。作为公民伴生物的公民权利，类似公民发展也有一个演绎过程。历史上，公民权利与政治权利等同，有时特指"由那些对于个人来说必不可少的权利组成，包括人身自由、言论、思想、信仰的自由，还有要求正义的自由"⑤。到了现代社会，公民权利则有广义与狭义之分，广义的公民权利是指公民这样一个主体所享有的法定权利，即"国家对公民所保证的权利"⑥，狭义的公民权利是指广义公民权利的一部分。任何公民权利都与人的某种利

---

① ［古希腊］亚里士多德：《政治学》，颜一、秦典华译，中国人民大学出版社 2003 年版，第 109—113 页。

② 馨元：《公民概念之演变》，《当代法学》2004 年第 4 期。

③ 郭忠华、刘训练：《公民身份与社会阶级》，江苏人民出版社 2007 年版，第 2 页。

④ 杜立夫：《公民与公民权利再探讨》，《当代法学》1997 年第 3 期。

⑤ ［德］达伦多夫：《现代社会冲突——自由政治随感》，林荣远译，中国社会科学出版社 2000 年版，第 50—70 页。

⑥ ［英］戴维·米勒、韦农·波格丹诺编：《布莱克威尔政治学百科全书》，邓正来等译，中国政法大学出版社 1992 年版，第 123 页。

益有关，这种利益使人之为人、人人更加幸福相系。本书所指的公民权利是广义的公民权利概念，因此它是一组权利体系。在这组权利体系中，具有根本意义的是平等与自由，1789 年法国《人权宣言》第一次正式宣示"在权利方面，人是生而自由和平等的，并始终保持不变"①。但是，当时间推至当下，更具发展与现实意义的则是社会权利，这些权利既与联合国的《公民权利和政治权利国际公约》《经济、社会和文化权利国际公约》一致，也与社会历史发展共向。

现代城市交通对一般意义上的交通限制了范围，交通在时间范围上是现代社会。现代社会的交通不同于古代交通的人拖马拉缓慢移动，而是车奔机行、风驰电掣，表征时间变化快慢的是速度，速度导致了权利的发展与实现出现了变化。有利的是权利便捷地实现，不利的是权利的不平等严重加剧。

交通在空间范围的限制是城市，城市交通不同于农村交通，尤其是现代城市是一个经济、政治、文化高度聚集地。当然古代城市并非如此，它是人类社会历史发展过程中产品、劳动力有了剩余的产物，当时其经济功能微乎其微、政治功能无从出现、文化功能处于萌芽，而现代城市经济上处于支配作用，现代城市作为一个独特的经济系统，具有高度聚集资本、技术、人才、信息等生产要素的功能，并依靠这些生产要素以及要素的配置组合产生经济能量，创造出巨大的物质财富，成为物质文明最为重要的创造空间和展现平台；政治上处于核心地位，现代城市凭借政治机构的居地、政治权力的中心获得政治的核心地位；文化的发展及其传播中心，现代城市以经济、政治中心为基础，汇聚、交流、孕育、传播各类思想文化，居于中心地位。现代城市是人的城市，具体内容是以人为中心的经济、政治、文化，这些内容在法律上表现为公民的经济权利、政治权利、文化权利等。现代城市交通以其现代的交通工具、交通网络在高度聚集的城市空间改变公民权利。

城市交通与世界任何其他事物一样，它是一个持续发展的过程，在此过程之中展示了城市交通与权利之间关系的变化。在世界范围内，根据城市主要交通工具的变迁可分为前汽车时代、汽车时代以及后汽车时代三个

---

① [美] 林·亨特：《人权的发明：一部历史》，沈占春译，商务印书馆 2011 年版，第168 页。

阶段的城市交通。① 前汽车时代的城市交通主要是通过步行和牲畜，当时体现的是特权与普通民众权利的差别，政治地位不同，享有的权利也不一样，根据不同的政治地位人们享有不同的道路使用权、出行权、生命的保障权等；汽车时代，由于大量的种类繁多的交通工具的出现，伴生一系列城市交通问题，如城市环境污染、交通堵塞、交通安全等问题，根据财富的差别人们享用不同的交通工具，这时人们权利的不平等被表面的财富差别所掩饰，穷人要为富人造成的污染做吸尘器、为交通堵塞承受发展权限制等；后汽车时代，城市交通方式的多元化、需求多样化、理念的创新化，更加注重权利的保障与实现的公平，这有利于城市交通的健康持续发展，更加有利于普通民众的权利保障，实现城市交通与权利保障的良性互动。

在我国，城市交通发展由于至今没有特殊的汽车时代阶段，因此，我们可以把它粗略地分为古代与现代两个阶段。在古代，我国是等级森严的封建制度，城市交通具有等级特权的特质，交通道路分为官道与民道，官道又有御道与普通官员道路，不同级别的道路宽度、质量也不一样，城市交通具有明显的权利区别。到了现代社会，新中国成立，人民当家做了主人，公民权利有了保障，这奠定了城市交通发展的政治基础，人民有权参与决定城市交通的发展。我国城市交通经过 60 多年的发展，尤其是改革开放以后，有了长足的进步，实现了跨越式的发展，现在城市交通初步具备了一定的经济基础，为城市交通提供了经济上的支持，城市交通改善、充实、发展了公民权利。

二　现代城市交通可持续发展与平等权

在公民所有的权利之中，平等权是最基础的权利。自从人类有了权利的意识，人类就孜孜不倦地追求真正的平等，平等是人类永恒的主题。

（一）交通可持续发展与平等权的内涵

由上文可知，交通是人的出行权利的外在表征，交通既是目的——出

① 杨少辉、马林、陈莎：《城市和城市交通发展轨迹及互动关系》，《城市交通》2009 年第 4 期。

行权的实现，又是工具——它有助于公民其他权利的实现，交通的平等具有普遍性意义，职是之故，城市交通的持续发展与平等权有着极其密切的关系。平等权首先来源于人类本质上彼此相同的尊严，是人类本性的直接诉求，"平等是人在实践领域中对自身的意识，也就是人意识到别人是和自己平等的人，人把别人当作和自己平等的人来对待。平等是法国的用语，它表明人的本质的统一、人的类意识和类行为、人和人的实际的同一，也就是说，它表明人对人的社会关系或人的关系"①。这种平等的本性直观深植于人类骨髓，故潘恩所主张："所有的人都处于同一地位，因此，所有的人生来就是平等的，并具有平等的天赋权利。"②

当平等有了价值的根基，便会逐渐走进实体的法律之中。譬如，1789年法国《人权宣言》第 1 条规定："在权利方面，人们生来是而且始终是自由平等的。除了依据公共利益而出现的社会差别外，其他社会差别，一概不能成立。"美国联邦宪法第 14 条修正案明确规定："所有在合众国出生或归化合众国并受其管辖的人，都是合众国的和他们居住州的公民。任何一州，都不得制定或实施限制合众国公民的特权或豁免权的任何法律；未经正当法律程序，不得剥夺任何人的生命、自由或财产；在州管辖范围内，也不得拒绝给予任何人以法律平等保护。"《德意志联邦共和国基本法》第 3 条规定："一、法律面前人人平等。二、男女有平等之权利，国家应促进男女平等之实际贯彻，并致力消除现存之歧视。三、任何人不得因性别、出身、种族、语言、籍贯、血统、信仰、宗教或政治见解而受歧视或享特权。任何人不得因其残障而受歧视。"我国宪法第 33 条第 2 款规定："中华人民共和国公民在法律面前一律平等。"

同时，国际公约也有类似的规定。譬如，《世界人权宣言》第 2 条规定："人人有资格享受本宣言所载的一切权利和自由，不分种族、肤色、性别、语言、宗教、政治或其他见解、国籍或社会出身、财产、出生或其他身份等任何区别。并且不得因一人所属的国家或领土的政治的、行政的或者国际的地位之不同而有所区别，无论该领土是独立领土、托管领土、非自治领土或者处于其他任何主权受限制的情况之"，等等。③

---

① ［德］马克思等：《神圣家族》，载《马克思恩格斯全集》第 2 卷，人民出版社 1995 年版，第 48 页。

② ［美］潘恩：《潘恩文集》，马清槐译，商务印书馆 1981 年版，第 140—141 页。

③ 韩钢：《平等权的存在形态及其内涵》，《齐鲁学刊》2010 年第 2 期。

诸如此类实体性法律，使得平等权从道德的价值判断到确定性的实体的法律权利，从而具有实体现实意义。具有实体意义的平等权具有自己独特的内涵，即要求平等地享受权利，不准许歧视对待。当然，不准许歧视对待并不等于无差别对待，根据卢梭的理论，人的差别有来自自然的差别，如性别、长相等；还有一种是社会差别，如地位、出身、财富等。根据自然的差别是合理的，但如果因此差别导致社会上的不合理对待是不正义的。"从人们存在很大的差异这一事实出发，我们便可以认为，如果我们给予他们平等待遇，其结果就一定是他们在实际地位上的不平等，而且将他们置于平等地位的唯一方法也只能是给他们以差别对待。"①

因此，平等权的具体含义是禁止歧视与反对特权。禁止歧视是"指被法律禁止的针对特定群体或个人实施旨在克减、限制或剥夺其法律权利的任何不合理的区别对待措施。歧视的显著特征是对本质相同或类似的人或事进行不合理的区别对待"②。虽然平等权本质要求相同情况同等对待，但不同情况区别对待也是平等权的必然要求，否则对一切人的不加区别的平等就等于不平等。相同情况相同对待是形式上的平等，不同情况区别对待是实质上的平等。因为人生活在世界上，无论是出于先天自然的差别，还是因后天的不同机遇等情况都存在差别，如果不分青红皂白、不论差别，同等对待也是不正义的，不是真正的平等。差别对待并不是歧视，因为如果依据各个人的不同属性采取分别不同的方式，就应该奉行对作为各个人人格之形成和发展所必需的前提条件进行实质意义上的平等。

平等权的内涵为城市交通既指明发展的方向，也铺垫了相应的发展路径。城市交通本身就是从古代的特权到今天的平等权不断发展的过程。由城市交通这个出行权的本质可知，它既是衣食住行中之一的目的，同时它作为基础性的权利，又影响了一个人的生存、发展、工作、教育等权利。

（二）交通可持续发展与平等权的关系

城市交通既包括城市内部交通，也内涵城市之间的交通，城市交通与平等权有着密切的关系，体现在以下两个方面：

---

① ［英］哈耶克：《自山秩序原理》（上），邓正来译，生活·读书·新知三联书店1997年版，第104—105页。

② 周伟：《论禁歧视》，《现代法学》2006年第5期。

1. 持续发展的城市交通理念与平等权的相互关系

最早系统论述"理念"的是柏拉图,理念论是柏拉图整个思想的核心,是其整个哲学的基石。柏拉图认为,"理念形成在一个自在的世界,它是永恒的和不变的,并且只能被思想所理解"①。在柏拉图的世界里,理念具有本质性、原生性、目的性。黑格尔主张"概念是作为独立存在着的、实体性的力量的自由东西"②,同样"理念论"也具有本质性、目的性,黑格尔比柏拉图更进步的是,他解决了理念与具体事物的关系。他说:"理念本质上是一个过程,因为只是就理念的同一性是概念的绝对的和自由的同一性来讲,只是就理念是绝对的否定性来讲,因此也只是就理念是辩证的来讲,理念的运动过程是这样的:概念作为普遍性,而这普遍性也就是个体特殊化其自己为客观性,并和普遍性相对立,而这种以概念为其实体的外在性通过其自身内在的辩证法返回到主观性。"③ 理念由自在状态进入自为状态,不断地异化、不断地回复,不断地创造现实却又摧毁现实,给具体的事物以存在的历史性。虽然黑格尔克服了柏拉图的理念的静态缺陷,但二人的理念论都是客观唯心主义,是不结果实的绚丽花朵,对现实意义不大。马克思根本性地把二者的理念论从头到脚颠覆,实现质的突破,具有了现实意义。马克思主张:"我的辩证方法,从根本上来说,不仅和黑格尔的辩证方法不同,而且和它截然相反。在黑格尔看来,思维过程,即他称为观念而甚至把它变成独立主体的思维过程,是现实事物的创造主,而现实事物只是思维过程的外部表现。我的看法则相反,观念的东西不外是移入人的头脑并在人的头脑中改造过的物质的东西而已。"④ 所以,理念的科学内涵应是根本思想、根本观念,对事物的发展具有指导意义的思想或思想体系,它影响事物的本质与发展的方向。

因此,顺延这一思路,我们可以得出的基本结论是,城市交通理念集中表征了城市交通的本质和发展方向,探寻城市交通理念至关重要。

我国传统社会信奉儒家"仁"的思想,"仁"的思想核心"君君、臣

---

① [德] E. 策勒尔:《古希腊哲学史纲》,翁绍军译,山东人民出版社 1992 年版,第 140 页。

② [德] 黑格尔:《逻辑学哲学(第一部分)》,梁志学译,人民出版社 2002 年版,第 293 页。

③ [德] 黑格尔:《小逻辑》,商务印书馆 1980 年版,第 403 页。

④ [德] 马克思:《资本论》第 1 卷,人民出版社 1975 年版,第 24 页。

臣、父父、子子"的等级观念，这种等级是一种自然使然，绝非人之安排。"君臣上下，手足内外，各司其职，是天理自然，并非人为。人所拥护的贤者为君主，才力不足掌握一国者为臣，再下一等的为臣妾奴仆。这就像天高地卑，头自在上，足自在下，是自然的安排，是绝对的至理，不变的界限。"① 宋明时期，这种等级特权思想更是被发展与强化，"仁莫大于父子，义莫大于君臣，是谓三纲之要，五常之本，人伦天理之至，无所逃于天地之间"②。这种封建等级思想"实际上是按照封建统治阶级的利益划定的，即凡是有利于封建统治阶级利益的，符合封建道德规范的就是善，反之就是恶"③，并且这种等级封建思想统领封建社会的一切，大至国家社会，小到交通、建筑、物品陈放等。

因此，古代城市交通也不例外，浸淫着封建等级思想。封建等级思想首先渗透古代城市交通的是城市交通理念，我国古代城市交通理念有深厚的等级思想。这种等级城市交通思想指导着城市交通工具、交通道路等的发展，意味着人们的权利不平等，表现在城市交通上乃是权利的差别，一些人享受着特权，而另一些人无法享有本应该平等的权利。如在陕西略阳县城南7千米处的灵崖寺内，有一通南宋淳熙八年（1181）刻制的《仪制令》石碑，石碑上部刻"仪制令"3个大字，下部刻"贱避贵，少避长，轻避重，去避来"，竖排4行。所谓"贱避贵"，指一切行人车马皆避官轿驿骑、邮车，奴仆及苦力人等给官吏、贵人、主人让路，体现着普通大众与特权阶层的权利不平等。

随着时间的推移，这种表现在交通领域上的等级观念开始发生变化。现代西方在启蒙运动以后，自由、平等的思想广泛传播，慢慢为人们所接受并逐渐确立；我国则在鸦片战争以后，随着西风东进，自由平等思想为我国人民所向往、认同。城市交通理念深受其影响，平等自由思想也渗入进去。自由对人们来说是无比重要的，"自由是社会建制最首要的幸事，也是其唯一的光荣；历史只是由自由的人民的高尚德行作为装饰的"④。平等与自由有着错综复杂的关系，"平等是自由主义的另一条基本原则。

①　郭庆藩：《庄子集释》，中华书局1997年版，第9页。
②　《朱文公文集·癸未垂拱奏二》卷十三。
③　方立天：《魏晋南北朝佛教论丛》，中华书局1982年版，第96页。
④　Isabelle Backouche, *La monarchie parlen entaire*, 1815—1848, Paris: Pygmalion, Gerard Watelet, 2000, p.37.

自由主义宣布所有人一律平等。当然，不应忘记，这种平等并不意味着所有人有同样的能力、同样的道德理解力或同样的个人魅力。它的含义是，所有人在法律面前有同等的权利，有权享受同等的公民自由"①。

相应地，现代城市交通在自由平等的思想影响下，充满了自由平等思想。在平等自由思想的统帅下，人们首先实现了形式的平等。但是，随着社会的发展，社会不公、人性缺失、环境污染愈来愈重，人们发现虽然形式平等了，但具体到现实中，人们因为先天或条件的差别，所享有的实际权利并不公平。因此，绿色城市交通理念应势、应时而生，"绿色交通理念不是一种新的交通方式，而是基于可持续发展的交通观念所提出和发展的全新理念，也是一个实践目标。它强调的是城市交通的'绿色性'，即减少交通拥挤，降低环境污染，促进社会公平、节省费用，发展有利于城市环境的多元化的城市交通工具来完成社会经济活动的交通运输体系。它是有利于实现城市环境、经济、社会的可持续发展的和谐的交通运输系统，它会给人们带来通达、有序、安全、舒适、低指耗和低污染的城市交通，从而提高人们的生活品质"②。其本质是满足人们的交通需求，维持城市交通的可持续发展，为人们实质的公平提供了指导。

2. 城市交通的持续发展与平等权的具象关系。

需要指出的是，理念是根本的思想，持续发展的城市交通理念与平等权的关系还是一种抽象的关系，现实中二者还有具象的关系，如果抽象的关系没有化作现实的具象关系，它是没有现实力量的。因此，我们有必要对交通发展与平等权的具象关系加以展开。我们认为，持续发展的城市交通与平等权的具象关系体现在以下关系上：

第一，城市交通工具与平等权的关系。从总体上来说，城市交通工具的更新过程就是不断去除特权、追求平等权的过程。古代不同的城市交通工具表征了不同的地位、享有不同的权利，如皇帝享用的马车与轿子，而且种类繁多，仅车辂中就有五类：玉辂、金辂、象辂、革辂和木辂。驾车的马匹也要超过普通官吏的数目，为八匹以上。《列子周穆王》记载说："（王）命驾八骏之乘。"③ 同时，抬轿人数也有区别，皇帝可以享受32人

---

① J. Salwyn Schapiro, *Liberalism*, *Its Meaning and History*, Princeton：D. Van No strand Co.，1958, p. 10.

② 徐云：《绿色新概念》，中国科学技术出版社2004年版，第121页。

③ 《列子·周穆王》

抬的大轿，普通官吏享有八抬大轿已达很高级别，拥有较多权利，普通百姓使用 2 抬小轿已算很好，至于 16 抬大轿只有望轿兴叹了。皇帝的交通工具象征了皇权的至高无上，拥有天下。

不同的人不仅在同一种城市交通工具上有所区别，同样，不同的城市交通工具也显示了地位权利的不同。皇帝、官吏的车马、轿子，普通民众的步行等预示其权利的不平等。在汉朝，商贾不准乘车、骑马；在唐朝，工商、僧道、贱民不准乘马。坐轿的等级制度更为森严，一是体现在轿子的外观上，如皇帝、贵妃乘轿用金顶，妃嫔用铜质淡金，亲王、郡王、一品大臣用银顶，一品以下用淡银、光锡。二是表现在乘坐人的规定上，如唐朝规定，士庶不得坐轿，只有当朝一品宰相、仆射在身患疾病时才可以坐轿；其余朝官，不论品位高低，不许坐轿；北宋初年，只有个别朝廷重臣经皇帝特许后方可乘轿；明朝初年，只有京官三品以上方许乘轿，等等。① 这些城市交通工具制作与使用上的差异无不显示了权利的不平等。

近代以降，随着蒸汽机的发明，西方逐渐出现了现代的城市交通工具。汽车、城市列车、飞机的出现，意味着每个人都可以随意享用这些城市交通工具。因此，特权逐渐减弱，至少人们实现了城市交通的形式平等。并且，伴随着人们政治地位越来越平等，法律规定了人们在法律面前一律平等，这样人们的形式平等有了法律的保障。

在我国，同样也有类似的变迁过程。我国在鸦片战争以后，封建等级制度逐渐被打破、碾碎，特权逐渐减少，人们渴望平等自由，同时现代化的城市交通工具汽车、城市列车等陆续传入我国，我国的城市交通发生了巨大变化，象征特权的交通工具陆续被现代城市交通工具所取代。尤其新中国的成立确立了人民当家作主的政治地位，我国人民实现了法律上的平等，以城市交通工具表征的平等权获得了长足的进步。

第二，城市交通道路与平等权的关系。需要注意的是，持续发展的城市交通与平等权的关系不仅具体表现在不断发展的城市交通工具上，而且体现在不断变化的城市交通道路中。城市交通道路功能是实现人、物的流通，在古代还显示权利的不平等。例如汉长安城宣平门、霸城门内大街均为三条道路并列，中间的路较宽，皇帝专用的为御道。唐长安城中也有帝王专用的由大明宫经兴庆宫通至曲江的用夹城保护的专用道路。宋开封城

---

① http://wenku.baidu.com/view/e8837b1252d380eb62946dec.html.

规定城内四条主要道路为御道，在断面上用红漆杈子将御道与其他行人路分开。明清北京城由宫殿至天坛的中轴线的主要干道上，也有高出两边道路的皇帝专用的御道，皇帝出行时要铺黄沙，等等这些，都反映了要突出帝王的特权及安全防范的作用。①

另外，不仅城市道路建设昭示等级制度和权利的不平等，而且人们在行路时也体现了权利的不平等。譬如，宋朝赵匡胤曾诏令详定内外群臣相见之仪，如在城市交通中"大小官员相遇于途，官级悬殊者即行回避，次尊者领马侧立，稍尊者分路行"。又如，明朝规定，街市军民、做买卖及乘坐驴马行路者，遇见公侯、一品至四品官员过往，要立即下马让道；官员相遇于途，官阶较低的官员要采用侧立、回避方法让道。清朝规定，军民人等在街市上遇见官员经过，必须立即躲避，不许冲突。②

当然，随着时间的推移，在现代社会中，由于平等自由深入人心，古代意义上的特权城市道路与交通工具，已经不复存在。从总体上来看，平等权已经作为一种基本观念，深入城市道路交通的设置过程之中。而且，更为重要的是，现在的城市交通往往更加注重对平等权的保护，一些为弱势群体所设置的特权道路与特权车辆十分常见。③ 譬如，专门为盲人建设的盲道；特权车辆警车、救护车、消防车和校车，并且当警车、救护车、消防车鸣笛时，其他车辆与行人都应当给它们让道，等等。

当然，仍然需要指出的是，上述只是整体层面的观察。事实上，在现代社会的城市交通中，还存在非正常的特权。譬如在没有紧急情况下，警车恣意横冲直撞、警察随意设置交通管制等，这些种种特权与平等权的基本精神并不相符。但较为乐观的是，这些都只是片面、局部的现象，并不是常态的、普遍的事情，也不会影响到上述结论的正确性。

---

① http://www.docin.com/p-631037417.html.

② http://wenku.baidu.com/view/e8837b1252d380eb62946dec.htm.

③ 显然，现代社会里的正常特权与古代的政治地位上的特权有着本质区别。第一，二者的本质不同。古代的特权是一种特殊政治地位的表征；现代的特权是人道主义、照顾弱势群体、救急救险的需要，如盲道是为了帮助盲人行走的需要，为鸣笛的救护车让道是为了抢救生命的需要等。第二，表征的意义不同。古代的特权表征的是等级制度，现代的特权表征的人性关怀。第三，功能不同。古代的特权是为了彰显政治的地位差别，现代的特权是为人们的生活、生命等的需要。

三　现代城市交通可持续发展与社会权

如上文所述，现代城市交通可持续发展为平等权的实现奠定了基础，平等权的实现促进了现代城市交通的发展。而与现代城市交通可持续发展更为密切的是公民社会权，现代城市交通可持续发展丰富了社会权的内涵，社会权扩充了现代城市交通可持续发展的场域，在某种程度上，二者融于一体。

（一）交通可持续发展与社会权

近代以来，虽然理论上社会中的每一个人都可以享有无差别的城市交通工具、拥有无可争议的路权，但实践中由于每个人条件不同，尤其是处于弱势地位、弱势群体的人并没有平等地享受城市交通发展带来的各种权利。这种场景引起有识之士的关注：怎样才能达致由于城市交通发展带来的真正平等。幸运的是，社会权为解决这一难题带来了福音。

为什么社会权能为解决这一难题带来福音呢？"历史是发现真理的唯一出处。"[①] 社会权经历了古代的萌芽、近代的形成与现代的发展，现在已为人们所认同与赞赏。"一切法权现象只有理解了与之相适应的社会生活条件，并且从这些社会条件中被引申出来的时候，才能把握其底蕴。"[②] 古代社会人们已有权利意识，正如有学者所说："权利作为一种社会现象和一种意识或思想自古以来就有。"[③] 不过这时的权利与正义联系在一起，以正义的面孔出现。近代资产阶级为了反抗封建特权，创立了自然法，明确提出了"天赋人权"。渗透个人主义的自由精神的自由权在大行其道的同时，社会权也在悄无声息地生长。既有革命家潘恩、罗伯斯庇尔等的强调，也有诸如卢梭、洛克等思想家的宣扬。洛克认为，"根本的自然法既然是要尽可能地包含一切人类，那么如果没有足够的东西可以充分满足双方面的要求，即赔偿征服者的损失和照顾儿女们的生活所需时，富足有余的人就应该减少其获得充分满足的要求，让那些不是如此就会受到死亡威

---

① ［英］亨利·梅因：《古代法》，沈景一译，商务印书馆1959年版，第2页。
② 公丕祥：《权利现象的逻辑》，山东人民出版社2002年版，第348页。
③ 龚向和：《社会权的历史演变》，《时代法学》2005年第3期。

胁的人取得他们的迫切和优先的权利"①。这里阐明了生存作为基本权利的重要性。现代社会伴随社会权的权属论争的同时，社会权在实践中逐步确立，以铁的现实回应了现实社会的需求，其中既有如德国的 1919 年魏玛宪法，也有如《经济、社会和文化权利国际公约》《世界人权宣言》等国际条约。

通过社会权的思想探寻与轨迹追溯，我们可知社会权是指公民依法享有的，相对于传统的、古典的自由权，以"人"的立场，要求国家在社会经济领域采取各种积极举措，积极促成其物质和文化生活以及提供相应服务的权利。社会权的根本理据是人的尊严的维系，现实要求是适当的生活水准，针对的对象是更多地处于社会弱势的个体，社会权的价值重心更侧重于实质平等的关注。由此可知，生存权作为人尊严的直接载体而存在，受教育权与劳动权是维系人尊严的个人必要且基本的手段，故生存权、受教育权与劳动权为社会权的三大基本权利。我们通过社会权的产生、发展的历史可知社会不断发展是其得到不断丰富、强化的基础性条件，表征社会发展的城市交通对社会权充实与发展有着极其重要的意义。由于生存权、受教育权与劳动权为社会权的三大基本权利，故我们以此三大基本权利考量城市交通持续发展与社会权的关系。

（二）城市交通可持续发展与生存权

生存是每个人、每个民族、每个国家都要面临的基本问题，它随历史的情势变化内涵有所不同。生存作为权利状态更多的是针对个人而言，因为民族与国家的生存问题更主要的是政治问题。生存权是回应时代发展与个人需要而萌芽、产生、壮大、丰富的，其涵括性因时代、社会的不同而迥异。古代生存权只作为一种朴素的观念存在，如"老而无妻曰鳏，老而无夫曰寡，老而无子曰独，幼而无父曰孤，此四者，天下之穷民无告者也"②。古代西方与古代中国强调鳏、寡、独、孤等弱者的生存权有所区别，如《旧约·申命记》第 24 章第 14—15 行中，耶和华告诫说："困苦贫乏的雇主，无论是你的兄弟，或是在你城里寄居的，你不可欺负他。要

---

① ［英］洛克：《政府论》（下篇），叶启芳、瞿菊农译，商务印书馆 1964 年版，第 118—119 页。

② 《孟子·梁惠王下》。

当日给他工价，不可等到日落。因为他贫苦，把心放在工价上。"这里更重视为弱者提供劳动机会来帮助他们。此时的生存权以观念的形式存在，与此对应的是这时的城市数量很少，且大多以政治、军事为中心，城市规模很小、交通简单，谈不上真正的城市交通。

中世纪后期以降，尤其是资本主义建立以后，城市越来越多、规模愈来愈大，同时商业城镇逐渐增多。这时人们以多种动物作为交通工具，同时还有大型马车、轿子等复杂交通工具，以生存为内涵的生命权被明确提出，不过此时的生命权还停留在抽象的自然法意义上，即使如此，它还是比零碎的、片段的生存权观念进步许多，毕竟生存权有了具体的指代、明确的指向，如自然法"禁止人们去做损毁自己的生命或剥夺保全自己的手段的事情，并禁止人们不去做自己认为最有利于生命保全的事情"①。宪法意义的文件对此有所表述，如美国《独立宣言》开篇即称："我们认为这些真理是不言而喻的：人人生而平等，他们都从他们的造物主那边被赋予了某些不可转让的权利，其中包括生命权、自由权和追求幸福的权利。"1789 年法国《人权宣言》第 2 条规定："任何政治结合的目的都在于保存人的自然的和不可动摇的权利，这些权利就是自由、财产、安全和反抗压迫。"随着资本主义的发展，各种功能及综合性的城市遍地开花，城市中汽车、有轨电车等现代城市交通工具的出现，大大刺激了城市的发展。与此不和谐的是，"守夜人"式的政府消极被动地适应现代城市的发展，无法解决弱势群体的生存问题。在此语境下，作为对现实的回应，政府的角色必须转变，如 1848 年《法兰西第二共和国宪法》第 8 条规定："共和国根据友爱和互助的精神，将使贫困公民获得劳动，使不能劳动或无法从家属处获得帮助者得到救助，以确保他们的生存。"第 13 条规定："社会对弃儿、病弱者或资产阶级的老人给予救济。"《法国第四共和国宪法》前言载："凡对个人及家庭的发展有必要的各种条件，国家应保障之。"生存权终于从抽象权利走向了法定权利，尤其是确定了国家的保障义务。

考量生存权与城市交通发展的历史，我们总是发觉二者有着若隐若现、直接或间接的关系，是一种耦合还是一种必然？事实是城市交通的进步表征了社会经济发展，而生存权是在社会经济发展中萌芽、发展、丰富

---

① ［英］霍布斯：《利维坦》，黎思复等译，商务印书馆 1986 年版，第 97 页。

的，所以二者有着必然的联系，具体表现为：

第一，城市交通持续进步为生存权的发展提供了基础。由上述之，城市交通不仅是社会经济发展的成果，同时它还为社会经济的进一步发展奠定了基础。城市交通改变了资源的分配，有利于资源的合理利用；改变了空间的距离、时间步伐的快慢，有利于社会经济的提速。社会经济的发展使生存权从萌芽到实定权利。"经济贫困是社会权利贫困的折射和表现，经济贫苦的深层次原因不仅仅是各种经济因素的不足，更重要的是社会权利贫困，当然还包括与社会权利相关的政治权利、文化权利和经济权利的贫困。所以，治理与消除经济贫困的治本之道，是强化社会权利的平等与保障社会权利公正。"① 生存权是社会权中的重要权利，当然也不例外。

第二，生存权为城市交通发展提供动力与支持。生存权作为社会权的重要组成部分，从内部视角观之，"社会权是包括生存权、劳动权、社会保障权、适当生活水准权、健康权、受教育权等主要要求国家积极作为的权利，对社会权的保护不应该被看作是一种消费支出，而应视同为一种生产性投资。这种投资是一种能够带来预期利益的资本，属于人力资本的范畴。……人力资本的积累和增加对一国经济社会发展的贡献，比物质资本、劳动力数量增加的贡献越来越大。"② 社会经济的发展促进城市交通的进步。

（三）城市交通可持续发展与劳动权

人类一刻也离不开劳动，即人类的历史就是一部劳动的历史。但劳动作为一项权利还是现代的事情，现代世界多国宪法都规定了劳动权，如我国《宪法》第 42 条规定："中华人民共和国公民有劳动的权利和义务。"《日本国宪法》第 27 条规定，一切国民均享有劳动的权利，承担劳动的义务。《1947 年意大利共和国宪法》第 1 条指出，意大利是以劳动为基础的民主共和国；第 4 条规定，共和国承认全体公民均享有劳动权，并帮助创造实现此项权利的条件，等等。毋庸置疑，劳动权是个人谋生的手段，也是个体生存的基本保障，它是"人的价值、社会需求以及自我实现和

---

① ［美］洪朝辉：《论中国城市社会权利的贫困》，《江苏社会科学》2003 年第 2 期。
② 龚向和：《论社会权的经济发展价值》，《中国法学》2013 年第 5 期。

人的个性发展的手段"①，保障劳动者的劳动权就是最低意义上保障了劳动者的生存。

现代城市交通的持续发展无疑对劳动权具有重要的牵引与促进作用。城市交通持续发展丰富了劳动权的内涵。我们知道劳动是劳动主体与生产资料结合的动态过程，而劳动权则是其具体结合的方式，只有在现代二者之间的结合以权利的形式实现。劳动主体以权利的方式选择生产资料的范围越大，其劳动权越丰富。城市交通的持续发展使空间范围缩小，这样使劳动者占有的资源增多，劳动者选择的范围增大；城市交通愈来愈迅捷使劳动者从事过去因时间的原因无法胜任的工作。持续发展的城市交通不仅充实了劳动权的内涵，而且提高了劳动权的质量。城市交通的便捷使劳动者可以有更多的职业、工作机会，更好的休息质量。

（四）城市交通可持续发展与教育权

一个人从出生到成长为一个具有独立人格、独立生存的社会合格之人，要经过漫长的培养训练过程，这个过程就是教育。教育权是发展与完善人格的权利。在当代信息社会，一个人不经过长期的教育要通过劳动获得生存、发展的能力与机会是很难想象的。与教育有关的法律出现是近代以后的事情，近代随着资本主义的发展，资本的发展不仅需要物质资本，更需要人力资本，而且人力资本的素质要求越来越高，教育被提高到一个前所未有的高度。德国很早以法律的形式规范教育，如 1717 年普鲁士的腓特烈·威廉一世制定了《普鲁士义务教育令》，因此有关教育的管理权从教会手中向国家转移，逐渐实现了教育的世俗化。后来由于资本主义工业革命对教育的推行，义务教育得到加强，英国于 1870 年颁布《初等教育法》、法国于 1881 年颁布《初等教育法》、日本于 1886 年颁布《小学校令》等。不过此时的义务教育仅仅强制父母送子女接受教育，不是针对教育对象——孩子，更不是国家免费让孩子接受教育。20 世纪以后，人们的观念有所转变，"20 世纪（不是 18 世纪）的政府不仅有责任保护个人不受邻居欺侮（或不受外来侵略）的权利，而且有义务帮助社会全

---

① Drzewick, "The Rights to Work and Rights in Work", in A. Eide, C. Krause and A. Rosas (eds.), *Economic, Social and Cultural Rights A Textbook*, 2nd Rev. Ed., The Hague Martinus Nijh off Publisher, 2001, p. 223.

体成员满足他们基本的人的需要"①。公民受教育条款在此观念与社会经济发展的推动下，载入了宪法。如德国 1919 年《魏玛宪法》第 145 条规定："国民小学及完成学校之授课及教育用品，完全免费。"1936 年《苏联宪法》则在第 121 条明确规定："苏联公民有受教育的权利。"《苏联宪法》第 45 条规定更为详细："苏联公民有受教育的权利。这一权利的保证是：实行各种免费教育，对青年实行普及义务中等教育，在教学同生活和生产结合的基础上广泛发展职业技术教育、中等专业教育和高等教育；发展函授教育和夜校；对学生提供国家助学金和优待，免费发给中小学教科书。"真正意义的受教育权陆续出现在世界各国宪法之中。后由于《联合国宪章》《世界人权宣言》《经济、社会和文化权利国际公约》等一系列国际文件的确认和推广，公民受教育权在世界各国得到进一步的肯定。

　　通过公民受教育权的追溯与考量，我们知道受教育权的确立、发展有两个基本条件：一是客观的社会经济条件，即社会经济发展对受教育权有所需求，二是受人们主观的受教育权观念的指引。城市交通持续的发展如果能满足这两个条件，则会促进公民受教育权的发展。城市交通的迅猛发展，犹如人体的血液一般为经济的发展提供源源不断的动力，经济流通与经济发展的速度加快；良好的城市交通促进资源合理的配置，使资源发挥最佳效应。持续发展的社会经济对人力资本提出更高的要求，高要求的人力资本只能来自教育的培养，故城市交通的持续发展是受教育权进步的基本因素。同时城市交通实质平等的实现与人性化发展要求对受教育权提出新的诉求。城市交通的实质平等是兼顾每个人不会因现实条件的差别而影响个人的发展，实质平等需要国家、政府的积极干预实现个人的充分发展。这种观念对受教育权有推动作用，"由于出身和天赋的不平等是不应得的，这些不平等多少应给予某种补偿，这样，补偿原则就认为，为了平等地对待所有的人，提供真正的同等机会，社会必须更多的注意那些天赋较低和出生于较不利的社会地位的人们"②。这种实质平等的教育理念为人们所接受并在现实中促进了公民受教育权的发展。城市交通的人性化思想要求城市交通的发展要以人为中心，充分关注人的各种合理、正当的需要。这种思想表现在受教育权上就是人的全面发展理念。这种理念为一些

---

① ［美］L. 亨金：《权利的时代》，信春鹰等译，知识出版社 1997 年版，第 56 页。
② ［美］罗尔斯：《正义论》，何怀宏等译，中国社会科学出版社 1988 年版，第 96 页。

思想家所提倡，如黑格尔就认为："社会和国家的目的在于使人类的潜能和一切个人的能力在一切方面和一切方向都可以得到发展和表现。"① 并且人的全面发展理念也在条约法律表现出来，条约有 1948 年的《世界人权宣言》第 26 条第 2 款规定："教育的目的在于充分发展人的个性并加强对人权和基本自由的尊重。"法律类似规定如西班牙 1978 年《宪法》第 27 条第 2 款规定："教育的目的是在尊重共处的民主原则和基本权利与自由的范围内，充分发展人的个性。"现行墨西哥《宪法》第 3 条规定："国家所施行的教育，应平衡发展个人的一切才能。"城市交通的持续发展促进了社会经济的提高与观念的转变，职是之故，保障了公民受教育权的进步。

四　现代城市交通可持续发展与文化权：
以南京"法桐让路"事件为例

现代城市交通可持续发展不仅与公民的平等权、社会权有着密切的关系，也与公民的文化权有着错综复杂的关系。但长期以来，公民文化权处于式微境遇，这严重影响了现代城市交通与公民文化权向纵深方面的发展。事实上，公民文化权既有国际法的渊源，譬如 1948 年 12 月 16 日联合国大会通过的《世界人权宣言》第 27 条规定："（一）人人有权自由参加社会的文化生活，享受艺术，并分享科学进步及其产生的福利。（二）人人对由于他所创作的任何科学、文学或艺术作品而产生的精神的和物质的利益，有享受保护的权利。"② 1966 年 12 月 16 日联合国大会通过的《经济、社会及文化权利国际公约》第 15 条规定："本公约缔约各国承认人人有权：（甲）参加文化生活；（乙）享受科学进步及其应用所产生的利益；（丙）对其本人的任何科学、文学或艺术作品所产生的精神上和物质上的利益，享受被保护之利。"③ 也有宪法的规定，例如我国《宪法》第 47 条规定："中华人民共和国公民有进行科学研究、文学艺术创作和其他文化活动的自由。国家对于从事教育、科学、技术、文学、艺

---

① ［德］黑格尔：《美学》第 1 卷，吴黎平译，商务印书馆 1972 年版，第 52 页。

② 上官丕亮、孟凡壮：《文化权的宪法解读》，《学习与探索》2012 年第 1 期。

③ 万鄂湘、毛俊响：《文化权利内涵刍议》，《法学杂志》2009 年第 8 期。

术和其他文化事业的公民的有益于人民的创造性工作，给以鼓励和帮助。"与以现代城市交通可持续发展为内核的平等权、社会权相比较，实现以现代城市交通可持续发展为基质的公民文化权是更高的要求，公民文化权的实现反过来又会促进以现代城市交通可持续发展为内核的平等权与社会权的发展。故现代城市交通可持续发展与公民的文化权发展有着极其重要的价值。

（一）南京"法桐让路"事件及其引发的争议

2011 年 3 月，随着南京市地铁三号线的即将开工建设，主城区内超过 600 棵树要被迁移，为地铁让道。加上地铁十号线的建设，主城区一共要迁移 1100 棵树。据政府部门统计，建设地铁三号线将迁走的 600 棵树中，约有 200 棵为法国梧桐树。被南京市民誉为"城市灵魂"的法国梧桐的命运，再次引发市民关注与热议，① 黄健翔等知名人士通过微博发动"拯救南京梧桐树"活动，媒体随后跟踪报道，将南京因修建地铁移植梧桐树事件推到舆论的风口浪尖。各路声音经由微博的聚集，一场"拯救南京梧桐树，筑起绿色长城"活动引发社会关注。

在一片质疑声中，南京市出台制定了《关于进一步加强城市古树名木及行道大树保护的意见》，规定所有市政工程规划、建立都要以保护古树名木为前提。南京市委书记、市长等先后对此表态："工程让树，不得砍树。涉及重大工程的规划、建设，要以保护古树名木、保护行道树为前提。"移树工程被全面叫停。这一"法桐为地铁让路"事件似乎已"尘埃落定"，然而我们不由得不深刻地检讨与反思：此事件究竟反映了什么问题？事件的核心和本质是什么？我们应怎样避免类似事件的发生？

"法桐让路"事件引发了广泛的讨论，有人认为事件考验了地方政府依法执政的水平，凸显了法治的困境。② 有人认为事件显示出政府信息不

---

① 早在 2006 年初，南京地铁二号线因建设需要，迁移主城区线路沿线的行道树，这批行道树多集中在汉中路和中山东路上，大多为种植于民国时期的法国梧桐，共迁移了 190 棵。当时即有南京市民发动了"'大树搬家'牵动人心"的活动。而据统计，搬家后的法国梧桐存活率极低，2006 年搬家到白下区的 83 棵法国梧桐中，已有 68 棵死亡。最大一棵死亡的法国梧桐，胸围 280 厘米，有 80 年树龄。参见李秀婷、叶雯《南京 200 棵梧桐为地铁建设让路 市民心痛》，《南方日报》2011 年 3 月 15 日。

② 国锋：《"法桐让路"曝"有法未必依"》，《法制日报》2011 年 3 月 21 日。

公开，政府决策不民主，公众参与不足。[①] 也有人以经济方法计算城市交通发展与保护树木的成本与收益，认为更改地铁设计将加大经济成本投入，因此大树不得不为城市建设作出"牺牲"。[②] 笔者认为，这些讨论尽管有一定道理，但大都局限于事件的表象，尚未触及问题的本质。

南京的法国梧桐被视为"城市的灵魂""南京的名片""城市的记忆"。1872 年，一位法国传教士在南京石鼓路种下了南京第一棵法国梧桐树，开创了南京行道树栽种的历史。1929 年为迎接孙中山灵柩修建中山路和陵园大道的时候，又陆续种下 2 万棵法国梧桐，遮天蔽日的林荫大道与中西合璧的民国建筑成为南京的象征。因此"梧桐是历史、精神、文化和标志，是南京人的家人"[③]。南京市市长曾表示：保护南京古树名木，就是保护南京的历史文化。因此，笔者认为"法桐让路"事件反映了"经济社会发展"中"公民权利"保护的问题，其本质是城市交通发展与文化权利的冲突、博弈与平衡。

文化权利是与政治权利、经济权利和社会权利相并列的一项权利，根据《世界人权宣言》第 27 条和《经济、社会和文化权利国际公约》第 15 条的规定，文化权利包含了人人有权参加文化生活，享受科学进步及其应用所产生的福利之权利，享有一切保护科学、文学和艺术作品的精神的和物质的权利。城市交通发展中的文化权利，不仅强调交通发展应不断增加文化的内涵与拓展文化的形式，而且强调城市交通发展应保护已有的文化尤其是城市历史文化。城市交通发展中的文化权利不是被动权利，而是主动参与型权利，不是静止不变的权利，其内涵与形式不断变化与拓展。文化权利是每个人基于理性与自由选择，按其本质和尊严所享有或应该享有的文化待遇和文化机会，以及可以采取的文化态度和文化习惯。那么，当文化权利与城市交通发展产生冲突，是"权利"让路于"发展"，还是"发展"让路于"权利"？发展与权利的优位排列有无衡量的基准？

（二）城市交通发展须让路于市民文化权利

当今城市交通问题日益严峻，交通拥堵、交通事故急剧上升、交通环

---

① 秦楚：《"南京移树"风波引发的三点思考》，《新民晚报》2011 年 3 月 17 日。

② 《"父亲树"年年减少，探访南京大树为地铁建设让路》，《新华网》，http://www.js.xinhuanet.com。

③ 《南京 200 棵梧桐为地铁建设让路市民心痛》，《南方日报》2011 年 3 月 15 日。

境日益恶化。面对日益严重的交通问题，具体国家、地区所采取的具体做法不一，但殊途同归地偏向于从技术角度去探求问题的解决之道。① 通过基础设施建设以提高城市交通容量；通过编制、设计智能化交通运行模式以发挥现有交通设施功能；通过改造或建立现代化的交通管理体制与服务体系来提升城市交通的质量与效能。然而，巨大的人力、物力、财力的投入并未带来交通问题的好转，反而越来越严重。问题的症结何在？笔者认为，城市交通并不仅是技术科学的范畴，亦属于社会科学，因此在注重交通技术的同时，应加强城市交通规划与设计的"人文关怀"，加强城市交通发展中的文化自觉意识，提高城市交通发展的文化参与程度。

1. 我国城市交通发展中的"文化贫困"

城市交通发展是实现城市现代化、拓展城市辐射范围、促进经济发展的必由之路，其首要的直接的功能是"减少贫困"。然而，"贫困"是一个多维概念，不仅包括"经济贫困"，贫困涉及很多方面，饥饿是贫困，缺少住房是贫困，有病不能医是贫困。"收入贫困"使得出行机会减少；工作出行距离长，出现"时间贫困"；长距离和长时间步行或乘坐较慢的交通工具，使人疲劳和烦躁，是"能力贫困"。城市交通发展应理解贫困的多维本质，并寻找缓解贫困的策略。

认识贫困的多维标准，旨在改变采用单一"经济指标"衡量城市交通发展的传统做法，现代城市交通发展除了经济指标，还应同时兼顾文化指标、政治标准等，以人为逻辑起点与落脚点。发展的目标不仅是经济结构的改变、经济增长和收入得到理性的公平分配。发展的重要目标，应该是使人们普遍享有更多的自由和机会。② 仅面向"提高整个交通体系的效率"的城市交通结构改善是不够的，还应在系统层面注重文化建设和文化权利的保护，注重公平、正义、自由等精神。

从我国城市交通发展现状看，"文化贫困"现象极其严重。不仅现有的城市交通规划与建设所展现的行业文化色彩不浓，而且城市交通发展对城市历史文化遗产造成了极大损害。这在全国成为一种极其普遍的现象，如为给地铁"让路"，2010 年武汉市百年老街被"腰斩"；83 岁的"四季

---

① 刘士林：《文化在大都市交通系统中的意义》，《江苏行政学院学报》2007 年第 3 期。

② ［美］斯图亚特·R. 林恩：《发展经济学》，王乃辉等译，格致出版社、上海三联书店2009 年版，第 10 页。

美"汤包馆歇业，百年老店"精益"眼镜迁至鄱阳街；上海一幢有着90年历史的古建筑整体"行走"了20多米；2011年，昆明龙头村一晚清古屋突遭拆迁，因修建地铁需移植上万株树木；长沙百年银杏因修建地铁生存艰难；大连市移栽了中山广场15棵百岁老树。现有城市交通发展理念致力于维系城市"躯壳"靓丽，而忽视了城市内在"灵魂"，使得城市失去了原有的文化底蕴和活力。

笔者认为城市交通发展中的"文化贫困"本质是"文化权利贫困"。文化权利作为一项人权，具有重要价值与地位，但与其他人权相比，文化权利相对不成熟，没有得到足够的重视，常常被忽视，因此常被称为人权中的"不发达部门"，也被当作了其他人权的"穷亲戚"。[①]艾德亦认为，文化权利的无足轻重反映在人权理论与实践中：个人的文化权利几乎得不到什么关注。无论何时，只要使用"经济、社会和文化权利"的表达，大多数情况下，注意力是放在经济和社会权利上。[②]这与实践层面对文化权利的忽视形成共振效应，使得我国城市交通发展中的"文化权利贫困"日益严重。因此，必须凸显城市交通发展中文化权利保护的重要性，梳理城市交通发展与文化权利的关系，促进二者协调共赢。

2. 城市交通发展以文化权利保护为目标

人权与发展是国际社会关注的重大主题，二者有着内在的必然联系。人权的普遍实现，离不开发展，而发展离开人权，将失去方向与意义。人权是发展的目的、标准、固有内容。随着传统以物为中心的发展观带来贫富两极分化、环境污染、社会动荡等严重问题，人类社会认识到发展不单是物质财富的增长过程，更是人权的实现与扩展过程，强调只有以人权保障为内容的发展才是可持续发展。因此，现代发展观凸显人的中心地位，将人权与发展结合，以人权保障来看待发展问题。

发展的最高目标是为人谋取福利，而不是结构的构建与数字的增进，应以人的幸福与状态优化作为衡量发展的最终尺度。诚如阿马蒂亚·森（Amartya Sen）所论证的，"发展可以看作是扩展人们所享有的真实自由

[①]　［荷兰］雅努兹·摩尼迪斯：《文化权利：一种被忽视的人权》，《国际社会科学杂志》1999年第4期。

[②]　［挪威］A. 艾德等编：《经济、社会和文化的权利》，周列译，中国社会科学出版社2003年版，第328页。

的一个过程"①。必须将人置于主体地位，不能把人看作仅仅是发展过程中所带来的利益接受者。人权是发展的目的，不仅体现为发展过程的公正性和人的主体地位，还体现为对发展结果的共享。发展不会自动带来人权保障，只有明确发展必须以人权保障为根本目标，才能使发展成为实现人权的过程。

就城市交通发展看，城市是人的城市，交通是人的交通，城市交通发展本身并非目的，人与人权才是城市交通发展的价值所在。尽管城市发展过程中需考虑经济成本与收益、城市整体规划等因素，但将所有要素放在一个总体框架内观之，城市交通发展应以人的发展与权利保障为目标，并且这个目标具有终极性、价值导向性、不可替代性。人权内涵丰富，包括自由权与政治权利、经济、社会和文化权利等，南京"法桐让路"事件凸显了城市交通发展与文化权利的冲突与平衡，南京街道梧桐不再局限于"绿化"作用，更是作为"城市的灵魂""南京的名片"，作为一种历史精神的象征而存在，"南京的法国梧桐不仅仅是这个城市的一部分，根本就是一代又一代南京人人生记忆中的一部分"②。当城市交通发展与市民文化权利发生冲突，应优先保护文化权利，文化权利相对于城市交通发展具有价值优位性，城市交通发展应让路于市民文化权利。

3. 文化权利是可持续交通发展的度量基准

1994 年在墨西哥的 OECD 会议上，提出了"可持续交通"概念，认为可持续交通发展应满足环境、社会、经济三个目标。③ 可持续交通发展改变了传统将"经济指标"作为唯一考量因素，在注重交通技术的同时，纳入人文社会科学的考量基准。譬如不断改善城市公共空间，发展步行道、绿地空间、道路分割带、增加近郊城市公园等，发展多样化的公共交通（如地铁、轻轨、公共汽电车）等。然而，我国城市交通发展尚未彻底贯彻可持续交通发展的理念，错误将以"经济建设为中心"的国家战略理解为"以经济建设为唯一"，盲目的城市扩张、不合理的城市规划、对环境、文化因素的忽视，导致"交通拥堵、环境污染"等"城市病"

---

① ［印］阿玛蒂亚·森：《以自由看待发展》，任赜、于真译，中国人民大学出版社 2009 年版，第 1 页。

② 《宁地铁施工移毁法国梧桐　市民呼吁》，《东方早报》2011 年 3 月 14 日。

③ ［德］德国技术合作公司编：《可持续发展的交通——发展中城市政策制定者资料手册》，钱振东、陆振波译，人民交通出版社 2005 年版，第 12 页。

日益严重。因此，笔者认为城市交通发展是好是坏，是否可持续，需要一个度量基准。从人性、人文关怀等因素看，这个度量基准非"权利"莫属。

基于我国城市交通发展中"文化权利贫困"的现状，要实现我国可持续交通发展，必须凸显文化权利的重要性，将文化权利作为城市交通发展的度量基准之一。文化权利作为度量城市交通发展的一个标准，有其价值基础。"公民权利具有明确的，可分析的文化维度，与此相关联，还存在相应的文化制度和义务。事实上，文化制度既作为民族国家的教育和传播体制而发展，也作为与这种教育和传播体制相联系的公民权利而发展，这本身显示了公民文化权利维度的存在。"① 对可持续交通发展理念来说，文化是城市交通应有的内涵，文化权利作为一项人权，文化权利的享有程度和保障力度，本身体现了城市交通发展的水平。

那么是否可以设计具体的文化权利度量基准？即是否具有可行性？笔者认为，尽管文化权利是人作为一种精神存在超越物质存在的一种较高的追求目标，也是社会可持续发展的永恒动力和理性保障，要具体设计文化权利来度量城市交通发展是一个较大的难题，但依然可以从城市交通发展中娱乐设施与发展水平、文化机会公平度、文化产品质量和占物质产品的比重、语言文化的多样性和纯度性比率、宗教信仰自由度、文化政策法规及管理制度完善等方面来度量。各种度量基准又可以细化为诸多更小更具体的度量标准。②

以文化权利度量城市交通发展，是认识文化权利、推动城市交通发展的重要维度，而文化权具有工具性价值，是经济增长、社会和谐稳定的必要手段，其机制具有不可替代性。因为城市交通发展的实质是人的发展，人类历史发展过程就是从"以自然界为中心""以神为中心"向"以人为中心"的发展过程。或者说是人类为了生存、增进其力量和实现其价值的发展过程。城市交通发展的最终目标是改善和提高全体市民的生活质量，保障权利的实现，其中文化权利是一项重要内容。城市交通发展中文化权利的实现需要民主机构、尊重所有人权和基本自由、增加平等经济机

---

① ［英］勒恩·伊辛、布雷恩·特纳：《公民权研究手册》，王小章译，浙江人民出版社2006年版，100页。

② 龚向和、袁立：《以人权为核心度量发展的四个维度》，《河北法学》2008年第11期。

会、法治、促进尊重文化多样性和属于少数人的文化权利。

综上所述，城市交通发展以文化权利保障为目的和价值，文化权利是可持续交通发展的度量基准，文化权利优先于城市交通发展。在我国城市交通发展中，对文化权利保障尚不重视甚至侵害文化权利，文化权利处于一种"贫困"状态。城市交通发展应改变传统单一的"经济指标"，将文化权利等纳入度量基准。城市交通发展应突出"人"的地位和价值，以权利保障看待城市交通发展，将使经济、政治、文化与社会各项发展指标，在"人""人权"上归于统一。

（三）市民参与城市交通发展决策是文化权利保护的重要桥梁

在城市交通发展中贯彻市民文化权利保护精神，是贯彻科学发展观、建设和谐社会的一个必要条件，亦是建设法治城市、民主城市、现代化城市的必由之路。如果城市交通文化层面的建设跟不上交通物质层面的建设步伐，城市交通发展中的市民文化权利无从保障，极可能使交通发展迷失发展方面，缺失精神动力。从公法学视角看，城市文化更多表现为市民的文化权利。那么，城市交通发展决策与市民文化权利连接点何在？在城市交通发展中怎样才能更有效地保护市民文化权利？

城市交通发展决策是政府制定的用以约束、指导和协调城市交通行为的规则，对城市整体或局部的交通供给和需求模式起到导向作用。制约城市交通发展政策的因素有很多，诸如城市的战略定位、城市经济社会发展水平、地理生态、资源条件等，而城市文化因素是其中相当重要的要素，城市文化决定了城市发展的定位、城市产业特色等。城市交通政策的制定既要面向未来城市发展，更要重视和研究城市历史。如果不把城市历史文化遗产作为考察对象，将使得城市交通发展决策产生偏差。仅仅考虑经济发展而无视城市历史文化遗产保护，将使得城市的历史痕迹逐渐淡去，失去生命力。城市文化遗产既是物质的，也是精神的，培育了世代相传的民族精神、民族情感和民族认同，具有不可替代性。因此，城市交通发展决策应充分考虑城市文化遗产的制约因素。

笔者认为市民参与是联系城市交通发展决策与市民文化权利保护之间的桥梁，是防止城市交通发展决策侵害文化权利的有效途径。文化权利保护不仅要从市民在城市交通发展中获得文化权利的机会来看，而且要从经济发展、文化规范以及品位方面衡量；不仅包括城市历史文化的保护，亦应定位城市未来文化发展的走向。城市历史文化和未来文化走向都取决于市民文化生活需求，因此，文化权利的范围抑或谱系取决于"需求"，而城市交通发展政策应对这种文化权利需求予以"供给"。连接"需求"与"供给"最重要的途径即"市民参与"城市交通发展决策。

市民参与体现了继"代议制民主"理论之后的又一种民主理论即"参与式民主"。在西方，参与式民主自 20 世纪六七十年代兴起，成为一种新的民主理论流派。1960 年美国学者阿诺德·考夫曼首次提出"参与式民主"（Participatory Democracy）的概念。1970 年卡罗尔·佩特曼发表《参与和民主理论》，系统阐发了参与式民主在政治生活和国家治理中的作用，标志着参与民主理论的正式形成。

我国现代城市交通发展中呈现出文化权利贫困，权利保障精神不足，"城市道路求宽、求大、讲气派而交通布局、结构严重不合理，造成交通堵塞严重。北京胡同和四合院的大量破坏性拆毁，很多有价值的文物也被拆除，这都是没有公众参与，而出现政府决策'集体性智障'的表现"①。民参与的阙如导致城市交通发展决策的"集体性智障"，南京"法桐让路"事件的重要原因之一是城市交通发展决策的公众参与度不够，决策信息不公开，决策缺乏民主性。

市民参与城市交通发展决策是保障文化权利的重要途径，亦是建立"开放式政府""法治政府""民主政府"的重要方式。在党的十七大上胡锦涛同志指出："推进决策科学化、民主化，完善决策信息和智力支持系统，增强决策透明度和公众参与度，制定与群众利益密切相关的法律法规和公共决策原则上要公开听取意见。"我国现行城市交通发展决策体制是"公众参与、专家论证、政府决策"三位一体的决策模式，然而公众和专家在参与中未赋予"实体性权力"，他们的角色存在某种"虚幻性"，未能构成对交通发展决策权行使的理性化制约力量。政府是否考虑公众和专家的意见、选择和感受，还存在相当大的随意性，公众的参与变成一种"在场的缺席"，使得城市交通发展决策的结果很难获得"通过理性的正当化"② 支持。

市民参与城市交通发展决策意味着程序上的"介入"和"出场"，这

---

① 蔡定剑：《民主是一种现代生活》，社会科学文献出版社 2011 年版，第 187 页。

② 王锡锌：《专家、大众与知识的运用》，《中国社会科学》2003 年第 3 期。

需要参与者对决策结果具有不同程度的影响力,换言之,有效的市民参与意味着市民在决策体制结构上享有一定的决策权。而实现市民有效参与的关键在于"公众充权"①,将公众作为"行动者"和"权利人"引入城市交通发展决策过程,提高市民对城市交通发展的参与和有效发言权、选择权。具体来讲,市民有效参与城市交通发展决策以保护文化权利可从如下几个方面努力:

首先,树立参与型行政理念,市民参与能为政府决策和治理提供丰富的制度资本,改善政府决策和治理的质量,提高政府的合法性,实现"以人为本"的执政理念,甚至可以说市民参与的程度直接决定了城市交通的"人性化"内涵。其次,提高政府信息的公开和透明化程度。市民参与以有效信息为基础,没有充分透明的信息公开,市民参与将变成"盲参""形式化""表演化"。政府信息公开是提升公众参与能力的重要途径,如果缺乏有效的信息公开,公众难以获得认知"目标"所需的知识,亦难以对达成目标的"手段"进行分析并采用相应的对策,对城市交通发展方案失去评价能力,难以发挥建设性作用。甚至有偏向的、被控制的信息将使参与变成政府达成不良目的的工具。最后,市民参与的制度化。市民参与应不再依赖开明领导的意思,抑或政策层面,法治城市、法治政府的构建,要在城市交通发展中有效保护市民文化权利,必须在城市交通发展规划项目的申请、建设过程中,以制度化形式保证市民与利害关系人有表达意见的机会,并作为考量城市交通发展决策合法性和合理性的基准。

(四) 政府义务是城市交通发展中市民文化权利的根本保障

城市交通是实现人和物移转的最大空间,要实现城市经济、社会发展,大规模的城市交通建设必不可少。然而,城市交通发展往往与城市历史文化保护相冲突,尤其是旧城区的交通发展,会破坏城市古典建筑、街道布局等,损害市民文化权利。鉴于此,现代城市交通趋向于使用公共交通,最大限度减少小汽车交通,避免大规模扩充道路,发展城市轨道交

---

① 这一概念是后现代主义在判断实证主义和技术化路线的公共决策失败时,所提出的一个核心概念,其主要意思是强调公民的行动能力,强调在政策制定过程中使公民"有权作出决定"。参见郭巍青《公众充权与民主的政策科学:后现代主义的视角》,载白钢、史卫民主编《中国公共政策分析》,中国社会科学出版社 2006 年版,第 283 页。

通。然而，城市轨道交通依然对城市历史文化有重要影响，历史上形成的交通网络和交通环境对构建城市空间形态具有重要作用。因此，城市交通发展应保护传统城市交通网络空间，保护城市历史文化遗产，促进市民文化权利的享有与实现。

"市民参与"城市交通发展决策是实现城市交通发展与市民文化权利保护的重要桥梁，这是从"权利"视角的观察，以"权利制约权力"，即限制政府权力，以保障公民权利。在这种传统的"公民权利—政府权力"关系理论基础上，笔者提出"公民权利—政府义务"关系理论，并认为政府义务是公民文化权利的根本保障。因为"政府权力"并不一定带来公民文化权利的保障，权力可能被滥用并造成对公民文化权利的侵害。公民文化权利的保障应从它的对立面——"政府义务"中寻求答案，保护文化权利是政府的义务，政府义务是"责任政府"的重要体现。从法规范角度看，应依据公民文化权利的种类与范围来设置政府义务，然后依据政府应履行的义务来赋予政府相应权力，即遵循"公民权利—政府义务—政府权力"的基本模式。因此，政府义务是城市交通发展中文化权利的根本保障。

从人权代际理论看，文化权利属于第二代人权，与《公民权利和政治权利国际公约》中政府承担"不得克减""即刻性"义务相比，《经济、社会和文化权利国际公约》对政府义务采用了"采取步骤""逐渐充分实现"等用语，政府的"渐进性义务"主要基于文化权利短期内难以实现而提出，但绝不能错误理解为政府可以怠于履行义务甚至逃避义务。在理论层面，国际人权法学者提出了颇具影响力的"义务层次理论"，美国学者亨利·舒最早提出政府义务三分法，即避免剥夺的义务、保护的义务和向被剥夺者提供帮助的义务，在此学说基础上，挪威人权专家艾德凝练出尊重、保护与实现三层次义务理论。1999 年联合国经济、社会和文化权利委员会在关于食物权的第 12 号一般性意见书中确认了三层次义务理论。我国也有部分学者尝试对义务进行分类，如张翔博士依据基本权利的功能体系，将国家义务划分为三种：消极义务、给付义务和保护义务。①

笔者认为埃德理论中的"实现义务"内容过于宽泛，"实现"一词可

---

① 张翔：《基本权利的受益权功能与国家的给付义务——从基本权利分析框架的革新开始》，《中国法学》2006 年第 1 期。

以说隐含了各种措施,其中包括"保护"。而张翔博士的并列"三义务"——消极义务、给付义务和保护义务——也没有体现义务履行的难易程度顺序,而且从词性来看,"消极"与"给付"和"保护"也不一致。因此,从义务主体角度来限定,"消极"宜改为"尊重",继而将义务内容按照履行难易程度分为从低到高的三个层次:尊重、保护和给付。① 我们以"尊重、保护、给付三个层次义务"为基础构建城市交通发展中政府保护文化权利的义务体系。

第一,城市交通发展中政府对文化权利的尊重义务。尊重义务即政府不干预、不妨碍市民享受文化权利的消极义务,反映了文化权利的传统防御权功能。文化权利不仅是一项积极权利,亦具有消极权利属性,要求政府进行克制,履行消极不作为义务。政府在制定城市交通发展决策时,应该充分尊重市民根据自己的民族、宗教信仰、语言习惯、风俗传统等,自由表达意见、创作和娱乐。2001 年联合国教科文组织通过的《世界文化多样性宣言》第 5 条指出:"每个人都应当能够用其选择的语言,特别是用自己的母语来表达自己的思想、进行创作和传播自己的作品;每个人都有权接受充分尊重其文化特性的优质教育和培训;每个人都应当能够参加其选择的文化生活和从事自己特有的文化活动。"因此,政府城市交通发展决策的制定不能将任何文化强加于任何人,尊重个人创造和选择文化权利的自由。

政府对文化权利的尊重义务还体现在城市交通发展决策中,应尽可能减少对城市历史文化的损害。如在设计城市交通发展线路时,应优先考虑避让历史文化街区,历史文化保护建筑、文物古迹等保护单位,从根本上避免对城市历史文化风貌的影响。对于难以避免的,亦应该通过线路的局部调整,尽量使线路沿交通干线铺设,避免轨道交通下穿文物古迹。此外,应尊重现有交通理念、科技、管理及其服务所蕴含的文化因素,如陆海空交通基础设施建设、船舶、汽车、飞机等交通工具、设备的制造、交通行业行政执法、管理、窗口服务等阵地所蕴含的交通行业文化。这些现有交通行业文化无不反映了市民的文化意识和文化需求,是市民文化权利的具体展现。

第二,城市交通发展中政府对文化权利的保护义务。保护义务是指政

① 龚向和:《理想与现实:基本权利可诉性程度研究》,《法商研究》2009 年第 4 期。

府负有积极义务，使公民在实现文化权利的过程中，得到足以对抗第三人侵害的保障。政府积极行政保护城市交通发展中市民文化权利免受第三人侵害，此在行政法上称为"保护行政"，[①] 基于"保护行政"是以向市民提供某种帮助为"目的"，相对于"干预行政"而言，受"法律保留"原则约束的严格程度要低很多。但政府保护义务在于保障存于私人之间的文化权利法益不受侵害，此时受害者文化权保护可能与加害者的防御权相冲突，因此国家更应谨慎采取措施，因为可能使一方受益，而另一方受侵害。易言之，在此"政府—加害者—受害者"三角关系上，受害者有积极请求保护的权利，而加害者则基于防御权有消极免受政府干预的权利。

对于城市交通发展中来自第三人的文化权利侵害，政府究竟应采取什么样的保护措施以及怎样采取措施？这一问题尚未引起学界足够重视，因为从结果来看，只在于"政府'是否'尽其保护义务，而非政府'如何'尽其保护义务"[②]。我们认为城市交通发展中文化权利的政府保护义务履行方式主要包括预防义务、排除义务和救济义务三个层次。[③]（1）预防义务，是指政府负有采取相应的对抗措施，防止文化权利侵害的产生或降低危害行为的程度。行政机关在文化权利立法框架内，为文化权利主体提供一定的行为模式，营造有序环境，确保权利主体自由行使权利又不妨碍他人。并根据比例原则权衡各方利益，适当行使自由裁量权，对文化权利的行使进行适当限制。建立和完善各种预防侵害机制赖以发生效力的规章制度和设备资源，并发挥好组织协调作用。（2）排除义务，是当第三人侵害正在发生时，政府负有的排除第三人侵害，确保文化权利正常享有的义务。在排除层次中，政府的保护义务具有直接性和现时性。（3）救济层次，是指由于第三人侵害致使文化权利主体利益遭受损失，政府负有追究侵害者责任以补偿受害者，使受害者的文化权利恢复到正常水平的义务。

第三，城市交通发展中政府对文化权利的给付义务。给付义务即指政府采取适当措施促进文化权利实现抑或直接提供援助、服务，照顾人们基本的生计维持、整个社会安全，以及消弭严重的社会贫富悬殊等问题。（1）在城市交通规划与设计中贯穿文化权利保护意识。提高交通规划与

[①]　杨建顺：《日本行政法通论》，中国法制出版社1998年版，第322页。

[②]　法治斌、董保城：《宪法新论》，元照出版公司2006年版，第137—138页。

[③]　龚向和、刘耀辉：《论国家对基本权利的保护义务》，《政治与法律》2009年第5期。

设计的"人性化"内涵，使城市交通系统更好地服务于民，积极提供"物质条件"。政府在城市交通设计中，应将轨道线路、车辆设计、站台建设与城市整体的人文景观风貌有机结合起来，使轨道交通不仅成为城市传统文化的载体，更成为现代和未来城市文化的一道风景线。以城市交通发展为契机，打造城市个性文化品牌，增加交通发展中的文化含量，提高城市的品位，扩大城市的辐射力和凝聚力，培养市民对文化的保护意识。（2）创造条件，为市民参与城市交通文化提供便利。利用网络等现代方式积极公开政府交通决策信息，扩大市民对交通发展的知情权。在现有的市民参与城市交通决策的听证会、公共评论会等形式的基础上，借鉴英国城市规划中市民参与的形式，如市民评审团（Citizens Juries）、焦点小组（Focus Groups）、市民意见征询组（Citizens' Panels）、民意调查、公民复决、开放性区域论坛（Area Forums/Open Meeting）等，扩大市民参与城市交通决策的形式。（3）直接提供援助与服务，实现市民文化权利。不断改进和完善公交服务系统，设置城市盲人行道以及方便市民步行的街道。发展多样形态的交通工具，提高市民的"行"能力。实现交通运输管理的组织化，保护现有城市历史文化遗迹。（4）制度性给付，在国家立法框架内，以科学发展观和现有交通理念、人文精神为指导，重新审视现有的城市交通政策规章；以规章制度的形式，设立交通纪念日、开展交通纪念活动、交通文化活动，增加交通文化氛围；出台相关规章政策，保护重点交通文物，为一些重点交通工程建立纪念碑、纪念亭等。以此种方式，弘扬一种精神、形成一种文化，让现有的交通发展留下它的文化痕迹，为城市交通发展注入精神动力。

总而言之，我国城市交通发展往往以牺牲城市历史文化为代价，"文化贫困"严重，以"经济指标"作为唯一的考虑因素，忽视"权利指标"，导致市民文化权利受到损害。市民文化权利首先体现为对既有文化的享有与保护，如城市历史文化。城市历史文化经过历史辗转、积淀而形成，是城市发展脉络和不同历史时期特征的呈现，保留着市民对城市的一种记忆，亦体现城市的精神与个性。其次，市民文化权利还表现为一种"未来预期"，即城市交通发展应贯彻文化权利保障精神，在交通发展中发展现代城市文化，展现城市独特的文化魅力。

当城市交通发展与市民文化权利相冲突，我们认为城市交通发展应让路于文化权利，特别涉及城市象征的文化标志。文化权利保护既是城市交通发展的目的，也是城市交通发展的度量基准。通过市民有效参与城市交通发展决策，政府在城市交通发展中履行对文化权利的尊重义务、保护义务与实现义务，促进城市交通发展与文化权利的和谐共处、相互推进，实现城市新旧容貌的有机统一，实现发展与权利的共赢。

第三章

现代城市交通可持续发展的民生法治诉求

毋庸置疑，无论是从现代交通可持续发展的视角解读民生的内涵，还是以交通科技创新为例，提倡现代城市交通可持续发展的民生化发展导向，都只是民生本身层面的解读，仅仅是一种政治性的话语或理念，并不具有较强的规范性，还有待具体实施路径的出台。因此，现代城市交通可持续发展的民生问题还必须进一步具体化。只有当我们在国家治理的总体纲领中能够确定现代城市交通可持续发展必须以民生为指导理念时，它才能真正作为一项国家义务被布置到具体的交通发展过程之中。而这种将现代城市交通可持续发展的民生化问题上升为国家义务的过程，其实就是法治化，也就是说我们要实现现代城市交通可持续发展的民生法治化。具体来说，其主要包括以下内容。

一 民生法治：社会权保障的中国话语表达

"关注民生，是21世纪初期现代中国法治拥有坚实基石的必由之路；构建民生法治，是中国现代法治在21世纪得以真正实现的希望所在。"[1]法治是社会治理模式的一种，作为社会调节和控制的路径选择，除制度外，还有伦理、道德、经济等其他规范，而且即使在制度范畴内，除法律制度外，亦同样存在别的制度，甚至于是游离于合法之外但确实行之有效的规则，如"潜规则"等。

犹如民生本身是一个复杂的有机自创系统，解决我国当前民生难题亦同样需要多种手段的综合作用。但毋庸置疑的是，法治是被人类社会证明了最为有效的方式。党的十五大报告首次提出实行依法治国，建设社会主

---

① 付子堂：《构建民生法治》，《法学研究》2007年第4期。

义法治国家，将依法治国作为国家治理的基本方略。而且，九届人大二次会议也已经将"依法治国"载入宪法，将法治作为宪法的基本原则。党的十八大进一步提出"全面推进依法治国"，"加快建设社会主义法治国家"，将依法治国方略提到了一个新的高度。十八届四中全会更是对全面推进依法治国做了具体的制度安排，依法治国作为一个治国理念，也因而变得更加具有操作性和指向性。

正如学者付子堂教授所言，"依靠法律进行治理理应包括民生，民生问题从表面看是一个社会、经济问题，但实质是权利问题，而权利正是法治的核心"①。这个论断充分揭示了在当下我国话语体系下，依法治国治理方略是如何与我国民生现实内在契合的。在理论界，这样的论断十分常见。譬如，张文显教授同样认为，在法治范畴内，民生问题本质上是一个基本人权问题，是综合性人权。在我国语境下，包括了生存权、发展权，保障民生必然呼唤法治，因为法治的真谛乃是尊重和保护人权。②

因此，从某种程度上来说，民生法治就是我国法治发展的反思与评价标准，这似乎是无可厚非的。但是，在我国理论研究中，民生更多是从政治学和社会学意义上使用，关于民生的研究也大多针对具体的民生问题，是一种碎片化的研究方式。传统中国的人权话语是以民生的方式表达出来，民生包括就业、人民生活、交通运输、资源和环境、教育和科技、卫生和社会服务、文化和体育、公共管理和社会保障等内容，这些复杂烦冗的内容，使得民生本身不具有权利属性。基于此，对民生进行某种权利划分显得尤为必要，而上述民生的内容都可以在联合国《经济、社会和文化权利国际公约》中列明的各项权利找到对应关系，此种权利不同于自由权，是一种新型权利，学界通行观点是将这些权利称为社会权。③ 对此，有学者甚至说："民生通过法治的方式获得实现，主要可通过社会权的保障予以进行。"④ 他认为，民生权利是社会权的中国话语表达。

因此，从这一点上来看，民生是具有法律上的权利外观的。通过社会

---

① 付子堂、常安：《民生法治论》，《中国法学》2009 年第 6 期。

② 张文显：《民生呼唤良法善治——法治视野内的民生》，《中国党政干部论坛》2010 年第 9 期。

③ 龚向和：《社会权的概念》，《河北法学》2007 年第 9 期。

④ 龚向和：《从民生改善到经济发展：社会权法律保障新视角研究》，法律出版社 2013 年版，第 22 页。

权保障民生，民生所涉及的各项权利才不仅仅是一种自然法意义上的权利，而是人之为人所应当享有的，更必须辅之以制度实现的可能，致力于成为实定法上的权利。并且，社会权保障民生要求执政党和政府承担权利保障的宪法责任，要以国家作为义务主体，赋予其各项民生的义务。否则，不具有权利外观的民生，就像当下中国的民生问题，更多地被当成政府或者某个机构甚至个人的"恩施、恩惠"，这背离了民生作为基本权利内容的本来之义。① 作为政治术语上的民生，须进行法学意义上权利转化为社会权，才具有度量法治发展的功能，民生才得以可能成为法治的目的和本质。

二　现代城市交通可持续发展民生法治化的基本要求

　　城市交通作为基本的民生，同样需要纳入民生法治的范畴，才有可能获得可持续发展。通过法律来治理我国城市交通问题，是构建"以人为本""绿色交通""公交优先"等现代城市交通模式的根本保障和出路。如何解决现代城市交通所产生的各种损害民生的问题（如交通安全、交通污染等），都需要法律制度的保障和良好的法律调控机制。

　　而且，以交通可持续发展为内涵的民生法治化，尽管涉及很多私法问题，但从根本上来说是公法问题，其本质就是社会权保障，民生法治视域下的现代城市交通发展，必然呼唤社会权保障制度的建立。城市交通法治建设需要国家承担积极义务予以促成，要求完善以宪法、行政法为主，其他部门法为辅的法律制度，要求行政机关依法行政，要求司法给予公民权利以及时、有效的救济，从而维护权利、实现民生，最大限度地保证民生政策能够真正落实和持续，以实现惠及民生的初衷，实现民生法治。具体而言，这主要包括以下几个方面：

（一）以城市交通可持续发展为内容的民生法治要求全面的公共服务

　　我国作为行政主导型的国家，政府在依法治国的建设中起着至关重要的作用。民生法治强调责任政府建设，张成福教授将责任型政府分为广义和狭义，在他看来广义的责任政府是指政府能够积极主动地回应民众的各

---

① 张善根：《人权视野下的民生法治》，《法学论坛》2012 年第 6 期。

种诉求，采取积极的行动以便高效、公正地满足、实现公众的需求和利益，这是"社会回应"；狭义的则是指行政机关及其工作人员违反法定义务，违法行政时，必须承担相应的法律责任。[①] 民生法治视域下，责任政府构建意味着社会治理模式的变革，要求政府关注、改善、保护民生，主动提供各种基本公共服务。[②] 基本公共服务是政府根据经济社会发展总体水平提供的，旨在保障个人生存权和发展权所需要的最基础的公共服务。十八届四中全会要求政府不仅需要提供基本公共服务，更强调提供均等化的公共产品，国家"十二五"规划更是明确了基本公共服务体系的范围和重点，包括公共文化、基础设施、住房保障、环境保护等。

城市交通作为一种公共物品，在市场经济条件下，享有公共交通的社会成本和私人成本差异明显，具有负外部性，往往难以平衡。例如，我国人均私有轿车占有量逐年提高，一方面说明我国民生改善取得了很大成绩，民众生活水平得以提高，但是与之相应的是，其也不可避免地带来了城市交通的拥堵问题。另一方面，交通拥堵带来巨大经济损失，给民众的出行也带来了困难，反过来又不利于民众的日常生活。

因此，城市交通作为公共产品，也可能会出现市场供应失灵，因而需要国家干预，而政府自然成为城市交通服务最直接的生产者和供应者。实践中，以绿色交通而言，虽然对于短途出行者来说，步行和骑自行车可能是城市交通可持续发展最节能、最健康的一般模式。[③] 但是普通民众并不都愿意采取此种方式，步行或者自行车虽然节能，但对于单个主体而言，可能耗费大量时间成本，许多城市道路基础设施不完善，车辆挤占行人通道现象普遍存在，绿色出行也许并不是一种安全的选择。此时，需要政府为绿色交通的实现采取某种制度安排，而且这种安排必须在法治的框架内。

（二）以城市交通可持续发展为内容的民生法治要求完善的立法体系

在我国，目前关于城市交通方面的立法状况，并不乐观。宪法层面并

---

① 张成福：《责任政府论》，《中国人民大学学报》2000 年第 2 期。

② 彭中礼：《民生法治发展模式建构研究》，中国社会科学出版社 2011 年版，第 202—203 页。

③ ［英］罗德尼·托利编：《可持续发展的交通——城市交通与绿色出行》，孙文财等译，机械工业出版社 2013 年版，第 7 页。

无直接关于城市交通的规范，只有关于"运输业"等行业经济组织的规定。在法律层面上，也并无针对城市交通专门的法律，我国目前仅有《道路交通安全法》，该法 2003 年制定，并于 2011 年最新修订，主要调整车辆驾驶人、行人、乘车人在道路交通活动时所发生的法律关系，并非专门针对城市交通。

现阶段，城市交通规范散见于行政法规和部门规章以及行政机构颁布的大量的规范性文件当中，如《机动车交通事故责任保险条例》等。实践中，鉴于各地区城市发展水平之间差异较大，因而，现实中起作用的多是数量庞杂的各类地方性法规和地方规章，而且几乎各个地方政府都颁布了类似的规范。如《上海市道路交通管理条例》《广东省城市交通管理条例》《南京市城市交通管理条例》等。

这些地方性立法在法律体系内位阶层次较低，各部门、各地区的交通规章杂乱，无法系统性地加以布置，立法部门利益化现象十分严重，甚至出现随意立法、突然袭击、规范本身违法的现象。譬如，以车辆限购令为例，2014 年 12 月 29 日下午，深圳市政府发布《关于实行小汽车增量调控管理的通告》，并召开新闻发布会决定，从当天下午 18 时起，在全市实行小汽车增量调控管理。而在此前，深圳市交委等相关部门多次重申其并无限购计划，一切根据《深圳市城市交通白皮书》，利用出行管理和宣传倡导等综合手段，引导车辆合理使用，[①] 并没有赋予政府此种行政权力。

在这一事件上，虽然政府的出发点是为了城市交通可持续发展，解决城市停车难、车辆乱停、挤占消防通道、人行道、绿化带等城市公共空间问题，但是，以剥夺公民道路通行权、限制财产权方式加以实现，究竟是否可取，实际上是值得商榷的。这种突袭方式，极大地损害了政府法治公信力，损害了法律的权威，并且在相关部门已经作出承诺的情况下，作出"出尔反尔"的规定也不符合构建责任型政府的基本要求。因此，各地有关车辆限购令、限行令的政府规章或者规范性文件，实际上是有违法、违宪之嫌的，包括《道路交通安全法》在内的相关上位法中并没有诸如车

---

① 《深圳突发汽车"限购令"政府曾多次表态不会限》，http://politics.people.cn/n/2014/1230/c1001-26297791-6.html。

号牌指标或配额的限制。① 长期以来，我国在一些涉及公民社会权方面的民生事项，原本就应该制定法律，但却仅仅制定了低效力的其他规范，并且恣意减损公民的权利或增加其义务。

因此，建构以城市交通为内涵的民生立法显得尤为必要。但是，现阶段较为困难的是，我国目前并无关于城市公共交通全国统一的专门性法律。历史上，2009 年，国务院曾将《城市公共交通条例》列入立法计划，国务院法制办也曾于 2010 年公布了《城市公共交通条例（征求意见稿）》，但这部条例至今没有下文。当然，需要指出的是，建构并不意味着必须出台一个《城市交通法》之类的法律，作为民生法治的城市交通立法是一个综合性非常强的任务，有学者借助经济法的研究径路，认为应当建立以经济法为骨干的法制框架，实现城市公共交通规制的法治化。"这个框架体系应以宪法为基石，以城市公共交通法为核心，包括产业政策法、财税法等宏观调控法，反垄断法等市场规制法以及劳动法、环境保护法、社会保障法等社会法为枝干的整体。"② 且不论城市交通立法的部门法属性，这至少说明了城市交通立法涉及土地规划和利用、城市规划、能源系统、环境对策、车辆排放标准、汽车技术、交通安全、绿色交通实施等，甚至与教育、就业、社会保障、社会稳定等密切相关，单纯依靠一部所谓《城市交通法》不能涵盖所有问题，我们所要做的是针对现有城市交通法律法规、部门和政府规章、其他规范文件做一个系统梳理，按照《立法法》的有关精神和要求，确立法律位阶关系，完善有关立法的审查制度，建构起以保护权利为价值目标和民生导向的城市交通立法体系，从而符合可持续发展，保障民生的基本要求。具体来说，这主要包括如下几个方面：

第一，确立优先发展城市公共交通、倡导绿色交通的基本原则。城市交通发展以实现城市公交优先发展和城乡客运公共服务均等化为目标，公交优先制度最早于 20 世纪 60 年代在法国开始实行，由于能够缓解交通拥堵和交通污染，保障交通安全，减少交通事故，因而被世界各大城市纷纷采用，已经成为交通可持续发展的主导战略。

---

① 杨解君：《公共决策的效应与法律遵从度——以"汽车限购"为例的实证分析》，《行政法学研究》2013 年第 3 期。

② 参见单其文《我国城市公共交通经济法规制问题研究》，博士学位论文，安徽大学，2011 年。

　　我国社会经济不断发展，城市交通问题日趋严重，如何为社会提供便捷、安全的出行环境，是一个非常紧迫的民生问题，也是保护公民出行权的必然要求。公共交通资源的日益紧张，使得以公共汽（电）车、有轨电车、地铁、轻轨等公共交通以及自行车、步行等绿色出行成为缓解社会压力的有效方式。发展绿色交通除了能减少城市空气污染、节约能源外，还具有减少城市交通阻塞、有利于出行安全的优点。

　　我国《城乡规划法》第 29 条规定："城市的建设和发展，应当优先安排基础设施以及公共服务设施的建设，妥善处理新区开发与旧区改建的关系，统筹兼顾进城务工人员生活和周边农村经济社会发展、村民生产与生活的需要。镇的建设和发展，应当结合农村经济社会发展和产业结构调整，优先安排供水、排水、供电、供气、道路、通信、广播电视等基础设施和学校、卫生院、文化站、幼儿园、福利院等公共服务设施的建设，为周边农村提供服务。"从该条文可以看出，我国城乡建设和发展，应当优先安排基础设施以及公共服务设施的建设。这虽然提到了诸如城市公交之类的公共服务，应该优先安排，但毕竟不是明确规定。

　　但是，这并不等同于说，我国有关公共交通、绿色交通方面的立法进程是空白的。实际上，2004 年开始，国务院、交通部等有关部门与各地方人民政府，就已经通过一系列文件，在全社会确立了"公交优先"这一城市交通基本原则和制度。譬如，国务院《城市公共交通条例（征求意见稿)》第 3 条便明确规定："国家应当加大资金投入，保障城市公共交通在城市交通中优先发展，确保城市公共交通在城市交通中的主导地位"，明确提出了"公交优先"的发展理念。又如，在《上海市 2007—2009 年优先发展城市公共交通三年行动计划》中，也明确提出了"公交优先、绿色出行"的要求，《浙江省加快推进绿色交通发展指导意见》也认为，转变现代交通方式，实现交通可持续发展，就必然加快推进绿色交通发展，提升综合交通整体效率。[①]

　　因此，我们有理由期待用以确立优先发展城市公共交通、倡导绿色交通基本原则的立法会及时出台，从而使得公交优先成为保障民生、城市可

---

　　① 依次参见《上海市 2007—2009 年优先发展城市公共交通三年行动计划》，http：//www. moc. gov. cn/st2010/shanghai/sh_ tongzhigg/tzgg_ guihuatj/201112/t20111214_ 1166292. html；《浙江省加快推进绿色交通发展指导意见》；http：//www. pkulaw. cn/fulltext_ form. aspx? Gid = 17795992。

持续发展的主导战略。在诸如此类的立法中，我们应当明确，坚持公交优先，就是坚持"权利优先""民生优先"。公共交通是关系国计民生的社会公益事业，不可能完全由市场负担，在实行公交特许经营、适度开放市场外，还要把公交事业纳入公共财政体系，建立规范的公共财政补贴补偿制度。① 建立相关法律法规，为公交优先提供法律保障。并且，绿色交通、公交优先必须辅之以配套措施，确保交通规划、交通基础设施建设符合环境要求，不会造成交通污染、严格制定车辆排放标准，严控汽车尾气排放；积极探求寻找清洁能源、提高能源利用效率；对新能源交通工具进行补贴、倡导健康绿色出行方式；加强公交基础设施建设，保障公交"路权优先"，建立政府购买、公交补贴补偿制度、特殊人群的票价减免制度等。同时，还要提高公共交通工作人员待遇，确保公交职工人均年收入略高于社会平均水平。

　　第二，深化城市交通行政管理体制改革，理顺交通管理部门之间的关系。实践中，由于城市交通立法的不完善，导致我国交通管理政出多头，特别是"轻规划、重建设、轻管理"现象严重。② 我国城市交通行政管理体制涉及发改委、交通部门、建设部门、规划部门、市政部门、公安部门等多个机关。而且，现代城市发展呈现中心城市和区域一体化、城乡一体化的趋势，历史上，尽管我们废止了《城市规划法》，颁布了《城乡规划法》。但该法以及《道路交通安全法》等法律法规，对这些交通行政管理部门的职权定位并不清晰，难以适应现代城市交通管理的要求，导致城市交通的规划、建设、管理之间脱节严重。而且，部门之间又往往存在权责划分不清晰、职能重叠现象。实践中，当出现对本部门有利情形时可能多个部门均想加以管理，从而滋生了政出多头、管理混乱的弊端。但是，当出现不利情况时，则相互推诿、扯皮，损害公共利益，比如城市道理养护问题上经常出现的推诿现象等。因此，体制的混乱，必然会导致城市交通

---

　　① 南京市政部门公布的《关于优先发展城市公共交通的意见》提出建立优先发展公共交通的基金，对公共交通实行补贴补偿作出规定，设想将市区两级每年土地出让金的5%，主要用于公交企业的政策性亏损、公共交通建设资金投入等。详见《落实"百姓优先"南京制定公交优先发展 5 年规划》，新华网（http：//news. xinhuanet. com/politics/2006 – 06/08/content ＿4663341. htm）。

　　② 清华大学"城市可持续交通"课题组：《中国城市可持续交通：问题、挑战与实现途径》，中国铁道出版社 2007 年版，第 61—63 页。

可持续发展困难，以城市交通为内容的民生法治之改善问题重重。虽然我国交通行政管理体制开始向集中方向发展，不少城市成立了交通委员会以协调交通管理行为，但理顺各部门管理关系、寻求各部门分工协同、相互配合，仍是交通行政管理体制改革的重点。

第三，完善民生导向的城市交通立法，扩宽公众参与通道。目前我国城市交通所呈现的各种问题，很大一部分原因是公众参与程度不够，政府信息不公开所导致的。很多关系到公共交通的民生立法以及民生政策的出台，事先民众都不知情，或者是知情但无法参与，最终是"被代表"。以城市出租车涨价听证会为例，各个地方要么是根本就没有召开听证会就直接涨价；要么是召开了相关的听证会，但是参与听证会的代表几乎无一例外都要求或者同意涨价，尽管有个别代表反对涨价，但是在所谓的"听证会"上，这些少数的意见得不到尊重，有时甚至基本得不到发言机会，这显然是不正常的。

我们认为，行政决策的听证程序出现此种局面，显然有多方面的原因，但问题的关键在于，参与听证会的代表产生机制，究竟是否符合法律的要求，或者说究竟能否代表广大普通消费者，普通社会公众能否有机会成为代表，而这实际上就是信息不公开和公众参与不够的问题。须从法律层面解决行政决策听证的代表的遴选制度，应当体现利益的多元化要求，听证过程要有充分的听证抗辩，保证各参与方特别是相对弱势一方有充分有效的辩论等，都是解决行政听证公众参与不足的有效制度安排。[1]

公众参与，是责任政府的基本要求，也是法治国家的基本常态，这本身就是公民的基本权利，我国《宪法》亦赋予了公民相关权利来知晓和参与公权力的运行，而且参与的领域不限于政治生活。在交通问题上，强调公众参与城市交通的可持续发展，特别要求在有关城市交通的立法、规范性文件出台、城市交通规划出台前，听取和吸收公众意见，让公众知情并且参与相关立法活动，尤为重要。在城市交通项目进行过程中针对不同利益相关者采取适当多元的调查方法，特别是保证弱势群体的需求的表达和满足，可有效规避项目风险，促进社会效益的实现。[2]

---

① 参见魏建新《利益视角下的行政决策听证》，《广西社会科学》2015 年第 2 期。

② 参见陈绍军等《交通项目的公众参与社会评价——以安徽中等城市交通项目为例》，《城市发展研究》2012 年第 5 期。

在我国，《城市公共交通条例》虽然尚未出台，但作为我国首部专门规范城市交通的行政法规，可以说广泛地征求公众的意见，公众参与程度极高。但是，目前存在的问题是，我们所看到的《城市公共交通条例（征求意见稿）》里面只是原则性提到了公众参与，并未细节化，可操作性还有待提高。譬如，《城市公共交通条例（征求意见稿）》第 20 条规定："城市公共交通管理部门开辟、调整城市公共交通线路应当征求社会公众意见。"但是，如何征求，采用何种方式征求，意见收集后如何处理，开辟、调整以后如果仍有意见该如何处理等问题，立法中都没有得到明确，这在一定程度上会让这一条款的实际功效大打折扣。因此，我们需要构建不同阶段的不同参与机制。[①] 民生问题事关自身利益，只有让普通市民参与并看到可增加他的福利，改善他的生存环境、生活状况等诸如此类的现实可能性，决策者才能将可持续发展植入交通发展之中，绿色交通的理念也才有可能让更多的普通市民接受，才能推动城市交通的可持续发展，实现改善民生的目的。

在这一问题上，我们认为，城市交通的规划、建设、运营阶段均可参与。一方面，我们需要完善不同阶段的参与主体制度，明确相关专家、市民代表、政府代表的比例等，除个人外，也可以吸收社会组织参与。另一方面，参与方式可采取多种灵活办法；参与主要内容上，特别是关系普通百姓的切身利益事项如价格、环境改善问题、项目的验收、服务质量、服务监督等方面，要展开充分的讨论。公众意见必须如实呈现给社会大众，并且有明确的处理意见。

（三）以城市交通可持续发展为内容的民生法治要求严格地依法行政

长期以来，我们都提倡建设法治政府目标，要求行政机关依法行政，执法为民，从而最大限度地保证民生政策能够真正落实和持续，以实现惠及民生的初衷。因此，实践中，要做到依法行政，交通行政执法也要体现惠及民生的要求。

对此，我们认为，首先应当做到信息公开。虽然 2008 年《政府信息公开条例》确立了"公开为原则，不公开为例外"，但是，这一要求在城

---

① 吴兵、董治、李林波：《城市公共交通规划中的民众参与问题研究》，《山东交通学院学报》2008 年第 3 期。

市交通中并没有得到贯彻，在我国包括但不限于城市交通引发的各类群体性事件中，政府往往未能及时公布相关信息，回应公众疑问。特别是在网络媒体发达的今天，从而给事件本身的处置带来了极大麻烦。网络舆情打破了时空的限制，使网民对于一些具有普遍性的事件本身十分敏感，如果此时，公权力方拒绝公众的知情权，隐瞒信息，导致"公权机关公信力的下降，从而导致公众的不满、怀疑、被剥夺感及被压迫感增加"，甚至"集体失去理性"使事件激化，朝着更大规模、更加严重的方向发生"变异"。①

其次，要求合法行政。行政权力作为公权力，具有先天的扩张性，不加以规范，容易侵犯公民的私权利。在交通行政执法领域，曾经发生在上海的钓鱼执法、高速公路针对外地车辆加重处罚等事件，都能够充分说明这一问题的严重性。而且，需要注意的是，相比较而言，城市交通领域的行政执法赋予了行政机关及其工作人员更大的自由裁量权。道路执法、高速公路执法、交通违章违规认定和处理等领域，都具有某种"寻租"空间。因此，我们认为，交通执法权的取得必须有法律依据，程序、方式必须符合法定要求，并且要鼓励社会公众参与交通执法行为的监督，确保行政机关及其工作人员的违法行为得到严惩。

再次，做到以人为本，合理行政，要进一步明确，城市交通规划必须符合人性化要求，以人为本，而不是以车为本。实践中，譬如，就城市交通规划必须符合人性化要求而言，交通规划则必须满足自行车、步行等绿色出行方式的要求，考虑区域协调、新旧城区协调等。就城市交通管理符合人性化要求而言，交通设施建设必须走向智能化的道路，完善十字路口交通安排，加强城市商业集中区区域人性化交通改造，完善交通枢纽建设，保障出行安全畅通，对特殊时段、路段采取限行，控制汽车尾气排放，完善停车收费机制，在交通噪音污染严重区域建立隔音墙，防止噪声污染，等等。

最后，要奉行人性化执法的理念。人性化执法是一种文明的执法方式，以人为主体和目的，以人权和人道为基本原则，要求每一个人被善

---

① 常锐：《群体性事件的网络舆情及其治理模式与机制研究》，博士学位论文，吉林大学，2012 年。

待、内在价值受尊重，追求执法公正与执法效果的统一。① 近年来，各个地方城市交通管理部门都出台了不少惠民措施确保执法人性化，这也是城市交通促进民生改善的具体体现，如城管的人性化执法；城市人性化拆迁；专门设立老年人、残疾人办理窗口；机动车辆驾驶人轻微交通违法行为能够承认错误、态度诚恳的，批评教育后放行；对违章信息、年检信息通过电话或短信等方式温馨提醒，等等。从某种程度来说，人性化执法措施的出台和执行，体现了法治要求，说明了社会文明程度的提高，是以人为本、民生法治、可持续发展理念在城市交通领域的具体实现，也是社会权保障的要求。

（四）以城市交通可持续发展为内容的民生法治要求公正的司法救济

"无救济则无权利"，这一西方著名法律谚语告诉人们，没有救济的权利，规定再完美也是一纸空文。宪法和法律对权利的保护不能仅仅满足于在法律文本上的规定，必须建立与之相适应的若干种权利救济的途径。民生法治要求权利受到侵犯时能够得到及时、有效的救济。法治政府必须通过"各种有效措施来积极地保障发展人的权利机制，最大限度地为公民追求最大限度的幸福提供制度性的保障条件。充分的诉权是防止政府功能异化的制度保证"②。

城市交通发展过程中经常出现国家权力侵犯公民权利的情形，交通执法机关滥用职权、违法不作为等现象，也十分常见。而且，更为严重的是，城市交通规划和建设中土地征收和征用、房屋拆迁问题，也一直是诱发社会矛盾、群体性事件的重要因素。野蛮拆迁、征收征用程序不合法、补偿费用过低、补偿不到位等现象，比比皆是。此种情形明显是侵犯公民的财产权、健康权等基本权利的行为。

但是，长期以来，权利受到侵害的相对人，却得不到有效的司法救济。行政诉讼中，有关土地征收、房屋拆迁一直存在立案难的问题，原《行政诉讼法》对此无明确规定，地方往往出于行政保护、地方经济发展、社会稳定的角度考虑，干预法院立案，有些即使立案后也是久拖不决。这与依法治国、构建民生社会、保障权利背道而驰。城市交通领域内

---

① 李龙：《论人性化执法》，《华中科技大学学报》（社会科学版）2004 年第 5 期。

② 莫纪宏：《论人权的司法救济》，《法商研究》2000 年第 5 期。

的权利保护，大多是公法问题，需要国家采取主动措施予以尊重保护、积极促成，当权利受到侵犯后应该迅速有效地救济。

　　针对这种情况，2014 年新修订的《行政诉讼法》明确了关于土地房屋征收补偿等问题，法院必须立案。行政机关不得阻挠法院立案审判，规定如果法院不立案公民有权上诉，并且还从制度层面上规定了立案登记制度。修改后的《行政诉讼法》扩大了行政诉讼的受案范围，将涉及"合法权益"的行为扩大到远比人身权和财产权更广泛，这对"人权保障无疑是一个重大进步"。① 使得几乎所有权益受到侵犯都能够获得救济，这也是民生法治实现、保护公民权利的重要举措，而这些新兴的救济理念和救济制度，当然也应为城市交通可持续发展所借鉴。

---

① 姜明安：《论新〈行政诉讼法〉的若干制度创新》，《行政法学研究》2015 年第 4 期。

第四章

现代城市交通可持续发展民生化导向的法治维度
——以交通科技创新为例

如上所述，以现代城市交通可持续发展为视角，我们可以解读出更为丰富的民生含义，在某种程度上，我们甚至可以说，现代城市交通可持续发展问题本身就是一个民生问题，二者相辅相成。也正因此，我们必须在民生化的指导下，构建现代城市交通可持续发展的道路，秉承民生导向化的发展理念。而这其中，尤其值得我们加以关注的是城市交通领域的科技创新，它本身既是民生这个自创生系统的子集，同时也是检验现代城市交通可续持续发展是否遵循民生要求的试金石。

一　现代城市交通发展的民生化趋向及其难题

现代城市交通发展问题，既是一个可持续发展的科学问题，也是一个民生保障的法治问题。一方面，从自然资源环境角度来讲，资源短缺与环境破坏的严峻现实迫切需要城市交通发展能顺应产业结构转型、经济发展方式转变、国际竞争技术转移态势而大力推进交通科技创新，以确保现代城市发展围绕"以人为本"的科学发展理念，以"可持续发展"为逻辑基点而展开。另一方面，从社会制度运行角度来看，城市交通作为社会结构系统的子集，其可持续发展往往关乎教育、就业、社会保障等其他社会结构功能实现，[①] 城市交通发展便面临着公共利益与个体权益、交通发展与社会公平、公共权力与公民权利（包括平等权、自由权、社会权利）等关系范畴之内在冲突。有效解决上述内有冲突有待不断协调自然（资源短缺）

---

① 如城市交通顺畅通达可减少学生上学、职工上下班在途时间，也可控制居民区过于集聚而改善居住环境。

与人类（社会发展）之间的供需矛盾，这就迫切需要借助交通科技创新活动以便将其创新（主体与行为等）纳入以"民生保障"[①] 为价值导向的法治框架，以有效协调城市交通发展面临的突出社会矛盾与利益冲突。

为此，以交通科技创新实现城市交通可持续发展就不仅要解决交通科技创新的技术问题，更要将城市交通发展及其科技创新视作民生这个自创生系统子集，借助系统内部各要素互为动力、相互促进以解决其技术发展与运用中的社会问题。既要着力通过城市交通可持续发展以提升教育、就业、社会保障等民生服务水平，也力求通过改善教育、就业、社会保障等民生服务需求来协同解决城市交通可持续发展问题。例如，教育平等（尤其中小学优质师资学区教育资源均等化配置）、择业自由、社保城乡一体化等民生保障措施落实，有助于减少因诸如跨区择校上学放学、职工上下班长途跋涉、农村进城务工人员在城乡之间潮汐式往返等原因所致的交通出行拥堵。鉴于解决城市交通发展问题与解决民生服务需求问题具相互促进作用，相应地，交通科技创新便要立足解决城市交通发展的公共需求问题（如交通拥堵等），以满足"城市公共交通服务"[②] 这种具强烈公益属性的"公共产品"[③] 的供给，突出社会效用，体现民生化导向，[④] 如此方能实现其城市交通可持续发展目标。如果说交通科技创新本身是城市交通发展的引擎机，那么交通科技创新之民生化导向便是城市交通实现可持续发展的指南盘。

交通科技创新之民生化导向首先要求对交通科技创新行为正当性加以价值理性审视以判定其是否为民生科技行为。所谓民生科技是指与解决民生问题最直接相关的科学技术，民生产品具较明显的公共产品性质。民生

---

①　民生包括教育、就业、收入分配、社会保障、医疗卫生和社会管理等基本内容，简言之即"人民生计"，其内涵虽随时代更迭，但依孙中山先生对此所概括的四要素衣、食、住、行，作为满足人们出行需求的交通发展理应是其基本内涵之一。

②　刘晓宁：《国务院发布优先发展公共交通指导意见》，《中国交通报》2013 年 1 月 7 日。

③　在法经济学或制度经济学上，产品可分为公共产品与私人产品，显著区别在于：公共产品具有效用的不可分割性、消费的非竞争性、受益的非排他性，私人产品具有效用的可分割性、消费的竞争性、受益的排他性。公共产品又可分为纯公共产品、准公共产品、共同资源。准公共产品又被形象地称为俱乐部产品，其虽具消费的非竞争性但往往可轻易做到排他，如公共桥梁，某些准公共产品具有拥挤性或价格排他性。

④　技术创新民生化也呈现于信息技术创新及其引导智慧城市建设与智能交通设计领域。参见陈丽容《运营商集体聚焦智慧生活凸显技术创新民生化》，http：//www.sina.com.cn。

科技在内涵上体现为科技服务于"民"与"生"两个层次。① 目前，美国、日本、欧盟、澳大利亚等有关民生科技发展政策议题多涉及交通科技领域，② 均强调科技创新要以人为本，体现科技为民的人文关怀与价值取向。"民生科技的主要特征，一是应用型科技，二是服务于民的科技，三是经济效益与社会效用双赢的科技，四是价值理性优于并支配工具理性的科技。"③ 事实上，就科学技术本身而言，其具有价值中立性，技术作为一种工具理性，只是达到某种目的的手段，它无法证明目的的正当性，而法律既是一种工具理性，也是一种价值理性，总是有其道德维度。④ 并且技术可能为实现某种效用而在手段上无所不用其极，法律作为一种制度性设置或规则体系，却有待正当性证成，因而法律既是一种工具理性，也是一种价值理性，具有道德维度。⑤ 因而，为避免技术的工具理性与法律的道德维度相悖，交通科技创新行为的展开便有赖于法律的价值理性指引，方能确保其服务于社会发展的正当目标，从而确保其交通科技创新行为服务于民生系统的法治化制度设计需要。同时，交通科技创新民生化还要求对其创新成果效用性加以价值理性审视以判定其是否为民生科技产品。英国学者约翰·齐曼分析指出，随着科技活动从"学院科学"向"后学院科学"的体制转变，⑥ 科技创新的知识生产模式日益呈现依市场原则进行组织与实践的产业化（或称"产业科学"）倾向。不过从学院科学、后学院科学再到民生科技，其知识内涵虽无截然分明的界限，但其科技价值观却经由从与价值无涉的纯粹科学到追求财富增长的功利科学，再进一步发

---

① 科技部《关于加快发展民生科技的意见》将公众健康、公共安全、生态环境、防灾减灾列为四项重大民生科技工程，该政策文件将民生科技界定为"涉及民生改善的科学技术"，其创新成果影响及于上述四大领域。

② 参见张伟、于洁、刘兴坤《日本民生科技发展战略和政策支持体系、经验与启示》，《科学管理研究》2010 年第 4 期；王明礼、王艳雪《民生科技的价值取向与实现途径》，《科学学研究》2010 年第 10 期；赵刚《加强民生科技已成为各国政府制定科技政策的新导向》，《中国科技论坛》2008 年第 1 期。

③ 周元、王海燕：《民生科技论》，科学出版社 2011 年版，第 73 页。

④ 参见苏力《法律与科技问题的法理学重构》，《中国社会科学》1999 年第 5 期。

⑤ 张文显主编：《法理学》，高等教育出版社 2003 年版，第 486 页。

⑥ 在齐曼看来，学院科学具有非功利性、强调自由探索、科研经费匮乏或资助强度低、科学理想精神气质纯粹性等特点，后学院科学则具有大科学时代的集体化、对效用的关注、科学政策的强烈影响、产业化、官僚化等特点。参见周元、王海燕《民生科技论》，科学出版社 2011 年版，第 10—15 页。

展到满足大众现实生活需要、追求群体幸福和谐的人性化科技。① 就交通科技创新而言，产业科学因受制产业资本而呈现出追求利润最大化倾向，难免与城市交通寻求公益性、普惠性的宗旨存在价值张力乃至精神背离。通常，"政府主导的科技活动旨在提供公共产品、公共服务；企业主导的科技活动追求利润最大化；政府与企业共同主导的科技活动则要兼顾经济效益与社会效应"②。因而，城市交通如果要经由满足公共产品供给（例如公共交通服务）等民生需求而实现可持续发展，其交通科技创新成果作为民生科技产品的供给就难以仅仅依赖产业科技，势必还有赖于政府在某种限度上的主导作用，或至少是在政府积极引导与干预下充分发挥企业的创新主体作用。

二　现代城市交通发展及其科技创新民生化导向的法治基准

　　城市交通发展及其科技创新民生化导向实现与否往往有赖于其交通科技创新中政府主导行为及其科技创新成果转化能否及在何种法治程度上为市民交通便捷出行切实提供平等而自由的权利保障，有效破解其交通科技创新所致的人权悖论，进而积极促进城市交通发展中的有关人权实现并抑制其妨碍影响，这正是判定城市交通发展及其科技创新民生化的法治基准的关键。

　　一方面，交通科技创新民生化有助于确保交通可持续发展，进而对诸如平等权、自由权、社会权等公民权利保障与实现在很大程度上有其促进作用。首先，城市交通发展可借此促进平等权保障与实现及其形式与实质相统一。譬如，城市交通道路设置公交优先通行的标志标线，再配以远程电子监控装置，这种体现交通科技创新民生化的措施有助于广大城市居民在城市交通资源配置中平等实现惠益共享。再如，城市交通道路或交通设施中专门为残障人员设置安全通道或防护装置，这种体现便民措施的交通基础设施建设有助于确保特殊群体对城市交通资源的使用在实质上实现平等分享。其次，城市交通发展可借此促进自由权保障与实现及在更大范围

更高层次上展开。譬如，城市交通信号灯"绿波带"① 通行的技术创新与运用，城市轨道交通以及城际间轨道交通的技术开发与普及，既极大满足了个体出行中的自由价值需求，也为城市区域扩张与人际领域扩大提供了便捷通道与渠道，从而使人们的自由权保障与实现不仅在"量"方面有所提升，而且在"质"方面也有所突破。最后，城市交通发展可借此促进社会权保障与实现。譬如，通过增加以民生为导向的交通科技创新财政投入与多元化经营而改善公共交通运输运力供给，其在促进城市交通可持续发展之时也对诸如生存权、工作权、受教育权等社会权保障与实现带来工具性价值，从而改善居民生存条件以使之得到适足生活水准权保障，改善居民工作环境，扩大其择业范围，保障其学习机会权、学习条件权和学习成功权等。

　　另一方面，值得注意的是，科技发展进程往往难免伴随人权悖论。交通科技创新促进与保障了某些主体的人权实现，但也会妨碍甚至危害另一部分人的人权实现。譬如，近代工业革命以来蒸汽机、燃油机、电动机等机器工具不断提升着交通运力、运能与运速，汽车技术发明创新既给人类带来尽情享受建基于滚滚车轮上的自由权实现的极速快感，却也给人们带来因其高速运输工具所致的生命健康权乃至环境权侵害的潜在风险。再者，城市交通的阡陌纵横交错势必需要借助道路标志标线设置再配以"绿灯行，红灯停"的交通技术规则运用，基于公共利益所需或紧急状态所致的警车、消防车等优先通行权行使，这为城市居民在交通通行方面的自由权实现划定了法治秩序边界，由此带来了个体自由保障与限制、本人自由实现与他人自由行使等之间的冲突与矛盾。此外，基于个体财富分配差异的汽车保有与使用机会不均则会带来对平等权保障的侵蚀性影响，而基于城市轨道交通技术实施的城市交通发展则往往牵涉大量居民房屋拆迁而带来对公民住房权等公民社会权的直接侵害与潜在威胁。再如，伴随移动互联技术发展而诞生的打车软件运用固然有助于市民交通出行方面的自由权实现，却也会带来某些群体（如老年或残障群体）交通资源分享方面的平等权实现障碍。可见，城市交通发展及其交通科技创新往往对平等

---

　　① 城市交叉口信号"绿波带"控制指计算车辆通过某路段时间，再对各路口红绿灯信号协调，车辆通过时能连续获得一路绿灯的技术。它是伴随着城市交通可持续发展趋势而出现的，注重以人为本、人与自然和谐的"交通安宁"为指导思想。http：//baike. baidu. com/view/1577881. htm? fr = wordsearch。

权、自由权、社会权等人权实现既有积极促进作用又有消极妨碍影响，由此引发所谓科技发展进程中的人权悖论。

要解决交通科技创新中的人权悖论，便须基于城市交通可持续发展视角确立交通科技创新民生化的法治实现进路，有效提升城市交通发展及其科技创新对有关人权实现的积极促进作用并抑制其妨碍影响。为此，其一，要落实国家在城市交通基础设施规划发展方面的政府义务履行。改善城市交通基础设施以大力发展公共交通往往有赖于政府的积极作为。基于法治要义，国家公权力行使往往需秉持"法无明文授权不可为"原则，不过政府在城市公共交通发展等民生服务中发挥其积极作用有赖于法治层面确立政府对民生权利实现负有尊重、保护和给付义务。例如对智能交通科技创新领域某些"共性技术"[1]，科技创新成果作为公共产品而在交通运输领域得以顺利推广应用往往离不开包括政府采购、产业扶持、税收优惠等一系列服务民生的政策导向作用，如此方能有效服务城市交通可持续发展需要。其二，要规范国家在城市交通基础设施资源分配方面的政府权力行使。民生科技发展需解决重大科技政策制定与决策、重大工程项目立项与审议如何有效落实公众参与的制度化、法制化问题。

就交通科技创新而言，政府行为作出既要维护城市居民对城市交通规划发展的决策参与权并有效构建其异议表达机制，也要规范政府治理城市交通秩序的行政行为并有效避免其政府行为对公共交通服务市场的过度干预。以打车软件这类智能交通科技创新成果运用为例，能否本着融合行业发展趋势，创新电召建设模式，提高平台运作效率理念，在保证信息共享、安全可控前提下，充分遵循"政府监管、企业运营"合作原则，[2] 广泛吸纳企业、司机

---

① 共性技术是指在很多领域内已经或未来可能被广泛采用，其研发成果可共享并对一个产业或多个产业及企业产生深刻影响的一类技术；也有认为共性技术是对整个行业或产业技术水平、产业质量和生产效率都会发挥迅速带动作用，具有巨大经济和社会效益的一类技术。例如"无线射频识别"（Radio Frequency Identification，RFID）及其"智能交通系统"（Intelligent Transportation System，ITS）等技术创新成果，RFID 技术用于不停车收费 ETC 系统有助管理高峰期进出城车辆以缓解交通拥堵。

② 2013 年 8 月北京市交通委员会运输管理局遵照"统一管理、行业备案、联合调派、公平竞争、方便乘客"监管原则，出台《北京市出租汽车手机电召服务管理实施细则》，建立出租车统一电召平台，有效规范电召行业市场秩序。参见新华网江苏频道联合东南大学交通法治与发展研究中心"互联网时代'打车软件'的政府监管之道"研讨会纪要，http：//www.js.xinhuanet.com/jsstatics/2014/zhuanti/dcrj/indexhlwdc.html。

与乘客各方诉求与意见，以民生保障为价值导向，基于依法行政的底线中立监管思路，有效破解打车软件运用中因企业、司机与乘客之间多元利益博弈所致的人权悖论，乃是判定其政府监管的法治成效之关键所在。

三　现代城市交通发展及其科技创新民生化导向实现的法治进路

以民生为导向的交通科技创新在助推城市交通可持续发展中离不开政府在法治框架内积极作为地为民生权利实现承担尊重、保护和给付等义务，规范政府在城市交通发展规划及其科技创新平台打造中的权力行使，从而为其在宏观调控及其市场资源配置中有效发挥作用打造良好法治基础。

首先，政府要围绕城市交通可持续发展规范交通科技创新规划指导。如美国早在1991年颁布的《陆上综合运输效率法案》，声明政府从提高运输效率着手，以现有交通设施为基础，应用现代科技和管理手段，最大限度发挥效益促进社会经济发展。我国2005年颁布《公路水路交通中长期科技发展规划纲要（2006—2020年）》明确了交通科技发展战略的六大重点研发领域，[①] 50个交通科技主要研发方向和200多个研发重点，提出其交通科技发展目标，明确交通科技创新体系建设等重点任务，确立交通科技发展规划实施方案及其保障措施。根据国务院发布的《关于加快培育和发展战略性新兴产业的决定》，我国2011年12月编制完成《战略性新兴产业分类目录》，除新能源汽车及单独编制的物联网[②]等产业之外，节能环保、新一代信息技术、高端装备制造、新能源、新材料等诸多产业都与交通科技创新密切相关。此外国务院2013年年初发布《关于城市优先发展公共交通的指导意见》，要求各地各部门树立优先发展理念，加快

---

① 这六大重点研究领域包括智能化数字交通管理技术、特殊自然环境下工程建养技术、一体化运输技术、交通科学决策支持技术、交通安全保障技术、绿色交通技术。

② 该分类目录下设7个门类、34个大类、152个中类、470个小类、332个次小类，共包含721种产品。目录列举作为物联网应用类产品之一的智能交通产品包括以信息的收集、处理、发布、交换、分析、利用为主线，为交通参与者提供多样性的服务的相关产品，包括数字视频光端机、线圈式交通量调查设备、智能交通信号控制机、视频闯红灯自动记录系统、交通信号采集器、网络传输视频监控、车载硬盘录像机等。

转变城市交通发展方式，突出城市公共交通的公益属性，将公共交通发展放在城市交通发展的首要位置，着力提升城市公共交通保障水平，形成城市公共交通优先发展的新格局，具体包括：①大城市公交出行比例要达60%，②优先保障公交设施用地，③逐步形成公交优先通行网络，④价格补贴机制增强吸引力。[1] 不过，随着经济体制改革深化，如何有效推进市场化改革又恰当减少政府对资源的直接配置，正确处理政府与市场的关系，既使市场在资源配置中起决定作用又更好地发挥政府作用，着力解决市场体系不完善、政府干预过多和监管不到位等问题，[2] 依然迫在眉睫。

　　例如，随着2013年5月国务院取消和下放一批行政审批项目，城市轨道交通项目核准权限下放至省级投资主管部门，城市轨道交通建设潮随之在各地陆续兴起。[3] 但在优先发展公共交通的指导思想下，地方政府既要稳定宏观经济，又要推动城市交通可持续发展，其交通科技创新实现以民生为导向还有待强化法治政府建设，确保其履行监管职责以弥补市场失灵。其实，政府下放城轨交通规划审批权时，也要确保市民对城市交通规划治理行使其参与、表达、知情、监督等权利，避免审批权下放后地方政府盲目发展公共交通以致背离其服务民生的宗旨。为此，亟待畅通公众对城市交通发展及其科技创新的资讯索取与交流渠道，为其服务民生奠定法治基础。如美国曾于20世纪60年代大幅修改《联邦行政程序法》，随之出台《信息自由法》确立政府信息以公开为原则、以不公开为例外之规

---

　　① 吴君义：《智能交通领域 RFID 技术创新扩散研究——以浙江省不停车收费为例》，硕士学位论文，浙江大学，2010 年。

　　② 岳建明：《我国智能交通产业的发展及技术创新模式探讨》，《中国软科学》2012 年第9 期。

　　③ 据央广网（cnr. cn）《央广财经评论》报道，目前获批轨道交通建设规划的 36 个城市几乎囊括最主要一二线城市，预计到 2020 年全国拥有轨道交通的城市将达 50 个，总里程达近 6000千米，投资将达 4 万亿元。但专家认为，因城轨交通投资巨大，回收成本期很长，即便京、沪等大城市地铁也处亏损状态，只有人口在二三百万人以上的大区域城市拥有充足财政和土地升值开发空间，开展城轨建设才不致给地方经济可持续发展造成很大财政负担，住建部、国家发改委等中央政府部门要从源头严格规划并从严控制地铁建设，加强城轨建设的项目评估，使城轨交通发展服务于民并防控因下放城轨建设审批权所蕴藏的融资风险，实现地方经济健康可持续发展。杨雁霞：《专家：建设城市轨道交通须量力而行，勿给后人留财政隐忧》，http：//finance. cnr. cn/jjpl/201405/t20140514_ 515510572. shtml。随着财政部发布《2014 年地方政府债券自发自还试点办法》和十省市地方政府试点债券自发自还获批，问题更显突出。赵婧：《十省市试点地方债自发自还》，http：//finance. people. com. cn/n/2014/0522/c1004 - 25048215. html。

定,有效确保民众对政府关于城市交通发展规划及其科技创新的资讯资料(除敏感信息外)享有获取权(Right of Access)。我国2008年施行的《政府信息公开条例》也就政府信息公开的原则、范围、方式与程序、监督与保障等作出相应规定,但其关于公民知情权和政府信息"以公开为原则,不公开为例外"原则的缺失,不仅极大影响其法案实施效果,[①] 也极为不利城市交通发展规划中公众参与权等权利行使。因而,城市交通实现可持续发展及其科技创新实现以民生为导向,亟待完善行政程序及其政府信息公开立法等法制建设,依法规范政府决策以使公共交通优先发展真正服务民生需求。

其次,政府要围绕城市交通可持续发展搭建交通科技创新平台工作。交通科技创新平台搭建有赖于国家创新体系建设。西方学者自20世纪80年代基于系统范式提出国家创新体系理论[②]。据国家创新体系理论模型,除科学研究推动以外,创新还有赖于良好的政企关系及其和谐的社会文化氛围,需发挥国家政策导向与产业政策引导功能。科技创新体系便需要由以政府为主导的行政管理体系、以企业为主体的技术创新体系、以高校科研院所为主力的(科学)知识创新体系、以科技服务组织为中介的科技扩散体系等协同运作而构成。如美国交通科技创新体系便是由大学交通科研机构、国家交通科研中心和交通协(学)会构成。[③] 受益于1980年《拜杜法案》与《史帝文森法案》等激励技术转移政策法令的积极影响,其大学交通科研机构获政府特许而拥有交通领域的科研成果产权,成为全美交通科技创新的中坚力量;[④] 其国家交通研究中心因规模庞大且研发经

---

① 《政府信息公开条例》的立法缺失如下:一是有关政府信息公开界限的规定过于模糊而不利公民知情权的实现;二是设定"须有特殊需要"的申请政府信息,限制了公民知情权的实现;三是举报和第三人异议制度过于简陋,影响其法案有效实施。

② 科技创新模式在20世纪先后经历了科学推动与技术驱动模式(50—60年代)、市场拉动模式(60—70年代),直至1987年英国学者克里斯托弗·弗里曼在《技术政策与经济绩效:日本国家创新系统的经验》中分析提出了国家创新体系模式(80—90年代),参见尚勇《当今世界技术创新与科技成果产业化》,科学技术文献出版社1999年版,第2页。

③ 黄群:《德国2020高科技战略》,《科技政策与发展战略》2010年第9期。

④ 例如:美国西北大学运输中心自1954年成立以来一直致力于国内外运输及物流系统的教学和研发工作。其各种跨学科运输项目为未来的运输管理、物流管理和运营、工程技术、生产、咨询、研究等领域培养行业带头人。参见"美国西北大学运输中心",http//nutcweb. tpc. nwu. edu。

费充足而成为担当交通运输研究重任的重镇;① 其交通协（学）会乃是为业内提供学术交流、信息发布、联合开发且在交通科研方面享有重要地位的民间非盈利服务机构。② 我国近年来的科技发展规划及其政策法制建设也为城市交通发展及其科技创新民生导向实现奠定了良好基础。例如2008 年国务院《国家知识产权战略纲要》强调要以国家战略需求为导向，对包括现代交通等支撑我国高技术产业与新兴产业发展的技术领域进行超前部署以掌握一批核心技术的专利。不过，由于交通科技创新民生导向实现还往往涉及庞大的人力资源调配、财力资源投入及信息资源流通，其投入、产出及其成果转化还有赖于政府采购、产业扶持、税收优惠等促进民生的政策导向发挥综合效应。

以"智能交通系统"（简称 ITS)③ 以及"无线射频识别"（简称RFID)④ 等技术的产生及其在交通运输领域的推广应用为例，前者由于高新技术密集且产业链广泛，在关键核心技术突破、技术标准化、产业链整合、市场培育等制约技术推广应用的瓶颈问题上，都有赖于政府政策法规

---

① 例如：综合性国家公路研究中心——Turner-Fairbank 公路研究中心，是美国联邦公路管理局主要的研发和商业技术服务中心，为联邦公路管理局和全世界公路行业提供最先进的有关公路技术的研发。该中心注重采用更为经济、符合环保要求的设计方案和施工质量控制，开发更为耐久性的材料来解决复杂的技术问题。参见 "Tuner—Fairbank 公路研究中心"，http//www. volpe. dot. gov/。

② 例如：美国专业最全的行业协会——美国运输研究委员会（TRB），成立于 1920 年，是一个民间的非营利运输科研机构，现为国家科学院和工程科学院所属国家研究委员会的一个分支机构。其主要任务是组织进行运输方面的研究和信息传播。该协会每年举行年会介绍、讨论和发表科研成果。每年出版发行的科技报告数达 1000 多份。参见 "美国运输研究委员会"，http//www. nas. edu/trb。

③ 智能交通系统（Intelligent Transport System，ITS）是将先进的信息技术、通信技术、传感技术、控制技术以及计算机技术等有效地集成运用于整个交通运输管理体系，而建立起的一种在大范围内、全方位发挥作用的，实时、准确、高效的综合的运输和管理系统。参见 http：//baike. baidu. com/view/1488750. htm? fr = aladdin。

④ 无线射频识别（Radio Frequency Identification，RFID）是一种通信技术，可通过无线电讯号识别特定目标并读写相关数据，而无须识别系统与特定目标之间建立机械或光学接触。RFID 技术用于不停车收费 ETC 系统有助管理高峰期进出城车辆以缓解交通拥堵。运输管理方面采用射频识别技术，只需在货物的外包装上安装电子标签，在运输检查站或中转站设置阅读器，就可实现资产的可视化管理。同时货主可以根据权限，访问在途可视化网页，了解货物的具体位置，有助于有效提高物流企业的服务水平。参见 http：//baike. baidu. com/subview/531097/13865303. htm? from_ id。

引导与支持;[①] 而后者作为新兴技术因其技术推广面临认知度、施行成本、国际标准化等问题而面临挑战，在政府投入的推动与政府需求的拉动等方面出台相应刺激政策，往往能对其技术创新的扩散引起显著的正向影响，而政府通过税费优惠及信息基础设施配套建设而增加公共产品供给则对公众接纳其技术推广应用成果产生诱致性影响。[②] 例如，德国自 20 世纪 90 年代末以来将改善民生作为其科技政策重点，近几十年通过战略项目研究模式输出高速列车和磁悬浮列车等交通技术，其于 1997 年正式启动以诸如有关"人口稠密区交通系统的改善"等为重点研究领域的交通科技创新战略项目计划。2007 年德国联邦内阁通过《2006—2009 年德国高技术战略》进展报告，政府据此又于 2010 年发布《2020 高科技战略》，确立其支持涉及交通运输领域的民生科技发展的行动路线等。[③] 具体包括，研究开发通信和交通管理系统以及交通安全的物流系统，推动引进或建设智能基础设施（如智能能源网络），为通信、导航、计费以及电动车电池等方面的需求提供技术支持，规划设计未来可实现的安全可靠的总体交通系统，推进普遍使用欧洲伽利略导航系统。

　　总而言之，我国城市交通要实现可持续发展，首先需要确立交通科技创新民生化导向，以此为基础进一步明确其民生化导向的法治基准，并据此基准既规范政府在城市交通发展规划及其科技创新平台打造中的权力行使，又积极发挥政府于城市交通发展规划及其科技创新民生化实现中的公共服务与宏观管理监督职能，通过构筑以交通行政管理机构为创新主导、以交通建设与运输企业为创新主体、以交通科研院所与高校为创新主力、以交通科技服务中介为创新信息交流桥梁与成果扩散纽带的"官产学研商"合作机制，共同促进交通科技创新民生化实现。

　　① 吴君义：《智能交通领域 RFID 技术创新扩散研究——以浙江省不停车收费为例》，硕士学位论文，浙江大学，2010 年。

　　② 岳建明：《我国智能交通产业的发展及技术创新模式探讨》，《中国软科学》2012 年第 9 期。

　　③ 黄群：《德国 2020 高科技战略》，《科技政策与发展战略》2010 年第 9 期。

第五章

现代城市交通可持续发展的实现
——以国家义务为视角

城市交通的可持续发展肇始于可持续发展之意，1987 年联合国世界环境与发展委员会在《我们的共同未来》的报告中正式提出了"可持续发展"的概念："指既满足当代人需要，又不对后代人满足其需要的能力构成危害的发展"，后被学者概括为：协调、发展、质量、公平四大原则。我国非常重视可持续发展，在总结世界发展的经验教训基础之上，于 1994 年 3 月通过《中国 21 世纪议程——中国 21 世纪人口、环境与发展白皮书》，向世人宣布了中国的可持续发展战略。至于城市交通可持续发展，不同的学者从各自的视角提出了自己的观点，魏连雨、康彦民认为城市交通的可持续发展就是要协调好城市发展、城市经济与城市环境之间的关系，它追求的目标既不是西方国家的小汽车交通模式，也不是在城市中完全排除小汽车，而是建立在适当环境标准下，使小汽车在合理使用范围内，并与其他交通方式共存的现代化交通体系;[①] 而庞松简单概括为：交通在满足社会发展对其需求的同时，保证自身发展和整个社会可持续发展要求的实现。[②] 从上述学者的观点可以得出，这些学者充分重视了城市交通可持续发展的物的因素，对于城市交通发展的动力、过程、目的的人的因素有所忽视或者说重视不够。城市交通作为人造物，没有人的参与是不可想象的，也是不能成功的，城市交通的可持续的发展的动力、目的等都是人，发展的过程更是离不开人，是故城市交通的可持续发展应概括为立足于城市的资源，既满足于当代人的交通需求，又对后代人城市交通发展提供良好的基础的发展。以人为核心的城市交通可持续发展在法学上可置

---

① 魏连雨、康彦民：《城市交通的可持续发展》，《河北省科学院学报》2000 年第 3 期。
② 庞松：《论交通结构调整与交通可持续发展》，《交通环保》2001 年第 10 期。

换为城市交通权的持续发展，虽然不能对等，但能揭示城市交通可持续发展的内涵。又由于城市交通可持续发展的义务通常主要由国家所承担，故现代城市交通可持续发展的实现以国家义务为视角，变换为城市交通权的国家义务。

一 现代城市交通的权利转换：城市交通权的内涵界定

行是人们的生活所必需，马克思对于人的基本需要划分为三大类，其中第一类就是人们的最基本的生理需要或生存需要，它包括了衣食住行的基本生活需要。① 孙中山先生对行的需要进行了强调，在《三民主义·民生主义》第三讲中谈道："民生的需要，从前的经济学家都是说衣食住三种。照我的研究，应该有四种，于衣食住之外，还有一种就是行。""我们要解决民生问题不但是要把这四种需要弄到很便宜，并且要全国的人民都能够享受。所以我们要实行三民主义来造成一个新世界就要大家对于这四种需要，都不可短少，一定要国家来担负这种责任。如果国家把这四种需要供给不足，无论何人都可以来向国家要求"，"大家都能各尽各的义务，大家自然可以得到衣食住行的四种需要"。② 但人类行的基本需要并没有在法律上获得足够的地位，而是犹抱琵琶半遮面，不甚明朗。一是因为在中国漫长的历史之中，由于出行道路主要被统治者所把持，人们没有任何平等道路出行权的现实土壤。二是人们的权利意识觉醒不够，许多人没有认识到行在法律安排中对个人生活、发展的重要程度。三是"行"这项法律权利的特殊性与其他权利有着巨大的差别，其主体的模糊不清、客体路的非排他性、权利内容层次性与功能的对外性，都导致了对于"行"权利的界定不足。

尽管如此，作为基本生活要素的"行"有法律的依据，如《经济、社会和文化权利国际公约》第 11 条规定："本公约缔结各国承认人人有权为他自己和家庭获得适当生活水准"，适当生活水准权为国际国内所认同，其衣食住行是基本的生活要素必然内涵于生活水准之内。随着社会的

---

① 《马克思恩格斯全集》第 47 卷，人民出版社 1997 年版，第 52 页。
② 孙中山：《三民主义》，中国长安出版社 2011 年版，第 206 页。

发展,"行"有了新的内涵与称谓,如"交通""通行"等。法国在1982年颁布的《国内交通组织方针法》中则更明确和直接地指出,"交通是一项基本权利"①。我国城市化的飞速发展,对"行"有着强烈的诉求。"城市化和城市机动性的加强已经成为当代社会发展演变的两个主要特征。运动是城市发展与变化的前提条件,是社会个体实现个人生活价值的根本要素,"② 作为"行"的权利被一些学者认为是新兴权利,但"'新兴'权利的产生以及在一定时间内保持其'新'的属性而现实地存在,本来就是任何一个国家或者社会法律生活的基本事实。尤其是在处于社会转型期的当代中国,权利的新发展与权利话语的社会普及基本上处于正向互动之中"③。事实上,关于"行"的权利并不是过去没有的权利,而是"一种'权利形态'正在被理论证成、被普通公民实践并开始达成一种普遍的权利共识。新兴权利的出现是社会发展的产物,在积极的意义上将引领法律权利在观念和制度上的更新,并且引领权利实践的进步"④。

现在对于"行"的权利称谓繁多,有"通行权""出行权""行路权""交通权""路权"等。虽然各名称侧重不同,但共同的是满足人们的行的基本需求。在这里暂称为交通权,它"是指在公共资源有限的前提下,为满足用路人合理的交通需求而由法律规定的,保障用路人生命和财产安全以及自由、平等地利用公共道路交通资源的利益、权利或特权的集合"⑤。交通权的构成要素有主体要素、客体要素以及内容要素。主体要素只能是享有一定权利、承担相应义务的公民;客体要素有着确定权利指向的作用,因为"权利是自由意志的外部定在,而权利客体则是权利的外部定在","权利客体是对权利设立在何种基础之上的说明",⑥ 在这里,交通权的客体是指交通要素与交通行为,"交通资源主要指交通基础设施及道路交通工具等。交通行为主要指公民步行、乘车、行车以及在交

① [法]让·皮埃尔·奥佛耶:《机动性与社会排斥》,《城市规划汇刊》2004年第5期。

② 潘海啸、杜雷编:《城市交通方式和多模式间的转换》,同济大学出版社2002年版,第180页。

③ 姚建宗:《新兴权利论纲》,《法制与社会发展》2010年第2期。

④ 任喜荣:《作为"新兴"权利的信访权》,《法商研究》2011年第4期。

⑤ 王坚:《路权研究——以公路与城市道路为中心》,博士学位论文,西南政法大学,2012年。

⑥ 方新军:《权利客体的概念及层次》,《法学研究》2010年第2期。

通道路上进行与出行有关的一系列活动"①。内容要素异常丰富，包括交通通行权、交通选择权、交通占用权、交通知情权、交通救济权等权利。

现代城市交通权是交通权在特定领域的发展，集中展现于最具现代性表征的城市之中，是指人们利用城市各种公共道路交通资源的权利，它与一般交通权没有质的区分，只有量的不同，因此一般交通权的必备要素与本质特征必然适宜于城市交通权。由于城市是现代化的集中表现，聚集了规模宏大的人群，作为城市交通权的主体对于交通资源有更加强烈的诉求。作为客体内容之一的交通道路是现代交通事业的重要组成要素，在现代城市有着极具基础的作用，因为"交通事业乃是最符合服务行政与福利社会之旨趣，乃最能表现其功能。因人群之日常生活，如衣食住行等事项，几无不与交通事业有密切之关系……"② 无疑，它涵射着公共产品的性质，城市交通权客体因素的这个特征验证了这一论断："权利与公共物品之间的内在关联，是当代政治哲学所关注的一大问题。对这一问题的研究有着很强的现实性。本质上公共物品构成权利的基本对象，对公共物品的享用权是基本权利的重要内容。"③ 由于城市交通权主体内容的急剧膨胀、客体资源的相对稀缺，以交通通行权、交通选择权、交通占用权、交通知情权、交通救济权等权利为主要内容的城市交通权的实现与发展较一般交通权的内容的实现与发展更具挑战性。

二　现代城市交通权的国家义务之逻辑证成

城市交通权的确立、完善是其实现的前提，比较诸如公民的选举权、言论自由等的自由权以及劳动权、教育权等的社会权而言，城市交通权更需要国家的强力干预，即更依赖国家义务的切实履行，这是由于城市交通权的公共本性的内置特质决定的。城市交通权的公共产品的性质表征了其权利的实现需要具有公共性质的国家义务而不是具有个体性质的私人义务。同时从宪法"公民权利—国家义务"的结构模式看，城市交通权的实现必须仰仗国家义务的切实履行。城市交通权国家义务的履行更是人类

①　杜文、叶怀珍:《现代综合运输理念探析》,《交通运输》2005 年第 6 期。

②　管欧:《交通法规概要》,三民书局 1984 年版,"自序"及"增订版序"。

③　欧阳英:《论权利与公共物品之间的内在关联》,《哲学研究》2004 年第 9 期。

追求平等应然之理。

(一) 城市交通的公共本性: 城市交通权国家义务的内在依据

城市交通具有公共产品的性质, 公共产品是与私人产品相对应的指称, 指 "每个人对这种物品的消费不会造成任何其他人对该物品消费的减少"①。私人产品的最大特征是排他性, "排他性一直被当作在市场条件下提供的物品和服务需要具备的特性, 虽然不是充分的特征。如果使用或消费不能依对某一价格的支付而定, 那么市场竞争是注定要失败的"②。而公共产品的两个明显的特征是非排他性 (Non – excludability) 和非竞争性 (Non – rivalness)。所谓非排他性是指公共产品对所有人开放, 任何人的正常消费都不能阻止其他人对此物品的正当消费。所谓非竞争性是指此物品不会因为其他人的使用造成此物品的减少而影响其他人的使用。在现实层面, 公共产品最大的特性是共用性, "共用性就意味着, 个人消费或使用某一商品或服务时不会排斥其他人的消费或使用; 尽管某种商品或服务为某人所使用, 但在他人使用时其质和量上也不打折扣"③。实际上, 诸如国防类似的真正纯粹的公共产品是少之又少的, 一般都介于公共产品与私人产品之间, 即准公共产品。城市交通在一定范围内是非排他的、非竞争的, 但超过一定的范围后, 即交通拥挤或拥堵, 此时城市交通就有了竞争性与排他性, 因此, 城市交通属于准公共产品。

由于城市交通的准公共产品的特性, 即城市产品的非排他性意指城市产品的非分割性, 城市产品的非竞争性更是与市场经济要求的有效竞争针锋相对; 这些特征决定了城市交通不能以完全市场竞争获得私人物品的方式得到有效供给, 这需要政府的介入。经济学中的公共选择学派之公共物品理论亦说明公共产品存在众多的免费搭车, 市场不能有效提供相对数量水平的公共产品, 这为国家义务的履行提出了必然性。同时行政法学理体系中的公物法理论也对此要求国家义务的履行提供了理论支持, 无论是德

---

① Samuecson P. A. , "The Pure Theory of public Expenditure", *Review of Economics and statistics*, 1954 November, pp. 387 – 389.

② [美] V. 奥斯特罗姆等编:《制度分析与发展的反思》, 王诚等译, 商务印书馆 1992 年版, 第 155 页。

③ [美] 萨缪尔森、诺德豪斯:《经济学》(第 12 版) (下册), 高鸿业等译, 中国发展出版社 1992 年版, 第 315 页。

国的《道路法》规定道路交通沿线的居民对道路享有不妨碍使用的主观公权利、日本对于道路交通权的内涵澄清包括"请求道路管理者、交通行政机关、道路所有人允许其在道路上通行，以及请求他人停止妨害"①，还是美国环境资源法学家萨克斯教授的公物思想："某些利益对每个公民来说天生就是如此重要，以致每个公民对它们的自由利用往往表明社会是所有公民的社会而不是奴隶的社会。"② 它们都论证了城市交通的国家义务的必要性。

（二）国家义务的职能：城市交通权国家义务的外在基础

社会契约论是西方近代国家义务产生的强劲理论。虽然社会契约论盛行于近代，但契约观念历史久远，可追溯到古希腊。如古希腊的伊壁鸠鲁认为国家并不是自然的产物，而是人们根据功利主义理念相互订立的契约形成的，"自然的公正是为了防止人们彼此伤害的有力的保证"，"没有绝对的公正，就其自身的公正，公正是人们相互交往中以防止互相伤害的约定。无论什么时间、什么地点，只要人们相互以防互相伤害，公正就成立了"。③ 实际上，西欧的封建领主制度是依据彼此的约定相互承担相应的责任形成的，这是西方悠久契约制度的很好注解。近代社会契约思想理论化、系统化，一度成为资本主义国家的立国理论支柱，也是国家义务的理论来源。"国家的本质就是存在于他身上，用一个定义来说，这就是一大群人相互订立信约，每人都对他的行为授权，以便使他能按其有利于大家的平等与共同防卫的方式运用全体的力量和手段的一个人格。"④ 虽然社会契约论论证了国家义务是缘于人民的授权为人民服务，也能合理地说明提供作为人民生活之需的城市交通是国家义务应有之义，但由于社会契约论没有现实的基础，而是一种理论的推演，其结果是随着时间的推移逐渐丧失理论的信度。

---

① ［日］大桥洋一：《行政法学的结构性变革》，吕艳滨译，中国人民大学出版社2008年版，第208页。

② Joseph L. Sax, "The public Trust Doctrine in Natural resources Law: Effective Judicial Intervention", 68 *Mich L. Rev.* 471, 484 (1970).

③ 伊壁鸠鲁格言之31.33，转引自苗力田《古希腊哲学》，中国人民大学出版社1989年版，第651—652页。

④ ［英］霍布斯：《利维坦》，黎思复等译，商务印书馆1985年版，第132页。

现代，特别是 20 世纪以来，流行于西方世界的"福利国家"思想成为国家义务的新宠，大有替代社会契约论之势，因为它诞生于西方世界的现实土壤之中，有很强的现实性。社会福利原意是指"人类为了追求好的生活处境，通过社会结合体的运作，以提升成员生活质量，促进社会整体发展的社会行动"①。城市交通既是一种社会福利的发展，更是一项基本生存的权利集中体现，即交通出行权的具体表象。它与经济发展密切相关，更多的蕴含是经济的福祉，即"经济福利和保障的微观权利到完全分享社会成果以及过一种按照社会通常水平的文明生活的权利"②。它需要国家承担更多的义务以此提高民众的福祉，维护社会的公平。其目的是让每个人"取得最基本的经济福利与保障……以及过上相对于普遍社会标准而言的体面生活"③。因此国家的责任逐渐扩张，触角逐步扩展到社会、经济、文化等各项领域，承担社会的存在、发展等全面的责任。城市交通既是社会发展的一部分，也是社会发展的集中表征，它是国家义务承担的不可缺少的一部分。

无论是社会契约论，还是福利国家理论，都没有从本质上揭示国家义务的产生，因此也不能从根本上论证城市交通的持续发展的国家义务。只有立足于国家内部的根本矛盾才能真正说明国家义务的产生，进而揭示城市交通持续发展的国家义务的必然性，因为本质是事物的根本属性，是由事物的特殊的根本矛盾决定的。具体到国家而言，"当阶级差别在发展进程中已经消失而全部生产集中在联合起来的个人的手里的时候，公共权力就失去政治性质。原来意义上的政治权力，是一个阶级用以压迫另一个阶级的有组织的暴力"④。这里只是揭示了国家的统治本质特征，实际上，任何国家如果只是维持统治本质，它的存在是短暂的。因此国家本质的另一方面是代表全社会，对整个社会进行公共事务管理，国家的统治本质与社会公共事务管理之间的关系是："政治统治到处都是以执行某种社会职

---

① 王顺民等：《超越福利国家——社会福利的另类选择》，台北亚太图书 1999 年版，第 364 页。

② 汪行福：《分配正义与社会保障》，上海财经大学出版社 2003 年版，第 224 页。

③ T. H. Marshall and T. Bottomore, *Citizenship and Social Class*, London Pluto Press, 1992, p. 8.

④ 《马克思恩格斯选集》第 1 卷，人民出版社 1995 年版，第 294 页。

能为基础，而且政治统治只有在它执行了它的这种社会职能时才能持续下去。"① 换句话来说，国家统治的阶级只有执行了为全社会的公共利益的社会公共管理职能，才有资格进行全社会的统治，也只有进行全社会的统治，才能合法地长久地维护本阶级的利益。即 "只有为了社会的普遍权利，个别阶级才能要求普遍统治"②。职是之故，国家的社会管理或服务职能与统治职能有机结合在一起，才是国家本质的体现。以国家义务为表征的国家的社会管理或服务职能必然包括履行为城市交通的持续发展所必需的义务，因为城市交通的持续发展是人们权利或利益的相对集中的体现。

（三）平等理念：城市交通权国家义务的价值逻辑

人类对于平等的追求与对自由的追求一样热烈与悠久，古希腊的伟大思想家亚里士多德就在《政治学》给予平等以朴素的内涵："凡自然而平等的人，既然人人具有同等的价值，应当分配给同等的权利；所以，对平等的人给予不平等的——或者相反地，对不平等的人给予平等的——名位，有如对体质不等的人们分配给同量的——或对同等的给予不同量的——衣食一样，这在大家想来总是有害的。"③ 古罗马的西塞罗更是直白说明了平等的直接依据："没有哪一种生物像我们互相之间如此近似，如此相同"；"不管对人作怎样的界定，它必定也对所有的人同样适用。这一点充分证明了人类不存在任何差异"。④ 近现代，平等更是被极度张扬，"人人生而平等" 被写进宪法，也把平等的具化为 "'把人当作平等个体来对待' 这一原则的基本意义所指 '作为个体的人' 是无性状的人"⑤。人类的发展史就是一部追求平等史。

平等不仅是一种理念，更要落实于现实之中，才能获得坚强的生命力，人类也因此获得进步。具体到现代文明集中表征的城市交通上，平等

---

① 《马克思恩格斯选集》第 3 卷，人民出版社 1995 年版，第 523 页。

② 《马克思恩格斯全集》第 1 卷，人民出版社 1997 年版，第 464 页。

③ ［古希腊］亚里士多德：《政治学》，吴寿彭译，商务印书馆 1981 年版，第 28 页。

④ ［古罗马］西塞罗：《论共和国　论法律》，中国政法大学出版社 2003 年影印版，第 46 页。

⑤ ［美］德沃金：《认真对待权利》，信春鹰、吴玉章译，中国大百科全书出版社 1998 年版，第 300 页。

表现在以下三个方面：第一是城市交通空间的平等，城市交通空间的平等
又可具体分为两类：一是不同城市交通的平等，如我国的东部城市与中部
城市、西部城市的交通平等，大城市与中等城市及小城市的交通平等；二
是同一城市的不同区间交通发展的平等等。第二是城市交通主体的平等，
诸如老人、盲人、其他残疾人等弱势群体交通平等的保护等。第三是城市
交通内容的平等，它包括交通网络的设置、交通设施的配置、公共交通工
具的提供等。从上述内容观之，城市交通的平等并不是对等，或者说
"平等是人在实践领域中对自身的意识，也就是意识到别人和自己是平等
的人，人把别人当作和自己平等的人来对待。平等是法国的用语，它表明
人的本质的统一，也就是说，它表明人对人的同等对待社会关系"①。事
实上，由于现实的各地城市发展的程度的差别、政策的不同，人们意向的
偏颇等主客观因素都会导致现实的城市交通的不平等，这也证实了"作
为事实的平等和作为原则的平等之间，存在着如同孟德斯鸠所说的'天
壤之别'"②。个人的力量无法通过不平等的方式实现城市交通的平等，这
需要国家相应义务的履行方能逐步缩小城市交通的平等的差距，进而实现
完全实质意义上的城市交通平等。

三　现代城市交通权国家义务体系的建构

　　公民的基本权利是现代国家的核心内容，由此衍生了国家义务。"事
实上，国家义务与公民权利相应地应成为现代公法体系的核心内容和现代
公法学的基本范畴，国家义务源自公民权利并以公民权利为目的，应当成
为公民权利的根本保障。"③ 基本权利对于个人而言是自由与利益，对于
整个社会而言，这也是实现基本权利的客观秩序的价值属性，然而公民的
基本权利的实现不仅需要权利人的积极作为，更需要国家履行相应的义
务。对于广义的国家保护义务而言，它是指"由于基本权利形成的客观
价值秩序所要求的不再仅是国家不得非法侵害人民自由权利，也更进一步
地要求国家对人民自由权利侵入行为应不作为，甚至要课予国家要积极地

---

① 《马克思恩格斯全集》第 2 卷，人民出版社 1995 年版，第 48 页。

② ［法］勒鲁：《论平等》，王允道译，商务印书馆 1988 年版，第 20 页。

③ 龚向和：《国家义务是公民权利的根本保障——国家与公民关系新视角》，《法律科学》
2010 年第 4 期。

保护基本权不受任何侵害，这就是国家的保护义务"①。就国家保护义务而言，不仅有国家的积极作为义务，也有国家的消极不作为义务，实际上，二者常常是交织在一起的。具体到城市交通权上面，国家对公民出行不得非法限制或剥夺，还包含要求国家积极采取措施确保公民能享有安全、便捷、自由和有尊严出行的权利。出行权国家义务的具体内容包括国家对公民出行权负有尊重义务、保护义务和给付义务三个层次。这些国家义务"在性质上并不互相排斥，各种义务尽管程度上存在差异，但都是权利的一个侧面，而国家负有针对这些侧面而采取措施的全面性义务"②。

（一）城市交通权的国家尊重义务

城市交通权的国家尊重义务对应的是城市交通权的基本防御功能，"指基本权赋予人民一种法的地位，于国家侵犯到其基本权所保护的法益时，得以直接据基本权规定，请求国家停止侵害，借以达到防御基本权保护的法益，使免于国家恣意干预的目的"③。质言之，城市交通权的权利人享有停止权利的请求权功能，对于国家而言，则是国家负有停止侵害的不作为义务。"基本权利保障的最原始及主要目的根本在确保人民的自由与财产免遭受国家干预，此外无他。"④ 因为"在通常情形下，公民个人会竭尽所能，利用自身所具有的条件与资源开展生产经营以获取生存需要，国家首要的、基本的义务就是要尊重公民选择自由、生产经营自由等"⑤。

由上述可知，城市交通权的国家尊重义务首要的是尊重公民的城市交通的自由选择权，包括城市交通的工具、时间方式等，但所有这些都要在以不损害公共利益与其他人合法权益的前提之下。同时公民的城市交通的自由选择权的实现必然衍生出公民城市交通的知情权，因为没有对城市交通情况可靠、真实、详尽的掌握，公民的城市交通的自由选择权就不会真

---

① 陈慈阳：《宪法学》，元照出版公司 2005 年版，第 357 页。

② ［日］大沼保昭：《人权、国家与文明》，王志安译，生活·读书·新知三联书店 2003 年版，第 210—212 页。

③ 许宗力：《宪法与法治行政国行政》，元照出版公司 2007 年版，第 184 页。

④ Vgl. Stattvieler Albert Bleckman, Staatsrecht II—Die Grundrechte, 3. Aufl. K. ln, Berlin u. a. 1989, S. 2ff.

⑤ 钱大军、王哲：《法学意义上的社会弱势群体概念》，《当代法学》2004 年第 3 期。

正实现。其次，城市交通权的国家尊重义务还要求国家履行相关的不作为义务。它既包括抽象的消极义务，也包括具体的消极义务。抽象的消极义务是指相应的国家机关不能随意制定相关不合法、不合理的制度或禁止公民城市交通自由的抽象性文件，具体的消极义务是指所有的国家机关不能执行上述抽象性文件。虽然城市交通权的国家尊重义务主要是国家的消极义务，即"尊重的义务本质上属于不采取行动的消极义务，保护和实现的义务则属于保护个人免受第三人侵害或提供某些服务及给予某些便利的义务"①。事实上，城市交通权的国家尊重义务对于城市交通权而言并不是任何的不作为，为了真正实现城市交通权的国家尊重义务，它还要求国家的积极作为，如不断改善城市交通状况，提高城市交通条件，更好更高质量地实现城市交通权的国家尊重义务。

（二）城市交通权的国家保护义务

"所谓基本权利之保护义务，依判例及学说之见解，系指国家负有保护其国民之法益及宪法上所承认之制度的义务。"② 城市交通权作为公民的一项基本权利，理应受到国家公权力的保护，具体表现在国家对城市交通权的预防、排除与救济三个层次，由于下文会专门论述城市交通权的救济，在这里就不赘述。

首先，预防层次。城市交通权的预防的对象是第三人还没有侵害城市交通权人，只是根据现实情况有发生侵害的可能性，事实上，对于城市交通权来说预防意义重大，危害一旦变成现实将损失巨大；而排除与救济的国家义务主要针对的是现实中已经发生的实实在在的不法侵害。因此龚向和教授认为三者的关系是："形象地说，预防就是编制一张网，排除和救济是专门针对漏网之鱼采取的措施。如果预防不当，排除和救济便会力不从心，基本权利难免陷入危机之中"③，"保护义务的目的，不在于如给付行为提供给付，而在于实现生存的维持，因此国家保护义务并不归类于社会国原则，而是归入危险的防御以及（自由）法治国原则"④。积极预防

---

① ［挪威］A. 艾德等编：《经济、社会和文化的权利》，黄列译，中国社会科学出版社2003年版，第201页。

② Starck H.：《基本权利之保护义务》，李建良译，《政大法学评论》1997年第3期。

③ 龚向和：《论国家对基本权利的保护义务》，《政治与法律》2009年第5期。

④ 许育典：《宪法》，元照出版公司2006年版，第120页。

是实现城市交通权的最佳手段，国家公权力机关的积极预防的形式多样，归纳起来，大致有立法与行政两类。因为司法中的公安机关属于行政机关，审判机关的被动性、中立性等，其履行城市交通权的国家义务更多倾向于排除、救济层次，故预防的中心任务落在立法与行政方面。第一，立法预防。立法预防也称制度预防或抽象预防。尽管我国已有《道路交通安全法》《道路交通安全法实施条例》等法规条例，但城市交通权的条款针对性不强，尤其是预防的具体条款欠缺，可以在修订相关法规条例时适当增加这方面的条款，毕竟随着城市化的进程，城市交通的重要性越来越高。第二，行政预防。城市交通权的行政预防任务重、工作量大，是否能真正达到预防的效果，关键看行政预防的执行情况。行政预防要求国家的各级行政义务机关及其工作人员在保障公民城市交通权的过程之中，采取必要的措施与手段，防止第三人对城市交通权人进行不法侵害。

其次，排除层次。尽管城市交通权的国家预防层次义务相当重要，但避免不了总有公民的城市交通权受到不法侵害，此时国家有义务采取一切必要的手段制止不法侵害，排除公民的城市交通权的危害，保护公民的城市交通权的实现。在城市交通权的预防、排除与救济三个层次中，城市交通权的排除义务与其他二者相比具有现实性、直接性，这种特性决定了城市交通权的排除层次的重任主要由行政机关与司法机关承担。一是国家相关的行政机关负责的城市交通权的排除义务，这些机关既包括诸如各级公安交通管理部门，也包括与之有间接关系的各级相关安全、城市管理部门等。当公民的城市交通权受到第三者的不法侵害时，这些机关要及时制止，保障公民的城市交通知情权、道路安全权、出行选择权等。二是国家各级司法部门负有的排除义务，它是指负有排除义务的国家司法机关在享有城市交通权的公民受到第三者的不法侵害时向其求助，其不得以任何理由拒绝为受害者提供排除义务。通常的实践是，由于司法机关排除义务的时间长、技术高、程序繁、效率低、成本大等因素，不能及时排除城市交通权受害者的危害，故现实中，国家行政机关在排除义务占据主导角色。

（三）城市交通权的国家给付义务

在考量城市交通权的国家给付义务之前，让我们先探求给付义务。给付义务流行于私法领域，后引入行政法与宪法等公法领域。鉴于私法给付的核心乃利益之意，我国学者张翔认为："所谓给付义务，是指国家以积极作为的方式为公民提供某种利益的义务。给付的内容可以是物质性的利益，可以是法律程序，也可以是服务行为。"① 此含义无疑抓住给付的核心——利益，但有待商榷的是积极作为的给付行为方式，因为积极作为并不都是主动给予，有的是维持，如保护；另外则是利益的分类方式如物质、法律程序、服务行为是否周延、科学。实际上，"对一个概念下定义的任何企图，必须要将表示该概念的这个词的通常用法当做它的出发点——我们对自己智力工作中想当做工具的那些术语，可以随意界定。唯一的问题是它们是否将符合我们打算达到的理论目的"② 尽管我们不完全同意主观定义论，但科学性的定义一定具有相当的概括性、内涵的确定性与外延的周延性。是故我们认为给付义务为"国家为了使公民实际上真正能够实现其基本权利而积极创造客观条件（主要是物质方面的条件）的义务"③ 较为适宜。较为科学的含义只是揭示给付义务的本质，这是物化现实的前提，但还需把给付义务具象，即科学的分类。给付义务在私法领域尤其在债法上就有物质性给付与行为给付之分，在公法领域，台湾学者李建良认为给付义务可分类为"程序性利益"和"物质性利益"。④ 对比我国学者张翔的分类，这两种分类都有缺憾，因为程序作为抽象它可以是制度，作为具象它又可以是行为。综合各位公法、私法领域的给付义务的分类，给付义务划分为物质给付、服务给付、制度给付三类较为科学，是故城市交通权的国家给付义务可分为物质给付、服务给付、制度给付三类。

1. 物质给付

城市交通权的国家给付义务中，物质给付具有基础性的地位，因为城市交通权的客体主要是物质化的实物，如交通道路、交通设施、交通工具等，这需要巨大的物质与资金、技术等投入。由于城市交通投资大、见效慢、回馈少等因素，而私人企业或公司受资金的限制、利润的驱使，最终城市交通权的物质给付由国家承担。物质给付的内容包括物质给付、资金

---

① 张翔：《基本权利的受益权功能与国家的给付义务——从基本权利分析框架的革新开始》，《中国法学》2006 年第 1 期。

② ［美］凯尔森：《法与国家的一般理论》，沈宗灵译，中国大百科全书出版社 2003 年版，第 4—5 页。

③ 陈征：《基本权利的国家保护义务功能》，《法学研究》2008 年第 1 期。

④ 李建良：《宪法理论与实践》，学林文化事业有限公司 1999 年版，第 64—66 页。

给付、技术给付等。有形的实物给付有城市交通道路、设施的建设，公共交通工具的提供等；资金给付不仅包括残疾人、老人、孩子的免费乘车，也包括政府对于部分公民提供服务城市交通的优惠、补贴，同时还有通过税收减免等鼓励社会企业公司投资城市交通等内容。城市交通权的给付义务一直都由政府主要承担，但给付义务的承担程度与经济的发展、政府财政的状况、人们的意识等因素有关。我国虽然早在周朝城市交通就已有所发展，但一直到近代都处于自发状态；即使在西方也是资本主义发展以后的现代社会城市交通才发展到自觉状态。新中国成立以后，尤其是改革开放以后，我国的经济取得巨大成就、城市化迅速发展、财政收入相对充裕、人们城市交通意识增强，城市交通有了空前的提高，城市交通权的内容不断丰富，从原来简单的通行权发展到便捷的通行权，从单调的交通工具使用权到多种形式的出行选择权，从盲目的城市交通出行到城市交通信息知情权，从单一城市交通出行到舒适、环保的出行等内容。

2. 服务给付

由于城市交通的基础性、社会性、公共性，城市交通权的国家服务义务尤为重要，它不仅是社会秩序的必然要求，更是公民城市交通权实现的必不可少的手段。因为城市交通权的具体落实，必须要有相关的组织、管理、服务等。一方面，政府通过包括城市交通的规划、管理、决策、组织、领导等宏观的事项，日常的城市交通的指导、监督、控制、协调等事务的管理，城市交通的疏导等间接的给付为公民提供一个良好的城市交通环境；另一方面，政府通过具体的城市交通情况的提供，城市交通事故的处理、咨询、听证、告知、说明、司法援助、行政复议等义务的履行提供直接的服务。毋庸置疑，物质给付使城市交通权有了基本的基础保障，而服务给付使城市交通权落实到了实处。

3. 制度给付

制度给付不同于物质给付的有形化，也不同于服务给付的具体化，它是一种抽象给付，这种抽象给付使物质给付、服务给付制度化。具而言之，一方面，制度给付确认公民城市交通权的具体权能，避免物质给付与服务给付内容与时间的随意化；另一方面，制度给付能保证物质给付与服务给付在执行时的规范与程序化。制度给付在保障物质给付与服务给付的工具价值之外，还有自己因对权利的确认蕴含的本体价值。这种本体价值表征着人的自由，因为"制度按其真正的含义而言与其说是限制还不如说是指导一个自由而有智慧的人去追求他的正当的利益，……制度的目的不是废除或限制自由，而是保护和扩大自由"①。制度给付的发展不仅受到社会客观变化的制约，而且因其具有工具价值而受到物质给付与服务给付的影响。

四　现代城市交通权国家义务的救济机制

虽然法谚"无救济则无权利"，但由于城市交通权的客体——城市交通具有公共产品性或准公共产品性的特殊性，这使救济的难度增大，其救济的方式应不同于一般基本的权利救济方式。

（一）国家义务机关及时自行纠错

城市交通权中的城市交通具有效用的不可分割性、消费的非竞争性、受益的非排他性，这造成了城市交通与个人直接利益的非限定性、民众监督的懈怠性以及诉讼的难度加大性。职是之故，对于国家义务机关的任何越位、错位积极的作为以及任何的消极不作为义务履行不当所造成城市交通权的侵害，在当下的中国，及时修缮或弥补城市交通权的侵害的损失最为简捷便利、最有成效的方式是国家义务机关的及时自行纠错。

国家义务机关直接履行城市交通权的主体是代表国家义务机关的人，是故国家义务机关及时纠错的首要内部条件是主体适格，其次是程序合法；外部条件是民主法治。主体适格的内涵有以下两个方面：一是主体的职业素质高，二是主体的履行义务能力强。职业素质高并不一定是高学历，但要求对纠错的领域有相对完善的知识结构，能应对纠错机制中遇到的复杂情况。在职业素质中，我们特别强调的职业道德，因为代表国家机关履行国家义务的主体面对的是国家公务活动，这要求履行者具备公共道德而不是个人的利己主义，"利己主义可使美德的幼芽枯死，而个人主义首先会使公德的源泉干枯。但是，久而久之，个人主义也会打击和破坏其他一切美德，最后沦为利己主义"②。履行义务能力强是指义务履行者具

①《中外法学原著选读》，群众出版社1986年版，第462页。
② ［法］托克维尔：《论美国的民主（下卷）》，董果良译，商务印书馆1998年版，第685页。

有纠错履行义务所需的调研与解决问题的能力。程序合法主要是指国家义务机关在履行义务时必须遵守公正合理的方式、步骤、顺序，它有利于国家义务履行机关发现错误，纠正错误。"程序的本质特点既不是形式性也不是实质性，而是过程性和交涉性。"① 民主法治是保障城市交通权所有相关主体能以确定的方式参与到城市交通之中，以达到城市交通权的最大限度地实现，这是因为民主法治保证了"所有的公民都应有平等的权利来参与制定公民将要服从的法律的过程和决定其结果"②。

（二）公民监督权的行使

公民监督权的产生是源自历史的经验与逻辑的自治，因为"到目前为止还没有哪个国家能够让人民的意志完全有效地转化为国家意志，也就是说还没有一个国家实现这全民自治的目标，最有可能实现的方案只能是通过代议制的国家，让政府掌握权力让人民对其监督这种本应反映自身意志和利益的政府权力"③。监督的内涵在于，"所谓监督，主要是指人们通过自身的内部监督来约束和外部监督的参与等途径来达到维护军事、经济的发展，来完善政治和司法方面等其他目标，从而针对公共权力的资源、主体权责、运作效能等而相对独立地开展的检查、审核、评议、督促活动"④。由上述得知，监督有内部监督与外部监督之分，权力监督权力与权利监督权力之别，显然，公民监督权的行使是属于外部的权利监督权力。由于权力扩张的无限性、顽固性、强大性与公民的分散性、单薄性、弱小性，公民完全以宪法赋予的实体性较强的批评权、建议权、检举权与程序性突出的申诉权、控告权等来实现对国家尊重、保护、给付义务的不折不扣地履行相对困难，造成这种局势除上述理由之外，还有这些监督权利的行使有时还要借助言论、出版、通信自由等权利的保障等。针对以上因素，为了切实有效地监督国家尊重、保护、给付义务的履行，一是要加大公民的组织性，"独立的社会组织在一个民主制中是非常值得需要的东西，至少在大型的民主制中是如此。一旦民主的过程在诸如民族—国家这

---

① 季卫东：《法律程序的意义——对中国法制建设的另一种思考》，《中国社会科学》1993年第1期。

② ［美］罗尔斯：《正义论》，何怀宏等译，中国社会科学出版社1988年版，第211页。

③ 汤唯、孙季萍：《法律监督论纲》，北京大学出版社2001年版，第453页。

④ 尤光付：《中外监督制度比较》，商务印书馆2003年版，第1页。

样大的范围内被运用，那么自主的社会组织就必定会出现。而且这种社会组织的出现，是为民主过程本身运作所必需的，其功能在于使政府的强制最小化、保障政治自由、改善人的生活"①。二是要完善相关公民权的保障法律体系，如《监督法》的出台等，细化公民的监督权利，同时还要对诸如监督的知情权等相关权利予以保护等，这样才能把公民的监督权落到实处，实现城市交通权的国家尊重、保护以及给付义务。

（三）公力救济

公力救济中的公力指的是公共权力，故公力救济指利用公共权力对国家没有履行、懈怠履行或履行不到位的城市交通权的法定国家尊重、保护、给付义务造成的侵害实施的救济。包括行政救济与司法救济，上述的国家义务机关及时自行纠错可以归到行政救济，而公民监督权的行使更倾向于自力救济，事实上，自力救济与公力救济经常互相交织一起。由于国家义务机关及时自行纠错的行政救济已在上文论述，本部分重点缕析公力救济中的司法救济。

由上文可知，城市交通权中的城市交通具有公共产品或准公共产品的性质，故城市交通权奠基于公共利益，"公共利益在由个人接近权利实现的情形下，就不再仅仅是法律主张其自身的权威、威严这样一种单纯的概念上的利益，而同时也是一种谁都能感受得到，谁都能理解得到的非常现实、极为实际的利益……即一种能够保证和维持个人所关注的交易性生活的安定秩序的利益"②。这里不仅指出公益的内涵，更重要的是告诉人们公益与私益有着密不可分的关系，这就为通过公益的维护实现公民的城市交通权提供了正当性理由。公益的救济手段之一就是公益诉讼，尽管学者在理论方面对公益诉讼进行了有益的探索，但在实践方面公益诉讼还有待加强。下面结合公益诉讼的已有成果再做进一步的理论证成与实践尝试，具体简化为公益能否诉讼？公益诉讼的理由是什么？公益诉讼如何进行？

私益诉讼无论是在理论上还是实践方面都取得了巨大成就，且历史悠

---

① 刘军宁等：《市场逻辑与国家观念》，生活·读书·新知三联书店1995年版，第164页。
② ［意］莫诺·卡佩莱蒂：《福利国家与接近正义》，刘俊祥等译，法律出版社2000年版，第67页。

久。法学家周枏从私益诉讼与公益诉讼的目的与原告的适格区分了私益诉讼与公益诉讼，"私益诉讼是为了保护个人私有权利的诉讼，仅特定人才可以提起；公益诉讼是为了保护社会公共利益的诉讼，除法律有特别规定外，凡市民均可提起"①，这部分说明了公益诉讼的必要性。除此之外，登姆塞茨的产权界定理论对公益诉讼有重要解析的理论作用。登姆塞茨的产权界定理论契合了霍布斯的利益赋税理论，公共产品由政府通过税收提供，税收来自全体国民，由此推定公益为全民所有，全民对公益享有公共权力。这种公共权力为充实、完善城市交通权提供了条件，同时为公益诉讼提供了理论说明。但据城市交通的供给、使用的现实观之，大多表现的是一种反射性利益，在法律上称为法益，很难确定，于法缺少依据，不利于保护。英美的公共信托理论架起了公益与公益诉讼的桥梁，使模糊不清的法益转化为现实的权利，使公益诉讼变成了现实，也推进了上文所述的公民监督权利，由体制外循环走进体制内的参与。

理论上的论证只是为公益诉讼扫除了实践发展的逻辑障碍，实践上如何实现公益诉讼才是最关键的。在西方福利国家与社会法治国时期，公益诉讼有了巨大发展，而在我国这种诉讼总是蹒跚前行。这里有许多现实问题，最为迫切的是在已有的三大诉讼之外如何定位公益诉讼，同时还有原告的资格、诉讼费用、证明责任等问题。我国在已有的三大诉讼中并没有明确规定公益诉讼，是否还需在三大诉讼之外另外规定公益诉讼？以笔者观察，公益诉讼不是一种与三大诉讼并列的诉讼形态，因为公益诉讼"是一个以诉讼目的为基准界定的概念，旨在描述公益律师、公益团体所进行的诉讼活动。公益诉讼是依托于社会正义的概念，以及视法律为社会变革工具的意愿，以公益律师和公益法团体为主体展开的诉讼活动。公益诉讼包括了战略诉讼和为贫困者提供的法律援助，其特点是超越了个人利益的代表，倡导寻求法律的改变或者适用，从而影响全社会"②。故公益诉讼是以公益为目的的诉讼，并不是一种与三大诉讼并列的诉讼，人们无须再重新制定法律确立新的诉讼，实质上，"公益诉讼主要是民事诉讼框架内的一个以目的为导向的概念，在某种意义上是为了保护传统三大诉讼

---

① 周枏：《罗马法原论》，商务印书馆 1994 年版，第 886 页。

② 徐卉：《关于公益诉讼的若干理论问题》，http：//www.rit.cn/html/20141223141511 – 1.html。

未能有效保护的利益而产生的"①。尽管公益诉讼主要是在民事诉讼的框架之内，而我国传统的民事诉讼通常是自益诉讼而没有他益诉讼，因此要求原告与被告之间有直接的利益利害关系，即"无利益则无诉权"，立法上存在着起诉主体缺位的遗憾。我国可以借鉴诉的利益理论把原来的直接利益起诉主体进一步扩大，使原告的适格增加，"诉的利益乃原告谋求判决时的利益，即诉讼追行利益。这种诉讼追行利益与成为诉讼对象的权利或者作为法律内容的实体性利益以及原告的胜诉利益是有区别的，它是原告所主张的利益（原告认为这种利益存在而作为主张）面临危险和不安，为了祛除这些危险和不安而诉诸法的手段即诉讼，从而谋求判决的利益及必要，这种利益由于原告主张的实体利益现实地陷入危险和不安时才得以产生"②。诉的利益可以把公民、公益团体甚或检察机关等扩进原告适格之列。由于公益诉讼的特殊性，诉讼费用可以采取"公共负担"或转嫁等形式解决，证明责任对于被告则宜采取无过错责任或过错推定责任等。

---

① 江伟、徐继军：《将"公益诉讼制度"写入〈民事诉讼法〉的若干基本问题的探讨》，《中国司法》2006 年第 6 期。

② ［日］谷口安平：《程序的正义和诉讼》，王亚新、刘荣军译，中国政法大学出版社 1996 年版，第 159 页。

第二编

现代城市交通规划及其
法治化治理研究

第一章

城市交通规划的制度定位及其法治化需求

一 城市交通规划的概念界定

（一）城市交通规划内涵剖析

规划的一般含义是指比较全面的长远的纲领性的计划。[1] 在人类个体和团体的行为中，规划是一种常用的管理手段，规划行为要求规划者具有运筹帷幄和统筹兼顾的思想方法。所谓运筹帷幄，是指规划的本质属性即预见性特点，要求规划内容处理好过去、现在和未来的关系，根据过去的经验教训和现实的状况，对未来作出预见和安排。所谓统筹兼顾，是指规划的全面性特点，即要统筹考虑规划所设计的方方面面的内容之间的关系，使各个方面相互协调、相互支撑。同时，作为一种管理手段，规划时要统筹考虑规划实施中制定者内部的资源和外部的环境，通过有效管理内部资源，对外部环境产生作用，使内外部环境向规划目标方向转化。[2]

现代城市交通规划必然是一种法治的规划。在我国的《城乡规划法》《土地管理法》《环境影响评价法》《城市综合交通体系规划编制办法》[3]等法律、规范性文件的规定中均明确了城市交通规划的地位、目标及主要工作内容。城市交通规划是城市交通发展的总纲，是城市总体规划的重要组成部分。《城乡规划法》第17条规定，"城市总体规划、镇总体规划的内容应当包括：城市、镇的发展布局，功能分区，用地布局，综合交通体系，禁止、限制和适宜建设的地域范围，各类专项规划等"。第35条指出，"城乡规划确定的铁路、公路、港口、机场、道路、绿地……以及其

---

① 张燕、马宗武：《港口经济辞典》，北京人民交通出版社1993年版，第129页。

② 刘欣葵、韩蕊：《城市规划管理制度与法规》，机械工业出版社2012年版，第3页。

③ 住房和城乡建设部关于印发《城市综合交通体系规划编制办法》的通知。

他需要依法保护的用地，禁止擅自改变用途"。《土地管理法》中土地利用总体规划中也包括城市交通规划的相关土地利用规定。该法第26条规定，"经批准的土地利用总体规划的修改，须经原批准机关批准；未经批准，不得改变土地利用总体规划确定的土地用途。经国务院批准的大型能源、交通、水利等基础设施建设用地，需要改变土地利用总体规划的，根据国务院的批准文件修改土地利用总体规划。经省、自治区、直辖市人民政府批准的能源、交通、水利等基础设施建设用地，需要改变土地利用总体规划的，属于省级人民政府土地利用总体规划批准权限内的，根据省级人民政府的批准文件修改土地利用总体规划"。《环境影响评价法》明确规定交通规划必须要组织环境影响评价。该法第8条指出，"国务院有关部门、设区的市级以上地方人民政府及其有关部门，对其组织编制的工业、农业、畜牧业、林业、能源、水利、交通、城市建设、旅游、自然资源开发的有关专项规划（以下简称专项规划），应当在该专项规划草案上报审批前，组织进行环境影响评价，并向审批该专项规划的机关提出环境影响报告书"。住房和城市建设部颁发的《城市综合交通体系规划编制办法》进一步规范了城市综合交通规划，明确了城市综合交通规划的组成内容和规划目标，并表明城市交通规划与城市规划和土地利用间的关系。该办法第6条和第7条分别为，"城市综合交通体系规划应当与区域规划、土地利用总体规划、重大交通基础设施规划等相衔接"，"编制城市综合交通体系规划，应当遵循国家有关法律、法规和技术规范"。第8条明确指出了交通规划的目标，"编制城市综合交通体系规划，应当以建设集约化城市和节约型社会为目标，遵循资源节约、环境友好、社会公平、城乡协调发展的原则，贯彻优先发展城市公共交通战略，优化交通模式与土地使用的关系，保护自然与文化资源，考虑城市应急交通建设需要，处理好长远发展与近期建设的关系，保障各种交通运输方式协调发展"。

就城市交通规划的具体概念而言，《交通大辞典》中对城市交通规划的定义为一定时期内城市交通发展的综合安排及其研究过程。[1] 前辍词"综合"两字强调了其全面性特点，即要求将综合、全面特点贯穿于城市交通规划的全过程，包括：各种历史、现状和未来信息的综合采集、处理

---

[1] 《交通大辞典》编辑委员会编：《交通大辞典》，上海交通大学出版社2005年版，第791页。

和分析；综合考虑土地使用、交通需求、交通供应三者的相互关系及其预测技术；各种交通运输方式（工具）的综合协调；涉及技术、经济、社会、环境等多种因素的综合可行性研究和评价与决策；交通政策、交通建设和交通管理诸环节的综合衔接；动态交通（车辆行驶）与静态交通（车辆停放）需求量和供应量在总体与局部两方面的综合平衡；等等。《科学技术方法大辞典》将城市交通规划定义为依据某城市经济社会发展对交通的要求而对该城市制订交通全面的长远的发展计划。[①] 传统意义上的城市交通规划更侧重于交通设施规划，即线路规划、站场选址与设计、交通流的调配等，现代城市交通规划已成为一门跨领域、涵盖多个学科的应用型学科。交通运输学学界将城市交通规划界定为有计划地引导城市交通发展的一系列行动，即规划者如何制定城市交通发展目标，又如何将该目标付诸实施的方法和过程。[②] 一般而言，现代城市交通规划要求在调查分析交通系统现状与特征的基础上，研究土地利用与交通运输之间的关系，用科学的方法预测交通需求的发展趋势以及交通需求发展对交通供给的要求，并在资金、政策和环境等条件的制约下，确定未来特定时期交通系统的发展目标、方向、规模和结构，合理配置交通运输网络，达到交通需求与交通供给之间的平衡。[③]

综上可见，上述对城市交通规划的定义只是着眼点不同，并没有实质性区分，其共同之处或基本含义在于：其一，都直接或间接反映城市交通规划的制定主体是国家行政机关；其二，都反映城市交通规划的系统性和综合性；其三，城市交通规划既可以表现为一种行为活动或行为过程，也可以表现为某种行业规范或结果；其四，城市交通规划是对将来事项作出的前瞻性、战略性部署，反映了城市交通规划对城市交通未来服务和发展的需求；其五，城市交通规划应包含实现目标的方法、步骤和措施。由此，我们可以把城市交通规划定义为：城市政府为了实现特定的城市交通发展目标，围绕交通设施配置及交通系统管理提出未来一定时期内综合运用各种手段实现该目标的活动安排。该定义涵盖了以下五层含义：

一是规划主体要素。城市交通规划是城市政府履行行政职能的一种活

---

① 李庆臻主编：《科学技术方法大辞典》，北京科学出版社 1999 年版，第 415—416 页。

② 参见刘南《交通运输学》，浙江大学出版社 2009 年版，第 22 页。

③ 文国玮：《城市交通与道路系统规划》，清华大学出版社 2013 年版，第 78 页。

动方式。城市交通规划的主体一方必须是享有国家行政权,并能以自己的名义独立承担因行使行政权(规划权)而产生的相应法律责任的组织。因此,没有城市政府参加的规划不是城市交通规划。如城市政府以外的政党组织、企事业单位组织对城市交通未来所作的战略规划和安排则不属于城市交通规划。城市交通规划一般由城市政府委托有资质的研究机构进行,经政府审定后,常以交通白皮书等形式发表。参与城市交通规划的主体可能有多个,如规划的拟定机关、听证机关、确定机关等。在规划制定过程中,各机关所起的作用是不同的,但只有作为规划确定的机关才对规划形成起决定性作用,因此,规划确定机关才是城市交通规划的规划主体。强调规划主体的要素并不否认规划相对人参与的地位,现代城市交通规划的过程就是规划相对人参与的过程,没有相对人参与的规划将会使规划走向民主的反面,但在城市交通规划中规划主体始终居于主导和支配地位,这一点应当是没有疑问的。

二是规划目标要素。城市交通规划目标指的是规划期限内交通设施、交通行为的质量和数量方面应达到的水平。城市交通规划的目标是城市交通规划的核心,城市交通规划就是为了实施特定的城市交通发展目标而制定的。不同的城市交通规划所要达成的具体目标是不一样的,但总体上都是为了实现城市交通系统安全、畅通、节能、环保,并使交通系统与国民经济其他系统协调发展。

三是规划未来要素。城市交通规划是针对城市交通发展未来事项而预先制定的规划蓝图以及部署和安排,是对未来一定时期内要采取的方法、步骤和措施所进行的前瞻性的设计过程。这种预先设计的规划既可以作为一种行为的过程之形式,也可以作为一种行为的结果之形式。

四是规划内容要素。城市交通规划内容一般包括:①城市社会经济和土地利用(包括用地性质、规模、人口、工作岗位等)分析;②交通现状分析、需求预测和供需分析;③制定交通发展目标、战略和政策;④制订交通发展方案;⑤进行方案评价与决策;⑥方案执行、监测和调整等。其中交通发展方案除了包括交通建设、交通管理、各项具体的交通政策措施,还包括资金筹措与运用、交通管理体制等各个方面。规划涵盖城市交通的各个交通子系统,如:①道路建设与管理;②城市轨道交通和地面公交建设、运营和管理;③停放车政策及其规划、建设、运营和管理;④交通需求管理;⑤城市货运规划;⑥对外交通规划;⑦交通环境规划等。

　　五是规划期限要素。交通规划一般有近期、中期和远期之分。近期规划一般为 3—5 年，中期规划一般为 10—15 年，远期规划一般为 15—20 年或更长。有些专项规划，例如交通管理规划、地面公交线网规划，常常只进行近期规划；而综合交通规划或交通战略规划，一般是远期规划，或称长远规划，该类规划编制时通常会与国民经济和社会发展规划、土地利用规划、城乡规划等规划期限保持一致，同时设定分期实施目标。

（二）城市交通规划与城市规划的对应关系

　　城市交通规划是城市规划重要的组成部分，城市交通规划与城市规划体系的协调性直接关系到规划的指导意义与可实施性，两者在规划时间、空间和关联内容上理应保持一致。回顾城市交通规划研究所发展的历程，经历了交通滞后城市发展，到交通适应城市发展，到交通与城市互动发展，再到今天的交通引领城市发展若干阶段，充分说明了交通在城市发展中的地位和作用日益提高。城市交通规划的编制理念也经历了两次大的转变，在 20 世纪 70 年代和 80 年代期间，城市交通规划被作为城市总体规划的一部分而一并编制，这种编制方法对城市交通缺乏深入研究，不能满足交通与用地互动发展的要求。到了 20 世纪 90 年代，部分城市将交通规划单独组织编制以应对机动化起步和迅速发展带来的挑战。但由于单独编制交通规划为非法定规划，其在执行力度上与总体规划不能等同，交通与用地规划建设中相互脱节、相互牵制现象仍未消除。[①]

　　为此，国内专家学者及科研机构对交通规划编制体系进行了积极的借鉴、思考、探索和实践。如《城市规划编制办法》在城市规划编制的各阶段对城市交通规划从宏观到微观，从各层面、深度提出了不同的要求，但缺乏交通规划体系的系统性和完整性，迫切需要进行规划制定体系研究，形成交通规划编制办法和实施细则。2010 年住房和城乡建设部《城市综合交通体系规划编制办法》的颁布，从国家层面对城市综合交通规划的地位、编制要求进行了规定，使得我国城市交通规划进入了一个新的发展阶段，但对于完整的交通规划编制体系目前尚无明确的规定。北京市建立了包括交通发展战略规划、综合交通规划、区域交通规划、专项交通

　　① 曹国华、黄富民：《"交通引导发展"理念下城市交通规划研究——以江苏省为例》，《城市规划》2008 年第 10 期。

规划 4 个层级的交通规划体系；① 深圳市建立了包括城市整体交通规划、分系统交通规划、分区交通规划、片区交通（改善）规划、重要交通设施建设详细规划及交通影响分析、专项交通调查研究 6 个层级的交通规划编制体系；② 龙宁等于 2007 年提出了"两阶段八层面"的交通规划编制体系，"两阶段"分别对应于城市规划的总体规划阶段和详细规划阶段，"八层面"分别为城市交通发展战略研究、城市交通发展战略规划、城市综合交通规划、城市分区交通规划、城市近期交通建设规划、交通需求分析、交通工程设计和交通影响评价；③ 在江苏，遵循"覆盖全面、分工合理、相互衔接"的原则，未来城市交通规划编制体系建议分为交通白皮书或发展战略、城市综合交通规划、分系统交通规划、分片区交通规划以及交通影响分析 5 个层级。④ 此类探索对完善城市交通规划编制体系不无裨益，但在实际操作中由于未能及时、有效地对不同类别的交通规划分类加以梳理整合，明确相应的编制规范标准及法律地位，使得不同规划各有侧重，规划管理工作中出现了规划管理依据层次多、数量大、内容复杂、规划依据多元等问题，损害了规划成果的严肃性，迫切需要厘清城市交通规划体系与城市规划体系的衔接关系，对城市交通规划按等级、层级及先后阶段划分形成规范的制定体系。⑤

　　为与不同层级的城市规划体系形成紧密的协调关系，笔者认为城市交通规划与城市规划存在着"两阶段三层次"的对应关系。⑥"两阶段"分别对应于城市总体规划、城市（控制性）详细规划，"三层次"分别为城市交通发展战略规划、城市交通系统规划和城市交通设施规划。交通发展战略规划、交通系统规划阶段强调交通系统的整合协调，注重交通系统整体环境下交通各系统的发展，成果偏重宏观性和指导性；而交通设施规划

---

① 赵文芝：《建设新北京交通体系的政策与行动》，《城市交通》2006 年第 4 期。

② 张晓春、林群、李锋等：《创新与提升：深圳城市交通规划设计实践：1996—2016》，同济大学出版社 2016 年版，第 15—16 页。

③ 龙宁、李建忠、何峻岭等：《关于城市交通规划编制体系的思考》，《城市交通》2007 年第 2 期。

④ 曹国华、黄富民：《"交通引导发展"理念下城市交通规划研究——以江苏省为例》，《城市规划》2008 年第 10 期。

⑤ 杨洁、过秀成：《关于城市交通规划编制法治化的若干问题思考》，《东南法学》2013 年第 5 期。

⑥ 过秀成：《城市交通规划》，东南大学出版社 2010 年版，第 9 页。

阶段是在战略规划、系统规划的指导下，深入研究各交通系统自身的发展，成果侧重于可操作性。

在城市总体规划阶段，城市交通规划主要应完成城市交通发展战略规划、城市综合交通规划，即涵盖交通规划的战略规划阶段与系统规划阶段。战略规划注重战略性和方向性，最终形成城市交通发展战略报告或上升提炼为交通白皮书；系统规划注重系统性和综合性，在交通发展战略的指导下进行，同时作为交通专项规划的上层规划，注重传承性和衔接性。城市交通规划应基于自身的内在机制及其与外部环境之间的相互作用，首先进行城市交通发展战略规划，作为指导后续规划的基础，即在研究城市交通现状、城市社会经济发展与用地布局的基础上，展望城市交通发展的优势、劣势、机遇和挑战，确定交通系统整体发展趋势，重点研究城市交通发展理念、交通发展目标、交通发展策略以及重大基础设施的规模、选址与布局等问题。城市交通系统规划是交通战略规划的深化和细化，是协调对外交通系统、城市道路系统、公共交通系统、城市慢行交通系统、客运枢纽、城市停车系统、货运系统以及交通管理与信息系统间关系的综合性交通规划，规划重点着眼于整个交通网络中各种线路、设施的定位、规模和布局以及重大项目的建设时序等，成果相较战略规划，更具宏观指导意义。

在控制性详细规划阶段，城市交通规划的主要任务是确定城市土地使用性质和开发强度，对应于城市控制性详细规划，城市交通规划应完善交通设施规划，反映交通设施的布局要求并落实具体布局方案，实现城市规划与交通规划的融合，促进城市用地布局与交通系统的一体化发展。城市交通设施规划涉及城市道路网、轨道交通、公共交通规划、停车系统、慢行交通、物流基础设施、近期交通建设计划以及局部地区交通改善规划等。交通设施规划侧重于各子系统本身的发展目标、需求分析、设施规模、布局方案、近期建设计划、运营管理和效益评价，要求交通规划方案具有可实施性。

（三）城市交通规划的特征

城市交通规划与其他规划相比有其自身的特殊性，是一门涵盖交通发展战略规划、综合交通规划、交通专项规划等，统筹城市交通发展、理论与实践相融合的科学与艺术，涉及面广，规划对象种类多元，不同类别规划的滚动周期也各有差别，总结其特征如下：

一是引导性。城市交通规划对未来城市交通发展具有引导与制约作用，要求前瞻性地研究未来城镇形态、交通特征的发展趋势，提高规划的预测和判断能力，并及时制定适宜的应对策略。城市交通规划的重点工作内容是对系统内部各子系统及要素进行发展定位与引导，正确处理系统外延扩充与内涵改造的关系，交通与土地利用、空间布局的协调关系，交通供给规模与城市经济社会发展的适配关系，交通发展与城市环境、资源的协调关系等有关交通发展模式的问题，从而引导城市交通的科学可持续发展。伴随城市化进程的加速和经济全球化导致的城市区域化发展，城市交通规划需要适度超前地考虑能源问题、新型城市形态、产业组织模式、居民生活模式等新的发展要求，制定科学合理的发展战略及策略，积极引导城市交通的发展，满足多种交通需求。

二是综合性。城市交通规划反映了城市及郊区未来交通资源配置的基本情况，对城市交通内部与外部资源进行系统的整合与协调，既整合城市交通系统内部的各交通子系统，也协调城市交通与土地、经济、人口等外部因素。城市交通规划的首要任务是运用系统的内外交互作用规律寻求系统资源的合理配置，求得总体运行的最佳状态，即系统整体协同效应。[①]就城市交通大系统而言，这种协同效应是指各个子系统的协调配置，以最少的资源获取最大的运行效率。具体而言，子系统协调配置的关键之一在于把握客货运输子系统和运输载体子系统（道路、轨道交通、场站等）之间的适配协调关系。另外，整体协同效应还依赖于子系统的功能结构与空间容量的协调关系。以往的城市交通规划往往更多地注重扩充空间容量而忽视功能结构，忽略了设施空间尺度（容量）与结构之间的关系，其结果是尽管设施尺度不断扩充，但因功能级配失衡或组织结构不合理，而达不到应有的效能标准。同时，城市交通规划在资源配置过程中也需要分析多种相关的非交通因素，例如土地利用、经济发展和人口特征以保证交通规划与城市发展过程中的有效统一。具体而言，城市交通规划中应与城市土地利用规划、城乡规划同时协调进行，从而反映交通与土地利用一体化的原则，并促进城市的有机发展；城市交通规划在制定时，应考虑与城

---

① 全永燊、潘昭宇：《建国60周年城市交通规划发展回顾与展望》，《城市交通》2009年第7期。

市环境政策、经济政策等保持一致，体现交通与社会发展目标的一体化。

三是协调性。城市交通规划涉及利益分配，为保证利益分配公平以及规划能够顺利实施，要求政府部门之间进行有效协调，并邀请公众在交通规划过程的各个阶段广泛参与。作为协调各方利益的平台，城市交通规划需要一定的组织架构保障，以实现规划过程的有序推进与规划成果的有效落实。组织架构需明确各项规划内容的实施主体与责任，及时接受社会的反馈，充分发挥市场配置作用的效率。另外，要加强部门间的有效协作，建立长效的协调合作机制以及各相关利益方参与程序，协调管理城市交通相关用地规划等，并完善监督考核机制。同时要重视普通公众参与方式，例如调查问卷、座谈会、听证会等。由此，公众参与才能真实反映公众的诉求，从而恢复公共规划的本来面目。同时，在我国目前民主制度尚不健全的政治背景下，为保证城市交通规划不违反公众意愿，必须制定严格的规划公开制度。城市综合交通规划制度应具体规定规划公开的内容、时间、程序等，只有这样才能保证将政府的决策置于群众的监督之下。

四是持续性。城市交通规划应是滚动编制、连续进行的。城市交通规划一般分为城市交通发展战略规划、城市交通综合网络规划和城市交通近期建设规划，即对应于城市交通规划的远期、中期和近期规划。城市交通规划既要解决城市交通现状的突出矛盾，满足城市交通体系的短期需求，也要指导城市远景交通发展目标，满足城市远期发展要求，因此在编制过程中应注意近期、中期和远期规划的协调整合，注意系统规划与项目规划、项目设计运营与实施之间的滚动对应关系，城市交通远期、中期和近期规划应相互配套，内容相互对应和包含，以保证规划能够最终落实。城市的社会经济环境是一个动态发展的过程，同时城市交通系统内部各要素也处于一个不断变化的过程，为了使各项相关决策具有科学性和合理性，城市交通规划必须考虑现实情况的变动和社会的发展动态，并对其进行一定的反馈与调整。城市交通规划的评估和维护需要与城市总体规划、城市控制性详细规划同步进行，以适应城市发展需要。

五是公益性。城市交通规划的出发点是基于公共利益，是对城市交通资源进行配置，其主要目的是提供城市交通基础设施。而城市交通基础设施大部分具有公用物品的特性，因此城市交通规划可以看作一种资源配置机制，其主要目的是提供交通公共物品，以是否能够实现公共利益作为资源配置结果优劣的判断标准。如果不是基于公共利益，城市交通规划就丧失了存在的正义基础。在城市交通资源的配置过程中，应该兼顾公平与效率，将两者共同考虑才能保证资源配置机制取得良好的效果，片面强调某一方面都会导致资源配置效果不佳。城市交通规划直接关系着广大城市居民的日常生活和出行活动，规划者需要更多地关注人的全面发展对城市交通的多层次多方面的需求，反映城市交通规划由"以车为本"向"以人为本"的转变趋势，体现城市交通供给向多元化的转变，体现更多的人文关怀，包括城市交通通达性的公平、交通的公共性和服务性（考虑对残疾人等弱势群体的服务）等。

六是地方性。城市交通规划需要根据地方特色进行规划方案的设计，需要综合考虑地方的城市空间结构、产业结构、土地利用、经济发展水平以及居民出行特征等因素，构建符合地方特色与发展要求的城市交通系统。在实现资源配置功能的同时，一个地方的城市交通规划尤其需要考虑地方资源及经济承受能力，应坚持适用、经济、高效的原则，合理使用资源，尤其是土地资源。土地是城市的载体，是不可再生资源，交通基础设施的建设应尽量少占农田、节约用地，把节约建设放在首位，形成合理的城市交通系统功能与布局结构。为了保障城市交通规划的有效实施，城市交通长期规划要考虑预期的资金保障，短期计划需要与现实的资金支持协调，要使资金压力在城市经济可承受范围之内。另外，不同城市类型及发展阶段，城市交通问题的研究重点也会有所差异，例如特大城市和大城市在不断地以城市区域化的形式向外围扩展，形成以中心城市为核心的都市区。因此，其交通规划是有着非常明确目标的目标导向下的交通规划，即要为特大城市和大城市过分集中的城市功能的空间有机拓展和城市人口的有机疏散服务。

七是法定性。城市交通问题的复杂性和影响的宽泛性，要求必须高度重视城市交通规划的法定性。城市交通规划法定性包括两个方面：一是以法律形式确定规划程序；二是赋予规划方案一定的法律权威性。城市交通规划是一种配置交通资源的方式，其资源配置结果应符合公共利益，程序性法律是实现公共利益的保障。再者，城市交通规划方案应具备一定的法律效力，因为交通规划方案会影响相关各方的利益分配，利益相关者会密切注意规划方案对自己的利益产生的影响，规划方案很可能会由于各方势力对比的转变而发生变化。如果交通规划方案不具备法律效力，则每当决策者发生变动，正在实施的一项交通规划方案就有可能被停止或变更为其他方案，因此可能出现资源浪费现象。所以，对于经过法定程序形成的规划方案为保证其稳定性和权威性，应赋予其一定的法律效力。

二　城市交通规划的法律性质

城市交通规划有若干存在形式，比如交通规划科学、交通规划政策、交通规划图纸与文本、交通规划法律等。对城市交通规划法治化问题进行研究，首先面临的问题是法律形式的交通规划与其他形式的交通规划有何不同？它们之间的联系又如何？这涉及城市交通规划性质的归属与判断。对城市交通规划性质的深入探讨，有助于城市交通规划在行政规划体系中的合理定位，也有助于城市交通规划相关法律制度的构建。

（一）城市交通规划的科学属性与法律属性

传统城市交通规划更侧重于从供给侧确定交通网络或节点设施的交通需求、建设规模和设计要点，这在一定程度上带有政府主导的物质规划的特点。在物质规划阶段，强调的是规划的科学性，即如何通过准确的预测模型描述未来的交通需求，如何通过合理的供需匹配模型设计规划方案，如何通过系统全面的决策模型进行规划方案的优选。理论上科学并不需要立法，因为它揭示的是自然的本质、客观的规律，不以人的意志为转移，并且是根本不可抗拒的。但众所周知，科学揭示的是真理，法律界定的是行为准则，科学与法律是两个完全不同的领域，但在交通规划这个特殊的领域，两者结合了起来。纵观历史，城市交通规划起源于城市问题，最早解决城市问题的手段是法律，而不是科学。以建立周朝城市建设制度的《周礼·考工记》为例，载之"匠人营国，方九里，旁三门，国中九经九纬，经涂九轨"，对城市建设中的型制、等级、尺度有着明晰、精确的表述，但其突出的是皇权至上、弘扬礼法的理念。[①] 随着对城市问题认识的深入，规划者与决策者逐渐意识到城市交通规划应依据客观存在的交通运行规律制订规划方案以解决存在的城市交通安全、环境与拥堵等问题，这才真正产生了近代科学意义上的城市交通规划理论与方法。

可见，城市交通规划既存在科学形式，又存在法律形态。但法律不是

---

① 牛锦红：《近代中国城市规划法律文化探析》，中国法治出版社 2011 年版，第 2 页。

科学，其内容并不是绝对客观、正确和永恒不变的真理。科学与法律在城市交通规划领域边界何在？这个问题至今未得到圆满回答。眼下交通规划法律治理的趋势是通过公权力机构将交通规划文本直接转化为法律形式，其潜藏着未知的矛盾与风险。一是在"实体法"层面，虽然理念和观念入法是当前立法的一种倾向，交通规划文本中也会引入许多未经本地长期实践检验的国内外观念和经验，但法律内容融进此类内容后会体现出较浓厚的理论色彩和理想态度；二是在"程序法"层面，规划管理服务的立法使得许多法律带有强烈部门规章的痕迹和时代特征，城市交通规划涉及建设、交通运输、公安、财政等多个部门，将复杂的部门权利关系带入法律，有可能使得法律之间的关系、地位、层次十分模糊。

（二）城市交通规划的行政行为属性

城市交通规划可视为一种行政规划，兼具抽象性与具体性、法律性与事实性的综合属性。在德国，根据规划产生特定的影响和对行政相对人权益的限制程度，规划可分为指导性规划、调控性规划和指令性规划。指导性规划是提供数据和预测的规划，其目的是将现在和未来的关系通报给各级国家机关和私人，为其决定和处置提供材料。指令性规划是指对特定行政相对人具有约束力，为其设定义务的规划。调控性规划介于指令性规划和调控性规划之间，它要求实施与特定目标相应的手段，但不通过命令和强制，而是通过对符合规划行为的刺激（如补贴、税收优惠、改善道路等基本设施、划定工业区），或者通过违反规划行为的不利后果（如税收负担）。①

在上海、南京、广州、佛山等地，编制的交通发展白皮书即为一种指导性规划。《上海市交通发展白皮书》前言中指出："白皮书是上海推进交通发展的指导性文件，也是全社会共同营造和谐交通环境的行动指南。"交通白皮书将交通与城市、交通与环境、交通安全与文明、交通精细化管理的相关内容、现在与未来关系的状况通告给行政部门与社会公众，为他们的决定和处置提供参考。虽然目标设定性没有得到完全的体现，但规划编制与发布的行为事实上会造成未来设定目标的效果，是一种

---

① ［德］哈特穆特·毛雷尔：《行政法学总论》，高家伟译，法律出版社 2000 年版，第409 页。

蓝图式的宣告。

鉴于城乡规划已构筑起一整套围绕城市空间和土地为核心的规划意图传递和实现的完整路径和保障体系，道路交通工程的物质形态包括与道路交通工程有关的建筑物、构筑物和线路网络等内容均可依据法律实体控制方式将其纳入城乡规划的规划体系，通过程序控制即法定的审批许可证制度（一书两证）管理其实施。如南京市规划局组织编制的《锦文路过江通道及两端接线红线规划》确定了锦文路过江通道的选址位置，推荐过江形式，通道快速化形式，通道与重要道路的交叉口控制形式，城市建设区及非建设区道路断面形式，与相交城市道路的交通组织等；对锦文路过江通道的接线道路进行选线，完成沿线红线和绿线控制，为今后通道建设预留条件。该类规划即为指令性规划，借助城乡规划的法定程序赋予其法律效力，使其目标设定和后续行为成为一个不可分割的整体，客观上形成可以产生影响、限制相对人权利义务的法律效果。

调控性规划也可称为影响性规划。这类规划并不具有强制性，公民与法人是否接受完全取决于自愿，同时行政权也可以达到规划社会发展的职责，符合服务行政法的精神。但调控性规划事实的影响力要大于指导性规划，不像指导性规划那样仅具有建议性。两者之间并没有完全分明的界限，指导性规划总是会向调控性规划转化，这种转化往往以措施的规定和细化来实现。从法律意义上讲，两者仍然有区分的必要，因为指导性规划只是一种事实行为，而调控性规划既可能是事实行为，也可能是法律行为，如构成行政承诺等。例如，2010年江苏省财政厅、省交通运输厅印发了《江苏省铁路综合客运枢纽规划建设补助资金管理暂行办法》，在成品油价格和税费改革中央转移支付资金中安排专项资金，对综合客运枢纽规划建设进行补助。各市、县交通运输局会同各级财政部门向省交通运输厅、省财政厅申报符合补助资金条件的项目时，还应提供综合客运枢纽布局规划项目申报材料，综合客运枢纽布局规划是获得规划建设补助资金的前提。

（三）城市交通规划的公权力属性

规划与法律结合的产物即为法定规划。法定规划与规划法治是两个不同层次的事物。法定规划是通过法定程序制定的规划，是规划的一种形式，其差异主要反映在地位和效应上。法定规划主要是界定城市开发行为。规划法治则包括更广阔的内容，涵盖法定规划，不仅包括有关制定法，还包括依法规划、依法实施规划以及规划的救济等内容。城市交通规划更多的是交通行政主体根据组织法规定的职权拟定的规划，即宪法和专门法律对于行政机关是否有权编制行政规划很难——作出明确的规定，而是依据行政机关所具有的固有行政职权、需要完成的行政职能，推论其具有编制规划的权力。在我国机构改革处于不断调整的变迁时期，现有组织法和专门法也很难及时固化行政职权，因此动态调整相关机构及其一定时期所确定的行政职责（职权）成为行政规划的重要依据之一。如《交通运输部主要职责内设机构和人员编制规定》规定交通运输部的职责包括承担涉及综合运输体系的规划协调工作，会同有关部门组织编制综合运输体系规划，指导交通运输枢纽规划和管理。《住房和城乡建设部主要职责内设机构和人员编制规定》指出住建部承担研究拟定城市建设的政策、规划并指导实施的职责，并特别说明"住房和城乡建设部指导城市地铁、轨道交通的规划和建设，交通运输部指导城市地铁、轨道交通的运营"。《公安部职能配置、内设机构和人员编制方案》明确规定，公安部交通管理局参与道路建设和交通安全设施的规划。《国家发展和改革委员会主要职责内设机构和人员编制规定》确定基础产业司统筹能源、交通运输发展规划与国民经济和社会发展规划、计划的衔接平衡；综合分析能源和交通运输运行状况，协调有关重大问题，提出有关政策建议。由上述国家机关与地方行政机构制定的交通规划并非依据法律规范的规划，而是依据职权的规划。但不同职能部门依据职权制定不同的规划往往会引起规划的重叠和交叉，产生规划竞合的问题。如果这些问题不能协调，将极大地影响规划活动的效率。

三　我国城市交通规划的历史考察及其制度价值

（一）我国城市交通规划历史维度

新中国成立以来，伴随城市交通建设的迅猛发展，城市交通规划作为一个新兴学科也经历了"孕育—创建—日臻成熟"的发展历程，在我国城市化历史进程中发挥了重要作用。回顾这一发展历程，大致可以分为四个阶段。

第一阶段是新中国成立初期到 20 世纪 70 年代，城市交通规划的探索阶段。20 世纪 50 年代，我国城市交通设施规划、投资和建设属于国民经济发展计划，城市交通设施投资决策、年度计划编制、建设资金筹措等由国家统一决定。[①] 城市交通规划以道路基础设施布局规划为主，[②] 还没有"城市综合交通体系"的概念，不清楚城市交通需求总量、时空分布特征及方式构成，对综合交通体系内部结构以及组成要素之间的相互制约关系、城市综合交通体系与外部环境的相关关系了解较少。这一时期的城市道路网规划基本采用定性分析来确定道路网结构、形态和功能以及主要道路建设时序等内容。

第二阶段是 20 世纪 80 年代，城市交通规划的兴起阶段。20 世纪 80 年代，以北京为首的一批特大城市开始步入机动化萌芽期，城市交通拥堵加剧，交通事故攀升，交通问题成为社会关注的热点，各个城市开始探索城市交通特性，分析并编制城市交通规划，以期制定交通发展对策应对现状和未来的交通问题。综合交通系统理论与现代交通规划方法、交通建模技术被运用于开展城市交通规划。天津市于 1985 年完成了《天津市居民出行调查综合研究》的编制，开始逐步认识城市交通需求的随机性与规律性。[③] 1985 年，在深圳成立了全国第一届城市交通规划学术委员会，并开展了深圳市交通规划。[④] 20 世纪 80 年代中期开展的《北京市城市交通综合体系规划研究》初步建立了"城市综合交通体系"的理念，并明确指出交通规划应当从城市交通系统的内在机制及其外部环境之间的交互作用出发，分析交通症结与制定对策。[⑤] 从规划方法上来说，这一时期已逐步摒弃了以经验判断为主的传统规划模式，开始运用综合交通系统理论与现代交通规划方法研究和编制城市交通规划。同时，基于系统规划理论的交通建模技术逐步得到推广应用。1987 年，北京市结合 1986 年的交通调查数据开始在 TRIPS 软件基础上构建北京交通规划模型，上海开始与加拿大合作建立基于 EMME/2 应用软件的上海交通规划模型。到 20 世纪 90

[①] 周江评：《中国城市交通规划的历史、问题和对策初探》，《城市交通》2006 年第 3 期。

[②] 全永燊、潘昭宇：《建国 60 周年城市交通规划发展回顾与展望》，《城市交通》2009 年第 5 期。

[③] 龙宁、李建忠等：《关于城市交通规划编制体系的思考》，《城市交通》2007 年第 2 期。

[④] 徐循初：《对我国城市交通规划发展历程的管见》，《城市规划学刊》2005 年第 6 期。

[⑤] 全永燊、潘昭宇：《建国 60 周年城市交通规划发展回顾与展望》，《城市交通》2009 年第 5 期。

年代已初步形成了由交通生成、交通分布、交通方式划分、交通分配组成的"四阶段"模型架构,并以模型为基础进行交通定量评价分析,对交通规划进行多目标、多方案的比选。而在立法上,1990年4月起施行的《城市规划法》中明确提出城市总体规划应包括城市综合交通规划体系以及各项专业规划。

第三阶段是20世纪90年代,城市交通规划跨越式发展阶段。20世纪90年代中期,北京、上海、广州等一批特大城市进入快速机动化发展期,南京、深圳、沈阳等中心城市也步入机动化成长期。同时,伴随城市社会经济的快速发展,交通需求总量激增,需求构成更为复杂。城市交通规划开始关注城市综合交通体系,城市交通发展战略与政策研究被置于城市综合交通规划的前导位置,开始关注交通发展战略、交通政策、交通发展模式等重大问题。1995年,国家标准《城市道路交通规划设计规范》(GB 50220—95)发布,明确了城市交通规划的目标、任务、内容及相关规划设计标准,城市交通规划正式步入科学化与规范化的发展轨道。20世纪90年代末,在小汽车交通需求持续膨胀的背景下,"公交优先"发展理念在交通研究领域达成共识,优化调整出行结构成为交通研究的重要目标,政府部门增强了城市公共交通体系建设,出台交通发展政策鼓励城市公共交通特别是轨道交通的发展。1999年年底,北京、上海及广州已建成120千米地铁,同时对轨道交通系统规划的理论方法进行了一系列探索,逐步建立了一套适应我国发展阶段的城市轨道交通规划理论与方法体系。

第四阶段是21世纪初,城市交通规划与时俱进阶段。我国进入工业化、城市化、机动化高速发展的新时期,城市交通开始转向人性化、集约化、信息化、一体化的可持续发展模式,开始从政策法规、规划实践等方面提高交通系统与城市拓展的协调力度。上海、北京、南京、杭州等城市在探索城市交通规划理论方法的同时,相应改进城市交通规划编制体系,在《城乡规划法》和《城市规划编制办法》的指导下,将城市总体规划与综合交通规划、轨道交通规划统一编制。同时,城市总体规划编制中把干道网络、轨道交通、交通枢纽作为规划的强制性内容。2005年,江苏省建设厅出台《江苏省城市综合交通规划导则研究》规范和指导全省各市城市综合交通规划工作。2010年,住房和城乡建设部颁布的《城市综合交通体系规划编制办法》将城市综合交通体系规划明确纳入法定的城市总体规划内容之中，强化了城市交通规划的法定地位。随即出台《城市综合交通体系规划编制导则》，同年颁布的《城市轨道交通线网规划编制标准》指出城市轨道交通线网规划宜与城市总体规划同步编制。基于交通与土地利用关系理论，调整土地用地布局、控制土地开发强度的交通需求管理理念被提出以优化城市运输结构、减轻城市交通拥挤，[1] 同时随着城市轨道交通的快速发展，交通引导城市发展的城市开发理念被引入。[2] 至此，立足我国城市高密度开发特征，探索适于我国城市和城市交通发展实际情况的 TOD、城市精明增长等交通与土地利用一体化协调发展模式成为研究重点。

（二）我国城市交通规划的制度价值

城市交通规划旨在科学配置交通资源，倡导集约、生态的出行方式，合理安排城市交通各子系统建设与管理任务，统筹城市内外、客货、近远期发展，形成支撑城市经济与社会可持续发展的综合运输体系。其功能总结如下：

一是服务经济社会发展，满足居民出行需求。机动化意味着人们可以大幅度地扩大活动空间。小汽车的使用改变了人的时空观念，人们可以在几十千米，甚至上百千米范围内选择就业、购物、交往、公务等，休闲、旅游等活动在几百千米范围内也可朝发夕归。城市中心区人口可以借助便捷的交通到郊区居住。城际、城市轨道交通和快速公交应是城市主导的交通方式，以满足新时期居民的多样性交通需求。在部分高收入群体居住向郊区转移的同时，部分贫困人口也逐步向郊区搬迁。城市交通规划可以向低收入人群提供便捷的交通，满足他们日常的出行需求，是城市健康发展的重要内容。道路作为一种有限的资源，在交通规划设计、提供服务等方面尤其体现出公平性，在不同社会阶层间合理分配，改善对低收入人群的服务质量。

二是引导空间布局，配合城市用地开发。现代城市发展及其空间演化与城市交通的机动化联系紧密，大城市以交通作为支持条件往外拓展延

---

① 段进宇、梁伟：《控规层面的交通需求管理》，《城市规划学刊》2007 年第 1 期。

② 陈燕萍：《探索适合中国特征的 TOD 开发模式——以深圳市地铁深大站站点地区 TOD 开发为例》，《规划师》2000 年第 10 期。

伸。城市空间布局体现了土地利用的结构、布局、分布的状态和水平，城市空间布局随着城市交通规划战略的不同选择发生演变。城市土地利用和交通系统存在着相互依赖、相互制约的关系。城市交通规划的主要目标之一是研究和把握城市交通发展与土地利用的关联性、作用与反作用的关系。土地的综合开发利用是交通需求产生的源泉，而交通供给是完成这些交通需求的有效载体。交通需求产生的多少既依赖于城市土地利用的布局结构和土地开发的强度，同时又受制于城市交通供给系统的运输能力。而城市土地开发的强度和交通供给也进一步带动了社会经济的发展。例如日本东京，明治初期建成了第一条地铁后，轨道交通网与城市用地的发展一直表现为互相作用的动态过程，新建的地铁引发了土地新一轮的开发，用地拓展到一定规模又对地铁建设产生了新的需求。[①] 因此，利用交通系统引导土地开发，协调城市土地开发强度与交通系统承载力，有助于促进城市健康发展。

三是建立完善的城市综合运输系统，提升运输效率。现代城市交通已不仅仅是人—车—路的关系，而是一个高度综合的复合体，必须从政策、机构、体制、管理、投资等各个方面同时入手解决，城市交通规划将更加关注综合运输规划。综合交通运输系统是一个非常复杂的系统，是各种交通运输方式集合形成的有机整体，包括具有一定技术装备的综合交通运输网络、综合交通运输组织管理等系统。即便是公共交通自身而言，同样存在不同运输方式（轨道交通、快速公交、常规公交等）在运力配置、网络布局、换乘体系等方面的协调组织问题。现代城市交通规划包括综合运输网络的布局、运力配置以及运输组织等，能够有效协调各种交通运输方式之间的联系，明确各种交通运输方式的任务和要求，使其密切配合、相互补充，形成综合交通运输系统，以最短的距离、最少的时间和费用，完成预定的运输任务和获得最优的交通运输效果。

四是优化城市交通结构，保护生态环境。建设资源节约型、环境友好型社会是国家的重大战略决策和长远战略方针，也是城市发展的必然选择和趋势。城市交通节能是国家能源政策的主要内容，我国人均能源资源占有量小，2020 年前我国石油消费仍处于快速增长时期，石油缺口加大。建筑、交通和工业是耗能最多的三大领域，其中交通能耗占总能耗的

[①]　王静霞：《新时期城市交通规划的作用与思路转变》，《城市规划学刊》2006 年第 4 期。

36%，而且其消费比例将进一步加大。城市大气污染问题严重，汽车尾气已经成为大气污染的首要污染源。大城市 60% 的 CO、50% 的 NOx、30% 的 HC 污染来源于机动车的尾气排放，严重的环境污染不仅导致高昂的经济成本和环境成本，还对公众健康产生损害。控制交通污染成为治理大气污染的重要组成部分，优先发展城市公共交通是减少大气污染的根本措施。城市交通结构优化能够满足城市居民出行需求，在交通资源配置约束下，采取合理的交通调控措施影响交通方式的转移，而合理的城市交通规划可以促进城市交通结构优化，降低机动车出行比例，鼓励绿色、环保的出行方式发展，减少交通系统对生态环境的影响。

五是为交通科学管理提供决策依据。交通管理规划是实现城市交通科学化、现代化管理，充分利用现有道路交通设施的重要环节。交通供需矛盾的长期性和城市空间的有限性决定了我国不但要规划好交通基础设施，还要使现有交通设施发挥最大效益。[①] 从城市不同区域交通需求和可能提供的交通资源的实际情况出发，采取不同的主导交通方式，通过交通规划科学配置和利用交通资源，实施因地制宜的交通设施供给与管理政策。通过政策导向，加强科学的交通管理，可以提高城市交通承载力，缓解交通拥堵。

四　现代城市交通规划的转型与法治化需求

（一）现代城市交通规划转变趋向

1. 从物质规划向公共政策转变

城市交通规划是近年来城乡规划行业中发展最快、技术内容迅速拓展的领域。从早期的道路交通规划，发展到综合交通规划，并进一步向上发展到交通政策白皮书、城市总体规划之前的引导性交通发展纲要规划；向下发展到公共交通规划、轨道交通规划、停车发展规划等交通专项规划，以及地区性交通详细规划、交通影响评价、工程可行性研究、施工期交通组织、道路交通工程设计、交叉口交通工程设计等。[②] 这在一定程度上带

---

① 陆化普、黄海军：《交通规划理论研究前沿》，清华大学出版社 2007 年版，第 4 页。

② 杨洁、过秀成：《关于城市交通规划编制法治化的若干问题思考》，《东南法学》2013 年第 5 期。

有政府主导的物质规划的特点。近几年我国城市交通规划工作的背景发生了很大变化，住房和城乡建设部 2010 年发布了《城市综合交通体系规划编制办法》，指出城市综合交通体系规划是城市总体规划的重要组成部分，是政府实施城市综合交通体系建设，调控交通资源，统筹城市交通各子系统关系，支撑城市经济与社会发展的战略性专项规划，是编制城市交通设施单项规划、客货运系统组织规划、近期交通规划、局部地区交通改善规划等专业规划的依据。① 可见我国城市综合交通规划已经在向公共政策转变，城市交通规划的公共政策属性进一步被认知，其逐步被视为一种协调与维护公众交通权益，解决城市交通发展相关问题，由政府与其他相关利益主体共同协商形成、以政府强制力为保障的交通资源配置政策。

2. 从独立编制向"多规合一"转变

长期以来我国城市交通规划与土地利用规划、城市总体规划等其他规划在规划编制、实施和管理等方面相互独立。城市交通规划的独立编制和实施限制了城市交通规划调控职能的发挥，造成了城市用地布局与城市交通可达性、城市历史风貌保护与城市交通机动性的不协调问题。2014 年12 月 5 日，由国家发改委、国土资源部、环保部和住建部联合下发《关于开展市县"多规合一"试点工作的通知》，要求开展市县空间规划改革试点，推动经济社会发展规划、城乡规划、土地利用规划、生态环境保护规划"多规合一"。② "多规合一"即融合城市经济社会发展规划、土地利用规划、城市总体规划、城市交通规划等专项规划的编制和实施。在"多规合一"的工作背景下开展城市交通规划的编制和实施工作，将有助于提高城市交通规划的协调性与可行性，发挥城市交通规划在引导城市空间拓展、优化城市用地布局等方面的调控职能。

3. 从政府主导向多元利益主体博弈转变

城市交通是由政府组织提供、满足城市居民出行需求的一项公共服务。在传统计划经济体制影响下，交通基础设施的各项建设与行业发展取决于政府基本投资计划的部署与安排。政府身兼城市交通资源代理人和规划编制主体双重角色，规划实际上是政府主导的单向决策，行业经营者和

---

① 卢毅、李华中、彭伟：《交通发展规划向公共政策转变的趋势》，《政策论坛》2010 年第 4 期。

② 苏涵、陈皓：《"多规合一"的本质及其编制要点探析》，《规划师论坛》2015 年第 2 期。

公众作为利益主体并没有充分显现。自"新公共管理运动"以来，公共服务的市场化供给是政府改革的主流方向之一，城市交通发展的动力机制由国家计划及投资转变为地方政府、行业经营者、社会公众等各方主体之间互动的利益关系推动发展。如果规划不能体现各种利益主体的意愿，不能找到各方利益的平衡点，必然带来社会割裂与利益冲突。城市交通规划只有在编制过程中在不同利益主体之间进行博弈，在"促进交通行业有序竞争"和"方便城市居民出行"之间寻求一个平衡点，方可辨明其正误和可行性，将字面的设想转变为有益、有效的行动。

4. 城市交通规划数据信息的利用、保护与公开

随着手机数据、车辆 GPS 数据、车联网、物联网等的应用，交通要素中的人、车、路等的信息都能够实时采集，丰富的城市交通大数据为城市交通规划的科学决策提供了支撑作用，主要表现为交通大数据能够为城市交通规划工作提供海量的居民出行、车辆出行等方面的信息，通过对交通大数据的整理、融合和挖掘分析，全面掌握城市居民出行特征和交通系统运行特征，建立交通需求预测模型，合理制定交通发展战略和交通资源配置策略等。然而，由于各类数据的来源分散、标准各异、独立运行等原因，城市交通大数据在城市交通规划当中的广泛利用，面临着不同部门或系统之间共享交通数据信息的壁垒问题。另外，交通大数据信息中的手机数据、车联网车辆 ID 数据等都直接或间接地涉及居民个人隐私，因而大数据技术应用在提高城市交通规划技术水平和决策科学性的同时，也为居民隐私保护以及数据安全带来极大风险与挑战。同时，公民对国家和政府所拥有的信息包括城市交通大数据、城市交通规划信息等均享有公开请求权和知情权，故城市交通规划数据信息技术的应用需要信息公开方面的法律保障。

（二）现代城市交通规划转变趋向下的法治化需求

1. 现代城市交通规划法律地位的确立

城市交通规划的公共政策属性决定了其需要相关法律制度保障规划的制定和实施。首先，需要明确城市交通规划体系和不同层次规划的法律效力，即从实施主体和对象的需求出发，明确不同层次的城市交通规划，"因时制宜、因繁就简"，区分法定规划和非法定规划，建立以法定规划为核心、非法定规划为补充的规划层级体系，形成"顶层设计—法定规

划—专项研究"的联动机制，① 使规划成果具备法律规范要求的刚性约束，彰显交通规划的权威性。其次，规范不同类型城市交通规划编制、审批、组织实施过程中的行政主体和职权，保障交通规划的科学性、有效性，以及政府行使规划管理职权的正当性。最后，通过立法规范前期筹备、方案起草、征求意见、衔接协调、技术审查、人大审议、批准公布等规划编制程序，保障规划成果的科学性和严肃性。前期筹备阶段中，城市人民政府及交通主管部门编制规划任务书并委托规划设计单位；方案起草阶段中，规划编制主体完成规划编制任务书的各项要求；征求意见阶段中，邀请同级政府相关部门、运营企业和市民代表等召开座谈讨论会；衔接协调阶段中，将规划草案送交上一级发展规划主管部门与相关规划进行衔接，由编制任务下达单位组织技术审查并提交地方人民代表大会审议，对于法定规划内容纳入城市规划统一审批，规划经批准后将成果印制、公布、归档和组织宣传。同时，需要通过立法明确城市交通规划的实施主体、实施模式、实施过程、资金来源等，为城市交通规划的组织实施和规划成果的贯彻落实提供立法保障，提高规划实施的强制力与约束力。② 尤其是通过实施主体与编制主体之间协调机制的建立，保证规划实施与规划编制的一致性和实施成果的有效性；通过规划实施成果的动态跟踪和评价机制，为规划成果的修改和调整提供依据。

2. "多规合一"的立法和行政管理保障需求

"多规合一"的本质应是一种规划协调工作而非一种独立的规划类型，是基于城乡空间布局的衔接与协调，是平衡社会利益分配、有效配置土地资源、促进土地节约集约利用和提高政府行政效能的有效手段。③ "多规合一"强调城乡建设、土地利用、环境保护、文物保护、林地保护、综合交通、水资源、文化旅游、社会事业等各类规划的衔接，城市交通规划作为众多专项规划之一，需要积极、主动按照法定程序和内容与其他相关规划进行对接和反馈，因此，需要在立法和行政管理层面保障城市交通规划参与"多规合一"工作。首先，为了推动城市交通规划成果的

---

① 杨洁、过秀成：《关于城市交通规划编制法治化的若干问题思考》，《东南法学》2013 年第 5 期。

② 殷凤军、叶茂、过秀成：《大城市新城交通规划推进机制设计》，《城市发展研究》2015 年第 10 期。

③ 苏涵、陈皓：《"多规合一"的本质及其编制要点探析》，《规划师论坛》2015 年第 2 期。

落实、发挥城市交通规划的调控职能，在明确城市交通规划编制体系和程序、规划编制主体与职权、审批主体与职权的基础上，需要通过立法明确城市交通规划与其他各类规划之间的平衡协作关系，保障城市交通规划与其他各类规划协调与融合发展。其次，在城市交通规划程序性法律法规中，明确城市交通规划与其他各项规划之间编制互动与协调的工作程序和组织机构。同时，城市社会经济发展规划、土地利用规划、城市总体规划、城市交通规划、生态环境保护规划等专项规划分属不同政府机构和部门，"多规合一"的推动工作必然触及政府机构改革和职能分工调整，也就面临各级政府和不同部门之间的事权、财权冲突所带来的障碍，因此，在城市交通规划参与"多规合一"的立法保障基础上，需要通过行政法明确"多规合一"的部门管理事权和行政管理机制，例如建立"自上而下"的督导与协调机制和"自下而上"试点推动的方式，推动包括城市交通规划在内的各项规划的编制、审批、实施工作。

3. 现代城市交通规划公众参与的制度化需求

为了提高交通规划决策质量、实现交通规划民主，必须完善我国城市交通规划中的公众参与机制，明确公众参与城市交通规划的形式与程序。首先，规划编制民主参与形式可分为直接民主与间接民主两类，直接民主主要表现为公众参与，间接民主主要体现为人大参与。其次，公众参与应该是渗透交通规划各个阶段的全程参与，例如，在交通规划前期筹备阶段，通过在城市主要报纸上刊登公告、向社区发放通知单和宣传册等手段在全市范围内公开宣布；在规划方案起草阶段，采用向市民发放填写调查表的形式对公众的出行意愿进行调查和摸底；在意见征求阶段，形成纲要文本和图纸向社会公开展示并现场征求意见，搜集市民意见并在规划方案修改完善中予以反馈；在技术审查阶段，邀请专家学者组成的评委会与市民或市民代表共同参与成果的审定；在人大审议阶段，人大代表或常委会委员对规划内容发表意见、提出建议、作出评价；在批准公布阶段，以简单易懂的形式向公众展示规划成果；在规划实施阶段，邀请公众参与规划定期评估，受理公众的投诉意见，公开规划的调整方案。在整个过程中，规划机关需要主动向社会公布职权范围、办事程序、办理期限、办理结果以及受诉渠道等，公开规划机关的行政活动，社会公众可以获得准确的规划信息，参与到交通规划当中去，既可以维护自己的合法权益，又能够监督城市规划机关依法行使权力，防止行政权滥用。最后，城市交通规划中专家咨询制度是规划决策民主化、科学化的重要保证，需要明确专家组织机构的构成和职责以及专家参与规划的方式和程序，从而保证长期动态开展交通系统研究，为城市交通规划的科学决策提供技术支撑。例如美国交通研究委员会（TRB）作为非营利行业学术组织，为交通运输研究提供交流平台，出版交通运输学术研究成果，并以专家委员会的方式在交通运输领域参与决策和制定政策。

4. 交通大数据信息公开与隐私保护的制度化需求

现代城市交通大数据信息公开是政府信息公开的内容之一。而我国政府信息公开工作起步较晚，2003 年 7 月，《政府信息公开条例（草案)》被提交至国务院法制办，正式进入立法程序，并于 2007 年 1 月 17 日经国务院第 165 次常务会议通过，作为我国第一部系统规范政府信息公开的全国性法律文件，《政府信息公开条例》于 2008 年 5 月 1 日起正式施行。然而，我国的政府信息公开立法存在着立法技术粗糙、立法层级低、受制于其他更高层级立法掣肘的现实问题。因此，作为现代城市交通大数据信息公开的顶层法律保障和前提，首先，应顺应大数据技术应用趋势加速推进政府信息公开制度化，理顺政府信息公开与相关法律的关系，提升政府信息公开的立法层级，继而实现政府信息公开立法的精细化和可操作性。其次，为了推进城市交通规划的大数据应用，应针对包括手机数据、车辆GPS 数据、车联网数据、交通监控数据等在内的交通大数据，明确大数据公开的请求权人、实施主体、可公开信息内容、信息公开程序和法律救济等事项。最后，交通大数据信息里，例如手机数据涉及的用户姓名和身份证等信息，车联网数据中车辆网络身份证等信息，都可以识别到特定对象人并牵连个人隐私信息，故政府机关在交通大数据信息公开的同时，需要做到既合理公开政府信息又保护公民的隐私权，在实现政府信息公开立法的同时，需要兼顾个人信息法体系，立法者应制定、改进和完善相应的隐私权立法，明确隐私界定、隐私危害制裁等内容，从法律角度为公民提供强大的隐私保护屏障。

第二章

城市交通规划的法治理念与原则

一 城市交通规划的法治理念

无论城市交通规划在法律上是否直接拘束行政相对人，在实践中均作为指导城市社会生活和调整城市社会关系的大纲发挥着重要作用。对于行政相对人来说，城市交通规划具有与行政立法以及其他行政行为同样重要的意义。因此，在城市交通规划中严格贯彻法治理念具有重要的意义。

（一）人权保障法治理念

尽管经济的发展、城市的现代化以及交通的发达的确是城市治理的目标，但是人权的保障却是上述任何一项目标都无法逾越的价值。或者说，人权不得因上述任何一个理由而受到恣意的抑制或减损。在现代立宪主义看来，人权保障与人民主权、权力制约、法治共同构成了现代宪法的四项基本原则，其中人权保障更是构成了宪法最终的价值追求，其重要性由此可见一斑。国家权力的行使应按照宪法和法律所规定的范围和程序来进行，而"不得侵犯人权"更是权力行使的一条基本原则。交通规划亦是如此。虽然在行政规划性质的认识上存在争议，但是规划属于行政权力的运用却是不争的事实。我们认为，从法律属性看，外部行政规划以其是否产生某种特定的法律效果为目的，可以将其性质划分为行政行为性质的规划和事实行为性质的规划两类。城市规划就兼有抽象行政行为和具体行政行为的性质。因此，尊重人权构成了城市交通规划权力行使的界限。这也就是说，行政机关在进行城市交通规划时必须要考虑人权保障这一终极价值，而不能一味追求经济效益。

而从更为具体的层面来看，在交通规划的过程中做到尊重人权一方面要落实规划的民主参与，另一方面则需要提供切实有效的权利救济机制。

交通规划实际上是各方利益的博弈，如何能保证各方利益主体均能获得畅通的意见表达途径，尤其是如何能够保证民众对于规划的决策、制定和执行能获得实质性的话语权，是保护弱势群体利益、实现保障人权的一个重要途径。而我国目前的城市交通规划却主要仍是由行政机关主导，决策随意性较强。① 虽然在这一过程中也引进了诸如听证会、向社会公开征求意见以及听取专家意见等民主决策形式，但是其不足也是明显的：（1）未能做到民众的全程参与；（2）公民所提出的意见效力较弱，且缺乏反馈机制；（3）公民对于行政机关作出的规划决定缺乏监督和制约机制。而美国的 MPO 制度②则与我国的情况形成了鲜明的对比。在 MPO 制度之下，民众对交通规划的制定、执行等环节都得以真正发挥影响性的作用，并且每一个公共交通项目都需要受到 MPO 机制的控制，这也就极大地减小了在交通规划过程中恣意侵犯人权，尤其是损害少数群体利益的可能性。透过这一对比，可以发现如何真正在交通规划过程中反映民意、实现民主参与是我们需要在交通规划制度设计中着力解决的问题。而这一问题的解决对于推进交通规划中人权保障价值的实现将具有非常重要的积极意义。

在交通规划上落实人权保障理念的另一个落脚点就是建立健全有效的权利救济机制。这一权利救济机制又可以具体分为两个方面。一方面是对公民在交通规划的民主参与程序中受损权利的救济机制。应以法律保证，在这一过程中，一旦公民的知情权、参与权、决策权与监督权等与民主参与相关的权利受到行政机关的侵犯，从而使得交通规划的民主参与受到实质性的损害，公民即能够从法院寻求到有效救济。只有公民的上述权利能得到司法的有效救济，交通规划的民主参与才能够得到切实保障。这一救济机制应该在规划程序法中作为民主参与的重要组成部分得到规定。另一方面是对公民因交通规划而受到侵犯的其他权利的救济机制。尽管有公众参与、专家咨询等程序，但行政主体作出的交通规划还是不可能完全杜绝侵犯公民权利的情况。当这种侵犯公民权利的情况发生的时候，法律应该为公民提供足够的制度渠道以寻求司法救济。这不仅是人权保障原则的基本要求，同时也是人权中的重要内容——获得公正审判的权利的直接要求。而无论是从哪一方面来看，完善交通规划中的权利救济机制一方面要

---

① 陈佩虹：《城市交通规划制度研究》，博士学位论文，北京交通大学，2013 年。

② 周江评：《美国公共交通规划立法及其政策启示》，《城市交通》2006 年第 3 期。

靠完善法律法规的相关规定、杜绝立法不作为；另一方面也需要进一步完善我国的行政诉讼制度，确保司法机关具有足够的制度途径为公民提供权利救济。

总之，交通规划中贯彻法治理念在人权保障上的根本性要求就是行政主体在制定交通规划的时候应将人权保障作为最终的价值追求，不得以任何借口恣意侵犯市民的平等权、出行权、知情权等基本权利。

（二）权力制约法治理念

"权从法出"是现代法治国家的基本理念和原则。法治的首要要求就是权力受到法律的控制，所有的权力都应该位于法律之下，而不能超越于法律。交通规划权力也不能外。而我国的现实情况却是，交通规划往往缺乏法律和制度的约束，行政机关的规划权并非均能找到法律上的授权。尽管现代国家治理的复杂性、专业性和时效性确实往往对行政机关提出了很高的要求，而法律在一些领域也的确存在滞后性和立法空白，但这些都不能成为权力超越于法律之上的正当、合法的理由。因此，当务之急并非是为行政机关在缺乏法律授权和法律制约的情况下开展交通规划寻找借口，而应该是纠正这一现象，完善规划立法，将规划权力置于法律的控制和制约之下。而法律对规划权的制约主要应从两方面来实现，那就是程序制约和实体制约。

首先来看程序制约。正当程序是现代法治对于国家权力之行使提出的最为基本的要求。而这种正当程序的要求，一方面固然包括了对配置司法救济程序的要求，但更为主要的还是对行政行为本身在程序上的要求。从我国现行法律来看，虽然尚未制定《行政程序法》，但是《行政程序法》的必要性和重要性在行政法学界得到了普遍的公认，而早在 2006 年，《行政程序法》即已列入人大立法规划，《行政程序法》的专家建议稿更是已提出了多个版本。在 2015 年提出的最新一版《行政程序法（专家建议稿）》中，在第六章"行政机关特别行为程序"中专设了一节"行政规划"。[①] 然而就其具体内容而言，对于交通规划实现程序上的法治化仍然是非常不够的。就目前的情况看来，寄希望于《行政程序法》解决交通

---

① 姜明安：《中华人民共和国行政程序法（专家建议稿）》，http：//publiclaw. blog. 163. com/blog/static/20933821520151026625440356/。

规划在正当程序上存在的所有问题是不现实的。一方面，由于《行政程序法》影响面较大、关涉的问题较多，法律出台需要的时间也就较长，短期内无法真正对规划主体产生制约效力；另一方面，行政程序法作为综合性的程序性法律，不可能在行政规划程序的设置和规定上花费过多篇幅，也不可能规定得面面俱到。因此，就目前来看更具可行性的做法可能是针对行政规划制定专门的程序法，或者先制定相应的行政法规或地方性法规，对行政规划包括交通规划提出基础性的程序规范，待时机成熟之后再由《行政程序法》予以统筹调整。

而在具体的交通规划程序设计上，我们认为至少应该包括以下几点：（1）贯穿始终的公众参与程序，从规划的起草、制定、决定到执行、修改，都应提供足够的制度渠道保证民众对规划的有效参与，并且对上述环节中公众参与的具体形式、程序、效力等作出具体规定；（2）应在上述各个环节将公众参与作为行使规划权的强制性要件规定下来，如果缺少公众参与，则规划权的行使不得发生法律效力；（3）规划权力行使的监督程序，包括权利救济程序、人大监督程序等，特别是人大监督程序，因其是人民主权原则的直接体现，也是在我国现行法律体系下对行政权实现制约的最为有效的途径。由于城市交通规划涉及的利益面广、对民众权益影响深远，因此从预算决算案的通过到规划方案的采纳和通过等方面都应该充分体现人大对行政机关的监督。

其次是对交通规划权力的实体制约。从实质上来讲，就是应以法律规范交通规划权，明确交通规划权的来源、行使主体、权力范围、法律责任，特别是应对权力行使的结果——交通规划的法律效力作出明确规定。城市交通规划有时被看作仅在行政机关内部有效的一种内部规范，并且在行政实践中，没有具体法律根据也可以制定城市交通规划，也已成为司空见惯的通例。然而，不可否认的是，交通规划将影响相关各方的利益分配，利益相关者会密切注意规划方案对自己的利益产生的影响，规划方案很可能会由于博弈各方势力对比的转变而发生变化。[①] 无论它是否直接拘束行政相对人，但由于它对城市社会生活和整体发展所具有的重大影响，交通规划的法律效力都是应该得到明确承认的。在承认交通规划法律效力的基础上，就有必要以法律对规划权作出具体的界定。如上所述，这一界

---

① 陈佩虹：《城市交通规划制度研究》，博士学位论文，北京交通大学，2013 年。

定应包括交通规划权的来源、行使主体、权力范围、法律责任等内容。具体说来，应包括：

（1）对"交通规划"作出明确界定，完成对相关行政主体的授权。只有在法律作出了明确授权的情况下，权力的行使才具有合法性，权力行使的结果能够产生法律效力才具有足够坚实的基础。

（2）明确授权的主体，即以法律明确规定交通规划事项的主管部门。长期以来，我国在交通规划上由于受分行业管理的行政制度影响而缺乏综合性的交通规划，从而在部门协调、地方协调等方面产生了较多的矛盾。① 随着 2008 年 3 月交通运输部大部制改革的展开，这一问题在很大程度上得到了改善。然而，由于交通建设往往并非仅涉及一个城市，在以建设综合交通体系为目标的今天，各地在主管部门设置上保持协调也就具有了非常重要的意义。以法律对此作出统一的规定，能够避免交通规划上地方间协调中矛盾的出现，也有利于各地交通规划的发展。

（3）对交通规划权的权限范围作出限定。权力都应该是有界限的，无边界的权力必将导致恣意和专断。而权力的界限则应由法律予以划定。对于交通规划权而言，法律除了通过对"交通规划"作出界定而明确权力调整的对象之外，还应对交通规划权的具体调整事项、范围、程度作出规定，并对其与其他权力事项，特别是城市规划事项之间的界限予以明确。

（4）明确规划权力主体在违反法律规定、越权规划及侵犯公民权利时所应承担的法律责任。有权力即应有责任。如果法律仅仅进行授权而不规定相应的法律责任，或者仅仅只是笼统地规定违法行为应承担法律责任却不对具体的责任形式予以明确，那么权力就将在实质上失去法律的控制而变得恣意。权力的滥用也就指日可待了。所以，应以法律对交通规划主体在违法行政时应承担的责任作出具体的规定，这样才能真正实现法律对权力的制约。

（三）科学发展与可持续发展的理念

将法治理念贯穿于城市交通规划的一个根本要求就是避免行政权力作出恣意的决定。在这里，除了上文所提到的要求行政主体在规划的过程中

---

① 陈佩虹：《城市交通规划制度研究》，博士学位论文，北京交通大学，2013 年。

应充分纳入民众参与的因素，使得公民能够充分表达自己的意见并且得以对规划的决策、执行等产生实质性影响，另一个关键性的要求就是行政主体在作出规划的时候应充分尊重城市交通发展的客观规律，在规划中坚持科学发展与可持续发展的理念。

城市交通规划是一项专业性非常强的工作。因此，在城市交通规划中行政主体要实现从"管理"到"善治"的转变，关键还是在于对交通规划中"科学发展"因素的强调。与民主参与的情况相比，我国的城市交通规划长期以来还是比较侧重对规划技术科学性的强调。[①] 这一点可以从规划编制和征求专家意见两方面得到反映。当然，这也并不意味着我们在交通规划的科学发展上就已经没有需要改进的地方了。虽然北京、上海、广州等城市的确是由具有城市规划编制资质的专业机构来完成城市交通规划的编制，但是拥有这样专业机构的城市毕竟只是少数，大多数城市还不具备这样的条件，而只能以专家咨询等方式稍作弥补。而即使是在拥有专业规划编制机构的城市，城市规划机构也还有大量其他业务需要处理，分给交通规划工作部分的精力与时间有限，并且缺乏专业人员对交通规划基础数据的长期收集、整理和研究，交通规划的针对性、有效性难以保证。[②] 而从专家咨询、专家评估等方面来说，虽然这些形式在各个城市的交通规划中的确有广泛的应用，也起到了非常积极的效果，但是对于完善交通规划的科学发展而言至少在以下三个方面是需要改进的：（1）对专业因素的引入未能形成常态机制；（2）无论是专家咨询还是专家评估（评审）都不具有确切的效力，对于行政主体而言只能起到"建议"的作用，是否采纳的决定权仍掌握在行政主体的手中；（3）欠缺法律规定，特别是在规划后专家评估方面欠缺法律的规定。虽然在最新一版《行政程序法（专家建议稿）》中，对于行政规划过程中的"听取专家意见"的确作出了规定，但一方面它还不具备法律效力，另一方面从相应内容来看对于落实交通规划的科学发展仍然还是不够的。

而除了对规划技术科学性的强调之外，城市交通规划还需要坚持可持续发展的理念。实际上，对于可持续性发展的强调就是"以人为本"的

① 杨洁、过秀成：《关于城市交通规划编制法治化的若干问题思考》，《东南法学》2013年第5期。

② 同上。

人权保障思想的具体体现，其实质就是要求交通规划应将着眼点放在"人的生存与发展"上，而不是放在"交通的发达"或"城市的繁荣"上。而在城市交通规划中实现可持续发展理念的途径固然有多种，但其中最重要的莫过于坚持"绿色交通"的发展理念，避免在城市交通规划中因短期的经济效益而牺牲市民在生存权、发展权上的长期利益。具体来说，这就是要求规划主体通过在交通规划中强调控制尾气排放、开发新能源交通工具、重点发展城市公共交通等措施实现城市交通的可持续性发展。例如，美国早在 1955 年就通过了《空气质量控制法》，此后又于1969 年通过了《国家环境政策法案》（NEPA）。NEPA 将联邦环境政策的终极目标规定为"在人类和其生活的环境之间，形成一种建设性的、令人愉悦的协调"。在 NEPA 的影响下，联邦政府还成立了一个由专家组成的美国"环境质量委员会"。为进一步落实 NEPA 目标，美国还于 1970 年通过了和 NEPA 相配套的程序法——《环境质量改进法案》，从而推动了各项规划、建设活动与环境保护之间的有机关联。[①] 而各州也进一步在此基础上将交通规划上的可持续发展推向深化。例如，加利福尼亚州即于2006 年通过了第 32 号法令（AB32），明确了减排目标，确认了排放源头，建立了一系列综合的有针对性的措施。[②] 同样的，欧盟在强化绿色交通发展上也采取了有力的举措。2008 年 7 月 8 日欧盟委员会在法国斯特拉斯堡提出了一项"绿色运输"的立法建议，并在《欧洲 2020 发展纲要》中提出了《鼓励清洁能源和高效节能汽车发展》战略。[③] 从成效来看，美国和欧盟的上述举措可以说都取得了较为理想的效果。

我国近年来虽然也开始强调绿色交通，但囿于立法资源、经济水平、产业结构包括治理理念等的限制，在这一领域仅可谓乏善可陈。例如，在2014 年交通运输部编制的《城市公共交通规划指南》中只是在"城市公共交通发展环境分析"中轻描淡写地提到了一句要从"节能环保等方面进行分析"，至于如何将节能环保的要求引入交通规划，如果不能做到节能环保对交通规划的通过、评估等是否会产生影响均未提及。近年来随着经济的进一步发展，交通现代化与环境保护之间的矛盾日益突出，无论是

---

① 周江评：《美国公共交通规划立法及其政策启示》，《城市交通》2006 年第 3 期。

② 李昕：《全球暖化下的城市规划政策——以加州为例》，《国际城市规划》2011 年第 5 期。

③ 杨娜：《欧盟交通立法研究》，硕士学位论文，山东大学，2011 年。

在大气污染、噪声污染还是水污染等方面，都已经对人民的生存权、环境权等基本权利造成了严重的威胁。因此，在城市交通规划中如何贯彻落实可持续发展的理念是我国在当下所面临的一个紧迫课题。

（四）利益衡量与协调的理念

城市交通规划中法治理念中的最后一个要素就是利益衡量与协调。具体来说，利益衡量与协调就是要求在城市交通规划中基于人权保障的原则及宪法的要求来解决公共利益与私人利益之间的矛盾和冲突。这就需要行政主体和司法机关善于运用利益衡量的手法，尤其是比例原则的手法，强调城市交通规划的内容在服务公共利益的同时，应尽可能地保障行政相对人的权益，重视对公民个人利益的保护。

从人权保障的基本原则出发，私人利益作为个人权利的实质内容是应该受到规划主体慎重考虑的，不得随意牺牲。但是人权也并非是受到绝对保护、在任何情况下都不得限制的，公共利益正是构成了限制人权的一个正当理由。我国《宪法》中对基本权利行使的基本原则作出了概括规定的第51条即规定："中华人民共和国公民在行使自由和权利的时候，不得损害国家的、社会的、集体的利益和其他公民的合法的自由和权利。"据此，国家得以保护和促进公共利益为理由而限制公民的基本权利。但是，《宪法》第51条是否意味着在任何情况下，只要是为了公共利益就可以限制公民的基本权利呢？显然不能作出肯定的回答。如果我们对《宪法》第51条作出如此解读，那么宪法中的基本权利条款和宪法所坚持的人权保障原则都将失去实质性的意义。结合宪法的基本原则与第51条的上下文对其进行解释，第51条所宣称的公共利益得限制公民基本权利指的只能是在对二者进行充分的利益衡量之后，需要保护的公共利益在利益衡量的天平上远远超出了需要保护的个人权益，从而允许为了公共利益而牺牲一定的私人权益这一情形。因此，利益衡量在第51条的解释中占据了核心的地位。在公共利益与私人权益发生冲突的情况下，如何适用《宪法》第51条、如何解决和协调公共利益与私人权益之间的矛盾，最为主要的就要看如何进行利益衡量。

首先，在这里起到决定性作用的，是一国所采行的国家哲学和权利哲学观。对于一个奉行个人主义和自由主义的国家，就美国而言，在公共利益与私人权益衡量的基础上首先就会向私人权益倾斜。因为对于这样的国家而言，"国家不得侵犯个人的权利与自由"是一条首要的原则和准则，人的权利和自由相对于公共利益而言具有更高的道德正当性。例如在发生于2016年年初的苹果公司诉FBI案中，苹果公司为保护用户个人隐私而拒绝解锁用户手机从而为FBI提供其所需资料。① 而苹果公司的这一强硬立场不仅得到了美国民众、法学学者、商业竞争对手等的大力支持，最后FBI还作出了让步，表示不再要求苹果公司解锁手机，转而寻求其他渠道来获得其所需要的资料。② 在这场私人权益与国家安全的对抗中，私人权益（隐私权）取得了全面胜利。而对于一个奉行集体主义或国家主义的国家而言，私人权益在与公共利益，尤其是国家安全这样重要的公共利益的衡量中就可能很难具有可以与之抗衡的分量。而这一衡量如果发生在一个以共同体主义为宪法基本原则的国家，如德国，那么在衡量之初，天平的指针就既不会向公共利益一方倾斜，也不会向私人权益一方倾斜，而是需要综合考虑具体因素以后才会作出最后的判断。我国作为社会主义国家，在对公共利益与私人利益之权衡进行考虑的时候当然不会无原则地向私人利益倾斜，但是基于宪法所明确规定的"保障人权"的基本原则，也不会无原则地向公共利益倾斜，而是应在综合考虑各种具体因素的基础上作出判断。

其次，对于利益衡量的结果发挥重要影响作用的就是利益衡量的方法。利益衡量只是一个笼统的思路，如何进行，还需要具体的方法予以指引。我们认为，对于我国而言，较为适合的利益衡量方法就是比例原则。比例原则是产生于德国公法学领域的一条基本原则，也是公法领域进行利益衡量的一种基本方法。在德国，适用比例原则进行利益衡量时是遵循以下步骤来进行的：比例原则首先要求法官确认国家行为是否限制、干预了基本权利，在得出肯定回答之后，法官应进一步追问国家行为的目的与目的本身的正当性，此为比例原则的预备阶段。一旦确认国家行为目的的正当性，法官即应依次审查：（1）作为手段的国家行为是否适合于实现其目的（"适合性原则"）；（2）国家在所有对目的实现相同有效的手段中，是否选择了最温和的、对基本权利限制最少的甚至不限制基本权利的手段

① *A Message to Our Customers*，http：//www. apple. com/customer – letter/.

② *Apple v. FBI：What Just Happened？* https：//www. aclu. org/blog/speak – freely/apple – v – fbi – what – just – happened.

（"必要性原则"）；（3）对基本权利的限制与由此得以实现的目的之间是否有合理的、适度的、成比例的、相称的、平衡的关系（"狭义的比例原则"）。① 而在城市交通规划中适用比例原则来实现利益衡量与协调，不仅要求法官在对公民权利进行救济的时候应适用比例原则，而且要求行政主体在制定、执行和修改交通规划的过程中也应以比例原则为指导来权衡、协调公共利益与私人权益之间的冲突，从而在公共利益与私人利益的平衡中不至于过于偏重公共利益而对私人权益造成不当侵害，或过于偏重私人权益而无原则地损害公共利益。

二　城市交通规划的法治原则

（一）城市交通规划的职权法定原则

职权法定是行政法的基本原则之一，也是依法行政在组织法层面的基础。党的十八届四中全会《关于全面推进依法治国若干重大问题的决定》中提出，推行政府权力清单制度，坚决消除权力设租寻租空间。这正是职权法定原则在国家治理体系和治理能力现代化建设背景下的具体体现。中办、国办《关于推行地方各级政府工作部门权力清单制度的指导意见》进一步提出，地方各级政府工作部门要对行使的直接面对公民、法人和其他组织的行政职权，分门别类进行全面彻底梳理。在全面梳理基础上，要按照职权法定原则，对现有行政职权进行清理、调整。城市交通规划作为配置城市公共交通资源的行政行为，确立职权法定原则尤为必要。当前，在城市交通规划领域中职权法定原则的适用有以下突出问题值得探讨：

1. 缺乏国家统一立法，职权合"法"性弱化

《城乡规划法》作为城市规划领域的基本法，设专章规定了城市规划的制定权限，规划制定机关的职权范围基本明晰。一是权力主体法定。城市人民政府组织编制城市总体规划，编制完成后，根据不同级别情形分别报国务院审批、经省级人民政府审查同意后报国务院审批，或者报省、自治区人民政府审批。城乡规划主管部门根据城市总体规划组织编制控制性详细规划，经本级人民政府批准后，报本级人民代表大会常务委员会和上

---

① 杨登杰：《执中行权的宪法比例原则——兼与美国多元审查基准比较》，《中外法学》2015 年第 2 期。

一级人民政府备案。二是权力内容法定。城市总体规划的内容应当包括城市发展布局、功能分区、用地布局、综合交通体系、各类专项规划等。其中，规划区范围、规划区内建设用地规模、基础设施和公共服务设施用地、水源地和水系、基本农田和绿化用地、环境保护、自然与历史文化遗产保护以及防灾减灾等内容，应当作为城市总体规划的强制性内容。

交通规划作为城市规划中的一类专项规划，涉及类型繁多，包括综合交通体系、公共交通以及停车场站静态交通等，高位阶的法律、法规不宜进行统一规定，目前主要是通过规章及以下规范性文件作具体规定。由于缺乏统一指引，各地的规划管理体制存在较大差异。以城市公共交通专项规划为例，福建、湖北规定由市、县公交行政主管部门组织编制，经同级人民政府批准实施。陕西省规定由城市人民政府组织编制，其中设区城市公交专项规划纳入城市总体规划，并按城市总体规划的规定程序报批。由此可见，各地对于公共交通规划编制和审批问题的处理方式很不一致，这是公共交通规划领域"权力主体法定"的大致图景。此外，权力内容法定的条款散见于规章及相关文件中，例如，《城市综合交通体系规划编制办法》第 11 条规定，城市综合交通体系规划应当包括下列主要内容：调查分析、发展战略、交通系统功能组织、交通场站、道路系统、保障措施、近期建设、停车系统。

2. 规划裁量空间较大，职权内容羁束力弱化

在城市交通规划领域，职权内容的法定化主要包括以下方面：第一，通过基本原则规范规定城市交通规划的主旨、目的，以及制定规划应当遵循的原理、准则。例如《城市综合交通体系规划编制办法》第 8 条规定：编制城市综合交通体系规划，应当以建设集约化城市和节约型社会为目标，遵循资源节约、环境友好、社会公平、城乡协调发展的原则，贯彻优先发展城市公共交通战略，优化交通模式与土地使用的关系。第二，通过内容范围规范对交通规划的大致框架进行规制，前引《城市综合交通体系规划编制办法》第 11 条的规定就是一个典型的例子。第三，通过上位规划进行指导和约束，例如《城市综合交通体系规划编制办法》第 9 条规定：编制城市综合交通体系规划的规划期限，应当与城市总体规划相一致。

应当看到，无论是基本原则规范、内容范围规范还是上位规划，虽然抽象性规定是明确的，但具体适用时的规则非常匮乏。它们只是在极其有

限的程度内发挥着限制和指引作用，至于具体的规划如何制定，仍然需要行政机关根据客观情况进行预测和目标设定，这就涉及规划裁量权的问题。规划裁量不同于一般的行政裁量，后者是一种选择性的裁量，由行政机关在一定的范围边界内依据行政合理原则作出选择与判断；前者则是一种形成性的裁量，所受的羁束更为弱化。据此，"裁量"正是与城市交通规划职权法定相伴的另一个关键词，必须探索建立划定规划裁量界限的控制性规则，否则职权法定原则只是更多地具有形式意义，并不能充分发挥法律预设的规制功能。

3. 规划管理主体多元，制度性阻碍横亘

城市交通规划涉及各方面的协调配合，不能孤立进行。而实践中，城市交通规划与土地规划的多元管理、条块分割，成为横亘在交通规划面前巨大的制度性阻碍。客观上，城市土地与交通协调发展问题的综合性和复杂性迫切要求相关管理机构紧密配合，共同发挥对城市土地与交通协调发展的促进作用。但现行的城市管理主要建立在部门管理基础上，且缺乏对不同管理机构职责关系的明文规定，也没有建立起完善的协调和整合机制。结果导致各管理机构在发挥管理职责的过程中，往往着眼于各自的部门职能甚至部门利益，对整体目标关注不足，对与其他管理机构之间的协调和整合关系更是缺乏必要考虑。① 上述管理体制问题同样存在于城市交通的各专项规划之间。城市综合交通规划沿袭了以设施为核心的规划方法，但设施之间并没有很好地配合，公共汽车、地铁设施及其他交通设施，本应是一个相互补充的有机整体，却被人为地分割为若干块，支离破碎，不成体系，难以发挥整体效用。

值得肯定的是，为了解决规划分离的问题，许多地方开始从组织法层面尝试探索。2008 年 10 月，在上海市政府新一轮的机构改革中，原城市规划管理局与原房屋土地管理局中的土地管理部门进行整合，组建新的上海市规划与国土资源管理局。武汉、深圳等城市随后也展开了"规土整合"的进程，城市规划与土地利用实现了"同一张图"。2016 年 5 月，北京市也提出 7 月底前完成市规划委及市国土资源局的机构合并，成立新的市规划和国土管理委员会。我们认为，相比于联席会议等软性的部门协调

---

① 刘健、毛其智：《影响北京城市土地与交通协调发展的因素分析》，《城市规划》2008 年第 3 期。

机制而言，规划与国土部门合并更具有实质性意义，从某种意义上来说，两规合一正是交通规划职权法定最为重要的内容侧面。

（二）城市交通规划的法律优先与法律保留原则

法律优先原则和法律保留原则实际上是宪政在处理国家行政权上的两项重要原则。探讨城市交通规划领域中如何适用法律优先和法律保留原则，具有重要的现实意义。

1. 关于法律优先原则在城市交通规划中的适用

"法律优先"一词最早由德国行政法学者奥托·迈耶提出。他认为："以法律形式出现的国家意志依法优先于所有其他形式表达的国家意志；法律只能以法律的形式才能废止，而法律却不能废止所有与之相冲突的意志表达，或使之根本不起作用。"① 法律优先原则体现在法律与行政立法的关系上，即法律优先于行政立法，其基本含义是指法律对行政立法的优越地位，从这个角度而言，法律优先实质上强调的是法律的位阶体系。在多层次立法的情况下，法律处于最高位阶、最优地位，法律在效力上高于其他法律规范，其他法的规范都必须与之保持一致，不得相抵触，否则无效。这是立法权高于行政权、行政从属法律的体现，也是法律至上原则在行政法领域中的适用。② 由于法律所享有的广泛民意基础，其法律效力具有崇高性，因而无论是行政机关的抽象行政行为还是具体行政行为都不得与法律相抵触。城市交通规划行为是行政行为的一种，理所当然应适用法律优先原则。

在实践中，通常实体法对城市交通规划的规定是有限的，即使有规定也是概括性的规定，多数情况下城市交通规划是依组织法的授权作出的，因而法律优先原则在城市交通规划中尚难以发挥应有的作用，实践中常常出现行政机关只知有计划而不知有法律的情况，甚至存在"依计划行政"代替"依法行政"，"计划优位"代替"法律优位"的怪现象。这"正如人们所说的'根据计划的行政''冠以计划之名的法律''（对法律）计划的优越'等，有可能使法治主义徒具形式"③。因此，关于法律优先原

---

① ［德］奥托·迈耶：《德国行政法》，刘飞译，商务印书馆2002年版，第70页。

② 参见周佑勇《行政法基本原则研究》，武汉大学出版社2005年版，第175—176页。

③ 参见［日］室井力主编《日本现代行政法》，吴微译，中国政法大学出版社1995年版，第55页。

则在城市交通规划中的适用仍是理论和实践中亟待探索和解决的一个现实问题。

2. 关于法律保留原则在城市交通规划中的适用

与法律优先一样，法律保留原则亦源自德国行政法鼻祖奥托·迈耶之首创，按照奥托·迈耶的经典定义，法律保留是指"在特定范围内对行政目标作用的排除"①。即特定范围之内的行政事项专属于立法者规范，行政非由法律授权不得为之。② 从法律保留的历史变迁看，其作用的方式和内容处于不断的变化之中，特别是现代给付行政的出现，使法律保留的范围一直成为人们争论的核心问题，它直接决定着立法与行政之间的界限。随着行政领域的扩张和社会主体对行政依赖性程度的提高，有关法律保留原则的适用范围不断发生变化，并产生相应的"侵害保留说""全部保留说""重要事项保留说"等学说。在我国，现行宪法和法律对必须由法律规定的事项已作出了某些规定，根据《宪法》以及《立法法》《行政诉讼法》《国家赔偿法》《行政处罚法》等规定，我国法律保留的范围通常采用的是重要保留说。

那么，在城市交通规划领域是否需要适用法律保留原则，如果适用应采取上述何种保留的方式，对这个问题还需要区别情况进行具体分析。城市交通规划不同于其他典型行政行为，城市交通规划既包括强制性规划又包括非强制性规划。如果采用全部保留说，则对于不以产生法律效果为目的的非强制性规划而言，显然没有必要；如果采用侵害保留说，则大量的城市交通规划是以给付行政为目的的，虽然并不会对公民的财产权和自由权造成侵害，但是却会对其生存权和社会权形成影响。因此，采用重要事项保留应当是城市交通规划的必然选择。③ 也就是说，城市交通规划适用法律保留原则的范围首先是包括对公民的自由权和财产权进行干涉的强制性规划。

总之，依法行政原则中的法律优先原则和法律保留原则在城市交通规划领域中面临着种种难题。按照法治主义的要求，城市交通规划的作出须有法律依据，但因城市交通规划是基于对未来预测的属性，由法律对城市

---

① ［德］奥托·迈耶：《德国行政法》，刘飞译，商务印书馆 2002 年版，第 72 页。

② 参见陈新民《行政法学总论》，三民书局 1997 年版，第 52 页。

③ 参见郭庆珠《行政规划及其法律控制研究》，中国社会科学出版社 2009 年版，第 203—204 页。

交通规划的内容和手段进行完全具体的规定是难以做到的。因而在法律授权上与其他行政行为有很大不同，其主要表现为组织法上的授权，而行为法上的授权比较少，即使有行为法的规定也往往是纲要式的规定，因此如何在法治主义下使法律优先和法律保留两项原则融入和适用于城市交通规划领域是值得深入探讨的问题。

　　基于城市交通规划领域的法制现状，信赖保护原则显然不具有规范层面的基础，那么，从法理上来说，信赖保护是否应当成为城市交通规划的基本原则？学者对此多持肯定意见，认为规划编制机关承担一种计划担保（保证）责任，当行政主体所决定的计划及措施在其后变更而使特定人蒙受损害时，行政主体应承担这一法定的责任形式。据此，规划变更必须置于信赖保护原则的规制之下，如果允许行政机关随意取消、变更已经制定公布的规划，就有可能使相信既定规划的国民蒙受难以预料的损害。因此，对于相信某行政规划而着手某种具体行为的国民，必须保障其在一定范围内不接受随意变更计划的信赖利益，即计划保障请求权。①

　　但笔者认为，城市交通规划是否适用信赖保护，并非当然可以得出的结论，必须对两者的关系进行重新思考。这一问题的结论取决于：信赖保护的一般原理与城市交通规划的特殊构造究竟在多大程度上存在重合性。信赖保护原则诸要件中，最核心的是信赖的正当性或值得保护性。就合法的行政行为而言，信赖正当与否主要取决于废止行为是否具有预测可能性，若具有可预测性，该信赖即非"正当的信赖"，据此可以转换为下述问题：城市交通规划的变更与废止是否具有预测可能性？

（三）城市交通规划的比例原则

　　比例原则是指行政机关在采取行政措施或方法实现行政目的时，应当进行合目的性考量，采取对相对人利益影响最小的方式。我国尚未制定统一的行政程序法典，但在地方行政程序立法中，已经将比例原则上升为行政行为的基本原则，例如，《江苏省行政程序规定》第5条规定：行政机关行使裁量权应当符合立法目的和原则，采取的措施和手段应当必要、适当；行政机关实施行政管理可以采取多种措施和手段实现行政目的的，应当选择最有利于保护公民、法人和其他组织合法权益的措施和手段。具体

---

　　①　杨建顺：《日本行政法通论》，中国法制出版社1998年版，第573页。

而言，比例原则项下包含三个子原则：适当性原则，即行政措施必须能够有助于实现行政目的，否则，行政措施就丧失了最基本的功能属性。必要性原则，即行政措施如果不可避免地要对相对人的合法权益造成侵害，则应当选取侵害程度最小的方式，且这种侵害对于行政目的的达成而言必不可少。狭义比例原则，即应当衡量行政措施所造成的最低程度侵害与预期实现的目的价值，如果行政目的所能实现的公共利益尚且无法弥补最低限度的侵害，则这一行政决定无法通过狭义比例原则相当性的检视。

　　城市交通规划最为显著的一个特征就是未来性、计划性、裁量性，协调各种相互冲突的公益、私益是城市规划的应有之义，比例原则在其中发挥着不可替代的作用。如果规划主管部门在进行利益衡量、价值判断时不遵循比例原则的指引，极有可能造成公共利益对私人合法权益的过度挤压和撕裂。例如，J市拟建设二环南路高架桥工程，规划方案显示，高架桥其中一段紧邻五个住宅小区，并将从社区配建中学上空横穿而过。小区居民出于对噪声、粉尘污染的担忧，强烈反对这一规划方案。再如，N市机场高速东侧沿线某路段紧邻村庄，隔离栏距离村民住房外墙最近的仅3米，村民长期受到高速公路噪声、尾气危害及事故隐患威胁。不遵循比例原则造成公益、私益相互冲突的现象并非只存在于交通规划领域，而是广泛地存在于城市规划各领域之中，包括住宅区附近建垃圾转运站、天然气加气站，以及小区内设立门诊部等事件都曾引起热议，舆论对于相关规划的合理性也都提出了诸多质疑。

　　从程序法治而言，上述事件与公共协商机制缺失息息相关，如果能够实行充分、有效的公众参与，城市交通规划或许能够获得公众更大程度的认同。但是，应当认识到，参与权仅是一种程序性权利，其功能主要是程序上的制约，而非实体上的替代。一旦切入实质问题的决策，自然离不开比例原则的尺度衡量。例如，建设高架桥对于分流车辆、缓解交通压力的公益性显而易见，但从学校和小区上空横穿而过，给相对人带来的外部负效应也同样显著。它也许符合适当性原则，但是未必能够经受必要性原则的审查。高速公路造成的噪声、粉尘和事故隐患威胁也许无法完全避免，但直接降低附近居民的生活品质和质量，甚至侵害其生活安宁权、健康权绝不会是侵害程度最小的一种方式。很多时候，主管部门往往看重工程建设的经济、技术和时间成本，过于放大了它们的权重，对于公民的权利、利益则并未给予充分的关照。如何用好比例原则这把尺子，在规划裁量中达到精准比例，的确考验规划决策者的智慧。

除了规划制定阶段，规划实施同样应当纳入比例原则的约束之下。2009年，上海法院曾受理一起宾馆诉上海轨道交通公司案，原告诉称：地铁10号线虹井路站施工期间，封闭了虹井路长约1000米的路段，宾馆正好位于这一路段内，进出只能依靠几乎处于废弃状态的老虹井路。施工封路造成宾馆找寻的困难，并且噪声扰人，影响宾馆客户休息，这些因素严重影响了宾馆正常经营，遂将轨交公司诉至法院并索赔600万元。[①] 法院最后并未支持原告诉求，但值得思考的是，在城镇化建设、城市更新的浪潮下，地铁施工、道路施工封闭道路的做法十分常见，给行人造成了诸多不便，更是给商户带来了实际损失。然而，这不应该用"城镇化的阵痛"理所当然解释，或者，我们可以问，规划实施部门是否考虑过尽可能减轻利害关系人的阵痛？笔者认为，就公用事业的营建而言，适当性和相当性原则一般并无疑问，因为公用事业的属性已经证成了自身的正当性，反而是必要性原则，最需要在规划实施阶段落地。

（四）城市交通规划的正当程序原则

正当程序原则基本含义是行政机关作出影响行政相对人权益的行政行为，必须遵循正当法律程序，包括事先告知相对人，向相对人说明行为的根据、理由，听取相对人的陈述、申辩，事后为相对人提供相应的救济途径等。[②] 随着我国城市化水平的快速增长，居民日均出行次数和机动车保有量逐年增加，城市交通规划已经成为影响城市发展的重要因素之一。城市交通规划的正当程序原则是程序正义对城市交通规划的基本要求和体现。实际上，虽然综合交通规划已经逐步形成了完整的技术框架和内容，同时国内部分省市也陆续出台了用于指导城市综合交通规划的导则或者编制办法，但是无法否认的是单独编制的城市交通规划作为城市规划的一个重要的专业规划，目前尚没有相关的法规来给予其法定效力的支撑。城市交通规划与土地资源利用在城市规划领域存在着错综复杂的相互联动与制约关系。城市交通规划裁量权能否合理合法行使，在一定程度上会影响整

---

① 顾文剑：《状告地铁施工影响生意 宾馆索赔600万》，《东方早报》2009年8月17日。

② 姜明安主编：《行政法与行政诉讼法》，高等教育出版社、北京大学出版社2012年版，第75页。

个城市规划的进程。有学者认为对规划制定权加以实体法上的制约有一定的限度,[①] 对其予以程序上的控制,才能保障公民的权力不受非法、不合理的交通规划裁量的侵害。目前,我国城市交通规划领域存在的主要问题是忽视程序价值,漠视公民权益的保障。而"保障人权是正当法律程序的基本功能和最终目的"[②]。城市交通规划要合法、合理地进行,必须坚持正当程序原则,通过程序的正当来衡平社会各种利益,保障交通规划结果的公正,最终实现行政目的。具体来说,在城市交通规划领域中正当程序原则主要包含城市交通规划的公开、公正和公平三个方面。

1. 城市交通规划的公开

在行政程序法中确立程序公开,是现代民主政治发展的基本要求,因为"正义不仅要得到实现,而且要以人们看得见的方式得到实现"。公众是否知悉有关城市交通规划的相关内容直接影响到公民日常交通出行的选择。城市交通规划公开范围涵盖了交通规划的制定、实施、修改、监督检查所有阶段的内容,除法律另有规定不公开外,交通规划机关应当主动向社会公布自己的职权范围、办事程序、办理期限、办理结果以及受诉渠道等。通过规划机关的公开程序,社会公众可以获得准确的城市交通规划信息,参与到城市交通规划当中去。

城市交通规划从属于城市规划,其公开亦遵循规划依据公开、规划过程公开以及规划结果公开三个方面:第一,规划依据公开。城市交通规划权行使的依据包括事实依据以及法律依据。规划依据公开应该通俗易懂,涉及交通规划专业内容的应该有必要的解释,否则即使公开,也就失去了公开实际的意义。第二,规划过程公开。城市交通规划过程的公开包括了交通规划信息公开以及举行听证制度。交通规划听证制度目的在于听取规划相对的人意见,这也是城市交通规划公开原则的最终目的。第三,规划结果公开。事后决定规划结果公开的主要目的是使相对人能够及时行使行政救济的权利。因此,为了保障相对人权利的保障,城市交通规划机关在作出影响相对人合法权益的决定时,应当将该决定通过一定的方式向相对人和社会公开。

2. 城市交通规划的公正

"公正"是指各相应行政机关及其工作人员在城市交通规划过程中,

---

① 杨建顺:《日本行政法通论》,中国法制出版社 1998 年版,第 564 页。

② 汪进元:《论宪法的正当程序原则》,《法学研究》2001 年第 2 期。

应避免偏私，在工作中遇到与本人或本人亲属有利害关系的事项，在处理时应主动或依相对人申请回避；对相对人送礼、宴请和其他各种可能影响公正执法的行为要予以拒绝。① 城市交通系统不仅提供了人群和物质的流动，也通过土地的使用影响了经济增长模式与经济活动。这个系统的性能还影响到公共政策的关注要点——空气质量、环境资源消费、社会资产、经济发展、安全和安全保密等。② “公”要求交通规划部门没有私利，“正”是要求交通规划部门对所有的相对人同样对待、一视同仁、无偏私。城市交通规划事务庞大而复杂，涉及利益众多，在交通规划权力运行的过程中，必须坚持规划的公正，不允许例外的存在。城市交通规划公正原则的贯彻需要回避制度、听证制度、不单方接触制度和审裁分离等制度的保障。除了前文介绍的听证制度外，通常所说的回避制度是指交通规划机关工作人员在行使职权过程中，因其与所处理事务有利害关系，为保证实体和程序进展的公正性，根据当事人的申请或者根据交通规划机关工作人员的请求，交通规划机关依法终止其职务的行使并由他人接替；不单方接触制度是指为了保证程序的公正，城市交通规划机关就某一事项作出裁决或者决定时，不得单独与一方当事人接触。该制度设立的目的是防止规划程序中，交通规划人员形成先入为主的观念，对一方当事人偏听偏信而损害另一方当事人的权益；审裁分离制度是指交通规划机关的审查和裁决，分别由交通规划机关内部不同的机构、人员来行使，以确保规划相对人的合法权益不受侵害。

3. 城市交通规划的公平

公平不同于公正，两者有区别亦有联系。规划的公平侧重强调平等对待不同的相对人，是为了防止规划过程中的歧视而言的，而公正的目的是防止规划过程中的偏私。该规则在城市交通规划领域亦可以适用。所谓公平，指各相应行政机关在对各种规划许可申请进行审批、监督过程中，对所有行政相对人同样情况同样对待，不同情况不同对待，不能对任何特定行政相对人予以歧视。③ 公平最重要的体现就是平等，法律面前一律平等是我国宪法的一项原则，因而平等原则在城市交通规划中非常重要。“平

---

① 姜明安：《行政规划的法制化路径》，《郑州大学学报》2006 年第 1 期。

② 黄沿坡：《城市道路交通安全规划探讨》，《广东公路交通》2013 年第 5 期。

③ 姜明安：《行政规划的法制化路径》，《郑州大学学报》2006 年第 1 期。

等原则可以填补法律规范不完善或'空白'弊端。它要求同样的情况法律后果相同,不同情况不同对待,背离此合理区别的行为即为'恣意'。"①

(五) 城市交通规划的参与原则

在城市交通规划中,公众参与作为一种制度化的沟通渠道,可以吸收多方利益主体参与到城市交通规划的过程中,从而通过丰富的资源进行较为科学化的规划决策。

城市交通规划中的公众参与是指代表不同利益群体的公众出于对交通规划的知情权、参与权、选择权和监督权积极参与交通规划的各个过程和阶段,从而提高交通规划的民主化和科学化,并获得规划范围内利益群体的理解、支持与合作,减少不良社会后果,最大限度体现社会公平公正的发展目标。目前我国《城乡规划法》《环境影响评价法》《行政许可法》等法律规范都对公众参与交通规划作出了直接或间接的规定,这些法律规范共同构建了我国城市交通规划过程中公众参与程序,具体而言由参与主体、参与事项、参与方式和参与效力四个要素构成。

1. 参与主体

参与主体是指在城市交通规划过程中,参与交通规划的主体,也称为参与者。《城乡规划法》等法律规范针对不同的参与事项,将参与的主体限定为公众、专家、利害关系人等。值得说明的是,"公众"这个概念在法律上的含义不是单一的,有时候指不行使政府权力的个人和组织,有时候特指不包括专家在内的普通公众。在本书中,公众是指不行使国家公权力的主体,与行使国家公权力的政府机关及其工作人员相对应,包括不具有政府身份的专家在内。但是在《城乡规划法》等法律规范中,公众是与专家相并列的概念。② 本部分参与主体中的公众是指与专家相并列的概念,也即普通公众。专家是指对某一专业领域有专门研究或者具有某项专业技能,且不从属于政府部门的人,并不仅仅限于交通规划领域的专家,也可以是其他专业领域的专家。利害关系人,是指受交通规划结果直接或

---

① 孟鸿志主编:《行政法学》,北京大学出版社 2007 年版,第 64 页。

② 《城乡规划法》第 26 条规定:"城乡规划报送审批前,……征求专家和公众的意见。……组织编制机关应当充分考虑专家和公众的意见……"

间接影响的人，具体包括交通规划许可听证中的申请人、受许可事项影响的其他关系人，以及交通设施规划①范围内的利害关系人。根据参与事项的不同，参与的主体也是各异，如在交通规划的确定阶段②，则只能由专家以审查的方式参与其中，而其他参与者则不能参与其中；在交通规划的许可阶段③和修改阶段，直接关系他人重大利益的事项，通常规划编制机关采取听证会的方式听取利害关系人的陈述和申辩，在此过程中，只有利害关系人能参与其中，公众和专家则无法参与其中。

2. 参与事项

城市交通规划不仅仅是指一个规划的结果，更是指一个规划的全过程，可以划分为编制、确定、实施、修改四个阶段。不同的交通规划阶段，公众参与的事项也是不同的。在交通规划的编制阶段，规划编制机关需就交通规划的草案以及"可能造成不良环境影响并直接涉及公众环境权益"的专项规划环评报告草案征询公众、专家的意见。在交通规划的确定阶段，城市交通发展战略规划④和城市交通系统规划草案在审批前，审批机关应当组织专家和有关部门进行审查。⑤ 在交通规划的实施阶段，规划实施涉及公共利益的重大许可事项须征询普通公众的意见，关系他人

---

① 城市交通规划分为交通发展战略规划、交通系统规划和交通设施规划，交通发展战略规划和交通系统规划对应于城市规划的总体规划，交通设施规划对应于城市规划的控制性详细规划。参见过秀成编著《城市交通》，东南大学出版社 2010 年版，第 8 页。

② 《城乡规划法》第 27 条规定，城市总体规划批准前，"审批机关应当组织专家和有关部门进行审查"。住房和城乡建设部《关于加强城市轨道交通线网规划编制的通知》规定："线网规划编制（或者修改、修编）完成后，应当组织技术审查。技术审查的方式，可以由审查单位组织专家进行审查，也可以委托第三方评估机构组织专家进行审查，审查过程中，要充分尊重专家意见。"据此可知，城市交通规划的审批过程中，专家的参与成为一个必经的程序。

③ 城市的建设项目都应当获得规划机关的许可方能实施。交通规划的许可阶段处于交通规划的审批之后和建设实施之前。

④ 交通发展战略规划和交通系统规划阶段都强调交通系统的整合协调，侧重宏观性和指导性，对应于城市规划的总体规划。

⑤ 我国目前尚没有专门指导城市交通规划的法律法规，《城乡规划法》作为指导交通规划的上位法，其规定适用于城市交通规划。《城乡规划法》第 27 条规定："省域城镇体系规划、城市总体规划、镇总体规划批准前，审批机关应当组织专家和有关部门进行审查。"即城市规划的总体规划在审批前须组织专家和有关部门进行审查。而城市交通发展战略规划和交通系统规划对应于城市规划的总体规划，因此，在这里可以认为城市交通发展战略规划和交通系统规划在审批前须组织专家和有关部门进行审查。

重大利益的许可事项须征询利害关系人的意见；除此之外，规划实施可能对环境产生重大影响的项目环评报告草案须征询普通公众和专家的意见。[①] 在交通规划修改的阶段，对交通设施规划的修改与否以及最终形成的修改方案须征询规划范围内利害关系人的意见。[②]

3. 参与方式

参与方式是指公众可以通过什么样的渠道参加到交通规划的过程中。按照《城乡规划法》的规定，公众参与的方式主要包括告知和意见征询两类。告知最常见的方式是公告，公告应该在公众知悉的地方报纸、新闻媒介等载体上进行。如交通规划的组织编制机关应当将规划的草案予以公告；意见征询的常见方式有召开听证会、论证会，当然也不排除通过其他方式征求公众意见。但是《城乡规划法》并没有对公告的具体做法，以及意见征询的具体操作方式进行详细规定。

4. 参与效力

公众参与的效力是指公众参与对交通规划决策的影响，根据我国《城乡规划法》规定，公众的意见对政府决策没有绝对的约束力。公众的参与效力更多地体现在政府对于公众意见的回应程序中。《城乡规划法》对公众参与的回应程序做了一些原则性的规定，具体包括四种情形。第一种情形是规划编制机关须征询专家和公众的意见，在报送审批的材料中附具专家和公众意见采纳情况及理由。[③] 第二种情形是在规划的确定阶段，

---

① 《行政许可法》第36条规定："行政机关对行政许可申请进行审查时，发现行政许可事项直接关系他人重大利益的，应当告知该利害关系人。申请人、利害关系人有权进行陈述和申辩。行政机关应当听取申请人、利害关系人的意见。"《行政许可法》第46条规定："法律、法规、规章规定实施行政许可应当听证的事项，或者行政机关认为需要听证的其他涉及公共利益的重大行政许可事项，行政机关应当向社会公告，并举行听证。"《环境影响评价法》第21条规定："对环境可能造成重大影响、应当编制环境影响报告书的建设项目，建设单位应当在报批建设项目环境影响报告书前，举行论证会、听证会，或者采取其他形式，征求有关单位、专家和公众的意见。"

② 《城乡规划法》第48条规定："修改控制性详细规划的，组织编制机关应当对修改的必要性进行论证，征求规划地段内利害关系人的意见，并向原审批机关提出专题报告，经原审批机关同意后，方可编制修改方案。"前面已经说明，城市交通设施规划对应于城市规划的控制性详细规划，故根据《城乡规划法》词条的规定，可以认为交通设施规划的修改须征询规划范围内利害关系人的意见。

③ 参见《城乡规划法》第26条的规定。

专家可以审查规划，但没有明确规定专家的审查意见具有何种效力。[①] 第三种情形则只规定规划编制机关听取意见，但并未规定对意见进行如何处理。[②] 第四种情形是在规划的许可过程中，规划编制机关须依照听证笔录作出许可决定。[③] 在第一种情形下，规编制划机关应当收集公众的意见，并将对公众意见的采纳情况报送审批机关；在第二种和第三种情况下，法律没有对规划编制机关的回应程序作出明确规定，规划编制机关既可以作出回应也可以不作出回应，都不影响规划的"合法律性"；第四种情形体现了"案卷排他"原则的精神，规划编制机关在作出许可时根据听证笔录来作出，并说明理由，也即对听证笔录作出了一定程度上的回应。

---

① 参见《城乡规划法》第 27 条的规定。

② 参见《城乡规划法》第 48 条、第 50 条的规定。

③ 参见《行政许可法》第 48 条的规定。另，听证笔录的意见除了记录申请人或者利害关系人的意见外，还包括审查该行政许可申请的工作人员应当提供的审查意见。

第三章

城市交通规划的法治模式与硬法规制

一 城市交通规划的法治模式[①]

(一) 城市交通规划裁量现象

城市交通规划中的裁量问题，是现代城市政府行为中最为复杂的现象之一，其在实践中与其他行政规划一样也呈现出多样性、综合性、动态性、广泛性和复杂性等特征。受城市交通规划性质的决定，城市交通规划裁量与其他裁量一样都具有双重作用，一方面有其存在的必然性和合理性并对城市社会发挥着广泛的能动作用，但另一方面同样面临着规划权被滥用而产生危害社会的消极作用。因此，厘清城市交通规划裁量的基本理论并选择必要的治理模式对城市交通规划裁量权进行规制，就成为行政法的一个重要命题。

1. 城市交通规划裁量的一般属性

由于城市交通规划是关于城市未来的一份蓝图，是目的与手段、政策与技术、预测与选择的综合机能体，因而其有着不同于传统的行政处罚、行政许可等典型行政行为的特征，其性质及表现形态多种多样。这正如有学者所指出的，城市规划的制定和实施过程涉及对多元利益的调整，而在具体内容上又富有专门的技术性和政策性因素的判断。这种双重属性决定了城市交通规划在编制和执行过程中存在着广泛的创造空间，即"规划裁量"[②]，或者"计划者的形成自由"。从城市交通规划的一般属性看，城

---

① 本部分参见孟鸿志《行政规划裁量与法律规制模式的选择》，《法学论坛》2009 年第 5 期。

② 参见苏苗罕《计划裁量权的规制体系研究》，《云南大学学报》2008 年第 3 期。

市交通规划与规划裁量有着密不可分的关联。

规划裁量的概念最早来源于德国《建筑法典》中所赋予行政机关的"计划高权",[①] 而后在德国联邦行政法院的一项判决中发展出计划裁量的概念。这个概念所关注的主要是行政机关在拟定城市规划时具有裁量权,即规划者形成规划的自由空间。有学者在此基础上认为:"计划裁量"可以包含两项含义,在行政作用法层面,代表计划确定机关对计划内容的判断自由,就行政组织法而言象征地方自治团体对领域内的空间利用规划的专属性和独立性。[②]

城市交通规划裁量是行政裁量的一种,它与一般行政裁量之间既有联系又有区别。从概念起源的脉络观察,二者皆以"裁量"来概括行政的自由决定权限。就权利保障观点来说,二者权限的行使都必须由法律法规授权才具有正当性,因此二者不存在本质性差别。二者的差别更多体现在利益衡量范围的不同。因此,一般的行政裁量理论并不能完全适用于城市交通规划裁量的实践。受城市交通规划的属性决定,城市交通规划裁量至少呈现出以下特征:

第一,从规划法的构造角度看,规划裁量具有目的—手段式的特征。一般行政裁量以满足法律的相关构成要件为标准而产生特定的法律效果的裁量,这是一种要件—效果模式的裁量;城市交通规划裁量主要是根据目的设计达致目的的手段、方法、步骤,以及拟定出城市交通规划后按照规划进行相关行政行为的裁量,属于目的—手段模式的裁量。城市交通规划裁量不受相关法律关于行为构成要件的约束,不以产生满足构成要件后的法律效果为目标。

第二,从城市交通规划的内容上看,规划裁量既有目标方面的裁量,又有手段方面的裁量。目标裁量是城市规划中最重要的裁量,它统摄整个城市交通规划的制定、变更和执行。规划的目标是规划存在的直接依据,如果目标不合理和不正当,规划本身的存在就没有了依据或者说就是违法的。而在现今多元利益的时代,目标不可能是唯一的,目标的多样性决定了目标之间必然存在冲突,在多元目标之间如何选择适当合理的目标则是

---

① 德国《建筑法典》第 1 条、第 2 条、第 10 条赋予了相关行政机关的"计划高权"或"计划自由"。参见［德］汉斯·J. 沃尔夫等《行政法》第 1 卷,高家伟译,商务印书馆 2002 年版,第 372 页。

② 参见吕理翔《计划裁量之司法审查》,硕士学位论文,台北大学,2000 年。

规划裁量的核心内容。目标之间的冲突主要表现在权力与权利的博弈、公益与私益的冲突,① 此两种博弈和冲突的过程即为规划裁量之利益衡量与选择的过程。根据目标来选择达致目标的手段同样是多种多样的,但城市交通规划本身所具有的合理配置资源的功能决定其必须选择最佳的手段,即必须以最小的代价取得最大的收益。那么选择何种手段是最佳的也即城市交通规划裁量的过程。手段裁量必须依附于规划所要达致的目标,离开了目标的手段裁量是不具有正当性与合理性的。

第三,从城市交通规划的过程来看,规划裁量涉及拟定规划、变更规划以及执行规划的全部过程。拟定规划中的裁量主要包括是否拟定城市交通规划以及拟定规划的目标、手段、方式和内容;变更规划中的裁量主要指城市交通规划机关是否决定变更以及变更多少等;执行规划中的裁量涉及城市交通规划制定后的一系列后续行为。

2. 城市交通规划裁量的必然性

"行政法的精神在于裁量"②,美国科克教授甚至认为,"行政法被裁量的术语统治着"③。随着现代经济与社会的迅猛发展以及政府职能的扩张和转变,规划手段被广泛运用于国家和社会公共事务管理中,"行政的计划化"或"规划行政"便成为普遍存在的社会现象。现代规划几乎作用于全部行政领域,甚至在某种意义上可以说,规划具有引导法律的功能。前述城市交通规划的功能决定了城市交通规划裁量充斥在城市交通规划的全部过程中,具有相当的广泛性和内在的必然性。行政规划常常被称为"第二立法权"或"第四种权力"。④ 从这种意义上讲,规划行为很大程度上即是规划裁量的过程,城市交通规划权即规划裁量权。

城市交通规划裁量的必然性还取决于城市交通规划的自身属性。一是城市交通规划大多数是原则性的规范,而不是严格的规则模式。由于人类理性的有限,城市交通规划只能是建立在现实和信息基础上的一种政策性预测,是未来发展的一份蓝图,为了更好地适应城市的发展与变化,交通规划(包括立法层面的规划法)相比其他法律而言则更加抽象,使用的

---

① 参见王青斌《论行政规划中的私益保护》,《法律科学》2009 年第 3 期。

② 参见杨建顺《行政规制与权利保障》,中国人民大学出版社 2007 年版,第 104 页。

③ 参见周佑勇《行政裁量治理研究——一种功能主义的立场》,法律出版社 2008 年版,第 1 页。

④ 参见杨建顺《日本行政法通论》,中国法制出版社 1998 年版,第 567 页。

语言更加原则甚至模糊，从而造就了更加广泛的裁量空间。"法律终止之地，即个性化的裁量开始之处。"① 由于立法语言的局限以及表现为条文的规则的僵化，使其难以涵摄所有的现实问题，规则之治必然具有不可抗拒的缺陷。在规则与事实的永恒冲突中规划裁量应运而生，并在规则与事实之间开辟出第三条道路，从而起到弥补规则不足或滞后的作用。二是城市交通规划基于对未来的预测，其只能是一种目的—手段式的行为，而不是要件—效果式的行为，这也是城市交通规划区别于其他行政行为的明显之处，而目的和手段的选择使规划裁量扮演了重要角色。规划裁量更多地表现为一种政策性判断或对未来的政策设定，是一种诱发性的超前的行政行为。面对纷繁复杂的社会事实，规划裁量拥有一定程度的收缩性，它可以不变应万变，在法律效果与社会效果之间寻求一个最佳的平衡点，同时，在多次裁量后还可以对相同问题进行类型化和规则化，从而使其具有操作性。此外，城市交通规划的政策性、技术性和复杂性也是造就和推动城市规划交通裁量的重要原因。因此，从这个意义上讲，规划裁量是规划的生命，没有城市交通规划裁量就没有城市交通规划。②

3. 城市交通规划裁量的失范

只要有裁量就会有裁量的滥用，就像绝对的权力导致绝对的腐败一样。规划裁量是一把双刃剑，处理好了可以发挥积极作用，相反，滥用裁量权必然会给公民带来巨大的损害。行政裁量的滥用有多种表现形态，③而城市交通规划裁量更有其独特的个性。由于受交通规划自身属性的局限，加之我国已有的城市交通规划立法不够完善，从而导致实践中一些城市交通规划还游离于法律的控制之外，交通规划裁量存在着种种严重失范现象。

第一，城市交通规划立法缺乏统一性和确定性。我国关于城市交通规

---

① K. C. Davis, *Discretionary Justice, A Preliminary Inquiry*, Chicago: University of Illinois Press, 1969, p. 55.

② 在行政执法实践中，尚有一种想当然的错误认识和提法，如有的部门明确提出了"把行政裁量权降为零"的观点，使行政机关完全陷入一种教条式的执法。参见李绍谦、汤伟文《把行政裁量权降为零——南县国土资源局改革土地行政审批的主要做法》，《国土资源导刊》2006年第5期。

③ 例如，美国伯纳德·施瓦茨将行政裁量权的滥用归纳为六类：不正当的目的，错误的和不相干的原因，错误的法律或事实依据，遗忘了其他有关事项，不作为或延迟，背离了既定的判例或习惯。参见 [美] 伯纳德·施瓦茨《行政法》，徐炳译，群众出版社1986年版，第571页。

划的立法基本上分散于各单行的法律、法规和规章中，各分散的城市交通规划呈现多中心、多层次性，各规则之间不可避免地缺少协调和统一。同时，受城市交通规划的性质所限，涉及城市交通规划的条文表述都极具抽象性，城市交通规划的规则相比其他规则具有更大的开放结构，其意思中心被限定得很小，[①] 从而造成了法律的不确定性。人们无法从现有的规则体系中对自己的行为进行合理的预期，而相同情况差别对待更使人们对法律本身产生了不信任。"法律的确定性，对于一自由社会得以有效且顺利地运行来讲，具有不可估量的重要意义。"[②] 城市交通规划裁量虽然可以使不确定的法律概念通过结合事实、考量多重因素进行确定化，但充满弹性和抽象的法律概念也会导致裁量空间过大、裁量标准不一的问题，使规划裁量走向任意甚至专横，如滥用职权、显失公正、消极不作为，对不确定法律概念解释严重不当等。以新的《城乡规划法》（2008 年 1 月 1 日起施行）为例，该法在第三章"城乡规划法的实施"中所规定的"妥善处理""统筹兼顾""优先安排""因地制宜"等不确定性条文，[③] 在实践中不具有可操作性，何谓"妥善处理"，何为"优先安排"等，具有很大的裁量空间。即便各省又制定了相应条例、细则，仍无法在实践中予以操作。

第二，城市交通规划裁量程序缺乏民主性。我国以往绝大部分城市交通规划在制定过程中缺少民主参与，规划程序基本上是在行政机关内部封闭运作。一般来说，城市交通规划不管它对相对人的拘束力如何，总会对相对人的权益产生一定影响。为了保护相对人的合法权益，保证规划的合

---

① 法律语言的开放结构与行政规划中的裁量紧密相关。根据哈特的语言哲学，任何语言都包含"意思中心"和"开放结构"，在"意思中心"中语言具有确定性的一面，而在"开放结构"中则存在类似裁量一样的弹性。

② ［英］哈耶克：《自由秩序原理》（上），邓正来译，生活·读书·新知三联书店 1997 年版，第 264 页。

③ 该法第三章"城乡规划法的实施"中第 29 条规定："城市的建设和发展，应当优先安排基础设施以及公共服务设施建设，妥善处理新区开发和旧区改建的关系，统筹兼顾进城务工人员生活和周边农村经济社会发展、村民生产与生活的需要。镇的建设和发展应当结合农村经济社会发展和产业结构调整，优先安排供水、排水、供电、供气、道路、通信、广播电视等基础设施和学校、卫生院、文化站、幼儿园、福利院等公共服务设施建设，为周边农村提供服务。乡、村庄的建设和发展应当因地制宜、节约用地，发挥村民自治组织的作用，引导村民合理进行建设，改善农村生产、生活条件。"

理性和正当性，规划的制定程序应体现出充分的民主性。城市交通规划程序的民主性主要体现在两个方面：一是城市交通规划制定过程的公开性，二是保证任何受城市交通规划影响的人有参与规划制定的权利和途径，其核心就是规划制定中的听证程序制度和说明理由制度。这样的制度虽然在新的《城乡规划法》中已有所涉及，但由于受旧式计划经济体制的惯性影响，加之缺少专门的行政程序法的规制，城市交通规划以及规划裁量依然具有浓厚的长官性、盲目性和专横性色彩。规划的制定过程缺少对话沟通和民主参与，不可避免地影响到规划内容的科学性、合理性。而欠缺科学、合理的规划一旦付诸实施往往导致大量的资源浪费，也直接影响了规划的稳定性，因而规划在执行中朝令夕改的现象非常严重，城市规划常常存在着"一任市长一个规划"现象，因而城市一直处在不停的规划和建设之中。从而出现了被学者所比喻的"中国城市规划十大怪现状"①。

第三，规划裁量缺乏相应监督审查机制。由于规划的抽象性和政策性属性，规划裁量缺乏相应的责任规制，从而使其很难纳入现有的司法审查范围，受城市交通规划或规划裁量影响的利害关系人，当其合法权益受到规划裁量违法与不当侵害时，自然也难以得到法律上的救济。规划裁量目前主要是通过行政机关的内部自律来加以控制的，个别地方和部门的规范性文件对此也有相关的规定，但能否真正行之有效，也是值得考虑的问题。

（二）城市交通规划裁量的治理模式

"裁量权是行政权的核心。行政法如果不是控制裁量权的法，那它是什么呢？"② 通过上述分析可以看出，城市交通规划裁量与其他行政裁量一样都具有双重作用：一方面有其存在的必然性和合理性并对社会发挥着

---

① 时任住房和城乡建设部副部长仇保兴曾撰文指出中国城市规划的十大怪现状：（1）城市规划对城市发展失去调控作用；（2）城市规划体系分割，城郊接合部建设混乱；（3）开发区规划建设与城市总体规划脱节，自成体系；（4）历史建筑、城市风貌受到严重破坏；（5）城市生态受到破坏，环境污染日益严重；（6）规划监督约束机构软弱，违法建筑严重泛滥；（7）城市建设时序混乱，城市基础设施严重不足和重复建设浪费并存；（8）区域化归或协调机制不健全，传统的大而全、小而全思想仍占上风；（9）城市建设风格雷同，千城一面；（10）中小城镇规划未引起足够重视。参见仇保兴《中国城市规划十大怪现状》，《旅游时代》2007 年第 7 期。

② ［美］伯纳德·施瓦茨：《行政法》，徐炳译，群众出版社 1986 年版，第 566 页。

广泛的能动作用，因而肯定和赋予城市行政机关规划裁量权就成为现代法治的必然要求；但另一方面同样面临着城市规划权易于被滥用从而产生危害社会公正和社会秩序的消极作用，因而对城市规划裁量权进行必要的控制和治理也是现代法治的必然要求。承认并赋予交通规划的策划者享有广泛的裁量权，但并不意味着规划裁量权是无限的，它必须在法律规定的范围内，依据法律规定的原则和程序公平合理地考虑所涉及当事人的利益才能行使。

　　但问题的关键是，对城市交通规划以及规划裁量能不能规制，选择什么样的模式进行规制，规制到何种程度是适当的和可行的，这些一直成为困扰人们的难解之题。近些年，以罗豪才教授为代表的北京大学软法研究中心所倡导和开辟的一系列针对公共治理领域的软法研究，为规划裁量的治理提供了新的研究视角和进路。笔者认为，对城市交通规划裁量的法律治理也可以采用软法和硬法并举的混合规制模式。

　　1. 硬法规制模式

　　就我国而言，硬法仍有很大的建构空间。按照传统的法治观点，法律（硬法）对行政权的控制主要包括三个环节：一是实体法上的控制，即行政权的行使必须有法律的明确授权；二是程序法的控制，即行政权的运行必须遵循法定的程序；三是监督法的控制，行政权若违法和造成损害，必须承担相应的法律责任。城市交通规划裁量权作为行政权的一种，硬法对其规制一般也体现为这三个方面。从立法层面而言，[①] 硬法对规划裁量的控制应主要通过建立和完善以下法律制度得以实现。

　　第一，完善相关的组织法，为城市交通规划裁量权的正当行使设定组织法或实体法上的边界。虽然城市交通规划机关应拥有广泛的规划裁量空间，但并不意味着其权力的行使不受任何限制。城市规划裁量的失范与组织法的不完善有密切的关系。"根据传统的法律保留论，难以要求非拘束性行政计划必须有法律依据，但是，从行政计划在现实中的重大功能来看，是不应该使其完全脱离法律统治的，一般认为，为防止行政厅任意制订计划，制约行政厅的计划裁量权，行政计划最起码要有组织法上的根据。"[②] 城市交通规划的组织法表现形式既包括宪法性的组织法，也包括

_____

① "硬法"规制不限于立法规制，还应包括行政规制和司法规制。

② 杨建顺：《日本行政法通论》，中国法制出版社1998年版，第568页。

分散在各单行城市规划法中的组织法规范，如《城乡规划法》。我国虽然在《宪法》和相关单行法中分别赋予了县级以上各级人大和政府享有规划权，使城市规划权的行使基本上有了《宪法》和组织法上的依据；《城乡规划法》《土地管理法》等也分别是相关领域行政主体行使规划权的依据，但应当承认，上述已有组织法和单行法律的规定还非常笼统，已经建立的"三级三类"规划管理体制中还存在较多问题，远没有达到有效控制规划裁量权的程度。我们认为，在完善有关城市交通规划的组织法中，至少要遵循以下原则：一是重要的城市交通规划权特别是具有拘束力的交通规划权必须由法律明确授权；二是进一步明确交通规划机关的权限分工和法律责任，违反职权法定的越权规划，当属无效，应承担相应的法律责任。

第二，制定和完善相关的行政规划法，为规划裁量权的正当行使设定统一的原则和程序规则。由于城市交通规划的特殊性质，由组织法或分散的单行实体法对城市交通规划内容完全加以制约是不可能的，即使实体法很健全，其对城市交通规划权的规制也是有限度的。因此对城市交通规划的规制模式应从实体法控制转移到实体与程序控制相结合上。目前我国尚未出台《行政程序法》，① 比较德、日、韩等国家的经验和不足，反思我国的历史教训，在我国制定统一的行政规划基本法是非常必要的，其对规制城市交通规划裁量权的正当行使的意义，是不言而喻的。统一的行政规划法所要解决的核心问题：一是确立各类行政规划（包括城市交通规划）的基本原则，包括依法规划原则、科学规划原则、公众参与原则、利益平衡原则、信赖保护原则等；二是要确立规划程序中最重要的听证制度和说明理由制度。

第三，制定行政程序法，为城市交通规划裁量权的正当运用设定专门的程序规则。有关城市交通规划的程序法模式，可以有多种选择。除制定统一的行政规划法模式外，还可以通过制定统一的行政程序法典模式专门规定规划的程序问题。在这方面以德国为代表已形成了值得借鉴的经验。目前我国有一些地方已经制定或正在制定地方性行政程序规则，笔者认为，在行政程序规则中规定行政规划的特殊程序以及其所适用的一般程序

---

① 虽然由行政立法组起草的《行政程序法》（试拟稿）已将行政规划纳入其中，但其规定的适应范围很窄，仅仅是部分行政规划程序上的依据。

规则，还是非常必要和可行的。行政程序规则所设定的一般行政行为的程序制度以及对行政规划所设定的特殊程序规则，无疑能对目前游离于法律之外的规划裁量权的正当运用产生程序法上的制约和示范功效。

第四，完善相关的监督和救济制度，为城市交通规划裁量权的不当行使设定全程监控和救济途径。有权力必有监督，有侵害必有救济，无论是何种性质的行政规划都会对社会产生不同程度的影响。因此，城市交通规划的制定和实施，必须建立完善的监控体系及其救济制度，包括权力机关监督、行政层级监督、审判监督以及社会监督四种类型。不同类型的监督具有不同的功能和作用。其中，权力机关的监督是最权威、最强有力的，其可通过审查、批准、决定、撤销等方式对城市交通规划从源头上实施监督。完善人大对城市交通规划（含预算）的监督，重点是确立审查的标准和切实有效的监督程序。行政层级监督是最直接、最便捷的监督。完善行政层级监督应主要通过拓展和强化城市规划复议审查以及建立一系列有关行政机关的自律机制来实现。审判监督涉及行政权与司法权的分配问题，应通过完善《行政诉讼法》和《国家赔偿法》以及建立相关的补偿制度的途径，将影响重要的、有处分性的拘束性规划纳入行政救济体系中。

2. 软法治理模式

软法是相对于硬法而言的。硬法规制是软法治理的前提和条件，软法治理是硬法规制的重要补充；没有硬法的保障，软法的效应就难以充分发挥，没有软法的辅助，"硬法就会陷入孤立无援的尴尬境地"。实践证明，城市交通规划领域中的裁量现象是行政法中最为复杂的问题之一，因而，再完备的硬法体系也难以承担起对其规制的责任，何况城市交通规划领域中的法制还非常的薄弱和滞后。当"硬法的发展仍然明显滞后于公域的扩张，无法有效满足公域之治的时候"[1]，软法的作用便凸显出来，特别是在城市交通规划领域，软法"扮演着不可替代的角色"，它可以通过各种软法的形式（如公共政策、自律规范、专业标准、弹性法条、政策性规制）来引导和约束城市交通规划的裁量。其中最主要的治理形式有以下三个方面。

---

[1] 罗豪才、宋功德：《认真对待软法——公域软法的一般理论及其中国实践》，《中国法学》2006 年第 2 期。

第一，软法上的原则之治。软法与硬法之间是一种相互辅助、相互转化的互动关系，即你中有我，我中有你。硬法属性中的许多抽象性原则其本身也是一种软法性的弹性法条，如《城乡规划法》（硬法）中所规定的优先安排、妥善处理、统筹兼顾、合理布局等。与此相应，许多硬法上的原则又必须通过软法来贯彻实施，《城乡规划法》所规定的原则，如果没有软法的跟进和配合，则很难在实践中奏效。所谓软法上的原则之治，一是要求将硬法所确立的抽象原则通过软法的形式加以实现，如将依法行政原则具体转化为政府的依法行政纲要和措施；二是在硬法所没有顾及的公共领域软法通过创设原则和一系列软法规范来实施治理，如在城市交通规划领域中确立以人为本、利益衡量的软法原则。这些原则的理念、目标和措施，将为城市交通规划裁量提供行为导向和准则，也同样需要硬法的保障和吸收。

第二，制定城市交通规划的裁量基准。一般意义上的裁量基准，是指行政机关在法律规定的裁量空间内，依据立法者的意图以及行政法上的基本原则并结合执法经验，按照裁量涉及的各种不同事实情节，将法律规范预先规定的裁量范围加以细化并设以相对固定的具体判断标准。[1] 城市交通规划由于是政策性的规划蓝图，其规范构造更加抽象，因而制定更加明确、细化和可操作的城市交通规划裁量标准，规范城市交通规划裁量范围、种类、幅度，具有特殊的意义。[2] 这种城市交通规划裁量的基准制度同样是落实软法和硬法或填补法律空白的具体体现，是城市交通规划裁量必须遵循的准则。

第三，建立一整套的行政自我约束机制。软法具有"自我规制"或"准规制"的功能和属性，通过软法的功能可以建构起一整套的治理城市交通规划裁量的约束机制。如通过规范性文件的形式建立有关城市交通规划裁量的说明理由制度、跟踪评估制度、公务员行为规范、规划裁量问责制度、规划奖惩制度等。从行政层级统治角度看，这些带有软法属性的规范性文件对规制城市交通规划以及规划裁量权更为直接和有效。

---

① 参见周佑勇《行政裁量治理研究——一种功能主义的立场》，法律出版社 2008 年版，第57 页。

② 中共中央《关于全面推进依法治国若干重大问题的决定》已将"建立健全行政裁量权基准制度"列入"深入推进依法行政，加快建设法治政府"中的建设内容。毫无疑问，行政规划裁量基准是行政裁量基准制度的重要内容之一。

二　城市交通规划的实体法规制

从广义上看，与城市交通规划相关的实体法规制形式很多，即除了《城乡规划法》和相关的"交通法"之外，还应当包括行政组织法以及环境保护法、土地管理法、文物保护法等相关内容。限于篇幅，下文主要以《城乡规划法》和与城市交通规划密切相关的"交通法"为对象进行分析。

（一）与城市交通规划相关的"城乡规划法"现状与对策

1.《城乡规划法》中的城市交通规划之基本内容

我国的城市规划法律制度经历了从城乡双轨制到城乡一体化的变革。城乡双轨制下城市规划适用《城市规划法》，村庄和集镇规划适用《村庄和集镇规划建设管理条例》。上述"一法一条例"分别对城市和村庄、集镇的规划管理作了不同的规定，但这种城乡分割的规划管理体制无法适应我国农村经济的快速发展以及由此形成的城镇化进程加快的需要。对此，2002 年国务院发布《关于加强城乡规划监督管理的通知》，提出"强化城乡规划对城乡建设的引导和调控作用，健全城乡规划建设的监督管理制度，促进城乡建设健康有序发展"。随后，《城市规划法》的修订转为《城乡规划法》的编制，并纳入了全国人大的立法计划。① 至 2007 年 10 月，统筹城乡规划一体发展的《城乡规划法》正式颁布。

根据《城乡规划法》第 14 条、第 16 条、第 17 条、第 19 条和第 21 条规定，城市规划包括城市总体规划和城市详细规划。一方面，城市总体规划是指城市人民政府依据国民经济和社会发展规划以及当地的自然环境、资源条件、历史情况、现状特点，为确定城市的规模和发展方向，实现城市的经济和社会发展目标，合理利用城市土地，协调城市空间布局等所作的一定期限内的综合部署和具体安排。城市总体规划是城市规划编制工作的第一阶段，也是城市建设和管理的依据。城市总体规划的内容应当包括城市的发展布局，功能分区，用地布局，综合交通体系，禁止、限制和适宜建设的地域范围，各类专项规划等。另一方面，城市详细规划又具

---

① 参见姚爱国《城乡规划管理实务指导》，吉林大学出版社 2013 年版，第 11 页。

体分为控制性详细规划和修建性详细规划。控制性详细规划是以城市总体规划为依据，确定建设地区的土地使用性质、使用强度等控制指标、道路和工程管线控制性位置以及空间环境的规划。它是城乡规划主管部门作出规划行政许可、实施规划管理的依据，并指导修建性详细规划的编制。修建性详细规划是以城市总体规划、控制性详细规划为依据，制订用以指导各项建筑和工程设施的设计和施工的规划设计。编制修建性详细规划主要任务是满足上一层次规划的要求，直接对建设项目作出具体的安排和规划设计，并为下一层次建筑、园林和市政工程设计提供依据。此外，《城乡规划法》第35条还指出，"城乡规划确定的铁路、公路、港口、机场、道路、绿地……以及其他需要依法保护的用地，禁止擅自改变用途。"

由此可见，我国《城乡规划法》中规范的城市交通规划具有以下内容：

第一，城市交通规划不具有独立的法定规划地位，城市交通规划的编制、审批、实施、修改诸过程皆需要依附于城市规划体系中城市总体规划和城市详细规划的法律制度。可以说，城市交通规划既是城市规划的重要组成部分，又是落实城市规划、促进城市规划实施的重要途径。因此，《城乡规划法》对于城市交通规划而言属于基础意义上的一般法律渊源，在没有特别规定的前提下，对于满足条件的各种城市交通规划均普遍适用。

第二，在城市总体规划阶段，城市交通规划主要表现为"综合交通体系规划"和有关交通的"专项规划"。《城乡规划法》第17条指出"综合交通体系"与"各类专项规划"属于城市总体规划的内容。鉴于城市交通包括不同的交通运输类型、涉及不同的交通管理层级与行为主体，城市交通规划存在综合规划和专项规划的类型划分。一方面，住房和城乡建设部（下文简称为住建部）《关于印发〈城市综合交通体系规划编制办法〉的通知》明确了城市综合交通体系规划的定位及作用，规定了编制的基本要求、主要编制内容、规划成果组成，以及编制管理与审查制度，并对于城市综合交通体系规划编制的目的、原则、主要内容、技术要点及编制程序、规划成果形式和要求予以了细化与规范。根据《城市综合交通体系规划编制办法》第3条规定，城市综合交通体系规划是城市总体规划的重要组成部分，是政府实施城市综合交通体系建设，调控交通资源，倡导绿色交通，引导区域交通、城市对外交通、市区交通协调发展，统筹城市交通各子系统关系，支撑城市经济与社会发展的战略性专项规划，是编制城市交通设施单项规划、客货运系统组织规划、近期交通规划、局部地区交通改善规划等专业规划的依据。另一方面，根据《城乡规划法》的有关规定，专项规划是以国民经济和社会发展特定领域为对象编制的规划，是总体规划在特定领域的细化，也是政府指导该领域发展以及审批、核准重大项目、安排政府投资和财政支出的预算，制定特定领域相关政策的依据，涵盖了给水、排水、供电、燃气、环境保护等诸多专业，亦可表现为具体的交通设施建设项目，比如城市轨道交通建设规划即属于城市总体规划的专项规划。

第三，在城市详细规划阶段，涉及城市交通的控制性详细规划值得重视。控制性详细规划是一种"洋为中用"的规划内容，源于 20 世纪 80 年代中期我国城市土地使用制度的改革，由于控制性详细规划能够成为政府控制和引导城市土地开发最直接的工具，为推进我国城市规划建设的规范化管理起到一定作用。故自 1991 年建设部颁布《城市规划编制办法》明确了控制性详细规划在城市规划编制体系中的作用之后，控制性详细规划便在全国范围内迅速普及，发展至今。① 因此，控制性详细规划阶段主要任务是确定城市土地使用性质和开发强度。基于此，对于涉及城市交通的控制性详细规划而言，需要重点把握城市交通设施规划，交通设施的布局应当与城市总体规划、土地利用规划等相衔接，以实现城市土地利用与交通系统的一体化发展。而且，城市交通规划一旦确立之后，包括铁路、公路、港口等在内的各种交通设施和交通枢纽用地不得擅自改变用途。

2.《城乡规划法》中有关城市交通规划存在的主要问题

（1）城市交通规划与城市规划两者关系的困惑

第一，城市交通规划的法律定位不明。以城市总体规划中的城市交通规划为例，无论是城市综合交通体系规划还是关于城市交通专项规划，皆属于城市总体规划的重要内容和组成部分，二者不属于独立的法定规划层级，仅作用于城市交通规划体系内部，而外在表现的规划编制、审批、实施、变更等过程则附属于城市总体规划的制度要求。这就使得我国目前的城市交通规划与城市规划密不可分，可能导致城市交通规划忽略城市交通

---

① 参见刘奇志、宋中英、商渝《城市规划法下控制性详细规划的探索与实践——以武汉为例》，《城市规划》2009 年第 8 期。

特性，过度依赖城市规划的弊端。

第二，城市交通规划体系效力层级不清，与城市规划体系衔接模糊。城市规划可分为城市总体规划与城市控制性详细规划等层级，而城市总体规划阶段的城市交通规划包括城市综合交通体系规划与城市交通专项规划，城市控制性详细规划阶段的城市交通规划以城市交通设施规划为例，可以依据城市综合交通体系规划予以划分，涉及城市道路网规划、城市轨道交通规划、城市公共交通设施规划、城市停车场设施规划、慢行交通设施规划、货运系统规划、近期交通建设计划以及局部地区交通规划等。因此，纵向来看，城市交通规划可以划分为交通总体规划与交通详细规划的类型；横向来看，城市交通规划又可划分为综合交通体系规划与交通专项规划的类型，问题在于如何厘清类似于上位的交通专项规划与下位的综合交通规划的关系？

（2）城市规划法律制度的固有缺陷

上文已提及，城市交通规划属于城市规划的组成部分，同城市规划一并审批、实施，从这个意义上说，城市规划法律制度的固有缺陷亦属于城市交通规划所面临的问题。具体包括以下几个方面：

第一，城市规划体系与国民经济与社会发展规划、土地利用规划、环保规划等诸规划体系欠缺协调性。我国目前法律制度[①]层面的规划可以划分成四大体系，分别为：发展改革部门负责的"发展规划"；国土资源部门负责的"土地规划"；住房和城乡建设部门负责的"城乡规划"和环保部门负责的"环境保护规划"。而且，每一体系项下还划分了不同层级与类型。可以说，不同规划体系在规划类型、功能定位、层级划分、规划期间、规划内容和法律依据等方面存有明显差异。"国民经济与社会发展规划"是政府履行公共职能的依据，指引未来社会经济发展方向，其脱胎于计划体制，偏重于发展建设，一定程度上呈现出开发规划属性；"城乡规划"是为协调城乡空间布局，改善人居环境，偏重于统筹安排相应区划内功能用地及规模；"土地利用总体规划"以约束性指标和年度计划控制进行规划编制和管理，强调合理利用土地，切实保护耕地；"环境保护

---

① 参见国务院《关于加强国民经济和社会发展规划编制工作的若干意见》《城乡规划法》《省域城镇体系规划编制审批办法》《城市规划编制办法》《城市、镇控制性详细规划编制审批办法》《土地管理法》《土地利用总体规划编制审查办法》《环境影响评价法》《环境保护法》等。

规划"偏重于生态保护和污染防治，强调环境资源的合理利用与保护，就我国目前的制度安排来看，环保规划似并未形成独立的规划类型，尚属于国民经济与社会发展规划的专项规划。以城市规划与土地利用规划二者关系为例，我国目前关于土地利用的法律主要是《土地管理法》以及配套实施的《土地管理法实施条例》，虽然《土地管理法》第 22 条与《城乡规划法》第 5 条皆规定了土地规划与城市规划的衔接关系，但在实践中，两者却难免冲突，具体表现在：首先，权力实施主体不同。前者是由国土资源部负责，后者则由住建部负责，导致两者的编制、审批、实施是独立的两条线，但在内容上却有大量的重叠，上述各自为政的做法容易造成因权力滥用而导致的矛盾。其次，法律地位模糊。尽管已有立法已然强调了"衔接"，但在具体操作中，比如已生效的城市规划和已生效的土地利用规划发生冲突如何处理则欠缺规制。最后，规划时间不统一。比如土地利用总体规划的规划期限一般为 15 年，而城市总体规划、镇总体规划的规划期限一般为 20 年。

第二，配套法规侧重规划编制技术，法律性规制内容缺失。以《城乡规划法》为核心，我国构建了城乡规划法律体系。按照它的构成特点，可以分为纵向体系与横向体系两大类。城乡规划法律的纵向体系，是由各级人大和政府按其立法职权制定的法律、行政法规、地方性法规、规章和规范性文件等多个层次的法律文件构成的。具体包括以下方面：①法律。《城乡规划法》是我国城乡规划法律体系中的基本法，对各级城乡规划法规与规章的制定具有不容违背的约束力。②行政法规。如国务院 1993 年 6 月发布的《村庄和集镇规划建设管理条例》和 2008 年 4 月发布的《历史文化名城名镇名村保护条例》，虽与法律分属于两个效力层级，但是行政法规与法律一样，都是地方性法规、部门规章和地方政府规章制定的基本依据。③地方性法规。如《新疆维吾尔自治区实施〈城乡规划法〉办法》。④规章。可分为部门规章和地方规章。部门规章包括国务院职能部门制定的《城市规划编制办法》《城市规划强制性内容暂行规定》《城市绿线管理办法》等；地方规章比如《南京市地下管线管理办法》《北京市禁止违法建设若干规定》。⑤规范性文件。主要是国务院及其主管部门制定的有关城乡规划政策的文件，如《关于贯彻〈国务院关于加强城市规划工作的通知〉的几点意见》《关于贯彻落实〈国务院加强城乡规划监督管理的通知〉的通知》。⑥技术标准、规范。比如《城市用地分类与规范建设用地标准》《城市居住区规划设计规范》《城市道路交通规划设计规范》。可以看出，以《城乡规划法》为核心，我国出台了一系列的配套法规、规章以及规范性文件，一方面，上述文件提供了城乡规划编制的内容、方法及技术，从一定程度上对《城乡规划法》的实施是一种补充与细化；但另一方面，通过对上述文件内容与数目的考察可知，技术标准层面的规范最为可观，《城乡规划法》的配套规范过分重视规划的编制内容和技术，而不注重于对城市规划的主体、行为尤其是程序的规定，使得这些规范性文件的法律性不突出，无法发挥应有的规制作用。

第三，地方立法僭越法律的危机加剧。《城乡规划法》颁布施行后，地方各级政府纷纷出台相应的地方性法规，但实际上出现了很多地方性法规违背了上位法的规定。而且，随着2015年3月15日《立法法》修正案的通过，《立法法》第72条第2款将原63条仅由"较大的市"享有的地方立法权有条件地赋予了"设区的市"，即"设区的市的人民代表大会及其常务委员会根据本市的具体情况和实际需要，在不同宪法、法律、行政法规和本省、自治区的地方性法规相抵触的前提下，可以对城乡建设与管理、环境保护、历史文化保护等方面的事项制定地方性法规，法律对设区的市制定地方性法规的事项另有规定的，从其规定。设区的市的地方性法规须报省、自治区的人民代表大会常务委员会批准后施行。省、自治区的人民代表大会常务委员会对报请批准的地方性法规，应当对其合法性进行审查，同宪法、法律、行政法规和本省、自治区的地方性法规不抵触的，应当在四个月内予以批准"。城市规划属于条文明定的"城乡建设与管理、环境保护、历史文化保护等方面的事项"范畴，因此城乡规划法律体系将包含更加丰富的内容，地方性法规不再局限于较大的市，这也就决定了城乡规划法律体系的内涵将更加丰富，同时对各地方各层级规范性文件的相互协调也提出了更高的要求。

第四，《城乡规划法》的立法技术与立法内容缺乏科学性。首先，《城乡规划法》中存在着诸如排列不合理、结构不科学、表述不规范等立法技术层面问题。比如《城乡规划法》第48条共有两款，分别规定修改控制性详细规划和修改乡规划、村庄规划的具体程序。控制性详细规划与乡规划、村庄规划是两类不同性质的规划，二者层次、内容、作用、制定主体及程序迥异，修改程序亦截然不同，法律文本中却选择了合并使用一个条文规定其修改程序。其次，在《城乡规划法》的具体内容上，也存在诸多疏漏：一是部分条款缺少制裁效果。比如未及时提供基础资料的法律责任，即该法第 25 条第 2 款规定了"县级以上政府有关主管部门应当根据编制城乡规划的需要，及时提供有关基础资料"。但其中对未及时提供的法律责任未作规定。二是诸多事项欠缺明确规范，以《城乡规划法》第 38 条第 3 款规定为例，城市、县政府规划主管部门不得在建设用地规划许可证中，擅自改变作为国有土地使用权出让合同组成部分的规划条件。据此，"擅自改变作为国有土地使用权出让合同组成部分的规划条件"的主体主要是"城市、县人民政府城乡规划主管部门"及其工作人员，而非《城乡规划法》第 61 条第（2）项所规定的"县级以上人民政府有关部门"。

第五，城乡规划的司法审查路径缺乏，规划相对人的合法权益保障力度不足。基于城乡规划的公共政策属性及《行政诉讼法》第 13 条和《最高人民法院关于执行〈中华人民共和国行政诉讼法〉若干问题的解释》（以下简称《若干解释》）第 1 条第 2 款，行政规划排除在行政诉讼的受案范围之外，不允许对行政规划进行司法审查。且从《最高人民法院公报》刊载的相关案例来看，不同性质的城乡规划或因实践操作或因制度设计被排除在《行政诉讼法》与《若干解释》的受案范围之外，但法院借助"违法性继承"或"间接附带审查"的路径对不同法律性质的城乡规划实施着强弱不等的合法性审查。[①] 特别是《行政诉讼法》第 53 条明确的"规范性文件的附带审查"使得司法审查城市规划的合法性有了更为积极的可能。尽管相关的学理可以为城乡规划的司法审查路径证成，但从救济的及时性、纠纷解决的彻底性来看，直接将具有处分性的城乡规划纳入行政诉讼受案范围才是根本的解决之道。[②] 而且，对于城市交通规划现实来说，基于交通设施项目的建设往往具有更为明确的规划相对人，有必要肯定满足处分条件的交通规划具有司法救济可能性。

3. 完善《城乡规划法》的相关对策

（1）明确城市交通规划与城市规划的衔接

根据《城乡规划法》，城市总体规划包括城市综合交通体系规划和城

---

① 郑春燕：《城乡规划的司法审查路径——以涉及城乡规划案件的司法裁判文书为例》，《中外法学》2013 年第 4 期。

② 同上。

市交通专项规划，城市总体规划下位衔接城市控制性详细规划。又根据住建部《城市综合交通体系规划编制办法》第6条规定："城市综合交通体系规划应当与区域规划、土地利用总体规划、重大交通基础设施规划等相衔接。"我们认为，法律层面应当明确城市交通规划的地位，厘清城市交通规划与城市规划体系内部的衔接关系，特别是城市综合交通体系规划与城市交通专项规划之间、城市交通专项规划与控制性详细规划之间诸关系。而且，城市交通规划相较于城市规划而言，更应当尊重交通的专业性要求，因此，专项规划层面的城市交通规划相较于综合性交通规划更值得重视，我们认为，专项规划对于控制性详细规划的编制具有指导意义，应当达到控制性详细规划直接编制依据的深度要求，依法编制并经批准的专项规划具有法定效力，可以作为规划许可依据。

（2）弥补城乡规划法制固有缺陷

第一，完善城乡规划法的结构模式。从外部结构看，完善城乡规划法规体系、协调城市规划与其他相关规划的统一。首先，根据党的十八届四中全会提出的"完善以宪法为核心的中国特色社会主义法律体系"，解决我国整个城市规划法律体系存在的宪法依据不足的问题。其次，针对《城乡规划法》与《土地管理法》衔接存在的问题，通过具体制度的完善实现法律对接。再次，在《立法法》修正案通过后，顺应新形势，完善城乡规划的立法体制。最后，完善规划行政救济法规，可在《城乡规划法》中进行界定，同时对应修订《行政复议法》和《行政诉讼法》，实现规划行政救济的法治化。从内部结构看，坚持从一般到具体的结构形式，实现文本表述的规范形式。因为《城乡规划法》虽条文排列总体合理，但也有一些不合理之处。如第二章"城乡规划的制定"中，第12条、13条规定的是城镇体系规划，第14条、15条规定的是城市总体规划、镇总体规划，第19条、第20条、第21条规定的是详细规划，第22条规定的是乡规划、村庄规划。按照该章确定的体例，有关规划内容及编制要求的条文应当紧随编制、审批主体之后，如该法有关城市总体规划、镇总体规划内容及编制要求的条文就安排在第17条。以此类推，有关乡规划、村庄规划的内容及编制要求的条文应安排在第22条后面，放在第18条显然不妥。因此，建议《城乡规划法》严格按照规划的编制主体享有的权力大小和规划的效力层级从上至下，在制定、实施、修改、监督和法律责任等现有框架下进行调整，同时，规范文本表述，避免前后不一、用语模糊不清等问题。

第二，细化城乡规划法规制的内容。根据党的十八届四中全会提出的"依法治国"的治理路径，《城乡规划法》不是一个静态存在，而是贯穿于立法、执法、司法和社会参与全过程的动态过程。可以说，我国规划工作的法治化程度正在不断提高；尤其是控制性详细规划，对于建设管理的羁束性作用已经明确，在规划编制及开发管理体系中具有极为重要的地位，而规划成果的科学性与合理性必须与其地位及作用相对称。因此，对于城市规划规制的内容：一是在城乡规划和建设领域贯彻"依法治国"的方略，加强规划的依法编制、审批和实施的具体程序、条件与法律责任。同时，需要更加注重法定规划编制的科学性和工作程序的规范性；需要切实转变规划理念，创新规划方法，大力提高规划编制的水平。二是建立完善的城乡规划建设监督检查及处罚机制。出于落实《城乡规划法》的考量，有必要建立和完善包括人大、政府、社会等多元主体所介入的公众监督制度；落实各种监督的途径和措施，完善监督网络；运用各种手段，加大执法监督的力度，形成高效的制约机制。而且，细化对违法行为的处罚方式及力度，确定具体裁量基准，以防止自由裁量权滥用。三是明确公众参与的具体方法和措施。在《城乡规划法》已建立的公众参与制度框架下，通过具体制度的设计，使各方利益关系人都有表达各自意愿的机会，使规划编制和管理主体可以充分听取公众意见，从而保证规划决策的公正与公平。此外，还应进一步明确公众参与的具体方法和措施，比如如何完善建设项目的公示及听证制度，通过何种途径来考量及采纳公众提出的合理意见和建议等。

（二）与城市交通规划相关的"交通法"现状与对策

1. "交通法"中与城市交通规划相关的基本内容

我国的"交通法"散见于各单行法律及有关规范中。一方面，"交通法"的范畴十分宽泛，以"交通"为关键词在北大法宝法律法规数据库中进行全文精确搜索，结果显示有中央法规司法解释27175篇，地方法规规章217687篇。另一方面，交通包括公路、铁路、水路等不同的运输类型，仅以"交通"为关键词的检索结果存在片面局限性。对此，参考《国务院关于机构设置的通知》《国务院关于机构设置的通知》中"交通运输部"的职能，并考虑城市交通规划的类型，下文把"交通法"划分为公路、道路、铁路、航道、港口、航空诸方面进行考察，梳理出有关城市交通规划的具体内容。

（1）"公路法"中的城市交通规划

第一，法律。《公路法》第2条规定："在中华人民共和国境内从事公路的规划、建设、养护、经营、使用和管理，适用本法。本法所称公路，包括公路桥梁、公路隧道和公路渡口。"《公路法》第2章第12—19条以专章形式规范了"公路规划"。具体包括如下内容：首先，第12条和第13条分别规定了公路规划与国民经济与社会发展规划、公路规划与土地利用规划的关系，即"公路规划应当根据国民经济和社会发展以及国防建设的需要编制，与城市建设发展规划和其他方式的交通运输发展规划相协调；公路建设用地规划应当符合土地利用总体规划，当年建设用地应当纳入年度建设用地计划"。其次，第14条规定了国道规划、省道规划、乡道规划的编制审批；第15条规定了专用公路规划的编制审批。最后，第16条规定了公路规划的变更。

第二，部门规章与政策。现行有效的规范性文件具体为：交通运输部《关于印发〈全国公路水路交通运输环境监测网总体规划〉及〈公路水路交通运输环境监测网总体规划编制办法（试行）〉的通知》，交通部《关于印发〈公路运输枢纽总体规划编制办法〉的通知》，交通部《关于加强公路规划工作的若干意见》，国家环境保护总局、国家发展和改革委员会、交通部《关于加强公路规划和建设环境影响评价工作的通知》。

第三，地方法规、规章与政策。通过地方立法层面考察，可以看出：大部分规范性文件为有关公路规划的批复，部分涉及公路周边土地利用规划，少部分为有关公路规划的政策导向与编制要点，选择具有代表性的罗列如下：《浙江省交通厅关于印发〈浙江省农村联网公路建设规划编制工作指导意见〉的通知》；《镇江市人民政府加强关于〈干线公路规划控制管理〉的意见》；《青岛市人民政府关于印发〈青岛市滨海公路沿线规划建设管理规定〉的通知》；《安徽省人民政府办公厅关于印发〈安徽省高速公路网规划要点〉的通知》；《莆田市人民政府关于印发〈莆田市开展公路铁路沿线规划整治建设实施方案〉的通知》；《宁德市人民政府关于县乡村公路规划建设和养护管理的指导意见》；《江苏省交通厅关于印发〈江苏省公路水路交通规划管理暂行办法〉的通知》。

（2）"道路法"中的城市交通规划

第一，法律。《道路交通安全法》第4条规定了道路交通安全管理规划："各级人民政府应当保障道路交通安全管理工作与经济建设和社会发展相适应。县级以上地方各级人民政府应当适应道路交通发展的需要，依据道路交通安全法律、法规和国家有关政策，制定道路交通安全管理规划，并组织实施。"第 29 条规定了道路、停车场和道路配套设施规划："道路、停车场和道路配套设施的规划、设计、建设，应当符合道路交通安全、畅通的要求，并根据交通需求及时调整。"第 34 条规定了城市主要道路的人行道规划："学校、幼儿园、医院、养老院门前的道路没有行人过街设施的，应当施划人行横道线，设置提示标志。城市主要道路的人行道，应当按照规划设置盲道。盲道的设置应当符合国家标准。"

第二，行政法规。《道路交通安全法实施条例》第 3 条规定："县级以上地方各级人民政府应当建立、健全道路交通安全工作协调机制，组织有关部门对城市建设项目进行交通影响评价，制定道路交通安全管理规划，确定管理目标，制定实施方案。"第 34 条规定："开辟或者调整公共汽车、长途汽车的行驶路线或者车站，应当符合交通规划和安全、畅通的要求。"《城市道路管理条例》第 7 条规定："县级以上城市人民政府应当组织市政工程、城市规划、公安交通等部门，根据城市总体规划编制城市道路发展规划。市政工程行政主管部门应当根据城市道路发展规划，制定城市道路年度建设计划，经城市人民政府批准后实施。"

第三，部门规章与政策。无论是国务院部委立法还是地方立法，"道路规划"的规制内容体现在以"城市交通""城市综合交通""城市公共交通"为题的规范性文件中。具体来说，国务院部门颁布的规范性文件包括：住房和城乡建设部《关于印发〈城市综合交通体系规划编制办法〉的通知》；住房和城乡建设部《关于印发〈城市综合交通体系规划交通调查导则〉的通知》；住房和城乡建设部《关于印发〈城市综合交通体系规划编制导则〉的通知》；国务院办公厅《转发建设部等部门〈关于优先发展城市公共交通意见〉的通知》；住房和城乡建设部《关于加强城市电动汽车充电设施规划建设工作的通知》；住房和城乡建设部《关于加强城市停车设施管理的通知》；住房和城乡建设部《关于〈印发城市停车设施规划导则〉的通知》；国家发展改革委、财政部、国土资源部、住房和城乡建设部、交通运输部、公安部、银监会《关于加强城市停车设施建设的指导意见》；住房和城乡建设部《关于加强城市轨道交通线网规划编制的通知》；公安部、教育部、住房和城乡建设部、交通运输部《关于印发

〈关于深入实施城市道路交通管理畅通工程的指导意见〉的通知》。从上述规范的规制内容可以看出，道路规划与城市规划联系密切，与公路规划区分国道规划、省道规划、乡道规划的类型不同，道路规划更强调城市范围内的线路与设施规划，以协调车辆与行人的出行便利，属于城市公共交通的政策安排。可以说，道路设施仅是城市综合交通的具体载体之一，其他还包括城市轨道交通设施、停车场设施等不同的城市交通规划类型，鉴于与城市公共交通规划有关的内容皆包含在上述规范性文件之中，下文就不予赘述。

第四，地方法规、规章与政策。与道路规划相关的地方立法主要表现为以下形式：其一，与公共交通有关的地方性法规，例如《天津市客运公共交通管理条例》，《海口市城市公共交通客运管理条例》（2012 修正），《甘肃省道路交通安全条例》，《西安市出租汽车管理条例》（2010修订）。其二，与停车管理等内容有关的地方政府规章，例如《重庆市停车场管理办法》，《北京市机动车停车管理办法》。其三，与公共交通、道路交通有关的地方规范性文件，例如《福建省人民政府关于加快城市公共停车设施建设的若干意见》；《无锡市政府办公室关于印发〈进一步推进城市公共交通优先发展实施意见〉的通知》；《山东省住房和城乡建设厅关于贯彻落实〈城市停车设施规划导则〉的通知》；《合肥市人民政府办公厅关于印发〈合肥市"四规合一"工作方案〉的通知》；《晋中市人民政府办公厅关于印发〈晋中市城区机动车停车场管理办法（试行)〉的通知》。

（3）"铁路法"中的城市交通规划

第一，法律。《铁路法》第 3 章"铁路建设"中的第 33 条、第 34 条、第 35 条与第 40 条规定了铁路规划相关内容，具体包括：其一，第 33 条、第 34 条规定了铁路发展规划和国民经济与社会发展规划等相关规划的关系，即"铁路发展规划应当依据国民经济和社会发展以及国防建设的需要制定，并与其他方式的交通运输发展规划相协调；地方铁路、专用铁路、铁路专用线的建设计划必须符合全国铁路发展规划，并征得国务院铁路主管部门或者国务院铁路主管部门授权的机构的同意"。其二，第 35 条规定了铁路规划与城市规划和土地利用规划的关系，即"在城市规划区范围内，铁路的线路、车站、枢纽以及其他有关设施的规划，应当纳入所在城市的总体规划。铁路建设用地规划，应当纳入土地利用总体规划。为远期扩建、新建铁路需要的土地，由县级以上人民政府在土地利用总体规划中安排。"其三，第 40 条规定了铁路与道路交叉时的规划处理，即"铁路与道路交叉处，应当优先考虑设置立体交叉；未设立体交叉的，可以根据国家有关规定设置平交道口或者人行过道。在城市规划区内设置平交道口或者人行过道，由铁路运输企业或者建有专用铁路、铁路专用线的企业或者其他单位和城市规划主管部门共同决定"。

第二，行政法规与部门规章。"铁路法"范畴的行政法规包括《铁路安全管理条例》与《铁路交通事故应急救援和调查处理条例》，其中并不涉及铁路规划相关内容。"铁路法"范畴的部门规范性文件也不涉及铁路规划管理的具体规定。

第三，地方性法规、规章。铁路规划内容的地方政府规章如《辽宁省铁路沿线规划建设管理规定》，《北京市铁路干线两侧隔离带规划建设管理暂行规定》；铁路规划内容的地方规范文件如《福建省住房和城乡建设厅办公室转发〈住房和城乡建设部关于加强铁路站场地区综合开发有关规划工作〉的通知》；《宁夏回族自治区人民政府办公厅关于印发〈宁夏铁路规划建设运营协调联席会议制度〉的通知》；《郑州市人民政府关于加强郑州铁路货运环线用地规划控制工作的通知》；《滨州市人民政府关于印发〈滨州市铁路规划建设控制区管理办法（试行）〉的通知》；《宜春市人民政府办公室关于开展地方铁路建设规划工作的通知》；《海南省建设厅关于加快东环铁路沿线火车站站场规划编制工作的紧急通知》；《辽宁省城市铁路沿线规划建设管理规定》；《重庆市人民政府办公厅关于加强渝怀铁路沿线车站规划及建设管理有关问题的通知》；《黔东南州人民政府办公室关于成立全州铁路站场及站前商务区规划建设领导小组的通知》。

（4）"航道法"中的城市交通规划

第一，法律。《航道法》第 3 条规定："规划、建设、养护、保护航道，应当根据经济社会发展和国防建设的需要，遵循综合利用和保护水资源、保护生态环境的原则，服从综合交通运输体系建设和防洪总体安排，统筹兼顾供水、灌溉、发电、渔业等需求，发挥水资源的综合效益。"《航道法》关于航道规划的具体内容包括：其一，第 6 条规定了航道规划的分类、内容及航道规划与相关规划的关系，即"航道规划分为全国航道规划、流域航道规划、区域航道规划和省、自治区、直辖市航道规划。

航道规划应当包括航道的功能定位、规划目标、发展规划技术等级、规划实施步骤以及保障措施等内容。航道规划应当符合依法制定的流域、区域综合规划，符合水资源规划、防洪规划和海洋功能区划，并与涉及水资源综合利用的相关专业规划以及依法制定的城乡规划、环境保护规划等其他相关规划和军事设施保护区划相协调"。其二，第8条规定了航道规划的编制审批制度。其三，第9条规定了航道规划的修改，即"依法制定并公布的航道规划应当依照执行；航道规划确需修改的，依照规划编制程序办理"。

第二，行政法规。《航道管理条例》第2章规定了"航道的规划与建设"，具体内容包括：其一，第7条规定了航道发展规划，"航道发展规划应当依据统筹兼顾、综合利用的原则，结合水利水电、城市建设以及铁路、公路、水运发展规划和国家批准的水资源综合规划制定"。其二，第8条规定了航道发展规划的分类与编制审批，"国家航道发展规划由交通部编制，报国务院审查批准后实施。地方航道发展规划由省、自治区、直辖市交通主管部门编制，报省、自治区、直辖市人民政府审查批准后实施，并抄报交通部备案。跨省、自治区、直辖市的地方航道的发展规划，由有关省、自治区、直辖市交通主管部门共同编制，报有关省、自治区、直辖市人民政府联合审查批准后实施，并抄报交通部备案；必要时报交通部审查批准后实施。专用航道发展规划由专用航道管理部门会同同级交通主管部门编制，报同级人民政府批准后实施"。其三，第9条规定了河流流域等相关规划的编制，"各级水利电力主管部门编制河流流域规划和与航运有关的水利、水电工程规划以及进行上述工程设计时，必须有同级交通主管部门参加。各级交通主管部门编制渠化河流和人工运河航道发展规划和进行与水利水电有关的工程设计时，必须有同级水利电力主管部门参加。各级水利电力主管部门、交通主管部门编制上述规划，涉及运送木材的河流和重要的渔业水域时，必须有同级林业、渔业主管部门参加"。

第三，部门规章。《航道管理条例实施细则》第3章规定了"航道的规划与建设"，具体内容包括：首先，第11条规定："凡可开发通航和已通航的天然河流、湖泊、人工运河、渠道和海港航道，都应当编制航道发展规划。航道发展规划应当根据国民经济、国防建设和水运发展的需要，按照统筹兼顾、综合利用水资源的原则进行编制。内河航道规划应当与江河流域规划相协调，结合城市建设，以及铁路、公路发展规划制定；海港航道规划应当结合海港建设规划制定"。其次，第12条规定："航道发展规划的编制和审批的管理权限，按《条例》第8条规定执行。修改已经批准的航道发展规划，必须经原批准机关核准。年度计划应当与规划相衔接。"最后，第13条规定："交通运输、水利、水电主管部门应当按《条例》第9条规定编制各类规划和设计文件。规划和设计文件的主管部门应当向参加部门详尽提供有关资料，并在编制、审查的各个重要阶段，采纳有关部门的合理意见。各方意见不能协商一致时，应当报请同级人民政府协调或者仲裁。违反《条例》第9条规定，未邀请有关主管部门参加编制的规划、设计文件，有关审批部门应当不予批准。"

第四，地方性法规、规章。如《南京市航道管理条例》《湖北省水路交通条例》《四川省水路交通管理条例》（2012年修正）、《上海市内河航道管理条例》（2011年修正）、《徐州市航道管理条例》（2011年修正）、《苏州市航道管理办法》等。

（5）"港口法"中的城市交通规划

第一，法律。《港口法》第2条规定："从事港口规划、建设、维护、经营、管理及其相关活动，适用本法。"《港口法》第2章规定了"港口规划与建设"，与港口规划有关的内容包括：其一，第7条规定了港口规划与其他相关规划的关系，即"港口规划应当根据国民经济和社会发展的要求以及国防建设的需要编制，体现合理利用岸线资源的原则，符合城镇体系规划，并与土地利用总体规划、城市总体规划、江河流域规划、防洪规划、海洋功能区划、水路运输发展规划和其他运输方式发展规划以及法律、行政法规规定的其他有关规划相衔接、协调。编制港口规划应当组织专家论证，并依法进行环境影响评价"。其二，第8条规定了港口规划的分类，即"港口规划包括港口布局规划和港口总体规划。港口总体规划应当符合港口布局规划"。其三，第9条规定了港口布局规划的层级与编制审批；第10条、第11条规定了港口总体规划的层级与编制审批；第12条规定了港口规划的修改。其四，第13—16条规定了港口设施的建设审批。

第二，部门规章与政策。一方面，《港口规划管理规定》详尽地规定了港口规划的编制、审批、公布、修订、调整、实施和监督管理程序。另一方面，交通部《关于加强港口建设规划和港航设施建设使用岸线管理的通知》规定："为避免港口盲目和不合理的重复建设，保证港口健康、有序的发展，港口建设应贯彻'先规划，后建设'的原则，做到统一规划，合理分工。各有关单位必须做好本辖区港口布局规划或港口总体规划。"

第三，地方法规、规章与政策。与港口规划有关的地方地方性法规如《江苏省渔业港口和渔业船舶管理条例》《湖南省实施〈中华人民共和国港口法〉办法》《山东省渔业港口和渔业船舶管理条例》等。地方政府规章如《〈四川省港口管理条例〉实施办法》《杭州市港口管理办法》《河北省港口岸线管理规定》等。其他地方规范性文件如《上海市交通港口局、市规划国土资源局、市建设交通委、市住房保障房屋管理局关于进一步完善本市建设工程配建机动车停车场（库）行政审批管理机制的通知》《河北省人民政府关于加强岸线管理促进全省港口健康发展的意见》。

（6）"航空法"中的城市交通规划

第一，法律。《民用航空法》第 6 章"民用机场"中有关于城市交通规划的内容，具体包括：其一，第 54 条规定了民用机场建设规划的编制审批。其二，第 55 条规定了"民用机场建设规划应当与城市建设规划相协调"。其三，第 56 条规定了"新建、改建和扩建民用机场，应当符合依法制定的民用机场布局和建设规划，符合民用机场标准，并按照国家规定报经有关主管机关批准并实施。不符合依法制定的民用机场布局和建设规划的民用机场建设项目，不得批准"。

第二，其他规范性文件。《民航局关于发布〈民用机场总体规划规范〉第一修订案和〈民用航空支线机场建设标准〉第一修订案的公告》，其中《民用机场总体规划规范》（MH 5002—1999）对于民用机场总体规划提供了技术标准。

（7）其他交通法规中的城市交通规划

《石油天然气管道保护法》规定了管道发展规划。第 11 条规定："国务院能源主管部门根据国民经济和社会发展的需要组织编制全国管道发展规划。组织编制全国管道发展规划应当征求国务院有关部门以及有关省、自治区、直辖市人民政府的意见。全国管道发展规划应当符合国家能源规划，并与土地利用总体规划、城乡规划以及矿产资源、环境保护、水利、铁路、公路、航道、港口、电信等规划相协调。"第 12 条规定："管道企业应当根据全国管道发展规划编制管道建设规划，并将管道建设规划确定的管道建设选线方案报送拟建管道所在地县级以上地方人民政府城乡规划主管部门审核；经审核符合城乡规划的，应当依法纳入当地城乡规划。纳入城乡规划的管道建设用地，不得擅自改变用途。"

此外，值得注意的是，1995 年颁布实施的《国防交通条例》第 18 条、第 19 条和第 23 条中对国防交通规划内容也作出了详细的规定；并根据全国人大常委会公布的 2016 年立法计划，以该条例为基础制定的《国防交通法》已经发出征求意见稿，并将于 2016 年开始立法程序，届时，有关城市交通规划的部门法范围将再次扩容。

2. "交通法"中关于城市交通规划存在的主要问题

通过上述对我国"交通法"中城市交通规划的规范考察可以看出，我国城市交通规划存在的主要问题在于我国城市交通规划缺乏专门法律规制，导致不同交通运输类型下存在错综复杂的规划层级与规划类别，不同层级与类别下的城市交通规划具有不同的规划管理部门，遵循不同的编制审批、修改等程序。

一方面，就城市交通规划体系来说，上述交通部门法划分为公路规划、道路规划、铁路规划、航道规划、港口规划和民用机场规划等诸规划类型，但事实上，每一具体的规划类型并非独立存在，比如铁路建设可能涉及与道路的相交，不同交通规划之间的衔接关系如何厘清存在困惑。此外，依据不同的分类标准，交通规划亦存在不同分类。比如依据交通实体的不同，可分为交通路线的规划和交通设施的规划；依据交通设施是否跨越城市范畴，以轨道交通为例，可分为城市轨道交通和城际轨道交通。上述不同的分类标准皆会影响城市交通规划的主管部门和规划裁量，而立法并未给予城市交通规划应有的重视。

另一方面，就城市交通规划与其他相关规划的关系来说，通过针对上述"交通法"的规范考察，可以看出，城市交通规划与国民经济与社会发展规划、城市规划、土地利用规划、环境保护规划等诸多类型规划密切相关。上文通过对于《城乡规划法》的考察已然指出，城市交通规划与城市规划之间衔接不畅。在法制缺失的背景下，城市交通规划与上述相关规划之间皆存在衔接不畅、相互冲突的困境。

3. 与城市交通相关的"交通法"的对策建议

针对我国《城乡规划法》和"交通法"中有关城市交通规划的规范所存在的问题，根本解决之道在于法律层面需要明确城市交通规划的性质与效力。城市交通规划属于城市规划的专项规划，就《城乡规划法》与

"交通法"之于城市交通规划的关系而言，我们认为，《城乡规划法》中关于城市规划的规定属于城市交通规划的"一般法"，"交通法"中关于各具体交通规划类型的规定则属于城市交通规划的"特别法"。如果说"交通法"给城市交通规划提供了除《城乡规划法》之外的针对特殊交通运输类型下法制依据，但通过上述规范考察可以看出，城市规划并非是与具体交通规划相关的唯一规划类型，或者可以说，具体的城市交通规划类型各有其特点：

公路规划应当根据国民经济和社会发展以及国防建设的需要编制，与城市建设发展规划和其他方式的交通运输发展规划相协调，公路建设用地规划应当符合土地利用总体规划，当年建设用地应当纳入年度建设用地计划；县级以上城市人民政府应当组织市政工程、城市规划、公安交通等部门，根据城市总体规划编制城市道路发展规划，市政工程行政主管部门应当根据城市道路发展规划，制订城市道路年度建设计划，经城市人民政府批准后实施；铁路发展规划应当依据国民经济和社会发展以及国防建设的需要制定，并与其他方式的交通运输发展规划相协调；航道规划应当符合依法制定的流域、区域综合规划，符合水资源规划、防洪规划和海洋功能区划，并与涉及水资源综合利用的相关专业规划以及依法制定的城乡规划、环境保护规划等其他相关规划和军事设施保护区划相协调；港口规划应当根据国民经济和社会发展的要求以及国防建设的需要编制，体现合理利用岸线资源的原则，符合城镇体系规划，并与土地利用总体规划、城市总体规划、江河流域规划、防洪规划、海洋功能区划、水路运输发展规划和其他运输方式发展规划以及法律、行政法规规定的其他有关规划相衔接、协调；民用机场建设规划应当与城市建设规划相协调。

基于此，我们认为：第一，完善城市交通规划与其他类型规划衔接关系。结合国民经济与社会发展规划、城市规划、土地利用规划与环境保护规划的制度内涵，在城市交通规划过程中结合具体的交通类型专业特点，完善相应的衔接关系。例如，除航道规划依托于水域资源外，各类型交通设施的规划均需要满足土地利用总体规划，并应当纳入所在城市总体规划中。第二，厘清城市交通规划法律体系，以解决当不同类型的城市交通规划之间存在的规划冲突。因为不同类型的交通设施在编制过程中需要对各自相应的因素进行考量，具有很强的专业特色。第三，明确不同交通规划类型的主管机关及组织协调机制，以应对涉及多部门的城市交通规划编制审批。根据交通设施所辐射的范围不同，制定机关和批准机关有所不同，但是大体遵循覆盖区域所在层级的相关主管部门编制规划，由上级机关或者上级人民政府加以审核确认。

三　城市交通规划的程序法规制

（一）我国城市交通规划程序法制的现状

1. 《城乡规划法》中的城市规划程序

我国行政程序法长期缺失，行政规划程序缺乏统一规制。目前基于《城乡规划法》的有关规定，城市交通规划并不属于独立的规划类型，而是依附于城市总体规划、控制性详细规划而存在，基于此，目前我国城市交通规划作为城市规划的组成部分，城市交通规划的编制、审批和变更程序原则上根据《城乡规划法》中有关的程序规定予以规制。具体编制审批程序如下：

对于城市总体规划而言，首先，根据《城乡规划法》第 16 条规定，城市、县人民政府组织编制的总体规划，应当先经本级人民代表大会常务委员会审议，常务委员会组成人员的审议意见交由本级人民政府研究处理。其次，根据《城乡规划法》第 26 条规定，组织编制机关应当依法将城乡规划草案予以公告，并采取论证会、听证会或者其他方式征求专家和公众的意见。公告的时间不得少于 30 日。组织编制机关应当充分考虑专家和公众的意见，并在报送审批的材料中附具意见采纳情况及理由。最后，根据《城乡规划法》第 14 条的规定：将规划草案报送上一级人民政府审批。又根据《城乡规划法》第 27 条规定，批准前，审批机关应当组织专家和有关部门进行审查。

对于城市详细规划而言，一方面，针对城市控制性详细规划，根据《城乡规划法》第 19 条的规定，城市人民政府城乡规划主管部门根据城市总体规划的要求，组织编制城市的控制性详细规划，经本级人民政府批准后，报本级人民代表大会常务委员会和上一级人民政府备案。另一方面，针对城市修建性详细规划，根据《城乡规划法》第 21 条的规定，城市人民政府城乡规划主管部门可以组织编制重要地块的修建性详细规划，修建性详细规划应当符合控制性详细规划。

综上，对于城市交通规划而言，一方面，城市交通专项规划作为城市总体规划的一部分，与城市总体规划一并审批，另一方面，以城市交通专项规划（总体规划）为依据，需要编制相应地块的城市交通控制性详细规划和城市交通修建性详细规划。在《城乡规划法》层面，城市交通规划程序与城市规划程序相比，并不存在特殊性。

2. "交通法"中的城市交通规划程序

在《公路法》《道路交通安全法》《铁路法》《航道法》《港口法》《民用航空法》等部门法中分别对公路、道路、铁路、航道、港口和民航机场等不同类型的交通设施的规划程序作出了相应的规定。具体内容如下：

《公路法》第14条规定了国道规划、省道规划、乡道规划的编制审批；第15条规定了专用公路规划的编制审批。即"国道规划由国务院交通主管部门会同国务院有关部门并商国道沿线省、自治区、直辖市人民政府编制，报国务院批准。省道规划由省、自治区、直辖市人民政府交通主管部门会同同级有关部门并商省道沿线下一级人民政府编制，报省、自治区、直辖市人民政府批准，并报国务院交通主管部门备案。县道规划由县级人民政府交通主管部门会同同级有关部门编制，经本级人民政府审定后，报上一级人民政府批准。乡道规划由县级人民政府交通主管部门协助乡、民族乡、镇人民政府编制，报县级人民政府批准。依照第三款、第四款规定批准的县道、乡道规划，应当报批准机关的上一级人民政府交通主管部门备案。省道规划应当与国道规划相协调。县道规划应当与省道规划相协调。乡道规划应当与县道规划相协调。专用公路规划由专用公路的主管单位编制，经其上级主管部门审定后，报县级以上人民政府交通主管部门审核。专用公路规划应当与公路规划相协调。县级以上人民政府交通主管部门发现专用公路规划与国道、省道、县道、乡道规划有不协调的地方，应当提出修改意见，专用公路主管部门和单位应当作出相应的修改"。

《城市道路管理条例》第7条规定了城市道路发展规划的编制审批程序："县级以上城市人民政府应当组织市政工程、城市规划、公安交通等部门，根据城市总体规划编制城市道路发展规划。市政工程行政主管部门应当根据城市道路发展规划，制定城市道路年度建设计划，经城市人民政府批准后实施。"此外，住房和城乡建设部颁发的《城市综合交通体系规划编制办法》对城市综合交通规划进行了规范，明确了城市综合交通规划的组成内容和规划目标，并表明了城市交通规划与城市规划和土地利用间的关系，该办法第 6 条规定："城市综合交通体系规划应当与区域规划、土地利用总体规划、重大交通基础设施规划等相衔接"；第 7 条规定："编制城市综合交通体系规划，应当遵循国家有关法律、法规和技术规范"；第 8 条中对交通规划的目标也作出了明确的规定："编制城市综合交通体系规划，应当以建设集约化城市和节约型社会为目标，遵循资源节约、环境友好、社会公平、城乡协调发展的原则，贯彻优先发展城市公共交通战略，优化交通模式与土地使用的关系，保护自然与文化资源，考虑城市应急交通建设需要，处理好长远发展与近期建设的关系，保障各种交通运输方式协调发展"。与之相似的还有交通部《公路运输枢纽总体规划编制办法》，对公路运输枢纽总体规划的内容、目的、原则等作出相应规定。

《铁路法》第 35 条规定了铁路规划与城市规划和土地利用规划的关系，即 "在城市规划区范围内，铁路的线路、车站、枢纽以及其他有关设施的规划，应当纳入所在城市的总体规划。铁路建设用地规划，应当纳入土地利用总体规划。为远期扩建、新建铁路需要的土地，由县级以上人民政府在土地利用总体规划中安排"。第 40 条规定了铁路与道路交叉时的规划处理，即 "铁路与道路交叉处，应当优先考虑设置立体交叉；未设立体交叉的，可以根据国家有关规定设置平交道口或者人行过道。在城市规划区内设置平交道口或者人行过道，由铁路运输企业或者建有专用铁路、铁路专用线的企业或者其他单位和城市规划主管部门共同决定"。

《航道法》第 8 条规定了航道规划的编制审批制度，即 "全国航道规划由国务院交通运输主管部门会同国务院发展改革部门、国务院水行政主管部门等部门编制，报国务院批准公布。流域航道规划、区域航道规划由国务院交通运输主管部门编制并公布。省、自治区、直辖市航道规划由省、自治区、直辖市人民政府交通运输主管部门会同同级发展改革部门、水行政主管部门等部门编制，报省、自治区、直辖市人民政府会同国务院交通运输主管部门批准公布。编制航道规划应当征求有关部门和有关军事机关的意见，并依法进行环境影响评价。涉及海域、重要渔业水域的，应当有同级海洋主管部门、渔业行政主管部门参加。编制全国航道规划和流域航道规划、区域航道规划应当征求相关省、自治区、直辖市人民政府的意见。流域航道规划、区域航道规划和省、自治区、直辖市航道规划应当符合全国航道规划"。

《港口法》规定港口规划包括港口布局规划和港口总体规划，第9条规定了港口布局规划的编制审批程序："全国港口布局规划，由国务院交通主管部门征求国务院有关部门和有关军事机关的意见编制，报国务院批准后公布实施。省、自治区、直辖市港口布局规划，由省、自治区、直辖市人民政府根据全国港口布局规划组织编制，并送国务院交通主管部门征求意见。国务院交通主管部门自收到征求意见的材料之日起满三十日未提出修改意见的，该港口布局规划由有关省、自治区、直辖市人民政府公布实施；国务院交通主管部门认为不符合全国港口布局规划的，应当自收到征求意见的材料之日起三十日内提出修改意见；有关省、自治区、直辖市人民政府对修改意见有异议的，报国务院决定。"第10条、第11条规定了港口总体规划的编制审批，即"港口总体规划由港口行政管理部门征求有关部门和有关军事机关的意见编制。地理位置重要、吞吐量较大、对经济发展影响较广的主要港口的总体规划，由国务院交通主管部门征求国务院有关部门和有关军事机关的意见后，会同有关省、自治区、直辖市人民政府批准，并公布实施。主要港口名录由国务院交通主管部门征求国务院有关部门意见后确定并公布。省、自治区、直辖市人民政府征求国务院交通主管部门的意见后确定本地区的重要港口。重要港口的总体规划由省、自治区、直辖市人民政府征求国务院交通主管部门意见后批准，公布实施。前两款规定以外的港口的总体规划，由港口所在地的市、县人民政府批准后公布实施，并报省、自治区、直辖市人民政府备案。市、县人民政府港口行政管理部门编制的属于本条第一款、第二款规定范围的港口的总体规划，在报送审批前应当经本级人民政府审核同意"。

《民用航空法》第54条规定了民用机场建设规划的编制审批，即"民用机场的建设和使用应当统筹安排、合理布局，提高机场的使用效率。全国民用机场的布局和建设规划，由国务院民用航空主管部门会同国务院其他有关部门制定，并按照国家规定的程序，经批准后组织实施。省、自治区、直辖市人民政府应当根据全国民用机场的布局和建设规划，制定本行政区域内的民用机场建设规划，并按照国家规定的程序报经批准后，将其纳入本级国民经济和社会发展规划"。

综上可以看出，不同交通设施基于自身属性，并不局限于土地利用，比如利用水域的航道；也不局限于城市交通范畴内，比如公路、铁路。可以说，城市范畴内与土地利用有关的交通设施均离不开《城乡规划法》程序的适用，比如布局在城市范围内的铁路枢纽设施，不仅要适用《铁路法》有关规定，而且还需要遵循《城乡规划法》的规定。

（二）我国城市交通规划程序法制存在的问题

1. 基于《城乡规划法》的检讨

就目前我国现有城市规划程序规则而言，尤其是《城乡规划法》取代《城市规划法》施行以后，程序规则虽有长足进步，但是仍存在诸多不完善之处。由于行政法律法规的分散，行政程序规则无法达到统一，关于城市规划程序规则的描述散见于不同规章制度中。我国目前以《城乡规划法》作为调整城市规划程序规则的主要法律，《城乡规划法》承载的不仅仅是我国城市规划程序发展的成果，也为将来我国《行政程序法》的实施做好铺垫。由于我国尚未制定一部完整的《行政程序法》，除了《城乡规划法》外，承担规制城市规划程序规则任务的还有各地方实施的地方政府性法规和规章，如湖南省于 2008 年 10 月 1 日起施行的《湖南省行政程序规定》，山东省于 2012 年 1 月 1 日起施行的《山东省行政程序规定》，以及各地方的《城乡规划法》的实施条例，如《北京市城乡规划条例》《重庆市城乡规划条例》《湖北省城乡规划条例》等。此外，中央行政机关施行的行政法规、规章也是城市规划程序规则的重要依据，如原建设部颁布的《城市规划法实施细则》。综观我国整个城市规划体系，现有城市规划程序规则的发展虽有进步之处，却依然存在弊端。

首先，现有城市规划程序规则的民主化程度仍有待提高，公众参与渠道不够通畅。我国城市规划法律体系中，虽然丰富了参与主体的范围，也不缺乏像听证制度、专家论证制度、说明理由制度以及征求公众意见制度等相关规定，但是制度层面的规定只有付诸实践落实才有意义，目前公众参与规划的渠道并不畅通。听证会、论证会等参与方式目前仍不能够为广大群众所普遍接受。民众的民主意识匮乏，而且某些情形下相关的程序可能会给公众带来成本上的负担，所以目前公众仍然缺乏真正民主、便捷的渠道参与到城市规划中。虽然我国地方在实施《城乡规划法》中多规定了公众参与制度，如《南京城乡规划条例》中对南京城市规划的具体实施细则作出详细规定，主要围绕建设选址、土地利用、建设工程管理、工程施工管理等内容，条例中也充满了公众参与制度的影子，但是在实际操作中，公众参与的权利往往无法得到保障，以南京"梧桐让路"事件为例，2011 年为了方便地铁的修建，南京城市规划主管部门决定对街道两旁的梧桐树进行搬迁。梧桐作为南京的重要标志之一，早与南京市民生活融为一体。城市规划主管部门在未征得市民同意的情况下私自作出搬迁决定，遭到南京市民的强烈反对。由此我们可以看到，城市规划中的民主参与在实际情况中依然难以落实。

其次，现有城市规划程序规则在不同部门之间的协调机制尚不完善，缺乏跨区域规划的机关协调程序规则。城市规划的程序运行需要不同部门之间相互协作、相互配合，首先最基本的是城市规划主管部门应该向相关部门征求意见。意见协商体现了城市规划内容的民主性，这种不同意见的协商其本质上是对不同部门之间利益关系的协调，但是当意见存在矛盾、产生冲突之后，部门之间应该如何去解决它们之间的矛盾相关法规并没有规定。如《城乡规划法》中明确规定，城市规划包含铁路、公路、道路、绿地、通信设施、消防通道、垃圾填埋等方面的事项，但对于城市规划制定机关与其他机关如何去协调配合却没有任何规定，必然导致城市规划效率的降低。在城市规划的制定程序中，城市、县人民政府组织编制的总体规划，在报上一级人民政府审批前，应当先经本级人民代表大会常务委员会审议，常务委员会组成人员的审议意见交由本级人民政府研究处理。此项规定表明，城市规划的最终决定权仍掌握在政府手中，对人大常委会的审议意见只是作为参考研究，这直接导致权力机关地位的降低。如果经由人大常委会审议的意见本级人民政府并不采纳，人大常委会的审查同意就失去了意义。此外，我国法律法规中并未规定跨区域之间的城市规划，更谈不上不同城市之间规划程序的协调机制了。

再次，对城市规划的监督手段存在缺陷，城市规划程序运作的连续性不强。在我国，事后监督是常态，城市规划亦不例外，当出现问题的时候行政主体才意识到问题的存在，才会通过各种手段去弥补损失和过错。从《城乡规划法》第五章的内容来看，城市规划主管部门、县级以上人民政府和人大常委会都可以实施监督权，也就是说，城市规划的监督主体是城市规划的编制机关、审议机关和审批机关，显然在这样的监督体制下，城市规划的运行难免会存在偏差。城市规划程序机制运作差，一方面是由于缺乏合理的监督机制，另一方面对城市规划制定的合法性审查力度不够。

最后，现有城市规划制定程序以审批程序为主导，管理色彩浓厚，在程序规则中过度强调行政首长的决定作用。注意研究细节的发展是现代城市规划的程序特征,① 其目的不仅仅是力求城市规划的实际与美观,更在于限制行政主体的权力滥用。《城乡规划法》第 1 条规定,"为了加强城乡规划管理,协调城乡空间布局,改善人居环境,促进城乡经济社会全面协调可持续发展,制定本法"。从制定目的来看,《城乡规划法》定位于管理功能,这也注定《城乡规划法》构建的是以实体为主导,以程序为辅助的立法结构。目前我国城市规划法规注重的是对城市规划的管理,规划程序更容易遭到人们忽视。《城乡规划法》虽然对城市规划程序进行了规定,但是从整个程序性内容上看,审批程序占主导,而且对于审批程序规定过于笼统,没有规定审批程序的基本规则。关于《城乡规划法》的实施细则尚未出台,虽然各地相继颁布了实施《城乡规划法》办法,如《广西壮族自治区实施〈城乡规划法〉办法》《河南省实施〈城乡规划法〉办法》等,但是由于国家最高权力机关或者国务院的相关配套法律法规尚未颁布,缺乏统领性法规,因此城市规划的程序规则在实施过程中也因各地产生差异。

2. 基于"交通法"的检讨

一方面,不同交通类型的程序缺乏统一标准,不同城市交通规划之间存在程序冲突。首先,以土地利用问题为例:城市交通规划首先需要解决的是土地问题,我国现行关于土地利用的法律主要是《土地管理法》以及配套实施的《土地管理法实施条例》,《土地管理法》第 22 条、第 23 条中对土地利用情况与规划、河道利用等的衔接问题进行了规定;但是从规范主体、法律地位、规划时间问题上却与包括《城乡规划法》《铁路法》《航道法》在内的诸多部门法之间存在冲突,给实践带来重重障碍。其次,不同类型的交通规划之间也有着不同的层级和不同的编制审批主体,关于具体的程序规制极易产生冲突,面对规划程序冲突的问题,缺乏有效的协调解决机制。最后,不同地方基于不同的城市交通发展要求也制定了不同的城市交通规划,中央与地方之间的不同规划类型与层级也可能加剧上述矛盾。

另一方面,程序性规制内容缺失。一是上述"交通法"中的诸程序

---

① 李芸:《都市计划与都市发展——中外都市计划比较》,东南大学出版社 2002 年版,第 41 页。

规定"重编制审批"而缺乏听证等相关公众参与制度，相较于传统行政规划程序，实现正当程序价值还距离尚远。二是规划立法一直存在"重技术而轻规制"的情况，在配套法规的制定过程中往往以城市交通规划的编制内容、编制方法以及技术标准等为主要关注点，缺乏对编制主体、编制程序等的有效规定，使得城市交通规划过程缺乏明确有效的规制。

（三）城市交通规划程序法治的实现路径

目前我国城市交通规划的程序规制主要依靠《城乡规划法》和"交通法"有关规定。本书基于《城乡规划法》规定的城市总体规划和城市详细规划编制审批程序，进一步厘清城市交通规划程序法治的实践路径，提出完善规划编制、审批及其变更等程序制度的对策。

1. 城市交通规划的编制程序

在城市交通规划的编制阶段，行政主体第一步要确定城市交通规划的目标。任何规划的发展首先要有目标的存在，城市交通规划的目标是其发展的导向，目标的合理性是城市交通规划合理发展的前提。一个城市交通规划的目标制定是有多种途径的，可以由行政主体提出，也可以征求社会团体、广大市民的意见。制定好目标，第二步行政主体要做好城市交通规划的拟定，确定实现城市交通规划目标的基本方案。蓝图在城市交通规划的拟定方案中不可缺少，在制定好蓝图后，如何去实施，如何去协调不同行政机关之间，行政机关与私人、团体之间的利益冲突，采取何种措施使他们相互配合、相互协作去实现蓝图的构想也是城市交通规划拟定的重要工作。城市交通规划的编制是城市交通规划的开始，也是对城市交通规划的程序控制的第一阶段，是较为关键的阶段，所以如果不能做好以上工作，城市交通规划也只是构想。

第一，启动城市交通规划的事前调查程序。行政调查是指行政主体在行政管理过程中为了了解行政管理过程中具体情况而开展的考察活动。[①]一般来说，调查是行政程序的开端，对于城市交通规划的编制来讲亦是如此，城市交通规划调查是规划主体确定目标、拟定城市交通规划草案前进行的相关资料搜集的活动。而在一个民主社会中，行政计划要获得正当

---

① 杨临宏：《行政法：原理与制度》，云南大学出版社 2010 年版，第 363 页。

性，在价值取向上首先就应当符合计划涉及的多数人的公共常识。[1] 域外发达国家的行政调查制度在各国的行政程序中占有重要地位，以英国为例，英国的行政调查以规划调查为主，其适用于一般性的规划决定，如市政建设、道路交通、地区选址等活动，对于市民对规划的态度也属于法定调查的内容。在 1958 年英国的《裁判所与调查法》中，调查程序已相当规范，有关程序及权利及其他特别法已形成体系。[2] 相较于国外，目前我国对于调查制度的研究并不重视，规划调查制度有待于进一步完善。作为制定城市交通规划目标的依据，行政主体在决定编制城市交通规划时，应就所涉及的相关问题进行广泛深入的调查，以便获取全面、客观的信息。规划调查应是依职权的行政行为，此阶段的规划调查并不具有强制性。规划调查的手段和渠道也应是多样的，行政主体可以向相关行政机关、社会团体和公民征求意见，通过媒体、公共宣传、行政行为等方式了解社会对城市交通规划编制的态度。行政主体可以与专业机构合作，通过实地勘验、抽样调查等方式对城市交通规划的数据进行采集，结合本地实际情况为确定城市交通规划的目标做好足够准备。

第二，确定城市交通规划的目标并发布公告。实施规划调查以后，行政主体通过对收集到的信息资料进行整理、分析和讨论，确定城市交通规划的目标。对于一个城市交通规划来讲，确定目标是比较关键一步，它是衡量城市交通规划合理性、确定城市交通规划导向性的重要指标。城市交通规划目标的提出并不能只是局限于行政主体范围，专业机构、社会团体甚至是社会公众都应有权提出规划的目标，行政主体应为他们表达意见提供方便渠道。有的学者建议尝试建立社区规划师制度，让社区规划师成为公众利益的代言人，在规划体系内建立开放的议题提出机制，[3] 均衡提案权利是保证利益表达程序化保障的基础，这不失为一个好的办法。城市交通规划目标的提出者和确定者是分开的，最终的目标确定主体仍然是行政主体，城市交通规划的目标应合乎实际。目前我国有太多城市将其城市的发展规划定位于国际性大都市，显然这是极其不合理的，因地制宜、合理的决策才是城市交通规划合理发展的指针。确定城市交通规划目标后，行

---

① 王锡锌、章永乐：《专家、大众与知识的运用——行政规则制定过程的一个分框架》，《中国社会科学》2003 年第 3 期。

② 杨临宏：《行政法：原理与制度》，云南大学出版社 2010 年版，第 376 页。

③ 黄亚平：《城市规划与城市社会发展》，中国建筑工业出版社 2009 年版，第 222 页。

政主体应及时通过网络、媒体、发布通知等方式进行公告。公告期限应不少 30 日，这也符合目前我国城市规划的公告期限规定。在公告期限内，行政主体应停止进行下一步工作，对异议进行收集和处理，在公告期限届满后，方可制定草案。

第三，编制城市交通规划草案。规划草案的好坏决定了城市交通规划的命运，所以对草案的制定者应该具有高标准的要求。制定规划草案，行政主体要做到职能分离，这是程序公正的起码要求，因为既当裁判者又当制定者难以保障事实的公平、公正，无法达到约束权力的目的。在对城市交通规划制定者的选择方式上，相关法律并没有作出具体要求，我们认为，行政主体采用招标、竞聘的方式选择制定者是具有合理性的。与行政主体相比，非官方的专门机构或者高校单位具有人才和专业优势，更为重要的是在公共利益选择上，非官方机构具有中立性，是实现城市交通规划程序公平、公正的最佳选择。招标、竞聘的选择方式不仅要求行政主体严格考核规划草案编制机构的资质，而且应对其提出的规划草案的内容进行比较。针对不同的规划草案，行政主体及时发布相关信息，并采用社会投票制确定最终方案。

第四，对城市交通规划草案进行论证。城市交通规划草案公布前，行政主体应对草案进行论证，论证的目的在于保证草案的正当合理性。关于规划的论证，其大体上分为两种：第一种方式为非正式论证，非正式论证主要表现在论证主体的广泛性和非正式性上，无论是各民主党派、专家机构还是公民团体都可以参与进去，其中民主协商和专家论证是主要方式。这种非正式论证的优点在于主体的广泛性和利益的综合性，但其缺陷在于权威性的缺失。第二种方式为正式论证，目前我国的一些独立机构承担正式论证的职责，专家意见在正式论证中占据重要位置。其优点在于突出专业性与合理性，缺陷在于论证主体较为单一。我们建议行政主体应组建专门的委员会行使规划草案论证的职能，论证城市规划的可行性，其目的在于扬长避短，充分体现民主性和专业性。目前我国许多地方已经实行了城市规划委员会制度，但是由于缺乏统一的规定，各地方城市规划委员会无论是在职能上还是设置上差别很大。专门委员会的组成主体是广泛的，规划主管部门工作人员、规划专家、法律专家、人大代表、群众代表、民主党派都应该参与其中。专门委员会可以作为常设机关由人民政府进行管理。除了行使论证的职权外，规划委员会也可以承担监督、审议等职责。

城市规划草案通过可行性的论证分析后，行政主体应将其予以公布。公布期间，城市规划主管部门应举行发布会，由主管部门和拟定机构共同出席，解答群众疑惑，行政主体应将收集的意见记录在卷，一并递交给审议机关。

2. 城市交通规划的审批程序

根据《城乡规划法》的规定，城市交通专项规划应当作为城市总体规划的一部分，与城市总体规划一并审批。因此，城市交通规划审批程序的完善更多的是在完善城市规划审批制度的基础上进行的。故下文主要以完善城乡规划审批程序为路径。

城市规划编制完成后，行政主体要做的是将整个方案审批下来。城市规划只有审批之后才能产生法律效果，城市规划不再局限于意识层面，行政主体和私人、团体都将受到城市规划的约束，因此城市规划的审批在程序控制机制里具有重要意义，它有着承上启下的作用，连接着城市规划的编制和城市规划的变更、实施。所以对于城市规划的审批要慎重，行政主体应该在合理行使行政权力的同时，充分地集思广益，尊重其他团体和公民的意见，综合考量各种利益主体的需求，作出审批裁决。《城乡规划法》对于城市总体规划和城市控制性详细规划的审批程序做了不同的规定，总体规划先由本级人大常委会审议，意见交由本级政府处理，本级政府再报上一级政府审批；控制性详细规划（镇例外）由本级政府批准，报本级人大常委会和上一级政府备案。由于城市总体规划的影响较为广泛，而且总体规划程序与其他行政规划程序是有区别的。对此，我们仅探讨城市总体规划的审批程序，并认为完整的城市总体规划审批程序制度包括以下内容：

第一，提出审批规划的申请。在形成规划草案后，城市规划进入了审批程序，由城市总体规划主管部门向上一级人民政府提出审批的申请。审批主体与拟定主体应是分开的，这是正当程序的体现，有利于保证城市规划的合理性和程序的公正性。在申请过程中，规划主管部门应将规划草案、草案附件、收集的意见一并提交，并向上一级机关报告或说明理由。

第二，审议城市规划草案。在《城乡规划法》中，城市总体规划的审议任务交由本级人大常委会承担。人大常委会审议后的意见交由城市规划主管部门处理，然后由主管部门报送上一级政府审批。我们认为，此种程序规定很不合理。从人民代表大会与行政机关的关系上看，人民代表大会是立法机关、权力机关，监督行政机关的行为。若经本级人大常委会审议通过的城市总体规划草案无法得到上一级人民政府的批准，那么人大常委会将会陷入尴尬境地。如此看来，相关规定没有把握好立法机关与行政机关之间的关系。为了避免这种尴尬，人大常委会不宜以权力机关的身份参与到规划审议当中。在城市规划的编制阶段，我们提出建立城市规划委员会的建议，并将城市规划委员会法定化。由上一级城市规划委员会负责审议规划草案应当是合适的。上一级城市规划委员会审议能够更好地保障城市规划的合理性，因为在编制阶段经过本级城市规划委员会论证后再由其进行审议可能会造成先入为主的印象，由上一级城市规划委员会审议也符合职能分离的精神。

第三，举行城市规划草案的听证。规划审议通过后，上一级城市规划主管部门应当在审批前组织听证。听证制度作为行政程序基本制度源于英美普通法中的自然公正原则，即任何个人或团体在行使权力可能使别人受到不利影响时，必须听取对方意见，每个人都有为自己辩护和防卫的权利。[①] 听证的形式分为正式听证和非正式听证，正式听证一般采用听证会的形式，这也是目前我国城市规划所采用的主要听证形式。正式听证的优点在于程序严谨，严格依照法律规定保障公众参与的权利，但其也存在成本高、时间长、灵活性差、效率低等缺陷。非正式听证的方式包括书面听证、口头听证等。相较而言，非正式听证权威性、公正性弱一些，但是在灵活性、效率性上能够弥补正式听证的短板。我们建议，我国城市规划可以实行正式听证和非正式听证相结合的听证制度。当遇到重大公共利益问题时采用听证会的方式，其他情形则以非正式听证作为辅助。在听证主持人的选择上，应保证主持人的独立性，同时听证主持人也应具备相应的任职资格，城市规划委员会的负责人是较为合适的人选。在对听证参与人的选择上也是需要行政机关慎重考虑的，因为城市规划的影响范围广泛，不是每一个利益相关者都能够参与到听证中。听证的参与者首先应具备相关知识，其次要能够代表群众利益。从这两个条件来看，我们赞成建立社区规划师制度，社区规划师制度可以有效地将专业性和利益性结合起来。或者城市规划可以与城市居民委员会相联结，构建"社区规划参与

---

① 王名扬：《英国行政法》，中国政法大学出版社1987年版，第152页。

委员会"，参与到影响社区利益的城市规划决策过程中。

第四，审批城市规划草案并对审批后的草案予以公布。城市规划草案经过听证后，上一级城市规划主管部门在批准规划前应针对听证会反映的问题，应当结合听证笔录进行分析，听证笔录不仅仅只是听证过程的记录，它也是上一级城市规划主管部门审批裁决的依据。正如美国行政法学家伯纳德·施瓦茨所言："在依法举行的听证中，行政法庭作出裁决时，不得考虑审讯以外的任何材料……若不遵守这一原则，受审讯的权利就毫无价值了。"① 除了听证笔录外，上一级城市规划主管部门还需要考虑城市规划委员会的审议意见。上一级城市规划主管部门根据听证笔录和审议意见对草案作出审批裁决后，城市规划正式形成。未经过审批程序的城市规划是不具有法律效果的，也不能被实施。若上一级主管部门未通过规划草案，应当说明理由。无论是否批准规划草案，上一级主管部门都应当将最终结果予以公告，并告知相对人有救济的权利。

此外，出于对城市交通规划交通专业特殊性的尊重，在城市交通规划程序中应当完善相关"交通法"中各规划主体的权责以及不同交通规划类型的程序衔接。根据"交通法"相关规定，交通运输部作为与交通直接相关的部门，承担涉及综合运输体系的规划协调工作，会同有关部门组织编制综合运输体系规划，指导交通运输枢纽规划和管理。但在城市交通规划主体的定位上，我国法律规定中存在很多矛盾之处，国务院各部门对于城市交通规划的分工重复，存在权属不明等问题，各主体依据不同的上位法制定的城市交通规划之间存在严重的不协调性。我国法律对同一省市内部城市规划主体定位尚不明确，跨行政地区边界的区域城市相关交通项目的协调规划更是任重而道远。对此，我们认为，一方面应当完善行政机关系统的组织法，明确行政机关各主体权责特别是城市交通规划审批权责；另一方面应当完善行政程序法，明确不同类型不同层级交通规划的审批程序。

3. 城市交通规划的变更程序

城市交通规划变更，是指自城市交通规划批准之日起至规划期限截止之日止，对已批准的规划文件、技术设计文件或施工图设计文件所进行的

---

① ［美］伯纳德·施瓦茨：《行政法》，徐炳译，群众出版社 1986 年版，第 303 页。

修改、完善等活动。① 城市交通规划是城市未来交通目标和蓝图的描画与设定，具有目标设定性和政策判断性。城市交通规划根据实际情况作出调整和变更是必要的。

（1）城市交通规划变更的提出

从我国目前的规定来，我国城市交通规划变更淡化了提出主体的资格，如《公路工程设计变更管理办法》中无论是公路的重大变更还是较大变更，均未规定可以提出这些变更的主体是谁；有的仅规定了城市交通规划变更的提出主体，但仅限于交通运输主管部门和规划编制机构，如《公路网规划编制办法》。对于实施中的城市交通规划，规划地段内的利害关系人对规划实施的理解比规划编制机关和主管机关更直观更敏感，因此应把利害关系人列为变更的提出主体范围。在我国台湾，土地权利关系人可以向当地直辖市、县政府或乡、镇、县辖市公所提出详细规划的变更申请。② 实践中，由于规划设计范围较广，利害关系人难以确定，因此不宜将利害关系人直接列为启动变更的提出主体，但规划范围内利害关系人的意见必须予以考虑。我们建议，在对城市交通规划进行重大修改或者较大修改时，应充分吸收征求利害关系人的意见，向原审批机关提交的报告或专题报告中均需体现规划范围内利害关系人的意见，并且对该意见的提出主体、内容、反馈情况等加以明确，以间接实现利害关系人对城市交通规划变更的影响。

（2）城市规划变更的公众参与

公众参与作为一种制度化的沟通渠道，可以吸引多方利益主体参与到城市交通规划的变更中，从而通过丰富的资源进行较为科学化、合理化的规划决策，城市交通规划变更较城市交通规划制定更需要公众参与，因为城市交通规划变更涉及信赖利益保护，关系到变更范围内相关利害关系人的直接利益，且公众参与可以强化对交通规划部门变更权的监督，保证规划变更科学与合理，因此必须引入公众参与机制。

首先必须明确参与主体，合理界定利害关系人概念。我国的城市交通

---

① 我国并没有关于城市交通规划的明确概念界定，本概念主要结合了交通部《公路工程设计变更管理办法》对公路工程设计变更的规定，即该办法第2条规定：本办法所称设计变更，是指自公路工程初步设计批准之日起至通过竣工验收正式交付使用之日止，对已批准的初步设计文件、技术设计文件或施工图设计文件所进行的修改、完善等活动。

② 参见台湾"都市计划法"第24、25条。

规划变更并没有公众参与的相关规定。仅有的规定如《公路网规划编制办法》第 9 条规定编制公路网规划要广泛征询公众的意见，但未明确规划变更时是否需要征询公众意见。依据通常理解，交通规划变更，征询公众意见的范围限于利害关系人，但具体到现实中如何界定利害关系人仍是一个疑难问题。按照朱芒教授的分析，利害关系人的参与基础应当是"基于财产性的权利"①，但是基于现实考虑的利害关系人范围可能很广泛。一般而言，城市交通规划修改中的利害关系人应当包括：规划范围内的居民，还有就是相邻地块的居民，再就是规划地段内的社会团体或其他单位组织，比如环境保护相关部门等。

其次要采用多种现代化媒体相结合的听证方式。按照目前的实践，公众参与城市交通规划多以公告方式进行，但仅采取公告的方式引导公众参与，难以起到真正的社会公众参与效果，还应采取听证会、论证会以及借助微信、微博、网站等多种新媒体途径来引导社会公众参与。听证方法可以借鉴我国比较成熟的《价格法》实施听证会的办法。

最后要建立科学的听证效力评判机制。吸引社会公众表达意见是参与民主的体现，但真正体现保护利害关系人利益的是如何对这些意见进行回应、沟通和处理。对于实质性的利益沟通方式，周佑勇教授提到"对于实质性的利益沟通方式必须能使参与者对最后的行政决定发生有实质性影响，这就不仅要求参与者能够积极参与到行政过程中，还可以运用如行政契约、磋商、和解、调解等协调方式进一步达到改变行政决定的目的"②。这些方式也可以运用到规划调整时的公众参与程序中，例如对于听证会的有效意见，行政机关必须听取并采纳，并可以和相对人或利害关系人进行磋商，寻求共识，协调行动。

（3）城市交通规划变更的审批

目前对于城市交通规划变更方案多数采取审批的方式，但由谁审批，规定并不一致。如《江苏省公路水路交通规划管理暂行办法》规定规划调整必须依法报原批准机关批准或者备案，《公路工程设计变更管理办法》规定重大设计变更由交通部负责审批，较大设计变更由省级交通主

---

① 朱芒：《论我国目前公众参与的制度空间——以城市规划听证会为对象的粗略分析》，《中国法学》2003 年第 3 期。

② 周佑勇：《论行政裁量的利益沟通方式》，《法律科学》2008 年第 3 期。

管部门负责审批，还有的如《公路网规划编制办法》规定规划重大调整时，须履行相关审批程序。可见，相关的规定出现不一致。因此，为避免立法冲突与实践中法律适用的混乱，应统一完善城市交通规划的审批制度，具体做法是统一界定城市交通规划变更的类型，即何谓重大变更、较大变更及一般变更，对于重大变更和较大变更应采取审批制，审批机关统一规定由原审批机关审批，这样规定可以更好地约束规划变更行为，也因原审批机关更了解审批事项，可以更好地促进审批的科学与合理；对于一般和局部的变更，应采取备案制度，即在征询了社会公众的意见之后，将变更方案和报告提交原审批机关备案即可，这样既可以保证规划的灵活性，也可以提高行政机关的效率，避免浪费行政资源。

第四章

城市交通规划的软法治理与法律救济

一 城市交通规划的软法治理

研究软法的目的不仅在于探寻软法的一般价值和弥补单一硬法的缺陷，更重要的还在于"评价其社会意义、揭示其发展规律、预测其发展趋势，从而形成一套完整的软法理论体系"①，以引导软法的理性发展，促进软硬法体系的协调并进，最终实现依法治国的伟大目标。从软法研究的终极目的来理解，软法不仅包括创制上具有直接民主性、用于本组织内部成员间的章程、条款以及硬法中没有法律责任的条款，还应当包括政法惯例、公共政策，专业标准等。当然，这并不是说所有以上形式的文本都是软法，这些文本要真正成为软法，必须不与法的根本价值发生冲突，并且其创制、实施符合软法的一般要件。因此，那些与法的价值发生根本冲突的"潜规则"、封建习俗等永远不能划为软法的对象。同时，道德也不能和软法画等号，虽然在没有国家强制力保障实施这一项上，软法与道德的界限变得模糊，但道德是对人较高层次的要求，而法（包括软法）的要求一般都是低于道德的。

（一）城市交通规划的软法治理模式

城市交通规划领域存在着很多形式的规则，但从软法的角度观察，法律原则、欠缺法律责任的"软条款"、裁量基准、公共政策以及技术标准对城市交通规划的规制较多，故我们对软法规制模式的探讨也将从以下几点展开：

---

① 宋功德：《直面公域软法现象》，载罗豪才等《软法与公共治理》，北京大学出版社 2006 年版，第 109—121 页。

1. 行政法基本原则对城市交通规划的规制

任何行政行为至少存在着两方面的考量：从政府角度，行政行为的开展要统筹规划并考虑到利益平衡的需求；从公民的角度，需要行政行为的公开透明与公众的参与，并且要求政府是诚信的，而非善变的，基于对政府行政行为的信赖而获得的利益是必须被保护的。城市交通规划作为行政规划的一种，也应当受以上诸条的限制，故行政法基本原则中的参与原则、信赖利益保护原则、统筹兼顾与利益平衡原则在城市交通规划中均有适用的余地。

（1）行政参与原则对城市交通规划的规制

行政参与原则是指"行政权力运行过程中受结果影响的利害关系人有权参与行政权力的运行过程，表达自己的意见，并对行政权力运行结果的形式发挥有效作用"①。公众参与作为民主的重要产物，起源于古罗马的选举制度，具有很强的监督作用，有利于民众话语权的保护，特别是对依法行政的推动。现代社会行政权力急剧扩张和膨胀，公众参与成为监督行政主体行政权行使的重要手段，也是相对人维护自己合法权利的重要环节。在城市交通规划中，城市交通规划编制、修改、实施的各个阶段都应当有相应形式的公众的参与。在规划编制阶段，组织编制机关应当将规划公开并采用听证会、论证会等形式听取公众对规划的意见；在规划评估评估阶段，为了最大限度地实现规划的科学性、合理性，也应当针对不同公众采取不同的形式吸引公众参与，特别是要引进专家论证，综合专家与公众意见对规划进行调整；在规划实施阶段，不论是许可证的颁发还是对违法建设采取处罚措施，对这些涉及当事方重大利益的事项，根据相关具体法律规定，均有公众参与的环节。由此可见，公众参与原则贯穿城市交通规划的始终，是软法规制城市交通规划领域的重要一环。

（2）信赖利益原则对城市交通规划的规制

信赖利益原则是从民法中诚实信用原则"移植"而来，所谓信赖利益原则是指"行政相对人对行政行为形成值得保护的信赖时，行政主体不得随意撤销或废止该行为，否则必须合理赔偿行政相对人因该行为存续

---

① 周佑勇：《行政法原论》（第二版），中国方正出版社2005年版，第66—78页。

而获得的利益"①。城市交通规划，是对城市未来交通发展作出的具有前瞻性的预测与安排，在交通规划作出后，往往会由于新事物、新形势、新局面的出现，不得不变更城市交通规划。但是对于行政相对人而言，其基于对政府公布的城市交通规划的信任而作出一定的行为，并且此行为会基于该城市交通规划而获得一定的预期利益。随着城市交通规划的变更，行政相对人的预期利益便会消失。此时行政相对人可以基于信赖保护原则要求行政主体给予补偿。正是由于信赖利益原则的存在，一方面，要求规划编制机关科学规划、合理规划，行政机关在规划审批时需全面、审慎，尽可能降低规划变更的可能性，杜绝规划变更的随意性；另一方面，当规划必须变更时，对于规划变更而致使信赖利益受损的公民要采取恰当的补救方式，弥补其信赖利益损失。

（3）统筹兼顾和利益平衡原则对城市交通规划的规制

过去以干预行政行为为导向的行政管制，最多也仅涉及行政机关与单一私人，在公益与私益衡量二元化对立之讨论，如今，行政法律关系转趋多样化、多元化，也就是说在当前行政行为的实施中，除了会发生公益主体与私益主体之间的冲突，也会发生私益主体之间的冲突，甚至是公益主体之间的冲突。

在城市交通规划中这种冲突显得格外突出和严重。城市交通规划会对规划范围内的公民的生产、生活产生影响，因此，在城市交通规划中，城市交通规划主体就要充分考虑，统筹兼顾各方利益。该原则对行政规划的规制主要表现为：城市交通规划主体在规划时，应充分调查，对规划范围内的各种利益进行分析、尽可能地平衡规划所代表的公众利益与私人利益，在两者无法共存时，虽可因公众利益而牺牲个人利益，但应在实现规划目的时选取对私人利益最低限度的侵害并应当及时给予补偿。

2. 欠缺法律责任的"软法条"对城市交通规划的规制

在城市交通规划领域，虽然缺少一部专门的规划法对城市交通规划进行全面规定，但相关的硬法规制也并不少，如前文提到的住房和城乡建设部 2010 年颁布的《城市综合交通体系规划编制办法》，以部门规章的形式对城市综合交通体系规划的编制进行了规制。具体到单项的交通规划如

---

① 周佑勇：《行政法原论》（第二版），中国方正出版社 2005 年版，第 66—76 页。

公路规划，另有交通运输部专门颁布的《公路网交通规划编制办法》，港口的规划则有原交通部颁布的《港口规划管理规定》等，可见，在交通规划领域，虽然硬法规制并不健全，但也存在一定数量的硬法规范。但不容忽视的是，这些既存的硬法规范里存在着大量的缺乏法律责任条款的软条文或弹性法条，即俗称的"硬法中的软法"，如《城市综合交通体系规划编制办法》第 5 条："城市综合交通体系规划应当与城市总体规划同步编制，相互反馈与协调。"第 6 条："城市综合交通体系规划应当与区域规划、土地利用总体规划、重大交通基础设施规划等相衔接。"《港口规划管理规定》第 10 条："组织编制港口总体规划的部门应当根据经审批的港口总体规划组织编制有关港区、作业区控制性详细规划。港区、作业区控制性详细规划，是指对港口总体规划中的港区规划的深化方案"；第 15 条："编制和修订、调整港口布局规划和港口总体规划时，涉及新港区开发或者对现有港区功能有重大调整的，应当进行新港区选址论证或者有关专题论证。其中港口总体规划论证完成后应当编制港区总体规划。"由此可见，现行城市交通规划的运转很大程度上依赖硬法中欠缺法律责任的软法进行规制，软法在城市交通规划领域发挥着重要的作用，拥有着难以取代的地位。

3. 裁量基准对城市交通规划的规制

对于城市交通规划而言，目前我国的城市交通规划法律制度还不健全，已经形成的硬法规制比较粗放，基本上都是一些原则性、纲要性的规定。因而行政主体在作出城市交通规划时必然享有很高的裁量权，为了使城市交通规划走上法治化道路，就必然要求对城市交通规划有一个较为具体和详尽的行为准则，也就是所谓的城市交通规划裁量基准。城市交通规划是对未来的一种设计或者规划，未来是不确定和多变的，为了使资源得到最优的配置，避免政府"拍脑袋决策"，也必须有裁量基准对于城市交通规划的行为进行规制。裁量基准属于软法的范畴，其具有软法的一般特征，故城市交通规划裁量基准应向本部门和社会公开，"阳光是最好的防腐剂"，只有将城市交通规划人员的规划行为准则——裁量基准置于公众的监督之下，才能保证其实效的实现。同时，对于违反城市交通规划裁量基准的行为，要按照相关的软法规范责任来处理。

4. 公共政策对城市交通规划的规制

公共政策是社会公共部门为解决社会公共问题，规范和指导有关机构、团体或个人的行动，在广泛的参与下所制定的行为准则。在城市交通规划领域，广泛存在的公共政策承担着为城市交通规划指明方向、确定思路的重要作用。如国家铁路局在组织科研单位和专家开展了一系列相关课题研究，汇总各方面意见基础上，编制形成了铁路"十三五"发展规划基本思路，就是确定铁路规划方案的重要基础。北京市人民政府办公厅颁布的《北京交通发展纲要（2004—2020 年）》（2005 年）、《北京交通发展纲要（2014—2030 年)》（2014 年）从全局的角度对北京市交通发展进行了布局，而北京市交通规划的制定必然需要与纲要所做的安排相适应，由此，实现了公共政策对城市交通规划的规制。

5. 相关工程技术标准对城市交通规划的规制

交通规划的设计、运行涉及土地、工程、环境、人文各个方面的内容，为了规范规划行为，最大限度地保证规划的科学性、合理性，国家社会层面制定了一系列的规范、标准来对规划行为进行规范。在宏观层面，存在《城市用地分类与规划建设用地标准》（GB 50137—2011），对城市规划的用地的类型、规模进行了较为详细的规定，城市交通规划用地应当参照标准执行。《城市道路交通规划设计规范》（GB 50220—95），对城市公共交通、自行车交通、步行交通、货运交通的规划设计标准进行了详细规定，并对大、中、小城市的路网布局、路网规划指标进行了规定，这些都是城市道路交通规划必须遵循的标准。在微观方面，存在《城市道路工程设计规范》（CJJ 37—2012）、《城市快速路设计规程》（CJJ 129—2009）、《城市道路路线设计规范》（CJJ 193—2012）、《城市人行天桥与人行地道技术标准》（CJJ 69—95）等标准、规范对道路交通设计进行比较详细的规定。在其他方面，有规范公共交通规划的《城市公共交通分类标准》（CJJ/T 114—2007）、《快速公共汽车交通系统设计规范》（CJJ 136—2010）、《城市轨道交通线网规划编制标准》（GB/T 50546—2009）；有规范加油站、客运站建设的标准如《汽车加油加气站设计与施工规范》（GB 50156—2002）、《汽车客运站级别划分和建设要求》（JT/T 200—2004）、《汽车客运站建筑设计规范》（JGJ 60—99）等，除此之外，还有规范城市停车规划的规范，规范建设项目交通影响评价的标准。由此可见，城市交通规划在很大程度上也是一个依赖技术标准来规范的领域，离开了这些技术标准，城市交通规划的合法性、合理性难以为继。

（二）城市交通规划的裁量基准探析

党的十八届四中全会《关于全面推进依法治国若干重大问题的决定》再次重申并明确要求："建立健全行政裁量权基准制度，细化、量化行政裁量标准，规范裁量范围、种类、幅度。"由此，建立健全行政裁量基准制度将上升到国家战略层面，成为推进依法行政、加快建设法治政府的重要举措。因此，我们必须站在四中全会的新高度，全面审视和回应"行政裁量权基准制度"这一重大课题。毫无疑问，上升到国家战略和依法治国层面的行政裁量基准制度，绝不仅仅是针对以往普遍存在的行政处罚裁量基准制度，而是包括行政规划在内的更为广泛的行政裁量领域（如行政许可裁量基准、行政征收裁量基准、行政强制裁量基准、行政给付裁量基准等）。换句话说，被冠以"行政裁量"的基准制度应当是一种体系化、多元化（或类型化）的制度，而且不同行政行为之间的裁量基准制度存在很大的个性差异，行政处罚裁量基准只不过是典型行政行为中的一种裁量制度。但遗憾的是，我国行政执法实践乃至学界把主要兴趣和目标都聚焦到行政处罚领域，对其他行政领域中的裁量基准制度缺少系统的梳理和个性化研究。到目前为止，除行政处罚裁量基准外，其他行政行为的裁量基准理论文章寥若晨星，这在城市规划乃至整个行政规划领域表现得更为突出。这种研究现状至少在理论上是不全面的，在实践上也难以全面回应构建行政裁量基准制度的需求。

城市交通规划属于行政规划范畴，受行政规划性质的决定，行政规划裁量的空间、范围和幅度更大，裁量的目的、手段与方法更具个性和复杂性，因而对行政规划裁量控制的"基准制度"也应当有别于传统的行政裁量基准制度。本部分正是基于行政规划裁量的特殊性，对城市交通规划裁量基准制度做一探讨。需要说明的是，鉴于我国立法欠缺针对城市交通规划的专门规制，城市交通规划作为城市规划的专项规划，城市交通规划裁量基准大量以城市规划的裁量基准形式体现，因此在行政规划裁量基准的基础理论探讨部分，二者不做明确区分。

1. 城市交通规划行为是否有必要适用裁量基准

行政裁量基准，是近年来中国本土实践中"自下而上"逐步建立和发展起来的一种新型制度。以2004年浙江金华市公安局正式下发的《关于推行行政处罚自由裁量权基准制度的意见》为起点，行政处罚裁量制度迅速在全国各地行政机关获得推广和应用,并对行政执法实践产生了重大影响。① 这种"自下而上""自我规制"的制度创举,在理论和实践中引发了诸多新问题,从而引起了党和国家的高度重视,也引起了学界的关注和讨论。中央层面自 2006 年以来先后正式出台的五个重要文件中,都明确提出了规范行政裁量权的要求和规定。② 而在学界讨论中,赞成者、质疑者甚至否定者均有之,但总的趋向是肯定性态度为主,③ 且研究的领域主要集中在行政处罚裁量基准问题上。④ 受本书主题和篇幅所限,本书无意于讨论行政裁量基准制度的利弊之争,但却非常主张以肯定和积极的态度,去全面审视和构建行政裁量权基准制度,这也是回应党的十八大四中全会要求的"建立健全行政裁量权基准制度"这一重大命题而必须持有的态度。

行政规划是行政主体为实现城市建设特定的行政目标而对未来一定时期内拟采取的方法、步骤和措施依法作出的具有约束力的设计和规划。⑤ 现代行政规划的功能决定了规划裁量充斥在城市交通规划的全部过程中,

---

① 2004 年 2 月浙江省金华市公安局率先在全国推出了《关于推行行政处罚自由裁量权基准制度的意见》,并陆续出台了对赌博、卖淫嫖娼、偷窃、无证驾驶、违反互联网营业场所规定等常见违法行为的行政处罚裁量权基准。随后,全国各地行政执法机关陆续出台各类行政处罚裁量基准。截至 2014 年年底,仅省、自治区和直辖市一级出台的有关行政裁量基准总则性规定就有 25 个,这其中直接使用"行政处罚裁量"名称的有 19 个,其他 6 个虽名称上叫"行政裁量权",但主要也是针对行政处罚裁量的规定。此外,以《湖南省行政程序规定》为代表的地方行政程序立法中也有相关裁量基准的规定。

② 这 5 个正式文件分别为:2006 年中办、国办联合发布的《关于预防和化解行政争议健全行政争议解决机制的意见》、2008 年国务院发布的《关于加强县市政府依法行政的决定》、2010 年国务院《关于加强法治政府建设的意见》、2013 年党的十八届三中全会通过的中共中央《关于全面深化改革若干重大问题的决定》、2014 年党的十八届四中全会通过的《全面推进依法治国若干重大问题的决定》。除上述 5 个文件外,2009 年国务院法制办还专门下发了《关于规范行政裁量权的指导意见》(征求意见稿)。

③ 我国目前对行政裁量基准的研究,多数学者持肯定态度,代表性学者如周佑勇教授、黄学贤教授等;部分学者持质疑态度,如余凌云教授、王锡锌教授、朱新力教授等;少数学者持否定态度,如关保英教授等。

④ 但也有少数学者开始研究行政处罚裁量基准之外的行政规划裁量基准和行政许可裁量基准,如骆梅英教授发表的《行政许可标准的冲突及解决》(《法学研究》2014 年第 2 期)。

⑤ 孟鸿志:《行政规划》,载应松年主编《中国当代行政法》,中国方正出版社 2005 年版,第 1038 页。

具有相当的广泛性和内在的必然性。① 目前关于城市交通规划的立法基本上分散于各单行的法律、法规和规章中，整个行政规划缺少一部统一的规划法的指引，从而导致各分散的立法在立法目的、规划性质和形式、编制规划的基本原则、规划的程序、规划管理体制以及法律责任与救济等方面没有统一的标准可循。同时，几乎所有涉及城市交通规划的法律条文表述都极具抽象性，从而造成了法律的不确定性。

城市交通规划制定法上的缺陷以及规划裁量行为的运行现状，不仅为完善相关规划立法提供了空间，也为城市规划基准制度的构建提供了必要性和可行性。近年来，我国各地推出的行政裁量基准，就是旨在法律规定的空间内，依据立法者的意图以及行政法上的基本原则并结合执法经验，通过设定更为细化的裁量权行使规则和标准加强对裁量权的规范和控制。尽管目前这种裁量基准主要集中在行政处罚领域，但就其"行政自制""细化规则"和"补充法律"的原理和功能，完全可以适用于城市交通规划的裁量领域。城市交通规划由于是政策性的规划蓝图，其法律规范构造更加抽象，因而制定更为明确、细化和可操作的城市交通规划裁量标准，以规范行政规划裁量范围、种类、幅度，具有特殊的意义。规范和控制城市交通规划裁量的具体标准，虽然有别于一般的行政裁量基准（如行政处罚裁量基准），但它应当是全部行政裁量基准制度的重要组成部分。

2. 基于规划裁量基准文本的考察

城市交通规划是一种特殊的行政行为，因而在裁量基准上与传统的行政行为（如行政处罚）有着很大的差异。这可以从城市规划裁量基准的文本现状和城市规划裁量基准的独特个性两个层面加以分析。

借助北大法宝数据库，以"裁量基准""规划""标准""城乡规划""城乡规划裁量""城市交通规划"为关键词进行检索。从检索的资料可以看出，规制有关城市规划裁量标准的文本名称呈现多样性。其中，严格以"裁量基准"或"标准"命名的规范文本仅有《上海市城乡规划违法建设行政处罚裁量基准实施办法》（2015 年）、《重庆市规划局行政处罚裁量基准》（2015 年）和《河南省住房和城乡建设系统行政处罚裁量基准（试行）》（2012 年）。其他则采用了"自由裁量权规定"，或"规划技术标准与准则""建设标准"等。经过类型化梳理后，相关的裁量标准包

---

① 参见孟鸿志《行政规划裁量与法律规制模式的选择》，《法学论坛》2009 年第 5 期。

括：（1）涉及规划行政处罚的标准；（2）涉及规划行政处分的准则；
（3）涉及编制规划的指导意见；（4）涉及规划的技术标准；（5）涉及编
制规划的程序等。

通过对上述文本的类型化分析，我国城市交通规划裁量基准呈现如下
基本现状：

一是现有规划裁量基准的文本主要集中于城乡规划主管部门的行政处
罚领域，其处罚裁量基准一般也遵循"情节细化"和"效果格化"的技术
构造，与其他行政处罚裁量基准无异。这种适用行政处罚意义上的裁量基
准，即指行政机关根据授权法的旨意，对法定授权范围内的处罚裁量权予
以情节细化和效果格化而事先以规则的形式设定的一种具体化的判断选择
标准，其目的在于对处罚裁量权的正当行使形成一种法定的自我约束。①

二是被冠以行政规划"裁量基准"的文本缺乏。规划裁量不同于传
统意义上的行政裁量。传统意义上的行政裁量（如行政处罚裁量）需
要处理的是诸多既成事实，并多以普通行政信息为支撑，而行政规划裁
量需要处理众多设想性事实及伴随的创造性判断，所依赖的考量因素涉
及较多科技风险与专业知识，此类事实信息的辨识不能单凭客观证据佐
证，往往涉及大量主观成分的介入。② 如城乡规划中前期调研所要处理
的事实信息，对其进行收集与处理就涉及对当时当地社会发展现状、环
境承载能力以及人民期待等自主性判断，在上述判断选择中所遵循的具
体化标准就应当是城市规划的裁量基准。但文本考察的结果恰恰揭示了
这一层面的标准并没有冠以"裁量基准"名称。造成这一现象的原因
并非是实践中城市规划裁量基准的缺乏，而是缘于城市规划裁量基准并
非采用传统意义上的裁量基准文本范式。如《清远市城乡规划局规划管
理自由裁量权规定》第 12 条③规定了核发"规划条件"应当符合的要

---

① 参见周佑勇《行政裁量基准研究》，中国人民大学出版社 2015 年版，第 37 页。

② 参见马驰骋《行政规划裁量理论特性研究》，《重庆交通大学学报》（社会科学版）
2012 年第 1 期。

③ 第 12 条　核发规划条件应当符合以下规定：（一）应当依据控制性详细规划或者村庄
规划提出；尚无经批准的控制性详细规划的地块，应当依据经批准的修建性详细规划或者规划
建设方案提出。（二）具体内容和指标确定应当符合有关法律、法规、规章、规范性文件和标
准的要求。（三）属于单独申领规划条件的建设项目，申请人应已取得经有关部门批准、核准
或备案的立项文件，或建设用地已纳入市储备用地出让计划。规划条件以书面形式核发。

求，第 13 条①、第 14 条②、第 15 条③分别规范了规划条件中的"公共服务设施及其建设规模""用地规模""用地红线"的具体裁量依据，第 21 条④还规定了增加容积率的禁止性情形。由此可见，上述条款对《城乡规划法》第 38 条中的"规划条件"进行了细化，并对其中涉及的具体要求提供了相对可操作的客观标准，应当属于城市规划裁量基准范畴。

三是从规划控制角度上看，城市交通规划裁量基准实际上存在三种模式的理解。第一种模式是立法规则，即是指立法层面设定的标准，包括法律、法规和规章。如《城乡规划法》以及各省制定的相应实施条例（地方性法规）和实施规定（地方政府规章）。第二种模式是细化相关法律责任的裁量基准，如细化《城乡规划法》的法律责任部分的行政处罚裁量基准和行政处分准则，其中的行政处罚部分在现实中常常被冠以"裁量基准"名称，因而在形式上与传统的行政裁量基准（即行政处罚裁量基准）是一致的。第三种模式是除上述两种模式之外的其他行政规范性文件，即有关制定城市规划本身意义上的细化标准，现实中常常表现为指导性规则和技术标准。我们认为，从裁量基准"行政自制""规则细化"和"法律补充"的功能上看，第一种模式即立法规则通常不是行政裁量基准，第二种模式虽然发生在规划领域且符合传统裁量基准的形式，但多数表现为相关法律责任的裁量基准，因而不是规划行为本身意义上的裁量基

---

① 第 13 条 规划条件中公共服务设施及其建设规模，应当按照控制性详细规划或者村庄规划确定。控制性详细规划或村庄规划中未明确的，应当按照国家标准《城市居住区规划设计规范》关于公共服务设施的设置要求，并且结合周边地段已建成或已规划配套的公共服务设施确定。

② 第 14 条 单独核发规划条件时，确定用地规模，应当符合本规定第七条的规定。

③ 第 15 条 单独核发规划条件时，划定用地红线应当符合以下规定：（一）应当符合城乡规划。（二）应当以现状实测地形图为依据，按照地块四至范围已建成的市政道路边线、自然地形地貌、现状建筑、围墙等划定。（三）四至范围应当与相邻地块用地界线合理衔接。（四）应当结合城乡规划确定的地块边线划定；在用地规模远小于所在规划地块用地面积的情况下，应当尽可能使地块一侧或两侧临规划道路，同时尽可能保证地块形状规整，以利剩余地块的开发和建设。

④ 第 21 条 凡有下列情形之一的不得增加容积率：（一）同一项目用地已完成部分建设，并已公告预售，剩余用地申请调整容积率的。（二）违法建设项目。（三）与城市规划相冲突的。（四）公示时利害关系人反对强烈并有充分理由的。（五）组织论证无法通过的。（六）两年内已增加容积率一次的。（七）法律规定不得调整容积率的其他情形。

准。而只有第三种模式才属于规划的裁量基准，我们探讨的城市交通规划裁量基准就是指第三种模式的裁量基准，它在实践中虽然没有被冠以裁量基准名称，但属于真正意义上的城市交通规划（即制定或修改城市交通规划）裁量基准。

3. 规划裁量基准的独特法律个性

规划裁量基准与一般行政裁量基准之间既有联系，又有区别。从相同点上看，城市交通规划中有关法律责任的裁量基准与普通的行政处罚裁量基准是一致的，呈现出技术上的"裁量性"、形式上的"规则性"和功能上的"自制性"的统一。一是两者使用的技术均为"情节的细化"和"效果的格化"，其实质都是利益衡量的过程，它既没有创设新的权利和义务，也没有采取纯粹法律解释的方法，而是使用了利益衡量的方法。二是两者均以规则的形式表现出来，但性质上并不属于立法性规则，而是行政机关制定的内部行政规则。因为立法性规则必须创设相对人的权利和义务，具有普遍法律效力并为司法所统一适用。[①] 三是两者裁量基准的设定并非纯粹为了"通过'规则细化'甚至'量化'的方式而压缩甚至消化自由裁量"[②]，其内在目的在于保证裁量权的正当行使，或者说对裁量权的正当行使形成一种"自我约束"和"自我规制"。[③] 上述三个层面的法律属性在城市规划处罚裁量基准文本中皆能够充分体现，其裁量基准遵循着"情节细化"和"效果格化"的技术构造、兼具"行政自制"和"规则之治"的双重品质。

但从差异性上看，规划裁量基准又具有不同于一般行政裁量基准的独特法律个性。

第一，从裁量的空间上看，传统或一般的行政裁量往往是针对在具体案件中个别的公益与私益进行权衡比较，如行政处罚裁量适用的是对个案利益衡量，而规划裁量所需要考量的利益范围更广，需要评价的利益更多元、更复杂。规划裁量与一般意义行政裁量之间的区别不仅在量上，即法律赋予规划裁量的空间明显要大于行政裁量，而且在质上亦有不同。[④] 因

---

① 参见周佑勇《行政裁量基准研究》，中国人民大学出版社 2015 年版，第 39 页。

② 王锡锌：《自由裁量权基准：技术的创新还是误用》，《法学研究》2008 年第 5 期。

③ 参见周佑勇《行政裁量基准研究》，中国人民大学出版社 2015 年版，第 42 页。

④ 参见郭庆珠《行政规划及其法律规制研究》，中国社会科学出版社 2009 年版，第 234—237 页。

此，传统的行政裁量理论并不能完全适用于规划裁量的实践。规划裁量是行政机关在法律的框架内，就拟定规划、变更规划以及执行规划中有关规划的目标、手段和内容等所形成的判断、选择和作出正当决定的权力，主要包括形成规划的裁量权、变更规划的裁量权以及执行规划的裁量权。① 因此，规划裁量往往包含更多的"创造性"和"形成性"要素，而绝不仅仅止于规范的执行要素。

第二，从法律规范和裁量基准的技术构造上看，传统意义上的法律规范构造通常采用"要件—效果"范式，其裁量以满足法律的相关构成要件为标准而产生特定的法律效果，因而其具体化的裁量基准也常常呈现出"情节细化"或"效果格化"的逻辑结构。有学者进一步指出，设定裁量基准的方式是进行"要件—效果"的补充规定，除了"情节的细化"外，还必须有"效果的格化"与之相对应，才能构成完整的裁量基准。② "效果的格化"似是构成裁量基准的必要条件。对此，我们持商榷态度，因为"要件—效果"的规范构造并不能囊括行政行为的全部，至少城市交通规划行为就无法完全适用。事实上，规划法的构造一般采用"目的—手段"范式，其裁量主要是根据规划法的目的而设计达致目的之手段、方法和步骤，规划裁量不存在法律要件构造与法律效果确定这一过程，因而规划裁量基准的逻辑结构通常是遵循"目的细化"和"手段细化"的路径，重点针对规划法中不确定概念的具体化。如城市规划法中普遍包含不确定概念，这些不确定概念不能成为要件构成部分，其作用不在于涵摄具体事实，而是对规划行为与规划裁量的引导和指引。

第三，从裁量基准的性质和类型上看，规划裁量基准与一般裁量基准也有诸多不同。行政规划的性质虽存在理论之争，③ 但其具有的更广泛的裁量性、多元化和综合性的独特个性是不争的事实。而且，城市规划常常表现为一种事先的、积极的抽象行政行为，它是在一定时间内一系列后续行为的指南和依据，其形式常常表现为"规范性文件"，是多次参照的

---

① 孟鸿志：《行政规划裁量与法律规制模式的选择》，《法学论坛》2009 年第 5 期。

② 参见周佑勇《行政裁量基准研究》，中国人民大学出版社 2015 年版，第 41 页。

③ 行政规划的性质及表现形态多种多样，如"政策性行为说""立法行为说""具体行政行为说""机能说""分别归类说""内部行为与外部行为说""拘束性与非拘束性（指导性）说"等。参见孟鸿志《行政规划》，载应松年主编《中国当代行政法》，中国方正出版社 2005 年版，第 1044—1046 页。

"准法律"。因而作为"法律"框架下规制城市规划（"准法律"）的裁量基准在性质上不能简单化一，它表现为制定主体、规划目标、规划原则、手段方式、持续时间、效力范围等诸多因素的多元化，以及目标设定与手段结合上的综合性，它兼具抽象性与具体性、法律性与事实性的综合法律属性。而传统的裁量基准，虽然具有"自治性""规则性"和"裁量性"的特征，但都是针对具体行政行为的细化规则，即针对个案裁量的基准。而且，即使是针对典型具体行政行为的裁量基准也不可能是统一的模式，不同类型具体行政行为的裁量基准（如行政处罚裁量基准、行政许可裁量基准、行政征收裁量基准、行政给付裁量基准）都存在不同的个性，因此不能用现有的行政处罚裁量基准模式代替其他行政行为的裁量基准。

　　4. 以"目的细化"与"手段细化"的技术构造建立健全城市交通规划裁量基准制度

　　城市交通规划制定法上的缺陷以及规划裁量行为的运行现状，既为完善相关规划立法提供了空间，也为城市交通规划裁量基准制度的构建提供了必要性和可行性。对规划裁量的法律治理也可以采用内外监控、"他制与自制"并举的混合规制模式。

　　在完善行政规划相关立法前提下，城市交通规划裁量基准的建构应遵循"目的细化"与"手段细化"的技术构造。（1）完善"目的细化"规则。目的细化主要表现为正当程序对行政规划裁量的要求，因此完善目的细化规则应当引入正当程序的原理和规则。其主要内容包括：一是规划裁量客观公正、避免偏私；二是对当事人不利的决定必须规定听证程序；三是保证利害关系人公平参与。（2）完善"手段细化"规则。手段包括方法、步骤、措施、范围、内容、时间等具体范畴。规划的过程是一个利益识别、分析、选择、整合、表达的过程，手段的细化规则应贯穿规划的全部。我们认为，可以从利益衡量上去细化手段规则：一方面在规划形成上细化利益衡量的过程，具体可分为利益调查与汇集、利益分析与评估、利益的权衡与协调。另一方面规定规划形成后的衡量瑕疵，比如该衡量的没衡量、衡量的错误评估或比例失调。此外，在手段细化中，还必须考虑相关法律原则的适用，其中最为重要的就是比例原则的适用。具体又包括：一是手段适当，即规定所采取的行政措施必须能够实现行政目的或至少有助于行政目的的达成并且是正确的。也就是说，在"目的—手段"的关系上，必须是适当的。二是手段必要，即在能达成法律目的诸方式中，应选择对相对人权利最小侵害的方式。三是手段均衡，即所采取的措施与其所达到的目的之间必须合比例或相称。（3）合理运用法律解释技术。对行政规划裁量中涉及的不确定法律概念，可以在上述规则和原则的指导下，合理运用法律解释技术。在具体的概念解释中，仍需要结合目的、手段进行利益衡量。

二　城市交通规划的法律救济

随着城镇化建设的不断推进，城市交通规划日益成为一种重要的行政活动方式，与此同时，基于规划制定、规划执行、规划变更等各方面的法律争议也相伴而生。目前，我国城市交通规划立法远远落后于实践发展。在城市交通规划法领域，缺乏国家层面的单行立法，大多是规章及以下规范性文件，规范位阶较低，体系尚不完善，法律救济面临严重的规范依据不足问题。因此，本部分在探讨城市交通规划法律救济问题时，将不局限于实定法层面的规范分析，而是以理论上规划相对人的请求权为基点，并着重讨论有关城市交通规划的程序性权利和补偿请求权及其司法救济两个核心问题。

（一）城市交通规划中的利害关系人及其权利形态

城市交通是现代城市系统重要的组成部分，城市交通的良性运行与否关系到城市居民日常生活的方方面面。城市交通规划的制定就是为了进一步优化资源配置，实现公众利益的最大化。城市交通规划在制定、实施和变更阶段对城市居民有着重要的影响，本书将受到城市交通规划影响的城市居民称为"城市交通规划利害关系人"，既包括权益受到城市交通规划行为直接调整的城市交通规划相对人，也包括权益受到城市交通规划行为间接影响与其具有法律上利害关系的城市交通规划第三人。理清城市交通规划利害关系人及其权利构成的主要形态，将有助于全面、有效地实现城市交通规划预先设定的目标，并在规划实施中达到均衡公共利益与私人利益的管理目的，进而实现城市交通规划的科学性与合理性。

城市交通规划利害关系人的权利是指其在城市交通规划法律关系中享有的、与城市交通规划行政主体的职责相对应的权利。其具有以下特征：（1）存在于城市交通规划法律关系之中，与城市交通规划行政主体的职责相对应的权利；（2）城市交通规划利害关系人的权利是贯穿于整个城市交通规划过程始终的一种动态性的权利；（3）城市交通规划利害关系人权利是每个独立的或存在联系的、具体的城市交通规划利害关系人在城市交通规划的活动过程之中共同地、平等地享有的权利，是一种群体性的权利，当立法一旦赋予某个或某些城市交通规划利害关系人某种权利时，就意味着具有同种情况的城市交通规划利害关系人都拥有这种权利；（4）城市交通规划利害关系人权利得由城市交通规划利害关系人自主抛弃。我们认为，城市交通规划利害关系人的权利形态包括以下几种：

1. 利害关系人知情权

城市交通规划利害关系人有知悉城市交通规划内容的权利，城市交通规划主体有义务公开城市交通规划的内容，对城市交通规划内容的了解是城市交通规划利害关系人行使其他权利的前提和基础。城市交通规划利害关系人的知情权主要是指城市交通规划主体在制定城市交通规划的过程中，要在一定的时期内将城市交通规划的内容通过一定的途径有效地被城市交通规划利害关系人知悉的权利。《政府信息公开条例》颁布，标志着我国已全面建立了行政公开制度，这对保障行政利害关系人知情权的实现提供了法律救济手段。根据这一条例的规定，城市交通规划内容应属于政府主动公开的信息。

2. 利害关系人异议权

在城市交通规划公告后，城市交通规划利害关系人有权利就城市交通规划的具体内容向有关的城市交通规划主体提出异议，城市交通规划主体应该将异议记录在案，并对异议作出及时、有效的处理。如日本相关行政规划法明确规定了行政主体在将规划案公告后，允许对规划案不服者提出意见书，陈述不同意见，① 赋予了城市交通规划利害关系人对规划方案异议的权利。对于规划利害关系人异议的内容，有关城市交通规划主体必须按照相关的程序进行考量，决定是否听取，并给予充分的理由。

3. 违法规划抵制权

从宪法的高度来说，城市交通规划利害关系人作为自由权和财产权的主体，在城市交通规划活动无效或违法时可以采取防御性的措施来保护其宪法赋予的自由权和财产权。虽然在行政主体实施相关的城市交通规划行

---

① 杨建顺：《日本行政法通论》，中国法制出版社 1998 年版，第 567—569 页。

为时，为了更长远的目标或者是集体和国家的利益，城市交通规划利害关系人必须忍受这些权利被侵害，但是这并不意味着城市交通规划利害关系人对一切侵害其合法权益的城市交通规划行为都要忍受，无法采取相应的反抗措施。当城市交通规划行为存在不合法的情况下，赋予城市交通规划利害关系人保护其合法权益的权利、抵抗违法行为的侵害就是十分必要的。

"违法城市交通规划行为的抵制权"可以从四个方面来理解：第一，违法城市交通规划行为的抵制权的行使主体为其实际合法权益受到现实损害的城市交通规划利害关系人。第二，主要针对违法的城市交通规划行为，城市交通规划行为的不合法应该既包括实体上的不合法，也包括程序上的不合法。对于合法的城市交通规划行为，基于法律保留原则与公共利益的需要，城市交通规划利害关系人必须忍受这一有合法依据但侵害其实体权益的规划行为，而不能行使抵制权。第三，利害关系人行使抵制权的方式和手段必须适当。行使抵制权的方式和手段是否超过必要的限度主要是由城市交通规划利害关系人所受侵害的具体权益的性质和程度决定的。第四，如果城市交通规划利害关系人对于违法行为行使的抵制权没能得到有效的实现时，那么就应当得到司法上的救济。

4. 司法救济权及获得赔偿、补偿权

救济性权利重在追究违法规划行为的责任，这是城市交通规划利害关系人遭受违法的城市交通规划行为侵害后，得以补救其损害的最后保障。按照请求给予救济主体的不同，救济性权利包括城市交通规划保障请求权和城市交通规划诉讼请求权两大类。城市交通规划保障请求权是指城市交通规划利害关系人对于因为不合法的或变更的城市交通规划行为而对其自身权益造成的损害，请求城市交通规划的相关行政主体给予救济的权利。城市交通规划诉讼请求权是指城市交通规划利害关系人的权益受到违法的城市交通规划行为侵害时，依法向人民法院提起诉讼、人民法院对这种侵害行为导致的损害作出补救的权利。

获得赔偿的权利是指城市交通规划利害关系人在其合法权益被城市交通规划主体及其工作人员违法行使职权时造成损害，有权请求国家赔偿。我国《宪法》第41条和《国家赔偿法》第2条是请求行政赔偿的法定依据，城市交通规划利害关系人获得赔偿的权利的行使可以参考上述规定。获得补偿的权利是指合法城市交通规划行为的实施或变更损害了城市交规划利害关系人的合法权益，城市交通规划利害关系人由此请求相应的城市交通规划行政主体给予补偿的权利。

（二） 城市交通规划程序性权利及其法律救济

"程序的规则所以重要，正是由于在实体法上不能不给予行政机关巨大权力的缘故。"[1] 对于裁量空间广泛、实体法规制薄弱的城市交通规划而言，行政程序的"权利权力化"功能具有尤为重要的意义。"权利权力化"是指权利一旦参与权力的运行，便可转化为公权利。唯应注意的是，私人公权利主要限于程序参与权，其功能属性主要是程序上的制约，而非实体上的替代。通过对行政程序的直接参与，使传统的公民主要通过代议机关间接行使管理国家公共事务的权利大为转变，突破了传统的国家机关之间的内部监督和事后监督的行政控权模式，为控制行政权的滥用提供了新的视角。[2]

虽然我国城市交通规划立法并不完善，但在各地行政程序以及重大行政决策立法中，均将重要的区域规划、专项规划列为重大行政决策事项，适用公众参与、专家论证等五大法定决策程序。关于重大决策公众参与的规定，主要涉及公开内容、参与方式及时限等层面。我们认为，城市交通规划公众参与权的有效实现，有以下几个关键点：其一，公众遴选。除了开放式征求意见外，如果采取座谈会、论证会、听证会的形式，应当按照广泛性和代表性原则，分不同利益群体按比例确定公众代表。其二，公众范围。一些重大建设项目具有显著的外部负效应，例如，虽然决策机关是某区政府，但项目可能引起相邻行政区域的环境风险。对此，公众范围应不限于本行政区域内，而应当按照决策事项的影响范围确定。其三，参与时限。各地关于参与时限有两种规定方式：一是不作具体规定，由行政机关裁量把握；二是规定不得少于 20 日、15 日甚至 7 日。一般来说，时限越长，参与就会越充分，但同时也要兼顾行政效率。除了参与时限外，尽可能全面公开决策相关资料，提高公众对决策事项的了解程度，也可以补强公众参与的充分性、有效性。其四，参与效力。各地基本上都规定，决策机关应当采纳公众提出的合理意见，并对意见采纳情况作出说明。我们

---

① 王名扬：《英国行政法》，中国政法大学出版社 1987 年版，第 152 页。
② 马怀德主编：《行政程序立法研究》，法律出版社 2005 年版，第 40 页。

认为，决策机关应当充分尊重公众意见，不仅要说明采纳的意见，也要说明未采纳的意见及理由，并集中或逐一向公众反馈。

但在实践中，公众的规划参与权并未得到充分尊重，甚至被恣意对待。例如，规划部门信息公开渠道不畅，公众无法获知与交通规划相关的材料及说明；公众反馈意见后，并未得到有效回应，公众参与流于形式，等等。对此，各地重大行政决策立法虽然也设置了责任条款，但只是抽象地规定了责任倒查与终身责任制。作为内部责任追究形式，公众只能通过投诉、举报、信访等途径，间接推动追责程序的启动，对于规划参与权的救济极为有限。

在司法层面，规划参与权的救济同样面临着巨大障碍。根据《最高人民法院关于审理行政许可案件若干问题的规定》，公民、法人或者其他组织仅就行政许可过程中的告知补正申请材料、听证等通知行为提起行政诉讼的，人民法院不予受理，但导致许可程序对上述主体事实上终止的除外。据此，我国法院对于程序行政行为秉持着原则上不可诉、例外可诉的态度，只有事实上具有终局性，并实质影响相对人合法权益的程序行政行为才具有可诉性。与此形成对照的是，德国行政法院对于程序行政行为最初也采取附带审查的形式，一般不能单独提起诉讼。但近年来，德国联邦行政法院在少数例外情况下，也开始承认"绝对的程序权利"。利害关系人在程序法上有一个独立的法律地位，它与实体法无关；利害关系人诉权的取得不再需要与实体法地位相联系。至今，德国联邦行政法院承认具有"绝对的程序权利"性质的法定权利有：征收法中特定的程序规定，乡镇在航空法上的核准程序，自然保育团体在计划确定程序中的参与权利，等等。① 笔者认为，德国司法上发展出来的"绝对的程序权利"值得借鉴，对于规划参与权等程序性权利的保护具有重要的意义。

（三）城市交通规划补偿请求权及其法律救济

与其他类型的规划请求权相比，损失补偿属于财产保护范畴，并不会对公共利益造成挤压，因此对于规划相对人的权利保护具有更大的实益性。基于城市交通规划的复杂多样性，由其产生的财产损失也具有不同类

---

① 参见沈跃东《论程序行政行为的可诉性——以规划环境影响评价公众参与为视角》，《行政法学研究》2012 年第 3 期。

型。以城市交通规划的不同程序阶段为标准，将财产损失类型划分为确定、变更、中止中的财产损失，显得过于简单机械。在此，笔者回归最原始的思考方法，采取一种全新的类型化视角：第一，城市交通规划是否能够使相对人纯粹获利，如果这种纯粹获利继而被剥夺，相对人是否具有请求权；第二，考虑获利丧失的对立情形，即相对人原有财产权益被侵夺，对此，是否所有的财产权益一经侵害即应赔偿，还是存在某种不予赔偿与应当赔偿的界限。本部分即遵循这一思路，考察城市交通规划是否可能对相对人的合法权益产生影响，进而构成补偿法意义上的特别损失。

1. 不具有公法上请求权的反射利益

主观公权利是指公法赋予个人为实现其权益而要求国家为或者不为特定行为的权能；与此相对，反射利益是指法律在保护和增进公共利益的同时，在事实上给特定或不特定的私人所带来的利益。二者的本质区别在于：主观公权利遭受公权力侵害时公民可以请求司法救济；反射性利益属于法的反射性效果，而非法对特定的个人予以保护的权利，故不能成为法的救济对象。[①] 在此，笔者以广西荣和新城三期"绿地"纠纷事件[②]为例对此进行具体的分析。

广西荣和新城三期住宅小区绿化环境良好，2004 年 7 月，政府公告了江南堤路园工程的规划方案，根据该规划，江南堤路园工程将于 2004年 10 月开工，并有可能征用荣和新城三期部分沿江绿地。对此，荣和新城三期业主反响强烈，他们担心自己的生活环境将由"鸟语花香的花园"变成"车水马龙的道路"。为了保住小区的沿江绿地，业主冲击房产销售大厅和物业公司，致使开发商无法进行正常的经营。

荣和新城三期"绿地"纠纷事件发生后，在业主、政府相关职能部门、开发商的协调努力下，确立了解决问题的基本方案：政府原则上同意将荣和新城三期与规划中的白沙公园交界部分，按荣和新城三期状况保留，该项目占用的市政府规划道路用地调整出让给华联公司，由该公司按国家规定的程序到政府有关部门办理手续。关于荣和新城三期景江园沿江绿地的处理问题，也同意将荣和新城三期景江园内的城市道路调整修改为

---

① 参见杨建顺《日本行政法通论》，中国法制出版社 1998 年版，第 199 页。

② 华源：《房地产业走向规范道路坎坷——广西荣和新城三期"绿地"纠纷事件的深层思考》，《中国企业报》2004 年 12 月 13 日。

小区内部道路，由华联公司按国家规定的程序到政府有关部门办理手续。

事例中，业主对于绿地的诉求得到了最大限度的满足。政府调整了江南堤路园工程的规划方案，将荣和新城三期与规划中的白沙公园交界部分按荣和新城三期状况保留，也同意将荣和新城三期景江园内的城市道路调整修改为小区内部道路；南宁华联房地产开发有限公司则为此埋单，支付了该项目占用的市政府规划道路用地的出让金。但是，必须指出的是，业主对于沿江绿地并无"环境权"，仅仅享有优美绿化、清洁环境的反射利益，其诉求之所以得到满足，更多的是由于政府和开发商面对业主代表的"民意"所作出的让步。

申述之，作为实现行政目标的政策大纲性活动，城市交通规划一定是公共利益取向的。尽管其客观上可能给公民个人带来一定的利益，如政府规划在某地修建高速公路带动地价上涨，但这仅是城市交通规划的附随效果，相应的交通规划完全是为了公共利益的实现，而非以保护或增进个人利益为目的；个人因此享受的事实上的利益，应当属于反射性利益。因为交通规划基于各种现实因素和具体情形而制定，当现实情况发生变化，或者行政机关对相关情况未能作出完整正确的评价时，应当允许行政机关对规划作出变更和完善。例如，行政机关作出了在某地建设高速公路的规划，之后由于城市发展战略转变，取消了这一规划。此时，享受地价上涨利益的相对人是否能够请求法律救济？根据反射性利益的一般法理，自然应当作出否定的回答。

2. 财产权社会义务与扩张征收的分界

扩张征收是与财产权社会义务紧密相关的一个法律概念。财产权社会义务是财产权的应有之义，规定着财产权的内在边界；扩张征收则是对于财产权具体的剥夺或限制，其并非财产固有的内容，属于特别牺牲或损失，二者分别对应着无须补偿和应予补偿的财产限制。应当说明的是，扩张征收是由古典征收发展而来，随着征收概念内涵的不断延展，应予补偿的财产权限制、公权力附随效果损害等先后出现并成为扩张征收的行为类型，这也导致了征收和财产权社会义务界限的模糊。对此，笔者曾专门撰文讨论二者之间的界限判定问题，基本结论是，对私人财产权施加的限制如果妨害了财产权的具体内容即财产权权能，即超出社会义务的射程，成立扩张征收。

笔者认为，扩张征收性质的侵害是城市规划中最为重要的一种应补偿的财产损失类型。具体而言，只要公共规划不是在社会义务范围内对财产权施加一般的、抽象的限制，而是具体侵入了财产权的使用、收益或处分权能，均构成规划对财产权的征收性侵害。在此，笔者拟以《杭州市历史文化街区和历史建筑保护办法》（以下简称《办法》）相关条款为例，对这一问题进行更为具象的描述。

（1）对使用权的妨害

《办法》第 32 条规定，历史建筑的所有人、使用人应当严格遵循设计使用性质，不得擅自改变外观。笔者认为，以上规定妨害了建筑物所有权人对物的使用权。一般而言，只要不违反公序良俗，权利人即可依据自己的意志自由决定物的使用方式；然而，该条规定却对权利人施加了严格遵循设计使用性质的限制。如果历史建筑为传统商铺，而权利人并无经营打算；或者为宗教建筑物，而权利人并无相应的宗教信仰，则权利人根本无法"按照历史建筑的设计使用性质使用"，这无异于实质性剥夺了权利人对物的使用权。与此相对地，《办法》第 34 条规定的"户外设施设置应当与建筑立面相协调"即难以认为构成对使用权的妨害。这是因为，该条并非禁止权利人对建筑物户外空间的利用，只是对设置户外广告、招牌、照明等设施的行为进行了更为严格的控制，权利人所承受的，仅是一种更大程度的社会义务而非行为禁止义务。

（2）对处分权的妨害

《办法》第 20 条规定，重点保护的历史文化街区不得进行新建、扩建活动。第 21 条规定，在历史文化街区的风貌协调区内进行新建、扩建、改建时，应当在高度、体量、色彩等方面与历史文化街区风貌相协调。这两条主要规范建筑物权利人的事实处分权能。处分包括事实上的处分及法律上的处分，事实上的处分主要是指对物进行物理上的改进、消耗或毁损，建筑物的新建、扩建及改建均属于事实处分。《办法》第 20 条明确禁止权利人对建筑物进行新建、扩建，显然构成对其处分权能的妨害。《办法》第 21 条则恰恰弱化了对权利人事实处分权能的干涉，并不禁止协调区内建筑物的新建、扩建及改建，只是在高度、体量、色彩等方面作出了相应要求，这就退出了扩张征收的领域，重又回到财产权社会义务的范畴。

（3）对物权支配性的妨害

《办法》第 31 条规定，历史建筑的所有人、使用人应当按照具体保护要求负责修缮、保养历史建筑，并由所有人承担修缮费用。笔者认为，上述规定压缩了物权的绝对性以及权利人对物的直接支配。在法律上，权利人并无必须修缮建筑物的义务，除非建筑物的状况危及相邻人的人身、财产安全或公共安全。然而，《办法》却强制性地课以权利人修缮、保养建筑物的义务，这就侵犯了权利人按照自己的意志对物进行独立支配的权利。此外，"由所有人承担修缮费用"的规定无异于表明：政府强制权利人用私有财产负担修缮、保养历史建筑的义务，以保存历史文化遗产，增进公共福祉。这恰恰是特定主体为了维护公共利益而承受的特别牺牲，将之认定为征收性侵害，并无疑义。

3. 对"妨害营业权或经营权"的特别考察

随着城镇化建设、城市改造、城市更新的不断推进，城市轨道交通建设进入快行期。而在地铁规划建设过程中，工程施工封闭部分道路或区域，导致城市公共道路交通断流，造成周边商户经营损失的问题时有发生，备受社会关注。那么，地铁施工造成周边商户经营性损失是否构成本书所指的征收性侵害？笔者拟结合相关案例，对这一问题进行更为具体的观察。

案例一：刘绵春诉深圳地铁公司案。① 原告刘绵春在深圳蛇口租有五间商铺，而后又转租给他人经营。但租赁尚不到半年，由于深圳地铁2号线施工围挡和临时占地，商铺营业额直线下降，导致原告无法按期收到租金。原告认为，这一切都是因为地铁施工所致，遂以深圳地铁公司为被告向南山区法院提起诉讼，请求赔偿直接损失39.9万元。

南山区法院裁定认为，起诉事项涉及重大市政工程建设，关系到全体市民的公共利益，双方当事人产生的纠纷不属于法院民事案件的主管范围。原告不服该裁定提起上诉，深圳市中级人民法院经审理后作出裁定，驳回上诉，维持原裁定。之后，刘绵春直接向南山区政府提出32万余元的索赔要求，南山区政府认为，目前国家、省、市对地铁施工导致的经营损失应如何补偿均无明确规定，国家更没有相关补偿标准，无先例可循，因此拒绝了该索赔要求。

案例二：虹锦酒店诉上海轨交公司案。② 原告东湖之旅虹锦酒店诉

---

① 王丹丹：《修地铁5店关门索赔未果　绝食抗议》，《南方都市报》2009年10月19日。

② 顾文剑：《状告地铁施工影响生意　宾馆索赔600万》，《东方早报》2009年8月17日。

称：2007 年 3 月起，地铁 10 号线虹井路站开始施工。在施工期间，上海轨道交通 10 号线发展有限公司封闭了虹井路的路段，长约 1000 米，而宾馆正好位于这一路段内，导致宾馆进出只能依靠老虹井路。老虹井路既无路牌又无路灯，几乎处于"废弃状态"。因此，施工封路造成宾馆找寻的困难，并且噪声扰人，影响宾馆客户休息，这些因素严重影响了宾馆的正常经营，遂将轨交公司诉至法院并索赔 600 万元。

法院认为，结合旅馆房屋的租赁合同以及现场勘察所见，宾馆正门面对老虹井路，为利于宾馆的经营，才在该大楼边开设一个出入新虹井路的通道，而宾馆的实际经营地址、正门出入道路及临时通道均未处于轨交公司施工所需封闭的路段内。因此，轨交公司作为重大市政工程的建设单位，经相关部门批准后对部分路段封闭施工并无不当，不构成侵权。此外，虽然宾馆提供了经营状况不佳的相关证据，但该部分证据并不能也并不必然能证明经营状况为轨交公司的施工行为所致。因此，原告的诉讼请求并未获得法院的支持。

以上两个案例中，法院均对经营性损失的可主张性进行了否定。这一实务见解妥当与否，即取决于经营性损失的法律性质之厘定。根据《全民所有制工业企业法》及相关法律规定，经营权是指企业对国家授权经营管理的财产依法享有的占有、使用、收益、处分权利，具体包括以下14 项内容：经营决策权，产品、劳务定价权，产品销售权，物资采购权，进出口权，投资决策权，留用资金支配权，资本转让权，联营、兼并权，劳动用工权，人事管理权，工资奖金分配权，企业内部机构设置权，拒绝摊派权。由此可见，我国法律所确立的经营权并非商主体的一般性权利，而主要针对国有企业和集体企业，着重强调国家对企业经营活动的干涉和控制。因此，商户遭受的经营性损失并不属于妨害经营权的范畴。

此外，在德国法上，为强化对企业经营相关经济利益的保护，法院通过判例创设了所谓营业权，认为对于已经成立并实施的营业，应当承认存在一种可以被侵害的权利。营业权属于《德国民法典》第 823 条第 1 项所称的"其他权利"的一种，具有框架权性质，保护客体及于企业经营活动的整个范畴。但是，营业权概念本身便是受质疑的，始终难以摆脱法解释上的困境。因为根据大陆法系的民法原理，只有绝对权才能被侵害，而营业权显然不具有绝对权"排除一切他人对权利行使的干涉"的排他性和对世性，企业经营活动所涉及的商品、劳务、顾客、营业额和利润等要素经常变动，权利客体难以具体化，第三人也无法确定性地识别这些保护对象。据此，有学者认为："营业权已无继续存在的必要，其适用范围将被排除，而预备逐渐走向其本来应有的安静的死亡。"[①] 笔者认为，地铁工程封闭道路施工造成周边商户经营损失并非妨害经营权或营业权的侵权行为，而应当属于纯粹经济损失的范畴。根据《瑞典侵权行为法》的界定，纯粹经济损失是指不与任何人身体伤害或者财产损害相联系而产生的经济损失。尽管有些国家的立法或判例承认了纯粹经济损失的概念，但一般并未将之纳入侵权法的救济范围。这是因为，法律对于应当保护的利益，乃是区别权利和其他利益进行规范的。作为一种经济上的不利益，纯粹经济损失的责任数量及责任范围均难以确定，而侵权法的基本法理之一即为可预测性，行为人不必为无法预测的损失负赔偿责任。基于此，地铁施工周边商户遭受的经营损失并不构成征收性侵害，而是属于不具有请求权基础的纯粹性经济损失。

---

① 王泽鉴：《侵权行为》，北京大学出版社 2009 年版，第 319 页。

第三编
现代城市交通运输管理体制
及运行机制研究

第一章

我国城市交通管理体制的现状及其问题

一　我国城市交通行政管理体制的现状

党的十八大提出具有中国特色的"四化"目标，即坚持走中国特色新型工业化、信息化、城镇化、农业现代化道路，推动信息化和工业化深度融合、工业化和城镇化良性互动、城镇化和农业现代化相互协调，促进工业化、信息化、城镇化、农业现代化同步发展。新型城镇化既是实现工业化、信息化的主要载体，也是解决农业农村农民问题、推进农业现代化的重要驱动力量，具有重要的节点作用。而中心城市（指 4 个直辖市、27 个省会城市和大连、青岛、宁波、厦门、深圳 5 个沿海城市）是全国或区域政治、经济、文化、科技和商贸中心，是人流、物流、信息流的聚集地，在推动区域协调发展，培育新的经济增长极等方面具有特殊的地位和作用，也是我国新型城镇化建设的"关键"。

2014 年 3 月中共中央、国务院印发的《国家新型城镇化规划（2014—2020 年）》第十三章"强化综合交通运输网络的支撑作用"中，特别强调城市综合交通枢纽建设——"建设以铁路、公路客运站和机场等为主的综合客运枢纽，以铁路和公路货运场站、港口和机场等为主的综合货运枢纽，优化布局，提升功能。依托综合交通枢纽，加强铁路、公路、民航、水运与城市轨道交通、地面公共交通等多种交通方式的衔接，完善集疏运系统与配送系统，实现客运'零距离'换乘和货运无缝衔接"。中心城市是主要的交通枢纽城市，因此，推动新型城镇化规划要求的城市综合交通枢纽建设目标，就需要特别注重中心城市的交通管理体制改革。

目前，我国城市的交通管理体制大体可以分为三种模式：分散式管理、道路运输统一管理和综合管理。①

分散式管理模式仍然沿用条块分割、垂直领导的管理模式，代表城市有昆明、福州、南宁、杭州。在这种模式下，管理机构与职责表现为：城市交通运输局作为政府的组成部门，主要负责公路运输（货运、长途客运、郊区客运）、公路和场站规划建设以及水路交通运输的行业管理；市政公用局负责城市公交和城市客运出租汽车的管理；城建部门负责城区的道路规划与建设；公安部门负责城市市区内交通管理与控制。其特点为管理部门众多，各自职能相对单一，这虽然有利于细化管理，但也使部门间的协调配合难度加大，对运输市场的应变能力较低；职能交叉明显，行政效率低；管理职能突出，但服务功能相对较弱。

道路运输统一管理模式下的管理机构相对较为精简，管理职能相对集中，实现了城乡交通运输管理的一体化，提高了行政管理效率，代表城市有沈阳、哈尔滨、乌鲁木齐、西宁。在这种模式下，管理机构与职责表现为：城市交通运输局除负责公路规划建设和水路交通运输管理外，还负责对公路客运、城市公交和市域范围内的出租车进行统一管理；公安部门与交通部门分别负责有关的城市道路交通安全管理与控制。但其城市综合交通管理体制尚未建立，对各种运输方式的管理仍比较分散。

综合管理模式为"一城一交"的综合交通管理体制，代表城市有北京、广州、重庆、深圳、武汉。在这种模式下，管理机构与职责表现为：城市交通委员会或交通运输局除负责对道路（城市道路和市郊公路）、水路、城市公交、出租汽车的行业管理外，还承担对城市内的铁路、民航等其他交通方式的综合协调。其特点是实现了决策、执行、监督的分离，减少了管理层次，提高了管理效率，降低了管理成本；实现了城市交通发展战略、规划和决策的统一，为城市交通的全面、协调、可持续发展奠定了基础；实现了各种运输方式管理的协调和统一，基本消除了条块分割、部门分割带来的不利影响，整合了交通资源，有利于交通快速反应机制的建立和形成。

---

① 参见张文艳《浅析城市交通管理体制改革》，《交通企业管理》2011 年第 7 期。

二　我国城市交通管理体制的主要问题

（一）　新时期对城市交通运输发展的新要求

当前，我国新型城镇化建设对于中心城市交通管理体制变革提出了较为急迫的要求，特别是在国家层面已经建立起"一部三局"（交通运输部和国家铁路局、中国民航局、国家邮政局）的大部门体制，交通运输部统筹负责推进综合交通运输体系建设，统筹规划铁路、公路、水路、民航以及邮政行业发展，组织编制综合交通运输体系规划，组织起草综合交通运输法律法规草案，拟定综合交通运输标准。与此同时，部与国家局建立了运行协调机制。而在地方层面，交通运输大部门制体制机制改革正在不断深化，呈现出很多"地方特色"，有一半以上省（自治区、直辖市）基本建立起或正在建立综合交通运输协调机制。① 中央与省级层面的交通管理体制的"大部门"改革的稳步推进，已经对中心城市交通管理体制改革形成了较强的层级对应客观要求。

同时，我国当前的城市发展出现了两大新趋势，对发挥中心城市的交通枢纽作用，提出了新要求：一是城镇群的出现。由于城镇化发展和城市交通特征在城镇密集地区的迅猛扩展，冲击了既有的城市交通管理、建设、投资体制，也冲击着以公路为核心的城际交通组织模式，成为城市与城市交通发展矛盾最突出的表现。二是城乡统筹发展的趋势。城市郊区和周边地区在城市的带动下，城市化发展迅猛。在一定程度上，城乡的界限已逐渐模糊，特别是随着《城乡规划法》的颁布实施，统筹城乡发展将成为近阶段我国经济与社会发展的战略方向。城乡交通统筹发展是实现城乡统筹发展的重要环节，是正确处理城市发展与交通发展关系的又一新课题。

另外，随着我国城市化和机动化的快速发展，城市交通发展产生的交通拥堵、交通事故、环境污染和能源消耗等问题日益明显，给人们的生活造成了严重影响。交通拥堵、交通安全及交通污染问题，已经成为包括特大城市在内的大多数中心城市共同的"城市病"。2014 年 2 月 25 日，习

① 《省级综合交通运输大部门制改革蹄疾步稳》，http://www.moc.gov.cn/jiaotongyaowen/201611/t20161103_2108172.html。

近平总书记在视察北京市轨道交通指挥中心时，就特别强调治理交通拥堵的"城市病"——"如何解决好海量人口的出行问题是个大难题。要把解决交通拥堵问题放在城市发展的重要位置，加快形成安全、便捷、高效、绿色、经济的综合交通体系"。包括机动车尾气排放因素形成的"雾霾"，已经成为严重影响城市居民生活质量的问题，而机动车主"酒驾、醉驾"引发的交通安全问题也往往引发社会公众的普遍关注。

（二）城市交通行政管理体制存在的主要问题

目前，国家与省级层面推动的交通管理"大部制"改革，以及在中心城市集中表现的"交通拥堵""交通污染"及"交通安全"问题，需要中心城市交通管理体制作出相应的变革，以解决当下急迫的交通问题，发挥交通引领中心城市经济社会发展的积极作用。面对经济社会发展的新形势、新要求，中心城市现行的交通行政管理体制还有诸多不适应之处，主要表现在以下三个方面：

1. 城市交通管理主体分散，矛盾突出

各种运输方式管理主体不统一。目前，我国不同城市对公路、铁路、民航、管道、城市轨道交通、公共电汽车、出租车等不同运输方式的管理主体分散在不同部门，形成了不同类型的管理模式，包括"垂直管理模式""块块管理模式"和"条块并行模式"等，造成区域分割、部门分割、各自为政、衔接不畅，严重影响了综合运输总体效益的发挥。

2. 交通管理部门与政府其他相关部门的沟通协调机制不健全

多数城市的城市规划、交通基础设施建设与维护、客货运输和道路交通管理等职能分属规划、建设、公安、交通等不同政府部门，相互之间缺乏协调联动。突出表现在：一是交通规划与建设不协调，项目建设出于技术标准不同经常出现功能脱节和多头管理现象，不能形成高效畅通的道路体系；二是运输管理不协调，体现在交通管理部门的客运班线管理与建设部门（有的地方是市政或城管部门）负责的城市公交，以及与公安交管部门负责的交通秩序、停车管理和安全管理之间的矛盾，严重影响了城市交通系统运营效率的提升。

3. 城市交通难以对接城市群与区域一体化交通发展

按照国家新型城镇化规划要求，在城市群内部应建设以轨道交通和高速公路为骨干，以普通公路为基础，有效衔接大中小城市和小城镇的多层次快速交通运输网络。为了推进包括京津冀、长三角、珠三角区域一体化,"着力构建现代化交通网络系统,把交通一体化作为先行领域,加快构建快速、便捷、高效、安全、大容量、低成本的互联互通综合交通网络"①。但是,目前中心城市交通管理体制受制于行政区域界限,难以适应城市群及区域一体化发展的交通需求,需要有针对性地推动中心城市交通管理体制的变革。

---

① 2014 年 2 月 26 日,习近平总书记在北京京津冀协同发展会上的发言。参见《习近平为"城市病"开良方:治霾、治堵、治暴力有招》,《澎湃新闻》2015 年 12 月 25 日。

第二章

"大部制"与我国城市交通运输管理体制改革

一 中央交通运输"大部制"改革进程

"大部制",即大部门体制,就是在行政机构设置中,把多个部门分别承担的相同或者类似的职能归并为一个部门履行,减少部门职责交叉事项和多头管理,变部门之间协调为部门之内协调,[①] 从而提高行政效率,降低行政成本。"大部制"改革提法,首次出现在 2007 年 10 月召开的中国共产党十七大报告当中,其中明确提出"探索实行职能有机统一的大部门体制"[②]。随后,2008 年的中共中央十七届二中全会专门通过了《关于深化行政管理体制改革的意见》,对大部门体制改革的探索予以确认,拉开了"大部制"改革的大幕。作为中央和地方政府的重要组成部门,交通运输部门的行政体制改革成为探索实行大部门体制改革的一个重要领域。

纵观中央的"大部制"改革进程,我们发现,虽然"大部制"改革正式提出肇始于中国共产党十七大报告,但"大部制"改革的思想却早已在 20 世纪的数次政府行政机构改革中得到体现,只是不及当下明显和推行得迫切而已。

当然,我国交通"大部制"改革是在中央统一领导下进行的,虽然个别地方也采取了一些灵活的改革措施,但总体上和中央政府交通运输部门的改革步调保持一致。下面将从我国中央政府的数次交通部门的行政体

---

① 魏礼群:《积极稳妥推进大部门制改革》,《求是》2011 年第 12 期。

② 十一届全国人次一次会议审议通过的《国务院机构改革方案》明确提出:"这次国务院机构改革的主要任务是围绕转变政府职能和理顺部门职责关系,探索实行职能有机统一的大部门体制,合理配置宏观调控部门职能,加强资源环境管理机构,整合完善工业和信息化、交通运输行业管理体制,以改善民生为重点加强与整合社会管理和公共服务部门。"

制改革历史的角度，结合部分地方政府的自我实践特色，一探我国交通"大部制"改革的总体进程。自新中国成立以来，中央政府大规模的行政体制改革主要集中在改革开放前的 1949 年、1954 年、1966—1975 年三个时间点（段），以及改革开放后的 1982 年、1988 年、1993 年、1998 年、2003 年、2008 年、2013 年的七个时间点（段）。但由于本书是以交通运输管体制改革为重点，而交通运输管理体制的改革虽然与中央政府整个行政体制改革进程相并行，却在自身的变革中具有自己的历史面貌。因此，下面将在中央政府总体的行政体制改革历史框架下，结合交通体制改革特有的时间轴展开论述，主要分为改革开放前期、2008 年以及 2013 年三个时间段（点），其中也将穿插对改革开放之后到 2008 年之间的论述。

（一）　改革开放前期的交通运输管理体制沿革

新中国成立至改革开放，中央政府进行了多次较大规模的行政体制改革，取得了一定的效果，但却不断陷入"膨胀—精简—膨胀"的怪圈。[①]这是因为，这段时期内，我国实行的是高度的计划性经济体制，依靠行政手段来配置资源和主宰经济活动，本应由市场和企业承担的种种经济职能被集中到政府，这必然导致政府行政机构的不断细化和不断膨胀，机构改革在分权和集权之间徘徊。[②] 在这种总体框架下，交通部门的体制改革也难于置身事外，主要是交通部和民航、邮政、铁路以及其他交通运输部门的分分合合、不断调整。即使是到改革开放之后的行政体制改革中，依然

[①]　在这段时期内，中央政府主要经历了 1951—1953 年、1954—1956 年、1956—1959 年、1960—1965 年、1966—1975 年以及 1976—1981 年六个时期的行政体制改革：1951 年 12 月，政务院作出《关于调整机构紧缩编制的决定（草案）》，进行了新中国成立以来第一次机构改革。到 1953 年底，政务院工作部门增加到 42 个；1954 年，依法成立的国务院开始增设机构，到 1956 年，机构总数达 81 个，形成了新中国成立以来政府机构数量的第一次高峰；1959 年，国务院工作部门又作了进一步调整和撤并，到同年年底，国务院设 39 个部委，21 个直属机构和办事机构，机构总数达 60 个；1966—1975 年，因为"文化大革命"，政府机构发生非正常的大变动。1970 年，国务院的 79 个部门撤销合并为 32 个，其中 13 个还由部队管理，达到新中国成立以来中央政府机构数的最低点。1975 年，邓小平主持国务院工作，并对各领域进行整顿，与之相适应，国务院工作部门恢复到 52 个；1976—1981 年因为社会经济发展的需要国务院机构数量有所扩张，到 1981 年，国务院的工作部门增加到 100 个，达到新中国成立以来的最高峰。参见杨兴坤《大部制：雏形、发展与完善》，中国传媒大学出版社 2012 年版，第 26—27 页。

[②]　参见陶学荣、陶睿《中国行政体制改革研究》，人民出版社 2006 年版，第 86 页。

是这样的"矛盾"。①

1. 1949年的部门初设。交通部是历史悠久的中央部门。早在1949年新中国成立的前夕，即1949年9月27日，中国人民政治协商会议第一届全体会议通过《中央人民政府组织法》就设立了中央人民政府交通部，归属政务院，成为其30个部委机构的一员。在事权上，当时的交通部主要负责全国的水运、公路和民间交通运输工作。同时设置的还有铁道部和邮电部，分管铁路和邮政电信事务，亦属政务院组成部门。② 这三个部门皆受当时政务院设立的四个委员会之一的财政经济委员会指导。③ 当时尚未设立民用航空部门。

2. 1954年改革。1954年9月，第一届全国人民代表大会召开，制定了《国务院组织法》，政务院结束历史使命，改为国务院，并划出法院、检察院。随即中央决定，将原中央人民政府交通部改称为中华人民共和国交通部，铁道部和邮电部相应变更，但三部门事权不变，隶属国务院。

同一年的11月，为发展民用航空业务，国务院特设立了中国民用航空局，作为国务院的直属机构，属军委系统建制。而后在1958年3月的一届全国人大常委会第九十五次会议上，通过了国务院总理的提议，中国民用航空局从国务院直属机构变成了交通部的部属局。然而，这种情况只保持了4年。1962年，中央为强化对民用航空的领导，将中国民航局又从交通部门撤出，重新改为国务院直属机构，并更名为中国民用航空局。

3. 1966—1975年改革。1966—1975年"文化大革命"期间，政府机构发生非正常的大变动。交通部门大的变化发生在1969年。该年11

---

① 新中国成立初至改革开放间，交通部门的机构改革具体进程可以参见石亚军主编《透视大部制改革：机构调整、职能转变、制度建设实证研究》，中国政法大学出版社2010年版，第72页。

② 参见《国家部委60年——历数机构改革中被撤销和新组建的部委》，详见人民网（ht-tp://politics. people. com. cn/GB/1025/9893075. html）。

③ 其他三个委员会分别是政治法律委员会、文化教育委员会、人民监察委员会。政治法律委员会指导内务部、公安部、司法部、法制委员会和民族事务委员会的工作；文化教育委员会指导文化部、教育部、卫生部、科学院、新闻总署和出版总署的工作；财政经济委员会除了指导铁道部、邮电部、交通部三个部之外，还指导财政部、贸易部、重工业部、燃料工业部、纺织工业部、食品工业部、轻工业部、农业部、林垦部、水利部、劳动部、人民银行和海关总署的工作；人民监察委员会则负责监察政府机关和公务人员是否履行其职责。

月，经国务院和中央军委的批准，由原来相互并立的铁道部、交通部以及邮电部的邮政部门机构进行合并，组成了新的交通部。至此，交通部的事权从单一的水运、公路以及民间交通运输扩大到了铁路、邮政事务。初显交通"大部制"的特点。

然而，这样的情况并没有保持多久。1973 年 3 月，中央又重新将邮政部门从交通部门划出，与之间的电信部门合并，恢复邮电部。而 1975 年 1 月，四届全国人大常委会第一次会议更将交通部门设为铁道部和交通部，成立独立的交通部和铁道部。这样的情况一致保持到 2013 年。

1969 年 11 月，中国民用航空总局被调归空军领导，称为空军的组成部门。1980 年后又恢复称为国务院直属机构，统一管理全国民用航空机构、人员和业务，并且逐渐实现企业化管理，向现代民用航空事业发展。

从以上历史叙述可以看出，新中国成立初至改革开放前这段时期内，整个国家行政机构的体制改革体现出明显的计划经济体制的味道，数量庞大，部门细致。经济基础决定上层建筑，即使经过数次的机构改革，只要不摆脱计划经济的一贯体制，整个机构的改革也必然走上"膨胀—精简—膨胀"的怪圈。交通部门也是如此，整个发展历程无非就是和铁路、民航、邮政的融合、分离。当然，从交通"大部制"的角度看，1969 年形成的交通部、铁道部以及邮电部的邮政部门机构之间的合并却是体现了实质意义上的"大交通"体制，但这是计划经济体制下的短暂而偶然的巧合，与 2008 年开启的以追求政府职能转变、政企分开等的"大部制"改革有着思想与理念上的不同取向，是截然不同的路径。

（二）改革开放至 2008 年间的交通运输管理体制改革

1978 年，党的十一届三中全会作出了将党的工作重心转移到社会主义现代化建设上来，改革开放大幕拉开。我国原有的计划经济体制逐步被打破。然而，新的经济形势与旧的行政管理体制的矛盾却十分突出，一方面，新政策具有市场导向性，客观要求管理体制有更多的灵活性和自主性；另一方面，旧体制以传统的管理功能和管理手段，阻碍对新政策的实施。[①] 为解决行政体制与经济发展之间的矛盾，中央在改革开放至 2008

---

① 参见汪玉凯《中国行政体制改革 20 年的回顾与思考》，《中国行政管理》1998 年第 12 期。

年间进行了五次较大规模的政府机构改革,分别是 1982 年、1988 年、1993 年、1998 年以及 2003 年。而强化旧体制执行新政策,是 1982 年以前的基本特征。①

1982 年的机构调整是改革开放后的第一次行政体制改革。1982 年 1 月中央政治局召开会议,讨论国务院机构精简问题,指出精简机构是一场革命,是对体制的革命。1982 年 2 月 22 日五届全国人大常委会举行第二十二次会议,通过了《关于国务院机构改革问题的决议》。机构改革后,国务院所属部委、直属机构和办公机构由 100 个裁并调整为 61 个。1988 年 4 月 9 日,七届全国人大第一次会议通过了《关于国务院机构改革问题方案的决议》,再次进行了机构改革,首次提出了转变政府职能的要求,紧密地与经济体制改革结合起来,并开始实行定职能、定机构、定编制的"三定"方案。1992 年 10 月,党的十四大明确提出经济体制改革的目标。1993 年 3 月,党的十四届二中全会讨论通过了机构改革方案,这是第一次在中央全会上讨论通过机构改革方案。随后,八届全国人大第一次会议审议通过了《国务院机构改革方案》。此次机构改革是市场经济体制下的首次改革。1998 年 3 月 10 日,九届全国人大第一次会议批准了《国务院机构改革方案》,首次在理论上提出了"行政体制改革"的概念。2001 年,中国加入世贸组织,为适应这一变化,2003 年 3 月 10 日,十届全国人大第一次会议通过了《关于国务院机构改革方案的决议》,改革的重点在于国有资产经营管理、金融监管等经济领域。②

从以上信息不难看出,这五次改革的目标是实现计划向市场的转移,是在经济体制改革的引领下进行的。这个过程中,国务院的机构发生了巨大变化,然而,在这五次大的行政体制改革中,交通部门却异常的沉默,称谓、职能、机构基本未发生变化,主要职能依然是领导和管理全国水路、公路交通工作。即便如此,在以经济改革为导向的政府机构变迁中,交通方面的事务却出现了市场化的变革倾向,并经历了交通运输市场化改革的探索阶段(1978—1991 年)、交通运输市场化改革的推进阶段(1992—2001 年)以及交通运输市场化改革的深化阶段(2002 年至今)

---

① 参见汪玉凯《中国行政体制改革 20 年的回顾与思考》,《中国行政管理》1998 年第 12 期。

② 各阶段国务院机构具体的改革情况可参见中国机构编制网:http://www.scopsr.gov.cn/zlzx/zlzxlsyg/201203/t20120323_ 35156. html。

三个阶段。①

　　交通管理体制改革的重要内容就是实现政企分开，也是交通运输市场化的重点。在横向上，交通部门逐渐在铁路、公路、水运、航运四个方面推行政企分开，交通主管部门不再直接干预企业的市场经营，更多实行"自主经营、自负盈亏、自我改造、自我发展"的管理体制，以扩大企业经营自主权。② 政府职能进一步向行业管理和公共服务职能转变。

　　在纵向上，中央交通部门逐渐将部分事权下放至地方，扩大了地方政府的管理权限，使地方政府的积极性得到极大提高。比如，1984—1987年，国家对主要港口管理体制进行重大改革，除秦皇岛港仍由交通部管理外，沿海和长江干线其余 37 个交通部所属港口均下放地方，实行"中央和地方政府双重领导，以地方政府管理为主"的管理体制。③

　　其间，交通部门还与公安部门产生了事权的交叉关系变化，比如，1986 年 10 月，国务院下发《关于改革道路交通管理体制的通知》，决定全国城乡道路交通由公安机关统一管理。1986 年 12 月 31 日，公安部成立交通管理局。④

（三）2008 年交通运输"大部制"改革推行

　　改革开放至 2008 年间的 30 年行政体制改革，是在经济体制改革、建立市场经济目标下进行的，目的是解决政府和市场之间的关系，重点在于政企分开。经过这 30 年的调整，我国政府机构的行政体制改革取得了巨大的成就，政府机构确实得到了大幅度的精简，政企不分、政资不分的问题得到了很大的改观，市场得到了解放，改革开放 30 年的经济高速增长就是力证。然而，其中依然存在许多问题：随着经济的发展，社会公共事务变得越来越复杂多样，很多公共事务并非单一的政府部门能够有效应对和有效解决的，需要政府多个部门的协作联动。而且，我国的市场经济体

---

　　① 参见樊桦《我国交通运输管理体制改革的回顾和展望》，《综合运输》2008 年第 10 期。

　　② 比如，2000 年 4 月，经国务院批准，铁道部与中国铁路工程总公司、中国铁路建筑总公司、中国铁路机车车辆总公司、中国铁路通信信号总公司和中国土木工程集团公司实施政企分开。

　　③ 参见樊桦《我国交通运输管理体制改革的回顾和展望》，《综合运输》2008 年第 10 期。

　　④ 参见公安部交通管理局《改革创新谱新篇 与时俱进铸辉煌——道路交通管理体制改革二十年回顾与展望》，《道路交通管理》2008 年第 2 期。

制框架逐步建立，政府更加强调宏观管理，弱化微观管理，更加注重综合管理，减少专业管理。① 同时，政府职能转变还不到位，组织结构上存在机构设置不合理、行政层次偏多、职责交叉等问题。正如时任国务委员兼国务院秘书长华建敏，在 2008 年 3 月向十一届人大第一次会议所作的《关于国务院机构改革方案的说明》中指出"政府职能转变还不到位，对微观经济活动干预仍然过多，社会管理和公共服务有待进一步加强；政府机构设置还不尽合理，部门职责交叉、权责脱节和效率不高的问题比较突出；有些方面权力仍然过于集中，且缺乏有效监督和制约，滥用职权、以权谋私、贪污腐败等现象仍然存在"②。为此，党的十七大报告正式提出要建立有机统一的大部门体制。2008 年 2 月的十七届二中全会讨论通过了《关于深化行政管理体制改革的意见》，再次提出要实行职能统一的大部门体制。2008 年 3 月召开的十一届全国人大第一次会议审议通过了《国务院机构改革方案》，以转变政府职能的政府机构"大部制"改革大幕正式拉开。

与改革开放后的前五次机构改革不同，以往历次政府机构改革较为重视政府与市场边界的划分，但却相对忽视了政府职能在机构间的配置，造成了政府部门设置过细、综合协调困难、管理成本过高等问题，实际上阻碍了政府职能的转变。③ 此次"大部制"改革的任务就是要围绕转变政府职能、理顺部门职责关系，解决前五次改革遗留的重大问题。④

与以往机构改革"漠视"交通部不同，此次"大部制"改革对交通运输行业进行了一次大幅度的调整，交通运输逐渐走向"大交通"

---

① 参见杨兴坤《大部制：雏形、发展与完善》，中国传媒大学出版社 2012 年版，第 40 页。
② 详见财经网《华建敏：关于国务院机构改革方案的说明》，3 月 12 日，http：//www.cai-jing.com.cn/2008 - 03 - 12/100052080.html。
③ 周天勇等：《中国行政体制改革 30 年》，格致出版社、上海人民出版社 2008 年版，第 48—49 页。
④ 华建敏在 2008 年 3 月向十一届人大一次会议所作的《关于国务院机构改革方案的说明》中指出，"这次国务院机构改革的主要任务是，围绕转变政府职能和理顺部门职责关系，探索实行有机统一的大部门体制，合理配置宏观调控部门职能，加强能源环境管理机构，整合完善工业和信息化、交通运输行业管理体制，以改善民生为重点加强与整合社会管理和公共服务部门"。详见财经网《华建敏：关于国务院机构改革方案的说明》，3 月 12 日，http：//www.caijing.com.cn/2008 - 03 - 12/100052080.html。

体制。①《关于国务院机构改革方案的说明》明确指出，"组建交通运输部。将交通部、中国民用航空总局的职责，建设部的指导城市客运职责，整合划入该部。交通运输部的主要职责是，拟定并组织实施公路、水路、民航行业规划、政策和标准，承担涉及综合运输体系的规划协调工作，促进各种运输方式相互衔接等。同时，组建国家民用航空局，由交通运输部管理。为加强邮政与交通运输统筹管理，国家邮政局改由交通运输部管理。考虑到我国铁路建设和管理的特殊性，保留铁道部。不再保留交通部、中国民用航空总局"。此举延续了新中国成立以来，交通部门与民航、邮政、铁路的分分合合改革的总格局，也历史性地同时面向未来地实现了交通运输行业的大整合，而不是一种分分合合的反反复复。

为具体贯彻落实党中央《关于深化行政管理体制改革的意见》以及全国人大《国务院机构改革方案》所提出的"大部制"改革总体方向及"大交通"改革路径，中央发布了《国务院办公厅关于印发〈交通运输部主要职责内设机构和人员编制规定〉的通知》的通知，《交通运输部主要职责内设机构和人员编制规定》的"三定"方案正式得到确定，对原交通部改革具体内容，包括职责、机构设置及人员编制作了详细的安排。

1. 机构组成方面的变化

在内设机构上，新组建的交通运输部在原交通部基础上，增设了安全监督司（应急办公室）② 和道路运输司③（出租汽车行业指导办公室），

---

① 这次政府机构改革，除了组建交通运输部之外，还组建了国家能源局（隶属国家发改委）、工业和信息化部（整合了国家发展和改革委员会的工业行业管理有关职责，国防科学技术工业委员会核电管理以外的职责，信息产业部和国务院信息化工作办公室的职责，国家烟草专卖局也改由其管理，新增下级机构国家国防科技工业局）、人力资源和社会保障部（整合人事部、劳动和社会保障部的职责，新增下级机构国家公务员局）、环境保护部以及住房和城乡建设部，同时将国家食品药品监督管理局改由卫生部管理。参见《国家部委60年——历数机构改革中被撤销和新组建的部委》，详见人民网（http://politics.people.com.cn/GB/1025/9893075.html）。

② 增设的安全监督司由原分别设于海事、公路和水运等职责部门的安全处以及原交通部安委会和部应急办公室整合而来。主要职责包括：拟定并监督实施公路、水路安全生产政策和应急预案；指导有关安全生产和应急处置体系建设；承担有关公路、水路运输企业安全生产监督管理工作；依法组织或参与有关事故调查处理工作；组织协调国家重点物资运输和紧急客货运输；承担国防动员有关工作。

③ 主要职责包括：承担城乡道路运输市场监管，指导城市客运管理，拟定相关政策、制度和标准并监督实施；承担运输线路、营运车辆、枢纽、运输场站等管理工作；承担车辆维修、营运车辆综合性能检测、机动车驾驶员培训机构和驾驶员培训管理工作；承担公共汽车、（转下页）

并将原公路司、水运司更名为公路局和水运局，体改法规司则更名为政策法规司，同时设立机关党委和离退休干部局，[①] 从而在原交通部"10 + 2"的基础上形成"12 + 2"的架构。[②]

以上是交通运输部内设机构的变化，而就机构之间的调整来看，《交通运输部主要职责内设机构和人员编制规定》明定，原隶属国务院的国家局——中国民用航空总局更名为中国民用航空局划归交通运输部管理，原国家邮政局划归交通运输部管理。这是此次交通运输体制相对于前几次机构改革中最大的变化，最能凸显交通运输行业"大部制"倾向和特色，迈开了向"大交通"转变的步伐。然而，遗憾的是《交通运输部主要职责内设机构和人员编制规定》并没有将历来饱受诟病的铁道部划入交通运输部，这也成为 2008 年交通运输行业"大部制"推行留下的"遗憾"，[③] 当然，这也促成了 2013 年交通运输行业"大部制"改革的深化。

2. 职能方面的变化

机构的变化带来的就是职能的调整。《交通运输部主要职责内设机构和人员编制规定》对新组建的交通运输部的职能调整做了较为详尽的规定，主要包括以下七点：

第一，将原交通部的职责，原中国民用航空总局的拟定民航行业规划、政策和标准职责，原建设部的指导城市客运职责，整合划入交通运输部。

（接上页）城市地铁和轨道交通运营、出租汽车、汽车租赁等的指导工作；承担跨省客运、汽车出入境运输管理；按规定承担物流市场有关管理工作。参见国务院办公厅《关于印发交通运输部主要职责内设机构和人员编制规定的通知》。

① 其他内设机构包括办公厅、综合规划司、财务司、人事劳动司、科技司、国际合作司以及公安局。

② 参见石亚军主编《透视大部制改革：机构调整、职能转变、制度建设实证研究》，中国政法大学出版社 2010 年版，第 73 页。

③ 虽说 2008 年拉开的交通运输"大部制"改革大幕，考虑到中国铁路建设和管理的特殊性，保留了铁道部，但加快形成综合交通运输体系已经成为交通运输行政管理体制改革的明确方向，铁道体制的改革也被要求继续推进。这从国务院办公厅《关于印发铁道部主要职责内设机构和人员编制规定的通知》的文件中可以看出。其明确提出，"在本届政府任期内提出铁路体制改革方案及配套政策，并积极推进"。由此可见，在管理体制上将铁路整合到综合交通运输体系之中已经方向明确，剩下的只是改革的时机和步骤的问题。参见贾义猛《大部门体制改革：从探索实行到坚定推进——以铁路和交通运输行政管理体制改革为例》，《行政管理改革》2011 年第 11 期。

第二，取消已由国务院公布取消的行政审批事项。

第三，取消公路养路费、航道养护费、公路运输管理费、公路客货运附加费、水路运输管理费、水运客货运附加费六项交通规费的管理职责。

第四，将组织推广公路水路行业设备新技术、协调闲置设备调剂等职责交给事业单位，将港口企业与国际港口组织联络等工作交给有关行业协会。

第五，加强综合运输体系的规划协调职责，优化交通运输布局，促进各种运输方式相互衔接，加快形成便捷、通畅、高效、安全的综合运输体系。

第六，加强统筹区域和城乡交通运输协调发展职责，优先发展公共交通，大力发展农村交通，加快推进区域和城乡交通运输一体化。

第七，继续探索和完善职能有机统一的交通运输大部门体制建设，进一步优化组织结构，完善综合运输行政运行机制。

除此之外，《国务院办公厅关于印发〈交通运输部主要职责内设机构和人员编制规定〉的通知》在"其他事项"部分的规定还涉及了交通运输部与其他相关部委在交通运输事务方面的行政协调机制，主要包括：

第一，中国海上搜救中心设在交通运输部，负责组织、协调和指挥重大海上人命搜救、船舶污染事故和重要通航水域清障等应急处置工作，承担国家海上搜救应急反应机制有关具体工作。

第二，由交通运输部牵头，会同国家发展和改革委员会、铁道部等部门建立综合运输体系协调配合机制。交通运输部会同有关部门组织编制综合运输体系规划，承担涉及综合运输体系规划有关重大问题的协调工作。国家发展和改革委员会负责综合运输体系规划与国民经济和社会发展规划的衔接平衡。

第三，城市地铁、轨道交通方面的职责分工。交通运输部指导城市地铁、轨道交通的运营；住房和城乡建设部指导城市地铁、轨道交通的规划和建设。两部门要加强协调配合，确保城市地铁、轨道交通规划与城市公共交通整体规划的有效衔接。

虽然 2008 年交通运输行业的"大部制"改革方案存在遗憾，但在机构设置调整、职能职责的调设等方面更加科学和合理，有效地促进了政府职能的调整和行政职责的理顺，为提高行政效率作出了巨大贡献。

相对于中央，地方也在开展"大部制"的改革推进活动。《关于深化行政管理体制改革的意见》就要求，"在中央的统一领导下，鼓励地方结合实际改革创新"。可见，中央精神明确了改革既要坚持原则性，又强调灵活性，这为地方因地制宜改革预留了广阔的探索空间。

2008 年启动的机构改革与在国务院内部组建交通运输部并保留铁道部的改革方案不同，在各级地方政府机构改革的过程中，积极组建包括管理公路、铁路、轨道、水运、空运等全部运输环节在内的统一的大交通运输行政管理部门成为地方大部门体制改革的一个亮点和创新之处，①成为与中央改革相辉映的地方强音。

比如重庆市。②重庆市早在 2000 年就率先开始构建"大交通"管理体制。③根据中共中央、国务院批准的《重庆市党政机构改革方案》以及重庆市委、市政府《关于重庆市党政机构改革方案的实施意见》，重庆市政府将原市交通局、市公路局、市港口局、市计委、市经委等有关部门的交通运输管理职能进行整合，组建重庆市交通委员会，作为市政府组成部门。由其主管全市城乡公共客货运输及公路、水路交通基础设施建设和行业管理，同时负责协调铁路、航空、邮政等其他交通运输行业。随着2008 年"大部制"改革浪潮的兴起，重庆市再次印发"三定"方案，对交通委员会的职责作了调整，进一步优化了重庆市交通运输行业的行政管理体制。现今，重庆市实施"大交通"体制已经十多年，相对于中央，其交通运输管理体制更加成熟，内部机构设置、职能职责细化等更加合理。

（四）2013 年交通运输"大部制"改革深化

2008 年拉开的"大部制"改革帷幕成为新一轮政府部门行政体制改革的起点。2012 年 11 月，胡锦涛总书记在中国共产党第十八次全国代表大会的工作报告中再次提出，"要按照建立中国特色社会主义行政体制目标，深入推进政企分开、政资分开、政事分开、政社分开，建设职能科

---

① 贾义猛：《大部门体制改革：从探索实行到坚定推进——以铁路和交通运输行政管理体制改革为例》，《行政管理改革》2011 年第 11 期。

② 比较典型的还有深圳、成都等，下文将重点撷取几个地方市，作进一步的论述。详见下一部分"国内交通运输''大部制'改革经验借鉴"。

③ 参见石亚军主编《透视大部制改革：机构调整、职能转变、制度建设实证研究》，中国政法大学出版社 2010 年版，第 79 页。

学、结构优化、廉洁高效、人民满意的服务型政府，稳步推进大部门制改革，健全部门职责体系"①。为全面落实十八大报告精神，延续 2008 年中央提出的政府行政机构"大部制"改革思路，2013 年国务院采取了深化改革措施，对 2008 年改革后形成的政府体制进行调整，进一步推动了"大部制"的形成。此次改革依然以职能转变为核心，继续简政放权、推进机构改革、完善制度机制、提高行政效能。

"大交通"体制成为这次"大部制"改革的重点之一，核心就在于完成 2008 年"大部制"改革时遗留下来的问题——铁道部。根据党的十八大和十八届二中全会精神，深化国务院机构改革和职能转变的方案。2013 年 3 月 14 日，十二届全国人民代表大会第一次会议审议通过了《国务院机构改革和职能转变方案的决定》。其中，交通运输业务行政体制得到重大调整。而关键之处则在于实现铁路部门的"政企分开"。

1. 机构的变化方面

《国务院机构改革和职能转变方案的决定》明确指出，不再保留铁道部。② 同时，组建国家铁路局，由交通运输部管理；组建中国铁路总公司，承担铁道部的企业职责。至此，历经 60 多年历史的铁道部走向终结。交通运输部在原有的"12＋2"内设机构基础上新增国家铁路局，形成了"13＋2"的机构格局。

2. 职能的变化方面

原铁道部在职能方面囊括了铁路的建设、经营以及行政管理职责，此次推行的铁道部门"政企分开"引起了较大的职能变动。③

首先，将铁道部拟定铁路发展规划和政策的行政职责划入交通运输部。交通运输部统筹规划铁路、公路、水路、民航发展。

其次，组建国家铁路局，由交通运输部管理，承担铁道部的其他行政职责，负责拟定铁路技术标准，监督管理铁路安全生产、运输服务质量和

---

① 参见胡锦涛《坚定不移沿着中国特色社会主义道路前进，为全面建成小康社会而奋斗——在中国共产党第十八次全国代表大会上的报告》。中国时政网（http：//news. china. com. cn/politics/2012－11/20/content_ 27165856. htm）。

② 此次改革还组建了国家卫生和计划生育委员会、国家食品药品监督管理总局、国家新闻出版广电总局，同时重新组建了国家海洋局以及国家能源局。

③ 详见中国机构编织网《2013 年国务院机构改革的情况》，http：//www. scopsr. gov. cn/zlzx/zlzxlsyg/201409/t20140929_ 266637. html。

铁路工程质量等。

最后，组建中国铁路总公司，承担铁道部的企业职责，负责铁路运输统一调度指挥，经营铁路客货运输业务，承担专运、特运任务，负责铁路建设，承担铁路安全生产主体责任等。

至此，交通运输部的职能在 2008 年机构改革基础上，进一步涵盖了铁路行政管理事务，综合交通运输体系逐渐形成。

当然，铁路部门的"政企分开"虽然形成，但铁路企业改革尚需时日，对此，《国务院机构改革和职能转变方案的决定》指出，"国家继续支持铁路建设发展，加快推进铁路投融资体制改革和运价改革，建立健全规范的公益性线路和运输补贴机制，继续深化铁路企业改革"。

（五）改革历程中的理念转换：从管理型政府走向服务型政府

新中国成立至今，交通行政体制经历了复杂的变迁，始终围绕着交通部门与铁路、水运、航空、公路、邮政之间的分分合合，尤其是在改革开放前，几次行政机构改革表现得更加明显。然而，通过观察，我们发现，改革开放后交通部门逐渐与铁路、水运、航空、公路、邮政等部门合并，虽然跨越了 30 多年，但并没有出现分分合合的周而复始。或许，其中的情况复杂，但只要把握住改革前后政府行政理念的变化，我们便可清晰地掌握其中的奥秘。

我们知道，改革开放前我国实行的是计划经济体制，政府的行政之手触及社会的方方面面，事无巨细皆决于行政。人们"从摇篮到坟墓"都在政府的关照之下，此时政府行政的理念自然而然地就体现着"管理"的色彩。在这样的现实之下，行政机构的设置必然是多而细，而且，不论如何改革，只要"管理"的色彩不变，行政机构必然是臃肿的。

而随着改革开放的到来，经济体制逐渐从计划经济走向了市场经济。市场经济是一种自由经济、法治经济，这就要求政府的手不能过度地触碰市场，以释放人们的活力。在这样的背景下，政府的行政理念必须发生较大转换，由"管理型"政府走向"服务型"政府，这是市场经济发展的必然趋势。为此，2004 年，我国政府就为行政改革确立了建设服务型政府的总体目标。在这样的理念之下，政府机构改革的目标必须是提高行政效率，实现政企分离，从而满足经济体制的转换及市场经济建设的需要。实现交通运输体系综合的交通"大部制"改革也就应运而生。而且不会出现改革开放前交通运输管理行部门的分分合合，因为我们很难想象如今实行的中国特色市场经济体制会向计划经济转换。我们在行政改革过程中每一项措施的选择，都应当朝着服务型政府建设的方向前进一步。甚至可以这样说，我国政府在行政改革方面所作出的一切努力都必须是走向服务型政府的行动，建立服务型政府的总目标就是衡量行政改革的尺度，凡是有利于服务型政府建设的行动，就是积极的，否则，就可能是走了弯路。①

二　国内交通运输"大部制"改革经验借鉴

（一）深圳市

深圳市是我国对外开放的前沿，也是对内改革的全国排头兵。在深圳人的骨子里仿佛天生就有一种时时思变的蜕变精神，不仅仅在经济体制改革方面，行政体制改革也是领先于全国，其中最抢眼的莫过于深圳"大交通"体制的建立。深圳市的交通用地所占比例相对较少，路网密度也很低，②就在这样资源短缺、交通承力低下的严峻形势下，深圳市却有着高效率的交通管理机制，这离不开深圳"大交通"体制的运转，而"大交通"体制的建立则离不开历史的摸索。

1. 深圳市交通运输管理体制改革历程

深圳交通行政体制改革肇始于改革开放初期，并且体现着更加浓厚的经济体制改革韵味。1982年1月，深圳市政府在其办公厅内设立了工业交通工作处，统一负责全市交通、邮电行业的管理工作。而且，在经济体制改革的影响下，深圳市甚至将原来管理交通、邮电的职能机构转变为独立核算的经济实体。最典型的是把市公路局改为市公路公司，把市交通局改为市交通运输公司。这样的改革在现在看来也让人觉得不可思议，有种矫枉过正的感觉。

① 张康之：《走向服务型政府的"大部制"改革》，《中国行政管理》2013年第5期。

② 即使在最近的2010年，深圳市交通用地面积仅占建设用地的16%，远低于中国香港和新加坡。深圳市路网密度低，仅为新加坡的60%。深圳市轨道交通二期建成后轨道网密度达到0.09km/km²，远低于中国香港的0.3 km/km²和新加坡的0.19km/km²。参见陆静《深圳：优化综合交通管理体制》，《运输经理世界》2010年第8期。

1984 年，深圳市政府开始率先进行大交通管理体制改革，采取措施将办公厅内部的交通指挥部撤销，同时成立市政府办事机构——市政府交通办公室，由其负责全市交通、邮电行业及企业的管理。以后几年，深圳交通部门并没有发生较大变化，唯一的变化就是，深圳市政府在 1987 年 8 月将原本作为市政府办事机构的交通办公室在体制上改为政府的职能部门，使其取得了相对独立的地位，行政职能则保持不变。①

1988 年，在"大交通"体制改革思想的影响下，深圳市政府进一步地将交通办公室更改为深圳市交通局，至此，交通行政机构终于成为市政府的组成部门，更重要的是，此时的交通局不仅负责全市交通、邮电行业，而且在事务的管辖范围上增加至全市的公路、铁路、航空、水路、港口、公共交通和邮电的管理协调工作。这在当时已经走在了全国的前列。

为实现深圳"一城一交"的管理模式，深圳市政府于 1988 年 11 月，撤销了隶属于特区内各区的交通局和交通管理总站，同时在各区分别设立了一个作为深圳市交通局派出机构的交通管理站，实现了交通管理权限的纵向调整。1989 年 2 月，深圳市政府将市交通局更名为市运输局。1991 年 11 月，为满足深圳市港口行业快速发展的需要，市政府将港口的行政管理职能从市运输局划出，并成立了深圳港务管理局。深圳"大交通"体制出现破裂。

到 20 世纪末，深圳市的交通发展已远跟不上形势发展的需要，公路、铁路、水路、航空、邮政、管道以及城市公交车、出租车、市政道路之间的建设与管理矛盾日益突出。② 为更好地完成城市公共交通任务，深圳市政府根据《深圳市委、市政府党政机构改革方案》，于 2001 年将原市运输局、港务局、公路局三局组建成立深圳市交通局，并加挂深圳市港务管理局的牌子，负责全市公路、水路、城市公交、港口、民航、铁路、邮政以及物流等产业的管理协调工作。至此，港务局重新回到交通部门的怀抱。与此同时，市政府还将市公路局明确为由市交通局直接管理的二级局，将特区内各区运输分局改为按行业划分的专业执行分局。

此时，深圳"大交通"行政体制总框架已然形成，一定程度上适应

---

① 参见郭文帅、王杨堃《深圳市综合交通管理体制改革的经验与启示》，《综合运输》2014 年第 8 期。

② 范永辉：《由深圳经验看我国城市交通管理体制改革》，《综合运输》2005 年第 2 期。

了经济发展的需求。实现了交通行政体制的一系列突破：（1）形成了"一城一交"的管理模式，建立了对公路、海、空、铁及城市交通等各种交通方式和组成要素综合管理的综合交通管理体制，实现了对各种交通方式的横向统筹管理；（2）综合交通管理体制的组织形式固化为政府职能部门列入政府序列；（3）综合交通管理职能根据社会经济发展和形势变化不断调整和优化；（4）交通领域的政企分开、政事分开被不断推进，政府职能实现进一步转变。[①] 然而，其中也存在着若干问题，如管理职能分散，政出多门、路网管理二元化现象突出以及缺乏部门与部门间高效的沟通协调机制。[②] 这些问题的存在也成为深圳市交通部门进行进一步改革的必要性。

2. 深圳市交通运输"大部制"改革现状

深圳现有的交通"大部制"行政体制主要形成于 2009 年，这一年也是深圳交通行政体制发生重大转变的一年。2008 年中央迈出了"大部制"的步伐，为推动地方交通"大部制"改革，2009 年，交通运输部向各地印发了《地方交通运输大部门体制改革研究》和《深化中心城市交通行政管理体制改革研究》两份文件，为各地交通部门概括出大部门、大管理、大统筹、大协调的改革思路。为贯彻中央关于交通"大部制"改革的精神，进一步深化深圳"大交通"体制的事权调整，解决管理职能分散，政出多门、路网管理二元化现象突出以及缺乏部门与部门间高效的沟通协调机制等问题，2009 年 7 月，深圳市政府发布了《深圳市人民政府机构改革方案》，大刀阔斧地采取了一系列重大改革措施：

在机构调整方面，[③] 深圳市政府在原市交通局的基础上组建深圳市交通运输委员会。不再保留深圳市交通局、市公路局、市城市交通综合治理领导小组办公室、市轨道交通建设指挥部办公室。新设立的深圳市交通运输委员会（挂深圳市港务管理局牌子，简称深圳市交通运输委），为市政

---

① 丁煌、高峻：《整体性治理的实践探索——深圳一体化大交通管理体制改革案例分析》，《行政论坛》2011 年第 6 期。

② 参见郭文帅、王杨堃《深圳市综合交通管理体制改革的经验与启示》，《综合运输》2014 年第 8 期。

③ 以下关于深圳交通运输委员会机构设置情况，来源于深圳市交通运输委员会主任黄敏答记者问。参见张菁《构建国际化一体化的综合交通运输体系——深圳市交通运输委员会主任黄敏先生访谈录》，《综合运输》2010 年第 12 期。

府工作部门,负责全市公共交通、轨道交通、道路交通、道路(含城市道路与公路)、港口、水运、空港、物流及地方事权的航空、铁路的行业管理;统一负责城市交通规划、建设、管养职责,承担保障城市道路交通畅通的责任。

深圳市交通运输委员会的机构设置实行"决策—执行"相分离的管理体制。决策层包括 13 个处室,按照综合统筹、运输管理、规划建设三个板块设置。其中综合统筹板块设置秘书、人事、财务审计、综合法规、安全管理五个综合处室;运输管理板块设置公共交通、智能交通、物流发展、港航管理、空港 5 个专业处室;规划建设板块设置规划设计、发展计划、建设管理 3 个业务处室。执行层则采取行业管理与属地管理条块结合的原则进行设置,对网络性和专业性特征明显的事务,采用"垂直链条型模式",设置 6 个直属机构,对综合性、日常性、服务性的事务,引入交通公共服务社区的理念,在西部(覆盖福田区和南山区)、东部(覆盖罗湖区和盐田区)、宝安、龙岗、光明、坪山 6 个地区,设置 6 个交通运输局作为派出机构;同时设置 6 个事业单位。①

在职能方面,深圳市政府将原市交通局、原市公路局、原市轨道交通建设指挥部办公室、原市城市交通综合治理领导小组办公室的职能划归交通运输委员会;同时划入市城市管理局管理维护市政道路和桥梁,以及市政道路执法的职能;划入市规划和国土资源委员会组织编制交通专项规划,以及承担市政府投资新建市政道路立项主体的职能;划入市交警管理局设置、管理和维护交通标识、标线、标牌、护栏等交通设施,以及新建和改建诱导屏、交通信号灯和其他监控设施的职能。②

通过改革,深圳市建立了一体化的大交通管理体制,深圳市交通管理进入了一体化管理的新时代。打破了特区内外二元结构,统一了城市道路、公路管理主体,构建了一体化公共道路体系;实现了由市级交通主管部门统筹各个区交通管理的全市交通运输一级统筹管理。为实现城市交通的核心价值——通过提高城市时空转换效率来提升城市的运行效率,进一

---

① 其后,深圳市政府又对深圳市交通运输委员会机构进行了数次调整,如今的深圳市交通运输委员会包括 12 个内设机构,3 个直属机构,10 个派出机构以及 6 个事业单位。详见交通运输委员会(深圳市港务管理局)网站:http://www.sztb.gov.cn/xxgk/jgsz/jggk/。

② 参见郭文帅、王杨堃《深圳市综合交通管理体制改革的经验与启示》,《综合运输》2014 年第 8 期。

步扫除了体制性障碍。

首先，2009 年的深圳市大交通管理体制改革，主要在六个方面实现了突破：① 第一，城市交通管理职责全面纳入"大交通"管理体系。此次改革明确由交通部门负责预测总需求、制定总政策、提出总方案、提供总供给，实现总需求和总供给的动态平衡，保障城市交通畅通。第二，一级统筹管理全市交通运输工作。改革后由深圳市交通运输委员会统筹管理全市交通运输工作，打破了原特区内外交通运输发展城乡二元结构的体制藩篱，精简了行政层级，缩短了管理链条。第三，统一城市道路、公路管理主体，构建一体化公共道路体系。第四，全面集成交通运输纵向运行职能。此次改革分别将规划部门、城管部门、交警部门、分散在市以及各区相应部门的有关职能整合到交通运输委员会，实现了"大交通"纵向管理链条的贯通和完整。第五，城市交通动态资源和静态资源有机整合。改革后，由深圳市交通运输委员会统筹管理全市动态交通、静态交通资源，实现城市交通资源配置动静结合、软硬并举，交通资源从数量规模型转向质量效能型。第六，全市智能交通工作集中统一管理。由深圳市交通运输委员会统一负责全市智能交通工作，充分发挥了交通主管部门在构建全市一体化智能交通体系上的作用。

其次，深圳交通协调沟通机制建设取得显著成就。交通是一个开放的系统，交通工作点多线长面广涉及部门多，协调工作量大，作为一级统筹管理城市交通的深圳市交通运输委员会，逐步构建了"交通部门统筹、多方联动"的交通工作协作机制。第一，理顺专业部门和综合部门关系。改革前，各职能部门"定位重叠、职能交叉、权责不一"；改革后基本实现了各部门"各定其位、职能错开、权责一致"。第二，理顺交通部门和交警部门的关系。在交通部门与交警部门之间建立"逐级、动态、过程型"的沟通协调机制。交通部门统筹负责城市交通管理；负责发布城市交通状况信息；评估城市交通状况；制订和组织实施城市交通组织、管理和改善方案，并监督实施。交警部门承担城市道路交通秩序日常管理；负责收集、报送城市道交通状况信息；负责在职责范围内执行城市道路交通

---

① 深圳市交通运输委员会主任黄敏早在 2010 年接受记者访谈时就对深圳"大交通"管理体制机制改革总结了六点突破。参见张菁《构建国际化一体化的综合交通运输体系——深圳市交通运输委员会主任黄敏先生访谈录》，《综合运输》2010 年第 12 期。

组织、管理和改善措施，依法采取限制道路交通措施。第三，建立市交通运输委与区政府交通发展管理联席会议制度。2012 年，为建立交通运输委与各区在交通发展管理上的无缝对接和快速联动机制，深圳市交通运输委员会与各区政府（新区管委会）建立了"辖区交通发展管理联席会议制度"。①

最后，深圳市交通管理在配套制度法规建设方面也取得了不俗的成绩。法规建设和依法行政是政府管理的根本。交通管理的法规建设是交通运输部门实施依法行政和固化完善交通行政管理体制改革成果的重要基础，也是深化行政管理体制改革的根本问题。如 2011 年 11 月深圳市人大常委会通过、2012 年 1 月 1 日实施的《深圳经济特区道路交通安全管理条例》，通过特区立法的方式明确了交通运输主管部门为深圳市道路交通管理的行政主管部门，并在全国第一次以立法的形式确定由交通运输主管部门负责建设并落实交通影响评估制度。同时，深圳市交通运输委员会还在大力推进《深圳经济特区路管理条例》《深圳经济特区轨道交通条例》的制定，进一步固化、完善和深化"大交通"管理体制改革成果。

综上所述，深圳市在推进"大交通"体制改革的进程中，主要经历了两次重大变革，一次是 20 世纪的 1984 年，另一次是处于"大部制"改革热潮中的 2009 年。然而，这两次变革却体现出不同的倾向，这也是两者之间的区别所在。正如深圳市交通运输委员会主任黄敏所言，"1984年主要是把海、陆、空、铁等对外交通各方面进行统筹，由对外交通进行综合体制改革；而 2009 年主要是把城市交通和对外交通进行整合"②。可见，深圳的交通"大部制"改革能够取得显著成绩，是靠着一步一步艰辛探索而来的。

（二）北京市

北京市作为我国的政治中心，在交通行政体制方面也凸显了自己的特色。尤其是随着 2008 年中央"大部制"改革的展开，北京在交通行政体制改革上更是具有表率作用。下面将从北京市交通行政体制改革的历程和

---

① 除此之外，市交通运输委员会还分别与市规划、国土资源委员会以及市城市管理局构建了高效率的沟通协调机制。

② 张菁：《构建国际化一体化的综合交通运输体系——深圳市交通运输委员会主任黄敏先生访谈录》，《综合运输》2010 年第 12 期。

现状角度，提取北京"大交通"体制形成的经验。

1. 北京市交通运输管理体制改革的历史沿革

和中央及地方交通部门变革历程相似，北京市的交通行政体制和我国的政治、经济管理体制的发展变迁有着高度的关联性。因此，北京市的交通行政体制变革就可以以改革开放为分水岭。

新中国成立初期至改革开放前夕，北京市交通行政机构经历了数次调整：[①] 在新中国成立前期的 1949 年 4 月，成立了华北公路运输总局，在行政体制上，隶属于华北人民政府交通部；1952 年 6 月，北京市成立了北京市公路局；1953 年 1 月，交通部批准成立了京津公路运输局，一个跨行政区划的交通行政机构形成；总的来说，从北平解放建立新中国到 1953 年年底，北京的公路交通没有设立市级的专门行政管理机构，是由中央交通部和北京市政府相关管理部门分属管理。[②] 1954 年 1 月，又成立了北京市运输管理局；1956 年 12 月，成立了北京市交通运输局，在职责上，管理北京市公路运输和市内公共交通企业；1969 年，在原来的北京市交通运输局的基础上，成立了北京市交通局，撤销北京市交通运输局，这样的交通行政体制一直延续到改革开放前期。

不难看出，虽然在新中国成立初期到改革开放前期，北京市交通部门经历了数次重大调整，然而，这数次调整无论幅度大小，皆只是在行政的隶属关系上下功夫而已，行政管理体制的根本属性并没有发生根本变化。这主要是由于改革开放之前，我国皆是以计划经济管理体制模式对交通部门进行管理，实行的是严格的条块管理形式，行政的"管理"色彩非常浓。

随着改革开放的到来，经济体制改革初步拉开，传统的计划经济体制逐渐解体，北京市交通行政管理体制迎来了真正意义上的革新。1978 年 8 月，北京市政府成立北京市交通运输局，原交通局不再保留，在职能上，则将北京市公共交通管理工作划出；1984 年 4 月，北京市成立市交通运输总公司，代替原北京市交通运输局，履行其职责，而公共交通管理职能

---

①　这方面的具体信息主要来源于中国致公党中央参政议政委员会 2003 年对北京、上海、重庆等城市调研之后形成的《关于我国中心城市交通行政管理体制改革的调研报告》，并在全国政协十届二次会议上提出了"关于积极推进中心城市交通行政管理体制改革的建议"。参见丰伟《"中心城市交通行政管理体制改革研讨会"综述》，《学术动态》2004 年第 1 期。

②　参见阎炤《北京市交通行政管理体制的变革》，《中国道路运输》2004 年第 7 期。

则划归北京市市政管理委员会负责；1990 年，北京市重新设立北京市交通局，执行交通运输职能，市公共交通管理职能仍归北京市市政管理委员会负责。2000 年 1 月，北京市重新设立交通局，负责交通运输管理职能，同时将分离已久的北京市公共交通管理职能重新划归其职能之下。

从改革开放至 2000 年间北京市进行的几次交通管理体制改革看，交通行政管理体制依然以转变行政隶属关系为重点，然而，和改革开放前明显不同的是，这一时期的改革开始注重交通行政管理职能的整合，最明显的就是北京市公共交通管理职能的不断整合。而从交通行政机构的调整来看，开始注重社会经济发展的需求，更加切合交通发展本身的特点和规律。

然而，最能体现交通"大部制"改革趋势的变革，则发生在 2003 年。

2. 北京市交通运输"大部制"改革现状

2003 年 2 月，为进一步建立集中统一的交通管理体制，强化交通对经济和社会发展的基础性保障作用，通过制度安排和规则设计，完善交通行政管理运行机制，消除政府组成部门间职责交叉、权责脱节、效率不高、政府机构设置不尽合理、行政运行不够健全等制约城市经济社会发展的因素，建立健全更为综合、更为完善、更为高效、更为畅顺的首都大交通行政管理体系，北京市委、市政府决定继续深化首都大交通行政管理体制改革，在市交通局的基础上调整组建北京市交通委员会，由其负责综合管理全市道路（含公路）和交通运输（含公共交通、轨道交通、长途客运、货运、水路交通等），其行政管理体制分为决策层和执行层两个层级，① 并由交通委员会承担相应的监管管理职责。北京市逐渐形成了"一城一交"的城市交通综合管理模式。

北京市交通委员会由专职委员和兼职委员组成。专职委员包括市交通委主任、副主任；兼职委员包括市计委、市规划委、市政管委、市财政局等部门的主管副主任或副局长以及市公安局公安交通管理局、北京交通发展研究中心的主要负责人。通过这种委员会领导体制，北京市希望能够将原来分散在多个政府部门多头管理的各要素、各环节进行大综合，集成归

_____

① 参见中国公路网《中心城市交通行政管理体制的现状》，http：//www.chinahighway.com/news/2009/315097.php。

口到交通主管部门统筹综合管理，并进行交通职能的大调整。根据交通职能的调整，北京市交通管理形成了"一委两局一队"的组织格局："一委"是指北京市交通委员会，而"两局"则是指北京市交通委员会路政局以及北京市交通委员会运输管理局，"一队"是北京市交通执法总队。其中"两局一队"是执行层，而交通委员会是决策层。交通委员会的主要职责包括：[①]（1）贯彻落实国家关于交通方面的法律、法规、规章和政策，起草本市地方性法规草案、政府规章草案和政策措施，并组织实施；拟定交通发展战略，对交通行业改革与发展中的重大问题进行调查研究，并提出对策建议。（2）组织编制本市交通基础设施建设和交通运输行业的中长期发展规划；参与研究城市总体规划、控制性详细规划中有关交通专项规划；负责大型城建项目交通影响评价方案的审核；负责市管道路建设项目规划设计方案中交通内容的审查；参与市级交通基础设施建设项目初步设计的审查；组织编制市级交通基础设施建设项目前期工作建议计划和年度建设建议计划；组织编制交通基础设施维修养护和交通运输行业的年度计划，并组织实施和监督管理。（3）负责本市交通基础设施的行政管理和交通运输的行业管理；承担公路建设市场和道路、水路运输市场监管责任，协调推进交通产业发展；负责交通行业的行政许可工作；参与编制现代物流业发展战略和规划，提出有关政策和标准；指导交通行业节能减排工作。（4）承担本市交通行业安全生产的监管责任；负责交通安全应急方面的组织协调，协助有关部门调查处理交通行业重大安全事故，承担北京市交通安全应急指挥部的具体工作；负责重大突发事件中的运输组织和交通设施保障；负责铁路监护道口安全的管理工作。（5）负责编制本市交通专项资金的年度使用计划，并组织实施和监督管理；参与交通发展建设投融资政策的研究和实施；负责城市轨道交通和其他公共交通特许经营项目的具体实施和监督管理工作；提出交通行业的收费政策及标准的建议。（6）制定本市交通科技发展规划、年度计划和政策；组织指导交通信息化建设，推动智能交通系统的建设；组织指导重大交通科技项目立项、研究、开发和成果推广、应用工作。（7）协调解决本市交通方面的综合性问题，负责行政区域内铁路、民航和邮政等综合运输的协调工作，

---

① 具体参见北京市交通运输委员会网站"信息公开"中的职责介绍栏，http://www.bjjtw.gov.cn/xxgk/jgzn/zzjs/。

拟订交通组织方案并监督实施。(8) 负责本市交通行业的宣传教育工作，组织开展交通行业精神文明建设工作。(9) 负责本市交通行业对外交流与合作。(10) 指导、协调和监督区县交通运输和道路建设养护以及停车管理等工作。(11) 承办市政府交办的其他事项。

同时，在机构建设方面，市交通委员会内部设立了 21 个机构，包括办公室、法制处、研究室、规划设计处、发展计划处、工程管理处、综合运输处、行业监督处 (农村交通办公室)、安全监督与应急处、科技处、宣传处、缓堵处、治超处、财务处 (审计办公室)、人事处、轨道交通运营监管处、轨道交通设备、设施监管处、轨道交通综合协调处，分别负责交通委员会具体职责的履行，同时设置机关党委、工会、离退休干部处。

除此之外，北京市交通委员会还设置了 9 家直属单位以及 2 家挂靠单位，① 它们在北京市交通委员会的领导下，分别承担事务性工作、宣传推广、教育以及提供技术服务等。

如今的北京市交通委员会"大部制"体制已然成熟，"一城一交"的管理体制也在全国形成了示范效应。

(三) 上海市

上海作为我国的经济中心，不仅在经济体制改革上走在前列，行政体制改革的步伐也是快人一步，交通"大部制"改革就是其中的特色。

1. 上海市交通运输"大部制"改革历程

与深圳、北京的交通体制改革进程不同，上海市的交通体制改革始终与市建设部门关系密切。

早在 20 世纪 90 年代，城市建设高峰时期，为方便管理，上海市政府就将交通运营管理的职能，整体划进上海市建设委员会，市建设委员会随即更名为"上海市建设和交通委员会"，统一掌管上海市建设和交通管理职能。

1997 年 12 月党的十五大召开，提出要按照发展社会主义市场经济的

---

① 这九家直属单位分别是北京市交通信息中心、北京市交通运行监测调度中心、北京市交通行业节能减排中心、北京市交通宣传教育中心、北京交通运输职业学院、北京市交通委员会机关后勤服务中心、北京市轨道交通指挥中心、北京市交通委员会安全督查事务中心、北京市交通委员会 (12328) 举报投诉中心；两家挂靠单位则是北京市国防动员委员会交通战备办公室以及北京交通发展研究中心。

要求，积极推进机构改革。在党的十五大精神指导下，为贯彻落实党中央、国务院关于地方机构改革的要求，并从上海的实际出发，建立办事高效、运转协调、行为规范的行政管理体系，上海市进行了新一轮的政府机构改革。2000 年 2 月，经中共中央、国务院批准，《上海市人民政府机构改革方案》正式发布，新一轮上海市政府机构改革拉开帷幕。2000 年的《上海市人民政府机构改革方案》将原有城市交通业属性相同或相近的机构进行梳理和归并，合并了原市政管理委员会办公室和建设委员会的职能，组建了上海市建设和管理委员会；组建市城市交通管理局。原由市政府交通办公室承担的公路运输和内河客运管理、市政工程管理局承担的轨道交通管理、公用事业管理局承担的城市公共客运和出租汽车客运管理等职能，由城市交通管理局承担。换句话说，上海市城市交通管理局承担起包括城市公共客运、轨道交通、长途客货运、内河轮渡等管理职能，突破了城乡交通运输方式二元分割，实现了城市交通的统一管理，初步理顺了本市的城市交通管理体制。① 为综合发展上海市交通业务，2002 年 4 月 30 日，上海市政府印发了全国第一份城市交通白皮书——《上海市城市交通白皮书》，明确提出了构建世界国际大都市一体化交通，明确了城市交通发展的战略、目标、任务和措施。②

2005 年 4 月，上海市委、市政府发布了《关于中共上海市建设和管理工作委员会、上海市建设和管理委员会更名的批复》，将原上海市建设和管理委员会更名为上海市建设和交通委员会，作为市政府的组成部门。而在职能定位方面，《关于中共上海市建设和管理工作委员会、上海市建设和管理委员会更名的批复》明确，上海市建设和交通委员会主管全市城乡建设、城市管理和综合协调全市交通工作。

2009 年，根据党的十七大、十七届二中全会精神和《中共中央、国务院印发〈关于深化行政管理体制改革的意见〉的通知》《中共中央、国务院关于地方政府机构改革的意见》作出的"大部制"改革要求，结合上海市实际，上海市政府制订发布了新的《上海市人民政府机构改革方案》。根据这份《上海市人民政府机构改革方案》的规定，上海市政府基

---

① 参见陈奇星《上海行政管理体制改革 30 年的回顾与思考》，《上海行政学院学报》2008 年第 5 期。

② 具体参见《上海市城市交通白皮书》。

于城乡建设和交通管理的需要，在原上海市建设和交通委员会的基础之上组建了上海市城乡建设和交通委员会，并将原上海市建设和交通委员会的职责全部划入上海市城乡建设和交通委员会。同时从原上海市市政工程管理局、原上海市农业委员会划入了部分职责。最为重要的是，按照中央政企分开、政资分开、政事分开、政府与市场中介组织分开的政府机构改革精神要求，上海市政府将原上海市建设和交通委员会承担的动拆迁管理职责交给了上海市住房保障和房屋管理局，并与所属企业脱钩，不再直接管理企业及企业的生产经营活动。

2. 上海市交通运输"大部制"改革现状

2014 年是上海市交通"大部制"推进的具有里程碑意义的一年。为进一步推进交通部门行政职能的科学定位和界定，加快建立健全适应上海特大型城市特点和发展需要的交通管理体制，促进综合管理水平的提升，推进上海市交通"大部制"改革纵向发展，2014 年，中央发布了《中共中央办公厅、国务院办公厅关于印发〈上海市人民政府职能转变和机构改革方案〉的通知》，《上海市人民政府职能转变和机构改革方案》正式得到中央批准，交通部门行政体制的深化改革逐步展开。根据《上海市人民政府职能转变和机构改革方案》，上海市政府组建了上海市交通委员会，原上海市交通运输和港口管理局的职责，原上海市城乡建设和交通委员会的交通发展规划、城市道路公路管理、交通综合协调、协调推进国际航运中心建设、国防交通战备、道路指示牌管理等职责，上海市规划和国土资源管理局的组织编制轨道交通网络系统规划、选线专项规划等职责，上海市公安局的道路交通信号、标志、标线以及可变车道、路口诱导屏等交通设施的建设、管理、维护职责，全部划入上海市交通委员会。在2014 年 2 月 25 日举行的上海市人大常委会第十一次会议上，上海市城乡建设和管理委员会主任和上海市交通委员会主任被分别任命，上海市城乡建设和交通委员会正式"分家"，拆分后的"建管委"和"交通委"也将直接对接国务院住建部和交通运输部两部。至此，上海市交通部门与建设部门的联合组建机制走向终结。

在职责方面，上海市交通委员会主要履行包括：（1）贯彻执行有关交通方面的法律、法规、规章和方针、政策；研究起草本市交通地方性法规、规章草案和政策，并组织实施有关法规、规章和政策。（2）拟定本市综合交通发展战略，优化本市交通运输结构布局，综合平衡全市交通运力，协调道路、水路、铁路和航空等多种交通运输方式衔接，构建综合交通体系；指导本市区县交通运行组织，加强长三角地区区域交通合作；协调推进上海国际航运中心建设相关工作。（3）组织编制综合交通发展规划和交通专项规划；负责编制交通行业中长期发展规划和年度计划；负责编制轨道交通网络系统规划、选线专项规划和交通配套设施专项规划；负责编制上海港口规划（含洋山深水港区）；负责编制公路和城市道路、公共交通、省际交通、道路货运、枢纽场站、停车场（库）、港口岸线使用、内河航道和运输、水上加油设施等专项规划；组织实施各类交通规划。（4）负责交通行业统计管理、经济运营监测和分析工作，拟定行业发展经济政策和调控措施；负责编制本市交通行业固定资产投资年度计划和交通基础设施维护（养护）年度计划，配合协调市、区县共同投资的交通基础设施项目计划，并监督实施。（5）负责公路和城市道路、轨道交通、枢纽场站、公交站点、公共停车场（库）、港口、航道、桥梁、隧道等交通基础设施的项目建设管理、工程质量安全监督和运行维护管理；协调铁路、机场等基础设施项目与市内交通运输的衔接配套；负责道路交通标志、标线、护栏、诱导屏等交通设施的建设、管理和维护；负责道路指示牌工作的监督管理和综合协调；对轨道交通、高架道路及越江隧桥、港口、航道、机场等规划控制区域范围内新建、改建、扩建项目进行审核。（6）负责交通行业市场监督管理，制定本市交通行业市场交易规则、服务规范和管理制度，并组织实施；负责交通行业诚信体系建设，维护市场经营秩序，组织实施服务质量监督检查；协调推进交通行业重大改革，促进交通产业健康发展；负责交通行业行政许可和规费征收，参与制定本市交通行业的运价和收费标准，并组织实施；负责地方海事工作；负责上海港引航监督管理。（7）组织开展交通运行保障研究，分析评估交通需求和运行状况，制定和组织实施路网优化、运力保障、清障施救和交通组织改善方案，缓解城市道路拥堵，提升通行保障能力；组织实施机动车额度管理工作；组织实施综合交通调查和影响评价等交通管理制度；优化非机动车、人行等慢行交通出行方式与公共交通的衔接。（8）承担本市交通行业安全生产监督管理责任；负责交通运输安全应急的组织协调；组织指导交通行业突发事件、灾害事故和服务供应事故的应急处置；承担所辖通航水域的卫生防疫、船舶污染防治的监督管理责任；会同有关部门协调海上搜救工作，指导内河救助打捞工作。（9）推进交通行业科技进步，推广新技术、新工艺和新材料在交通行业的应用；指导交通行业环境保护和节能减排工作；负责交通行业信息化管理工作，促进智能交通建设；贯彻国家有关技术标准，起草相关地方技术标准与规范，并监督实施。（10）负责本市国防交通工作，制定交通战备建设规划；负责协调推进联合运输、多式联运、现代物流等综合运输工作；负责专项客货运输的组织协调；组织协调有关国家重点物资和紧急、特种物资以及军事、抢险救灾物资等交通运输工作；组织协调"春运"等重大交通保障工作。（11）归口协调铁路、民航、邮政、海事、救助、打捞等涉地管理工作；负责港口的岸线、陆域、水域行政管理；负责空港地区行政管理；加强交通运输行业的国际交流与合作。（12）组织、指导、协调并监督交通运政、路政、港政、航政等行政执法工作。（13）负责有关行政复议受理和行政诉讼应诉工作。（14）承办市政府交办的其他事项。①

在组织机构上，② 上海市交通委员会内设 17 个机构，分别为办公室、组织人事处（老干部处）、法规处（研究室）、计划财务处、综合规划处、交通建设处、交通设施处、科技信息处、安全监管处、道路运输处、轨道交通处、水运管理处（洋山港区管理办公室）、航运发展处、交通战备处（综合交通协调处）、行政审批处、社会宣传处、信访办公室，同时按照有关规定设置纪检监察机构和机关党委。

在内设机构之外，在上海市交通委员会之下还设置了 13 个直属机构，包括上海市城市交通行政执法总队、上海市城市交通运输管理处、上海市交通港航业务受理中心、上海市交通运输和港口管理局指挥中心（上海市交通港航信息中心）、上海市交通运输和港口管理局干部学校、上海市城市交通考试中心（上海市交通港航职业资格管理事务中心）、上海市航务管理处、上海港码头管理中心、上海港港政管理中心、上海市航道管理中心、上海港建设工程安全质量监督站、上海市公用事业学校、上海市交通港航发展研究中心以及上海市交通运输和港口管理局老干部活动室，分别负责管理、执法及各项事务性工作等。

可见，在具体职能分配方面，上海市交通委员会属于决策层，由内设

---

① 关于上海市交通委员会职责，详见上海交通网"信息公开"栏中"机构概况"的"主要职责"部分，http：//www. jt. sh. cn/。

② 关于机构设置，详见上海交通网"信息公开"栏的"机构概况"部分，http：//www. jt. sh. cn/。

机构负责具体工作，而其下的 13 个直属机构则主要为执行层，具体实施交通委员会制定的各项规定和措施。纪检监察机构则作为监督机构，对各部分行政事务的执行进行监督。从而形成"决策—执行—监督"的行政内部"三权分离"。

通过这样的交通"大部制"改革和"一城一交"的机制建设，上海市的交通行政体制得到科学的设置，交通管理也能更加高效，更能切合上海国际化都市的位置。

（四）启示

虽然北京、上海和深圳的一体化交通管理模式的构建已持续多年，但依然处于摸索中的创新阶段。即使这样，国内城市在一体化交通模式构建方面仍然表现出一些共性特征和值得借鉴的经验。北京、上海、深圳等大城市近年来已经相继建立了能够统管各种交通方式，并提高交通与城市发展协调效率的城市交通委员会等主管机构，在综合交通管理体制方面迈出了探索性步伐。虽然这些城市的交通主管部门名称各有差异，职责定位也有所不同，但是这些城市实行一体化交通管理的特点十分明显：

第一，注重并加强决策、执行和监督的"三权分离"框架结构。"行政三分制"是对行政权进行重新分解，在决策、执行、监督三项职能相对分离的基础上，形成相互制约又相互协调的政府架构。① 如今，"行政三分制"已成为现代行政管理体制改革的热点，对于实现行政内部自制、依法行政具有重要的制度意义。无论是北京、上海，还是深圳，都在交通行政体制改革中，积极吸取当下最先进的行政管理体制，推行在交通行政管理领域融入决策、执行和监督的"三权分离"框架结构，这对避免决策武断，防治行政肆意，提高交通行政管理的效率具有积极的推动作用，这也成为北京、上海和深圳交通"大部制"改革过程中最亮眼的地方，也是它们各自交通"大部制"改革能够取得如此成效的重要因素。

第二，注重并加强整合现有管理职能，建立"一城一交"管理体制

---

① 刘圣中：《决策与执行的分合限度：行政三分制分析》，《中国行政管理》2003 年第 6 期。

为改革目标。北京、上海和深圳的交通行政体制改革的历史脉络，向我们呈现出它们从管理机构分散到整合成交通委员会的整体影像。"一城一交"的管理体制可以很好地将部门间的协调问题化为部门之内的协调问题，统一管理、资源整合、综合协调、监督规范，从而提高行政的一体化，防治"政出多门"，提高行政决策和执行的效率。同时也使得交通管理部门内设机构能够按照"精简、效能、统一"的原则进行设置，防治机构臃肿。这是对传统的"多部门交叉"以及城乡道路运输一体化管理模式①的一种大胆超越。

第三，注重并加强发挥一体化交通运输体系的集体优势，初步建立了综合交通协调机制。"大交通"体制内部是错综复杂的，只通过建立统一的交通运输体系无法彻底解决交通一体化管理的实现问题，还需要在机制上确保"大交通"内部各方能够进行协调，如此才能真正实现交通"大部制"改革的目标，否则只能是"除了牌子变了，其他什么都没变"。北京、上海和深圳建立的"一城一交"体制，实质上就是综合交通协调机制的构建。通过建立交通委员会解决交通管理部门交叉和职责关系不顺的问题，统一协调，分工合作。

第四，注重并加强交通管理部门内部实施精细化的部门设置和职责配置，做到了责任明确、分工清晰。高效率的行政，依赖于权力和职责的合理分工，而不是权能交叉，职责不清，这就有赖于行政机关内部机构的精细设置和职责合理、清晰分配，否则必然容易出现遇好处时互相争抢，遇到责任则互相推诿，这对依法行政、建设责任政府是不利的，更是对行政效率的阻碍。为此，必须做到部门设置精细、职责明确。北京、上海和深圳市的交通行政体制改革的整个过程其实就体现着对机构的科学设置的追求，数次的机构调整更是为了能够最

---

① 传统的多部门交叉管理模式是指由交通、城建、市政、城管、公安等部门对交通运输实施"多部门交叉"管理，如南京、昆明、福州、南宁、杭州等，共有 18 个城市；城乡道路运输一体化管理模式则是指由交通部门对公路和水路客货运输、城市公交和市域范围内的道路客运进行统一管理，如沈阳、哈尔滨、乌鲁木齐、西宁等，共有 8 个城市；"一城一交"则是指由交通部门对交通运输规划、道路（城市道路和公路）和水路运输、城市公交、出租汽车的行业管理，及市域内的铁路、民航等其他交通方式的协调等进行统一管理，如北京、广州、重庆、成都、深圳、武汉等，共有 10 个城市。参见中国公路网《中心城市交通行政管理体制的现状》，http://www.chinahighway.com/news/2009/315097.php。

大化地实现行政的高效率性。如今，不论是北京、上海，还是深圳，它们的交通管理委员会内设机构细致，严格按照"三定"方案推进改革，而且将职能和职责分配明晰化，并在网上挂出了各自的"权力清单"和"责任清单"。这为它们交通"大部制"改革取得成绩起到了基本的保障作用。

第三章

城市交通运输管理分工协作运行机制研究
——以南京市、杭州市的改革探索为例

一 南京市交通运输决策与协调机制建设

（一）南京交通决策实践回顾

城市交通是复杂的大系统，城市交通决策又涉及政策、规划、建设、管理等诸多环节。多年来，在历届市委、市政府的正确领导下，南京市在城市交通决策的各环节积累了诸多好的经验，取得了明显的成效，在全国处于领先水平。具体表现在如下几方面：

1. 交通规划

南京交通规划在国内城市中处于领先地位，对城市的发展起到了引领作用。南京是最早启动和实施综合交通规划、交通白皮书、交通影响评价、交通年报等的城市之一，同时也正好处于南京城市发展的关键时期，对南京城市的发展起到了巨大的促进作用。

第一，规划体系相对完整。南京交通规划体系相对完整，形成了交通白皮书、交通战略、综合交通规划、专项规划、实施性规划、项目前期研究、交通影响评价、施工期交通组织、政策性的交通研究（如票制票价、错时上下班），能够指导各个层面的交通发展。综合交通规划在规划体系中占有举足轻重的作用，做好城市规划，首先就要做好综合交通规划。南京市从1986年就开始开展综合交通规划工作，特别是1997年5月15日南京市政府发文正式成立以分管副市长为负责人的南京市城市交通规划领导小组，并在国内外交通规划专家的大力支持下，系统开展科学的交通规划编制工作，起到了较好的科学引领作用。

第二，规划成果的先进性。南京城市交通规划在学习西方先进交通理论的基础上，进行了城市交通规划理论及方法的研究，如进行城市交通需

求调查研究、出行需求规律研究、城市交通系统与外部环境作用的研究等，并开始运用综合交通系统理论及现代规划方法进行城市交通规划方面的工作，形成的交通规划成果得到专家和领导的充分认可，获得了很多奖项，具有先进性。

第三，规划成果的操作性。由于南京城市交通的出行结构、出行距离、出行时间、出行总量等方面发生的变化，受此影响，南京城市交通规划编制注重"人性化、一体化、信息化、集约化"四化发展模式。"以人为本"是南京城市交通规划的宗旨，信息化、智能化作为技术支撑力量，各类交通方式、市域交通与市际交通等一体化协调发展运行，集约化则是交通发展的基本原则，争取系统运行的效率最大化。如南京市于 2007 年全面启动了新一轮城市总体规划修编工作，在南京城市规划过程中，交通布局的引领作用、综合交通规划的主导作用日益凸显。南京城市总体规划与综合交通规划同步编制，强化交通与用地规划互动协调，在总体规划中融入交通引领、交通支撑和交通需求减量的理念；构建响应城市空间、城市等级规模和城市空间格局的交通体系；实行差别化交通分区引导策略，实现城市功能分区的合理搭配。城市总体规划与综合交通规划同步编制的方法，对优化城市空间结果、用地布局和交通设施配置，促使南京城市交通向低碳、可持续的方向发展发挥了重大作用。南京城市交通规划成果对引导城市规划、建设、管理发挥了积极的有效作用，城市交通路网大的框架布局跟城市结合较好，交通建设体系完整、时序安排合理，及时响应了城市的需要，具有操作性。

第四，规划编制技术组织完善。首先，南京城市交通规划较早地采取了开放式的规划方式，引入了国外咨询机构、国内权威机构来共同参与南京城市的交通规划研究；其次，充分发挥相关专家的作用，重大城市交通规划聘请规划、交通、法律等方面的权威专家进行咨询；最后，重视交通规划队伍建设，南京已经形成了多层次多领域的交通规划的专业研究和咨询机构，其中，如南京城市交通规划设计院从南京市规划局交通研究所发展而来，横跨城市规划与交通两大密切关联又适当分离的领域，长期以来积累了系统的南京交通规划研究成果，培养了大批的专业资深的交通规划研究人才。

2. 交通建设

1995 年，南京市委、市政府就提出了城市建设"一年初见成效，三年面貌大变"的奋斗目标,明确了以建设十大标志性工程为重点,以道路建设为突破口,以城市基础设施为主要内容,拉开城市建设框架,加快住宅和环境等方面建设的城市总体发展思路。近年来,南京在交通基础设施建设的过程中,形成了系统科学的方法,积累了丰富的经验。

第一,注重基础调查。从现状入手,分析交通建设情况及交通存在的问题,前者着重分析历年道路建设里程、道路建设结构、年度投资量等数据,评价交通建设成就和存在的问题。后者侧重分析交通问题,便于以问题为导向,提出以交通建设为主的解决方案。

第二,坚持规划引领。通过对上位规划进行分析和解读,了解上位规划对南京城市交通的发展定位、发展思路、发展重点、用地安排及近期发展方向与重点,分析城市用地和交通发展趋势,预测未来交通需求。

第三,储备建设项目。南京市在交通需求预测和近期城市建设思路及重点的指导下,制定近期交通发展策略和道路建设策略,通过在此基础上并充分考虑城市用地发展需求和交通需求,从解决现状交通问题、实现未来交通发展目标、引导和服务用地开发等多条线索出发,构筑交通近期建设项目库。

第四,科学安排建设时序。由于众多重大交通建设项目施工引发的交通阵痛期的影响,在立足于解决当前突出交通问题、兼顾城市交通长远发展的战略,保证重要枢纽、各重要功能区之间的交通可达,保障市民必需的交通出行条件,减小不同施工项目对同一区域交通影响的原则下,对近期各个交通建设项目进行统筹考虑,根据项目的紧急程度,对年度交通建设项目进行排序,然后对近期建设方案进行评价,最后提出实施建议和保障措施。

第五,注重财政可持续性。交通建设需要大量的资金投入,大规模的交通建设更需要注重财政支持的可持续性。20世纪90年代,南京市政府为了推动道路基础设施建设的快速发展,实施了"以地补路"的政策,发挥了历史时期的积极作用。而在发展地铁的过程中,南京市坚持地铁与土地储备的联动发展,并积极探索地铁建设PPP模式,较好地解决了地铁建设、运营与管理的财政可持续性问题。

3. 交通管理

南京市于1997年成立"南京市城市道路交通综合整治领导小组",并由市领导担任组长,市公安局牵头,开展系统的综合交通整治工作,并一直持续发挥重要的交通综合管理作用。

第一，科学规划、理性管理。南京市公安局于 1997 年就组织专家研究制定了《1998—2010 年南京道路交通规划》，并结合实际深入开展《城市道路交叉口交通综合管理理论和技术研究》等重点课题研究。随着南京城市总体规划的调整，以及城市化、机动化进程中道路交通出现的新情况，南京市公安局又及时修订道路交通规划，提出相应的交通管理战略与对策。科学规划引导理性管理，减少了南京交通管理的盲目性，增强了改革的主动性和实践的科学性。

第二，科技为先、动态管理。南京市公安交管局承担的国家科技攻关项目"城市交通控制系统"，是我国第一套国产化的城市交通自适应控制系统。经不断深入开发研究，这套系统具备了交通信号控制、交通诱导、电视监视、交通警用通信、交通地理信息、交通视频检测等多项功能，并全面实现了市区联网，两级联控。在科技手段的支持下，南京市公安交管局改革公安交警的勤务模式，实行快速、高效的动态化管理，1998 年率先在全国省会城市中撤除交通指挥岗，将原先定人、定时、定路、定岗的执勤方式，改变为交警、巡警合为一体的机动巡逻执勤方式。

第三，需求控制、依法管理。单纯依靠改善城市交通供给不可能达到改善城市交通的目标，南京最早开展系统的交通需求管理，特别是依据《道路交通安全法》及相关法律法规，对摩托车实施区域禁行（2007年），实施机动车环保限行（2008 年），本地货车、外地货车实施区域禁行（2011 年），开展市级机关错时上下班制度（2011 年），停车收费的"五高五低"政策（2007 年）等，实现了交通供给与需求的较好平衡，达到了较好的效果。

4. 决策协调

由于城市交通事项"点多、线长、面广、体大、事杂"，因此尤其需要理顺交通部门与交管部门、规划部门、建设部门、城管部门就大交通管理方面的职能分配，建立科学、高效的交通决策协调机制，夯实重大交通决策部门协调配合的基础。在南京城市交通发展的过程中，在交通决策协调机构的设置方面，南京做了很多有益的尝试，积累了丰富的经验，比较有代表性的就是南京市城市道路交通综合整治领导小组、南京市城市公共交通委员会与南京市城市治理委员会，体现了南京交通决策与协调机制逐渐从临时性向规范性、法定性发展的趋势。

（1）南京市城市道路交通综合整治领导小组。自 1997 年起，南京市即成立了由市领导担任组长，市公安局牵头，建设、规划、交通、市容、工商等 13 个部门与 10 个区政府参加的"南京市城市道路交通综合整治领导小组"，持续开展道路交通综合整治。根据公安部、建设部在全国实施"畅通工程"的要求，明确道路交通的综合整治目标，围绕畅通工程提出重点任务，由市政府与相关职能部门签订目标责任书，推进畅通工程的实施，建立道路交通综合管理机制形成的强大社会合力，使阻碍道路畅通的诸多难题迎刃而解。在市政府的统一领导下，南京市城市道路交通综合整治领导小组全面负责城市交通的法规、政策、规划、建设、管理等各方面工作，协调城市交通方面的综合性问题，实施督察和绩效考核，取得了一系列的成就：首先，南京城市规划、建设、交管部门携手推进道路交通建设，科学布局路网，缓解了道路交通的供需矛盾；其次，公交企业与市政建设、公安交管部门密切配合，大力发展公共交通，减少了城市的道路交通压力；再次，城市道路交通综合整治领导小组将公安、交通、工商、市容等部门拧成一股绳，联合执法，依法严格综合治理，改变了交通秩序的混乱状况；最后，城市道路交通综合整治领导小组根据工作需要与人事变动，及时对领导小组成员进行调整，发挥了长效治理作用。

（2）南京市城市公共交通委员会。2013 年 5 月，南京市为贯彻落实《国务院关于城市优先发展公共交通的指导意见》，加快推进"公交都市"建设进程，构建统一高效的组织推进机制，决定成立南京市城市公共交通委员会，高位协调、推动南京城市公交优先发展工作，由市政府主要领导为主任，市政府多位分管领导为副主任，相关职能部门与部分区区长、市交通、建设、地铁集团领导为委员，主要职责就是研究制定全市"公交都市"建设规划、计划，出台相关重大政策、扶持措施，建立市、区和部门联动综合保障机制，统筹协调解决城市公共交通发展过程中的重大问题。城市公共交通委员会下设办公室，主要职责为建立工作协调机制，负责委员会日常工作，办公室日常工作由市交通运输局承担。南京市城市公共交通委员会为南京市创建国家公交都市提供了有力保障，并奠定了坚实基础。

（3）南京市城市治理委员会。2013 年 3 月 1 日市实施的《南京城市治理条例》第 9 条、第 10 条分别规定："市人民政府设立城市治理委员会，组织、指导、监督考核城市治理工作，协调城市管理相关部门之间以及和其他政府部门的关系。城市治理委员会依据市人民政府的授权，依法对城市治理重要事项作出的决议，政府有关部门、有关单位应当遵守和执行。""城市治理委员会由市人民政府及其城市管理相关部门负责人，专家、市民代表、社会组织等公众委员共同组成，其中公众委员的比例不低于百分之五十。城市治理委员会主任由市长担任。城市治理委员会会议每季度召开一次，特殊情况可以临时或者延期召开。公众委员应当通过公开公正的方式产生。具体产生办法以及城市治理委员会的议事规则，由市人民政府另行规定，并报市人民代表大会常务委员会备案。"《南京市城市治理条例》有两节（第四节、第五节）共八条，专门规定"道路交通管理"与"停车设施管理"，涉及重要城市交通事项的治理问题。在第一届南京市城市治理委员会第三次会议上，根据公众委员的提案，表决通过了《关于加强南京市城市停车难题治理的决议》，系统提出了停车规划、建设、管理、执法、信息平台建设的交通治理新模式，发挥了积极的决策与协调作用。

5. 法制保障

法律、法规的特征之一就是拥有国家强制力的保障，因此对于城市交通事项的规范与管理通过立法的方式来进行保障，能够取得良好的效果。随着依法治国、依法行政、法治交通的不断推进，南京城市交通法制化水平也在不断提高，地方性交通法规体系不断健全与完善，形成了包括《南京市道路交通安全管理条例》《南京市轨道交通条例》《南京市公共客运管理条例》《南京市公路路政管理条例》《南京城市道路设施管理条例》《南京市公共自行车管理办法》《南京市停车场建设和管理办法》《南京市有轨电车交通管理办法》等一系列法规、规章及规范性文件。而随着全面依法治国的不断深化，重大行政决策法定化建设日渐完备，为明确重大交通决策事项范围、决策程序，提高交通决策与协调机制的法定地位，奠定了坚实的基础。

（二）交通决策主体及其影响力分布

城市交通是一个复杂的大系统，对于交通决策发挥影响作用的主体众多，有发挥直接作用的主体与发挥间接作用的主体。直接决策主体是在交通决策过程中有权组织各种决策方案的讨论和制定，有权对各种决策方案的实施进行指导、协调和监督的机构及其人员，主要包括中国共产党的地方委员会、地方人民代表大会、地方人民政府及相关交通主管部门、南京市城市治理委员会等机构及其组成人员。在上述机构和人员之外，还有一些机构及个人虽然不直接制定决策，但对决策的制定发生间接影响或以某种方式参与交通决策。那些以一定方式参与或影响交通决策的组织和个人可以称为间接决策主体。间接决策主体主要是各种利益群体、公民、政府外的各种机构等。显然，这些决策主体在交通决策过程中拥有的决策权力不同、所处地位不同，发挥的作用和方式也不同。就南京而言，他们是以中国共产党的南京地方组织为核心，并在这种核心的领导下互相分工又互相配合，共同达成决策结果并付诸实施的。

1. 中国共产党的地方委员会：处于核心地位的决策主体

中国共产党的地方组织是地方交通决策的一个特别重要的主体，在交通决策过程中处于领导和核心地位。因为它集中了地方的各种主要权力，是地方政府各项工作的直接领导者。在南京市范围内，南京市地方党委认为必须由党委或党的常委会讨论和决定的一切重大交通问题，都实际地由党委或党的常委会讨论和决定。地方党委在交通决策过程中的领导和核心地位是由多种原因形成的。首先，它是中国政治制度的产物和反映。宪法赋予了中国共产党在当代中国国家政治生活中独特的领导地位。其次，为了有效地实现地方党委对各项工作的领导，人大、政协、人民政府和其他重要组织的主要领导人，如人大常委会主任、市长等，都由党委的书记或副书记兼任；党委认为其他一些比较重要的职务，如常务副市长、所辖地区的重要组成单位的主要领导也都由党委的副书记或常委担任。地方党委作为地方交通决策中心的地位，也在地方政府各机构的人员组成上得到了保证。

2. 地方人民政府及相关交通主管部门：直接决策者

地方党委在地方交通决策过程中处于核心地位，并不排斥地方行政机关即地方人民政府及相关交通主管部门在地方交通决策中的直接主体地位。这主要取决于两方面的原因：一是地方人民政府及相关主管部门有法定的决策权力；二是地方人民政府及相关主管部门有条件决策。

对本行政区域内的各项交通事务作出决策，是《地方各级人民代表大会和地方各级人民政府组织法》等法律法规赋予地方人民政府及相关交通主管部门的权力。地方人民政府及相关交通主管部门在管理本行政区域内的交通事务过程中，面临着来自社会的各种各样的问题和需求，需要及时地、果断地作出反应，而这种反应的每一个行动，都是一项决策的制定过程。因此，地方人民政府及相关交通主管部门所处的这种地位，为它成为直接的决策者提供了客观条件。

3. 地方人民代表大会：作用不断增强的决策主体

从法理上讲，地方人大及其常委会作为地方国家权力机关，依法行使与交通决策密切相关事项的立法权、监督权以及重大交通事项的决定权，但在实际运行中，它的作用并没有充分发挥出来。

但是，随着改革的深化和人大自身建设的加强，人大在交通决策中的作用正在不断增强。它发挥着某些不可替代的独特作用，主要表现在以下几个方面：第一，反映民情民意，提出建议、批评、意见及议案。第二，行使对地方重大交通决策的审议通过权。审议决定本行政区域内的重大交通事项是法律赋予地方人大的一项重要职权，也是交通决策充分发扬民主、广泛集中民智的有效途径。第三，行使对交通决策实施的监督权。依法对交通决策实施进行监督是宪法和法律赋予人大的又一权力。人大对交通决策实施的有效监督，可以保障交通决策得到切实执行。

4. 政协地方委员会：建议、提案与决策监督

中国人民政治协商会议并不属于政府体系，不存在于政府体系之内，但它作为中国共产党领导的多党合作和政治协商的一种重要组织形式，承担着政治协商和民主监督两大职能，实际上发挥着对交通决策的直接参与和影响作用。按照政协章程的规定，政协地方委员会全体会议拥有的重要职权之一是"参与对国家和地方事务的重要问题的讨论，提出建议和批评"。这为政协地方委员会在地方交通决策过程中发挥作用提供了依据。事实上，地方政府管理中的重大交通问题在决策前和决策执行过程中，中国共产党都要通过人民政协同各民主党派和各界代表人士进行协商。

利用政协这一渠道，社会各界的代表人士可以就重大交通问题，在调查研究的基础上，以提案的形式主动向政府及交通主管机关提出建设性的意见，供决策参考。这是政协参政议政的非常重要的具体表现之一，而政协的提案实际上也成了城市交通决策事项的重要来源。

5. 南京市城市治理委员会：政府主导、公众参与决策

依据《南京市城市治理条例》成立的城市治理委员会，具有法定地位。城市治理委员会依据《南京市城市治理条例》赋予的职权，本着"政府主导、公众参与"的原则，积极主动地制订或参与制订南京交通问

题的解决方案,如针对南京市迫切的停车难题与关联的交通出行问题,城市治理委员会在前期调查、专家论坛、民生议政的基础上,经全体委员充分酝酿讨论,于 2014 年 2 月 25 日通过的《关于加强南京城市停车难题治理的决议》,从停车规划、建设和运营、违停治理、停车收费、停车信息平台建设五个方面提出了解决措施,发挥了积极的作用。

6. 专家与专业机构:科学决策的人才与理论支撑

政府及相关交通主管部门在进行重大交通问题决策的过程中,都能认真听取和吸纳专家的意见。专家与专业机构在交通决策中发挥着不可或缺的辅助作用。交通决策者是一个有限理性的群体,但是由于其所处位置需要,必须要作出一个相对理性的判断,但在当今纷纭复杂的交通决策环境中,面临着同样复杂的决策对象,交通决策者由于某些个人因素造成局限的短视行为是在所难免的,所以通过外部专家团队发挥科学决策的基础作用,是重中之重。专业的交通决策咨询机构和相关方面的专家可以利用自身的优势,弥补交通决策者在知识、经验、技能等方面的不足及缺陷,避免决策失误,使得交通决策更为科学。

7. 人民团体和各种社团:反映社会呼声

工会、共青团、妇联等人民团体,是对地方交通决策发生重要的间接影响的组织。因为这些组织可以代表它们的成员提出它们对交通决策的各种意见、建议。地方工会可以代表职工参与重大交通问题的管理和决策,代表和保护职工群众的具体利益,为群众说话。共青团是先进青年的群众组织,是中国共产党的助手和后备军,它主要向政府及交通主管部门反映广大青年对重大交通问题的呼声。妇联是党和政府联系妇女群众的桥梁和纽带,是一个比较重要的交通决策的间接主体。它的主要职能是向政府及交通主管部门反映妇女、儿童对重大交通问题的意见、建议和要求。南京市还有各种社团,它们都对交通决策发生一定的间接影响,如南京公共交通乘客委员会、出租车行业协会、停车服务业协会等,它们在反映行业诉求、公众声音等方面,发挥了积极的作用。

8. 媒体和公众:舆论影响与参与影响

改革开放以来,随着地方经济和文化生活水平的日益提高和民主意识的增强,媒体和公众在重大交通决策中不再是被动的客体,尤其是当重大交通决策涉及公共及个人利益时,媒体和公众往往会通过各种方式表达自己的意见,对地方重大交通决策发生影响。新闻媒体具有信息传递迅速、覆盖面广等特点，媒体人通常对重大交通事件具有敏锐的洞察力，他们无孔不入，以独特的视觉随时报道重大交通决策的信息和观点，具有强大的社会冲击力和影响力，在向决策主体提供必要的事实和信息、获取舆论支持、稳定社会情绪、监督交通决策中各种资源的调配和使用情况等方面起到了十分重要的作用。公众参与交通决策的方式更是丰富多样，既可以通过网络舆论、网络投票等方式，也可以通过直接向政府及相关交通主管部门写信等方式参与和影响交通决策。

（三）南京城市交通科学决策与协调机制的特征与问题

1. 基本特征

（1）注重并具备科学的城市交通宏观战略指导政策，并发挥了重要作用。

改革开放以来，南京最早重视和开展城市交通规划、建设、管理的规范化研究，做了大量的基础性的城市交通研究工作，形成了丰富的信息、技术储备，培养了大批的专业技术人才。例如，作为省会城市第一家制定的《南京交通发展白皮书》（2007 年），就是南京交通科学决策的主导政策，其提出的"一个愿景、两阶段目标、四大战略任务、五项重大政策、十二大建设工程和九项运行管理措施"，有效指导了南京近年来的交通发展，描绘了南京交通发展蓝图，保证了十运会、青奥会的成功举办，并且对南京城市交通科学决策起到了宏观的战略指导作用，确定了南京交通决策的理念指引，保证了各个交通决策前后之间的统一、连贯。并且《南京交通发展白皮书》一系列的研究成果为南京交通决策的制定和实施提供了丰富的信息储备，提供了良好的基础，保证了南京交通决策的科学性和合理性，能够真正反映南京交通的实际需求。

（2）具有多层次的决策研究和咨询机构。

当今社会，面对知识和信息的膨胀以及交通决策环境和交通决策内容的日益复杂，单凭少数几个人的智慧难以作出科学的决策。南京地方党委、政府及相关交通主管部门能够非常理智地认识到这一点，遇到复杂而重大的交通决策问题，往往求助于各方面的专业的研究和咨询机构，一般采用"专家咨询""课题委托""专家论证会"等方式听取专家的意见。这种利用"外脑"帮助进行交通决策的方法，对交通决策的科学化具有十分重要的促进意义。

在南京交通多年的快速发展过程中，南京已经形成了多层次、多领域的交通决策的专业研究和咨询机构。其中，典型代表是南京城市交通规划设计院与南京市公安交通科学管理研究所。前者从南京市规划局交通研究所发展而来，横跨城市规划与交通两大相关密切关联又适当分离的领域，长期以来积累了系统的南京交通研究成果，起到了很好的交通科学决策与咨询的参谋作用。后者在交通信息、交通运行、交通控制、交通管理、智能交通等方面的长期研究实践，为南京市交通综合治理、创建畅通工程示范城市作出了巨大贡献。

除了充分依托上述本市两大专业研究机构之外，也率先通过引进来、走出去双重并举的方针，确保重大交通决策方案、预案的科学性、权威性：充分引进国际和国内知名的交通规划设计咨询机构与著名高等院校和本地专业机构合作开展南京重大交通规划、建设、管理和政策等前期研究。同时，结合这些重大项目前期研究和重点问题调研，南京市还经常性组织政府部门与专业机构赴国内外开展专业考察学习，及时吸收采纳国内外城市交通规划建设管理的先进理念与经验。

（3）决策过程具备开放性与有序性。

所谓决策过程的开放性，是指各个决策主体包括政府部门、研究机构、社会公众等都直接参与了决策过程或间接影响决策。开放的决策过程有利于充分反映民意，广泛集中民智，有利于决策得到群众的支持，使之最后能够顺利实施。所谓决策过程的有序性，是指决策主体在决策过程中能够自觉地遵循一定的决策程序，包括发现问题、分析问题和确立目标；拟订决策方案；决策方案的评估论证和抉择；决策方案的实施、反馈和监控等。有序性是决策科学性的重要保障。

多年来，南京城市交通规划、建设、管理等方面的决策事项，不论是政府还是相关职能部门，均在决策的过程中坚持走群众路线，决策前充分听取社会各界和群众的意见，召开各种座谈会和研讨会，使各种决策主体都直接或间接地参与或者影响决策过程。南京有责任感的专家学者、高校教授、部门专业干部都主动积极向政府建言献策，政府领导也乐意、善于采纳这些建言献策，体现了民主决策与科学决策的基本精神。交通决策回应了市民与专家学者的呼声和建议，决策的实施也就得到了南京市民的普遍支持和配合。

（4）决策的法治化水平不断提高。

随着依法治国、依法行政、法治交通的不断推进，南京城市交通决策的法治化水平也在不断提高，突出表现为规范交通决策行为的法律规范体系的不断健全与完善以及交通决策法治理念的不断提高。2015 年江苏省人民政府通过的《江苏省行政程序规定》专门单独设立了一章对重大决策程序进行具体规定，其中明确规定了重大决策实行"公众参与、专家论证、风险评估、合法性审查和集体讨论决定"相结合的决策机制，对决策程序进行了明确的规范。同时，2011 年南京市政府制定的《南京市重大行政决策程序规则》、2013 年南京市委办公厅印发的《关于加强"三重一大"事项决策和监管的意见》以及 2014 年南京市政府通过的《南京市人民政府议事决策规则》等文件，对重大决策的范围、原则、程序等作了明确规定，有力提升了重大交通决策的法治化水平。

2. 存在的问题

（1）交通决策协调机构与机制的稳定性、长效性、系统性不够。

虽然南京市早在 1997 年就成立了"南京市城市道路交通综合整治领导小组"，在城市交通综合管理发挥了重要作用，也为南京获得畅通工程示范城市荣誉称号发挥了直接作用。但是，以领导小组方式成立的交通决策协调机构也存在稳定性不够的问题，除了"南京市城市道路综合整治领导小组"发挥作用的时间跨度较长之外，其他曾经成立的领导小组往往只是发挥临时作用，甚至有些通过市政府发文成立的委员会，也没有真正做实做长效。相应地，以不同主题成立的领导小组，工作机构不同，因此侧重点不同，往往很难从南京城市交通的全局引领，实现真正综合决策与协调，即使依据《南京城市治理条例》成立的"南京城市治理委员会"，具有法定地位，整合了公务委员与公众委员，并由市长担任主任，但因该地方性法规也仅涉及"城市道路交通管理"与"停车设施管理"，不可能从全局统筹城市交通事项的决策与协调，不具有系统性。

（2）交通决策技术支持机构与机制的保障性、支持性、稳定性不够。

交通科学决策科学性，高度依赖于一支稳定的交通政策研究队伍。以北京为例，北京市的交通管理体制改革首先以交通研究机构改革为突破口，2001 年年底，市政府整合全市交通研究力量，成立了一个综合决策咨询机构——北京交通发展研究中心，以提高系统协同性和增强资源整合能力。目前，南京交通主管部门缺乏权威专业的交通研究机构，主管部门中专业资深的交通研究人才比较缺乏。而作为市场主体的交通研究机构迫于竞争压力，即使具备持续跟踪开展南京城市交通科学研究的基础与意愿,但是受到交通决策研究项目的招投标规则、经费保障方面约束较大,而交通决策程序有时存在的随意性,也给相关交通研究机构带来较大的困难。

(3) 交通决策研究成果的重心转移尚未完成,交叉学科的研究亟待加强。

交通决策需要系统全面的研究成果作为决策支撑。目前,南京城市交通规划及相关成果比较完备,2015 年上半年公布的《南京交通运输现代化实施方案 (2014—2020 年)》,明确城际、都市圈、城市和城乡的多层次客运体系是南京市交通运输现代化建设的重点,已经形成较为系统科学的交通规划研究成果。但随着城市发展从早期的注重建设到建管并重的转变,从交通供给建设与需求管理平衡角度看,南京城市交通的需求管理政策研究亟待加强,不论是停车治理政策的深化,还是作为储备研究的过江通道 (免) 费政策、交通拥堵费政策乃至机动车限牌政策,相关研究均有待于启动或深化,特别是从法治要求、舆情管理、交通规划、政府管理,甚至财政可持续性多方面,从多学科交叉角度,开展相关需求管理政策研究,储备交通科学决策的研究成果,是当前推进交通科学决策的重要研究基础。

(4) 交通决策协调受到相关机制与地域限制,存在决策效率与质量不高的问题。

重要的交通决策和实施往往会涉及多个部门的职责,包括发改、规划、住建、交通、物价、城管等,也往往与各区人民政府具有密切关联。由于缺乏与各个部门协调配合的相应机制,往往会使得重要的交通决策在制定和实施的过程中迁延不决,容易影响决策的效率和质量。

重要的交通决策有时也会突破市行政区域的束缚,会涉及国家层面以及省一级层面的相关职责,由于缺乏纵向的协调配合机制,往往也会大大影响决策的效率和质量。

(5) 缺乏落实"互联网 + 交通"计划的统一城市交通决策信息平台。

南京需要建立一个面向决策者、管理者、经营者和使用者的公共的交通信息平台。现代大城市交通系统有别于给水排水、电力电讯等市政公用设施,是一个用户开放的、扰动性极强的、十分庞大的随机系统。交通规划、建设、管理和运行的失误或失效,往往不是决策者和管理者的水平、能力不够,更不是他们有意为之,而是对城市交通这个庞大而复杂的系统的信息掌握不够充分、不够及时, 对自己作出的决策可能产生的效应和后果也不能作出充分的预测和评估造成的。而随着城市规模的日益扩大, 城市化、机动化、市场化等日益快速发展, 特别是随着国家"互联网＋交通"战略的提出, 城市交通决策者和管理者对交通规划、建设、管理所作的决策和行动越来越难于凭自己的经验来进行, 越来越需要足够而及时的信息来支持。而且, 即使某个决策在当时可能是正确的, 由于我们所处的交通发展时代的快速性和复杂性, 这个决策实施以后很可能带来与预期的不同的效应和效果。如果这个效应不是负面的, 也可能与预期的目标有差距, 需要对原有的决策和行动及时矫正, 采取进一步的延续或补救行动。如果这个效应是负面的, 就必须给予及时的纠正, 否则, 将带来更大的负面影响和损失。无论是矫正或纠正, 都需要掌握足够的信息, 通过准确的评估后, 及时作出新的决策和指令。

(四) 法治交通导向下的交通发展科学决策与协调机制建设

1. 依法明确重大交通决策的范围与程序

2014 年党的十八届四中全会通过的《中共中央关于全面推进依法治国若干重大问题的决定》, 明确要求把公众参与、专家论证、风险评估、合法性审查、集体讨论决定确定为重大行政决策的法定程序, 确保决策制度科学、程序正当、过程公开、责任明确。2014 年通过的《交通运输部关于全面深化交通运输改革的意见》也明确加快法治政府部门建设, 把公众参与、专家论证、风险评估、合法性审查、集体讨论决定确定为交通运输重大行政决策法定程序。

2011 年南京市政府为规范重大行政决策行为, 推进科学决策、民主决策、依法决策, 结合南京市实际, 制定了《南京市重大行政决策程序规则》, 明确规定了重大行政决策范围与程序要求。2013 年南京市委办公厅印发了《中共南京市委关于加强"三重一大"事项决策和监管的意见》, 对于市委常委会"三重一大"事项 (重大决策、重要人事任免、重要政策或项目安排和大额度资金使用) 决策和监管提出了严格要求。而2015 年 3 月 1 日施行的《江苏省行政程序规定》第 27 条规定: "重大行政决策的具体事项和量化标准, 由县级以上地方人民政府在前款规定的范围内确定, 并向社会公布。"

因此, 全面依法治国要求下的交通发展科学决策与协调机制建设, 必须遵守国家、省人民政府相关政策与规章要求，明确重大交通行政决策范围，遵守相关重大交通行政决策法定程序。

第一，重大交通行政决策范围。

从重大交通行政决策的具体事项而言，有些决策是实践证明需要进行规制的重大事项。总的来说南京市重大交通决策范围，是指由南京市人民政府依照法定职责对涉及本地区经济社会发展全局、社会涉及面广、专业性和政策性强、与人民群众切身利益密切相关的重大交通事项。结合南京市委办公厅印发了《中共南京市委关于加强"三重一大"事项决策和监管的意见》《南京市重大行政决策程序规则》及南京城市交通实践，南京市重大交通决策范围主要包括：

（1）立法类事项：审议、决策或协调重要地方性交通行业规章，如：轨道交通、公共交通、出租车等运营管理办法及规划编制导则；道路设计、停车等各交通专项规划编制办法、设计指南等。

（2）政策类事项：审议、决策或协调重大交通政策措施，如：交通需求管理政策、交通保障政策、交通优先政策、行政事业性收费政策和政府管理的重要商品、服务价格政策。

（3）机制、体制类事项：审议、决策或协调重大交通行业运行机制、体制的建立及改革，如交通影响评估机制；交通行业体制、行政管理体制、财政体制的重大改革。

（4）规划类事项：审议、决策或协调南京交通发展规划、交通布局规划、控制性交通规划、实施性交通规划、交通年报、年度计划。

（5）建设类事项：审议、决策或协调重大交通基础设施建设或改建项目，如快速路、重要公路、重要城市干路、重要交通枢纽、过江通道、立交、隧道等重要交通节点，港口、航道、航空、铁路、轨道交通、智能交通等项目。

（6）投资类事项：审议、决策或协调重大政府交通投资项目、重大国有交通行业相关资产的处置、重大政府交通行业相关合同的签订。

（7）应急类事项：审议、决策或协调重大突发公共事件应急交通预案、重大节假日、重大事件交通运输保障措施。

（8）管理类事项：审议、决策或协调开展涉及面广、社会影响大的重大交通综合整治活动、交通安全整治活动。

（9）其他交通决策与协调委员会认为应当纳入重大交通发展行政审

议、决策与协调范围内的重大事项。

重大交通决策范围的圈定主要是为了防止"权力任性"，因此所包含范围广泛、全面。范围圈定是表示范围内的项目要按一定的程序科学规划、深入研究后才能实施，不可根据领导意愿随意更改。

第二，重大交通行政决策程序。

从上述有关重大交通行政决策事项范围的论述，可以看出：重大交通行政决策或是关乎民生，或是关乎经济社会的建设与发展，或者关乎城市整体的文明与进步。重大交通行政决策的"重大"性，决定了整个决策程序在符合法律规定的基础上，应当能够更好地体现民意，并且能够得到科学的论证，通过集体决策，避免"一言堂"决策模式的主观和狭隘。通过科学的程序设计对重大交通行政决策予以规范，可以使重大交通行政决策最大限度地反映决策的初衷和本意，使重大交通行政决策真正能够为城市经济建设和社会发展服务，真正起到改善人民生活、促进城市经济和社会发展的作用。对重大交通行政决策的程序予以规范，目的是规范重大交通行政决策行为，提高交通行政决策的质量。要实现此目的，重大交通行政决策程序的设计，应当能够体现如下几点：（1）能够体现民主性。重大交通行政决策中的民主性主要体现在两个方面：一是重大交通行政决策过程中，应当体现民意，可以通过书面征求意见、听证会、座谈会等形式让公众参与进来；二是在集体决策的过程中，也应当能够体现民主，让参加集体决策的全体成员能够充分地发表自己的见解和意见。（2）能够体现科学性。重大交通行政决策中的科学性包括两个方面：一是整个重大交通行政决策程序的设计应当体现出科学性，即既能够充分体现民主，又能够保证决策的效率；二是要有对重大交通行政决策内容的科学性进行论证的程序规定，以提高决策的合理性、可行性，达到提高决策质量的目的。（3）能够突出合法性。《全面推进依法行政实施纲要》出台后，行政机关的各种行政行为均被纳入了依法的轨道，重大交通行政决策也不例外。在重大交通行政决策程序中，应当加强对重大交通行政决策内容及程序合法性的审查，以保证重大交通行政决策符合法律的原则、精神和规定。（4）能够保证效率。程序设置的民主和科学，可以保障决策活动的合法和效率，效率应当成为重大交通行政决策程序设计的应有之义。

在研究分析国内外先进城市有关重大交通行政决策程序规定的基础上，结合本市实际，完整的重大交通行政决策程序应当如下：凡是纳入政府决策范围的重大交通事项，应由政府行政首长提出或同意（政府分管领导、政府各部门负责人提出时）启动决策程序。重大交通决策事项的承办单位应深入开展调查研究，拟订方案，采取书面征求意见、座谈会、听证会、问卷调查等多种形式广泛听取意见，并按照法律法规规定和有关要求组织专家论证，进行风险评估。凡是群众反应强烈、反对意见多或存在重大决策风险的，暂缓决策。所有重大交通事项决策方案在提交会议研究前，须经政府法制机构进行合法性审查，出具书面审查意见。未经合法性审查或经审查不合法的，不得提交会议研究。交通重大事项决策应集体讨论决定，不得以传阅、会签、个别征求意见和其他形式替代集体决策。对重大交通事项决策的实施情况进行后评估，是及时发现并纠正决策中存在的问题，提高决策质量的手段。后评估的时间，可以在作出重大交通行政决策时一并确定，也可以在重大交通行政决策实施一段时间后，根据实际需要确定。后评估，既可以由决策机关自行完成，也可以授权负责内部监督的机关或者机构及决策的执行部门进行，还可以委托社会上的专业机构进行。

2. 建立统一交通决策平台——南京市交通决策与协调委员会

纵观国内外先进城市交通决策体制机制经验，亟须深化南京市大交通体制改革，建立统一交通决策平台。一方面，根据重大交通决策法定程序要求，相关重大交通决策事项需由政府行政首长提出或同意后启动，并最终通过市政府集体讨论决定，而中长期内，重大交通事项仍然在政府决策中占比较高，需要建立常态化的交通决策机制。另一方面，南京已有的城市道路交通综合整治领导小组、南京市城市公共交通委员会与南京市城市治理委员会等机构，已有从临时性向规范性、法定性发展的趋势，依托重大交通行政决策法定化的契机，成立统一的南京交通决策平台——南京市交通决策与协调委员会，时机已经成熟。

（1）机构设置

从南京的实际情况和"大部制"改革的趋势来看，继承和发扬"南京市道路交通综合整治领导小组"取得经验和成就，以政府综合决策为主导、以综合协调和民主决策为辅助，将原来的"南京市道路交通综合整治领导小组"职能与"南京市城市公共交通委员会""南京市城市治理委员会"的定位、机制相融合，进一步整合和提升、固化，成立由市长及各相关部门负责人组成的非实体性机构——南京市交通决策与协调委员会，从战略高度、顶层设计角度对南京市交通进行全方位谋划，统筹协调、督促落实立法、政策、机制、体制、规划、投资、管理、应急等各类交通相关事项的科学规划以及规划后的实施，并将南京市交通决策与协调委员会作为常设的议事、协调和决策机构，是南京城市交通科学决策、民主决策、依法决策的大势所趋。

南京市交通决策与协调委员会在组织构成上应当直属市政府领导，由市长任主任，常务副市长或分管副市长任副主任。组成委员包括市政府秘书长、市纪委书记、市委宣传部部长、市发展和改革委员会主任、市住房和城乡建设委员会主任、市国土资源局局长、市监察局局长、市教育局局长、市经济和信息化委员会主任、市商务局局长、市政府法制办主任、市国税局局长、市地税局局长、市科学技术委员会主任、市督察办主任、市审计局局长、市政府国资委主任、市安全生产监督管理局局长、市环境保护局局长、市规划局局长、市城市管理局局长、市交通运输局局长、市园林局局长、市公安局交管局局长、市财政局局长、市物价局局长、市文明办主任、市地铁指挥部负责人、市城建集团负责人、市交通集团负责人、市地铁集团负责人、江宁区区长、浦口区区长、六合区区长、溧水区区长、高淳区区长等。

南京市交通决策与协调委员会下设工作委员会，包括：技术支持机构库、重点工作协调委员会、专家咨询委员会、南京城市交通公众参与委员会和办公室。其中，技术支持机构库负责定期对城市交通发展相关的政策、规划、建设、管理等进行技术研究与会商，技术支持机构库备选单位包括南京市公安交通科学研究所、南京市城市与交通规划设计研究院有限责任公司、南京市智能交通有限公司等；重点工作协调委员会通过将已经存在并发挥良好作用的南京市城市道路交通综合整治领导小组、南京市城市公共交通委员会、南京市城市治理委员会等机构的相关决策与协调职能进行整合，常态化、具体化地针对各个重点交通事项进行综合协调工作；专家咨询委员会由人大代表、政协委员、资深专家、市民代表等组成，为南京城市重大交通决策提供咨询意见；南京城市交通公众参与委员会通过整合现有城市公共交通乘客委员会委员与城市治理委员会公众委员，有序推进城市交通决策中的公众参与。办公室设在市交通运输局，为常设机构。

（2）职能定位

作为非实体性的决策与协调组织机构，南京市交通决策与协调委员会

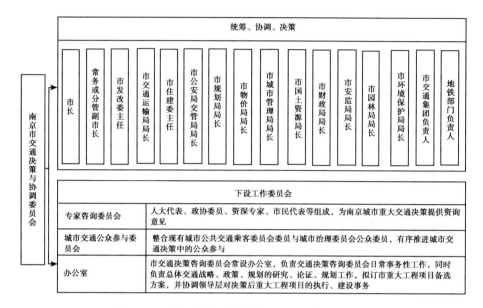

图 3 - 1　南京市交通决策与协调委员会组织架构

主要职能定位为高位协调。由市政府直接牵头,相关职能部门参加的决策与协调委员会,通过将交通管理的政策、规划、建设、服务、运营等各个方面的权责进行统筹整合、科学配置,形成统一交通决策平台,高位指导、协调各相关职能部门对交通领域内重大事项的研究和处理。各下设工作委员会的职能定位如下:技术支持机构库职能定位即为南京市交通决策与协调委员会提供技术咨询服务与专业建议,并指导相关部门开展工作。每年年底编制下一年度城市交通年度计划,包括年度交通战略目标及具体配套工程安排、规划研究、政策措施等,年初编制上一年度交通政策、规划、建设、管理等各方面重大项目推进工作总结。每月统计年度计划项目进度情况,了解项目规划推进问题或实施困难,汇总上报。协助办公室召开重大交通项目专家咨询会及技术审查会。承担各类重大交通规划、研究。重点工作协调委员会职能定位即具体负责南京城市交通的政策、规划、建设、管理等各方面常态化重点交通事项的工作,协调南京城市重大交通事项的综合性问题,将交通畅通工作纳入市、区两级政府重点工作,实施督查和绩效考核。专家咨询委员会职能定位即根据国内外宏观形势最新变化,分析研讨南京城市交通发展长期规划和发展战略,提出全局性、长期性和综合性的城市交通发展政策建议。针对南京城市交通规划、建设、管理等领域中的重大交通事项,提出具体化、特定化的问题解决方案，供市政府进行重大交通决策时参考。对南京城市交通发展过程中可能出现的趋势性、苗头性问题提前预判、主动研究，向市政府提出预警分析报告。南京城市交通公众参与委员会职能定位即汇集整理社会公众对重大交通事项决策的意见建议，强化重大交通行政决策过程中政府与社会各阶层的意见沟通，适时引导公共舆论，提升重大交通行政决策的透明度和民主化水平。办公室职能定位即负责交通决策与协调委员会日常事务性工作，同时负责总体交通战略、政策、规划的研究、论证、规划工作，拟订市重大工程项目备选方案，并协调领导层对决策后重大工程项目的执行、建设事务。

（3）运行机制

南京市交通决策与协调委员会作为常设的议事、协调和决策机构，负责审议南京城市交通发展进程中的重大交通事项，其审议结果作为市人民政府进行重大交通决策的依据，同时须明确未经南京市交通决策与协调委员会审议、论证、研究的重大交通事项，市政府不得批准。

南京市交通决策与协调委员会会议形式分为全体委员会议和主任办公会议。全体委员会议由主任或常务副主任主持，全体委员参加，全体委员会议原则上每年召开不少于4次，根据需要可适时召开；主任办公会议由主任或常务副主任主持，交通、规划、建设等相关委员参加，其他参会人员由会议主持人确定，主任办公会议原则上每季度召开3次，根据需要可适时召开。南京市交通决策与协调委员会审议和决定事项，实行民主集中制。南京市交通决策与协调委员会，在审议规则设置方面可以根据拟审议事项的重要性的不同而有所区别：对于重大的交通方针政策或者宏观层次的重大交通事项应当采取全体一致通过的方式；对于中观层次的城市交通事项应当采取2/3多数通过的方式；对于微观层次的城市交通事项并且对城市市民影响较小的应当采取过半数通过的方式。市交通决策与协调委员会的审议意见，可作为南京市人民政府审批重大城市交通事项的决策依据，未经市交通决策与协调委员会审议的重大城市交通事项，市人民政府不予审批，经市交通决策与协调委员会审议同意的重大城市交通事项，方可按照有关法律、法规规定，履行报批手续。市交通决策与协调委员会会议资料属政府内部文件，各位委员应妥善保管，或在会后将资料交回办公室，未经办公室同意，任何人不得以任何方式获取或向他人直接、间接传送有关资料。如会议资料被列为秘密文件，应按照有关保密规定执行。有关市交通决策与协调委员会会议资料的查询，由办公室负责统一答复，委员不得透露会议的详情和内容。经市交通决策与协调委员会会议审议通过的重大交通事项及有关城市交通管理的政策、规定，需向社会公布的，由办公室通过新闻媒体向社会公告。

南京市交通决策与协调委员会的议事程序如下：①受理和审核。办公室负责接收市交通运输行政主管部门及市交通决策与协调委员会其他成员单位提交审议事项的材料，并对报送材料进行审核。对不应由市交通决策与协调委员会审议的，说明情况后按程序退回。②专家咨询和公众参与。办公室将待审议事项送至专家咨询委员会与城市交通公众参与委员会研究，确定应提交专家咨询组进行咨询论证和应进行公众参与的议题和内容。对需要提交专家咨询组咨询论证的事项，由办公室组织专家进行论证，并收集整理与会专家的（署名）意见，对需要进行公众参与的事项，由办公室会同审议事项报送单位及相关部门组织实施。③汇总意见和确定议题。办公室将市交通运输行政主管部门意见和专家咨询、社会公众意见汇总，报市交通决策与协调委员会主任办公会议研究，必要时，由市交通决策与协调委员会主任确定，报全体委员会议审议。④审议准备。办公室根据要求安排会议日程，做好各项会议准备工作。应提前1—3个工作日将拟审议事项的有关材料、审核意见以及专家咨询论证、社会公众意见及会议通知等送达与会委员（特殊情况下可在会议现场送达）。⑤审议实施。会议召集人按照会议议程主持会议。所有与会委员须履行签到程序。到会委员符合规定人数后会议方可召开。市交通决策与协调委员会会议审议的议题内容，经表决同意后，形成会议纪要（或决议），会议纪要（或决议）由办公室整理，经办公室主任、副主任审核，呈报市交通决策与协调委员会主任或常务副主任签发。⑥确定事项的办理。对于不需市人民政府批准、公布或上报的事项，由市交通运输行政主管部门或其他主管部门通报并组织实施。对于需市人民政府批准、公布或上报的事项，经市交通决策与协调委员会审定后，由市交通运输行政主管部门或事项提报部门按程序上报，待批复后组织实施。

3. 完善决策平台支持系统

（1）建立并完善建设项目库制度

重大交通决策对南京城市的发展以及公共利益都会产生重大而又广泛的影响。因此，对一系列涉及重大交通决策的建设项目进行归纳和梳理，加强管理，形成层级明确、结构清晰的决策建设项目目标体系——"项目库"，就显得尤为重要。但在很多情况下，普遍存在着对一系列涉及重大交通决策的建设项目管理不重视的现象，往往导致了大量的交通决策所要达到的意图和目标难以完整地贯彻实现。因而，科学谋划，通过委托专业机构研究等方式，根据南京实际情况建立并完善交通决策建设项目库制度，并由南京市交通决策与协调委员会办公室进行管理，供政府与相关主管部门决策参考，保证交通决策的科学性。项目库作为一个抓手，是一种制度，其建立是为了有助于南京市交通决策与协调委员会对全市交通进行全方位的谋划，逐步建立完整的交通规划体系，促进南京市交通健康发展，形成良性循环。

（2）完善交通年报制度

城市交通发展年度报告编制应是交通研究中的一个重要系列，其重要性不亚于综合交通体系规划编制和交通政策白皮书编制，三者应具有同等地位。交通年报的主要作用是反映城市交通的关键特征，对近期交通方面的工作和重大决策进行指导，成为政府决策层和社会大众之间沟通的纽带。公众看待交通年报，更关注对未来的判断，期待从过去的数据中看到数据背后隐藏着的真相，这个工作一定要通过专业人员进行分析提炼，这是年报的基本工作，使得读者即便是非专业人士，也可以从中分析和判断未来。而年报想要发挥更大作用，需要为政府决策发挥作用，要记录近几年行动计划在实施过程中存在的现象与问题，反映出一些基本规律，让决策层能更好地制定行动规划。年报归根结底是要能反映交通发展的规律，应站在整个城市的层面看待和分析交通问题，分片、分类、分步骤制定长期调查计划，进一步规范调查工作，加强不同区域（CBD、郊区）、不同时段（春节、小长假等）、不同职业、不同年龄的出行特征分析，深度挖掘交通特征和交通问题成因，针对性地提出解决办法。

（3）完善交通影响评价制度

交通影响评价，是指对规划和建设项目实施后可能造成的交通影响进行分析、预测和评估，提出预防或者减轻不良交通影响的交通设计、交通管理方案与措施的技术方法和制度。通过交通影响评价，预判建设项目可能导致的交通问题，提出解决问题的对策，这样既可以为政府部门提供用地规划和交通发展的决策依据，又可以达到调控交通需求、缓解交通拥堵的目的；既可以避免项目建成投入使用后，因缺乏预见性和整体规划，在人员出入、车辆停放以及交通组织方面引起的系列问题，也可以有效防止项目建成后发现交通问题被迫改建引起的资金浪费。要明确规定编制、修订城市规划和新建、改建、扩建大型建设项目，都应当进行交通影响评价，将其作为建设审批的必要条件进行前置，进而从根本的交通问题产生源上进行控制，达到交通影响评价的最初目的。

（4）建立道路交通安全审计制度

道路交通安全审计是从道路因素方面着手，预防交通事故、降低事故产生的可能性和严重性，对道路项目建设的全过程进行全方位的安全审核，从而揭示道路发生事故的潜在危险因素及安全性能，是国际上近期兴起的以预防交通事故和提高道路交通安全为目的的一项新技术手段。道路交通安全审计贯穿于项目的规划、设计、施工和营运的整个过程中，为更好地开展道路交通安全审计工作，就要将道路交通安全审计落实为一项制度。综合运用科学技术和管理的方法来治理道路交通安全问题，尽快理顺道路交通安全管理体制，制定交通安全策略，加大交通科技投入力度，研究并发展道路交通安全审计的配套法律法规，加快道路交通安全审计指标体系的研究，形成一套比较完善的评价标准；培育道路交通安全审计专家队伍，组织安全审计人员成立为有独立法律地位和专业资质的基本单位，使当前道路交通安全审计工作逐步走向规范化和正常化。同时，要施行社会安全审计的开放体制，将政府的道路交通安全审计管理层与社会的道路交通安全审计管理层连接在一起，形成一个完整的体系。

4. 强化决策监督力度，完善决策问责体系

（1）加强决策监督纠错机制建设

强化对交通决策的监督力度，要更加注重决策实施之前的监督，改变既有被动的事后监督模式，建设更加具有能动性的监督审查机制，让决策全过程都受到政府及相关交通主管部门内部和外部多重主体的动态监督，同时让决策监督与决策纠错程序挂钩，建立决策即时纠错机制，保证决策从动议到实施的每一个阶段出现的程序偏差都能够及时被发现并纠正，使决策的合法性、民主正当性与科学性得以有效保障。

强化决策程序的监督机制重点在于明确决策监督的实施者，即决策程序的监督主体。当前应当选择发展内部监督与外部监督相结合的监督模式，综合推进人大监督、行政监督、司法监督和社会监督这四种监督形

式，使分散的监督权得以有效整合，形成监督合力，并通过建立相应的监督制度明确下来。具体来看，就内部监督而言，要通过对隶属关系、管理体制和经费来源等方面的改革，给予行政内部监督机构在人事权、财权与事权上的相对独立地位，减少其受到的内部制约和上级干预。在外部监督上，其一，要充分发挥人大作为权力机关的重要监督作用，可以考虑在人大机关内常设行政监察委员会，配置专门的监察专员，使政府及交通主管部门进行决策活动受到人大的常态化监察监督；其二，要充分发挥社会舆论对决策的监督作用，保障舆情畅通，可以考量建立决策网络监督平台，充分利用舆论信息获取渠道广泛的天然优势，将舆论监督与其他几种监督形式相结合构成系统的监督网络。

（2）完善决策责任机制

要保证交通决策程序可控，就必须根据权责相一致的原则，逐步建立起一套完备的交通决策失误追责机制。首先，在问责主体上，要改变当前主要以政府及相关交通主管部门内部上级对下级问责的自体问责模式，发挥异体问责的作用，应将公众作为重要的异体问责主体，赋予公众一定的问责启动权。其次，要使责任追究程序规范化，对从立案、调查取证、决定、通知再到执行这一系列程序的具体操作规则要进行明确和细化，从而使决策活动的各个环节负有相应法定职责的机关和个人要对自己所属环节的决策活动担责。最后，要进一步明确决策的问责客体，其中的关键便是完善决策首长问责制，使相关领导严格依照法定权限和决策程序进行决策，因违反决策程序造成决策失误的领导必须对自己行为的后果负责。相较于一般行政机关工作人员，领导对决策享有更大的话语权重和判断力，根据权责相一致的原则，领导必然也要承担更大的责任。特别是当前在决策活动中地方领导往往集决策权力于一身，在"集体审议制"的庇护下实际掌握着决策方案的最终拍板权，面对这种情况，必须对领导责任与集体责任进行区分，创新问责方式。一是对于决策中符合集体决策条件而实际操作中集体无表决权，而实际由领导独自拍板的决策一旦失误则只追究领导之责任。二是要建立决策讨论、辩论、投票记录与备案程序，一旦决策失误，那么在决策中持赞成或中立态度的官员均应承担决策失误的责任。

二 "十三五"时期大交通管理体制
改革思路研究：以杭州为例

（一）杭州城市交通的基本格局和发展态势

1. 交通形式呈现多元化、系统化趋势。杭州正在规划和建设连接全省以及国内其他城市的高铁网络，以及连接周边城市及郊县的城际铁路；城际铁路、有轨电车、微公交逐渐纳入公交系统，以公交为主导的大城市综合交通体系正在形成过程中。

2. 中心城区的交通地位凸显。随着杭州火车东站投入使用，杭长高铁开通，城际铁路建设，杭州在城市群乃至全国的交通枢纽功能急剧强化和凸显。

3. 城乡交通联系更加紧密。随着富阳成为杭州第九区，中心城区在人口数量和城市规模等方面不断扩大，城郊住宅小区的不断兴建，城西科创园区、临安高新技术开发区、跨境电子商务区、互联网小镇等各种园区的不断拓展，使得城市内外道路系统相互交织，中心城区与远城区的联系更加紧密。

4. 交通治堵任务依然艰巨。"衣、食、住、行"中的"行"已经成为杭州市民心中最大的痛点。杭州 2003 年开始治理交通"两难"（行车难、停车难）问题，2004 年实施"公交优先"方针，2009 年推行"停车产业化"，2010 年实施"品质公交"战略，2013 年开始执行全省"城市交通拥堵整治工程"，2014 年 4 月实行机动车限牌政策。但截至 2014 年年底，停车泊位缺口至少 60 万，杭州限牌后，机动车平均时速不升反降，杭州在全国城市的拥堵水平位居第二。动态交通和静态交通尚未实质性好转，治堵任务极为艰巨。交通管理部门需要认真反思：为何十多年的治堵，投入巨大，"创新"不断，却成效不佳，市民评价不理想？

5. 对交通整合交通资源的要求不断提高。交通要素日益复杂多样，急需一体化衔接，确保合理分工、衔接配套、协调平衡，合理地配置各种交通资源，优化运输出行组织方式和结构，提供优质服务。各种交通方式既竞争又联合，既分工又协作，其运输过程和技术装备等相互衔接的要求越来越高。此外，由于互联网技术的快速发展，以"汽车共享"为目的打车软件迅速普及，甚至发展出"共享单车"的新非机动车出行方式。

全新的出行方式，对传统的管理带来了新的难题。

（二）杭州交通的管理与体制缺陷

1. 交通规划：前瞻不足，时序不当

早在 20 世纪 80 年代，新城市主义、新传统社区、精明增长、公共交通导向发展模式（TOD）已经成为目前在空间规划中的可持续性理论和宜居性理论，并得到广泛应用，杭州对此研究极少，没有将其纳入交通工程、交通规划和站点规划，没有良好处理区域规划、城市复兴、郊区更新和步行社区多个方面与交通模式的组合。以至于在 2010 年出台的《关于深入实施公共交通优先发展战略打造"品质公交"的实施意见》中设定的一些具体目标，基本上都是零散的建设目标，交通规划与城市发展"两张皮"的现象十分明显。构筑杭州特色、国内领先、国际一流的"五位一体""8 + 5"品质大公交体系并没有实现。2014 年开始的"公交都市"建设也没有充分考虑公交系统建设与城市资源的匹配性。

在城市土地开发和交通规划的关系上，当今世界城市通行的做法是"交通规划先于城市规划，交通设施建设先于城市建设"，杭州的做法恰好颠倒。城市土地开发和利用首先考虑提高容积率和单位面积的产出，忽视路网系统的规划和建设，以至于新开发区域的路网等级结构比老城区还差，支小路严重不足，开发到哪里，交通拥堵跟到哪里。

2. 交通建设：偏重投入，绩效欠佳

以 BRT 建设为例，起步早，规模大，截至 2014 年年底，投资近 12亿元，总长 119 千米，长度居世界前列，但客运总量并不大，2014 年日均客流 16 万人次，仅占地面公交客运总量的 5‰，服务水平停滞不前，运行速度低，与常规公交融合不足，与轨道线路大量重合，未发挥应有的作用。同样，公交专用道也并没有提升公交车运行效率，甚至存在方向变化的态势。市治堵办依然主张在全市主次干道普遍设置公交专用道。这是热衷搞建设，轻视实际效果的做法。这是"建了专用道，公交效率自然提升"错误想法在作怪。违背基本准则的背后，是积极行动掩盖下的自以为是和随意性，更是一种懒政行为。

治堵办、规划局、建委、公交、交警在改建道路的选择和专用道建设方式上的认识并不一致，某些路段的意见甚至完全相左。比如一些饱和度过高的路段，交警从整体交通效率的角度出发不赞成建专用道，专用道在路口的设置方式，交警也有很好的建议，但是其他部门并未听取交警的建议。专用道建成后，交警根据道路交通组织和管理的要求适当放开其他车辆使用专用道，提高了整体效率，其他部门一般持反对态度。这样，专用道的规划与末端管理就出现了矛盾，在时间、空间、政府规制和市民认知等方面都出现了诸多的不一致。

3. 交通管理：约束过多，疏导不足

当今世界交通管理最前沿和通行的做法是"疏导决策"，也就是所有的交通管理决策的基本立足点是尽可能疏导交通流，这就需要充分利用现有的交通基础设施，辅之以合适的技术手段，提高通行效率。但是，交通管理部门热衷于信号灯、标志标识、隔离设施的投入和建设，却忽视了通行效率。2009 年 2 月杭州市区共有 1009 个信号灯，2011 年 1181 个，2014 年 1680 个，增幅超过 80%。杭州信号灯多采用三相位，根据实验，两相位的通行能力是多相位的 1.7 倍，多相位的社会经济损失是两相位的 2.74 倍。杭州交通监控系统的密度在全国排名第三。最近几年，杭州交警和城管在道路上到处设置隔离设施，耗资巨大，却大大减缓了交通流速度。

4. 交通体制：分散管理，利益冲突

目前我国中心城市的交通管理体制大体可以分为三种模式：分散式管理、道路运输统一管理和综合管理。杭州交通管理模式为典型的分散式管理。这样的体制，弊病重重。

第一，部门众多，职能分散。

杭州具有交通管理职能的部门（单位）至少有 15 家。这种分散化的管理模式的典型特征是：从横向看，职能分布扁平化，从纵向看，单一职能多部门化。这种交通管理体制仍属计划经济体制模式的延续，其设立的根本目的就在于"以管理为中心"，为管理而管理。以城市交通规划为例，规划局是归口管理部门，但由于涉及城市规划、产业布局、人口密度、职住空间等诸多领域，就必然要处理与这些领域相关的职能部门的关系，其他职能部门虽然与城市交通规划无直接关系，但其决策必然影响规划，规划局难以协调关系。而城市规划这一职能，规划局又与发改委、建委、城管委、公安交管局等部门形成错综复杂的关系。再则，如此错综复杂的关系存在于市级政府和区级政府两个层面。

在杭州城市建设与管理的发展历史中，还形成了独特的"大建委，小规划"格局，公安交管局又有自己独立的归属部门，规划的权威性、一致性就难以体现。再则，一个规划，规划局的确要会同多个部门多次会审，但在建设和管理过程中，各个职能部门都会根据自身的需要修改规划，"一张图纸画到底"很难实现。

第二，协调困难，一致性差。

政出多门。分散化管理模式下，分工过细，管理主体多元，机构重叠，政出多门。各自为政。城市规划、道路建设和维护、公交运营、道路交通管理和公路建设、轨道交通的管理职能分别属于建设、公安、交通、铁路等部门，管理尺度不一、依据不一，各自为政不可避免。利益冲突。多头管理、政出多门和各自为政，在交通管理上表现为协调性不足，不同部门受制于各自价值取向、利益分配机制、考核机制，各自作出的决策不能相互支撑，甚至矛盾，协调难度大，较难以形成合力。协调困难。在这样的背景下，作为协调部门的治堵办虽然整合了50多个职能部门，但只能以考核指标统领，难以协调各部门的不同利益。总之，分散化管理割裂了交通管理体系各组成部分之间的内在联系，无法真正形成有效的管理体系，很难保持决策的一致性。

以公共交通管理体制为例，发改委、交通局、规划局、建委、城管、交警、财政局、街道，形成错综复杂的关系（见图3-2）。公交公司，既要看城投集团，又要看交通局，还要看市政府，更要关心自己的利益，怎么尽心做好"公交优先"？设置一个公共自行车租赁点，需要征得交通局、规划局、建委、城管、交警、财政、街道的同意，建成运行后，财政局依然每年要审核，效率极低，行政成本极高。因此，公交站、公交线路、公共自行车与地铁的"同步规划、同步建设、同步交付"无法全面实施，公交线路的调整、优化也常常流于形式。

第三，热衷建设，浪费资源。

任何一个行政部门都存在"利益最大化"的冲动，表现为追求机构和人数的扩张与逐利倾向，分散化管理模式中，各个部门都有特定的职权，如果不加约束，就有"以权谋利"的可能。上级政府机关为了协调各个职能部门的关系，也不可避免用资金平衡各个职能部门的利益，并期望以此调动积极性。上述双重效应的叠加，会导致交通管理中人、财、物等资源的严重浪费。

城市道路，由规划局负责规划设计，建委负责建设，建成后以"无

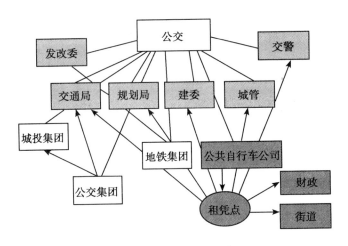

图 3 - 2　杭州公交管理体制

条件接收"的形式由城管委和交管局验收，承担后期的维护责任。但事实上，交管局在道路验收时主要依据内部的准则（如道路信息化标准），由于道路建设的标准与交警验收的标准未必完全一致（如道路开建时的标准在若干年后已经低于验收时的信息化标准），交管局就会拒绝验收，或要求达到新标准后再验收。这样，重复建设就不可避免，更为严重的后果是，目前杭州已经建成的道路中还有 500 多个路段尚未交付使用，有些路段仍处于"临时开通"状态。

交通信号灯，由规划局负责规划设计（建委、交管等部门会审），建委负责建设，在建设过程中建委会修改乃至否定规划设计；建成后由交管局验收，交管局负责后期的维护以及使用，交警在使用过程中可以根据自己的需要修改和添加，于是就出现了"交警否定建委，建委否定规划，交管局无任何约束"的局面，交管局本应是末端的维护、使用和管理单位，却成了一个几乎无任何约束的建设单位（见图 3 - 3）。杭州道路交通组织与管理中的基础设施不断重复、更换、叠加，根源即在此。

交通信息管理，交通局、公安交管局、城管委、市建委、地铁集团、公交集团、公共自行车公司等部门都有各自的独立系统，耗资巨大，兼容性差，信息分散，整合难度极大，以至于杭州交通管理至今尚未真正进入信息化、智慧化阶段，更谈不上使用云计算和大数据技术。时至今日，交通局才开始做公交出行的数据收集，后续的数据清理、数据挖掘，以及将数据用于交通管理决策，任重道远。

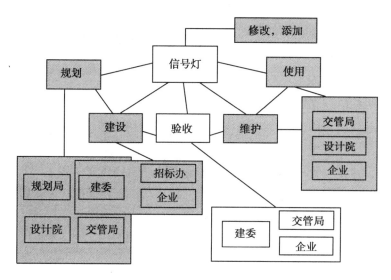

图 3 - 3　杭州信号灯管理体制

第四，管理项目化，管理边界模糊。

由于杭州的城市规划和交通规划缺乏较好的前瞻性、长远性、权威性和稳定性，政府行为又不可避免存在"立竿见影"的利益诉求，经常会在特定的时期追求特定的目标，经常会采用突击式"攻坚"、大规模"整治行动"等方式治理交通，而交通管理部门众多，职能分散，协调困难，一致性差，难以用长规划的管理应对特定的任务，因此，交通管理较多采用"项目化"的方式推进，也就是市委、市政府抓总，指定一个职能部门牵头，协调与某个项目相关的多个部门的工作。

这样的方式存在两个负面效应：其一，牵头单位往往与其他职能部门为平级单位，面对没有行政隶属关系的职能部门，未必有真正的权威性，经常以考核代替协调，或将矛盾上移至市委市政府；其二，项目化的管理方式必须在职能部门常规的管理职权之外"附加授权"，这些附加的职权和职责未必与其原有的职能完全一致，这就使得管理变化模糊化，边界不行，行为准则发生摇摆，以至于出现选择性行为。

例如，杭州停车产业化政策非常清楚地规定，为了促进社会力量投资建设停车位，建成的停车位可以设置广告，以增加企业收益，但在实际实施的过程中，城管委则依据其管理规章，以停车位不属于商业设施为由，拒绝审批。企业建成停车场库后，向国土部门申报产权证书，国土部门也须依据其规章审批，这些规章，与停车产业化的政策未必完全一致。

（三）杭州交通管理体制改革的核心和方向

1. 协调利益是交通管理体制改革的核心

（1）交通问题就是管理问题

杭州在治理交通拥堵上投入了大量的人力、物力资源，但大多收效甚微甚至起到反作用，形成"边堵边治，边治边堵，越治越堵"的怪现象，原因何在？城市交通拥堵是长期以来各种缺陷积患所致，究其根源，不外乎规划、建设、管理、人的素质四个方面的缺陷，四者本质上都是管理的问题。各大交通部门在管理上短期性、碎片化、盲目性明显，前瞻性、系统性、整体性不足，违背基本原理的现象随处可见。因此，提高交通管理水平，必须从管理者自身做起。

（2）管理问题是体制问题

杭州交通管理水平不高的根源，在于沿袭了计划经济时代的落后管理体制，这种管理体制的弊端如下：一是管理部门众多，各自职能相对单一，便于管理的细化，但部门间的协调配合难度较大，对运输市场变化的应变能力较低；二是职能、职责交叉明显，易产生内耗，行政效率较低；三是以管理为目的，管理职能突出，但服务功能相对弱化。杭州的交通管理体制无法应对快速发展的"机动化"时代的挑战，不堪承受建设"东方生活品质之城"的重任，甚至难以承担治理城市交通拥堵的职责，提供的交通服务的质量与市民的要求仍有较大差距。

（3）体制问题的核心是利益问题

分散化管理体制必然导致一致性不足和协调性差，根本原因就是利益和价值趋向有差异。由于不同部门受制于各自的价值取向、利益分配机制、考核机制，各自作出的决策不能相互支撑，甚至矛盾，协调难度大，难以形成合力。因此，杭州交通管理体制改革的核心，在于整合与协调管理部门的利益。

2. 综合管理是交通管理体制改革的方向

（1）交通管理体制的发展态势

从总体上统一规划整个的交通运输体系，逐步从分散的交通管理向集中的大交通管理推进，已成为发达国家和地区城市越来越明确的交通管理趋势。主要有两种管理体制：综合运输管理体制和"超"综合运输管理体制。

第一，综合运输管理体制。美国在 20 世纪四五十年代已实施交通行政管理体制由分散走向集中的改革。《1940 年运输条例》提出了一个全新的概念——"运输系统"，把铁路、航空、公路、水运、管道等交通运输方式，共同纳入国家综合运输体系，防止由于分散交通运输方式，只为追求本行业经济利益的最大化，采取恶性竞争，进而导致高度垄断和多发性交通事故等的发生。1966 年美国将原本分散在商业部、财政部等八个部、委，三个局、处的交通管理职能和相关事务集中，实现了对全国交通运输事务的综合管理。我国香港、澳门的交通管理体制与美国相仿。20 世纪 90 年代后期开始，北京、广州、重庆、成都、深圳、武汉、上海等 10 个城市，均构筑起"一城一交"的综合管理模式。

第二，"超"综合运输管理体制。20 世纪 80 年代以来，德国、英国、法国、日本等国在原有综合运输管理体制的基础上又开始进行大规模的政府机构改革，将交通运输管理机构与其他性质相近、联系密切的公共事务管理机构合并，形成"超"运输部。日本中央政府的机构改组于 2001 年 1 月完成。改组前的 1 府 22 个省厅在机构改革中被精简成 1 府 1 委 12 省厅。其中，建设省、国土厅、运输省、北海道开发厅合并而成国土交通省。国土交通省的业务范围包括国土计划、住宅、道路、河川、都市、港湾、政府厅舍营缮的建设与维持管理等。即管辖全国的航空、海事、铁路、公路等所有交通运输部门，还担负着国土资源的利用、整治和国家建筑等工作。日本交通运输实行纵横相结合的方式，并以横向为主的管理模式，强化国土交通省以及其他行政管理机构对道路运输的规划、管理、监督和建设，从总体上加大了对国家运输体系的管理，更有利于适应交通运输行业的发展。

（2）综合交通管理体制的基本特征

第一，扩展交通运输范畴，交通管理一体化。

综合性大交通体制改革的最终目标，就是通过对交通问题的通盘考虑，解决由于政府职能交叉出现的多头管理或缺位管理而造成的管理机制不顺畅、交通运输过程不协调等突出问题，进而通过有效的调解和统一的部署，实现交通运输跨越不同区域，达到直接运输的最经济、最快捷效果。为了达到这一目的，不仅把铁路、航空、公路、水运、管道等交通运输方式，共同纳入综合运输体系，还将原分属于交通、城市建设、规划部门的相关职能予以合并，实现高度集中统一管理。达到统一规划、协调发展、机构精简、节约成本、运输便利、环境清洁的目的。

第二，强调决策权与执行权的相对分离。

在大交通体制改革过程中，发达城市均实行将各种运输方式归口于政府一个部门集中管理，实行"统一管理决策，分部门行业执行"的行政管理体制。也就是在"大部制"框架下，最高部门对社会进行宏观管理决策，在本部门内设立的种类完善的各个具体业务局、署、厅等相关单位，按对口行业的具体业务执行决策，实现决策权与执行权的相对分离。这就从基础上解决了交通管理政出多门、职能交叉繁杂、分割严重、执法主体众多等问题。

第三，制定完善的交通法律法规，管理职能法定化。

在强调决策权与执行权相对分离的同时，交通行政管理机构的设立及职责权限均由相关法律予以明确限定，并对政府机构之间关系加以明确和规范。这就使交通法规的执行部门在执行任务时有章可循，有法可依。

第四，建立完善的约束机制，决策科学化。

发达国家制定有一整套严格的程序预防决策失误。其基本程序是：由交通管理部门提出初步计划，在听取专家和市民的意见后，报市政管理委员会；市政管委会将方案提交相关的专业委员会（如环境委员会等）进行充分的论证和修改；对方案进行公示，如果多数市民不同意，方案就不被批准；如方案获得通过，市政管委会将以法律法规的形式予以确认，之后方可付诸实施。

发达国家对城市交通建设和管理均建立了完善的监督机制。如联邦德国为了加强对高速公路建设的司法控制，在全国设立了联邦高速公路工程监理委员会，统一审批并监管监理公司；在联邦法院专门设立了高速公路法庭，实行严格的司法控制程序。

（四）杭州交通管理体制改革的思路

1. 总体目标

（1）贯彻落实管理体制改革的总体部署。党的十八大以来，中央作出了管理体制改革的一系列部署，"杭法十条"明确提出杭州要"积极探索大交通管理体制机制"，改革杭州的交通管理体制，不仅仅是为了解决杭州的交通问题，也是落实简政放权，健全城市"四治"长效机制，在依法保障美丽杭州建设上实现新突破的有效举措，更是维系杭州城市竞争力的基础性工作。

（2）解决交通管理的体制性障碍。城市交通涉及城市的所有部门，只有综合互济、协同集成，协调各方面力量共同解决问题，才能搞好城市的现代化交通建设，必须构筑与此相适应的体制框架。

（3）确保交通管理的集中统一。为了提高交通管理的统筹、协调能力，实现统一法规、统一政策、统一规划，应构建统一的交通管理体制，从根本上清除城市交通管理主体众多、部门分割、职能交叉等问题的体制性障碍。这有利于交通基础设施的统筹布局和交通运输网络的整体规划，使城市中心区、城乡接合部的交通配套设施更趋合理，实现中心城市内部和城市与卫星城之间的交通畅通，达到方便城市居民出行，发挥中心城市经济辐射作用，带动区域经济发展的目的。各种运输方式优势互补、有效衔接，建立畅通、安全、便捷的交通运输体系，优化运输的组织方式与结构，减少出行时间和费用，提供"无缝"和"零距离换乘"的交通服务系统。

2. 具体目标

（1）统一交通决策。城市交通发展理念、战略、政策实现统一决策，并以此作为各种规划、建设、管理的依据，为城市交通的全面、协调、可持续发展奠定基础。

（2）整合交通资源。将各种交通方式、管理权限进行全方位的整合、统一、协调，从根本上消除条块分割、部门分割的不利影响，有利于交通快速反应机制的建立和形成。

（3）分离决策、执行、监督。决策层主要负责全市交通事业发展的综合决策与研究，协调各方加快交通事业的发展；执行层负责有关交通运输、路政方面的具体事务；取消执行层的决策权；引入第三方监督机制。

（4）减少管理层次。厘清交通管理的内容，梳理职能部门的权责，在此基础上，减少管理层次，明确各部门的管理边界。实现管理层次由多到少、管理机构由繁到简、管理效率由低到高、管理职能由微观到宏观、管理体制由分散到集中。

3. 杭州综合交通管理体制基本构架

（1）设立"杭州市交通管理委员会"。"大部制"的"一城一交"是国内外最先进的交通管理体制，杭州应尽早成立"杭州市交通管理委员会"，杭州交通管理委员会整合现有的交通资源，主要是铁、水、公、空交通的综合协调服务，负责对全市公路和水陆交通（含城市公交、出租汽车）的组织领导和行业管理，与这些交通资源直接相关的管理部门全部归并到交通管理委员会，分散在规划、建设、城市管理等部门的交通管理职权尽可能归并到交通管理委员会，实施统一管理。

（2）交通管理委员会实行"两级垂直管理"。交通管理委员会应直属于市委、市政府，直接对市委、市政府负责，其交通管理权限不受其他职能部门牵制。市委、市政府对重大交通问题作出决策，交通管理委员会执行决策。

交通管理委员会对内部机构实施垂直管理，管理机构实现扁平化，取消内部管理机构的决策权，以保持决策的高度一致性和连续性。

（3）确立交通管理委员会的权威性。与城市交通有关的规划、建设、城市管理、交通执法部门，执行交通管理委员会的决策，条件成熟后，这些部门也可以尝试归入交通管理委员会统一管理，真正建立"一城一交"的大交通管理体制，以交通统筹城市的规划、建设和管理。

（4）组建"杭州市交通管理专家委员会"。专业事务要专业管理。为了帮助杭州市交通管理委员会科学决策，建议组建杭州市交通管理专家委员会。专家委员会隶属市委决策咨询委员会，该委员会成员由政府官员、专家、行业协会、职能部门代表、市民组织组成，为杭州市交通管理委员会提供决策咨询。

为了改变决策和咨询两张皮的局面，避免专家和市民的良好意见流于形式，应赋予杭州市交通管理专家委员会质询权和否决权。这就可以改变目前职能部门"自己决策、自己投资、自己管理、自己评价"这种"四位一体"式的决策模式。

（5）剥离行政职能与经济利益。如果两者结合在一起，追求经济利益完全可能扭曲管理理念和管理行为。应该把目前交通管理部门的营利机构剥离出来，成立独立的国有企业集中经营管理，实现"政企分开、企业化运行"。在此基础上，引入竞争机制。

（6）建立交通融资平台。交通建设需要巨额投资，过于依赖城市经营的收益不可能有持续性，要设法建立融资平台，盘活现有资产，以现有资产撬动融资。

（7）完善法制建设，依法行政。加强立法是提高交通管理水平的重要手段，20世纪初至今，美国先后出台了《城市公共交通法》《城市公共交通扶持法》《综合地面交通效率法》《21 世纪交通平衡法》等若干国家法规，以规范和鼓励公共交通发展。为了从资金上包装公交优先政策，以及明确资金分配和使用权限，德国联邦政府制定了《乡镇社区交通资助法》和《区域化法》，规定政府在推行公交优先政策及推动公交建设中的投资数额，以及联邦公交建设投资的分配和使用。我国香港地区政府建立了《道路交通条例》《公共交通监管条例》《公共巴士服务条例》等，规定政府、企业和乘客的责权利以及监督处罚等条款。杭州应借鉴国际经验，以国家法律为依据，尽早完善交通管理重要领域的立法，如《公共交通管理条例》，将交通管理纳入法制体系。

第四编

现代城市交通设施建设及
投融资制度研究

第一章

城市交通基础设施的公法属性及其利用规则

随着我国城镇化改革进程的不断推进，交通基础设施的建设和运营，对于城市社会经济发展的重要保障和促进功能得以进一步凸显。遗憾的是，在当前我国城市交通基础设施建设正如火如荼开展的同时，针对城市中各种交通基础设施的法律定位这一核心问题，却始终缺乏必要的关注和深入研究，这非但导致当前交通设施在建设、运营过程中公法和私法手段的混淆，而且将引发不同交通设施服务功能的错位，最终损害社会公众利用交通设施的基本权利。在法学领域，传统研究更注重从私法的角度展开，进而探讨城市交通设施的权利主体、财产属性、责任承担归属等问题。但是，城市交通设施作为公共物品，基于其权力（权利的）来源的不同，有着迥异于私法财产的公法属性。为此，作为公法财产形态的交通设施，在私有化、财产处分、强制执行及公共征收等方面均受到严格的公法限制。同时，受到公法财产属性影响的交通基础设施，还应在其建设、运营和利用的规则范围内接受公共财产一般原理的约束，得以形成区别于私法利用的公法利用规则。当前，城市公共设施建设的投融资方式已呈现多元化的趋势，各种如 PPP、BOT、BT、TOT 等新型投融资形态层出不穷，社会资本参与城市交通投资、建设和运营已是大势所趋。那么，如何在社会资本介入城市交通建设的过程中实现私人利益与公共利益之间的均衡，实现公共目的和投资回报的双赢？这无疑也是我们在探究城市交通基础设施法律定位过程中必须深入思考的领域。

一 城市交通基础设施的公法定位

（一）城市交通基础设施的概念

目前，学术界尚未对交通基础设施的概念达成共识。杨立波等认为交通基础设施是为了促进物资和人口流动，为社会生产提供基础性及支撑性的公共服务的一个系统，其范围主要包括公路、水路（港航）、铁路、机场等运输方式。任晓红等定义交通基础设施为一种社会成员共享的公共物品，其提供的公共服务降低了运输成本和生活成本，提高了经济效率，促进了技术进步，增进了社会福祉和促进了经济增长。上述概念都强调了交通基础设施为社会提供公共服务，促进人口流动经济增长等特性，作为交通基础设施的一个分支，城市交通基础设施应该同样具备以上特性，并衍生出针对城市环境的其他特性。因此，本研究对城市交通基础设施给出以下界定：城市交通基础设施是指为城市居民日常工作生活等出行提供运输及各种辅助服务，一般由政府或者公共部门提供的，具有一定的排他性和非竞争性的准公共资源，主要包括公共交通枢纽、公共交通线网、道路标志标线、信号控制灯等类型。

（二）城市交通基础设施的公共财产属性还原

我国理论界与实务界一般认为，包括城市交通基础设施在内的城市基础设施应当属于公共物品或者至少属于准公共物品。然而，由于当前城市中交通设施的种类繁多，功能不一，加之在不同投融资模式下呈现出的公法私法财产属性的混同，营利性资产与非营利性目的的混合，收费利用、成本利用和无偿利用相互混淆，作为公共物品的城市交通设施在设置、管理和利用中依旧处于模糊的法律定位状态，致使法律适用陷入混乱。① 实际上，无论是公共物品、公共产品还是公共服务、公共供给，这些表述都来源于行政法中公共财产法的理论和制度。借助公共财产制度，从公法视角来审视城市交通设施的法律属性，有助于我们真实还原城市交通基础设施的本质法律属性。

在行政法中，公共财产也被称为公产或公物（公共物品），其是指为"满足公用目的的需要，依据公法规则确立的，供公众使用或受益的财产"②。

---

① 例如，国内很多城市都普遍存在征收路桥费的情况，但在如何认定收费合法性依据的法律适用问题上显得相当混乱。比如在兰州，该市并没有一座所谓"利用贷款或者集资建设的大型桥梁、隧道"，而兰州市政府把道路和桥梁隧道混为一谈，变相扩大收费范围收取全城范围内的路桥通行费，此举被认为明显缺乏法律依据。参见王松苗《路桥通行费：尚未问法治征收何太急》，《检察日报》2009年11月30日第4版。

② 余睿：《论行政公产的法律界定》，《湖北社会科学》2009年第10期。

公共财产通常由行政主体支配，以满足公众利用和完成行政公务为目标，如保障性住房、公共经费、公共服务、公共交通工具及其公共基础设施等。在传统行政法中，公共财产的所有权主要来源于国家，通常是与国有经营性资产加以区分。两者虽同属国有财产的范畴，但两者价值诉求截然不同。公共财产通常由行政主体支配，以满足公众利用和完成行政公务为目的；国有资产则通常由国有经营性组织支配，以确保资产保值增值为目标。德国学者曾提到：公共财产"一方面调整人们日常享受的大量行政给付，是范围最广泛的一个国家生存照顾领域；另一方面调整公共行政主体为执行其任务所必要的人力和物力手段"。由此，公共财产具有独立于其他部门法尤其是私法的专有属性。这意味着，当普通公众无法以自身的能力来实现某种共同的社会需求（如需要通过公共交通设施出行），那么国家就应当通过行政权的行使来提供相应的公共财产或公共服务，满足上述社会公众的公共利益需求，这是国家及其政府不能推卸也不可能推卸的法定职责。

可见，城市交通基础设施，作为公众所普遍利用和依赖的公共设施，可以从公法而非私法中寻找到其法律属性的本源。在我国现有的公共财产法律实践中，交通设施通常由行政主体所支配，用以满足公众出行的便利性、效率性和质量性需求。遗憾的是，由于缺乏系统性的城市交通基础设施法律制度，相关法律规定散见于各位阶、各领域的单行法之中，难以形成对城市交通基础设施的设置、支配、管理和利用的法律规制合力。甚至"各个部门的规章条例在本部门外缺乏权威性，往往发生冲突，无法实现相互的统一协调"①。这也造成了目前城市交通基础设施实践中的诸多乱象。一方面，政府经常滥用支配权来妨碍、屏蔽甚至异化公众对公产的利用，如随意性地征收进城费、道路交通设施使用费、随意性地设置对特定交通工具或社会公众的通行禁止等。另一方面，公众由于缺乏就城市交通基础设施依法利用的法定权利载体及法律救济渠道，导致在利用城市交通基础设施的过程中呈现出被动性、不平等性、不稳定性和缺乏持续性等状况。一旦城市交通基础设施偏离了公共财产的法律属性而转化为政府或设施营运者的"私有财产"，那么"当掌控公共财产的政府部门俨然以所有权人自居，公共财产便随之化身为行政权力，公众自然无法对政府'管

---

① 参见胡子祥、吴文化《城市交通管理机制及其发展》，《综合运输》2001 年第 7 期。

理和使用自己财产的行为’指手画脚”①。

综上所述,当前城市交通建设中存在的"随意性""盲目性""低效能"等现象应当引起我们的高度警觉。尤其在全面推进"依法治国"大背景下,必须让城市交通基础设施回归其公共财产的本质属性,在公共利益和公用目的的语境下探讨其设置、管理、利用的各种规则,最终实现对包括城市交通基础设施在内的公共财产的监管从"政策化"向"法治化"转型。尤其在城市交通建设投融资方式多元化的当前,必须明确的是,无论城市交通基础设施以何种融资方式来设立,以何种财产权利结构来存续,以何种经营模式来运行,以何种利用方式来实现其功能,都无法屏蔽或改变这种财产形态中的"公共利益"本质,谨记社会公众对城市公共交通的依赖和渴望,才能做到"不忘初心,方得始终"。

(三) 城市交通基础设施的公共财产法律定位

城市交通基础设施具有公共物品或公共财产的法律属性,意味着这种公共财产的设置、管理和利用应当接受公共财产法的规制与定位。包括:目的定位、规则定位、权利定位以及价值定位四个方面。通过公共财产四个方面的定位研读,有助于我们全面而准确地理解城市交通基础设施所蕴含的公产属性,进而从实践层面对城市交通基础设施的法律规制加以精确的引导和研判。

1. 目的定位:城市交通基础设施需满足公共利益的需要

城市交通基础设施的设置和运行,最为直接的利益指向是实现城市公共交通的安全和效率,满足公众出行的便利性需求。此外,城市交通环境的改善,亦是交通设施建设的间接公共利益的体现,城市的整体形象和城市整体竞争力的提升,无疑将给城市带来更大的活力。不过,无论是直接利益还是间接利益,均应体现为"满足公用目的的需要,承载着对行政法上公共利益的价值追求"②。这是交通基础设施这种具有公法属性的财产形态的最为核心的法律定位。它在"阐明公产之所以存在的法律动因的同时,还指导公产从设立到管理再到最终被得以利用的运行全过程"③。

---

①　余睿:《公共财产所有权的法律属性》,《江西社会科学》2015年第1期。

②　余睿:《论行政公产的法律界定》,《湖北社会科学》2009年第10期。

③　同上。

在城市中，交通设施的种类具有多样性，涉及支配、管理、使用的主体并不统一，建设和利用交通设施的方式也非常丰富。必须从公共利益的目的角度将城市交通基础设施所涉及的物的形态、人的作用、权利与权力的关系统一起来，一方面用以促成其承载的公共交通服务实现，另一方面用以合理界定公共交通设施与私人交通设施的界分。"毕竟公共利益是所有行政活动的理由和界限所在，也是行政机关追求的大众福祉与私人追求的与大众福祉有关的利益的区别所在。"① 例如，当前城市中流行"专车"服务，尽管也可以满足人们高效便利出行的需求，但这种需要高对价获得的交通服务显然无法取代公共汽车、轨道交通甚至出租车服务这样的公共交通基础服务的供给。因此如某些学者所提出的以专车取代出租车的想法并不现实，也不符合专车与出租车两种交通工具在交通服务中的定位。在缺失了出租车这种由政府定价并加以有效监管的交通方式之后，社会公众将无可避免地陷入绝对市场化所带来的供需矛盾和逐利泥潭。这在当前许多城市的非核心区或者新兴城区都已得到了印证。② 当前我国对专车市场的治理，也应当有效切割两种不同交通服务方式的功能，还原出租车在城市交通中的公共利益属性，而将专车市场归于高端出行需求的市场化领域，不能舍本逐末。

值得注意的是，以城市交通环境来提升城市整体形象，属于间接层次上的公共利益影响，在当前我国所处的社会主义初级阶段，对这种间接公共利益的追求不能过度超越直接利益的导向，更不可取代直接利益作为城市交通设施规划和建设的目的定位，这就要求城市交通基础设施的规划和建设决策者必须切实契合社会公众的基本出行需求，结合实际情况，形成有层次的发展规划，将有限的财政资金花在刀刃上，而非贪大求全、盲目超前，致使在城市交通建设的目的定位上产生错位和异化。③

2. 规则定位：城市交通基础设施必须以公法规则确立

从我国实践来看，国家所有权覆盖了当前绝大部分的城市交通设施。

---

① ［德］汉斯·J. 沃尔夫等：《行政法》，高家伟译，商务印书馆2002年版，第323—324页。

② 我国许多城市的新兴城区，基础交通设施非常薄弱，给专车或黑车高价宰客留下了极大的市场空间，社会公众深受其害。

③ 如在当前中国很多中小型城市，在未考虑财政承受能力和公众消费需求的情况下，不惜花费重金建设高端城市交通公共设施，却忽略了通过发展和改善现有的基础交通设施来实现便利公众出行的目的。这种现象是值得反思的。

值得注意的是，在公共财产理论中，所有权并不能说明公产与其他国家财产之间的界限，也无法说明在多种社会融资模式之下混合所有权形态中哪些属于公产，哪些属于私产。确立城市交通基础设施公共财产定位的不是所有权的来源，而是以公法规则形成的行政权力。"行政主体在将财产提供于公用之时，需要有权力的依据，即需要拥有对该物的支配权。"① 在行政法中，公共财产的支配权是一种区别于国家所有权的公法权力，属于行政权的范畴，来源于公法规则，处于这种支配权之下的财产也应当接受公法规则的调整。"公产并非意味着以行政主体所有权为对象之财产，而是行政主体直接将公的目的使用作为管理权之对象。"②

随着城市交通基础设施投融资渠道的多元化，城市中已经大量存在由私法主体拥有的提供给公众使用的城市交通基础设施。如私人停车场、单位或小区中的公共道路，以及私人所有的经营性交通工具（如出租车）和设施等。那么，这些由私法主体所有又承担着公共服务功能的财产是否都属于行政法上的公共财产呢？显然，"如果仅仅依靠供给者的个人诚信是不足以支撑私有公产的存在与延续性的，因为私法主体可以随时撤销私有财产上的公用功能"③。唯有当私法主体所拥有的交通设施通过公法规则加以确认，进而接受公法规则的调整，其方可具有行政法公共财产的属性，也才能保障这些设施的公共交通目的的实现。公共财产的公法规则定位，不仅揭示了城市交通基础设施的公法属性来源，也为多种融资渠道和多重所有权混合的城市交通基础设施的建设和运行奠定了理论基础。需要明确的是，私人所有的财产一旦被设置为公共交通设施，就必须接受公权力部门的支配和管理，而不能放任其按照意思自治来实施私法经营。唯有如此，才能避免私法主体"以公益之名、行私益之实"，将公共交通设施作为牟取私利的工具。④

---

① ［日］盐野宏：《行政法》，杨建顺译，法律出版社 1999 年版，第 751 页。

② 林素凤：《论行政法学上之公物制度》，硕士学位论文，中兴大学，1998 年。

③ 余睿：《论行政公产的法律界定》，《湖北社会科学》2009 年第 10 期。

④ 如当前我国很多乡镇中都存在着集体组织成员通过集体组织所建设的道路向过往车辆收取高额过路费的现象，即是对上述要素的违背。又例如在 2016 年 7 月初，强降雨造成武汉光谷和南湖区域严重内涝，因出行道路中断或者出现严重拥堵，周边居民只能开车从附近高校校园内借道绕行。穿行不过几分钟，却被以不是"同门进出"为由收取了停车费。虽然每台车每次只收 3 元钱，可这种收"买路钱"的行为引起了社会的广泛热议。同年 7 月 8 日，湖北省省物价局价格举报中心通过舆情监测掌握这一线索后调查认定，武汉职业技术学院、武汉理工 （转下页）

3. 权利定位：城市交通基础设施必须供公众使用或受益

"公共财产必须供公众使用或者受益，是从公民对公共财产享有用益权的角度来看待的。"[1] 公共财产用益权是指"在公共财产运行过程中，社会成员利用、分享公共财产进而获得利益满足的权利形态"[2]。公众的用益权是否得以满足，同样是就城市交通基础设施公法属性加以定位的重要组成部分。在城市交通设施规划、建设及运行的过程中，决策者应当始终考量社会公众使用或受益性权利能否得以实现，这具有三个方面的重要意义：其一，以此来说明社会公众分享利用城市交通基础设施的公法权利来源，这种权利源起并根植于大陆法系的公法权利理论之上。由此，城市交通基础设施的供给，并非可有可无的政府恩赐而是政府不可推卸的责任，城市交通基础设施所带来的便利出行需求已成为社会公众行使公权利、分享公共利益之必然。换言之，作为城市的管理者和决策者，应当承担起改善和提高城市交通状况，提供便利高效的交通设施的主体义务，而不能将其转化为私法主体的责任。例如，在车流湍急的道路上就应当合理设置人行天桥或红绿灯来避免交通安全事故的发生。其二，可作为评判城市交通基础设施的价值是否符合公众期待，是否得以最终实现的核心标准。城市交通基础设施要么为公众所直接使用（如设置人行横道），要么能让公众因此而间接受益（如设置车辆减速标示）。这种评价标准相比政府基于"城市美观"[3] "领导喜好"[4] 的主观标准更为实际，也更加符合城市交通设施的法律定位。其三，可作为社会公众参与城市基础交通设施规划和决策程序，并就自身因城市交通基础设施用益权受到侵害而寻求救济提供权利主张和权利救济基础。

（接上页）大学南湖校区对绕行车辆违规收取停车费，构成了不执行政府定价和政府指导价的价格违法行为，将分别被处以最高 200 万元、最高 50 万元的罚款。参见新浪新闻《湖北高职院校借雨灾收借道费，最高被罚 200 万》，http：//news. sina. com. cn/s/wh/2016 – 07 – 26/doc – ifxu-hukv7483674. shtml？cre = newspagepc&mod = f&loc = 1&r = 9&doct = 0&rfunc = 47。

[1]　余睿：《论行政公产的法律界定》，《湖北社会科学》2009 年第 10 期。

[2]　余睿：《公法权利视角下的公共财产用益权探析》，《学术论坛》2015 年第 5 期。

[3]　如在西安就曾出现过城市交通部门在人行天桥上悬挂大量红色灯笼以庆祝节日，却导致过往司机无法识别红灯而频频违章的现象。

[4]　当前国内很多城市中，如人行天桥，立交桥等交通设施"拆了又建，建了又拆"周而复始的现象也是屡见不鲜。这也体现出国内城市交通基础设施的建设缺乏科学而稳定的规划，容易被长官意识所左右。

4. 价值定位：城市交通基础设施必须是有公用价值的财产

公共财产必须以具有可供公众利用价值的财产形态存续，这是行政公产与其他国有资产和私人财产的区别之处。"在识别公产的过程中，我们更应当强调行政公产的价值，其用意在于确保公产的公用目的，重视公产所应当具有的可被支配和利用的社会财产价值。"① 由此，识别交通设施是否具有公用价值，可帮助我们在实践之中定位和识别不符合公用价值的交通基础设施，并及时加以纠正。

首先，对于无公用价值的交通设施，不得作为城市交通基础设施加以对待。例如在某些城市就存在着仅供特定群体使用的交通基础设施。如为某单位住宿区到工作区之间专设人行天桥，② 或者在停车场设置领导专用停车位。③ 在这些现象中，如果抛却公用交通设施的价值定位，仅以特殊利用群体的身份来识别，公产用益权就很容易被异化为行政特权。其次，如某种交通设施不符合设置部门承诺或法律明确规定的公用价值，应当被视为政府及其职能部门在公共交通设施供给过程中存在行政侵权或不作为违法。例如，城市中的江河桥梁或立交桥修而复始，或者修建的地下通道经常渍水而无法使用。对这些不合乎公用价值的交通设施，应当赋予社会公众主张更换甚至要求赔偿损失的权利。④ 最后，城市交通基础设施并非只能以独立的物化财产价值存在。很多设施必须是通过人与物的结合体来形成城市交通基础公共服务。如轨道交通、公交线路等，这些人力与物力结合所形成的城市交通基础设施在行政法公共财产理论中给被称为"公营造物"，同样受到公共财产法律制度的调整，"公营造物之所以能够提供公共给付，正是因为它具有可被公众利用的物质价值功能，以及基于这些财产之上公营造物人员的管理服务。丧失其中任何一个条件都将导致公营造物丧失公用价值"⑤。由此可见，完善的城市交通设施同样需要尽

---

① 余睿：《论行政公产的法律界定》，《湖北社会科学》2009 年第 10 期。

② 参见《纳税人建天桥　属交通厅专用》，《北京晨报》2011 年 6 月 13 日。

③ 参见新华网《市民在交警院内停"领导"车位被锁车开罚单》，http://news.xinhuanet. com/yuqing/2016 - 05/23/c_ 129006168. htm。

④ 例如，某些城市在收取社会公众的路桥年费后，对部分公共道路或桥梁因反复修缮而停止使用所造成不利影响却不闻不问，拒绝减免或退还路桥年费。又如，当某条高速公路需要长时间维修施工，导致"高速"变"龟速"，通行车辆叫苦不迭时，高速公路通行费却照收不误。这些"霸道"行为显然是对社会公众利用公共设施权益的肆意践踏。

⑤ 余睿：《论行政公产的法律界定》，《湖北社会科学》2009 年第 10 期。

职尽责的服务人员才能形成优质高效的公共服务。我国很多城市中的交通基础设施的硬件条件并不落后，但落后的是人员的素养和服务的质量。①

二　城市交通基础设施公法规制的特殊性

作为公共财产的城市交通基础设施一经设立，即具有了区别于私法财产的鲜明特征，如对"非目的性"利用的制约性、对财产交易和处分的限制性、对司法强制执行的对抗性以及对国家行政征收的约束性等。这些不同于私法物权的特殊效力内容，是基于公共财产的支配权。支配权本质上是一种行政法上的公法权力，其源于法律对城市交通基础设施管理机关的赋权，而非由这些设施的所有权衍生。

（一）　城市交通基础设施公法保障的效力来源——行政支配权

"公共财产支配权是公共财产物权制度的重要组成部分，它是指行政主体所享有的以实现公共财产公用价值为目的的一系列公法行为的权力总称。"② 在城市交通基础设施的运行过程中，其所承载的公共交通服务功能决定了主管机关应当按照法律所赋予的行政职权来承担支配、设置和管理职责，以满足公众对城市交通设施所形成的公共利益分享期待。无论财产所有权来源如何，即便是私法主体所有并运营的如出租车公司、收费桥梁和隧道等，一旦被设置为城市交通基础设施，政府及其主管部门必须依法运用行政权力来实施监管和规制。这种支配权的来源是公法而非私法，它"能够使得所有权人在公用使用设定的存续期内不能享有其所有权的全部权能，因而实际上是一种优先于所有权并排挤所有权的公共权力"③。

在物权法律制度相对发达的国家，学者们通常都很关注公法对物权制度的影响。英国大法官培根曾说过："我认为把法律划分为私法和公法已

①　值得称道的是，国内已有部分城市意识到交通硬件设施与管理软件环境相结合的重要性，如深圳地铁即是引入香港"港铁"公司来运营，保证了地铁公共服务的高效与优质。

②　余睿：《行政法视野下的公共财产支配权效力探究》，《江汉论坛》2015年第9期。

③　肖泽晟：《公物、公物法与公营造物》，载应松年主编《当代中国行政法》，中国方正出版社2005年版，第449页。

是事实且已被普遍接受，一个是财产的砥柱，另一个是政府的砥柱。"①
因此，"到目前为止，我们对人们因物所发生的关系的探讨似乎只表明这
些关系纯属私法关系。然而，很明显，财产涉及极为重要的公共政策问
题。这反映了为公共健康、公共舒适及环境利益而加以控制的需要!"②
在城市交通基础设施的运行过程中，如果仅从所有权角度而言，公共财产
与私有财产一样可能是以私法所有权（国家所有权也被视为私法所有权
的一种）的物质形式静态存续。如果从公共财产的价值实现角度而言，
城市交通基础设施就必须依赖行政权力的支配，使其处于动态的循环运行
过程中。"通过公众的分享和利用来实现公共财产的价值既是政府的权
力，更是政府的责任。"③

　　可见，正是因为公共财产的支配权本源于公法赋予行政主体的行政权
力，所以基于支配权所行使的对城市交通基础设施如设置、流转、废止、
管理等支配行为便具有了不同于私法物权行为的公法上行政行为的效力内
容。"行政行为一经作出，即使具有瑕疵，在未经法定国家机关按照法定
程序作出认定和宣告以前，也具有被即视为合法行为并要求所有国家机
关、社会组织和个人尊重的法律效力。"④ 换言之，行政机关对城市交通
基础设施的支配如禁止在公共交通工具上饮食、禁止超过吨位的车辆通过
桥梁、限制在地下交通设施内从事特定行业的经营、限制交通设施的收费
额度等，上述行为一经作出，非经有权机关按照法定程序撤销，将持续性
地获得所有国家机关、社会组织和个人尊重、认可和服从。也正是由于行
政行为的效力影响，"从维护公物的效用角度看，要求公物尽量独立于交
易秩序"⑤。同时，"公物供诸公用或者共用之后，一般适用公法而不适用
私法；公物权，除法律有规定以外，仅于目的上所必要之限度，发生与私
物权不同之法效果"。

---

①　［英］弗朗西斯·培根：《培根论说文集》，水天同译，商务印书馆 1987 年版，第
174 页。

②　［英］F. H. 劳森等：《财产法》，施天涛等译，中国大百科全书出版社 1998 年版，第
11 页。

③　余睿：《行政法视野下的公共财产支配权效力探究》，《江汉论坛》2015 年第 9 期。

④　叶必丰：《行政行为的效力研究》，中国人民大学出版社 2002 年版，第 76 页。

⑤　［日］盐野宏：《行政法》，杨建顺译，法律出版社 1999 年版，第 755 页。

（二）城市交通基础设施获得的公法保障内容

那么，作为公共财产的城市交通基础设施，在公共财产支配权的影响下，会产生哪些区别于私法财产的具体表现呢？

1. 对"非目的性"物权行为的制约

公共财产支配权的存在决定了城市交通基础设施的价值实现取向——社会公众的便利、高效和安全出行。由此产生了对非目的性物权行为的制约性。

一方面，不得对城市交通基础设施进行有损其目的性的事实处分。所谓事实上的处分，是指尽管行政机关没有直接处分该交通设施，但采取了其他物权手段导致交通设施客观功能的存续受到威胁。换言之，"此种处分，有害公物本身之存在也"①。在城市交通基础设施上设置担保物权就是一种典型的事实处分，尽管担保物权引发的所有权的转移并不一定会阻碍交通设施的功能延续，但首先可能会使担保物权的法律效力无法实现（担保财产无法变现），其次也会使得交通设施的用益权内容发生异变，如被迫提高收费价格来偿还担保债权。由此，我国《物权法》第184条规定：学校、幼儿园、医院等以公益为目的的事业单位、社会团体的教育设施、医疗卫生设施和其他社会公益设施不得抵押。这里的其他社会公益设施当然包含了城市交通基础设施。当然，在现代城市交通基础设施的多元化融资模式下，对财产的直接处分往往被基于财产的权利处分所取代，如城市交通基础设施经营者将其股权进行处分或设定担保。此种情形只要未影响城市交通基础设施的运行目的和运行状况，亦在可考虑的情形之中。

另一方面，一般情形下应禁止在城市交通基础设施上设定私法上的用益物权。公共财产的公益性决定了其对私法物权营利性的"一般性"排除，因此，城市交通基础设施的运行一般不应以获得高额的营利性回报作为目标，否则可能违背了公共财产的公共利益目的。目前我国在诸如高速公路、城市桥梁等公共设施收费问题上颇多争议，便是因为部分地方政府将公共设施当成了地方财政的"印钞机"，甚至交由营利性企业经营，共同分享公共交通设施收费带来的巨额利益，引起了社会的强烈不满。当

---

① 范扬：《行政法总论》，邹荣校，中国方正出版社2005年版，第140页。

然，随着城市的不断扩张，城市交通基础设施面临着建设与运行中的巨额成本投入，社会资金的广泛参与已是应然之需，投资者利润回报的问题不可回避。那么如何权衡好一般情形下的私法用益物权禁止与多元化融资渠道中社会资金的投资回报需求之间的关系呢？这就需要从利用规则的角度来加以控制，就投资回报的核算、渠道、时效和方式等方面进行必要的制约和规制。①

　　2. 对民事交易行为的限制

　　公共财产被设置后，行政主体对公共财产支配权运用就具有持续性和稳定性，以保证公共利益输出的延续性。因此，基于支配权的行政法效力，除非城市交通基础设施的公共财产属性被废止或转换，否则，其所涉及的财产和权利一般不具有市场流通性，也不得作为民事交易的标的，属于原则上的"不融通物"。②

　　上述由公产支配权而产生的民事交易限制性，在针对不同所有权来源的城市交通基础设施时，会体现不同的效果。对于国家所有权状态下的"国有之公物，一般不得让予他人……尤其河川港湾等物，受公法上之限制较严，不论何种私权皆不得设定之。至于其他公物，未经公用废止前，要亦受同样之限制"③。例如我国台湾地区"国有财产法"第 28 条中就规定："主管机关或者管理机关对于公用财产不得为任何处分或擅为收益。但收益不违背其事业目的或原定用途者，不在此限。"对于私人所有权状态下交通设施如小区或单位的停车场及通道，即便被设置为"公共交通设施"，也不会受到民事交易的排斥。不过，新的所有权人在接受财产转移的同时，并不能任意废止城市交通基础设施的公共财产属性，而应确保其得以延续。如某幢商业大厦的地下建筑如果被设定为地铁的出入通道，那么无论该商厦的所有权如何转移，均不改变其地下通道作为地铁通道的功能。

　　总之，城市交通基础设施的公共财产支配权对物权民事交易的限制性，是从城市交通基础设施的来源、管理者的性质、所附载的给付目的等方面加以制约的。并非直接针对所有权本身，这体现了公法行为效力在公

---

　　① 下文将就此问题详细阐述。

　　② 吴庚:《行政法之理论与实用》（增订八版），中国人民大学出版社 2005 年版，第136 页。

　　③ 范扬:《行政法总论》，邹荣校，中国方正出版社 2005 年版，第 140 页。

共财产支配权体系中的统领地位。

3. 对民事强制执行的约束

在实践中，行政机关与建设施工单位订立的交通设施建设合同，行政机关无力或拒绝支付价款或构成其他违约的现象较为常见，那么能否通过民事强制执行将已经建成的城市交通基础设施拍卖以弥补施工方的损失？类似情形在混合所有制或者多元融资模式下可能更为复杂，如当融资经营者无力偿还债务，可否将所运营的城市交通基础设施或者依附于这些设施之上的财产权利（如股权）作为民事强制执行的对象？

我们同样可以运用公共财产的支配权理论来解释上述问题。以行政行为来设置城市交通基础设施公共财产属性是公共财产支配权的基本内容之一，该设置行为具有行政行为的公法效力。城市交通基础设施，一旦被设置为公共财产，除非设置行为被有权机关撤销或废止，否则将受到行政行为效力的保护，得以直接对抗民事强制执行。毕竟"对于公物，若为查封扣押，付诸拍卖……而与其目的相违反"①，司法机关只能针对城市交通基础设施运营主体的流动资金实施执行，但也必须留足可供该交通设施正常运转的必要经费。否则，将会妨碍社会公众对城市交通基础设施的利用，导致公共利益受损。

诚然，公共财产对民事强制执行的约束，可能引发交通设施建设和经营主体与第三方当事人之间的权利不对等结果。为有效化解这种不利后果，应从以下四个方面加以考量：其一，如第三方因为城市交通基础设施的建设及运行过程中的公权力作用而受到侵害，更为合适的做法是将行政侵权责任或违约责任所产生的损失转为国家赔偿，由财政专户另行支付，并对承担直接责任的人员进行追偿。其二，如第三方因与交通设施的私法运营主体产生的侵权或债务纠纷，应由责任人从基础运行经费之外的利润或其他利益中予以赔偿，而不得将基础运行经费甚至交通设施本身作为强制执行的标的。其三，如交通设施已经不再具有公共服务的价值或已经被荒废，经有权机关撤销该设施的公共财产属性后，即可成为民事执行的标的。其四，处于私法主体所有权下的城市交通基础设施，或者以股权形态或其他财产权利形态存在的交通设施财产权利载体，可以成为民事强制执行的标的，"即使承认强制执行，也并不丧失作为公物的法律地位。这一

----

① 范扬：《行政法总论》，邹荣校，中国方正出版社 2005 年版，第 141 页。

问题的存在，和他有公物的所有权转移的情况相同"①。只是仍需保留其作为交通基础设施的公产属性。例如，承担城市轨道交通运营的法人，即便因为民事强制执行而改变了股权关系和股权构成，只要该法人未被解除特许营运权，那么仍可继续营运。监管部门只要确保城市交通基础设施在多层控股和复杂股权关系中的相对独立性，确保实际经营主体的经营能力不受到影响即可。

4. 对国家行政征收的抗衡

行政征收是指行政主体为了公共利益的需要，依法强制取得相对人财产所有权的行为。现代行政法上的行政征收概念，已经由古典行政法上的"公用征收"转变为现代意义上的"公益征收"。② 对于公共财产，国内外学者较为一致的意见认为其不能成为国家行政征收的标的，即除非"行政上更重要之理由时，当得将其改作他种用途。但公物征收，势必妨害其原有之目的，故其收用，非经公用废止，不得为之"③。城市交通基础设施作为具有公共财产属性的公共设施，在抗衡国家行政征收的过程中仍然受到了支配力的保障。但需要区分不同情况加以区别对待。

第一种情况：对于国家所有且直接处于交通主管部门支配下的交通基础设施，并不存在被征收的可能，此种情况应被视作城市交通基础设施的转换，即功能或目的上的变动。如将原来的绕城高速公路转换为城市内部的快速环道。只要交通设施在转换过程中未涉及利用目的的明显变化，"无复从财产权的社会义务出发以探讨这一问题的余地"④，则利用方式和管理方式的变更并不影响该交通基础设施的公法属性和公法效力。

第二种情况：对国家所有但处于私法主体经营下的城市交通基础设施，也不存在被征收的可能，只被视为特许经营权的收回或转移。当前城市交通基础设施多元化融资机制中的 BT 和 TOT 即属于此种情况。经营权人如认为自己的权利受到侵害，可按照行政合同的争议解决机制加以救济。

第三种情况：对属于私法主体所有且经营的城市交通基础设施，可能

---

①　［日］盐野宏：《行政法》，杨建顺译，法律出版社 1999 年版，第 754 页。

②　陈新民：《行政法总论》，三民书局 1995 年版，第 460 页。

③　范扬：《行政法总论》，邹荣校，中国方正出版社 2005 年版，第 141 页。

④　李慧宗：《公物法》，载翁岳生主编《行政法》（上册），中国法制出版社 2002 版，第468 页。

涉及行政征收的情况，这在当前城市交通基础设施的 BOT 建设经营模式中是广泛存在的。一般情况下，政府及其主管部门会与 BOT 中的私法主体订立回购条款，到期以无偿或补偿的方式加以回购。但如果私法主体拒绝回购，则可能产生行政征收，即将履约行为转化为行政强制执行行为。

值得注意的是，不论上述何种情况，如若回购、转换、废止的目的将改变城市交通基础设施的公法属性，如将车站、桥梁征收后拆除改为商业住宅用地，则应当充分考虑替代性城市交通基础设施供给方式的便利程度，否则作为利用权人的社会公众亦可主张行政征收违法或无效。

三　城市交通基础设施正当利用的法治规则与理念

城市交通基础设施具有公共财产的法律属性，应当遵循公共财产利用的一般规则。在域外发达国家和地区，城市交通基础设施往往处于公共财产利用制度实践发展的最前沿，衍生出许多极具创新性的建设模式和运行机制改革。因此，在适用传统公共财产利用规则的同时，需要考量新型融资模式及公私合营运行方式给当代城市交通基础设施建设和经营带来的新启迪和新动向，并充分关注在新公共管理模式下，城市交通基础设施建设所涉及法律关系各方主体之间的利益均衡问题。

（一）城市交通基础设施的一般利用规则

在公共财产利用制度中，世界各国针对不同的公共财产类型和不同利用主体所形成的利用规则的内容极其丰富。例如在当前我国城市交通建设领域理论界和实务界，绝大多数的视线聚焦于交通设施特许经营权制度。应当说，我国交通设施的特许经营权模式经过数十年的发展已经相对成熟。遗憾的是，这种相对集中的观察视角，往往局限于政府和特许经营权人之间所构成的单一法律关系，缺乏对社会公众利用城市交通基础设施的权利关切，忽视了法律实践中的多样化矛盾。我们认为，对城市交通基础设施利用规则的探究，应当回归其公共财产的法律属性，追溯其设置和运行的初衷。有鉴于此，本书将重点探讨城市交通基础设施的三种不同层次的利用规则。这对于后文论及城市交通基础设施建设运行中的利益均衡也将具有重要的理论指导价值。

1. 城市交通基础设施的基础利用规则

城市交通设施的基础利用，本源于传统公产理论中的自由使用。其具有两方面的含义：一方面是指公共财产设置和运行所提供的最本质或最直接的公共服务功能，另一方面则是指社会公众对公共财产最基本和最具依赖性的利用需求。在实践中，如城市道路、桥梁、隧道提供给社会公众的基本通行功能，城市轨道等公共交通设施提供给社会公众的高效载客出行功能都是对基础利用的体现。

基础利用是公共财产设置、管理和利用中最为直观的公共利益表达。其既是用以满足社会个体无法依靠个人的能力来实现的公共服务供给需求，也是用以回应社会公众无法选择或选择性空间较小的基础性诉求。具有基础利用特征的公共财产通常带有单一性和垄断性特征，因而对基础利用的满足应被视作对社会成员基本人权的根本性保障。例如，道路、桥梁和隧道的建设运营中，就必须关注到基础利用的需求，不能将社会公众依赖度较高且选择空间较小的交通设施设置为营利性，否则可能阻塞社会公众的基本利用需求，违背政府应提供基本社会服务供给的职责。①

具有基础利用特征的城市交通基础设施，应当保证利用权人的自由使用权利，不得随意地限制甚至妨碍社会公众的自由使用。同时，应遵循以免费无偿利用为原则，以不以营利为目的的有偿利用为例外的利用规则来降低社会公众的利用成本负担。这是因为，受到基础利用规则调整的城市交通设施不仅是城市建设的基础环节，而且往往是市民所必需且难以替代的出行需求。在此规则影响下，可以根据社会成员对交通设施的基础利用依赖程度来划定不同的收费规则。作为城市主干路网使用的道路、桥梁和隧道等交通基础设施应当遵循无偿利用的原则。这些设施是城市交通中不可或缺的组成部分，社会公众对这些基础设施的依赖程度也是最高的，政府应无偿提供此种交通设施供社会公众自由使用，并由国家财政来承担建设和管护成本。就作为城市基础公共交通工具使用的公共汽车、轨道交通等设施而言，其尽管不像城市路网那样对社会公众具有绝对的依赖性，但其仍属于可替代性较小的基础利用交通设施，也应当遵循基础利用规则。当然，由于公共交通工具相比城市路网须持续性的投入运行成本，因此可设定不高于运行成本的收费来维系其运行，否则将加重社会公众的利用成

---

① 如在南京长江隧道的建设过程中，即产生了对该隧道利用定位的错误估计，导致已经和第三方投资者订立 PPP 契约的政府不得不以违约的代价收回了隧道的运营权。参见徐生钰《PPP 模式在南京地下基础设施中应用的案例分析》，《地下空间与工程学报》2015 年第 6 期。

本，无法让每个社会成员都能平等地接受公共交通服务。

2. 城市交通基础设施的特别利用规则

城市交通设施的特别利用，是指在有着多种出行或服务方式可供选择的情况下，社会成员通过支付更高的对价来选择获得更为优质的公共交通服务。特别利用的形式主要存在于交通设施较为完善，服务种类较为丰富的城市之中，是现代城市提供多元化公共交通服务的必然结果。例如在上海，市民前往机场除可以选乘地铁或机场巴士以外，还可以选择更为快捷的机场磁悬浮列车。又如在深圳，地铁除设置一般车厢以外还设置了有更多座椅的商务车厢供大家选择乘坐。可见，特别利用既可以是针对某一种交通设施更高的服务质量需求，也可以是在具有不同类型的交通设施可供选择的前提下，社会成员寻求更高效率的利用方式。

交通设施的特别利用，源起于公共财产理论中的临时特别使用制度，其区别于自由使用，强调"公产使用人经过法定许可程序后，享有的对公产超出自由使用程度的临时使用权"①。需要注意的是，传统公共财产理论中的临时许可使用与当代城市交通基础设施中的特别利用已有较大的差异性。传统公共财产理论认为，临时许可使用已经影响到他人对公共财产的自由使用权，从维护其他使用者平等利用的原则出发，管理者必须"事先设定行为禁止，基于申请予以许可而解除该禁止的制度之下的使用"②。但是，在城市交通基础设施利用过程中，特别利用与基础利用有着很强的关联性和互补性，两种利用模式仍旧依存于城市管理者所提供的交通设施，只不过在这些交通设施中，存在着更多的选择范围和更为优质的公共交通服务方式而已。例如，城市出租车尽管是以远高于普通公共交通工具的使用收费提供更为便捷的交通服务，但其依旧是城市公共交通的必要组成环节，并未独立于公共交通体系之外。

关于城市交通基础设施的特别利用规则，应当注意以下几个方面：第一，确保城市交通基础设施具有可选择的空间。特别利用存在的前提是多样化的选择空间。因此，基础利用的有效存续是特别利用的前提。应当充分保障社会公众对城市交通设施的选择空间，不宜随意性地以特别利用来取代基础利用。第二，在城市交通设施设置和运行过程中，应当权衡好特

---

① ［日］盐野宏：《行政法》，杨建顺译，法律出版社 1999 年版，第 772 页。
② 同上。

别利用需求与基础利用需求的比例，而不得为单纯追求特别利用的高对价而挤占基础利用的需求空间。毕竟，特别利用所依附的交通设施所占用的公共资源要多于基础利用，这不仅体现为建设和运营成本，也体现为社会公众为特别利用所负担的开支成本。如果在基础利用尚未满足的情况下投入大量的公共资源建设和运营具有特别利用目的的交通设施，可能导致基础利用的供给不足，也可能导致特别利用陷入尴尬，这无疑是舍本逐末的做法，深圳市地铁上设置的商务座即是例证。① 第三，随着社会公众收入水平的提高，在成本可控的前提下，特别利用模式下的城市交通设施应被用以推动基础利用设施的升级换代，逐步实现基础利用方式的更新和转换。例如在过去经济不甚发达的年代，空调公交车是作为特别利用投入公共交通的，使用人可以选择乘坐普通公交车或空调公交车，但在当前，绝大部分城市已经以空调公交车替代普通公交车辆，从而将其从特别利用转换为社会公众可负担的基础利用交通设施。第四，具有特别利用属性的城市交通基础设施，其运营的模式可遵循市场规律，但由于其仍处于公共交通服务的范畴之中，科学考量其运营成本和公众承受能力必不可少，政府应当通过指导定价的方式加以控制，防止形成市场垄断。此外，特别利用所形成的收益应当遵循公共财产的"利益内部循环规则"②，用以维持整个城市交通基础设施的循环投入和良性运转。

3. 城市交通基础设施的目的外利用规则

公共财产的目的外利用也被称为私法利用，其来源于大陆法系行政法，这种利用模式是指"在不妨害公共使用目的的前提下，公产管理者可以与第三人设定私法上的使用关系，许可后者就公共财产公共服务目的以外的价值加以利用并取得收益"③。在城市交通基础设施运营过程中，目的外利用可以在满足社会成员对交通设施的基础利用需求的同时，让运营者基于营利性需求，利用城市交通基础设施公共服务目的之外的场所、功能和价值获取利润。如在交通设施上投放广告、出租空间或进行其他营利性服务。当前，交通设施目的外利用主要包括两种形态，其一，目的外便利利用。即设置与基础利用或特别利用相关联的便利性服务功能，如在

① 据媒体报道，深圳地铁设置的商务座位车厢经常人迹寥寥。反之普通地铁车厢却人满为患。

② 下文将就利益内部循环规则加以详细阐述。

③ ［日］盐野宏：《行政法》，杨建顺译，法律出版社 1999 年版，第778—780 页。

车站内设置的饮食、金融网点等。其二，目的外价值利用。即与城市交通基础设施利用功能并无关联性的其他利用方式。如在公共交通工具或设施周边设置广告、促销、推广等。两者的区别在于是否与该交通设施的公共服务功能具有利用上的关联性。

一般认为，在当代城市交通基础设施建设和运行过程中，目的外利用不可避免甚至是大势所趋。这是因为，一方面，城市交通基础设施巨大的资金投入需要利益回报来吸引和反馈投资者；另一方面，社会公众对于城市交通基础设施也有如餐饮、金融或其他社会服务领域的便利性需求。与基础利用及特别利用所受到较强的行政权控制相比，目的外利用所构建的法律关系主要受到私法调整。当然，这并不意味着目的外利用应免于行政权力的干预。城市交通设施中的目的外利用不应突破该设施的公共服务功能底线。

在公共财产理论的指引下，城市交通基础设施的目的外利用需要遵循以下三个基本规则。首先，对交通设施的目的外利用不得减损交通设施所承载的公共服务基础功能。换言之，只能在已经充分满足交通设施基础利用的前提下方可存在目的外利用的空间，反之则应当限制或取消。例如，地铁运营主体不能为了促进乘客在地铁内各商铺的消费而故意延长乘客前往购票乘车地点所途径的路线，这种目的外利用已经减损了社会公众快捷乘坐地铁的便捷性需求，影响了地铁作为城市交通设施的公用目的。又如，在公共交通的站点名称设置中，不宜过多地植入广告，否则会导致社会公众对沿线站点的名称产生混淆。其次，由于社会公众对城市交通基础设施的依赖性较高，故在设置相关目的外便利利用设施的过程中，应充分考量不同层次的社会公众对便利性服务的消费能力，防止形成实质性的市场垄断。① 最后，目的外利用所追求的利润应当与城市交通基础设施的必要运营成本相互均衡，杜绝暴利色彩，充分考量利润分配的取向。只有在确保城市交通基础设施的维护、更新和运行成本基础上，才能考虑投资者的利润回报，而不能让利润追求凌驾于公共交通服务目的之上，或者因过度追求利润而放弃提高城市交通基础设施的服务质量及服务效能。

---

① 如当前许多城市的机场、公路、铁路所提供的便利性服务设施中，都普遍存在着价高质次的现象。消费者的选择空间相对狭小，由此形成了实质性的市场垄断。

（二）城市交通基础设施建设运营中的利益均衡

1. 城市交通基础设施建设运营过程中的利益矛盾

作为公共物品，城市公共交通基础设施工程投资大、周期长，具有非竞争性和非排他性等特点，使得追求利润最大化的理性经济人对其望而却步，政府主体成为这项公共物品（资源）的主要配置者。但是在资源稀缺的普遍规律作用下，单一的城市地方政府投资，将使得公共物品需求与政府财力所能提供的物品量之间产生缺口。只有多样化的投资主体介入，才能弥补投资财力的不足。而随着经济体制改革的不断深化，我国投融资体制改革正朝着投资主体企业化和多元化、筹资方式多样化和市场化方式转变。

20世纪80年代温州模式至今，我国许多城市的交通基础设施已大量通过BOT、BT、TOT及PPP等投融资方式来建设和运营，并取得了显著成效。然而，由于城市交通基础设施的投入巨大，回报周期较长，当前社会资本参与城市交通基础设施的投资、建设、运营仍面临着许多顾虑和风险。其中最为核心的问题在于如何实现私人利益与公共利益之间的均衡和共赢。这就需要在城市交通基础设施的投资者利益回报与公共服务目的之间设定必要的法律规则。毕竟，社会资本绝非无偿的投入，而公共利益又限制了对投资者的利润回报，无论采取何种投融资模式，均要考虑成本、利润和公共服务产出之间的关系，实现不同利益需求之间均衡。

交通设施作为公共财产，在运营过程中会产生一定的收益。这些收益既可以来源于基础利用中的成本性对价，也可以来源于特别利用中的优质服务收费，还可以来源于目的外利用中的私法利用营利。在公共财产法律关系中的各方利益主体眼中，对公共财产的收益显然存在迥异的价值追求。在城市交通基础设施建设、运营和利用的过程中，这种差异性更为明显：首先，对于交通设施建设者而言，无论是政府还是社会投资者，都期待以收益来弥补交通设施建设的巨额资金投入。其次，对于交通设施的运营者而言，显然希望以收益来维系交通设施的运行并向社会投资者回馈必要的投资回报。最后，对于交通设施的利用者——社会公众而言，他们则希望在享受优质快捷的交通服务的同时，能够降低交通设施的利润率来减轻自身的出行开支。

倘若只关注上述价值追求中的公共利益一方，则可能导致社会投资运营交通设施的意愿降低，甚至使得交通设施的运转无以为继。倘若政府只是为了吸引社会投资而不惜牺牲公共利益，又将偏离交通设施的公共财产属性。由此，对个人利益和公共利益的平衡需要以政府的依法决策来推动投资者意愿与社会公众意愿的契合，法律所构成的底线思维就不可或缺。"根据国外城市交通管理的成功经验，无一不是通过完善的法律法规制度来约束和规范管理者和交通参与者的行为"①，在当前我国公共财产法律制度缺乏相对统一的收益管理和分配规则的情形下，公共财产法理论中的"收益内部循环"规则可资借鉴。

2. 城市交通基础设施运营中的"收益内部循环"规则

公共财产的"收益内部循环"规则，是指对特定公共财产直接利用所产生的收益，应当全部用于支撑该公共财产的运行和更新成本，以"投入＋收益＋再投入"的循环模式来推动公共财产的不断更新和完善，实现更为优质的可持续性公共服务供给。"收益内部循环"规则具有三个重要特征：其一，对象上是基于特定公共财产直接利用所产生的全部收益，且特指所有毛收益而非净利润。其他间接利用如目的外利用所形成的收益不在该范畴内。其二，收益分配的空间具有封闭性。即只能将全部收益用以特定公共财产自身，不得将收益用以特定公共财产以外的无关开支或作为投资者回报加以分配。其三，收益的使用具有循环性。即特定公共财产所产生的收益，除用以支撑该公共财产的运营成本以外，还应被用于该公共财产的更新和完善，以提高公共服务的效率和质量。

就城市交通设施而言，"收益内部循环"的运用有狭义和广义的区分。狭义的收益内部循环，是指某种特定的城市交通基础设施中所产生的收益应在其内部加以循环，如将渡轮一等座的利用收益用以弥补渡轮其他座次的票价亏损。广义上的利润循环则是将收益循环的范围扩大至同种属性甚至整个城市的交通设施范畴之中，从而补贴那些无法生成收益或收益太低，管护和设置成本较高的交通设施。如将运营较为稳定可产生盈余的交通设施利用收益用以补贴其他无法产生收益的基础利用设施。又如大型桥梁和高速公路的运营者可将收益用于修建新的同类交通设施。无论广义抑或狭义，收益内部循环的目的都是促成特定交通设施或整体交通设施处于可持续性公共交通服务的状态之中，防止收益外溢侵蚀公共利益。

---

① 参见胡子祥、吴文化《城市交通管理机制及其发展》，《综合运输》2001 年第 7 期。

　　"收益内部循环"规则在其产生的初期，主要适用于政府以财政资金兴建的各种公共设施。是对所谓公共设施营利性或公共服务产业化趋势的纠正和控制。如政府兴建的城市交通设施如道路、桥梁、隧道、公共交通工具等，均是以纳税人的税款来支付建设，不宜又以此向纳税人收取高出成本的费用，牟取额外的利润，否则恐有重复税收的嫌疑。毕竟，交通基础设施是提高人们生活水准的基本条件，需要国家积极作为。国家通过宪法和组织法承担义务，保障民生和民众的权利，构建良好和谐的社会秩序、生存环境和积极健康的心态状况。政府对交通发展主要承担给付义务，积极投入财政发展交通。① 如果强调公共财产可以营利为目的，自然会削弱公共财产的公益性。坚持"收益内部循环"规则，有助于寻找到最佳的设施运营成本节点，逐渐降低社会公众利用城市交通基础设施的支出成本。同时亦可以此来管控投资者凭借对交通设施的垄断性经营而获得巨额股权收益，② 或者控制政府借助交通设施来获取源源不断的财政预算外资金的现象。毕竟，投资者的股权收益的额度临界点或者政府获取财政资金的需求外延往往处于无法评估和无法预判的状态，③ 这种无休止的营利性利益追求和收费将导致社会公众的利用成本居高不下，或者使得那些随着社会利用依赖性逐步增高的特别利用设施不能及时向基础利用设施转换，城市交通基础设施也面临着丧失其公益目的的危险。

---

　　① 2013 年，在国务院发布的《关于加强城市基础设施建设的意见》中就明确提出："中央财政通过中央预算内投资支持城市基础设施建设，地方政府要确保对城市基础设施建设的资金投入力度。"

　　② 首都机场高速多次延长收费年限即是典型例证，国家审计署曾于 2008 年 2 月 27 日发布了 2006 年 18 省市收费公路建设运营管理审计公告，当中提出由北京市交通局利用财政资金和部分银行贷款建设的首都机场高速公路，总投资 11. 65 亿元，其中银行贷款 7. 65 亿元，从 1993 年开始收费。但机场高速在收费 3 年多后，被转为上市公司在香港上市，同时重新核定 30 年收费期限。首发公司至 2005 年年底已收费 32 亿元，估算剩余收费期内还将收费 90 亿元，这一金额远远超过了当时的投资，审计署随后将其定性为"不合理，但不违法违规"。

　　③ 面对社会的广泛质疑，目前已有部分城市率先作出了积极回应。如广西柳州市在 2013 年年底即作出决定，从 2014 年 1 月 1 日起，停止收取城市路桥机动车辆通行费，而由市财政"埋单"。有媒体评价道："此举看似简单，实则需要勇气和底气——没有让利于民的执政理念，就不会有勇气去做；没有改革发展成果作支撑，就不会有底气去做。"参见李斌《上百城市以年票形式收 "路桥费"成不愿割舍利益》，中国新闻网（http: //www. chinanews. com/gn/2013/12 - 25/5663655. shtml）。

3. 城市交通设施建设运营中实现利益均衡的路径探究

被定位为公共财产属性的城市交通基础设施，其所承载的公共利益本身由多元化和多层级的利益需求构成。主要体现在三个方面：第一，便利公众利用交通设施出行，① 这无疑是最为基础的公共利益需求。第二，降低公众利用交通设施的成本开支，如果利用成本过高，无疑会增加社会负担，且相应降低社会公众利用交通基础设施出行的意愿。第三，获得更多选择的空间来方便不同收入群体获得更为高效和更加高质量的出行需求。上述三个层次的利益需求，具有前后的递进关系，在满足前置利益需求前提下，方有考虑后续利益需求的可能性。

与此同时，在社会资本参与交通设施建设运营的各种新兴投融资模式中，作为城市交通基础设施的投资、建设、维护和运营的社会资本，自然也具有其专属的利益追求，如尽快收回投资成本，降低运营成本并获取必要的投资收益等。从利益比较的层面来看，投资者的利益需求在表面上与社会公众的公共利益需求存在对立，比如，倘若需要实现便利出行的公共利益，需要兴建更多的道路、桥梁和公共交通设施，这无疑将增加投资成本；倘若要实现降低公众出行成本的公共利益，则必然压缩投资者的投资成本回流期限和利润率；然而，从本质来看，社会公众所追求的公共利益与投资者所追求的成本利润回报并非水火不容。这需要就城市交通基础设施的"收益内部循环"规则结合新的形势加以多层次的解读。

首先，对用以基础利用的交通基础设施如城市道路、桥梁、隧道②等以绝对不动产形式存在的基础设施，以及如公共汽车、轨道交通等供城市一般通勤利用的公共交通设施而言，其必须满足公众在较低成本下便利出行的基础民生用途，故无论是由政府投资抑或社会资本投资，都应恪守公共财产的公益性特质，在使用收费的设定上应遵循无偿利用或不高于成本的收费的底线原则③，着力降低社会负担。所有基于上述公共财产的收益也需按照"收益内部循环"规则来加以利用。不得借以社会公众对上述交通基础设施的利用对价来形成投资者的利润回报。

---

① 这里的便利性需求不仅仅要求交通基础设施数量上的满足，也包括交通设施设置的科学性、合理性和运行效率方面的满足。

② 应当以城市通勤依赖度的大小来动态调整城市中用以基础性利用的桥梁、隧道、道路范围。

③ 此处的成本应包括建设、运营、更新、融资孳息，而不包括投资者回报。

其次，对用以特别利用的交通基础设施如绕城高速公路、机场高速公路、高速轨道交通、出租车以及公共停车场等而言，由于其属于公众在基础利用之外的可供选择的特别利用设施，基于其更高的效率和更好的服务质量可设定对应的使用收费，创造必要的收益空间。但是，特别利用仍旧是对公共财产本身的直接利用，仍需遵循"收益内部循环"规则，将所创造的相应收益反哺于其他免费或低成本基础利用，以弥补后者可能带来的运营亏损，也不能将其纳入投资者的利润回报。值得注意的是，特别利用设施和基础利用设施并非静态的区分，随着城市的发展和社会公众对特别利用设施的利用依赖度提升，应适时推动特别利用向基础利用转换，提升城市交通设施的整体效率和公共服务质量。如原本收取通行费的机场高速公路，在建设成本逐步偿清的、运营成本相对稳定的过程中，应考虑适当降低甚至适时取消通行收费，将其纳入基础利用道路设施范畴之中。需要说明的是，政府作为交通设施的支配者，应当对特别利用的收费额度、收费年限等加以有效监管，① 并及时回购社会资金建设的特别利用交通设施。

再次，就以社会资本投资运营的基础利用和特别利用的交通设施而言，均可在不影响公用目的的前提下设置目的外利用方式。目的外利用并非是对公共财产的直接利用而是以间接利用产生收益，其本质上接受私法规则的调控，可不受公法中公共财产"利益内部循环"规则的限制。目的外利用应当被视为投资者利润回报的主要来源，其不仅被视为对投资者遵守"收益内部循环"规则的利益弥补，而且体现了公共财产利用过程中公共利益与私人利益的分野。在城市交通基础设施建设和运营过程中，投资者可通过设置广告、出售商品、租赁物业等现代经营方式，在不影响交通设施公共服务功能的前提下实现营利性。值得注意的是，在政府作为交通设施投资运营主体或与社会资本联合建设经营的情况下，由于政府及其管理部门的非营利性身份，其所获得的目的外利用收益或分成需遵循"利益内部循环"规则，要么将其纳入交通设施基础利用的成本补偿之中，要么应将其投入其他交通设施的新建和更新资金之中，而不宜将该部分利润单纯用以增加财政收入或挪作他用。

---

① 对于社会公众利用依赖度较高的特别利用设施如城市周边高速公路和快速交通工具，仍应采取政府定价或延长收费年限等方式，来降低利用成本。

最后，除目的外利用获益以外，政府还应采取多元化的手段来保障社会资本投资者的投资回报。在当前 BOT、TOT 等投融资模式的实际操作中，城市交通基础设施建设往往呈现出周期长、成本回收慢的特征，也并非所有的交通设施都具有良好的收益均衡性。为此，在社会投资者和公众需求之间寻求实质上的利益均衡绝非易事。政府务必要摒弃掉"既要马儿跑得快、又要马儿不吃草"的僵化思维，积极运用政府向社会购买公共服务的理念，实施多元化的手段来保障投资者的投资回报。在恪守"收益内部循环"规则的基础上，政府可考虑对利用率较低，投资者回报较慢甚至无法实现回报的城市交通基础设施，一方面通过减税[①]、贴息、土地附加利用及奖补等综合性方式，有效降低建设及运行成本，保障投资者的必要利益；另一方面加大政策扶持力度，以财政资金吸纳社会资金后共同运作，[②] 全盘考量，进而增强投资者的信心，"激励私营部门改善服务、提供新产品和新服务的积极性"[③]，实现社会资本参与城市交通基础设施建设和运营的良性循环。

总之，在城市交通基础设施建设和运营的过程中，应当关注城市交通发展所带来的城市发展正向效力。一项名为《美国公共交通的经济论据》的研究报告曾指出："联邦政府的公交投资可取得良好的回报，美国纳税人每花 1 美元用以支持公共交通，其经济回报至少是 4 美元，多数高达 6 美元，甚至更多。公共交通不仅使使用者受益，不使用的人们在减少交通拥挤，发展经济和清洁空气等方面得益更大。"[④] 可见，在我国所面临的产业升级转型、城镇化趋势和民生投入大幅提升的背景下，坚持城市交通基础设施的公共财产属性和非营利性特征，尽管将给政府带来财政上的压力，但无疑将大幅提升城市社会和经济发展的效率和品位，更好地吸引投资，促进经济的外向型增长，实现城市建设和城市发展的双赢。因此，作

---

① 其实早在 1999 年，国务院就颁布了《关于扩大外商投资企业从事能源交通基础设施项目税收优惠规定适用范围的通知》，但随着当前营改增的税制改革，为确保吸引资本的政策延续性，应及时对相关规范性文件进行修订。

② 国内许多城市如南京，已经在交通设施的新型投融资领域开展了很多有意义的探索。参见张霆《南京市交通设施市场化投融资模式研究》，《河海大学学报》（哲学社会版）2010 年第 6 期。

③ 汪文雄等：《城市交通基础设施 PPP 项目产品服务价格形成机理》，《建筑管理现代化》2009 年第 2 期。

④ 参见蔡君时《美国公共交通的立法》，《城市公共交通》2000 年第 1 期。

为城市的主政者，绝不应当将城市交通基础设施视为政府财政收入的"菜篮子"，也不应当推卸自身的资金投入和监管职责，将城市交通基础设施的公共服务功能"随意性"地扔给社会资本加以"产业化"运作。否则将无异于涸泽而渔、杀鸡取卵。

第二章

城市交通基础设施建设工程管理法律问题

　　城市交通基础设施工程项目具有强烈的公共利益相关性特征，这一特征直接决定了对城市交通基础设施工程项目建设进行法律规制的立法措施和价值目标。城市基础设施具有系统综合性，一般意义上的基础设施按其设施功能可以分为与人类生活密切相关的能源、交通、水利、通信、生态、防灾六大系统；① 城市交通基础设施是城市基础设施中最为重要的基础设施之一，它既是人类生存和发展的基础物质条件，也是社会生产力的重要组成部分，对于节约和有效利用资源、发展生产、提高社会劳动生产率有重要的辅助和促进作用。城市交通基础设施也正是在这一层面上体现出强烈的公共利益相关性特征。从我国交通"大部制"管理覆盖范围的角度，城市交通基础设施工程包括公路、铁路、港口、航道、航空机场等多个具体交通行业的工程。虽然公路、铁路、港口、航道、航空机场等在交通工程的具体技术层面存在差异，但从城市交通工程基础设施项目运作的全寿命周期流程（Life Cycle）来看，立法管理的重心都围绕交通工程项目的招标采购、勘察设计、施工建造和运营维护展开；基于城市交通基础设施的突出公共性特点，无论是施工建造等加工承揽行为，还是勘察设计、运营维护等服务行为，法律规制的关键在于进一步合理厘定公共交通工程强制招标的采购程序以及妥适确定交通工程契约自由与行政监管的边界。本章将主要围绕这些问题展开。

---

　　① 这六大系统具体为：（1）能源系统：城市电力、燃气、供热生产与供应设施系统；（2）供水、排水系统：城市水资源的开发、利用和管理设施系统；（3）交通运输系统：城市道路、轨道交通、航空、铁路、交通管理等设施系统；（4）邮电通信系统：城市邮政、电信设施系统；（5）生态环境系统：城市环境卫生、环境保护、园林绿化等设施系统；（6）城市防灾系统：城市抗震防震、防汛、消防、人防等设施系统。参见李公祥、尹贻林《城市基础设施项目PPP模式的运作方式选择研究》，《北京理工大学学报》（社会科学版）2011年第1期。

一 交通工程的政府采购与强制招标

绝大多数的城市交通基础设施的资金直接或间接来源于政府财政或其他公共资金。① 无论是政府对施工建造等加工承揽行为的采购，还是政府对勘察设计、运营维护等服务行为的采购，都属于政府采购。基于城市交通基础设施项目在资金来源和服务目标上的突出公共利益特点，交通工程项目运作的核心采购程序必然最终落实为工程强制招标制度。在很大程度上，强制招标制度是确保城市交通基础设施工程实现竞争充分、物有所值、质量安全和服务优质的最基本程序保障。工程强制招标制度，是政府实现经济和社会政策目标的重要抓手和制度工具。在现代的交通工程项目建设中，土地、资金、劳动力等多元重要的刚性生产要素高度聚集、行政公权力高度集中、市场主体契约自治意识勃兴，招投标程序的使用问题更为集中。强制招标，实际上是对竞争的强制。强制招标通过对契约订立程序的强制性，强制市场交易中的买方必须摒弃自行选择交易相对人的自由，而服从于客观上通过招投标程序所产生的交易相对人。在适用强制招标后，决定最终交易伙伴的已经不是招标人（实体），而是刚性的招投标程序。招标在整体上与其他合同缔约阶段的要约承诺程序，即随机选择、竞争性谈判、询价、单一来源采购等采购方式相比，更能促进和体现市场配置资源的基础性作用。

在我国强劲的工程招投标市场实践背景下，工程管理等学科对招投标进行了大量社会成本、交易成本、程序机制、风险挖掘与规避、招投标策略等方面的技术性研究。② 就包括交通工程强制招标制度在内的招投标法

---

① 即便就是在采用 PPP（政府和社会资本合作）方式运作的公共交通工程项目上，在政府付费、使用者付费和政府可行性缺口补助三种付费机制中，除使用者直接付费外，其他两种方式的交通工程资金的终端来源仍旧是公共资金或包括公共资金。

② 以国内管理学科的博士论文为例，主要研究成果有：《建设工程招投标社会成本研究》（东南大学，2006）；《军品采购招投标机制设计与研究》（吉林大学，2006）；《基于变精度粗集的软件项目投标风险挖掘与规避研究》（华中科技大学，2006）；《电力市场环境下的发电公司策略性投标机理研究》（华北电力大学，2006）；《城市建设管理中的招投标机制分析与研究》（天津大学，2007）；《对策理论模型下的招标机制与投标策略研究》（天津大学，2007）；《工程量清单计价模式下招投标理论与方法研究》（西南交通大学，2007）；《拍卖（招投标）中的若干腐败问题研究》（华中科技大学，2008）；《工程招投标交易成本的质量改进研究》（同济大 （转下页）

律规范而言，绝大多数内容体现的仍然是技术管理规范的法律化和标准化。所以，在对交通基础设施工程招标问题进行法学层面的制度探究时，必须从招投标程序的专业技术研究入手，尊重作为交叉内容的交通工程项目管理的客观规律。

（一）交通工程之强制招标

1. 交通工程强制招标界定

交通工程强制招标是工程强制招标制度在城市交通基础设施领域的特别展开。工程强制招标，又称"法定必须招标"，[①] 在严格意义上，是指经由法律规范，按照工程项目的项目属性、投资金额、活动类别等一定标准限定必须招标的项目范围，强制归属该特定范围内的工程建设项目，必须通过招投标这一特定方式来签订契约以组织项目的具体实施，否则，项目业主承担私法和公法上一定法律责任的法律强行规范。在宽泛意义上，工程强制招标也包括《联合国国际法贸易法律委员会示范法》《国际复兴开发银行贷款和国际开发协会贷款采购指南》及类似文本对工程招标的一种强烈的建议，或者一种立法倾向的清晰阐明。

"强制招标"之谓，在国际上通称"强制竞争性招标"（Compulsory Competitive Tendering，CCT）。强制招标制度产生于西方公共服务市场化对民营市场规则的借鉴。"强制竞争性招标、最佳价值（Best Value）和谨慎的财政政策在近年明显影响了西方政府投资的工程项目实践。"[②] 在西方，"过去三十年的公共管理改革被描述为，与新公共管理（New Public Management）理论和重塑政府的组织创新密切相关。这其中，又以在公共部门加强市场化机制（Market Mechanisms）的新自由主义思想（Neoliberal Ideas）更为突出"[③]。强制竞争性招标正是落实公共服务市场化观念的一个重要机制和有效手段。在工程法的传统强国英国，虽然以重新振

（接上页）学，2008）；《国家投资建设项目网上招投标研究》（电子科技大学，2009）；《工程量清单计价模式下的投标报价决策研究》（东北林业大学，2009）等。

①　参见肖渭明《公共采购强制招标法律制度研究》，《行政法学研究》2003 年第 2 期。

②　See Wamuziri S., Seywright A., "Procurement of construction projects in local government", *Proceedings of The Institution of Civil Engineers – Municipal Engineer*, 2005, 158（2）.

③　See Hansen Morten Balle, "Marketization and Economic Performance", *Public Management Review*, 2010, 12（2）.

兴地方财政系统和全面改善公共服务质量管理为理由，强制竞争招标政策在英国工党政府 1997 年上台后，曾经为最佳价值（BV）目标所取代。[1]但这一政策变动的实施效果很快受到了理论界的质疑。[2][3][4] 甚至有学者直接把最佳原则批评为"官僚主义的，强调指令性和中央集权"的原则。[5]澳大利亚的路易斯和马丁·约翰经过研究也发现，对澳大利亚公共采购领域发生的变化而言，尽管形式上的政府采购组织文化不再集中于对"竞争"原则的单一强调，但强制性竞争性招标对政府公共财政活动而言，实质上仍然是最有影响力的政策。[6]

强制推行某种交易方式的前提是该种强制必须具备可行性。工程本身的技术性特点和国家统一的标准化管理决定了可以在项目性质、投资金额、工程活动等方面合理地设定统一适用的强制招标项目标准。由于同种类型项目在工程技术上的相通性，大多数国家的交通工程建设项目，一般均采用统一的勘察、设计、施工、验收的技术标准和技术规范，并采用相对统一的工程计价体系。工程项目的各项目实施机构及其人员，即承包商、供应商、项目经理、施工人员、安全人员、造价人员等均由各国相关机构按各国或国际组织的统一标准进行资质认证和考核。所以，虽然不同种类的交通工程项目，如公路、铁路、港口、航道、航空机场等，在规划功能、建筑设计、地质地貌、实施环境等技术条件方面存在诸多不同和差异，但从整体上看，绝大多数的交通工程建设项目具有技术和标准上的共通性，满足特定交通工程所需求的施工能力、工程货物和服务供应能力，符合招标人项目具体技术要求的承包

---

① See Gomez – Lobo, Szymanski S., "A Law of Large Numbers: Bidding and Compulsory Competitive Tendering for Refuse Collection Contracts", *Review of Industrial Organization*, 2001, 18 (1).

② Ibid. .

③ See Higgins P., James P., Roper I., "Best Value: Is it Delivering?" *Public Money & Management*, 2004, 24 (4): 251 –258.

④ See Higgins P.; James P.; Roper I., "The Role of Competition in Best Value: How Far Does it Differ From CCT?" *Local Government Studies*, 2005, 31 (2).

⑤ See Game C., "Britain's '5 Percent' Local Government Revolution: the Faltering Impact of New Labour's Modernization Agenda", *International Review of Administrative Sciences*, 2002, 68 (3).

⑥ See Kloot Louise, Martin John, "Public Sector Change, Organisational Culture and Financial Information: A Study of Local Government", *Australian Journal of Public Administration*, 2007, 66 (4).

人、供应商往往存在多家机构。

2. 交通工程强制招标特征

首先，交通工程强制招标是以监管公共资金使用、保护公共利益为目的的强制。工程强制招标制度的正当性主要来源于两个方面，即法律对公共资金的使用进行监管的正当性和对公共利益进行保护的正当性。西方国家及一些国际金融机构认为，政府及公共部门的财政资金、以国家信用为担保的国家对内对外融资等公共资金主要来源于纳税人所纳税收，使用这些资金所进行的市场交易必须接受严格监管，"公权力的巨大市场力量强烈要求国家采购行为公开透明、符合市场规则"①。采用强调公开、公平、公正为基本程序原则的强制招标制度，可以提高公共资金使用过程中的信息透明程度，体现公共获益机会的竞争民主性，增强公共资金使用的价值效率并有效预防腐败，从而真正体现公共资金来源于纳税人、使用于纳税人的公共属性。与此同时，对公共资金投入的公共工程进行强制招标，在更深层次上意味着对纳税人公开、受纳税人监管、对纳税人负责等在公共资金使用上的宪政民主得到了程序上的保障。

其次，在当前国家力推政府和社会资本合作（Public Private Partnership，PPP）进行城市交通基础设施建设的大背景下，对虽未用公共资金，但工程项目建设本身涉及公共利益的交通工程项目而言，此类项目完全可能来源于民营资本。而民营投资工程的目的与公共资金投资工程的目的存在不同，前者追逐的是私人利益的最大化，而后者的目标在于实现公共利益。民营工程的项目结果完全可能影响到公共利益。对公共利益工程项目这类特殊产品的生产流程，政府必须站在保护公共利益的高度进行适当的程序介入和法律监管，以治理绝对契约自由在此类项目上的外部性。对这类项目采用强制招标制度可以强化民营项目投资者运作工程项目的社会公共责任，规范民营投资者逐利的合理性，减少民营公共交通工程项目选择交易伙伴的随机性，通过对招标程序的强制实现对民营公共交通工程项目竞争充分性的强制，确保交通工程质量，确保民生保障等基本公共利益。随着市场交易形式和过程的日益复杂化，受市场信用等因素的影响，导致市场充满风险。作为科学的采购方法，对公共交通工程项目的强制招标还

---

① 参见［德］乌茨·施利斯基《经济公法》，喻文光译，法律出版社2003年版，第186—187页。

可以在客观上降低项目后期运作的不确定性和风险，为民营交通工程项目增进工程项目的价值和效率。

再次，交通工程强制招标是对工程交易竞争的强制。强制招标，实际上就是强制进行竞争。招投标程序的特殊效果在于其程序结果上的"自治性"和"封闭性"。交通工程强制招标通过对工程契约订立程序的强制，强制交通工程市场交易中的采购方必须放弃选择交易相对人的自由（程序自治），而服从于通过客观的竞争程序，一次性择优确定最终的交易相对人（程序封闭）。从结果上看，招标人必须接受招投标程序规则，选择投标人竞争后所产生的竞争优胜者作为交易相对人，而不能擅自改变该竞争结果。虽然竞争存在一定弊端，正如马克思曾指出，"竞争就是追逐利润的竞赛"[1]，但在现代，竞争对促进和优化市场的资源配置效率有着不可替代的积极作用。根据《欧共体条约》第 4 条第 1 款的规定，欧共体及其成员国奉"自由竞争的开放市场经济"为基本原则（Grundsatz einer offenen Marktwirtschaft mit freien Wettbewerb），"竞争在欧共体竞争政策理念中被视为是达到《欧共体条约》第 2、3 条设定之目标的非常重要的手段"[2]。强制招标制度在某种程度上可以视作现代社会对公共工程市场进行制度供给的"社会（政策）基础设施"的一部分。"社会政策的发展，不再是只花钱、无效果的社会消费，而是一种'社会投资'，社会支出所投资的领域，就是'社会基础设施'（Social Infrastructure），其重要性不亚于实体基础设施（Physical Infrastructure）的建设。"[3] 交通工程强制招标非但是对竞争性的一种强制，而且是对交通工程市场竞争规范化的一种强制。与强制招标项目相对，非强制招标项目的交易伙伴选择，如直接发包、询价采购等方式也存在一定程度的竞争，但非招标方式的其他竞争方式不具备招标方式竞争通过事先设定中标条件、一次性选择、程序自治决定结果等规范程序所体现的竞争的规范程度。

另外，交通工程强制招标是对"程序"的强制，而非对"实体"的强制。此点特征在很大程度上区别于已有一般契约法研究中的"强制缔

---

[1]　参见《马克思恩格斯选集》第 1 卷，人民出版社 1972 年版，第 137 页。

[2]　参见［德］乌茨·施利斯基《经济公法》，喻文光译，法律出版社 2003 年版，第 16 页。

[3]　参见顾昕《公共财政转型与政府卫生筹资责任的回归》，《中国社会科学》2010 年第 2 期。

约"概念。① "强制缔约"是对"是否缔约"的强制,强制招标是对"缔约方式"的强制。强制招标方式对工程契约自由的影响是有限的。强制招标并未取代缔约所必要的要约和承诺,基于强制缔约而形成的关系仍然是法律按照当事人各方合意的内容所赋予的,这种关系中的债权债务与在通常交易中所产生的债权债务没有质的不同,这种关系仍旧是一种"合同债"的关系,而非"法定债"的关系。交通工程强制招标制度本身强制的对象是交通工程交易的契约缔结程序,而对交通工程契约的实体方面的权利、义务等内容的具体配置不进行任何强制。

"现代民主国家已经从各个方面演变成为某种意义上的混合经济,即,既不是纯粹的自由放任的市场制度,也不是罗宾汉式的乌托邦。"② 与此相应,法律正在向复杂化发展的简单事实,也已经使得无论是资本主义国家还是社会主义国家都对原所秉持的绝对市场自由或绝对国家管制,从观念和法律上进行了修正。在此背景下,在公用事业法、劳动法、消费者权益保护法、社会保障法等法域,从契约当事人实体的权利义务角度,承认了国家对传统契约自由的一定限制。法律对契约自由的限制是多方面的。如果把"强制缔约"概念作一个抽象的广义的使用,则更方便函摄"是否缔约的强制""缔约方式的强制"和"缔约内容的强制"等多个方面,并将公私法交叉地覆盖到劳动合同、知识产权、消费者权益保护、土地利用、海上运输等多种强制缔约法律关系的处理。然而,国家通过干预契约的实体内容并不是唯一方式。与此相比,交通工程强制招标制度所体现的是国家干预市场自由的另外一种方式,即从程序上干预市场契约的订立过程,而不从实体上干预契约的权利义务内容。

招投标程序是一种程序自治的决策程序,是"决定过程"的决定,它所决定的并不是结果,而是作为结果的决定是如何产生的。招投标程序的结果不是产生于招投标程序开始之前或招投标程序进行的过程之中,而是由招投标程序完结之后的结果来最后决定的。招投标程序强调的是程序的"过程性与交涉性"。作为交涉过程的制度化,强制招投标程序的重点不在于产生出何种结果,而是强制以"何种方式"作出决策的选择与决

---

① 参见崔建远《强制缔约及其中国化》,《社会科学战线》2006年第5期。

② 参见[美]保罗·萨缪尔森、威廉·诺德豪斯《经济学》,萧琛等译,华夏出版社、麦格劳·希尔出版公司1999年版,"金色的诞辰"。

定。招投标程序具有开放的结构,"程序没有预定的真理标准,程序通过促进意见疏通、加强理性思考、扩大选择范围、排除外部干扰来保证决定的成立和正确性"①。招投标程序又具有作茧自缚的效应,最终招标人必须接受招投标程序结果。招投标程序作为一种对招标人任意选择权的抑制性程序,其目的就是保证公共交通工程项目决策结果的正当性。

最后,还必须注意到的是,交通工程强制招标制度作为"强制性法律制度"的原则区别于招投标作为"程序"的原则。招投标程序的原则,无论是国际社会还是我国相关法律制度都基本确定为"公开、公平、公正、诚实信用"原则。② 对"程序"的原则确定主要着眼和适用于招投标程序各方当事人之间的法律关系。而工程强制招标制度的原则则在于以此法律关系为规制对象,着眼于国家与市场主体之间法律关系所必须体现和贯彻的原则。招投标程序原则适用于平等的市场主体内部,而强制招标制度原则适用于下位的、作为整体的市场主体与上位的、实施管制的国家之间。因交通工程强制招标制度具有明显影响契约自由的"国家强制"特征,所以其原则主要体现为从"法治国家原则"(Rechtsstaatsprinzip)所推导出的公共利益保护、强制法定、法律优先(Vorrang des Gesetzes)、法律保留(Vorbehalt des Gesetzes)、信赖保护(Grundsatz des Vertrauensschutzes)、比例原则(Grundsatz der Verhaeltnismaebigkeit)等原则。③

(二) 交通工程强制招标之工具理性

德国法学家 Jhering 在他的巨著《法律中的目的》(Der Zweck im Recht)中宣称:"目的是所有法律的创造者。"④ 工程强制招标制度之所以在法律体系中占有重要的一席之地,正是以其能够达成规范目的的工具理性为前提。交通工程强制招标的工具功能集中体现在对交通工程所涉及的民生保障、节约资金和防控腐败三个方面。

---

① 参见李建华《公共政策程序正义及其价值》,《中国社会科学》2009 年第 1 期。

② 我国《招投标法》第 5 条、《政府采购法》第 3 条、我国台湾地区"政府采购法"第 1 条、WTO 项下之 GPA 第 7、8、17 条等相关规定。

③ 参见 [德] 乌茨·施利斯基《经济公法》,喻文光译,法律出版社 2003 年版,第 100—104 页。

④ 参见黄茂荣《法学方法与现代民法》,法律出版社 2007 年版,第 346 页。

1. 民生保障功能

"天视自我民视，天听自我民听。"① 民生保障的核心要旨就是"以人为本"。民生保障作为我国现阶段着重强调的社会公共政策，在其基本目标中就包括了民众最基本的生命和财产安全。交通工程质量直接关系到人们的安居基本需求，与人民生命、财产安全、居住质量等重大民生利益密切相关。一方面，我国近年大幅度增加基础建设投资以拉动内需，工程建设达到历史最大规模；另一方面，恶性的交通工程质量安全事件也屡有出现。交通工程质量事故的大量实证案例表明，重大工程质量安全等事故往往与工程采购程序密切相关。② 工程强制招标制度在工程项目的决策、实施和使用的各个阶段，通过资格预审、第三方评标、标后动态监管等一系列的程序设计来保证工程施工人或供应商的基本工程能力，并通过对工程项目最低造价、最短工期、最低技术标准和行业规范等底线标准的强制来保障最基本的工程质量安全，通过劳动保险、消防安全、环境保护等强制来保障工程项目实施的劳动权益、人身安全和人居环境。

而且，工程强制招标具有"程序的理性选择功能"。"公正合理的程序具有提高从多个备选方案中筛选出更适合公共利益的具体决策方案的功能。"③ 通过强制招投标对竞争机制的引入，不但可以改进工程项目的建设过程，而且可以延伸至工程项目建成后的项目管理和经营，改进民生保障的保障质量。对经营性的、有合理回报和一定投资回收能力的公益事业、公共基础设施项目建设，以及具有一定垄断性的经营性工程项目，强制推行一定范围的"项目法人招标"，对国有资金投入的公益性项目，通过强制招标制度对市场规范竞争机制的引入，强制对项目建成后的项目管理单位的"专业化管理招标"，可以有效地降低项目的

---

① 《尚书·泰誓》。

② 《人民日报》2011 年 9 月 27 日、28 日连续报道：甘肃省天定高速公路投资 87 亿，通车半年就有 31 千米路面沥青面层出现严重坑槽病害。该公路每千米造价为 3700 万元。解决此质量问题的返工费用达 1.2 亿元。厘清强制招标适用的工程合同类型、项目范围与规模标准对工程市场与法律实践有重要意义。2010 年 11 月 1 日《中国移动手机报》报道：住建部副部长仇保兴表示，我国频现"短命"建筑，我国是世界上每年新建建筑量最大的国家，每年新建建筑面积达 20 亿平方米，平均的（建筑）寿命却只能维持 25—30 年。根据我国《民用建筑设计通则》，重要建筑和高层建筑主体结构的耐久年限为 100 年，一般性建筑为 50—100 年。

③ 参见李建华《公共政策程序正义及其价值》，《中国社会科学》2009 年第 1 期。

公共服务成本，提高项目的公共服务效率，优化项目的公共服务质量。进一步而言，如果承认民生保障的核心是"以人为本"，那么交通工程强制招标制度有助于提高投资决策的科学化和民主化水平，并通过该制度对公开透明、公平公正、择优选定等原则的强调，可以为人民提供掌握和监督公共资金的具体使用和公共利益项目的规范实施过程的参与和公私协商平台。

2. 节约资金功能

工程强制招标对强制招标的工程项目的节资效果是明显的，从国际经验数据来看，招标程序对政府采购的节资率一般在 10% 左右。英国的罗伯和茨曼斯基曾从产业经济学的角度，通过对英国地方政府垃圾处理服务中投标人数量与服务成本之间数据的关系考察，发现投标人数量与服务成本之间存在负相关关系。"投标人越多，服务成本越低"的标准拍卖理论再次得到实践数据的验证。[1] 从由竞争形成采购最终价格的角度看，工程招投标程序是一种市场定价机制。同时，由于对充分竞争性的特别强调，对招标人而言，工程招投标程序还是一种能够充分实现资金节省的定价机制。[2] 在招投标程序中，不特定的多个投标人或被邀请的"数个"投标人通过以价格竞争为主要手段的竞争，来争夺"唯一"的中标机会。招标人正是通过这样一种"鹬蚌相争，渔翁得利"的程序机制，最大限度地获取了招标工程项目的市场价格信息，实现了其从"买卖方平等"的一般市场地位向个案工程项目上的"买方市场"地位转换。而且，对公共资金来源的公共工程而言，工程强制招标的节资功能与工程强制招标的民生保障功能是相辅相成的。公共财政资金等公共资金的规模是有限的。工程强制招标在节约公共资金的同时，为公共机构或部门使用节约下来的公共资金提供更多的民生保障服务增加可能性。

3. 防控腐败功能

公路、铁路、机场、港口、航道等交通工程项目领域已经成为腐败官员猎取非法重大利益的重点区域，招投标环节已经成为在该领域进行权力

---

① See Gomez - Lobo, Szymanski S., "A Law of Large Numbers: Bidding and Compulsory Competitive Tendering for Refuse Collection Contracts", *Review of Industrial Organization*, 2001, 18 (1).

② 虽然对招标方式的强制相比"直接磋商"等非招标采购方式在客观上会产生更多的费用和时间成本，但强制招标制度通过"门槛标准"等规则，已把那些从成本角度考虑不适合采用招标方式的项目排除在强制招标的项目范围之外。

寻租、实施贪污受贿的多发、易发环节。腐败的基本运作机理在于，腐败者的权力或职权不存在严格的法律限制。未受到法律严格限制的权力或职权为腐败者提供了自作自为、权力寻租的可能性和空间。工程强制招标制度通过制度设计对有效防治腐败提供了切实的机制保障。工程强制招标制度通过对公开招标、公平招标、公正招标、诚实信用招标等原则的强调，辅之以具体的公告规则、非歧视性规则、回避规则、不单方接触规则、申诉异议规则等具体可操作性的规则设计，严格规范招投标程序，将招投标活动的各个环节置于公开透明的环境中，有效地最大限度限制住了工程项目决策人员人为决定工程项目获取方的权力和人为操作空间，使得腐败者丧失了赖以进行工程权力寻租的寻租物和基础。

工程强制招标强调的公开原则和公告、回避等规则能够有效遏制腐败。公开是最好的防腐剂。工程强制招标制度中设计的大量信息公告程序确保了招投标程序的信息透明。工程强制招标制度通过强制公告招标文件、中标候选人、中标结果、招标代理机构代理活动、违规处理结果、当事人不良行为记录等相关招投标信息，使得工程招投标程序能最大限度实现公开透明，工程项目获取的全过程完全公开在阳光之下，受到工程监管机构、工程利害关系方和社会的全方位监管。"腐败源于暗箱。"工程强制招标制度中的公开原则和公告规则、回避规则等相互配合、互为支撑，能从机制上预先有效防控工程招投标事项的暗箱操作，和进行"请托"或"关说"的可能性。① 工程强制招标通过招标程序客观地决定招标结果，剥离了腐败者权力寻租的寻租支点。强制招标即意味着对其他非招标采购方式的强制排除。工程强制招标制度通过机制的设计，把原本由项目决策者主观决定的权力让渡给了客观的招标竞争程序。这样，工程强制招标制度就实现了项目决策者权力与中标结果的分离。

（三）交通工程强制招标之豁免

工程强制招标的强制推行，以强制招标的可行性为前提。强制招标项目之招标豁免是指，依法必须招标的交通工程项目，在具备法定的特殊条件时，可以不进行招投标。强制招标项目的招标豁免是强制招标制度的一个组成部分，它增加了强制招标制度的制度弹性。由于强制招标项目的强

---

① 我国台湾地区"政府采购法"第16条。

制必要性主要体现为公共利益保护和公共资金的公开管理，但因为一些特殊项目的保密性本身即是公共利益保护的一个必然组成部分，或因为在一些特殊情况下，招投标程序的强制采用不能实现其经济性目的，反而会影响项目公共利益保护目的的达成或公共政策的实现，此时对强制招标制度进行灵活的调整是必要的。在西方国家，这一问题同样受到了重视。如德国联邦法院的观点①认为，在"免于招投标的项目"（In-house-Geschaefte）中，"如果公共发包人是某委托项目的唯一的股权人，其通过这种身份来对项目行使监督权，就像对自己的下属机关进行监督那样，而且项目承包人也几乎完全是为发包人工作"，那么这种项目就不属于公共委托的项目，无须招标。德国的《邮政法》等一些特殊规定也可能排除强制招标的适用。②

对不具备强制可行性的项目，工程强制招标制度主要通过"强制招标豁免"规则来加以解决。我国强制招标项目的招标豁免立法经历了一个不断变更和调整的过程。我国《招投标法》规定，凡是涉及国家安全、国家秘密、抢险救灾或者属于利用扶贫资金实行以工代赈、需要使用农民工等特殊情况，不适宜进行招标的项目，按照国家有关规定可以不进行招标。③ 作为细化《招投标法》强制招标项目范围和规模标准的《工程建设项目招标范围和规模标准规定》规定："建设项目的勘察、设计，采用特定专利或者专有技术的，或者其建筑艺术造型有特殊要求的，经项目主管部门批准，可以不进行招标。"④《工程建设项目招标范围和规模标准规定》中的强制招标豁免范围仅适用于"勘察设计"活动的招标，"施工、监理以及与工程建设有关的重要设备、材料等的采购"不在招标豁免之列。《招投标法》并未规定强制招标豁免仅适用于勘察设计活动，《工程建设项目招标范围和规模标准规定》的此条规定实际上缩小了强制招标豁免的工程活动范围。我国《政府采购法》把公开招标作为政府采购活动的原则性采购方式。⑤ 政府采购方式包括"公开招标""邀请招标"

---

①　See BGHZ 148, 55 ff.; dazu Roehl, JuS 2002, 1053 ff.

②　参见［德］乌茨·施利斯基《经济公法》，喻文光译，法律出版社 2003 年版，第 191—192 页。

③　我国《招投标法》第 66 条。

④　我国《工程建设项目招标范围和规模标准规定》第 8 条。

⑤　我国《政府采购法》第 26 条。

"竞争性谈判""单一来源采购""询价"五种方式，但适用除公开招标方式以外的其他方式都必须满足法定的特殊条件。在此意义上，《政府采购法》中所规定的适用"竞争性谈判""单一来源采购""询价"的条件就是强制招标的豁免条件。①

《工程建设项目施工招标投标办法》和《工程建设项目勘察设计招标投标办法》对《招投标法》新增的实质性招标豁免条件主要体现在，进一步务实地考虑到了三种特殊工程项目不适宜强制招标的情形。这三种情形分别为工程项目的"专利或专有技术"问题、"招标人本身具备项目实施资质"问题和"后续工程的项目配套性"问题。此后，在《招标投标法实施条例》正式颁布之前的征求意见稿中，曾把可以不招标的强制招标项目限定为九种情形。这九种情形分别为：涉及国家安全、国家秘密而不适宜招标的；应急项目不适宜招标的；利用政府投资资金实行以工代赈需要使用农民工的；承包商、供应商或者服务提供者少于三家的；需要采用不可替代的专利或者专有技术的；采购人自身具有相应资质，能够自行建设、生产或者提供的；以招标方式选择的特许经营项目投资人，具有相应资质能够自行建设、生产或者提供特许经营项目的工程、货物或者服务的；需要从原承包商、供应商、服务提供者采购工程、货物或者服务，否则将影响施工或者功能配套要求的；法律、行政法规或者国务院规定的其他情形。②

在 2011 年正式颁布的《招标投标法实施条例》中，在《招投标法》规定的可以不进行招标的特殊情况基础上，规定下列情形可以不进行招标：需要采用不可替代的专利或者专有技术；采购人依法能够自行建设、生产或者提供；已通过招标方式选定的特许经营项目投资人依法

---

① 这些条件分别为：在货物或服务采购"招标后没有供应商投标或者没有合格标的或者重新招标未能成立的"或"技术复杂或者性质特殊，不能确定详细规格或者具体要求的"或"采用招标所需时间不能满足用户紧急需要的"或"不能事先计算出价格总额的"四种情形下可以采用"竞争性谈判"方式采购。在货物或服务采购"只能从唯一供应商处采购的"或"发生了不可预见的紧急情况不能从其他供应商处采购的"或"必须保证原有采购项目一致性或者服务配套的要求，需要继续从原供应商处添购，且添购资金总额不超过原合同采购金额百分之十的"等三种情形下可以采用"单一来源"方式采购。在政府采购项目采购的货物规格、标准统一、现货货源充足且价格变化幅度小的，可以采用"询价"方式采购。上述条件即是《政府采购法》所规定的政府采购强制招标豁免条件。

② http://www.gov.cn/gzdt/2009－09/30/content_ 1430659. htm.

能够自行建设、生产或者提供；需要向原中标人采购工程、货物或者服务，否则将影响施工或者功能配套要求；国家规定的其他特殊情形。对强制招标项目的招标豁免问题，地方政府规章有不同规定，如江苏省认为以下三种情形亦应合理排除："停建或者缓建后恢复建设的工程，且承包人未发生变更的；施工企业自建自用的工程，且该施工企业资质等级符合工程要求的；在建工程追加的附属小型工程（追加投资低于原投资总额的10%）或者主体加层工程，且承包人未发生变更的。"① 贵州省规定强制招标的豁免情形包括："（1）除农村公路建设中的大中型桥梁工程、水利建设中的'小2型'② 以上水利枢纽工程、大中型引水隧道工程外，利用扶贫资金实行以工代赈的；（2）生态环境建设和保护等涉农项目中需要当地直接受益农民投资、投工、投劳的施工部分；（3）已建成项目需要改、扩建或者技术改造，由其他单位进行设计影响项目功能配套性的；（4）勘察、设计、施工、监理单位自行投资建设、自行使用且其相应资质等符合工程要求的。" 贵州省规定中，对"利用政府投资资金实行以工代赈需要使用农民工的"招标豁免项目进一步进行了区分和明确。③ 重庆市就工程项目总投资额规模标准的问题，特别规定："虽然项目总投资额达到3000万元，但施工、重要设备、材料等货物的采购、勘察、设计、监理等单项合同估算价低于单项合同规模标准的50%，同时经项目主管部门认定，又无法并入该项目其他'合同包'一并进行招标的项目，可以不进行招标。" 这就意味着，项目总投资额3000万以下的工程建设项目，并非所有工程合同都属于强制招标范围。④《招标投标法实施条例》实际上是对前述《招投标法》《工程建设项目施工招标投标办法》和《工程建设项目勘察设计招标投标办法》及地方政府立法实践中关于强制招标项目豁免招标条件所进行的选择性的总结。

---

① 《江苏省工程建设项目招标范围和规模标准规定》第10条。

② 水利部《水利水电工程等级划分及洪水标准》（SL252—2000）。

③ 《贵州省工程建设项目招标范围和规模标准规定》。

④ 《重庆市工程建设项目招标范围和规模标准规定》。

二 交通工程的契约自由与行政监管

作为一项基本的法律原则，契约自由在具体化到工程市场领域时必须进行调适。作为交通基础设施工程市场交易的基本文本表现形式，大量的工程契约活跃于中国工程市场。由于对土地、资金、技术、劳动力等刚性生产要素的高度集聚和工程项目突出的技术性、社会性特征，传统契约自由原则在交通工程市场受到公共利益、工程技术规范等限制的特征尤其明显。在强调契约自由主导的基本立场下，研究如何正当平衡契约自由和公共利益及技术规律，合理细化和重构契约自由原则在现代交通工程市场的受限层次和结构现实，关系到交通工程市场的稳健发展。

（一）交通工程契约自由

"契约自由与法人人格的确立、私人所有权的绝对性并列，被称为是近代私法的基本原理。"[①] 马克思主义经典作家把神圣的"自由"描述为"理性的普遍阳光所赐予的自然礼物"[②]。自由是法律进化的恒久动力和永恒推手。法律将"自由"定位为一种权利，使自由获得了法律上的强制性，并用权利牵制和制约权力，对公权力对自由的侵犯进行制止。[③] 契约自由则"防范政治国家的作用，主张抑制国家以'正义'的名义随意介入经济活动"[④]。

现代交通工程市场中充斥着大量的契约。交通工程项目的完成，除在技术流程上体现为人工、材料、机械的物化之外，主要是通过纵横交错、相互衔接的复杂契约体系，把各参与方协调在有机统一的项目实施系统中。因而，从交通工程项目的融资，到交通工程的勘察、设计、监理、施工、材料设备的采购、运输、仓储、技术造价咨询、法律服务等契约组成的有机工程项目合同体系是工程项目顺利实施的法律根基。从交通工程项目全寿命周期管理（Project Life Management，PLM）的角度，项目更是广

---

① ［日］白羽佑三：《契约自由·契约法大系（I 契约总论）》，有斐阁 1962 年版，第 1 页。

② ［德］马克思：《关于新闻出版自由和公布省等级会议辩论情况的辩论》，载《马克思恩格斯全集》第 1 卷，人民出版社 1956 年版，第 163 页。

③ 周永坤：《法理学——全球视野》，法律出版社 2010 年版，第 206 页。

④ 韩世远：《合同法总论》，法律出版社 2004 年版，第 36 页。

泛涉及投资方、开发方、策划方、估价师、银行、律师、建筑师、工程师、造价师、专项咨询师、项目或施工总包商、专业或劳务分包商、预制加工商、供货商、维修保养、改建扩建、拆除回收、观测试验模拟、环保、节能、空间和安全、网络管理、物业管理及用户等之间的丰富复杂的契约网络。① 交通工程项目的各参与方正是通过错落有致的契约体系，来配置和维系各方的权利义务内容，来实现在工程项目全生命周期中尊重技术科学的协调配合。交通工程施工契约是内容最为典型、争议最为集中、制度架构相对最完整的工程契约。

　　"监管"从来都是"自由"的反义词，产生时的契约自由带有"绝对自由"的厚重底色。契约自由原则最早起源于罗马法中的意思自治观念。意思自治是对主观方面的判断，契约自由是对意思自治客观层次的描述。契约自由从哲学向法学观念的过渡最早出现在东罗马帝国优士丁尼所编撰的《民法大全》中。"该法中有关诺成契约（Contractus Consensu）的规定已基本浮现出现代契约自由思想的观念投影。"② 契约自由原则在规范层面的正式展开开始于 19 世纪法国《民法典》的编纂。1804 年法国《民法典》规定："依法成立的合同，在订立合同的当事人之间有相当于法律的效力。"③ 在法国《民法典》之后，契约自由的私法原则在瑞士《债务法》、德国《魏玛宪法》、意大利《民法典》、美国《商事合同通则》等各个国家的民事立法中得到"基石性"地确认和重申。④

　　但契约自由原则的绝对性从开始时起便为人们有所警觉。即便是倡导市场绝对自由的古典经济自由主义的集大成者亚当·斯密也敏锐地洞察到了政府作为"守夜人"提供道路、桥梁、渠道、港口、教育等公共工程和公用事业的重要性。⑤ 古典经济自由主义者早在 18 世纪即把公共工程看作政府守夜职能的一部分，从中可以有力反证政府对（公共）工程契约进行必要管制的重要程度。也正是因为此点原因，经济自由主义的相

---

① 一般高层建筑项目的合同数量在 300 个左右。http://www.chinabim.com/rumen。
② 王利明：《合同法研究》第 1 卷，中国人民大学出版社 2002 年版，第 145 页。
③ 《法国民法典》第 1134 条。
④ 李永军：《合同法》，法律出版社 2004 年版，第 40 页。
⑤ 参见［英］亚当·斯密《国民财富的性质和原因的研究》（下），郭大力、王亚南译，商务印书馆 1997 年版。

对性被德国法学家形容为对后世"经济公法的走向"具有重大意义。① 更有学者通过对法国合同法发展脉络的系统梳理发现，从 20 世纪起，进入垄断时期的法国资本主义社会发生重大变化，国家对社会经济的干预逐步加强，其法制的中心观念，也逐渐由个人本位移向社会本位。"民事权利的社会化倾向迫使法国的立法者和法官进一步限制和削弱民法中的各项自由主义原则，而意思自治原则，则首当其冲地遭到法学家的冷落和抨击。"②

同时，契约自由本身作为一般行为自由的组成部分，是一种灵活的工具，它不断进行自我调节，以适用新的目标。③ 有学者注意到，"和言论自由与信仰自由不同，财产权与经济自由作为一种宪法权利在 18 世纪与19 世纪很受尊崇，但现在早已不是神圣不可侵犯的权利"④。一种大概的趋势是，"现代国家对个人财产与经济活动施加各类立法限制，且只要不是过分不合理，这类限制一般都被认为合宪"⑤。现代法治通过强调诚实信用原则、强制缔约、定型化契约、劳动契约的社会化等方式，为追求现实的契约正义对契约自由进行众多必要的限制。现代对契约自由进行适当限制正当性的承认，无疑给行政对工程契约自由进行必要但谨慎的监管和限制留下了正当性的空间。

（二）对交通工程契约自由进行政府管制的正当性论证

在现代法治国家，如果在法律上要对某项行为自由，尤其是作为一项基本法律原则的契约自由进行监管和限制，其正当性必须得到充分论证。虽然就常规而言，"不同的价值取向会产生对相对方的不信任问题"⑥，但是，法律上的"限制"与"自由"的关系本身就是辩证的。

---

① ［德］乌茨·施利斯基：《经济公法》，喻文光译，法律出版社 2003 年版，第 16 页。

② 尹田：《法国现代合同法：契约自由与社会公正的冲突与平衡》，法律出版社 2009 年版，第 35 页。

③ ［德］罗伯特·霍恩、海因·科茨、汉斯·G. 莱塞：《德国民商法导论》，楚建译，中国大百科全书出版社 1996 年版，第 90 页。

④ 张千帆：《宪法学导论——原理与运用》，法律出版社 2004 年版，第 572 页。

⑤ 同上书，第 574 页。

⑥ See Connelly Brian L., Miller Toyah, Devers Cynthia E., "Under a Cloud of Suspicion: Trust, Distrust, and Their Interactive Effect in Interorganizational Contracting", *Strategic Management Journal*, 2012, 33 (7).

孟德斯鸠曾言："自由是做法律所许可的一切事情的权利；如果一个公民能够做法律所禁止的事情，他就不再有自由了，因为其他的人也同样会有这个权利。"① 对工程契约自由所进行的限制是一种典型的立法强制。制度经济学者把政府管制（Government Regulation）理解为"具有法律地位的、相对独立的政府管制者（机构），依照一定的法规对被管制者（主要是企业）所采取的一系列行政管理与监督行为"②。广义上的"政府管制"还包括采用法律制定、司法审查等活动所进行的综合管制。政府对工程契约自由进行限制的目标主要在于宽泛意义上的社会性管制。③

1. 交通工程契约的外部性和市场失灵

与交通工程项目交易有关的外部成本或收益并不完全反映在工程契约的交易条件里。④ 交通工程项目资金、土地、人力、机械设备、建筑物料等重要的刚性生产要素高度集聚，交通工程项目的运作是否成功，除涉及个案项目本身的生产要素集中投入能否实现经济性的目标价值外，其工程质量安全等方面的社会外部性明显。"外部性是指一定的经济行为对外部的影响，造成私人成本与社会成本、私人收益与社会效益相偏离的现象。"⑤ 交通工程项目的外部性具体表现在，工程项目作为刚性生产要素系统集成的"物"，在工程契约外围广泛影响到生命财产安全、劳工保护、用地规划、城市规划、交通规划、环境保护、消防安全、自然灾害防控、文物保护、国家安全等直接公共利益，其中最直接和第一位的就是工

---

① ［法］孟德斯鸠：《论法的精神》，张雁深译，商务印书馆1995年版，第154页。

② 王俊豪：《政府管制经济学导论——基本理论及其在政府管制实践中的应用》，商务印书馆2008年版，第30页。

③ 政府管制大致划分为经济性管制（Economic Regulation）与社会性管制（Social Regulation）。经济性管制通常是指政府通过价格、产量、进入与退出等方面对企业决策所实施的各种强制性制约。社会性管制是指以保障劳动者和消费者的安全、健康、卫生、环境保护、防止灾害等为目的，对产品和服务的质量和伴随着提供它们而产生的各种活动，制定一定标准并禁止或强制特定行为的管制。王俊豪：《政府管制经济学导论——基本理论及其在政府管制实践中的应用》，商务印书馆2008年版，第30页。

④ ［美］丹尼尔·F.史普博：《管制与市场》，余晖、何帆译，格致出版社、上海三联书店、上海人民出版社2008年版，第11页。

⑤ 王俊豪：《政府管制经济学导论——基本理论及其在政府管制实践中的应用》，商务印书馆2008年版，第30页。

程质量安全。就私人投资的项目而言，因"私人利润的打算，是决定资本用途的唯一动机"，私人"通常既不打算促进公共的利益，也不知道他自己是在什么程度上促进那种利益"①，"如果建成的建筑是营利性项目，那么业主最关心的是以最小的投入换来最大的产出。他们会在一开始就尽可能地减少他们的想法（成本支出），只有在会有更高的利润或者更大的销路的时候才会考虑提高技术和安全的等级"。②

个人利益与社会利益的对立概率在工程交易市场远远超过一般类型的交易市场。工程市场"市场失灵"（Market Failure）问题突出。"粗略统计，每 2000 个贪腐案件有 1700 个左右与工程市场失范有关"③；中共中央办公厅、国务院办公厅指出在 6 个工程建设领域突出问题中，有 3 个直接与工程契约过程有关。④ 工程市场呈现一种存在缺陷或紊乱的病态。⑤ 工程契约自由的绝对性是这种乱象的方便之门之一。工程市场领域经济利益高度集中，经营者追逐高额利润的趋利本性加剧了工程市场的失灵。工程契约明显的社会外部性特征和工程市场广泛存在的市场失灵，为立法对工程契约的契约自由进行适用限制提供了正当性。

2. 基于公共利益保护的工程契约正义

工程契约具有明显的社会性和"私人签订的公共合同"的特征。在"大型基础设施、公用事业等关系社会公共利益、公众安全的项目"合同的履行后的受影响对象已经超出了合同主体的范围，具有明显的"涉他

---

① ［英］亚当·斯密：《国民财富的性质和原因的研究》（上卷），郭大力、王亚南译，商务印书馆 1974 年版，第 344 页。

② ［德］提姆·勃兰特、［西］赛巴斯·TH. 弗兰森：《建筑招投标》，马琴、万志斌译，中国建筑工业出版社 2010 年版，第 90 页。

③ 江苏省人民检察院预防腐败局周合星处长 2013 年 11 月 27 日在东南大学工程法研究所一次学术论坛中的观点。

④ 参见《关于开展工程建设领域突出问题专项治理工作的意见》。

⑤ 单就 2009 年一年，全国共排查规模以上项目 348625 个，发现问题 145631 个，整改问题 59928 个。共受理举报线索 15438 件，立案 8185 件，给予党纪政纪处分 4616 人，移送司法机关 2781 人。2010 年 6 月 20 日，监察部副部长郝明金在全国市级纪委书记培训班上所作的《关于工程建设领域突出问题专项治理工作》专题报告。截至 2012 年 4 月底，全国纪检监察机关共受理工程建设领域违纪违法问题举报 4.64 万件，立案 2.47 万件，查实 2.22 万件，给予党纪政纪处分 1.67 万人。其中，厅（局）级干部 90 人，县（处）级干部 1585 人，移送司法机关处理 8824 人。中央治理工程建设领域突出问题工作领导小组办公室网站（http://www.zzg.gov.cn/xwdt/yw/2963.shtml）。

性"特征。工程项目社会性的特点决定了,工程契约所产生的社会结果是直接或间接关涉公共利益的标的物:工程。工程契约履行结果的社会性要求工程契约必须对原有当事人之间封闭自治的"合同相对性"理论进行突破;换言之,对其契约自由必须基于实质性的契约正义进行旨在保护公共利益的限制。

出于公共利益保护目的的对传统契约自由在工程市场的合理限制,是对绝对契约自由原则的理性反思。当契约自由被作为一项市场资源配置决定性原则被提出时,契约自由本身就是公共利益的一个组成部分。公共利益保护与契约自由在根本的价值取向层面并不对立。虽然罗尔斯认为每个人基于正义的不可侵犯性不得以社会整体利益之名予以逾越,"不承认许多人享受的较大利益能绰绰有余地补偿强加于少数人的牺牲"①,但保护公共利益和提倡契约自由的牵连性仍然是明显的:公共利益的公共性决定了,在契约自由方面受到一定限制的工程交易者同时是公共利益的受益对象。反之,如果绝对契约自由损害了公共利益,受益契约绝对自由的工程交易者也必然在同时遭受了公共利益方面的损害。如果把一般意义上的契约自由原则理解为市场主体某种意义上的经济权力的话,那么,"经济权力和军事权力不同,它不是原始的而是派生的"②。

有学者通过研究发现,从 20 世纪进入垄断时期起,"民事权利的社会化倾向迫使(法国的)立法者和法官进一步限制和削弱民法中的各项自由主义原则,而意思自治原则,则首当其冲地遭到法学家的冷落和抨击"③。缘于公共利益保护目的对契约订立自由的一定限制,是为更好地提供保护公民其他更基本权利,如生命财产安全权的基础。而且,妥当的政府管制有时甚至可以在某些方面增进被管制者之外的"其他"市场主体的契约自由。④ "凯恩斯主义以来,无论是在整体的理论层面,还是在契约适用的具体领域,对绝对契约自由的限制和反思成为合同法发展不可

---

① [美]罗尔斯:《正义论》,何怀宏等译,中国社会科学出版社 1988 年版,第 3—4 页。
② [英]伯特兰罗素:《权力论——新社会分析》,吴友三译,商务印书馆 2008 年版,第 86—87 页。
③ 尹田:《法国现代合同法:契约自由与社会公正的冲突与平衡》,法律出版社 2009 年版,第 35 页。
④ 如政府工程采购中,强制招标相较直接发包方式能增加其他潜在投标人的交易机会。

或缺的一个重要趋势。"① 有学者把此种限制概括为 "法官重新衡平契约关系的自由裁量权" "契约缔结之强制（Kontrahierungszwang）" "禁止当事人排除适用的强制规范" 等方面。②

政府管制与契约自由，乃至与更广泛意义上的市场自由的关系是一个在世界范围内争论了数百年的问题。诺贝尔经济学奖得主萨缪尔森教授曾把奉行绝对 "自由放任" 或 "政府干预" 的观念批判为 "立足于理想而不是现实"③。这一洞察性的批判表明，在现代混合经济的情势下，政府管制与市场自由之间的关系犹如一幅不完全对称的太极对决图像，一只看得见的手和一只看不见的手之间的博弈至今犹酣。政府管制与市场自由两者之间的关系应该是一种相互配合和补充的互动关系，理论上得出这一 "四平八稳" 的结论并不困难，但历来纠结的问题是现实市场中两者之间的最恰当的分界究竟在哪里？理论上的分析一般都是基于圆满的 "假设" 作出，往往有意或无意地把复杂的现实问题简单化，忽略掉了很多 "现实存在" 的细节。划分两者之间关系的 "黄金分割线" 必然体现出多层次，并在不断地发生 "位移"。

3. 对公共资金的经济民主监管

就政府工程采购或其他公共资金投入的工程契约而言，虽然乔治·杰塞尔法官曾经指出："如果有一件事比公共秩序所要求的更重要的话，那就是成年人和神志清醒的人应拥有的订立合同的最充分的自由权利。"④ 但是，绝对的契约自由原则在现代国有资产所有与运营分离的体制下出现了明显的结构性缺陷：传统契约自由原则中对契约主体的认识停留在纯粹 "私人" 主体的认识层面，未预期到现代国有资产的持有、管理、经营人与国有资产的所有权人在身份上的切割和分离。在契约的主体身份上，传统的契约自由只考虑到了作为 "私人" 的公民或私人组织，而没有顾及公共资产的管理主体作为民事契约主体时所产生

① See F. Hanpe, F. James & O. Grary, Law of Torts, 6. 13（2d ed. 1986）. Turner, "The Definition of Agreement Under the Sherman Act: Conscious Parallelism and Refusals to Deal", 75 *Harvard Law Review* 1962.

② 李永军：《合同法》，法律出版社 2004 年版，第 148—150 页。

③ ［美］保罗·萨缪尔森、威廉·诺德豪斯：《经济学》（中文版），萧琛等译，华夏出版社、麦格劳·希尔出版公司 1999 年版，序言—萨缪尔森致中国读者。

④ ［英］阿蒂亚：《合同法概论》，程正康等译，法律出版社 1982 年版，第 4—19 页。

的问题。"在现代经济关系中，所有权最重要的作用已经不是利用物质客体，而是将其作为资本，利用资本获得利益。也就是说，在这种组织下，所有权的作用不是对物的支配，而是对人的支配。所有权如果不和债权相结合，就不能发挥其最重要的作用。这一点是我们所见近代法中债权对物权优越地位的第一点。"① 公众以所有者身份对公共资金的监管的最重要环节，是公共资金与债权的"结合环节"，也就是公共资金的以契约为形式的使用环节。公共资产属于全民所有。在公共资产的管理和经营、收益和处分过程中所发生的所有契约，已显然带有公共契约的性质，必须严格依法定的程序和条件，透明、公正、公平地进行。与公共资产或行政权的行使相关的契约，即便承认其私法属性，在合同主体的公共资产经营管理一方或行政机关一方，契约自由的原则应当也必须受到严格限制，方能体现国有资产全民所有的所有权属性和"经济民主化"的现代宪政法治要求。现有立法对此亦有体现。② 对涉及国有资金投资或国家融资等公共资产项目或国家信用的工程项目的契约自由限制具有正当性。

（三）对交通工程契约的行政监管的内容

契约自由原则在工程法中的演绎可以形容为"带着绳索的舞蹈"。在德国，建筑法和建筑主管机关分别被称为"建筑警察法"和"建筑警察"。③ 有学者甚至断言，"不存在任何一种比建设工程合同更多地受到监管的合同种类"④。

1. 缔约资格的资质监管

是否有权利或有资格缔结契约是契约自由原则的首要方面。除在一般意义上考虑到主体的民事行为能力，普通的民事契约并不对缔约的主

---

① ［日］我妻荣：《债权在近代法中的优越地位》，王书江、张雷译，中国大百科全书出版社 1999 年版，第 8 页。

② 参见 2009 年《企业国有资产法》第 44 条、第 45 条、第 54 条等。《企业国有资产法》对"无偿交易""不公平价格""关联交易"的禁止规定和对国有资产转让的"公开交易""交易场所""公开竞价"要求都体现了对国有资产契约自由的严格限制。

③ 胡明锵：《建筑管理法制基本问题之研究——中德比较法制研究》，《台大法学论丛》2001 年第 2 期。

④ 宋宗宇：《建设工程合同溯源及其特点研究》，《重庆建筑大学学报》2003 年第 5 期。

体资格进行任何限制；即便是无民事行为能力或限制民事行为能力人，法律上也安排了法定代理人等补充机制以体现"民法的人文关怀"。①工程产品直接影响国计民生。作为现代人类复杂的生产、生活的基本物质载体，工程的空间供给功能和其他使用功能对国计民生的方方面面都不可替代。作为工程契约的履行结果，工程质量更是直接到涉及公共的生命财产安全等社会公共利益。工程是技术集成的综合性社会产品，伴随科技的进步，工程的各专业分工的程度越趋细致。所以，基于工程契约缔约主体具有的强烈技术身份特征，法律上必须对工程实施人的最低技术资格进行统一标准的限定，以保证工程实施人具备与工程相匹配的作业能力、管理水平和项目组织条件，并在缔约时就事先设置"门槛程序"，确保未来的工程质量安全。《行政许可法》第12条规定，直接关系公共利益的职业、行业，需要确定具备特殊信誉、特殊技能等资格、资质等的事项；直接关系公共安全、人身健康、生命安全的重要设备、设施，需要按照技术标准、技术规范，通过检验、检疫等方式进行审定的事项可以设定行政许可。我国立法对勘察、设计、施工、监理、造价等工程行为建立了分机构和执业人员两个序列、若干级别、不同行业、复杂的资质监管和执业许可机制。②

在国际上，对勘察、设计、施工、监理乃至造价审计等工程实施单位主体或执业人员进行严格的资质管制、设置市场准入门槛是通行的做法。大多国家和地区的工程法都规定，工程契约的勘察设计机构、施工企业、监理企业、招标代理机构、造价咨询机构或其从业人员必须具备与工程项目相适应的法定资质或执业许可，并在同时安排了多层次的行政确认以及动态考核培训制度予以配套保障。③ 如法国就为工程质量及其司法鉴定制

① 王利明：《民法的人文关怀》，《中国社会科学》2011年第4期。
② 工程建设领域设定行政许可的主要有以下事项：（1）执业注册类许可事项。主要针对工程建设从业人员的任职资格许可，包括房地产经纪人执业资格许可、房地产估价师执业资格许可、建筑师执业资格许可、勘察设计注册工程师执业资格许可、城市规划师资格许可、监理工程师执业资格许可等。（2）市场准入类许可事项。主要针对企业组织进入工程建设市场的许可，如监理企业资质许可；建设工程质量检测单位资质许可；工程建设项目招标代理机构资格许可；工程造价咨询单位资质许可；城市园林绿化企业资质许可；建筑施工企业资质许可等。
③ 参见我国台湾地区的"营造业工地主任评定回训及管理办法"等。

定了专门的技术法规 NF 和 DTU。① 工程最低技术能力将最终决定工程项目产品的质量安全，从西方到我国对工程契约缔约主体资质的立法管制充分体现了对工程技术客观规律的充分尊重。

作为行政法上对行政相对人是否具备特定工程作业能力的行政确认，工程资质是工程契约主体缔约能力在行政法上的折射。在法国《民法典》、德国《民法典》、日本《民法典》及英美法的判例和学理中，"缔约当事人具有相应的缔结契约的能力"都被作为契约生效的必要条件。② 我国亦然。缔约能力是民事行为能力在契约法上的体现。多数国家采用自然年龄标准和精神标准来规制自然人缔约能力，而作为组织的法人缔约能力无法适用此标准。我国通说原以法人的拟制性为基础，坚持"法人行为能力与权利能力一致"的观点，在立法上以法人的登记在册的"经营范围"作为法人的设立目的而与西方的法人目的理论相衔接，认为法人超出经营范围的合同一概被认定为无效。该观点在我国《合同法》及其两个司法解释出台后已基本被摒弃。③ 在德国、日本、英国等国，虽然立法大都强调法人权利能力受到法人章程目的的严格限制，但法人章程在审判实践和理论上都被认为不得对抗善意第三人。④ 须注意到的是，工程企业的"资质"与"经营范围"是使用于两个不同场合的概念。工程资质为"技术性"事项，是工程作业行为能力在法律上的确认和认可。而"经营范围"则是一个"市场交易"的概念，经营范围管理的目的在于规范市场主体经营行为和交易秩序。"资质"是建设工程企业"经营范围"中法定必须行政许可的那部分事项。在违反的法律效果上，建筑企业超出

---

① 如法国在立法中规定，下列工程强制实行资质符合度检查：（1）300 人以上从事活动的公共建筑；（2）高度超过 28 米的建筑物；（3）跨度超过 40 米的建筑物；（4）悬挑结构跨度超过 20 米的建筑物；（5）基础深度大于 30 米的建筑物。在法国这两个法规强制适用于政府工程采购。由于私人投资的工程项目投保时，适用 NF 和 DTU 是保险公司的基本要求，所以也实际上强制适用于私人投资项目。何伯森：《工程项目管理的国际惯例》，中国建筑工业出版社 2007 年版，第 109、359 页。

② 李永军：《合同法》，法律出版社 2004 年版，第 213 页。

③ 我国《民法通则》第 49 条曾规定了法人超越经营范围的公法上的责任，但没有规定超越经营范围缔结的契约无效。《合同法》及其《合同法解释一》《合同法解释二》出台后，意味着法人超出经营范围行为只要不违反法律行政法规中的效力性强制规定，原则上不再仅因超出经营范围而被认定为无效。

④ 韩世远：《合同法总论》，法律出版社 2004 年版，第 220—221 页。

经营范围所签订的契约不一定无效，但未取得建筑业相应资质或超越资质等级承揽工程的契约无效。

在限制工程契约主体缔约资格的法律后果上，对违反工程缔约资质要求的工程契约，现有法律制度直接给予最严厉的"契约无效"的否定性评价。虽然最高人民法院有关司法解释规定了允许契约效力补正的特殊情形，但仍然对效力补正的条件进行了非常严格的限定。① 对因缔约主体资质不适格而导致工程契约无效的立法，崔建远教授明确持不同意见。他认为，工程资质对于合同的履行来说只是相当于程序性的或者外围的情势要求，除《合同法》有规定外，《建筑法》从行政管理的角度详细规定了各种违反情形下的行政处罚措施。因此，"资质管理即便没有私法上合同无效的后果制裁，行政管理处罚措施也足以达到规范目的实现，并不足以要以私法上的无效作为惩罚"②。崔教授的分析暗含资质"行政管理处罚措施足以达到规范目的实现"的假设，但由于工程交易利益的高度集中，现有资质违法的行政管理方面的处罚成本相比违法收益几乎不值一提。

由于法律对某一类违法行为采用公法责任规制的方式时，则意味着该类违法行为的损害后果，已经超出了对个别当事人的利益损害，具有了损害社会公共利益的危险或后果。公法责任的责任强度一般要强于私法上的责任承担。但这一结论是总体上的，而不是绝对的。在公法责任和私法责任的组合上，现有立法必须注意到具体责任形式对实现规范目的的现实效果。虽然从整体上感受，公法责任在责任属性上的严厉程度要严于私法责任，但在功利价值取向和商业化特征明显的工程交易市场中，有时轻微的公法责任，诸如"警告""责令限期改正""行政罚款"等对违法行为人的行为引导效果，有时甚至不如"契约无效"等私法责任的施行效果。因为毕竟，除涉及直接的人身自由限制之外，违法行为人在进行行为选择时，首先比对的是经济利益方面的实际影响，而非责任的公法或私法属性。资质是基本的工程技术行为能力，单凭对资质进行低成本的行政管理处罚并不足以保障工程质量。

---

① 参见最高人民法院《关于审理建设工程施工合同纠纷案件适用法律问题的解释》第5条。

② 崔建远：《我国合同效力制度的演变》，《河南省政法管理干部学院学报》2007年第2期。

2. 契约内容的变更监管

契约内容的变更自由是当事人契约内容的决定自由所衍生，是契约自由原则的题中之义。[①] 契约是当事人对未来事项的约定。契约内容的确定发生在现实的履行之前，这一事实决定了契约履行时的情境可能发生与契约订立时情境不一致的变化。法律上的情势变更制度和规则即是对这种变化极端情形的因应。同样，工程契约作为契约的一种类型，契约当事人契约内容的变更自由也当然地为法律所保护。但是，这种自由在通过招投标方式所缔结的工程契约中明显地受到了来自招投标竞争程序的严格限制。在招投标方式已经成为中国工程市场普遍采用的缔约方式、"我国建筑工程招标率已经由 2000 年的 63% 提高到目前的 95%，招投标程序已经成为普遍适用于整个工程项目交易市场选择交易相对人的核心环节和基础方法"的背景下，[②] 讨论工程契约内容变更自由的限制问题意义凸显。

根据我国现行《招投标法》和最高人民法院有关司法解释的规定，无论是强制招标工程项目还是当事人自选招标程序工程项目，只要当事人通过招投标程序缔结工程契约，在订立中标契约之后，当事人即不得再行订立与中标契约实质性内容不一致的任何其他协议。亦即，在中标之后，当事人实质性变更契约内容的自由受到了明文限制。而且在出现"实质性变更"的法律效果上明确"以备案的中标合同作为结算工程价款的根据"[③]。之所以对工程契约当事人的契约内容变更自由作出如是限制，其合理性来源于招投标程序的外部性和公平竞争的要求。与非通过招投标程序产生的一般契约缔约过程的当事人之间的"封闭性"相比，招投标程序对工程契约订立过程的介入，使得工程契约具有了第三人介入的"开放性"特征：其法律关系不再局限在最终签约的契约直接当事人之间展开，而是涉及其他投标人对招投标程序信赖利益的保护和竞争法上的公平竞争市场秩序法益的保护。如果允许工程契约当事人在中标契约之后对契约内容进行任意变

---

① 李永军：《合同法》，法律出版社 2004 年版，第 143 页。

② 参见国家发展和改革委员会主任张平于 2009 年 10 月 10 日在第二届中国招标投标高层论坛上的主旨报告。

③ 参见《招投标法》第 46 条、第 59 条，最高人民法院《关于审理建设工程施工合同纠纷案件适用法律问题的解释》第 21 条。

更，将会导致在其他投标人没有参与的情况下的竞争性的丧失，使得在先的招投标程序的法律意义丧失殆尽，并最终损害到广泛意义上的工程市场竞争秩序。

但是在整体上，基于对保护契约内容变更自由不争的正当性，对工程契约内容变更自由的限制同样存在严格的反向限制。这体现在，遭到变更自由限制的工程契约内容仅局限于工程契约"实质性内容"：除工程质量、工程价款和工程期限三项实质性内容外，其他事项内容都允许当事人根据工程项目实施时的实际情况合理作出调整。而且，即便就前述三项实质性内容而言，法律也允许法官在个案中据实裁量是否达到实质性变更的程度和标准。①

3. 示范文本的内容限制

"格式合同、定式合同的使用在某种程度上被视为现代社会对合同自由原则的挑战。"② 虽然在性质和目标上，当事人自行拟制的格式合同与政府机构提供的示范文本存在"自利"和"公益"的差异，但行业示范契约文本在客观效果上造成了对当事人契约内容方面自由的限制毋庸置疑。政府对工程契约相关标准示范文本的指引，是对工程契约自由进行限制的"温柔一刀"。在西方，"标准文本的采用、电子采购方式、与政府工程采购相关的管理能力培训和采购专业机构的介入成为政府工程采购实践中的改革重点"③。工程契约内容涉及事项庞杂，管制约束合同内容的法律规范繁多，如果将缔约内容全部交由当事人确定，不仅会增加磋商成本，与效率化价值导向相悖，而且会增加合同权利义务配置的不均衡和实施阶段的履约风险。因此，由专门的机构在充分论证工程管理一般规律，公平权衡合同当事人权利义务关系的基础上，抽象和提炼符合行业实践惯例的标准文本，供双方当事人订立合同时选用或参考，成为西方发达国家和工程专业机构普遍认同的一般方法。例如，欧洲发展基金会的（EDF）合同文本、英国的 JCT 等机构制作的一

---

① 最高人民法院民事审判第一庭：《最高人民法院建设工程施工合同司法解释的理解与适用》，人民法院出版社 2004 年版，第 182 页。

② 韩世远：《合同法总论》，法律出版社 2004 年版，第 37 页。

③ See Wamuziri S., Seywright A., "Procurement of Construction Projects in Local Government", *Proceedings of The Institution of Civil Engineers – Municipal Engineer*, 2005, 158（2）.

系列标准建设工程合同文本、① 国际咨询工程师联合会（FlDIC）制定的建设工程标准文本等都是这种思路的文本体现。其中，由国际咨询工程师联合会（FlDIC）制定的建设工程标准文本更是在世界范围内得到普遍的借鉴或采用。② 这些文本在提升国际工程市场契约关系的规范性、"定型化"契约当事人契约关系的同时，也在客观上限制了当事人契约自由。

我国建设部门和国家工商总局在借鉴国际施工合同系列标准文本制作经验的基础上，结合我国工程市场实际，形成了1999年版和2013年版《建设工程施工合同（示范）》文本。在司法实践中，部分省一级人民法院已经明确将《建设工程施工合同（示范文本）》的通用条款视为具有补充当事人合意性质的预设规则，在不存在专用条款且发包方与承包人就某事项无法达成协议的，可以推定缔约当事人已经接受了就该事项适用通用条款。③ 与此同时，国家发改委会同相关行政管理部门于2007年分别颁布了《标准施工招标资格预审文件》与《标准施工招标文件》。根据2012年生效的《招标投标法实施条例》的规定，在依法强制招标的公共交通工程等项目建设中，这两个工程契约文本被强制采用。④ 这些工程契约标准示范文本从契约事项到权利义务配置的具体内容都进行了尽可能周详的细化和示范，在很大程度上影响了当事人任意的约定，客观上对工程

---

① 英国的标准工程合同文本种类繁多，其出版机构主要有合同审定联合会（Joint Contracts Tribunal，JCT），英国土木工程师学会（Institution of Civil Engineers，ICE），英国政府出版办公室（Her Majesty's Stationary Office，HMSO），以及英国咨询建筑师协会（Association of Consulting Architects，ACA）等。JCT 的文本有 JCT2005 系列，也是在英国使用最为广泛的文本；ICE 的文本包括主要适用于土木工程的 ICE7 和引入了公司协作伙伴关系的 NEC3，ACA 的文本有 PPC2000、SPC2000、TPC2005 以及 ACA 基本文件，HMSO 主要有适用于政府工程采购的 GC/Works 文本和适用于私营工程采购的 PC/Works 文本。

② FIDIC 是国际咨询工程师联合会（Federation Internationale des Ingenieursconseils）的法文缩写，我国于1996年正式加入该联合会。FIDIC 于1999年出版了《施工合同条件》（Conditions of Contract for Construction）（红皮书）、《工程设备与设计—建造合同条件》（Conditions of Contract for Plant and Design‐Build）（黄皮书）、《EPC/交钥匙项目合同条件》（Conditions of Contract for EPC/Turnkey Projects）（银皮书）、《简明合同格式》（Short Form of Contract）（绿皮书），2006年开始着手编写《设计—施工—运营》（Design‐Build‐Operate）（DBO）。

③ 参见《江苏省高级人民法院关于审理建设工程施工合同纠纷案件若干问题的意见》第8条。

④ 参见我国《招标投标法实施条例》第15条。

契约自由构成了一定的限制和监管。其监管的合理性主要在于：填补法律和当事人签约漏洞，确定一般工程法律行为准则，降低交易费用和增进交易效率，还可将其中的一般的、合理的内容作为解释该类合同的行业习惯和司法基准，[1] 以平衡和矫正当事人之间利益失衡的状态。[2] 这种监管可以理解为，非基于一般立法权的一种行业市场实际规则层面的限制。

4. 最低成本的价格监管

基于市场主体的"理性经济人"之假设和契约自由原则，除反垄断、反不正当竞争等特殊情形外，商事交易被视为契约当事人当然的意思自治和私权处分事项，现代的国家公权力并不轻易地干涉商事契约的契约价款。与一般商事契约形成鲜明对比的是，建筑工程是人工、资金、物料和机械台班的现实物化，低于工程建造成本价的工程承揽契约在客观上不具备履约的现实可能，必然现实影响施工建造质量和工程安全，并最终在契约履行结果上对公共利益构成安全和经济方面的不可弥补的损害。工程契约中的价款订立自由受到了法律上的最低成本价的严格限制：低于成本造价的工程契约非但被禁止签订，而且签订后直接面临"契约无效"的最严厉私法否定性评价。人们要进行生产经营活动或达到一定的目的，就必须耗费一定的资源（人力、物力和财力），其所费资源的"货币表现"及其"对象化"称为成本。[3] 成本价格的意义在于，成本必须在产品销售中得到补偿，它是产品再生产得以进行的必要条件，也是制定产品价格的最低经济界限。确保工程契约价格不低于成本价格，非但是对工程质量安全合格的保障，而且从工程市场发展上看，也是工程承揽人的再生产得以继续进行的基本条件。

司法实践中，工程契约定价自由受限的问题主要来自作为受限标准的"工程成本"价格在技术上的缺乏操作性。中国成本协会（China Cost Association，CCA）把"成本"理解为："为过程增值和结果有效已付出或应付出的资源代价。"[4] 我国现有法律未对"工程成本"直接界定，但相关部委规章对施工成本的构成进行了侧面暗示。建设部 2001 年施行的《建筑工程施工发包与承包计价管理办法》第 5 条规定："施工图预算、

①　［德］梅迪库斯：《德国民法总论》，邵建东译，法律出版社 2001 年版，第 327 页。

②　王泽鉴：《债法原理》（第 1 册），中国政法大学出版社 2001 年版，第 109 页。

③　《马克思恩格斯全集》（第 25 卷），人民出版社 1974 年版，第 30 页。

④　参见中国成本协会 CCA2101：2005《成本管理体系——术语》标准第 2.1.2 条。

招标标底和投标报价由成本（直接费、间接费）、利润和税金构成。"该条通过"成本（直接费、间接费）"的表述，间接明确了施工成本的构成为直接费加间接费。① 简言之，施工成本就是施工企业为建设工程所实际耗费的直接或间接的"资源代价总和"。工程成本存在"定额成本"和"施工企业实际成本"之分。工程定额是指国家或地方造价管理部门在各时期工程建设中，经测定、调查、测算确定的建设工程产品所消耗的人工、材料、机械台班以及有关费用的各地的一般社会平均成本。它的发布机关为行政机关，具有一定的法律性质。② 定额成本是理论上的估计成本、特定地域的社会一般平均成本；而施工企业实际成本是指特定施工企业在某特定项目中的直接费加间接费；施工企业实际成本是工程的实际发生成本和个别企业成本。但是，即便在理论上得出如上的归纳，对某一工程项目的实际个别施工成本在会计学上仍然无法精确判定。③ 理论上的成本包括施工企业为完成某个案工程的"项目全部支出"，而我国现行财务会计制度按"年度会计期间"进行，两者根本无法匹配。④

为解决工程成本概念的多义性和不确定性，在不存在建筑工程的造价成本国家计算标准（GB）的情况下，基于工程契约的"期货性"特征，应当认定建筑行政主管部门颁布的建筑工程定额标准属于行业标准（HB），在预判特定工程契约价格是否低于法定成本价底线时应有参照执行的效力。

---

① 对工程直接费与间接费的组成，参见建设部、财政部印发的于 2003 年 10 月 15 日施行的《建筑安装工程费用项目组成》规定。

② 工程定额按管理层次分为：全国统一定额、专业通用定额、地方定额和企业定额；按用途分为：工期定额、施工定额、预算定额、概算定额、投资估算指标等；按物质内容分为：劳动定额、材料消耗量定额和机械台班定额；按费用性质分为：建筑工程定额、安装工程定额、其他费用定额、间接费用定额等。张国珍：《建筑安装工程概预算》，化学工业出版社 2004 年版，第 8—9 页；张月明等编：《清单计价及招投标 660 问》，中国市场出版社 2005 年版，第 13—14 页。

③ 张雪宁：《论工程项目成本判定的难操作性》，《江苏工程造价管理》2011 年第 3 期。

④ 在采用制造成本法计算产品成本过程中，全部费用分为产品制造成本和期间费用。我国现有财务会计制度规定，期间费用不计入产品成本，而须与会计区间相对应，计入当期损益；这样，期间费用就不可能与具体的个案工程项目相对应。完成具体工程项目只是施工企业的一个项目部，作为施工企业整体的许多总部管理费用难以准确分摊到每一个项目。即便按照各项目工程造价和营业收入进行分摊，期间费用的分摊结果数据也必须要在一个会计周期结束时方能得出。各项目的竣工结算时间或诉讼时间不可能完全一致，更不可能与企业整体的财务核算周期一致，这是难以计算施工企业某一具体工程项目实际施工成本的根本原因。

5. 契约转、分包的监管

工程分包或转包乃承包人对本身债务承担的转让。广义的债务承担，是指不改变债的统一性而由第三人承受或加入债务关系，包括并存的债务承担和免责的债务承担。并存的债务承担是指第三人加入债务关系，同时，原债务人并不脱离债务关系，原债务人与第三人一起对同一内容的债之履行承担连带责任。免责的债务承担是指原债务人所承担的债务全部移转于第三人，原债务人从原债务关系中脱离，而由第三人整体替代原债务人负担债务。① 债务承担理论是对工程转包或分包法律关系进行规制的法理基础。

工程作业具有高度的专业技术性特征，工程契约当事人之间的诚实信赖关系强度要强于一般契约。集聚了巨量资金、时间与劳动力成本的工程契约风险高度集中，其订立必然是基于发包人与承包人相互之间资金、技术、管理的高度信任。因此，工程契约具有极强的身份性特征，一般不得由第三人代为履行。除非当事人另有约定，承包人应当以自己的设备、技术和劳力，完成主要工作任务。② 工程转包是指承包商不自行履行契约，直接将工程整体或肢解转包。工程违法分包是指承包商违反法律规定或合同约定，将承包范围内的部分工程分包给第三人。③ 在法律效果上，最高人民法院也通过司法解释明确"非法转包""违法分包"将直接导致工程契约无效。④

转包为我国《建筑法》所严格禁止，司法实践也践行此观点，无一例外。⑤ 这意味着，工程契约概括转让的自由限制达到极值，遭到不区分任何条件的绝对禁止。我国针对建设工程转包的一律禁止的法律规定和司法实践一概否定的司法态度欠妥。法理上，工程转包的实质是契约权利义务的概括转让。契约的概括转让自由是契约自由的一部分。⑥ 对工程转包的限制，应具体分析"发包人是否同意""工程是否属强制招标"等因

---

① 韩世远：《合同法总论》，法律出版社2004年版，第433页。

② 参见我国《合同法》第253条、第272条；《建筑法》第29条。

③ 参见国务院2000年1月30日发布的《建设工程质量管理条例》第78条。

④ 参见最高人民法院《关于审理建设工程施工合同纠纷案件适用法律问题的解释》第4条。

⑤ 最高人民法院民事审判第一庭：《最高人民法院建设工程施工合同司法解释的理解与适用》，人民法院出版社2004年版，第76页。

⑥ 参见我国《合同法》第88条。

素，审慎区分"合法转包"和"非法转包"，而非转包一定非法。在发包人同意的情况下，如工程项目非强制招标项目，原订工程契约也未经招投标程序，承包人如果将承包范围内的工程全部转让给适格资质的第三人来完成，此时加以禁止已无任何"法益目标"可言。此种情形下的转包理应被界定为合法转包给予允许，而不应被定性为非法转包予以禁止。

合法的分包是顺利实现工程进度和质量目标的基础。承包人通过必要的工程专业分包或劳务分包来完成工程得到法律的允许。专业分包是指承包人经发包人同意后将工程承包范围内的非主体结构和非地基基础工程分包给适格分包人来作业。专业分包工程如弱电工程、通风工程等，专业分包主要是为了解决专业分包工程的技术能力或作业效率问题。劳务分包是建设行政主管部门为缓和《建筑法》法定承包制度的刚性措施，在《建筑法》之外创设的一种工程承包方式，该方式允许承包人或分包人将承包工程中的劳务作业发包给劳务分包企业完成。劳务分包主要是为了解决简单作业的劳动力问题。[①]"违法分包"，主要有总承包单位将工程分包给不具备相应资质条件第三人、未经业主许可将"部分"工程交由第三人完成、施工总包单位将工程主体结构施工分包给第三人、分包单位再分包四种情形。转包与分包的区别在于：转包为承包人工程义务的"整体"移转，分包为承包人工程义务的"部分"移转。

对工程契约转让禁止或分包限制的必要性在于，当债务人与第三人订立契约而由第三人承担债务时，非经债权人同意不生效力。如德国《民法典》规定："第三人与债务人约定承担债务者，应经债权人承认，始生效力。"[②] 不同债务履行主体存在不同的履约能力，而履约能力是债权人有效实现债权的基础，债务履行主体的变更直接影响到债权人的利益。将债权人的同意作为债务承担移转的生效要件，目的主要在于保护债权人的利益。从反方向看，如果不将债权人的同意作为债务承担移转的生效要件，则可能会出现债务人与第三人恶意串通，损害债权人利益的行为。未经债权人同意的债务承担也是对债权人信赖利益的损害。这一原则在英美法系也得到了确认。[③]

---

① 汪金敏、朱月英：《工程索赔100招》，中国建筑工业出版社2009年版，第311页。

② 参见德国《民法典》第415条。

③ 韩世远：《合同法总论》，法律出版社2004年版，第485页。

第三章

城市交通基础设施建设中的土地利用问题

一 我国城市交通基础设施建设的现状及问题

(一) 总体规模依然无法满足需求，导致出行方式单一

我国各大城市人口众多，随着经济社会的不断发展，交通运输需求将会持续增长，然而各类城市交通基础设施逐年增长的数量并不能满足日益增长的交通运输需求。一方面，城市老城区由于缺乏规划部门足够的重视，原有城市交通基础设施无法得到及时的配置升级和数量补足，导致交通拥堵、居民出行不便等现象频发，降低老城区的交通出行效率；另一方面，新城区在建成之后，政府规划部门往往着眼于土地的规划和开发，但是缺乏对配套的交通基础设施的详细规划和建设，新城区的开发强度不足，导致新城区对城市其他地区居民的吸引力低下，新城无法散发应有的活力。同时，城市交通基础设施规模不足也间接导致了出行方式单一的现状，该现象在新城较为显著，由于相应的城市交通基础设施规模存在不足，譬如综合交通枢纽（主副中心）辐射能力不够、公交线网密度不足等现象普遍，居民出行往往倾向于私家车出行，不利于多模式出行方式的推广。

(二) 空间分布不平衡，不利于区域协调发展

在城市内部，城市交通基础设施同样存在空间分布不平衡的情况。除老城区交通基础设施相对较多，新城区交通基础设施相对较少这一现状以外，以城市交通枢纽为例，国内城市的交通枢纽数量存在不足的现象，而且一般分布在城市中心区或者有较强发展能力的某一新城区，虽然这一分布有利于该地区经济和城市规模的较快发展，但是忽视了城市其他地区可能同样需要相对规模较小的交通枢纽，这种发展相对不均衡的情况，导致

了城市区域与区域间的协调发展受到一定阻碍，也不利于城市整体的全面发展。

（三）技术装备水平较低，运输效率有待提高

从总体上讲，我国城市交通基础设施的技术装备水平与发达国家有较大差距，在国外智能交通系统等各类高效实用的技术发展得如火如荼时，国内的城市交通基础设施发展仍然存在诸多问题，如智能交通系统及其配套设施、实时交通信息系统等一系列设施仍处于起步阶段；各类交通运输枢纽的规模、轨道交通与常规公交的衔接换乘系统等设施仍需要不断完善，上述这些不足在一定程度上都限制了城市运输效率的提升，不利于城市的发展。

二　城市交通基础设施的土地获取的现状及存在问题

（一）城市交通基础设施的土地获取来源及流程

城市交通基础设施的土地获取来源一般分为规划用地及居民（农村村民）私有的土地，前者多为荒地，由于本身处在土地利用规划中，且土地较为完整，因此政府有用地需要时可以直接进行开发，但是该类土地数量较少；后者多属于农村集体经济组织和农户，当政府有用地需要时，本着公共利益优先的原则，可以直接进行征收，但是由于农村居民赖以生存的土地被收购，失去生活来源，因此政府依法给予被征地的农村集体经济组织和被征地农民合理补偿和妥善安置，确保农村居民生活不受到干扰。根据国土资源部《关于完善征地补偿安置制度的指导意见》，国内较为普遍的土地征收制度的程序为：（1）告知征地情况，当地国土资源部门以书面形式告知被征地农村集体经济组织和农户；（2）确认征地调查结果，当地国土资源部门对拟征土地的调查结果应与被征地农村集经济组织、农户和地上附着物产权人共同确定；（3）组织征地听证，被征地农村集体经济组织和农户对拟征土地的补偿标准、安置途径有申请听证的权利。

（二）城市交通基础设施土地获取的补偿标准

国内土地征收的补偿标准散见于《宪法》（2004 年修正案）、《土地

管理法》（2004 年修正案）等法律法规，上述法律法规详细规定了土地征收的补偿标准。在《土地管理法》（2004）第 47 条中规定：①征收土地的，按照被征收土地的原用途给予赔偿；②征收耕地的土地补偿费，为该耕地被征收前 3 年平均产值的 6—10 倍；③每一个需要安置的农业人口的安置补助费标准，为该耕地被征收前 3 年平均产值的 4—6 倍；④土地补偿费和安置补助费的总和不得超过土地被征收前三年平均年产值的 30 倍；⑤被征收土地的土地上的附着物和青苗的补偿标准，由省、自治区、直辖市规定。在国土资源部《关于完善征地补偿安置制度的指导意见》第 1 条中规定：①各省自行制定省域内各县（市）耕地的最低统一年产值标准；②30 倍的征地补偿安置费用尚不足以保证农民原有生活水平的，可由省政府统筹安排，由国有土地有偿使用收益予以补贴；③占用基本农田的，按当地规定的最高补偿标准执行。

三　城市交通基础设施的土地补偿的现状及问题

（一）土地征收被补偿主体模糊

《土地管理法》中规定，土地征收的被补偿主体为农村集体经济组织和其组织内部的农村村民，当补偿以诸如土地补偿费、安置补偿费、青苗补偿费等货币形式发放时其受益主体应该是农村集体经济组织，土地征收人应就此与农村集体经济组织签订土地征收补偿合同，将土地补偿费、安置补偿费、青苗补偿费等补偿费直接、及时、如数地支付给农村集体经济组织。但是，目前的很多征收补偿都有悖于这一要求，政府部门转支付现象十分严重。在这种转支付过程中，层层克扣的现象频出，严重地侵犯了原土地所有权人的合法权益。当补偿以非货币形式实现时，尤其是与个人身份相连时，被补偿的主体就应该是农村集体经济组织内部的农村村民。对于这些补偿，土地征收人应该直接面对具体的农村村民，征求农村村民本人及其家庭成员的意见，当获得村民及家人的认可之后，应积极促成这些权益的实现，如在"移民安置""就业培训""土地入股""土地换社保"等权益中，征地人就应与村民直接签订土地征收补偿协议，并采取措施保证其权益的实现。

（二）土地补偿多为货币补偿，无法满足农民后续生活需求

当前在众多交通基础设施建设项目中，征地者主要采用完全货币补偿方式对被征地农民进行安置，少部分项目采用安置用地、安置建房、入股分红或者将被征地农民纳入基本生活保障，客观上评价，货币安置成本低，易操作，能在短时间内提高农民的生活水平，但是切断了被征地农民后续的生活来源，无法保证被征地农民长期的自给自足，因此仅适用于城市周边小城镇或农地全部被征收、全部农民转化为城镇居民的行政村，同时大块交通基础设施用地的征收往往直接取消了农民在原土地上居住的权力，因此农民急需安置建房、调地安排等补偿措施的实施以维持正常生活，另外由于存在上述的转支付现象，货币补偿可能出现层层克扣，导致无法全额支付给被征地人，致使征地人应有的权益受损等现象，因此征地者应该在支付一定货币补偿的同时，给予相应的生活安排保障，尽可能保持农民原有生活水平不降低。

（三）土地征收补偿范围较窄，征收补偿标准较低

依据 1999 年实行的《土地管理法》规定，交通基础设施建设项目征地补偿项目包括土地补偿费、安置补助费、地上附着物及青苗补偿费，上述补偿项目只考虑了与被征收土地直接相关的经济损失，没有将因交通基础设施建设项目征地引起的土地分割、残余地耕种不变、使用效率降低等引起的土地价格贬值进行补偿，也没有对因交通基础设施外部性给沿途居民带来的损失列入补偿范围，没有对交通基础设施建设造成的生态环境破坏进行补偿，这些都是直接或间接导致农民权益受损的体现。根据我国《宪法》《土地管理法》规定，土地征收的补偿标准为被征收土地前三年平均产值的 6—10 倍，该数值通过估算所得，然而由于城市发展迅速，城市土地的价格波动剧烈，实际上无法仅仅结合预估的未来产值对当前土地的价值进行评估，即被征地前三年平均产值的 6—10 倍无法准确体现一块土地的价值，同时，《土地管理法》第 47 条规定，征收土地的，按照被征收土地的原用途给予补偿，这一条款的规定没有考虑土地征收后可能用作其他用途导致的地价上涨，从而无法使被征地农民分享土地征收之后的增值收益，不能体现征地补偿的社会公平正义。

四　交通基础设施与土地市场、周边土地开发的问题

（一）交通基础设施规划与土地市场脱节

公共建设规划的城市空间形成功能的实现往往会引发诸多的利益纠葛。譬如杭州地铁规划的编制过程夹杂了太多的商业利益成分，引发了公众对地方政府规划行为的猜疑，而杭州市发生的地铁建设事故则将上述争议显性化。其中，最为核心的问题则是如何分配执行地铁规划带来的土地利用变更所形成的开发利益（即土地利用变更开发产生的增值利益）。在没有建立相对完善的利益回馈制度的情况下，一部分人可能会因规划的执行而获得额外收益，从而使规划行政缺失"社会公平"之目标而受到质疑，甚至可能导致权力被利益所俘获，产生权力交易的弊案。退一步而言，即使不存在权力交易的事实，开发利益合理化分配制度的缺失，同样会引起公众不必要的猜忌，引发政府的信任危机。杭州地铁规划的编制被指"服务于开发商"即是例证。[1] 从这个意义上说，在城市规划法律体系中，斟酌建立开发利益的合理化分配制度，无论是从实现社会公平正义，抑或是抑制可能滋生的权钱交易弊端，都具有十分重要的现实意义。有关理论与制度的讨论则应当成为中国城市化背景下不容回避的课题。

土地价值捕获理论的逻辑基础是，土地价值是由土地所产生的经济与社会交易功能的体现，排除了一块土地可能包含的资源，仅依照它的区位产生经济上的价值，这种价值不能仅靠个人的劳动来获取，而需要整个社会的联合努力。在特定地区，交通流量无论是通过步行、公共交通还是私家车来实现，都会提高土地价值；这种变化在本质上是社会性的，因为这种价值源于社会努力，社会具有对该价值的道德权利：个人无法获得自我正当性保护，因为这种价值是社会所得。土地价值是社会资源投资的结果，个人不能单独占有社会成果。价值捕获是基础设施建设，特别是交通设施建设融资的一种方式。它作为一个古老的概念为美国交通部门所重新阐释，这种阐释源于对交通基础设施建设融资新途径的探索。通常而言，价值捕获是指通过对直接得益于公共基础设施投资的土地、房产市场价值

---

[1]　徐健：《公共建设规划、开发利益与社会公正》，《法治研究》2009 年第 2 期。

的增值部分的全部或部分加以捕获，作为公共基础设施投资的资金来源，以促进基础设施建设和运营的一种融资形式。它的优点在于运作的经济有效、管理的简便、保障公共负担的平等以及促进社会便利。价值捕获在交通建设投资中的运作一般通过两条途径来实现：一是交通基础设施的建设运营以提高沿线地区的可通达性优势转化的房地产增值效益视为对该邻近土地价值的一种投资，那么这种投资可以以租金的形式获得返还；二是沿线土地价值带来的租金越高（事实上是可通达性带来的生活的便利），就越能吸引人们在该地段的集聚，而受高额租金的直接吸引，土地所有者为了尽快收回他们的投资，就会释放存量，而不会为了获取投机利益继续持有该土地。在实施公共开发的地区，这一机制能促进有活力的经济活动。相对于利用保守政策产生的城市蔓延性和低速型发展，这迎合了集中开发的需求。[1]

（二） 交通基础设施与周边土地开发的问题

1. 土地利用效率低，开发强度低。我国城市的轨道交通在发展过程中，缺乏基于不同区位按照不同的土地利用模式进行土地利用总体规划控制导则，造成轨道交通站点周边土地开发利用随意性强，土地利用低效，沿线带状开发不仅没有形成聚集，反而带来城市无序蔓延的后果。

公交枢纽站作为多种交通方式及多条公交线路的聚集处，具有良好的可达性。而传统公交枢纽站的换乘区、停车区多为大规模的露天场站，枢纽站整体的土地利用率很低，与其良好的交通可达性明显不匹配，与枢纽站周边地块相比利用率也明显偏低。从某种程度上来说，传统的公交枢纽站布局是对城市密集地区宝贵土地资源的浪费。轨道交通站点周边土地开发整体强度低，物业价值没有得到有效发挥。譬如上海 1 号线南端等诸多轨道沿线大量开发高端别墅，与轨道交通引导公共出行和人口疏解的初衷完全背离。轨道交通沿线用地类型单一，开发强度有限是目前存在的最核心的问题，沿线站区开敞分散的用地布局大大降低了轨道交通的可达性，直接影响地铁的使用效率，损害资源效益的最大化。[2] 而我国香港地

---

① 徐健：《公共建设规划、开发利益与社会公正》，《法治研究》2009 年第 2 期。

② 参见彭莉《轨道交通与新城开发——以上海为例》，硕士学位论文，同济大学，2005 年。

区,《建筑物（规划准则)》将轨道站点周边列为一类住宅用地,建议高容积率开发。在都会区,建议商业容积率为 10—15,住宅容积率为 8—10;新区和综合发展区住宅容积率为 6.5;在新市镇商业容积率建议为 8—10,住宅容积率建议为 8。香港 TOD 土地利用以高密度复合利用为导向,为站点带来了大量的客流并保证了土地利用价值的最大化,确保了 75% 的居民住在地铁站点 500 米以内,55% 的商办写字楼集中在站点 200 米以内,容积率高达 6—8。[①]

2. 缺乏总体设计。当前的交通规划由交通设计机构负责,土地利用规划由建筑设计机构负责,两个单位彼此缺乏交流,具体体现为两个方面。其一,站点地区规划设计缺乏对地下空间综合利用、公域与私域的混合利用、各类城市功能的混合利用、平时与战时空间利用的考虑,譬如设计者在出入口与通路的设计、与周边商业设施的结合上很少考虑彼此的要求,给乘客带来不便,并影响到商业的人流;其二,目前很多城市轨道交通的建设带动了城市新区房地产的发展,但由于对整体用地性质和开发强度的控制,使得房地产过量开发,居住用地比例过高,相应区域服务功能配套较难完善,居民的生活需求很难得到满足。

3. 交通规划与周边土地开发协同机制缺失。轨道交通与周边土地开发往往缺乏协同配合,这表现在:轨道建设规划与土地开发规划缺乏协同,沿线地块划分过于零散且规模过小,存量有限,缺乏地块综合开发考虑。规划的前瞻性和统筹性不足,没有按轨道沿线土地价值规律实施用地配置,土地储备的前期介入不够。站点周边土地缺乏总体开发规划,缺乏全域站点周边土地控制,以至会出现同一条轨道线路各站点周边土地开发利用都是以综合体形态出现,造成市场同质竞争激烈,物业的市场化能力差,反而无法很好地实现土地价值。

(三) 政府与开发商合作模式单一,权属不清

交通基础设施特别是公共交通具有强烈的外部收益溢出,建设所带来的收益并不能归投资者所有,而部分由在该地区中具体从事各种经济活动的市场主体获得,这种现象显然是不合理的。我国政府在将土地出让给开发商之后,开发商即拥有土地的全部产权,并可以选择用以进行房地产与

---

① 陈行:《从香港新市镇开发看"TOD"规划理念》,《重庆与世界》2013 年第 2 期。

商业开发或者持地观望，前者可能存在房地产开发未达到预期盈利效果，开发商因此撤资的情况，导致政府的收益流失；后者开发商坐等土地增值的行为，直接导致政府无法继续从土地上获得利益，后续对轨道交通沿线的开发面临资金困难，因此建议政府入股开发商公司进行联合开发，可以有效保障后续建设资金的获得。

由于社会制度的不同，土地的所有权宏观上可分为公有和私有两种，都受到所在国有关法律的保护，具体表现为国家（全民）所有和个人（土地所有者）所有。在土地公有制国家中，如我国，明确规定城市土地属国家所有；在土地私有制国家中，城市土地的大部分为私有，但有一部分公共用地，如道路、广场、公园等，属于公有，实际上是政府所有。不论城市土地是公有制还是私有制，都存在土地所有者和使用者对土地上部和下部空间的所有权、使用权的范围等问题。按照我国现行《宪法》《土地管理法》和《城市房地产管理法》等的规定，"国家按照所有权与使用权分离的原则，实行城镇国有土地使用权出让、转让制度，但地下资源、埋藏物和市政公用设施除外"。通过以上法律法规的实施，将我国城市土地所有权与土地使用权分割开来，我国城市土地两权分离的产权制度，即土地使用权的出让、转让制度基本建立起来。这一制度的确立，明确了我国城市土地所有者与使用者的土地产权关系，改变了过去单一的划拨土地模式，促进了我国地产一级出让市场和二级转让市场的发育，使土地使用权进入市场流转，推进了城市土地的优化配置和城市建设。

与土地一样，我国的城市地下空间长期是无偿使用的。由于我国城市地下空间开发利用规模尚不够大，尤其是城市土地两权分离的实践时间尚短，且国家对城市地下空间产权问题尚未有明确规定，在当前土地向有偿使用转变的情况下，地下空间的所有权和使用权问题尚未明确，仅在原国家土地管理局颁发的《确定土地所有权和使用权的若干规定》第54条规定："地面与空中、地面与地下立体交叉使用土地的（楼房除外），土地使用权确定给地面使用者，空中和地下可确定为他项权利。平面交叉使用土地的，可以确定为共有土地使用权；也可以将土地使用权确定给主要用途或优先使用单位，次要和服从使用单位可确定为他项权利。上述两款中的交叉用地，如属合法批准征用、划拨的，可按批准文件确定使用权，其他用地单位确定为他项权利。"资源产权边界不清是外部性问题产生的根源，但产权是由所有权、使用权、收益权、处置权等权利所组成的权利束，虽然整体产权难以界定，但可以将部分产权分割出来。在技术进步提供排他性和转让性可能的条件下，实现部分权利的市场化运作，既可以发挥市场机制高效、灵活的特点，也可以大大拓宽交通建设融资渠道，减轻政府负担，加快公共交通发展速度与运营效率。特许经营制度是基于产权分割的交通供给方式，指政府将所掌握的公共事务的经营权与收益权在一定时期内有条件地转让给市场经济主体，由其自主经营、自负盈亏并承担相应的风险。根据具体运作模式特点的不同，常见的特许经营制度形式有BOT、BOO、TOT 等。英国伦敦通过实施竞争性特许经营权制度，汽车线路总里程增加了20%，单位运量运营成本下降了40%，公交系统整体营运成本下降了27%，选择乘坐公交出行的居民上升了 0.5%，政府给予公交的财政补贴下降了80%，取得了显著的社会效益和经济效益。

五　城市交通基础设施建设的综合开发模式

（一）公交枢纽站综合开发模式①

公交枢纽站的功能是实现乘客在多条公交线路或与其他交通方式间的换乘。为保证换乘效率，枢纽站会积聚多条公交线路，并为部分车辆提供停车服务。一方面传统公交枢纽站的交通设施多为平面布置，较多的线路和松散的设施布局形式使得枢纽站用地规模较大，乘客在换乘其他交通方式时，不得不在相距较远的交通设施间穿越，换乘效率低。由于车辆与乘客均位于同一平面，进出枢纽站的车流与人流存在大量的平面冲突点，存在安全隐患，影响人流和车辆顺利进出。另一方面，用地规模较大的公交枢纽站的上下客区距离主要的交通源步行距离较远，不利于吸引这些交通源的公交出行客流。借鉴国内外城市公交综合体的案例，改变公交枢纽站传统的布局模式、引入与公交枢纽站相结合的综合开发模式，是现阶段解决公交枢纽站一系列问题的有效途径之一。公交枢纽站综合开发模式指在公交枢纽站用地中将公交系统与包括商业、商务办公、酒店、居住等某一种或几种业态的开发部分共同进行设计及建设，既可充分利用枢纽站良好的可达性，也将实现公交场站土地价值的回归。综合开发部分带来的社会

---

① 参见王飞等《公交枢纽站综合开发模式的探索——以汉市武胜路公交枢纽站改造为例》，《城市交通》2011 年第 6 期。

效益和经济效益，使得利用社会资金建设公交枢纽站成为可能，将有效改变公交场站建设举步维艰的现状，促进公交事业的发展，减少政府的经济负担。然而，开发企业往往只追求综合开发的经济利益最大化，忽视枢纽站的交通功能。因此，必须对综合开发的公交枢纽站进行有效的规划控制，才能实现交通效益与开发效益的双赢。

（二）轨道交通站点及周边综合开发模式

香港地铁于1975年开始建设运营，至2015年港铁公司在香港共运营9条市区地铁线路以及1条机场快线，并在新界地区提供现代有轨电车服务，总长218千米，工作日日均客运量约为510万人次，占香港公共交通总运量的46.4%。港铁公司一直维持着超过50%的营运盈利，使之得以回收资本，并令其成为全世界少数的能在运营公共交通系统中获取盈利的公司。港铁的"地铁+物业"（"R+P"）发展模式的核心理论就是将地铁的建设和运营与地铁沿线物业的开发紧密地结合在一起，并从物业开发中获取利润，以支付轨道交通系统的建设与运营成本。通过地铁公司统筹，将铁路规划、建设、运营与沿线上盖物规划、建造、市场运作紧密结合起来，使地铁和物业达到最大协同效应。港铁公司的"R+P"模式之所以如此成功，是因为他们始终坚持着"3D"原则，即高发展强度（Density），在车站周围的步行服务范围内进行高集约化开发，使集体运输的功能能够得到充分的发挥，使城市交通与城市建设能够更高效地结合在一起；多元化的土地利用（Diversity），按照市场的需求合理地规划配置住宅、商业零售、办公、工业和不同种类的公共设施，以增加区域的活力和双向客流；优质的设计（Design），设计友好的步行环境，使宜商宜居的社区与轨道站点无缝衔接，尽可能规划人车分离，配合美化空间，打造高密度但环境优美及宽敞的空间。这三大要素保证了香港TOD模式的成熟完善。在策略上，港府坚守审慎的商业原则，利用和发挥市场的作用，通过允许港铁公司参与沿线土地开发经营，尽享地铁建设带来的巨大的土地增值效益。这也是香港地铁成功的最重要的经验之一。通常情况下，港府按照无地铁情况下的最低价将地铁物业发展用地出让给地铁公司，然后由地铁公司担当土地经营商的角色。按照有地铁情况下的市场地价进行操作，通过公开招标的形式寻求地产商合作。地铁公司在取得地契时即由选定合作的地产商支付地价，并开始根据地铁公司的发展要求兴建相关物业，地铁物业建成后，地铁公司可以选择现金、实物或现金与实物兼顾的形式分得物业发展收益。

由于土地管理政策的差异，内地土地不能无偿提供给地铁公司，再由地铁公司寻找开发商联合开发。《土地法》规定，对于经营性用地必须通过招标、拍卖或挂牌等方式向社会公开出让国有土地。地铁沿线用地作为公共设施用地，可以无偿提供，而地上的转换层以及经营用地则不属于国家《划拨用地目录》，必须通过政府以招"拍挂"形式出让。传统概念中，地铁建设用地的使用权应当归地铁公司所有，从而地铁公司只能将其用于地铁运营，不能有其他的用途。而为了实现站点周边的土地集约化利用和综合开发，不同的层面需要具备不同的用途：地下要运行车辆，地表要交通转换、停放车辆，地上要有商业和房地产开发，其中涉及不同层面的使用权属问题。为了适应城市立体化发展的趋势，增加土地分层利用的效用，2007 年 10 月 31 日施行的《物权法》第 12 章第 136 条中规定："建设用地使用权可以在土地的地表、地上或者地下分别设立。新设立的建设用地使用权，不得损害已设立的用益物权。"在传统的土地制度下，土地虽然在物理上可分为地表、地上及地下三部分，但在法律制度和社会观念中这三者仍被视作一个整体。《物权法》中该项对建设用地所作的概括性规定，明确了建设用地使用权可以分层设立，将地下空间的使用纳入建设用地范畴，使地下空间建设用地使用权可独立于地上及地表单独设立，为今后国家在建设用地的三维分层管理、建立地下空间产权制度奠定了法律依据。以深圳地铁前海湾车辆段为例，深圳市国土资源和房产管理局按照地铁建设的空间结构，对该车辆段分三层设置建设用地使用权：设置地下地铁运行线用地为划拨国有建设用地使用权；设置地上 0—15 米车辆段厂房、维修中心及交通转换层为协议出让国有建设用地使用权；设置地上 15 米以上地铁上盖及周边相邻部分为挂牌出让国有建设用地使用权。其中挂牌出让部分又分为政策性住房用地、商业住宅建设用地及商业、办公综合用地。深圳市国土资源与房产管理局同时就三宗挂牌出让的建设用地制定了规划概要，详细制定了其规划设计条件，包括规划建设 1.1 万套保障性住房，计入容积率总建筑面积 544800 平方米，住宅建筑面积 223230 平方米，办公建筑面积 169350 平方米，商业建筑面积 51000 平方米，九年制学校 20000 平方米等，保证了高效的土地集约化利用，也确保了服务设施的完整。2008 年 4 月，深圳国土资源与房产管理局发布公告，将前海湾车辆段地面 15 米以上的三宗地以捆绑方式进行挂牌出让。2008 年 6 月 6 日，深圳市地铁有限责任公司以 17.4 亿元的总地价摘牌，取得了前海湾地铁上盖物业 50.27 万平方米的土地使用权。深圳市前海湾地铁站点及上盖物业的分层设权、分层供地为国有建设用地的供应方式提供了新的格局，土地市场由平面向立体扩展，从地下、地表到地上形成了空间分层概念，不同的土地用途、不同的使用权人及不同的出让条件，为我国土地利用政策和权属管理提供了实践经验。

第四章

城市交通基础设施建设投融资机制研究

交通基础设施是指为社会产品的运输和居民的出行提供交通服务的设施，包括公路、铁路、桥梁、隧道、机场、港口和运输管道等。① 根据这一定义，城市交通基础设施应当是指城市区域范围内所拥有的或控制的为客、货运输提供交通服务的设施。城市交通基础设施一般投资体量较大，同时资金占用期间较长，资金回收速度慢或者无法回收投资，具有明显的外部效应，有很强的公共物品特征，因此其投入产出率相对较低，社会资本参与城市交通基础设施供给时会面临巨大的投资风险；但是由于政府财力有限，政府亦难以独立完成这一产品供给。② 在城市化进程不断深化，城市化基础设施建设需求不断高涨的大背景下，前述城市交通基础设施建设领域供给特征，迫切需要多元化的投融资机制减轻政府压力、推动城市交通基础设施建设。

现有城市交通基础设施建设的投融资方式除传统的银行借贷、发行债券、资产证券化等资本市场操作模式外，主要可以通过政府和社会资本合作的方式将社会资本吸引到公共物品的供应中来。针对政府和社会资本合作模式的政策考察，我国有关社会资本参与基础设施建设的政策规定经历了一个不断演讲的过程。新中国成立初期实行计划经济体制，政府主导包括公共物品供给在内的所有社会经济活动，公共物品的供应模式为政府作为单一来源提供。改革开放之后，政府逐渐放宽对经济活动的限制，民间资本开始成为经济活动中的独立主体。国务院在《关于投资管理体制的近期改革方案》中首次明确了企业的投资决策权，使企业成为一般性建

---

① 张言彩：《交通基础设施建设对社会经济的影响》，《交通科技与经济》2006 年第 6 期。

② 参见王茜、万青《准公共物品私人参与供给下社会收益及政府政策有效性研究》，《经济科学》2009 年第 6 期。

设的投资主体，为社会资本参与公共物品供给提供了可能。随着经济体制改革的推进，国家逐步开始鼓励并引导社会资本参与到公共物品的供给中来，社会资本在基础设施建设领域获得了更大的参与空间。原国家计委于《关于印发促进和引导民间投资的若干意见的通知》中首次提到鼓励和引导民间投资参与经营性的基础设施和公益事业项目建设；2004 年国务院在《关于投资体制改革的决定》中提出通过放宽投资限制、引入市场机制，吸引社会资本参与有合理回报和一定投资回收能力的公益事业和基础设施建设项目。2012 年，国务院在《关于城市优先发展公共交通的指导意见》中提出可以通过特许经营、战略投资、信托投资、股权融资等多种形式，吸引和鼓励社会资金参与公共交通基础设施建设和运营，并可以给予相应的政策扶持和优惠政策。中共十八届三中全会《关于全面深化改革若干重大问题的决定》指出，在公共服务提供方面"允许社会资本通过特许经营等方式参与城市基础设施投资和运营。推广政府购买服务，凡属事务性管理服务，原则上都要引入竞争机制，通过合同、委托等方式向社会购买"。在此之后，中央政府及各部委就推动基础设施投融资机制改革密集发文，财政部和国家发改委分别出台了一系列工作通知、管理办法、操作指南、合同规范等，① 推动了以政府和社会资本合作制度为核心内容的基础设施建设投融资机制改革。

　　从最初不参加，到政府鼓励并引导，再到近期成为基础设施建设领域的关键参与方，社会资本在城市交通基础设施建设领域变得越发重要。透过政府和社会资本合作模式，社会资本越来越多地参与到了包括城市交通基础设施建设在内的公共物品供给中，投融资体制改革在朝着政府和社会资本合作模式的方向发展。政府和社会资本合作模式业已成为城市交通基础设施建设中的典型投融资方式，也是投融资机制改革中的重点和难点领域。就我国目前现有有关城市交通基础设施建设领域投融资机制的法制构建来看，目前尚缺乏有关城市交通基础设施建设领域投融资的统一的基本

---

① 例如，《关于加强城市基础设施建设的意见》《关于创新重点领域投融资机制鼓励社会投资的指导意见》《关于推广运用政府和社会资本合作模式有关问题的通知》《财政部关于政府和社会资本合作示范项目实施有关问题的通知》《关于印发政府和社会资本合作模式操作指南（试行）的通知》《关于规范政府和社会资本合作合同管理工作的通知》《关于印发〈政府和社会资本合作项目政府采购管理办法〉的通知》《关于当前更好发挥交通运输支撑引领经济社会发展作用的意见》等。

法律，由此造成政府和社会资本权责关系欠清晰、公共利益保障机制尚未构建等种种问题，迟滞了政府和社会资本合作模式的推广和展开，也阻碍了多元化投融资机制的形成。因此，本部分针对政府和社会资本合作中的上述问题展开论述。

一 城市交通基础设施建设投融资参与主体

2015 年《政府工作报告》中对政府和社会资本合作（Public Private Partnership，PPP）模式的定义是：政府通过特许经营权、合理定价、财政补贴等事先公开的收益约定规则，引入社会资本参与城市基础设施等公益性事业投资和运营，以利益共享和风险共担为特征，发挥双方优势，提高公共产品或服务的质量和供给效率。根据该定义，PPP 模式是针对不涉及公权力形式的公共服务、给付行政领域中的某些公益性事业，国家去除直接管制，通过行政许可授权并监督社会资本单独或和政府合作，提供公共产品或服务的供给模式；同时对照欧盟执委会《关于公私合作及政府采购与特许欧盟法规绿皮书》中的规定，① 我国现行 PPP 模式为契约型合作模式。PPP 模式中可以包括投融资（Finace）、建设（Build）、运营（Operation）、拥有（Own）、移交（Transfer）、合资（Joint Ventures）、租赁（Leasing）、维护（Maintenance）等多种行为，具有多种变化和组合；BOT 是一种典型的 PPP 模式，以 BOT 模式为基础可以衍生出诸如 BOOT、BLT、TOT、BTO 等多种 PPP 交易模式。各种交易模式中参与主体各不相同，权责状态也各不相同，因此为社会资本参与公共产品或服务的供给提供了多种途径，并以此为基础形成了多元化的投融资体系。

---

① 机构型合作模式是指公、私部门合资组成公司，或由公部门参与业已存在的私人公司，将行政任务委托给该私人公司来完成公共任务，公部门通过在项目公司中的持股（所持股份通常超过50%）和地位来实施对公司的影响和控制。契约型公私合作，则是指公私部门以合同作为基础建立双方的合作，公部门以合同为依据确保其实现控制和监督项目公司的目的。参见 Grziwotz, Vertragsgestaltung im öffentlichen Recht, München, 2002, s. 254; Reichard, Organisations – PPP – Typologie und praktische Ausprägungen, Budäus, Kooperationsformen zwischen Staat und Markt, Badem – Baden, 2006, s. 77 – 78。转引自李霞《论特许经营合同的法律性质——以公私合作为背景》，《行政法学研究》2015 年第 1 期。

根据 PPP 模式中的行为大致可以将参与主体分为三类：政府方，包括实施机构和代为履行出资义务的投资平台公司（如有）；社会资本方，包括与政府合作提供公共物品的社会资本、提供融资服务的融资商、为项目提供建设（运营、咨询、保险）服务的供应商；公共物品的使用者（以下简称为"使用者"）。

（一）政府方主体

PPP 模式中的政府方包括政府实施机构和代为履行出资义务的投资平台公司，在合作过程中，其所代表和需要维护的是公共利益；其角色定位从公共物品的垄断提供者转变为合作者和监管者，具有民事和行政的双重属性。

1. 政府方角色的民事属性

一般认为，在政府和社会资本合作过程中，政府方应当是和社会资本处于平等地位的。PPP 模式的运作逻辑是政府和社会资本分工合作，共担风险、共享收益，并继承一种互补性的合作伙伴关系；[①] 在 PPP 模式中强调各个参与方平等协商的关系和机制，伙伴关系是其首要特征，也是其基础所在。[②] PPP 模式中，政府和社会资本之间的传统行政管理关系被打破，双方基于平等的立场，以市场运作、平等协商、风险共担、收益共享作为指导原则，就完成公共物品的供给平等谈判确定合作方式。在相关的规范性文件中都可以看到对政府和社会资本处于平等民事地位的倡导。[③] 不仅如此，在国外的立法经营中亦有相同规定。[④] 双方通过订立相应的法

---

① Graham Finney & David A. Grossman, "Public Private Partnerships in the Twenty First Century", in Frederick S. Lane ed., *Current Issues in Public Administration*, Belford/St. Martin's Press, 1999, p. 341. 另可参见 [英] 达霖·格力姆赛、[澳] 莫文·K. 刘易斯《公私合作伙伴关系：基础设施供给和项目融资的全球革命》，济邦咨询公司译，中国人民大学出版社 2008 年版，第 10—12 页。

② 邢会强：《PPP 模式中的政府定位》，《法学》2015 年第 11 期。

③ 国务院在《关于在公共服务领域推广政府和社会资本合作模式指导意见的通知》、国家发改委在《关于开展政府和社会资本合作的指导意见》中分别多次强调 PPP 模式中各方主体的平等协商地位，通过规范性文件的形式要求政府在 PPP 模式中尊重社会资本独立的市场主体地位。

④ 参见王东《PPP 主体关系中的政府：角色定位与行为机制框架》，《中国政府采购》2015 年第 3 期。

律协议，建立起法律意义上的真正的合作伙伴关系，透过平等合作的伙伴关系完成公共物品供应，推动经济体制改革，这才是政府和社会资本合作的应有之义。

2. 政府方角色的行政属性

PPP 模式的兴起源自因"政府失灵"而推动的公共行政改革运动。公共行政改革运动中，政府为能满足提高公共物品供应效率，将部分行政任务的履行转由私人承担，打破了国家单方面垄断行政任务的格局，国家理念由"给付国家"转变为"担保国家"。[①] 担保国家理论不同于给付国家理论，担保国家理论促成了国家与社会之间相互关系的重新建构：[②] 区别于给付国家，在担保国家中，政府不再独自承担公共任务的执行，而是通过与私主体合作的方式执行公共任务；同时在私主体执行公共任务的过程中，国家对私人的执行承担担保责任。[③] 基于担保国家理念，政府不再直接负责完成公共物品的供给任务，而是通过对执行供给任务的私主体进行担保，保证公共物品的供给合法并且能够符合公共利益需求。对于私部门的参与，国家根本不可能将任务百分之百让诸如脱缰野马的市场机制操纵，适度的管制措施依旧是不可或缺的。[④] 许宗力教授认为政府所需承担的担保任务应该包括：其一，给付不中断的担保义务；其二，维持与促进竞争的担保义务；其三，持续性的合理价格与一定给付质量的担保义务；其四，既有员工的安置担保义务；其五，人权保障义务与国家赔偿责任之承担。[⑤] 这也就意味着行政机关在公共物品的提供过程中不是免责的，更不能够撒手不管，而应当对私主体的供给行为进行监督，承担其担保责任。

（二）社会资本方

城市交通基础设施建设 PPP 项目（以下简称"城市交通 PPP 项目"）

---

① 参见陈军《公私合作执行行政任务的国家责任探析》，《西部法学评论》2016 年第 1 期。

② 参见杨彬权《论担保行政与担保行政法——以担保国家理论为视角》，《法治研究》2015 年第 4 期。

③ 参见许登科《德国担保国家理论为基础之公私协力法制——对我国促参法之启示》，台湾大学法律学研究所 2008 年自刊本，第 40 页。

④ 许宗力：《论行政任务的民营化》，载《当代公法新论（中）——翁岳生教授七秩诞辰祝寿论文集》，元照出版公司 2002 年版，第 60 页。

⑤ 同上书，第 607—609 页。

中，社会资本是必不可少的参与者，其直接与政府合作，独自或与政府方合资成立项目公司作为公共物品供给的主体出现；除合作主体外，在实施过程中，供应商（含工程服务供应商和材料供应商）亦会深度介入 PPP 项目。根据现行规定，社会资本存在不通过二次竞争程序承担供应工作的可能，由此在社会资本进入机制的实际中需要进行相应的考量，同时此类主体将会具备项目合作方和工程供应商的双重身份，这种情况下的身份重叠也会带来很大程度上的利益纠葛，在机制设计中也必须加以相应的控制保证利益的平衡。尽管政府和社会资本合作的最终目的在于提高公共服务质量效率，但是基于理性经济人的假设，社会资本方在 PPP 项目中所追求的是经济利益最大化，在缺乏相应规制的情况下，他可能为追求经济利益损害公共利益。社会资本就是要通过建设、运营公共物品，收回投资、获取回报。然而 PPP 项目所提供的标的物是公共物品，具有公益性，社会资本过分追求局部利益的行为往往会遭到政府的反对和限制，[①] 因而社会资本的进入和定价都会受到一定程度的规制；同时，因为 PPP 项目中社会资本提供的公共服务的连续性和不可中断性，为保证公共利益，社会资本的退出同样也会遭到相应的限制。[②] 对纯粹的供应商而言，他们是采用城市交通 PPP 项目的某项具体服务或材料的具体提供者，与常规的城市交通基础设施建设项目并没有实质区别。

社会资本在 PPP 项目中的目的在于追求经济利益的最大化，其与政府方所代表的公共利益存在本质上的冲突。就公共利益而言，需要在合作过程中予以考量并加以保障；社会资本的利益诉求同样应该得到尊重。因此双方相互之间一方面是一种合作关系，同时又是相互冲突的一种博弈关系。

（三）使用者

政府和社会资本合作开展城市交通基础设施建设的目的就在于提供城市交通基础设施这一公共物品。公共物品的提供，攸关基本人权。实现公用事业服务的普遍化，加强对社会弱势群体的保护、保障基本人权应当是

---

① 参见胡改蓉《 PPP 模式中公司利益的冲突与协调》，《法学》2015 年第 11 期。

② 参见高俊杰《论民营化后公用事业规制的公益目标》，《现代法学》2014 年第 2 期。

公用事业规制的首要目的,① 这也是在 PPP 项目中使用者利益的核心体现。对使用者而言,在城市交通 PPP 项目中,其参与主要有两种情形:使用者使用公共物品;使用者行使监督权力。

在城市交通 PPP 项目中,政府和使用者之间因国家义务而生的无偿服务或者有偿征收的公法关系,借由行政许可、特许经营协议,转化为使用者和社会资本方之间的平等民事关系。② 以《基础设施和公用事业特许经营管理办法》③ 为例,因为基础设施的公益属性,使用者又被赋予持续性、无差别、无歧视地享受公共物品的权利。再者,城市交通 PPP 项目在契约订立时往往具有很大的不确定性,④ 政府和社会资本在合作过程中可能会对契约中包括定价—回报机制在内的部分进行调整,这个过程同样会影响到使用者的权益。就公众监督而言,使用者(主要是基于一般社会主体的角色)行使其监督投诉的权利,⑤ 会对社会资本的建设行为带来成本负担,并会对社会资本的权利主张带来一定的限制。

(四) 小结

在 PPP 项目中,政府方的主要目的在于完成公共物品的供给,履行国家义务;社会资本在合作中追求的是经济利益最大化;使用者所期盼的却是公共物品的低成本、低障碍、高效率利用。三方参与主体因角色不同、诉求不同,彼此之间就会产生冲突。政府方一方面和社会资本处于平等的地位,需要通过协商合作的民事关系推动项目的实施,降低供应成本、提高供应效率;另一方面,又需要承担国家担保责任,代表公共利益对社会资本执行监督义务,保障供给质量。对于社会资本而言,因 PPP

---

① 参见高俊杰《论民营化后公用事业规制的公益目标》,《现代法学》2014 年第 2 期。

② 周佑勇:《特许经营全力的生成逻辑与法制边界——经由现代城市交通民营化典型案例的钩沉》,《法学评论》2015 年第 6 期。

③ 《基础设施和公用事业特许经营管理办法》第 30 条规定:特许经营者应当根据有关法律、行政法规、标准规范和特许经营协议,提供优质、持续、高效、安全的公共产品或者公共服务。第 46 条规定:特许经营者应当对特许经营协议约定服务区域内所有用户普遍地、无歧视地提供公共产品或公共服务,不得对新增用户实行差别待遇。

④ 参见胡改蓉《PPP 模式中公司利益的冲突与协调》,《法学》2015 年第 11 期。

⑤ 《基础设施和公用事业特许经营管理办法》第 44 条规定:社会公众有权对特许经营活动进行监督,向有关监管部门投诉,或者向实施机构和特许经营者提出意见建议。

模式中政府角色所具有的行政色彩和项目标的的公益色彩，其追求经济利益的行为会受到相应的限制；使用者则可能会因社会资本提供公共物品的行为遭受到权利被侵害的不利后果。尽管 PPP 模式的初衷在于资源互补，达成风险共达、利益共享的目的；但是主体之间的相互关系确实存在利益冲突，相互之间的合作应当是利益的冲突和博弈的过程。① 对于城市交通 PPP 项目来说，其所追求的利益不应当是牺牲一方维护另一方利益，而应当是对各方需求通过审慎思考和权衡调和之后的结果。② 在开展城市交通基础设施建设多元化投融资机制进程中，需要对各主体之间的利益冲突等问题给予充分重视，从推动多元化投融资机制构建和保障公益性、维护公共利益的角度对现行机制进行考察，并分别从投融资机制设计和公益保障机制设计两个角度寻求上述冲突的调和解决方案。

二　城市交通基础设施投融资机制设计

在城市交通 PPP 项目中，政府方和社会资本方通过合作的方式提供城市交通基础设施这一公共物品，在投融资机制设计中应当包括社会资本方选定进入、获取投资回报、退出 PPP 项目三个阶段，分别对应投融资机制中的项目进入机制、项目回报机制和项目退出机制。

（一）项目进入机制

1. 社会资本方的选定程序

根据有关政府和社会资本合作模式的定义，城市交通 PPP 项目采购的标的是城市交通基础设施的建设和运营这一服务，被选定的社会资本方负责城市交通基础设施的投资、建设、运营工作，通过使用者收费、可行性缺口补助、政府付费等方式回收投资、获取回报。我国作为世贸组织成员国所签订的《政府采购协定》中对政府采购的定义为："为了政府目的以任何合同方式开展的采购活动"，《政府采购法》中规定与之相似："政府采购，是指各级国家机关、事业单位和团体组织，使用财政性资金采购依法制定的集中采购目录以内的或者采购限额标准以上的货物、工程和服

---

① 参见胡改蓉《PPP 模式中公司利益的冲突与协调》，《法学》2015 年第 11 期。
② 参见高俊杰《论民营化后公用事业规制的公益目标》，《现代法学》2014 年第 2 期。

务的行为。"二者概念与政府和社会资本合作的概念均是相合的。① 相应地，欧盟将 PPP 分类称作为"项目采购选择"②，澳大利亚在其发布的《国家 PPP 指南》中将 PPP 描述为"采购方法"。③ 根据我国现行法制语境下的政府和社会资本合作，与其他国家有关 PPP 的定位相同，其本质就是政府以特定的公共任务之完成为标的开展的一项特殊采购活动，其应当属于政府采购的范畴，应当遵照《政府采购法》的规定开展采购工作。

对我国有关城市交通基础设施采购方式的规范进行梳理，所得结果如表 4 - 1 所示。

表 4 - 1　　　　　　　　城市交通基础设施采购方式梳理④

规范名称	效力层级	发布部门	采购方式
《政府采购法》 2003.01.01	法律	全国人大	公开招标、邀请招标、竞争性谈判、单一来源采购、询价、国务院政府采购监督管理部门认定的其他采购方式
《市政公用事业特许经营管理办法》 2004.05.01	部门规章	原建设部	招标，但自行确定招标期限
《基础设施和公用事业特许经营管理办法》 2015.06.01	部门规章	国家发改委 财政部 住建部 交通部 水利部 人民银行	招标、竞争性谈判等竞争方式
国务院办公厅《关于政府向社会力量购买服务的指导意见》 2013.09.26	规范性文件	国务院办公厅	公开招标、邀请招标、竞争性谈判、单一来源、询价等方式

---

① 参见李霞《论特许经营合同的法律性质——以公私合作为背景》，《行政法学研究》2015 年第 1 期。

② European Commission, *Guidelines for Successful Public Private Partnerships*, http：//ec. europa. eu/regional_ policy/sources/docgener/guides/ppp_ en. pdf.

③ Infrastructure Australia, *National PPP Guidelines*, Volume 1：Procurement Options Analysis, Canberra.

④ 本表内容仅对与城市交通基础设施 PPP 项目采购相关的法律、部门规章和规范性文件进行梳理，未对地方性法规和规章中采购方式的规定进行罗列。

续表

规范名称	效力层级	发布部门	采购方式
《关于开展政府和社会资本合作的指导意见》2014.12.03	规范性文件	国家发改委	公开招标、邀请招标、竞争性谈判等多种方式
《政府和社会资本合作项目政府采购管理办法》2014.12.31	规范性文件	财政部	公开招标、邀请招标、竞争性谈判、竞争性磋商和单一来源采购
《关于在公共服务领域推广政府和社会资本合作模式的指导意见》2015.05.22	范性文件	财政部国家发改委人民银行	竞争性方式择优选择

　　通过梳理可知，在采购方式的设定上，除 2003 年颁布实施的《市政公用事业特许经营管理办法》之外，相关的部门规章和规范性文件纷纷采用了以《政府采购法》所规定的采购方式为基础设定的采购方式组合：以竞争性采购为基本原则，具体方式涵盖了包括招标、竞争性谈判在内的多种采购方式，同时对公开招标方式的适用范围建议为"核心边界条件和技术经济参数明确、完整、符合国家法律法规和政府采购政策，且采购中不作更改的项目"。值得注意的是《政府和社会资本合作项目政府采购管理办法》中采购方式中增加了竞争性磋商这一采购方式，主要适用于内容不清、边界不明的采购项目，[①] 可见采购方式的设计更多地倾向于政府和社会资本就项目合作内容的协商和谈判，与 PPP 模式中双方平等合作这一理念有诸多相合之处。

　　之所以出现这种趋势，可以从规范的演进角度上有所发现。最初，《市政公用事业特许经营管理办法》规定采购方式为招标方式，但是在实

---

　　① 《政府采购竞争性磋商采购方式管理暂行办法》第 3 条："符合下列情形的项目，可以采用竞争性磋商方式开展采购：（一）政府购买服务项目；（二）技术复杂或者性质特殊，不能确定详细规格或者具体要求的；（三）因艺术品采购、专利、专有技术或者服务的时间、数量事先不能确定等原因不能事先计算出价格总额的；（四）市场竞争不充分的科研项目，以及需要扶持的科技成果转化项目；（五）按照招标投标法及其实施条例必须进行招标的工程建设项目以外的工程建设项目。"

际操作中却出现了央地冲突、各地规定不一的尴尬局面,[①] 出现这一局面则源自原建设部规定缺乏可操作性。招标方式本以建设工程需要为基础进行设计,但是公用事业特许经营从工作内容、明确性、变更可能性等方面均绝不同于简单的建设工程,因而地方不得已突破中央规定增加其他采购方式来适应新需求。

与之前的市政公用事业特许经营相对应,城市交通 PPP 项目在选定合作的社会资本时,双方合作标的的细节尚不清晰,从项目明确性和变更可能性上来说都无法通过公开招标这种在采购过程中就对细节要求极为明确的方式采购。政府和社会资本在就合作内容签订合作契约之前,可能需要多回合的谈判,对合作“实质性”内容进行多次修改才可逐步确定合作方式,对包括回报机制、服务内容、退出机制在内的交易结构逐步达成共识。因此,此类项目的采购过程中需要允许政府和社会资本能够通过沟通、协商、谈判等方式逐步达成合作意向,选定合作方。但是基于项目的公益属性和维护公平公正的角度,该采购程序仍然应该保证竞争性,即对于合作内容不甚明确、变更可能性大的项目可更多地采用竞争性磋商、竞争性谈判等方式选定合作的社会资本方。

同时仍需注意,在国家发改委和财政部的有关文件中仍可看到双方对于采购方式尚未达成共识的端倪,顶层设计的缺乏必然导致实行者的茫然,因此亟须通过制定上位法的方式对相应内容进行明确约定,以此对PPP 项目的实施与推广给予切实的指导和支持。

2. 特殊情形的考量

城市交通 PPP 项目中往往包含了大量的工程建设内容,相对于公共物品供应这一工作对社会资本的低吸引力,工程建设内容对于具有相应施工资质和施工能力的承包商具有很强的诱惑力。根据《招标投标法》的规定,其不可参与投标;但是根据《招标投标法实施条例》第 9 条:“除招标投标法第六十六条规定的可以不进行招标的特殊情况外,有下列情形之一的,可以不进行招标:……(二)采购人依法能够自行建设、生产

---

① 在《市政公用事业特许经营管理办法》中对采购方式规定为招标方式,但是各地在执行的过程中仅有湖南、新疆、天津、武汉、邯郸、兰州限定为通过招标的方式采购;青海、合肥、杭州三地以招标方式为原则,特殊情况下通过其他方式采购;北京、河北、吉林、深圳、济南、淮南、成都、哈尔滨、青岛等地规定可以通过公平竞争的方式采购,不限于招标方式。参见章志远、黄娟《公用事业特许经营市场准入法律制度研究》,《法治研究》2011 年第 3 期。

或者提供；（三）已通过招标方式选定的特许经营项目投资人依法能够自行建设、生产或者提供的……"因而存在社会资本方追求工程建设利润而参与城市交通 PPP 项目的现实可能性，如此则存在通过一次招标兼而确定社会资本方和供应商的实际需求。在此前提下，因为城市交通 PPP 项目的政府投资属性，要求相应的投资意向方同时具有投资和供应（建设服务或工程材料）的相应能力或者资质，并且该能力或资质要求不得低于国家强制性要求或者项目实际需求标准。

在未通过招标方式确定社会资本方并授予其特许经营权的场合，社会资本方作为采购人，如果其具有相应的施工能力并且愿意承包相应的工程，可以自行承包相应工程赚取此部分利润；但是在采用成立项目公司并通过特许经营模式开展 PPP 项目的情况下，因社会资本方是采购人（项目公司）股东，其不可参与投标，只可使用前述第三项的规定，即通过招标方式选定特许经营项目投资人。是以在制度设计中需要对项目的合作方式和招标方式通盘考虑，通过交易结构设计增加项目对社会资本的吸引力，在满足公共利益需求的前提下做大社会资本方的利益，推动项目落地实施。

（二）项目回报机制

社会资本方参与到城市交通 PPP 项目中的主要目的在于获取经济利益，故项目回报机制是实现社会资本方经济利益至关重要的一个机制，也是 PPP 项目契约治理结构中关系双方经济利益的核心规制机制。在项目回报机制中，包括回报方式、定价和调价方式以及政府担保三部分内容。

1. 回报方式

国家发改委在《关于开展政府和社会资本合作的指导意见》中，以基础设施是否具有可经营性为依据，将其分为三类：（1）经营性项目，指具有明确的收费基础，并且经营收费能够完全覆盖投资成本的项目；（2）准经营性项目，指虽然具有收费基础，但是经营收费不足以覆盖投资成本、需政府补贴部分资金或资源的项目；（3）非经营性项目，指缺乏"使用者付费"基础、主要依靠"政府付费"回收投资成本的项目。相对应地，城市交通基础设施亦可以按照这种分类标准分为三种项目，其中经营型项目应当包括以收费公路（桥梁、隧道）为代表的具有稳定现金流，可以收回投资并获取回报的项目；准经营性项目包括以城市轨道交通为代表的具有现金流，但是现金流不足以完全回收投资的项目；非经营性项目包括不收费道路（桥梁、隧道）为代表的，没有现金流并且运营中需要进一步承担运营维护支出的项目。

根据财政部在《关于印发〈政府和社会资本合作模式操作指南（试行）〉的通知》的规定，城市交通 PPP 项目中可以采用回报方式包括：使用者付费、可行性缺口补助和政府付费三种：（1）使用者付费是指使用者在使用城市交通基础设施时直接向提供者（社会资本方）缴纳一定费用，这是城市交通基础设施建设政府和社会资本合作的应有之义，是指使用者对公共物品的使用需要附带一定的义务。使用者付费方式要求项目具有稳定的现金流，并且收益较高，在合作期内可以实现社会资本回收成本、获取收益，是经营性项目中一般采用的回报方式。（2）可行性缺口补助方式是指在使用者付费不足以满足社会资本或项目公司成本回收和合理回报情况下，由政府给予社会资本经济补助的方式。由其定义可知，主要是和使用者付费共同适用于准经营性项目。（3）政府付费是指政府直接付费购买公共产品和服务，付费依据包括设施的可用性、产品和服务的用量与质量等要素。与前述两种不同，政府付费项目不要求项目具有经营性，则这种收费方式可以用于所有类型的城市交通 PPP 项目，但是考虑到经济因素，一般运用于非经营性项目。

上述三种回报方式是通过政府或使用者对社会资本所提供的城市交通 PPP 项目直接付费的方式实现的，但是城市交通基础设施中经营性项目相对较少，大多数为准经营性和非经营性项目，其所产生的现金流很小，仅通过项目收费收入几乎不能满足社会资本回收投资的需要，甚至有些项目还会出现低于运营成本的可能，如此则大多数项目最终都是通过政府利用财政性资金购买的情况。虽然采用了政府和社会资本合作共同建设城市交通基础设施的公共物品供给模式，但是政府依然承担着大量的财政资金支付购买公共物品的义务。另外，因城市交通基础设施的外部性特征所带来的项目外部性收益散落在项目之外，不能与城市交通 PPP 项目结合。因为回报机制的局限性导致了项目实施和推广遭遇阻碍，不能最大限度地发挥 PPP 模式的经济推动作用。

在经济学研究中，为实现 PPP 项目中外部收益内部化的目的，可以通过资源补偿（Resource Compensate Project，RCP）方式设计回报机制。RCP 方式是指：在 PPP 项目中，政府就社会资本方未收回投资和回报部分，将经营性基础设施项目周边一定数量的资源（如土地、旅游、矿产等）开发权出让给项目公司，以捆绑的方式提高项目公司的整体盈利能力，以确保项目投资者获得合理回报，调动投资者的积极性。[①] 就城市交通 PPP 项目而言，主要是指通过以土地为补偿资源的 RCP 方式。在土地 RCP 中，通过将可供开发的土地资源捆绑进 PPP 项目，首先，可以实现土地的综合开发利用，将城市交通基础设施和周边土地开发捆绑联动，可以有效地降低投资成本、提高投资回报。其次，土地联动开发的方式可以有效提高城市交通基础设施和土地利用项目之间的融合性，提高土地的利用效率，提升服务能力。最后，这种方式可以实现项目整体盈利能力显著提高，可以减少政府财政性资金的支付比例，切实提高项目运作效率，丰都南天湖项目借用 RCP 方式的开发就是一个有力的证明；[②] 同样的，在其他基础设施开发领域也存在相应的成功经验。[③] 但是在我国目前的法律语境下，土地 RCP 方式在运用的过程中还存在一些制度障碍，由于我国土地管理制度要求必须通过"招拍挂"等竞争性程序出让，也就给这一方式的推广带来了很大的阻碍，曾经轰动一时的四川邛崃市新区开发建设项目即因此而陷入困境。[④]《基础设施和公用事业特许经营管理办法》的出台单位为国家发改委、财政部、住建部、交通运输部、水利部和人民银行，因国土资源部的缺位，其中并没有有关就开展土地 RCP 方式的相关制度设计，也阻碍了这一回报机制的开展和推广，为了避免和规定产生冲突，甚至出现了以土地拍卖作为主导、搭配进行公用设施建设的实践案例；[⑤] 就

---

① 参见刘方强、周心愿《RCP 项目融资模式解析》，《建筑经济》2008 年第 3 期。

② 同上。

③ 参见朱蕊、王守清《资源补偿项目（RCP）融资模式特许权要点设计——以某湿地公园项目为例》，《建筑经济》2011 第 9 期。

④ 2002 年 1 月 18 日，四川邛崃市政府同四川瑞云集团签订了《邛崃市新区开发建设项目协议书》，规定新城整体以 BOT 形式建设经营 50 年，其间，瑞云集团享有新城区公用事业的特许经营权，经营性土地的增值收益作为投资回报，50 年后，企业将城市无偿还给邛崃市政府。不久国土资源部出台《招标拍卖挂牌出让国有土地使用权决定》，规定各类经营性土地使用权必须通过拍卖或招标方式出让，土地政策的变化，使这个轰动一时 CBOT 即城市—建设—经营—移交项目无法继续实施，合作失败。

⑤ 2011 年，深圳市房产交易中心对宝安尖岗山 A122—0341 宗地土地使用权及两馆建设运营管理权进行竞标，要求中标单位对配套两馆（深圳当代艺术馆与城市规划展览馆）进行建设和运营管理，并负担相应的费用，经过角逐，中海竞得相应土地。参见《中海 20 亿竞得深圳年内首宗配公建地块》，http：//sz. leju. com/news/2012 - 11 - 28/130387070. shtml。

更好地推进城市交通 PPP 项目而言，应当针对现实需求，尽快对我国的土地政策等内容进行相应的顶层设计，通过配套改革的方式拓展项目资金来源，加快 PPP 项目的实施和推广。[①]

2. 项目需求

城市交通 PPP 项目所具有的契约不完全、投资额大、合同周期长的特点会导致其与一般的工程项目相比具有更多风险，项目需求风险则是诸多风险中作用最为明显的风险因素，其将在很大程度上决定项目能否成功。[②] 德国首个 F 模式下的 PPP 公路项目——罗斯托克的诺瓦隧道项目中因为交通流量的预测失误导致项目处于艰难的境地：项目建成通车流量不到项目预测流量的一半，因实际交通流量和预测通流量之间的巨大差异导致了数千万的亏损，项目只有将特许经营期延长到 50 年才可避免出现项目公司破产的情形。[③] 杭州湾跨海大桥项目中同样出现了因需求量不足导致项目收益减少的问题：该项目开工未满 2 年，在相隔仅 50 千米左右的绍兴市上虞沽渚就开始修建绍兴杭州湾大桥，项目收益不足的风险随即产生，引起了诸多社会资本股东对于项目回报的忧虑。[④] 由此可见，项目需求风险将在很大程度上影响到项目的回报，直接关涉社会资本方投资收益的实现。

在城市交通 PPP 项目风险分配过程中，不同的风险分配方案会影响到政府和社会投资方在项目实施过程中所承担的义务和所负责工作的范围，对于双方的成本和收益都会产生很大的影响。故而，不同的风险分配方案会影响到项目对社会资本方的吸引力、社会资本方的回报、双方谈判的难度以及项目的抗风险能力。在城市交通 PPP 项目中，政府方和社会资本方处于平等的合作地位，项目公司为追求经济利益，其承担的风险越多，在协商过程中主张增加的权利也就越多，同时社会资本承担

---

①　有关具体内容已在上一章"城市交通基础设施建设中的土地利用问题"中予以说明，此处不再赘述。

②　Hammami, Ruhashyankiko & Yehoue, *Determinants of Public Private Partnerships in Infrastructure*, IMF Woring papers, 06/99, 2006.

③　参见欧亚 PPP 联络网《欧亚基础设施建设公私合作（PPP）案例分析》，王守清译，辽宁科学技术出版社 2010 年版，第 130—135 页。

④　参见《谁动了杭州湾跨海大桥的奶酪？》，http://www.zjol.com.cn/05delta/system/2005/03/03/004356436.shtml。

此部分风险导致的费用增加也就越多，如此则会影响到项目的资金价值，降低项目的投资效率。PPP 项目中风险分担的原则是：风险应由最能评估和管理风险的一方或者最有手段规避或承担风险成本最少的一方承担，[①] 根据这一原则，政府方和社会资本方在风险分配的过程中应当就控制风险的能力、承担风险的成本、控制风险措施实施难度等多个角度充分考虑加以确定，通过合理分担风险的方式实现资源的优化配置，实现物有所值。

项目需求风险的实现原因多种多样，根据前述风险理论，对项目需求风险可以通过分类进行分配：

（1）因社会资本方或项目公司原因导致的项目需求量降低（诸如项目质量、项目延期等），因该风险实现的原因在于社会资本方或其所控制的项目公司，并且其可以通过恰当的手段对该风险予以规避，则此类风险应当由社会资本方或项目公司承担（社会资本方和项目公司之间如何分配上述风险造成的损失需根据项目公司商业设计而定，本书不再赘述）；（2）对于因政府方原因所导致的项目需求量降低（诸如新建竞争性交通基础设施项目、原有收费项目转为免费等），政府方理所应当承担此类风险带来的损失，给予社会资本方或项目公司以相应的补偿或赔偿；（3）对于因项目固有特性导致的项目需求量过低或者无法估测且存在偏低可能时，为了实现激励社会资本方投资的目的，政府方应当承担该部分风险，并对其作出最低需求量保证，[②] 当项目需求低于最低需求量时，由政府方补足至最低需求量。

对于项目需求增高的情形，在实践中不应对该部分内容进行分配，社会资本方或项目公司尽可因项目需求增高而增加当期收入。但是因城市交通 PPP 项目的公益属性，政府方会对项目公司的实际收益进行相应的限制，当出现项目公司因需求量增加而获得超额收入时，政府方会通过预先设计好的调价机制实现降低价格、利润分享或者提前退出。

在政府方承担项目需求量风险时，其实际上是向社会资本方作出了显

---

① 欧亚 PPP 联络网：《欧亚基础设施建设公私合作（PPP）案例分析》，王守清译，辽宁科学技术出版社 2010 年版，第 46 页。

② 财政部《关于印发〈政府和社会资本合作模式操作指南（试行）〉的通知》第 11 条（2）项中即规定最低需求量风险由政府方承担。实践中已存在大量保证最低需求量的风险分配方式。

性承诺。根据我国《担保法》的规定,[1] 政府方在城市交通 PPP 项目中不得为保证人。同时根据最高人民法院《关于适用〈中华人民共和国担保法〉若干问题的解释》的规定,[2] 政府方所做之项目需求量担保实为无效担保。考察国外的有关制度规定,政府为 PPP 项目提供担保一般被认为是合法有效的。[3] 而这也就是另一个 PPP 项目实施过程中因法律政策规定不适应新时代背景所导致的法律政策困境。

3. 价格机制

城市交通 PPP 项目的价格机制直接与社会资本方的投资回报率相关,其中包括定价机制和调价机制两部分内容。为了推动城市交通 PPP 项目的实施与推广,在不损害公共利益的前提下尽可能为社会资本创造盈利点,吸引其参与到项目建设中来,需要通过合理的定价保证合作过程中社会资本方能够回收投资、获取合理回报;同时因为此类项目契约签订时,项目标的明确性偏低、变更可能性偏大,并且项目合作期限较长,容易受到外界因素干扰,因此需要设置恰当的调价机制对定价进行调整以维护社会资本方的投资回报。

根据社会资本通过 PPP 项目的使用者付费和(或)政府付费收回投资、获取回报这一定义,PPP 项目的定价机制中应当包括成本、税费和投资回报三部分内容。传统上存在对三者简单加成的定价机制,这种确定价格的方式固然可以实现吸引社会资本投资的目的,但是这一定价机制泯灭了社会资本在项目中管理所带来的差异,甚至出现了成本越高,利润绝对值越高的错误导向,这一成本升高所带来的不利影响通过价格转嫁给了使用者,这显然是不合理的。对于城市交通 PPP 项目而言,价格的制定必

---

① 《担保法》第 8 条规定:国家机关不得为保证人,但经国务院批准为使用外国政府或者国际经济组织贷款进行转贷的除外。第 9 条规定:学校、幼儿园、医院等以公益为目的的事业单位、社会团体不得为保证人。

② 最高人民法院《关于适用〈中华人民共和国担保法〉若干问题的解释》第 3 条规定:国家机关和以公益为目的的事业单位、社会团体违反法律规定提供担保的,担保合同无效。

③ 南非 1999 年的《公共财政管理法》(Public Finace Management Act 199)第 66 条规定:"各部门(以及其他机构)不得提供借款、担保、补偿或抵押以及参与(可能)使机构或个人基金担未来财务承诺的交易,但本法授权的借款、担保、补偿或抵押或其他交易除外。"

须同时满足三个要求，即促进社会公平、提高生产效率和保护发展潜力。① 故而，需要在定价机制中对社会资本方生产效率提高、成本降低予以肯定，通过恰当的回报机制回流到社会资本方。

城市交通 PPP 项目相较于一般的工程项目具有很强的不确定性，极容易在实施过程中产生各种各样的变更，每一项变更背后所对应的内容均为经济利益的变动，故为保护政府方和社会资本方在合作中各自所代表的利益，需要在价格机制中设定完善的调价机制对变更程序后续的价格变动进行相应调整。调价机制的本质是项目风险实现后的处理机制，是双方项目风险分配结果在价格中的体现。

一方面，政府方应当尊重社会资本方的经济利益，满足其通过项目获利的诉求。社会资本方以获取经济利益为目的参与到城市交通 PPP 项目中来，在合作过程中，社会资本方直接抑或通过组建项目公司的形式为社会提供城市交通基础设施，其理应就其所为资金、资源投入获得回报；当合同风险实现，履行情况发生变更时，社会资本方自然有权要求就非因其所承担的风险导致经济水平变化对价格进行相应的调整以填补其可能遭受到的不利益。

另一方面，受城市交通 PPP 项目公益属性的限制，社会资本方无权获得超额利润。城市交通基础设施是公共物品，具有公益属性；城市交通 PPP 项目是以提供城市交通基础设施为标的的项目。社会资本方在此类项目中可以获取一定程度的投资回报。因为项目成本最终会通过价格的方式传导到使用者身上，允许社会资本方获取超额利润将会导致其通过侵害使用者权益实现自身利益，这是应当在调价机制环节予以避免的。

（三）项目退出机制

城市交通 PPP 项目中一般有固定的合作期限，合作期限届满后，社会资本方退出项目，并将项目移交给政府方；同时因为合作过程中可能因财务压力、经营过失、不可抗力、利润摊薄等诸多原因，导致社会资本主动请求或者被动接受提前退出。一般而言，民事主体有以营利为目的而从事自主活动的商业自由，这包括了基于市场变化和比较优势，民事主体得自愿地从原特

---

① 崔运武：《论我国城市公用事业公司合作改革的若干问题》，《上海行政学院学报》2015年第 4 期。

定行业、产业或服务中退出，享有暂停或中止相应营业的自由，[①] 亦即学者所谓营业权。[②] 根据理性经济人假设，资本在投资过程中追求的是经济利益最大化，因此在资本投资过程中会出现"撇奶皮"[③] 现象；合作期限中如果出现利润摊薄，社会资本则会放弃这一行业的继续深入，转到利润更为丰厚的项目中实现资本增值。"撇奶皮"现象的存在是资本追求利益的本质决定的，也是符合社会资本追求经济利益的本性的；但是在城市交通 PPP 项目中，如果不对社会资本进行限制，就很可能出现社会资本在经济利益的驱动下，提前终止项目，影响城市交通基础设施的持续性服务。针对社会资本的这一倾向，在退出机制的设计过程中，应当充分考虑政府所保护公益和社会资本所追求私益之间的权衡利弊，尊重并协调保护双方的利益。

1. 退出的限制及其依据

由于现代社会的发展，包括城市交通基础设施在内的诸多基础设施所提供的公共服务逐渐成为社会居民生存和生活的基础性条件而具有不可替代性，[④] 政府负有向社会连续不间断地提供其基本生活所需的社会义务，即公用物品的提供应当具有持续性。因此，根据交易成本理论，在政府和社会资本合作过程中，随着社会资本参与程度逐步加深，在具体项目中，社会资本将会对政府形成锁定效应。[⑤] 社会资本在合作过程中基于某种考

---

① 宋华彬：《市政公用事业特许契约中的退出规制》，载余凌云主编《全球时代下的行政契约》，清华大学出版社 2010 年版，第 57 页。

② 营业权是指民事主体基于平等的营业机会和独立的主体资格，可自主地选择特定商事领域进行经营、从事以营利为目的的营业活动而不受国家法律不合理限制和其他主体干预的权利，其基本内涵包括营业机会的平等享有、营业资格的自由取得、营业领域的自愿选择、营业事项的自主设定、营业方式的自我决定、经营管理的独立决策以及营业侵权请求的及时主张等几个方面。参见肖海军《营业权论》，法律出版社 2007 年版，第 44 页。

③ "撇奶皮"，即"仅仅挑出牛奶温热之后上面那层富有脂肪的部分"，用来比喻新进入企业优先选择收益性高的地区或者服务领域，而忽视偏远地区、消费量低的居住区域或者低收益服务项目。参见［日］植草益《微观规制经济学》，朱绍文等译，中国发展出版社 1992 年版，第 204 页。

④ 参见世界银行、建设部、国家行政学院《可持续的城市发展与管理》，党建读物出版社 2001 年版，第 3—12 页。

⑤ 锁定（Lock-in）是指当一方对另一方产生依赖时，这等于授权对方在关系中更多的自主的选择权。C. Lonsdale, *Post-contractual Lock-in and the UK Private Finance Initiative* (*PFI*): *The Cases of National Savings and Investments and the Lord Chancellor's Department. Public Administration*, 83 (1). 转引自陈峥《公私部门合作中的风险分配：理想、现实与启示》，《公共行政评论》2010 年第 5 期。

虑退出合作，不再提供公共物品，政府基于其对项目建设所负有的最终责任，需要保证项目能够持续不间断地向社会提供公共产品或服务，由此将会导致政府对项目合作结果的极大不可预测性，也极有可能导致项目合作的失败。基于上述考虑，对社会资本的退出有加以规制的必要性。

法国法上对公用事业的连续性原则多有体现，在公用事业提供领域，除不可预见的经济偶然条件外，私人提供者不得以政府的错误、金钱或物质上的困难、情势变化等为由不履行合同，并需要确保公用事业服务的持续运营和正常运转。① 美国法上在 1885 年的 Gates V. Boston &. N. Y. Air - Line R. R 案件中，州法院指出："从原则上看，铁路财产一旦投入到公共用途，并且成为公共用途所不可或缺之物品，则需保证其完整地被用于此用途以实现创设该物之目的。因为公众迫切所需而存在的此种公共权利……应优于公司、股东、债券持有人的财产权利。"② 1918 年，在涉及地方性铁路的一项判决中，法院再次重申了这一原则："如果一家铁路公司负有维护和运营某条铁路的制定法义务或契约义务，它将会被禁令或训令（Man-damus）强迫这样做，即便继续运营会亏损。"③ 可见美国法上亦认为对公用事业服务应当保持最低限度意义上的公用事业充分服务，包括提供持续、安全、适宜和有效率的服务。

在竞争性领域，资本金可以任意地退出其所从事的活动领域，盖因其所提供的服务内容并非生产生活所必需之物品或服务，并且已充分市场化，其退出之后随时可有新的供应商对其予以补齐。但是在公共物品领域，因社会资本所参与提供的产品为公共产品，其已成为社会生产生活之所必需，须臾不可或缺，并且于其退出之后不存在或者难以寻找可替代的连续性服务；为保护公益，满足社会对于公共物品的需求，即政府得强制社会资本履行服务义务；非经一定的程序，社会资本不得擅自退出。

在我国现有的规范中对社会资本的退出行为与前述精神有着共通之处。《市政公用事业特许经营管理办法》中规定对公用事业供应需要保持

---

① 参见杨解君《法国行政合同》，复旦大学出版社 2009 年版，第 37—38 页。

② Oliver P. Flied, "The Withdrawn from Service of Public Utility Companies", *The Yale Law Journal*, 1925, 35 (2).

③ J. Gregory Sidak & Daniel F. Spulber, *Deregulatory Takings and the Regulatory Contract: The Competitive Transformation of Network Industries in the United States*, Cambridge University Press, 1998, p. 128.

连续性和稳定性,社会资本需要审批之后才可退出公用事业服务,政府采取责令改正、督促履行义务、临时接管等手段要求其持续供应。① 同时,在各地特许经营条例或管理办法中多存在关于社会资本擅自退出的政府可进行相应处罚的制度设计。② 在《基础设施和公用事业特许经营管理办法》中对特许经营者服务的持续性和退出所需履行程序的规定。③ 从上述规定可以看出,无论是在因合作不能导致的提前退出还是在合作期限届满的正常退出情况下,社会资本均需要履行相应的程序保证服务的持续性提供,保障公共利益不因政府和社会资本合作顺利与否受到影响。

2. 社会资本权利的保障

社会资本在 PPP 项目中的主要诉求在于经济利益的实现。诚然,在合作过程中社会资本追求经济利益最大化的"撇奶皮"行为确实应当受到相应的限制,但是上述限制并不意味着无论何时政府均有权强制社会资本履行服务义务。政府和社会资本合作这一机制开创的目的在于通过吸引社会资本进入城市基础设施等公益性事业投资和运营领域,政府和社会资本之间应当实现的目标是公共物品的供应,但是合作过程中应当遵循的原则是利益共享和风险共担。前述对于社会资本退出的限制在于维护公益,

---

① 《市政公用事业特许经营管理办法》第 18 条:"获得特许经营权的企业在特许经营期间有下列行为之一的,主管部门应当依法终止特许经营协议,取消其特许经营权,并可以实施临时接管:(一)擅自转让、出租特许经营权的;(二)擅自将所经营的财产进行处置或者抵押的;(三)因管理不善,发生重大质量、生产安全事故的;(四)擅自停业、歇业,严重影响到社会公共利益和安全的;(五)法律、法规禁止的其他行为。"第 19 条:"特许经营权发生变更或者终止时,主管部门必须采取有效措施保证市政公用产品供应和服务的连续性与稳定性。"第 23 条:"未经直辖市、市、县人民政府批准,获得特许经营权的企业不得擅自停业、歇业。获得特许经营权的企业擅自停业、歇业的,主管部门应当责令其限期改正,或者依法采取有效措施督促其履行义务。"

② 参见《山西省市政公用事业特许经营管理条例》《杭州市市政公用事业特许经营条例》《天津市市政公用事业特许经营管理办法》《贵州省公用事业特许经营管理办法》。

③ 《基础设施和公用事业特许经营管理办法》第 30 条:"特许经营者应当根据有关法律、行政法规、标准规范和特许经营协议,提供优质、持续、高效、安全的公共产品或者公共服务。"第 38 条:"在特许经营期限内,因特许经营协议一方严重违约或不可抗力等原因,导致特许经营者无法继续履行协议约定义务,或者出现特许经营协议约定的提前终止协议情形的,在与债权人协商一致后,可以提前终止协议。特许经营协议提前终止的,政府应当收回特许经营项目,并根据实际情况和协议约定给予原特许经营者相应补偿。"第 40 条后段:"新的特许经营者选定之前,实施机构和原特许经营者应当制定预案,保障公共产品或公共服务的持续稳定提供。"

防止社会资本因追求私益而损害公益。但是如果以保护公益的名义要求社会资本承担无限责任，即使在供给不能或者供给严重亏损的情况下仍要坚持公共物品供应的话，无疑是对利益共享和风险共担原则的违背，也是不利于 PPP 模式的开展和推广的。相对于政府所保护的公益，社会资本的私益所代表的是社会资本群体进入公共物品供应领域动机所在。不尊重社会资本的利益追求，不促进实现社会资本群体的目的，将会导致社会资本群体丧失对 PPP 项目的热情，包括城市交通基础设施在内的诸多基础设施建设和公益事业将重回政府单一主体供应的时代，而这也是与时代发展相违背的。

《市政公用事业特许经营管理办法》和《基础设施和公用事业特许经营管理办法》中对公用事业服务连续性规定的责任主体在于主管部门（项目提出部门）。相对于前者规定要求社会资本需要经直辖市、市、县人民政府的批准才可退出的规定，后者表述为与债权人协商一致，仅表达了出于保护债权人角度的限制条件，对于社会资本退出机制有一定程度的放松。

根据上述原则，在政府和社会资本合作过程中，在政府处于维护公益的目的限制社会资本退出的同时，也应该考虑到社会资本的经济利益诉求，在退出机制的设计中应当考虑社会资本在不利于实现其经济利益甚至继续履行将遭受损失、实际上履行不能等情况下可以退出。

3. 退出机制的设计

退出机制的设计过程总应当从公共利益和社会资本方私益平衡的角度考虑，从退出条件、退出程序和配套机制三个方面分别进行设定。

（1）退出条件

社会资本退出的方式可以分为期限届满退出、社会资本方请求提前终止退出、政府方要求提前终止退出、双方合意提前终止退出四种。对于期限届满退出系项目合作过程的正常阶段，其条件即为合作期限届满，双方不再继续合作，社会资本退出。对于社会资本方请求提前终止退出的情况，应当包括不可抗力情形和约定解除条件成就情形。政府和社会资本双方可以在契约中对相应内容加以明确，在实施过程中根据契约约定条件实施解除，但是在该条件下，契约中同时需要对程序进行相应的约定以保障公益属性。对于政府方要求提前终止退出的情况，主要应当包括社会资本的违法违规情形、因情势变更导致为保护公共利益需要提前终止等情形。

在此情形下，政府方可行使单方解除权，终止合作接管项目，但是出于保障社会资本方经济利益的目的，在第二种情形下需要对社会资本方予以相应的赔偿。与社会资本方请求提前终止情形相同，此种情形下亦需要对程序进行相应的约定方能保证双方利益的平等保护。双方合意提前终止则相对较为缓和，双方可以通过协商诸如社会资本方已实现回收资本、获取回报目的，双方合意提前终止；亦可以是合同事实履行不能或继续履行将会导致更大损失，双方合意终止。此种情形下，双方有协商交流之空间，故需要注意保护的为使用者的利益，在配套机制中需要对其利益进行相应保障。

（2）退出程序

在退出程序的设计上，《市政公用事业特许经营管理办法》和《基础设施和公用事业特许经营管理办法》中的规定略有不同，考察政府和社会资本合作模式的设定目的，应当考虑到政府方和社会资本之间的合作关系，应当对政府方抑或实施机构社会资本的退出进行规制方为妥当。基于城市交通基础设施的公益属性，社会资本在退出时应当保障使用者连续不间断享受公用物品的权利，则社会资本之退出除应满足前述退出条件之外，还应在程序上给政府方以充足的时间安排新的提供方。考虑到城市交通基础设施类型较多，不同类型项目的接管过程所需时间亦各不相同，故而应当因地制宜，根据不同的项目类型制定不同的时间要求，即在制度设计中，在政府方认可符合条件的同时，应当给后者以充足的时间接管保证连续性，并且在接管的过程中，社会资本方应当持续性地提供服务并对接管予以配合。

（3）配套机制

在城市交通 PPP 项目中，为达到社会资本平缓退出，不影响项目的延续性的目的，除需要对退出机制进行筹划外，还需要对周边的配套机制进行相应的设计加以配合。

首先，就城市交通基础设施而言，社会资本方的退出将会极大地影响使用者的基本生产生活，因此，程序设计中还应当考虑课予其告知使用者的义务。

其次，临时接管制度也应当是社会资本退出时保障公共利益不可或缺的一个辅助内容。在社会资本因合作内容影响到公共利益或者事实上不能继续提供服务时，在其退出之前，政府应当临时接管以保障项目的能够平稳过渡，以实现公共服务的连续性，保障公益。

　　除此之外，还应当完善法律责任规定。法律责任是指因损害法律上的权利义务关系所产生的对于相关主体所应当承担的法定强制的不利后果。[①] 法律责任的规定，也是让法律制度真正实施的"牙齿"。对于社会资本不能按照设定的退出条件和程序擅自退出的，应当要求其承担相应的法律责任，以督促其严格履行约定。

三　构建城市交通基础设施建设公益保障机制

　　城市交通 PPP 项目中，政府方由公共物品的垄断提供者转变为合作者和监管者，其所承担的义务由直接提供公共物品转变为和社会资本方合作提供公共物品，监管社会资本方供给行为并对供给承担最终担保责任。在城市交通 PPP 项目中除需要恰当的投融资机制设计，促进政府方和社会资本方能够在满足公共利益要求基础上开展城市交通基础设施建设外，还需要建立恰当的公益保障机制，保证项目公共利益的实现。基于项目公益性、普遍服务原则和持续性原则的要求，公益保障机制应当涵盖 PPP 项目的全生命周期，按照政府方干预深度的由浅及深，重点依次为合同的变更、强制服务和临时接管三个方面。

（一）合同变更机制

　　城市交通 PPP 项目因为项目标的复杂、项目周期长，在政府方和社会资本方签订合同时，双方很难就项目标的进行精确的描述，甚至对项目标的内容双方尚未达成共识。则该合同天然地不能完整描述项目内容，即所谓的不完整性。[②] 同时城市交通基础设施项目的质量标准、技术指标等内容会随着时代的发展不断变化，城市交通 PPP 项目天然地需要不断变化以满足新的技术需求，因此政府方和社会资本方为实施城市交通 PPP 项目所签订的合同也需要不断变更以适应项目标的的变化，即所谓的不安定性。

　　针对契约的不完整性而言，是城市交通 PPP 项目的项目特征所导致

---

① 参见张文显主编《法理学》，法律出版社 1997 年版，第 143 页。
② 参见胡改蓉《PPP 模式中公司利益的冲突与协调》，《法学》2015 年第 11 期。

的必然结果。经济生活总是充满了不确定性，基于人的有限理性无法对交易各方在所有可能情况下的全部责任和义务作出明确约定。城市交通 PPP 项目相对于一般的经济活动具有更复杂的权责关系体系，强求对其所有可能进行明确约定是不经济也是无法实现的。囿于契约的不完整性，在项目实施过程中，因项目的推进而导致相应合作内容明确之后势必要求对合同约定进行相应的修改，这本是契约治理的应有之义。关于契约的不安定性，因为社会在不断地发展进步，情势也在不断发生变化，在相当长的一段时间内要求城市交通基础设施必须维持在某一固定的服务标准也是不现实的，不安定性的存在也是必然。在城市交通基础设施作为公共物品的特性这一背景下，PPP 项目中政府方因社会形势变化要求对城市交通基础设施的服务内容或标准进行相应调整以更好地服务社会公众也是正当而合理的。

因契约不完整性和不安定性的存在，在项目实施的过程中必然会出现合同变更。在合同变更过程中，因社会资本方对政府方的锁定效应和其所掌握的信息不对称优势，导致政府方在合同变更过程中处于相对劣势地位，导致被社会资本方"绑架"，作出不利于公共部门的决策，导致公共利益受损。我国台湾地区台北"大巨蛋案"就是因合同变更导致公共利益受损的一个典型例证。[①] 其中本案的争议焦点在于 BOT 协议所做修改内容是否合法？是否具有正当性？政府方是否存在牺牲公共利益图利他人的情形？

对于上述因合同变更所导致的对公共利益的威胁，未达成保障公益之目的，需要构建起相应的合同变更机制，对合同变更加以相应限制。既然变更不可避免，就让变更不得损害公益填补私益。合同变更之所以会影响公益和私益的平衡，是因为在项目的实施过程中，随着项目的开展，政府方和使用者所代表的公共利益和社会资本方所代表的私人利益已经通过城市交通基础设施这一纽带联系在了一起，对变更内容的规制实际上是对城市交通 PPP 项目商业内容的判断，但是商业利益得失的判断内容本身就包含着很大程度的不确定因素，因此建立起正义、有效的规制程序是实现合同变更规制的必由之路。

---

① 参见《马英九被控涉"大巨蛋案" 府方：政治迫害》，http://news.takungpao.com/taiwan/shizheng/2015-05/2994763.html。

　　前已述及，政府处于相对劣势是因为社会资本方在合作过程中所拥有的不对称信息优势和其对政府方的锁定效应。针对其不对称信息优势，政府方可以在机制设计的过程中，通过设立具有相应知识水平和技术能力的常设机构的方式对信息劣势加以弥补，并可以通过设立相应的信息公开制度，要求其向社会公众释放所掌握的可能影响到项目商务判断的信息；针对社会资本的锁定效应，政府应当在程序设计中通过变更效力的控制，并且辅以强制服务机制和临时接管机制对其锁定效应予以相应的制衡。如此，方可保证在合同变更过程中政府方处于与社会资本方平等协商的地位，保护公共利益。

　　同时需要注意的是，除前述因契约不完整导致的合同变更外，还存在政府方单方合同变更的存在。城市交通 PPP 项目合同的目的在于完成城市交通基础设施的建设，满足公共利益的需要。但是在合同执行的过程中可能出现社会公共利益的变化，为满足公共利益的变动需要，政府方必须具备对项目的内容、服务标准等内容根据公共需求的变化进行单方面变更的权力，此时政府方所行使的权力属于公共秩序的范畴，不得也不能通过合同中的条款约定放弃。[①] 政府方提出单方合同变更的权力只能够在确实存在公共利益需要的前提下才可以提出，同时，对于由于政府方单方面变更所导致的社会资本方遭受的损失，政府方应当通过适当的方式对其加以补偿。

　　通过对双方合意达成的合同变更和政府方根据公共利益变化提出的单方变更这两种形式，可以使城市交通 PPP 项目合同随着项目的推进不断完善；在合同完善和项目推进中坚持公共利益和个体利益之间均衡保护的原则，以满足社会公众对城市交通基础设施的需求、不损害公共利益、平衡保护社会资本方个体利益。

（二）强制服务机制

1. 强制服务机制的原理

1907 年美国 AT & T 总裁 Theodore Vail 首次提出普遍服务的概念，[②]

---

① 参见王名扬《法国行政法》，北京大学出版社 2016 年版，第 152 页。
② 普遍服务是指为了维护全体公民的基本权益，缩小贫富差距，通过制定法律和政策，使得全体公民无论居住在本国的任何地方，都能以普遍可以接受的价格，获得某种能够满足基本生活需求和发展的服务。参见杨永忠《自然垄断产业普遍服务的理论基础、成因与政策》，《生产力研究》2006 年第 2 期。

这一概念所描述内容逐步发展，最终成为公用事业所应达到的标准：公用事业应当向社会公众无差别地提供持续可用的以及用得起的基本公共服务。① 根据这一标准要求，城市交通基础设施作为一项公共物品，应当向社会使用者无差别地提供城市交通基础设施服务。其包括两方面的含义：首先，城市交通基础设施的服务应当具备无差别性，社会主体无论男女老幼均应当能够通过平等设置的条件通过相同的方式获得，并且不会因获得该服务承担不合理的成本负担；其次，城市交通基础设施的服务内容应当是相似的，并且各区域范围内服务存在的差别具有合理性。

城市交通 PPP 项目同样适用于这一要求。对于社会资本而言，其参与 PPP 项目之目的在于获得经济利益，在缺乏规制的情形下，"撇奶皮"现象将越发明显。社会资本在经济利益的引导下，将总是致力于在盈利能力高的领域开展相应服务，将更多的资源投入此类区域，对于盈利能力低的领域将无法享受到同等质量的服务。2009 年发生的"万福专线谢绝老弱病残孕事件"就是典型例证。② 城市交通 PPP 项目中，社会资本群体不积极面向盈利能力低的领域提供服务将会导致某一群体范围或者区域范围、时间范围内的群体无法平等地获得城市交通基础设施的使用，这也会严重损害到公共利益。追逐经济利益是资本的天性，但是在城市交通 PPP 项目中，因城市交通基础设施的公共物品属性，应当根据公益属性的要求，对公共利益予以相应的保障和维护，通过强制服务的方式要求社会资本方向社会公众提供满足普遍服务要求的服务。在满足社会公众对普遍服务的需求，保障公共利益的同时，社会资本方可能会因为服务内容的扩展导致成本升高或收益减小的不利益。此部分不利益的产生源自政府方单方面的强制服务命令，是其根据公共利益的需要而强加给社会资本方的负担。因公共利益的需要导致个体利益的损失则应当通过政府方给予补偿的方式加以弥补，而范围应当及于因政府方命令所增加负担导致的损失，不应当包括可期待的利益。③

---

① 参见骆梅英《通过合同治理——论公用事业特许经营契约中的普遍服务条款》，载余凌云主编《全球时代下的行政契约》，清华大学出版社 2010 年版，第 72 页。

② 参见《福州公交何故"谢绝"孕、病、弱乘坐》，http://www.fjsen.com/r/2009 - 05/11/content_ 1110814. htm。

③ 参见王名扬《法国行政法》，北京大学出版社 2016 年版，第 156 页。

2. 强制服务机制的内容

强制服务机制主要是指社会资本方应当向其服务范围内的所有使用者提供无差别的服务，不得歧视，包括三方面的内容：

第一，就服务质量而言，社会资本方所提供的服务除具有合理理由外，不得对使用者提供有差别的服务；同时即使存在合理理由，仍然需要提供满足生产生活最低限度需求的服务。

第二，就服务对价而言，社会资本方原则上应对所有使用者按照同一种定价方式提供服务，但是在具有合理理由的情况下可以采取不同的定价方式；除对弱势群体采取特殊照顾措施外，其他价格差别都应符合一定的限度。

第三，就服务阈值而言，社会资本方还需要就使用者的增加通过改进技术措施等方式对使用者的峰值需求加以满足，[1] 并可就其为满足峰值需求增加的支出主张提高费率或者获得政府补贴。

3. 强制服务机制的展开

强制服务机制作为抵制"撇奶皮"现象的规制措施，其课予社会资本方向使用者提供普遍服务的义务；社会资本方对经济利益的追求并不因此规制措施而归于消灭，如有可能，其依然会突破该机制的规定，凌驾于公共利益之上去攫取私人利益。因此强制服务机制的展开需要设置相应手段保证其具体执行。但是同时还需要注意为保障公共利益强制开展服务的，还需要对因此给社会资本方造成的损失予以补偿，如此方可实现公共利益和个体利益的平衡保护。

我国政府和社会资本合作模式主要为契约型合作模式，政府方和社会资本方之间的权利义务关系主要通过合同约定的形式加以明确，故而强制服务机制可以通过合同约定的方式要求社会资本方履行相应的义务。契约方式的优点在于灵活多变，相应地，其缺点在于难以产生切实的拘束力导致政府在要求社会资本方履行普遍服务义务上显得控制力不足，[2] 此时需

---

① ［美］格里高利·西达克，丹尼尔·F. 史普博：《美国公用事业的竞争转型：放松管制与管制契约》，宋华琳译，上海人民出版社2012年版，第121页。

② 政府方难以在短时间内找到新的替代者导致政府方不得不处于社会资本方的锁定效应约束之下，影响合同中有关解除、终止合作条款的实施。参见骆梅英《通过合同治理——论公用事业特许经营契约中的普遍服务条款》，载余凌云主编《全球时代下的行政契约》，清华大学出版社2010年版，第84页。

要通过利用公法装置来实现具有强公益性特征的要求的实施。

故就强制服务机制的展开而言，需要通过以合同规制为原则，以公法规制为补充的方式保证其切实有效地执行。

（三）临时接管机制

现行有关政府和社会资本合作的部门规章和规范性文件中，并没有对临时接管的具体操作规定，仅财政部在《关于印发〈政府和社会资本合作模式操作指南（试行）〉的通知》[①] 中对其有原则性的声明。作为公益保障机制中的重要核心内容和关门条款，顶层制度的缺位无疑对机制构建和项目实施有极为不利的影响。

1. 临时接管的本质

在城市交通 PPP 项目中，城市交通基础设施的供给方式有政府方单方垄断供给转变为和社会资本方合作供给，政府方所承担的责任也从公共物品的供给责任转变为担保责任，需要担保社会资本方持续性地提供符合普遍服务要求和公益性要求的城市交通基础设施。一方面，城市交通基础设施具有公益性，同时服务内容符合普遍服务要求；另一方面，城市交通基础设施与公民基本生活需求息息相关，不可中断或停止。基于担保责任的要求，政府方在出现社会资本方供给影响到社会公益或者项目供给中断或者即将中断的情况下，应当实施临时接管措施，保障城市交通基础设施项目的持续供应。由此观之，临时接管实质为政府方出于保证项目连续性的目的承担担保责任的行政行为。

考察《基础设施和公用事业特许经营管理办法》征求意见稿中的规定，其与《市政公用事业特许经营管理办法》中有关临时接管的规定具有很大的相似性，这也说明了政策制定者和立法者对于特许经营中临时接管性质认定的倾向。根据后者的规定可以得知，临时接管措施具有即时性、强制性和权利侵害性的特点，[②] 是以在城市交通 PPP 项目中采取临时接管措施需要在临时接管的条件和程序上分别受到比例原则和正当程序原

①　《关于印发政府和社会资本合作模式操作指南（试行）的通知》中规定为：社会资本或项目公司违反项目合同约定，威胁公共产品和服务持续稳定安全供给，或危及国家安全和重大公共利益的，政府有权临时接管项目，直至启动项目提前终止程序。

②　参见宋昆《市政公用事业特许经营中临时接管制度研究》，硕士学位论文，西南政法大学，2014 年。

则的规制。

2. 临时接管的条件

考察有关政府和社会资本合作中有关临时接管的规定，其中尚缺乏妥善统一的规定。较为明确的为《市政公用事业特许经营管理办法》中关于临时接管条件的规定，① 其中所列举的接管情形中，第 1、2 项规定属相对客观标准确定；但第 3 项和第 4 项规定中采用"管理不善""严重影响公共利益"这种充满主观色彩的评判标准，其中涵盖了大量可能导致临时接管的情形，这种规定方法会导致政府方对接管条件的判定享有过大的自由裁量权，对于权衡社会资本利益和公共利益、限制政府方行为等都是颇为不利的，在规制机制中应当采取相应措施予以明确。

根据比例原则，政府采取临时接管行为时，项目应当已经处于确实必须通过临时接管措施才可成保证公共利益目的的状态。进一步说，其应当具备下述三个要求：首先是目的限制。采取临时接管措施必须是出于化解切实存在的危机、避免损害扩大结果的目的；政府不可基于可能影响到公共利益这一理由实施接管措施。其次是权利限制，采取临时接管行为对社会资本方所造成的损失不大于其所保护的社会公共利益。最后是范围限制，亦即政府临时接管的项目内容范围应当限于对公共利益切实造成损害影响的工程范围，不得因部分损害即对全部项目内容进行接管。

3. 临时接管的程序

现行规范体系中对临时接管的规定除在临时接管条件部分规定缺位外，在临时接管的程序上同样存在空白。行政程序基本功能就在于限制行政权的恣意行使，保障行政相对人的合法权益。有关临时接管程序规定的空白将会导致政府临时接管行为缺乏有限的管制依据，不能切实保障公共利益和维护社会资本方合法权益。

根据程序正当原则的规定，行政程序应当具有禁止偏颇、受告知权、听证权、说明理由义务以及信息公开五项基本内容。② 但是，考虑到临时

---

① 《市政公用事业特许经营管理办法》第 18 条："获得特许经营权的企业在特许经营期间有下列行为之一的，主管部门应当依法终止特许经营协议，取消其特许经营权，并可以实施临时接管：（一）擅自转让、出租特许经营权的；（二）擅自将所经营的财产进行处置或者抵押的；（三）因管理不善，发生重大质量、生产安全事故的；（四）擅自停业、歇业，严重影响到社会公共利益和安全的；（五）法律、法规禁止的其他行为。"

② 参见翁岳生《行政法》（下册），中国法制出版社 2009 年版，第 1015—1034 页。

接管行为具有即时性的特点，根据即时强制性程序和行政程序法理，在紧急情况下，可不使用正式听证和执行前催告在内的内容，故临时接管程序应当遵循如下原则：

在决定程序中，无论是政府方单方决定的临时接管，还是社会资本方申请实施的临时接管，政府均应当对包括项目临时接管理由、项目实际情况、社会资本方陈述申辩在内的相关内容进行综合考虑，确定是否采用临时接管；在实施程序中，对于政府方单方决定采取临时接管行为的情形，应当将决定告知社会资本方和利害相关人，在社会资本方申请的临时接管中亦需要对利害相关人予以告知；在采取临时接管行为的同时，政府方还应当履行信息公开义务，将有关紧急情况的发展、临时接管的实施情况等相关内容向包括社会资本方在内的公众公开，维护公众的知情权和参与权。

四 结语

城市交通基础设施是一项公共物品，其具有非竞争性和非排他性的特性，容易产生"搭便车"问题而导致价格难以有效运作；[①] 同时，此类项目投资体量普遍偏大并且周期较长，导致私人和市场普遍不愿意承担此类项目，因而此项公共物品是由政府主体作为单一来源供给的。随着我国城市化进程的不断加深，城市集聚效应不断加大，城市交通基础设施的覆盖范围和运输效率也面临着更高的要求，加快城市交通基础设施建设已成为城市化进程中的关键一环。传统的由政府主体作为单一来源的供给模式已经不能满足城市化进程的需求，供给模式的改革开始呼唤多元化投融资机制的建立，吸引社会资本进入城市交通基础设施建设领域也成为投融资机制发展的方向，政府和社会资本合作开展城市交通基础设施建设成为必然。

在城市交通基础设施的参与主体中，政府方、社会资本方和使用者三方之间角色定位各不相同，在政府和社会资本合作建设城市交通基础设施的大背景下同时存在利益冲突和博弈。实现城市交通基础设施建设的多元投融资体制改革，综合各方的利益诉求和相互之间的权责关系，需要从项

---

① 邢会强：《PPP 模式中的政府定位》，《法学》2015 年第 11 期。

目的进入、回报和退出机制进行投融资机制设计，从合同变更机制、强制服务机制和临时接管机制三方面开展公益保障机制设计。

在城市交通基础设施建设领域开展多元投融资体制建设中，也凸显出目前城市交通基础设施投融资领域，乃至整个基础设施建设投融资领域缺乏统一的基本法律。尽管政府和各部委出台了名目繁多的规范性文件对政府和社会资本合作作出了相应规定，但是规范性文件效力层级相对较低，在实施和推广过程中难免变形走样；同时也不利于多元化投融资主体权利的保护，难以有效吸引社会资本参与进来。除此之外，现有的城市交通基础设施建设规范体系为依据政府垄断公共物品理念设计的，缺乏支持政府和社会资本合作的配套制度，土地 RCP 模式开展难的问题就是如此。上位法的缺位和配套法律引导、保障机制的空白是整个基础设施建设领域面临的核心问题。要切实推进政府和社会资本合作模式，构建基础设施领域的多元投融资机制，首要问题就是构建起基础设施建设投融资领域的基本法律，从法律制定和制度设计的层面完善各种配套机制的建设。如此，方可实现多元化投融资机制的构建。

第五编

现代城市交通安全的法律调控机制研究

第一章

现代城市交通安全法律调控的功能转向

亘古至今，统摄组织秩序的规范建构依附于社会情势的发展变化而不断更新。同样，现代城市交通安全法律的修改与完善，根植于城市交通革新发展需求，以及缘于化解城市交通发展衍生的社会问题的需要。可以说，我们很难精准地把握城市交通未来的发展趋向，但是，我们可以依据城市交通安全法律规范更新脉络，素描现代城市交通安全法律在不同历史阶段的着力点，较为客观地勾勒其功能转向的基本图景。更为重要的是，获知的有关交通安全法律规范功能转向的规律性认识，不但可以系统检视、纠偏与完善现有交通安全的制度规则，而且可以此更为理性地设计未来城市交通安全的法律规则。由此观之，探究城市交通安全法律调控的功能转向显得尤为必要。有关交通安全法律调控功能转向的考察，一个最为便捷的方式便是对历年来相关法律规范的立法宗旨或者立法目的条款，做一个系统的历史观察和法理解读。

很显然，历时态下立法目的条款的系统考察，最为基本要求是，被考察的对象应为一定历史时段位阶最高的交通安全法律规范，这是因为，此法律规范具有最高的统制力，并且其立法目的最能反映所立之法的价值取向和功能定位。基于此，笔者选取了 1951 年《城市陆上交通管理暂行规则》、1955 年《城市交通规则》、1988 年《道路交通管理条例》、2003 年《道路交通安全法》①四部法律规范的立法目的条款，并以此深入剖析立法目的演变的内在机理、制度功效与价值意蕴。

---

① 虽然 2003 年《道路交通安全法》历经 2007 年和 2011 年两次修订，但是立法目的条款并未改动。

一　工具主义的秩序交通至上观

2003 年《道路交通安全法》颁布之前，我国城市交通安全法律的工具主义色彩较为突出，这在立法目的条款有较为明显的体现，申言之，立法目的条款的规范结构及其内在逻辑关系可以较好地诠释这一结论。

作为取代 1951 年《城市路上交通管理暂行规则》的 1955 年《城市交通规则》，是新中国成立后迄今为止，实施时间最长的城市交通安全法律规范。该法第 1 条规定："为加强城市交通管理，便利交通运输，维护交通安全，以适应国家经济建设的需要，制定本规则。"不难看出，"加强城市交通管理，便利交通运输，维护交通安全"是《城市交通规则》立法目的条款的三项子目的，三者之间是平行的并列关系，然而三者作为一个整体，其最终的落脚点在于"以适应国家经济建设的需要"，在逻辑上存在一种上升的递进关系，由此观之，三项子目的的工具性和过程性较为明显。同样，1988 年《道路交通管理条例》第 1 条①基本上延续了 1955 年《城市交通规则》立法目的条款的表述技术，有着如出一辙的规范结构模式。

可见，1955 年《城市交通规则》和 1988 年《道路交通管理条例》的立法目的条款是典型的"直接目的 + 间接目的"双层次的内在规范结构。尽管立法目条款中明确了"维护交通秩序""保障交通安全"等直接目的，但是，上述直接目的仅为立法目的的第一层次，从根本上来说，是为该条款的第二层次亦即为国家发展和经济建设的间接立法目的保驾护航。因此，第一层次的立法目的是实现第二层次的立法目的的手段和方式。

此外，需要进一步说明的是，上述两部法律规范的立法目的条款所内含的主线是一致的，皆是致力于交通秩序的达成。具体可从第一层次（直接目的）与第二层次（间接目的）的立法目的中获知。具体而言，首先，在第一层次的立法目的中，不管是《城市交通规则》中的"加强城市交通管理，便利交通运输，维护交通安全"，还是《道路交通管理条例》中的"加强道路交通管理，维护交通秩序，保障交通安全和畅通"，

---

① 《道路交通管理条例》第 1 条规定："为了加强道路交通管理，维护交通秩序，保障交通安全和畅通，以适应社会主义现代化建设的需要，制定本条例。"

都隐含着自上而下的单向度的秩序交通的核心理念。这是因为，上述两部法律规范立法目的第一层次的六项子目的中，"加强道路交通管理"是实现秩序交通的手段和制度保障；"便利交通运输，维护交通安全"与"保障交通安全和畅通"是秩序交通理念最为直接的理想实践效果；[①] "维护交通秩序"是秩序交通的同义转述，无须赘言。

另外，第二层次的立法目的亦若隐若现地透射着秩序交通的理念。如前所述，第二层次的立法目的是较为抽象的间接目的，"太概括的观念与太遥远的目标，都同样的是超乎人们的能力之外的。"[②] 因此较难从其字面文意予以直接捉摸和把控，不过，完全可以从其条款设置的时代背景加以感知，以便更好地理解其设置"原旨"。譬如，《城市交通规则》第1条中"以适应国家经济建设的需要"第二层次立法目的的表述，契合国家建立之初，百废待兴，急于发展社会生产力的需要。在此背景下，国家进行自上而下的有组织的计划经济，秩序管制被格外推崇。作为秩序管制应有之义的秩序交通，也被纳为"适应国家经济建设的需要"的重要方式。因此，《城市交通规则》第二层次的立法目的隐含着秩序交通的理念。

与之类似，《道路交通管理条例》第二层面的立法目的"以适应社会主义现代化建设的需要"——尽管与《城市交通规则》设置的背景有所不同，生成于计划经济向市场经济过渡的改革开放初期，市场经济配置规范制度亟待构建，计划经济的秩序管制与干预思想仍旧占据支配地位，因此，在城市交通安全领域，"以适应社会主义现代化建设的需要"依然奉秩序为圭臬。

综合以上分析，1955年《城市交通规则》和1988年《道路交通管理条例》调控交通安全的功能定位可以提炼为"工具主义的秩序交通至上观"。"工具主义的秩序交通至上观"在这一时期实施的下位交通安全法律规范中得以具体化。以两则规范性文件为例加以说明。

其一，作为1955年《城市交通规则》实施细则的1984年《国务院批转公安部〈关于加强和改革城市交通管理工作的请示〉的通知》，再次申明立法目的条款的功能预设，明确"搞好城市交通管理，保障安全、

---

① 参见刘莘《公共安全与秩序行政法》，《江苏社会科学》2004年第6期。
② ［法］卢梭：《社会契约论》，何兆武译，商务印书馆1980年版，第57页。

畅通，是促进四化建设的一项重要任务，是整顿社会治安秩序的重要组成部分"，并进一步细化城市交通安全法律功能的基本思路，强调"健全交通法规，狠抓科学管理，不断改善交通秩序"，可见，该时期交通法规的构建是服务于四化建设或国家经济建设，并且，交通法规直接目的在于秩序交通的实现。申言之，《国务院批转公安部〈关于加强和改革城市交通管理工作的请示〉的通知》不但进一步印证了《城市交通规则》在达成国家经济建设上所担负的工具主义角色，以及该工具主义角色端赖于秩序交通至上观的实现。

其二，2000年公安部、建设部颁布实施的《关于实施全国城市道路交通管理"畅通工程"的意见》也完全遵照了1988年《道路交通管理条例》的立法目的，详言之，该意见在"指导思想"中提出"以提高城市道路交通管理水平为中心，集中力量解决影响城市道路交通畅通的突出问题……努力为城市经济发展和社会进步提供良好的道路交通环境"，并在具体工作中明确"要组织开展军、警、民共建，组织有关部门开展交通秩序整顿和交通安全检查，动员全社会力量共同维护交通秩序，预防交通事故，努力改善交通环境"，因此，该意见基本上重述了《道路交通管理条例》双层次的立法目的，也具有较为明显的工具主义的秩序交通至上观。

二　人权导向的交通秩序优先观

（一）人权保障理念统摄下的规范结构

与以往不同，2003年制定的《道路交通安全法》立法目的条款①在规范结构上做了较大程度的变革。具体体现在以下两个方面：

第一，立法目的条款表现为单层平行规范结构，且具体化程度较高。《道路交通安全法》突破了《城市交通规则》《道路交通管理条例》关于立法目的条款规范结构的设计模式，从原有的"直接目的＋间接目的"双层规范结构，变更为"直接目的"的单层平行规范结构。具体而言，"维护道路交通秩序，预防和减少交通事故，保护人身安全，保护公民、

---

① 《道路交通安全法》第1条："为了维护道路交通秩序，预防和减少交通事故，保护人身安全，保护公民、法人和其他组织的财产安全及其他合法权益，提高通行效率，制定本法。"

法人和其他组织的财产安全及其他合法权益，提高通行效率"五项子目的，直接规定了在道路安全领域法律规范所需要达成的五个层面的调控功能和规制效果，并且，五项子目的相互之间不存在明显的递进或者可辨识的种属关系，彼此皆为独立存在的法的价值要素。

从立法技术上来看，《道路交通安全法》立法目的条款的规范结构，基本上遵照了《立法技术规范（试行）（一）》"直接、具体、明确"的内容要求，只不过，并未完全依照"由直接到间接、由具体到抽象、由微观到宏观的顺序排列"。然而，不能由此否定《道路交通安全法》立法目的条款规范结构的合理性。一个最为直接原因在于，《道路交通安全法》立法目的条款所涉内容并不存在过于宏观或者过于抽象的子目的。因而，无须过于关注子目的之间的顺序排列。

需要进一步说明的是，较之以往，《道路交通安全法》立法目的条款规范结构设计更为科学，符合法治的基本方向。其最大变化在于内容设计具体并易于感知，更为重要的是，摒弃以往过于宽泛抽象并带有政治意味的论调，而转向依循法治布设交通安全法律的价值元素。应当说，这一重大变化是值得肯定的。诚如先贤所言，"一个目的如果不是特殊的目的，就不是目的"①，由此看来，作为普适性诸如"国家经济或者现代化建设"的目的，可以在任何情形或场合中通用，并非特殊目的。而《道路交通安全法》立法目的条款中的五项子目的，皆为道路交通特定领域应当实现的理想状态，并且大都属于法的秩序、安全、效率等价值范畴。因此，《道路交通安全法》立法目的条款符合了尽可能地表述法律的直接目的或者较为切近的间接目的。②

第二，人权保障理念贯通于"直接目的"的单层规范结构之中。除了规范结构形式上的变化，更为重要的变化是，"以人为本"的人权保障元素得以充分体现。③ 也就是说，以人的主体性为主线，围绕人权保障与实现为中心设计立法目的条款。如果说 2003 年之前的道路交通安全法律规范侧重于经济建设导向下的秩序交通，那么，《道路交通安全法》立法目的条款的功能设计则偏向于人权保障下的秩序交通。这是因为，《道路

---

① 《马克思恩格斯全集》第 3 卷，人民出版社 2002 年版，第 45 页。

② 参见刘风景《立法目的条款之法理基础及表述技术》，《法商研究》2013 年第 3 期。

③ 参见《全国人大法律委员会关于〈道路交通安全法（草案）〉修改意见的报告》，《全国人民代表大会常务委员会公报》2003 年第 6 期。

交通安全法》立法目的条款的五项子目的，无论是具有明显人权保障内容的"预防和减少交通事故，保护人身安全，保护公民、法人和其他组织的财产安全及其他合法权益"，还是为实现人权创造条件和增进效益的"维护道路交通秩序，提高通行效率"，都是"以人为本"思想的法制设计。

并且，此次法制内容设计相当精细，充分贯彻了"以人为本"的思想。譬如，就"交通安全"内容设计而言，《城市陆上交通管理暂行规则》《城市交通规则》《道路交通管理条例》都在立法目的条款中表述为"交通安全"，而《道路交通安全法》表述为"人身安全""公民、法人和其他组织的财产安全"。从表征上来看，《道路交通安全法》之前的交通安全法律规范立法目的条款中的"交通安全"，不仅限于道路通行者的人身财产安全，还涵盖道路基础设施的安全，其内涵与外延较为宽泛；而《道路交通安全法》立法目的条款内容更为具体，表意更为明确，"交通安全"特指代道路通行者的人身与财产安全，基本上是围绕人权实现细化的立法目的条款。

（二）交通秩序观的调适：从凌乱到理性

前已述及，2003 年之前交通安全法律规范基本上遵循交通秩序至上的理念，然而，该理念在规则构建与制度实践中出现了一定程度的凌乱。作为交通安全领域公益化身的交通警察，在到达事故现场后处置交通事故的先后顺序上，并未严格遵守上述理念。譬如，《道路交通安全法》颁布之前的关涉交通事故处置的法律规范，① 清一色将保障人身与财产安全位列于维护交通秩序之前。然而，在上述规范细化实施的过程中，又回归为

---

① 1991 年国务院《道路交通事故处理办法》第 8 条规定："公安机关接到报案后，应当立即派员赶赴现场，抢救伤者和财产，勘查现场，收集证据，采取措施尽快恢复交通。"1992 年公安部《道路交通事故处理程序规定》第 16 条规定："勘查人员到达现场后应当立即进行下列工作：（一）组织抢救伤者和财物；（二）制作勘查材料，寻找证人，收集物证；（三）清点现场遗留物品，消除障碍，恢复交通。"2004 年公安部《交通事故处理程序规定》第 23 条规定："交通警察到达现场后，应当根据需要立即进行下列工作：（一）组织抢救受伤人员；（二）在现场周围设置警戒线，在距现场来车方向五十至一百五十米外设置发光或者反光的交通标志，引导车辆、行人绕行；允许车辆通行的，交通警察应负责现场警戒、疏导交通，指挥其他车辆减速通过；（三）指挥驾驶人、乘客等人员在安全地带等候；引导勘查、指挥等车辆依次停放在警戒线内来车方向的道路右侧，车辆应当开启警灯，夜间还应当开启危险报警闪光灯和示廓灯……"

交通秩序至上，与立法目的条款保持了高度一致。这在 1999 年《沈阳市行人与机动车道路交通事故处理办法》以及 1992 年最高人民法院、公安部《关于处理交通事故案件有关问题的通知》中得以充分体现。前者以行政立法的形式，完全以是否遵守交通秩序为标准，来判定行人与机动车驾驶人的责任分担，而并未考量作为弱势一方的行人是否需要予以特别的制度关怀。① 后者以司法适用的形式，要么对当事人因不服交通警察对交通事故的处理而提起行政诉讼的行为明确为"人民法院不予受理"，要么对交通肇事刑事案件的定罪量刑采取简易审理态度，② 可见，法院基本上是尊重和支持交通警察秉持的秩序至上理念。

可见，上述吊诡现象反映出交通安全法律规范理想与现实的重大差异，即便上位道路交通事故处理规范有倾向于保障人权的努力，终究还是摆脱不了交通秩序至上的时代局限。然而，2003 年《道路交通安全法》实施之后，除了保障人权被格外重视，交通秩序在交通安全法律规范中的地位也随之理性回归。一个重大并且极为明显的变化是，交通警察处置交通事故的顺序在《道路交通事故处理程序规定》③ 中被重新排列，交通秩序在一定程度下先于人权保障也逐步被法定化。对此，有学者将其提炼为交通秩序为主兼顾人权的新秩序观。④ 更为准确地来说，当前实施的交通安全法律规范基本上遵照交通秩序优先的价值理念。

---

① 《沈阳市行人与机动车道路交通事故处理办法》区区 16 个条文，竟然有 6 个条文（第 8—13 条）直接规定行人承担全部责任。

② 最高人民法院、公安部《关于处理交通事故案件有关问题的通知》规定："三、公安机关依据《办法》第十条、第十三条、第十六条的规定，作出紧急使用单位或者个人的交通工具和通信工具、指定预付伤者医疗费、处理尸体的决定，当事人因此向人民法院提起行政诉讼的，人民法院不予受理。四、当事人仅就公安机关作出的道路交通事故责任认定和伤残评定不服，向人民法院提起行政诉讼或民事诉讼的，人民法院不予受理。……九、人民法院审理交通肇事的刑事案件，应当对案件事实、证据进行认真审查、核实。只要求做到'两个基本'，即案件的基本事实清楚，基本证据确实充分，不要纠缠不影响定罪量刑的枝节问题。"

③ 2008 年公安部《道路交通事故处理程序规定》第 21 条规定："交通警察到达事故现场后，应当立即进行下列工作：（一）划定警戒区域，在安全距离位置放置发光或者反光锥筒和警告标志，确定专人负责现场交通指挥和疏导，维护良好道路通行秩序。因道路交通事故导致交通中断或者现场处置、勘查需要采取封闭道路等交通管制措施的，还应当在事故现场来车方向提前组织分流，放置绕行提示标志，避免发生交通堵塞。（二）组织抢救受伤人员……"

④ 刘启川：《我国交通警察权力配置：价值维度与改革框架》，《政治与法律》2016 年第 5 期。

三　现代城市交通安全法律调控的功能定位

借由前述历时态下我国交通安全法律的立法条款的梳理与解读，可知当前我国交通安全法律规范的价值取向为人权导向的交通秩序优先观。需要进一步追问的是，人权导向的交通秩序优先观是否存在更为具体的样态？如何在实践中应对人权导向的交通秩序优先观中人权与秩序的关系？这就需要结合交通安全法律调控的承担者加以阐释。

应当明确，在我国立法实践中，交通安全法律调控的角色一直为交通警察所承担。20 世纪 20 年代，我国实践中开始出现专职交通的警察设置并在 1934 年的《路上交通管理规则》中法定化。① 新中国成立后，1951 年公安部公布的《城市陆上交通管理暂行规则》作为我国首部城市交通安全法律规范，确立了交通警察作为车马行人的管理者地位。其后，颁布实施的交通安全法律规范承继了这一传统。值得一提的是，1986 年国务院《关于改革道路交通管理体制的通知》再次明确了公安机关管理交通安全的职权与职责。其后的交通安全法律规范之中皆明确交通警察作为管理交通安全与交通秩序的法定主体。并且，交通安全法律规范目的条款的相关内容，实质上也为交通警察的任务，可以说，交通安全法律的立法目的条款亦为交通警察的任务。更进一步来说，现代交通安全法律调控的功能即为交通警察任务的实现程度。

即便在自由法治国、社会法治国的场域内，警察权的秉性并不能因为情势的不同而做相应调适。其不同于一般的国家行政权，这是因为警察权较于其他行政权具有补充性。"警察系以维持客观的事实上之秩序为目的之国家机关，与警察不得主动地介入有关形成及维持市民相互间之私法关系之纷争完全相同者，警察亦不应积极地支援、推进特定的行政机关之政策。"② 这种补充性还表现为警察权的临时性，"在保护私权所需之特别职权，有身份之确认、管束及扣押，但很清楚的是，各该措施皆仅具临时保全性质"③。此外，警察权与行政权的重要不同在于，警察权的强权性与

---

① 只不过，当时的交通警察隶属于交通部。参见韩延龙、苏亦工《中国近代警察史》（下），社会科学文献出版社 2000 年版，第 667 页。

② 梁添盛：《整建我国警察权限法制之研究》，博士学位论文，"国立"政治大学，1999 年。

③ ［德］Scholler：《德国警察与秩序法原理》，李震山译，登文书局 1995 年版，第 79 页。

侵益性，远胜于一般的行政权，因此对警察权的运行应课加较一般行政权更为苛刻的条件。位于警察权之下的交通警察权更应如此，应严格地限定在查处交通违法行为、处置交通事故等维护交通秩序上。

尤其是，当下的中国已经进入一个风险社会，而现代道路交通领域是风险的高发区。具体而言，城市交通风险的增大，无非来源于这些问题，也是交警亟待解决的问题：现代城市空间的有限性，人口、车辆急剧增长性，交通事故尤其是重大交通事故的惨烈性与处置及时性要求，驾驶工具的危险性，通行效率与安全的过高期待性，等等。特别是威胁健康与安全的交通事件即使并不变为现实也会消耗成本。[①] 而这些都需要交警予以事先应对，并有效化解。其路径无外乎围绕秩序的构建、整合或维护。在此情形下，如果单向度关注道路通行者权利所涉的自由、民主与财产，而不关注交通秩序或给予少量关注，那么现代交通秩序将矛盾重重、混乱不堪。事实上，道路交通安全风险的消解需要尽快重整秩序，在此过程中可能伴随着一定程度人权的消减，但其目的是整个交通秩序与安全的实现。至于减损的人权，完全可以通过事后救济的方式予以弥补，此举正是行政法之比例原则的要义所在。因此，从功能主义的视角而言，相较于交通警察权之人权属性，交通警察权秩序价值的权重应适度偏重。

那么，如果交通警察的重心在于维护交通秩序而非关注人权，现代交通警察权是否会导致一种极端：为了交通秩序漠视人权甚至践踏人权？应当看到的是，秩序与人权并非完全割裂。在自由法治国与社会法治国双重视域内，秩序是富含人权的秩序，秩序与人权的水乳相融关系，已经基本获得共识。"从最抽象的意义上讲，秩序是事物在时间、空间或逻辑联系上相对固定的结构。对于社会生活而言，秩序总是意味着在社会中存在着某种程度的关系的稳定性、进程的连续性、行为的规则性以及财产和心理的安全性等因素。"[②] 但若国家存在是以追求人民幸福、保障人民权利为目的，必先以国家能存在及社会秩序能维持为前提，因此，安全秩序目的与追求人民幸福的目的，就成了两个相互关联，彼此影响之主轴。[③]

当然，单纯从法理上讲，人权与秩序冲突之时，秩序应让位于人权，

---

① 参见 Baruch Fischhoff, Stephen R. Watson, Chris Hope《界定风险》，载金自宁编译《风险规制与行政法》，法律出版社 2012 年版，第 7 页。

② 张文显主编：《法理学》（第三版），法律出版社 2007 年版，第 335 页。

③ 李震山：《警察任务法论》，登文书局 1998 年版，第 33 页。

毕竟，一切国家型构包括维持国家机器运转的秩序，皆源自人权。诚如有学者所言："治安任务必须在保护人权之前提下进行，而人权之保障与人民福祉的追求才是目的，治安应仅是手段。"① 并且，以此"手段"外化的道路交通规范所一贯秉承的秩序、安全等价值，内含着人权保障的意蕴。应当承认，交通秩序并不必然与人权保障是相悖的，干预行政也并不是品质不良的行政活动。在整合社会秩序方面干预行政是必不可少的，且中国转型时期社会秩序可能更需要干预行政来整合不稳定的秩序。② 在很大程度上，交通警察对交通秩序干预行为，是为了个体权益或者公共利益的维护。以前文述及的《道路交通事故处理程序规定》第 21 条为例，无疑，该条具有鲜明的秩序价值取向，但是，这并不表明交通警察在处置事故时，按照上述规范明定的顺序依次完成后，才进行下一个环节，而是这些环节基本上是同步进行的。况且，先于考虑现场秩序，如划定警戒区域、实施交通管制、防止警示标志等，一方面是为了防止二次事故，另一方面为他人通行提供必要的警示，避免交通事故的发生。在本质上，都是为了权利保障与公共利益，并不能因此而过分地苛责交警"只有秩序而无人权"。

需要继续追问，如何才能避免"只有秩序而无人权"的法治风险呢？现代国家配置交通警察权之秩序权能，多是在民主的情形下以"传送带"立法的模式展开，即便是行政立法，也是在汲取参与、听证等民主要素的基础上进行，并配备相应的审核、备案、废除等程序。譬如，2014 年 6 月深圳市交警部门向深圳市人大常委会提请修订《深圳经济特区道路交通安全违法行为处罚条例》《深圳经济特区道路交通安全管理条例》，向社会公开征求意见建议，取得了良好的社会效果。③ 尽管上述条例中增加了新的罚则，但其目的在于通过维护交通秩序，以更好地保障人权与更广泛的公共利益。申言之，现代交通警察维护交通秩序的行为，是富含人权要素的秩序行为。

或许有学者会提出，在社会法治国之福利行政与给付行政的背景下，

---

① 李震山：《对提升警察办案能力之期待》，《民间司法改革研讨会论文集》，2001 年自刊本，第 3 页。

② 章剑生：《现代行政法基本理论》，法律出版社 2008 年版，第 6 页。

③ 参见深圳市公安局《交警拟对交通违法处罚条例和交通安全管理条例进行修改》，http://www.szga.gov.cn/JWXW/JTDT/201407/t20140710_69227.htm。

交通警察权亦应当作出相应的回应，至少应增量人权保障要素。对此，笔者并不苟同。原因有三：其一，如若赋予交通警察权给付行政的权能，不难想象，交通警察权极有可能又回归到传统警察国时代，其危害前文已做阐述，在此不再赘述；其二，给付行政的角色完全可以由其他行政机关代行或者担任，在行政分工精细化的今天，已不存在障碍，警察内部分工日益明晰化与独立化，上海交巡警分立的成功实践便是明证；① 其三，即使交通警察在执法实践中，遇有突发事件或者紧急情况，而不属于其职权范围内的事项，并在请求其他机关可以解决的情形下，交通警察亦不应完全介入并代行其他机关职权。并不是说交通警察对此完全坐视不管、置若罔闻，而是应通知相关部门，并在必要的情况下提供协助，当然，这种协助应在法律规范限定的范围内。因此，福利行政的发展趋势不应成为变更或者革新交通警察任务的因由。

　　综上所述，当前交通警察权力的价值应当定位为以交通秩序为主兼顾人权，我们暂且将其称为交通警察权"新秩序观"。"新秩序观"最大的优势是厘清了当前交通警察权蕴含的价值、功能预设及其序位。换言之，"新秩序观"的基本诉求是交通警察致力于交通秩序与交通安全的维护，其他的皆为其辅助事项。更进一步，在自由法治国与社会法治国双重品格的推动下，在交通警察职权范围内——维护道路交通秩序与交通安全，不应是往常普遍存在的被申请行为或消极被动不作为，更多的应是主动履行其秩序维持功能。如主动指挥交通、主动处置交通违法行为。而对于人权保障的辅助义务，唯有来自其他机关或者民众的申请方得以实施。当然，对于突发事件，尤其是民众生命面临重大威胁，来不及寻求他机关救济，而将导致严重损害之时，交通警察有主动介入的必要。

---

　　① 参见《关于提请审议废止〈关于本市试行交通警察和巡察警察在道路上统一执法的决定〉的说明》，《上海市人民代表大会常务委员会公报》2005 年第 2 号。

第二章

城市交通安全的行政法协同治理机制研究

一 问题的提出

(一) 世界城市交通安全整体趋势

世界卫生组织《预防道路交通伤害世界报告》报告显示："全世界每天有3000多人死于道路交通伤害，每年约有120万人死于道路交通伤害，受伤者多达5000万人。"该报告同时指出，如果不采取强有力的治理措施，今后20年中世界各国道路交通伤害的死亡和受伤人数将增加65%左右。这其中，因道路交通伤害引起的85%的死亡以及90%的伤残发生在中等收入和低收入国家。到2020年道路交通伤害预计将成为全球疾病与伤害负担的第三位原因。另据研究表明，世界各国因交通事故而死亡人数已经超过当年全世界局部战争造成的死亡人数的总和，道路交通伤害的经济损失约占世界各国国民生产总值（GNP）的1%—2%，每年全球道路交通伤害的损失估计为5180亿美元。正是基于道路交通安全治理的重要性，道路安全治理被称之"和平时代的战争"。[①]

(二) 我国城市交通安全现状

城市交通安全一直以来都是困扰世界各国的重大社会问题，这一问题在我国特别是城市表现得尤为突出。我国早已大踏步进入"汽车时代"。截至2015年12月，我国机动车保有量达2.79亿辆，其中汽车1.72亿辆；机动车驾驶人3.27亿人，其中汽车驾驶人超过2.8亿人。据统计，我国每一分钟有一人因车祸伤残，每五分钟有一人因车祸死

---

① 参见世界卫生组织《预防道路交通伤害世界报告》，2004年。

亡，每天死亡280多人。自2000年以来，我国每年因道路交通事故造成的死亡人数都超过10万人，造成的财产损失难以计数。与发达国家相比，我国交通事故率较发达国家明显偏高，严重扰乱了民众的生活，严重影响着经济和社会的稳定与发展。数据表明，虽然我国汽车保有量只占世界的1.9%，但是车祸死亡人数占到世界15%—17%，且近年来每年都增加4.5%左右。

自汽车问世以来，它给人类社会的生产生活带来了无限便利和锐不可当的发展前途，但同时又让人们为此付出了沉重的生命和财产代价。交通事故严重威胁着民众的生命、健康和财产安全，不仅造成生命健康的巨大伤害，也导致社会财富的极大浪费。值得注意的是，城市交通拥堵问题、城市交通环境污染问题与城市交通安全问题交叉影响、相互叠加，给民众生命和财产带来更大的威胁。

（三）我国城市交通安全面临的新挑战

"十二五"期间，我国人均国内生产总值（GDP）将从4500美元增加到6100美元。从西方发达国家的发展历程来看，人均GDP 4000—6000美元的阶段正是道路交通事故的高发期，特别是城市交通安全问题将更为突出。城市中心地带道路、城市快速路、绕城高速公路、城乡接合部交通安全问题将日渐凸显，道路交通供需矛盾和道路交通安全的系统性矛盾将更加突出。随着城市化进程的推进和汽车时代的到来，机动车保有量将持续增加，交通需求大幅度增长，而相应的城市道路基础设施与交通管理措施难以跟上交通量增长的步伐。我国城市道路交通安全隐患仍不容忽视，交通安全形势依然严峻，交通安全状况仍不容乐观。

1. 随着机动化时代的到来，城市机动车保有量与交通需求日渐膨胀

随着我国经济的快速增长，城市道路基础设施必将更加完善，机动车保有量也必将进一步增长，道路交通量也将持续增长。若交通安全管理仍保持现状，交通参与者的交通安全意识和文明素质不相应提高，交通管理方式和手段得不到相应的改进，城市将面临道路交通安全环境可能恶化的压力，不仅事故数量会上升，而且交通事故的严重程度也会随之加大。

2. 混合交通状况将长期存在，为城市交通安全治理带来巨大压力

混合交通是我国城市交通的最显著特点，也是交通管理的难点。城市

交通中，行人、机动车、非机动车等共同交汇流动在城市道路之上，这将是交通安全管理持续的挑战。据统计分析，城市交通事故死亡人员中行人、摩托车驾驶人和电动助力车等非机动车驾驶人占死亡总人数中的比例较大，其中绝大多数事故是由于不同交通方式间的冲突造成的。在今后相当长的时间里，我国城市混合交通的状况仍将存在，由此产生的交通事故隐患不容忽视。

3. 我国城市化程度攀升与居民交通观念滞后的矛盾将长期存在

目前，中国的城市化率已经超过 50%，城市居民人口急剧膨胀，未来数年内我国城市人口将达到 8 亿—9 亿，这必将形成庞大的城市人口群体。同时，伴随着我国经济的速度发展，以及居民生活消费水平的不断提高，购买机动车尤其小汽车的能力逐渐提高，甚至形成一股热潮，我国的汽车拥有率开始飙升。巨大的城市人口流量以及交通压力，无形中增加了道路交通安全事故的发生率。此外，随着我国城镇化进程加快，大量农村人口流入城市，外来务工人员占比比较高。城市部分群体交通安全观念相对淡薄，"中国式过马路"等违法现象仍较普遍。加之一些城市交通安全管理松懈，漏管失管现象严重，驾驶人及乘客对超载、超限、非法载客、客货混装等严重交通违法行为所可能产生的交通安全危害性认识不足或存在侥幸心理，从而成为道路交通安全的高危人群。

(四) 研究现状与研究思路

1. 交通安全法律调控机制的研究现状

当前，我国大中城市已经进入汽车时代，城市交通安全问题已经成为困扰现代城市的一大难题。人们在获得现代交通工具带来的诸多便利的同时，也承受着大量交通安全问题带来的严重问题。而早期交通管理思想更加注重"效率价值"，注重保障机动车行驶人的自由，以促进城市的发展、交通运输业的发展。但是，当城市与交通运输业发展到一定规模时，交通事故的数量和危害程度都会超出社会的容忍范围，进而引发严重的城市交通安全问题，如公众反响强烈"杭州飙车案""张明宝醉驾案"等。

为破解城市交通安全问题，国内外学界纷纷从不同学科展开研究。目前，大量的城市道路交通安全研究集中于交通工程学、车辆技术学、信息技术学等方面。城市规划学、交通工程学、车辆技术学等理工学科侧重于城市交通安全的技术条件研究。法学界则重点围绕城市交通安全的法律规制展开研究。宪法学从生命权与路权的关系视角切入交通安全问题；刑法学界对醉驾、飙车等交通违法行为"出行入刑"问题，以及交通肇事、危险驾驶等特定罪名展开研究。行政法学领域侧重于交通行政决策、行政执法与交通违法行为处理的研究，集中表现为机动车限行决策的合法性与交通行政处罚行为的个案式研究。①

但是，对于城市交通安全的法律规制研究，特别是行政法规制研究仍显不足。一方面，行政法学界习惯于在"行政法总论"的研究框架下，从行政执法与行政违法视角切入，容易忽视城市交通安全问题及其行政监管的独特性；另一方面，我国现行行政法制侧重于交通违法行为的事后惩处，以期发挥法律的惩戒威慑功能来实现交通安全的管理目标，往往忽视城市交通安全风险规制与事先预防。再则，行政法上的治理理论未能贯穿于交通安全问题研究。在城市交通不发达的时代，由政府单方主导的管理体制即能够在很大程度上处理城市交通安全问题。因此，传统的城市交通安全法律制度主要一种行政法意义上的管理制度，更多通过对交通行政违法行为的处理达到管理目标。但是，随着城市交通发展，特别是现代城市的交通难题引发的严重交通安全问题，管理思想主导的行政法机制也不敷应用，城市交通安全的政府管理应实现向政府与公众合作"治理"的变迁，行政法机制应作相应的调整。但是，行政法学研究仍然主要从行政处罚的角度切入城市交通安全问题，未能重点研究城市交通安全行政法调控机制中的政府与公众的合作治理机制。

故此，化解城市交通安全难题，需要以城市交通安全现实问题为导向，更新监管理念，创新监管体制机制，进行深入系统的研究。

2. 研究思路与基本观点

本部分研究以政府"管理"向"治理"的转型为背景，以城市交通安全的行政监管失灵为切入点，以城市交通安全治理的理念更新、功能转向、体制变革与机制创新为研究内容，构建城市交通安全"政府负责、部门协作与公私协力"的协同治理体系。

本部分研究重点在于塑立"以人为本、安全为先"的城市交通安全法治理念；提出并论证政府的交通安全保护义务与交通安全风险规制职

---

① 参见余凌云、聂福茂《警察行政法学》，中国人民公安大学出版社 2005 年版；惠生武《公安交通管理学》，中国政法大学出版社 2008 年版。

能；构建"政府负责、部门协作、公私协力"的协同治理的行政法律机制。

本部分坚持认为，严刑峻法并不能从根本上解决城市交通安全问题。顺应现代政府"管理"向"治理"的转型，城市交通安全"传统管制型"向"协同治理型"监管模式转变，是应对城市交通安全问题的必然要求；加强城市交通安全的风险评估、风险规制与预防管理，积极能动地为民众提供优质高效的"交通安全保护服务"，是现代城市政府的基本职能和重要职责；在"大部制"和"大交通"背景下，建立在分工协作与社会参与基础上的"政府负责、部门协作、公私合作"的协同治理体制机制是破解城市交通安全问题的必然选择。

二　从管理到治理：城市交通安全规制模式的更新

（一）城市交通安全"一元化管理"与"二元分治模式"

道路交通安全受人、车、路和环境等多种因素的综合影响。当前我国针对城市道路实行的是道路设施建设管理与道路安全管理相分离的二元分治模式。

首先，关于城市道路设施建设管理。目前国务院《城市道路管理条例》和相关地方性法规，如《上海市城市道路管理条例》《南京市城市道路设施管理条例》构成了城市道路建设管理的法制基础。依据国务院《城市道路管理条例》之规定，所谓"城市道路"，是指城市供车辆、行人通行的，具备一定技术条件的道路、桥梁及其附属设施。该条例第 6 条明确规定，城市建设行政主管部门或市政工程行政主管部门主管辖区内城市道路管理工作，具体包括城市道路的规划、建设、养护、维修和路政管理。①

其次，关于城市道路交通安全管理。《道路安全法》奠定了我国城市道路安全管理的法制基础。根据《道路安全法》第 4 条的规定，各级人

---

① 《城市道路管理条例》第 6 条：国务院建设行政主管部门主管全国城市道路管理工作。省、自治区人民政府城市建设行政主管部门主管本行政区域内的城市道路管理工作。县级以上城市人民政府市政工程行政主管部门主管本行政区域内的城市道路管理工作。

民政府承担道路交通安全管理规划与实施的职责。① 同时该法第 5 条授权公安机关交通管理部门具体负责道路交通安全管理工作。② 除此之外，该法还赋予交通部门、城市建设部门在各自职责范围内进行道路安全管理工作，并赋予教育行政部门、新闻、出版、广播、电视等有关单位以及机关、部队、企业事业单位、社会团体以及其他组织进行道路交通安全教育的职责与义务。③

基于此，针对城市交通安全问题，公安部门具体负责道路交通安全工作，实行是的公安机关的"一元化管理"。在公安部门负责道路交通安全工作的同时，城市建设或市政工程部门负责城市交通规划及道路基础设施建设管理工作，实行的是城市道路设施管理与城市道路安全管理相分离的"二元分治模式"。

（二）现行城市交通安全管理模式的弊端

我国城市道路设施的建设和管理权限在当地城市建设部门，城市道路交通安全管理则突出强调公安交警部门的职责权力，这种分治管理模式有其存在的正当性和现实必要性，但是难以适应现代城市经济与社会的快速发展，主要存在以下问题：

1. 条块分割严重，缺乏整体协同

从世界各国来看，维护社会的秩序与安全属于警察机关的重要职能。道路交通安全管理工作在传统上亦是由警察部门负责。这主要是因为，在道路交通不发达、道路交通设施与车辆安全防护措施落后、混合交通普遍

---

① 《道路安全法》第 4 条："各级人民政府应当保障道路交通安全管理工作与经济建设和社会发展相适应。县级以上地方各级人民政府应当适应道路交通发展的需要，依据道路交通安全法律、法规和国家有关政策，制定道路交通安全管理规划，并组织实施。"

② 《道路安全法》第 5 条："国务院公安部门负责全国道路交通安全管理工作。县级以上地方各级人民政府公安机关交通管理部门负责本行政区域内的道路交通安全管理工作。县级以上各级人民政府交通、建设管理部门依据各自职责，负责有关的道路交通工作。"

③ 《道路安全法》第 6 条："各级人民政府应当经常进行道路交通安全教育，提高公民的道路交通安全意识。公安机关交通管理部门及其交通警察执行职务时，应当加强道路交通安全法律、法规的宣传，并模范遵守道路交通安全法律、法规。机关、部队、企业事业单位、社会团体以及其他组织，应当对本单位的人员进行道路交通安全教育。教育行政部门、学校应当将道路交通安全教育纳入法制教育的内容。新闻、出版、广播、电视等有关单位，有进行道路交通安全教育的义务。"

存在的时代，"人的行为"是诱发交通事故的主要因素。与此同时，运用强制手段去纠正交通参与者的违章行为是警察权的优势，因而警察部门执法的强制性奠定了其在道路交通安全管理中的主体地位。近年来，伴随着人们出行量和车辆的持续增加、车速的提高、道路的拥挤，交通事故的重要诱发因素已从"人的行为"这个单一要素发展为人、车辆、道路、环境等多种要素。道路交通安全管理的整个过程也涉及规划、设计、建设、公交、运输、卫生、财政、公安等多个职能部门及非政府部门。道路交通安全管理对象的多样化以及多个部门多头管理模式，要求各个职能部门既要各负其责，同时又要通力合作、协调一致，在共同目标、整体规划和全局战略之下，各司其职、分工合作。我国现行城市道路交通安全的管理体制仍然是公安交警部门在唱"独角戏"，政府部门之间相互协同、齐抓共管的工作格局尚未形成。

2. 突出事后惩治，事前预防不足

交通安全涉及人、车、路和环境等多项因素。依据现行《道路安全法》，公安部门负责城市交通安全管理。公安交警部门维护城市交通安全的最主要手段是"路面执法"，突出强调的是对交通安全影响因素中的"人的行为"的管理，如对行人、驾驶员违反交通安全管理规范行为的事后惩戒。过分强调和依靠公安部门的"权威"和"强制手段"解决交通安全问题，在一定程度上忽视了道路交通的硬件条件、技术基础、环境要素等；削弱了交通部门、城市建设部门、市政工程部门的交通安全管理职能与职责。近年来，我国城市交通安全问题呈现多发态势，但公安交警部门承担的是路面执法活动，主要是一种针对交通违法行为的个案式、"一事一议"的事后处理。由此可见，交警部门偏重于交通违法违规行为的事后处罚惩戒。这种以"事后惩治"为主，忽视"事前预防"，警察执法权威为主，其他部门协助为辅的交通管理模式难以根治交通安全隐患，难以实现城市交通安全畅通的基本目标。

3. 职能交叉渗透，职权职责不清

道路交通安全管理由公安交警部门主管，但城市交通安全问题是一项系统工程，涉及人、车、路、环境多个方面，牵涉公安、交通、规划、建设、工商、发展改革、安监、质检等多个行政部门。道路安全的一元化管理、二元式分治、多元化主体治理体制增加了部门之间的协调难度，无法形成合力，甚至产生相互推诿扯皮的问题，浪费国家的财力、人力，且难以达到交通安全管理的目标和效果。如果各个管理部门之间的协作关系不顺，则各主体会选择从本位主义出发，只解决本部门要解决的管理问题，不顾及其他管理部门以及道路交通安全管理的整体效果。其结果是道路交通安全的责任在国家与地方；城市政府、公安、市政等部门之间被割裂开，遇利相互争抢，遇事相互推托扯皮，使得安全责任落不到实处，难以形成合力，资源得不到充分合理利用，从而影响到城市道路交通管理水平的提升。①

4. 政府主导为主，社会参与不足

当前，我国城市道路安全管理仍然主要是由政府部门大包大揽，尚未形成多元主体良性互动的协作治理框架。道路交通事故的发生是人、道路、车辆等各种因素综合作用的结果。所以，预防道路交通事故工作也是一项社会性、综合性的工作，需要各职能部门的共同努力和全社会的共同参与。城市政府尤其公安交警部门在城市道路安全问题上的垄断式管理，一方面意味着政府和交警部门必须具备巨大的人力、物力和信息资源；另一方面，政府的道路安全管理往往陷于低效和失灵的状态。随着城市经济发展和社会转型的日益深入，个体化、多元化的利益诉求在城市中的表现更加突出，由此导致的矛盾冲突爆发的可能性也随之上升。共同抵御城市交通安全风险、应对交通安全危机成为多元化社会中分散个体的共同诉求。②

（三）城市交通安全协同治理理念的引入

1. 治理与善治的内涵

一般认为，"治理"区别于传统的管制、管理。所谓治理，联合国全球治理委员会在《我们的全球伙伴关系》的研究报告中对治理曾作出如下界定："治理是各种公共的或私人的个人和机构管理其共同事务的诸多方式的总和。它是使相互冲突的利益得以调和并采取联合行动的持续过程。"③ 著名的行政学者格里·斯托克总结各种治理理论研究，认为，"治

---

① 参见唐洪《完善我国道路交通安全管理体制的若干思考》，《湖北警官学院学报》2012年第10期。

② 参见王雪丽《城市公共安全体系存在的问题及其解决方略》，《城市问题》2012年第7期。

③ 转引自刘光容《政府协同治理：机制、实施与效率分析》，华中师范大学出版社2008年版，第17页。

理意味着一系列来自政府，但又不限于政府的社会公共机构和行为者；治理意味着在为社会和经济问题寻求解决方案的过程中，存在着界线和责任方面的模糊性；治理明确肯定了在涉及集体行为的各个社会公共机构之间存在着权力依赖；治理意味着参与者最终将形成一个自主的网络；治理意味着办好事情的能力并不仅限于政府的权力，不限于政府的发号施令或动用权威"①。基于此，所谓治理，主要具有治理权力主体的多元性、治理过程的协调系统性、治理目标实现的灵活多样性等特征。

治理的目的是达至善治。我国著名政治学学者俞可平教授曾提出治理就是要实现政府与公民社会对公共生活的合作管理，达至"善治"。②"善治"侧重的是政府与社会之间的良好互动的治理形态，本质上是国家权力向社会的回归，善治的过程就是一个还政与民的过程，也是使公共利益最大化的社会管理过程。善治的本质特征就在于它是政府与公民对公共生活的"合作管理"，是政治国家和公民社会的一种新颖关系，是两者的最佳状态。善治的状态即是国家与社会、政府与公民之间的良好合作。善治离不开政府，但更离不开公民。从某个小范围的社群来看，可以没有政府的统治，但是不能没有公共管理。善治有赖于公民自愿的合作和对权威的自觉认同，没有公民的积极参与和合作，至多只有善政，而不会有善治。③

2. 协同治理理论的引入

协同治理理论是当今理论界及学术界所推崇的一个用以应对当前公共治理现实困境的理论选择。所谓"协同治理"，是指处于同一治理网络中的多元主体间通过协调合作，形成彼此啮合、相互依存、共同行动、共担风险的局面，产生有序的治理结构，以促进公共利益的实现。联合国全球治理委员会所达成的共识认为，"协同治理覆盖个人、公共和私人机构管理他们共同事务的全部行动。这是一个有连续性的过程，在这个过程中，各种矛盾的利益和由此产生的冲突得到调和，并产生合作。这一过程既建

---

① 参见刘伟忠《我国协同治理理论研究的现状与趋向》，《城市问题》2012 年第 5 期。

② R. Rhodes, The New Governance: Governing Without Government, *Political Studies*, Vol. XLIV, 1996: 653.

③ 参见俞可平《治理与善治》，社会科学文献出版社 2000 年版，第 22 页以下。

立在现有的机构和具法律约束力的体制之上，也离不开非正式的协商与和解"①。协同治理将"协同"概念用于治理中，并非协同与治理的简单拼凑。协同治理包含合作治理之义，又不仅限于简单合作，是在治理理论的基础上强调"合作治理的协同性"。其内涵包括：其一，治理主体的多元性。治理主体囊括多个政府主体，且除了政府之外，非政府组织、企业、公民个人在内的所有社会组织和行为者都可以参与公共事务治理。其二，治理目标的一致性。是指主体间合作的共同利益与共同目标的一致性，以及集体行动的一致性。只有多元治理主体在共同利益和共同目标的基础上，积极配合、一致行动才能有效整合治理资源，充分发挥多方优势，实现"良好的治理"。其三，治理过程的有序性。是指合作主体行为的有序性，以及主体间关系的有序性。有序性是防止治理体系碎片化、无序化、重复建设和资源内耗的必要保证。其四，治理效果的有效性。是指实现井然有序的宏观治理结构，以及整体治理功能的放大，即保持良好的社会秩序和实现公共利益。其五，治理系统的协作性。协同治理改变政府与其他子系统在传统社会管理模式中的管理与被管理、控制与被控制的关系，强调政府、非政府组织、企业、公民个人等子系统的相互协作关系。其六，治理秩序的稳定性。协同治理通过调节和整合，在系统内不同的范围和层次将无序转化为有序，并且提高自身的组织化和有序化程度。②

（四）城市交通安全协同治理体系之构成

传统城市交通安全管理主要属于警察法意义上的秩序行政范畴。在城市交通不发达的时代，由政府尤其公安交警部门单方主导的管理模式能够在很大程度上处理城市交通安全问题。随着城市交通发展，特别是现代城市的交通难题引发的严重交通安全问题，导致管理思想主导的行政法机制不敷应用，城市交通安全的政府管理应实现向政府部门之间的"协作治理"以及政府与公众的"合作治理"的变迁，行政法机制应作相应的调整。当前，在我国城市交通管理中普遍存在问题。因此，有必要建构政府部门之间"协作治理"以及政府与公众的"合作治理"的协同治理型城

---

① 参见陆远权《协同治理理论视角下公共危机治理探析》，《沈阳大学学报》2010 年第 5 期。

② 参见潘开灵、白烈湖《管理协同：理论与实践》，经济管理出版社 2006 年版，第 4 页。

市交通管理模式，"应在完善政府内部治理结构和充分动员社会化力量的基础上，从政府系统内的自循环逐步过渡到政府与社会协同治理的双循环"①。把城市交通管理划分为政府行政系统的内部系统与行政系统之外的社会系统两大治理系统，并在不断完善两个治理系统内部治理结构的基础上，建立彼此间的伙伴式协作治理关系，最终实现城市交通安全的良好治理。强调在城市交通安全治理过程中，包括城市政府在内的多元治理主体间，通过彼此的多线性合作与配合，构建系统联动的立体化、交互式、多层次、多序列的城市交通安全治理网络，在完善政府内部治理结构和充分动员社会化力量的基础上，从政府系统内的自循环逐步过渡到政府与社会协同治理的双循环。

1. 交通安全管理职能重构：交通安全国家保护义务

当前，我国大中城市已经进入汽车时代，汽车拥堵已是重要的"城市病"，同时机动车增加引发的安全问题已经成为困扰现代城市的一大难题。人们在获得现代交通工具带来的诸多便利的同时，也承受着大量交通安全问题带来的恐惧，也就是说，城市交通安全问题实质上是一个风险社会的"我害怕"的问题。②向市民提供交通安全保护服务是政府的一项重要责任。与此相对应的，享受安全便捷的城市交通服务是民众的一项重要权利。为此，应当从宪法层面论证市民交通权的成立，并构建国家特别是政府的交通安全保护义务。现代城市交通安全的法律调控机制的具体表现，就是其功能从"安置保障"向"安全保护"的明显转向。

2. 交通安全管理重心转移：从事后惩戒到安全预防

随着风险社会的到来，城市交通安全风险逐渐凸显。实践中，一些典型的、伤亡惨重的交通安全事故具有突发性和不确定性之特点，但是这些极端交通安全事件的发生往往是由于常规管理工作的疏忽使交通安全风险积聚到一定程度的结果。因此，城市交通安全的常态工作应该以对潜在交通安全风险评估、风险预防和风险管理为主，提前预见城市发展过程中可能潜在的各种安全风险，对潜在风险要从源头上积极防范和控制，及时传递和发布各种交通安全信息，制订系统可行的交通安全预防方案。城市交

---

① 参见王雪丽《城市公共安全体系存在的问题及其解决方略》，《城市问题》2012年第7期。

② 参见［德］乌尔里希·贝克《风险社会》，何博闻译，译林出版社2004年版，第23页。

通安全管理的目的是在对城市潜在风险要素进行科学预测的基础上，通过安全决策和安全设计，控制和降低城市交通可能面临的风险，并使之达到可接受的水平。分析潜在风险因素、建立交通安全信息管理系统、实施风险减缓对策措施。

3. 交通安全协同治理机制：部门协作与公私合作

首先，构建行政系统内部的协作治理机制。对于公安、交通、城市建设、市政工程等城市政府的各个专业部门而言，面对转型时期错综复杂的城市交通安全形势，必须打破旧有条块分割式的城市交通管理，进一步强化城市政府内部的部门间协作，在部门间积极构建伙伴型合作关系，加强横向系统之间的沟通和联络，建立综合性、多功能的整体联动型城市交通安全治理体系。重塑城市交通安全治理工作流程，通过优化程序和明确责任，使多部门的联动响应机制能真正落到实处，"部门分割"转向"部门整合"，从"各自为战"转向"协作治理"。

其次，构建政府与社会的合作治理机制。向市民提供交通安全服务是城市政府的一项重要责任，但这并不意味着城市政府是提供交通安全服务的唯一主体。在城市交通安全治理中，既要借助政府的公共管理优势，亦应重视社会组织、市民社会和新闻媒体等非政府力量的技术优势，有效提升城市交通安全的整体抗风险能力，弥补政府单方面管理的不足。

三　交通安全保护：城市交通安全治理的国家义务

传统法学一般将包括交通安全在内的公共安全视为一种"公共利益"。维护公共利益，实现城市道路安全与秩序，成为警察行政与秩序行政的重要职能。为了实现公共安全，对交通参与人的个体权益进行限制成为一种政府警察"特权"。[1] 但是传统的警察与秩序行政，较少从相对人视角去认识交通安全问题。也即，交通安全不仅仅是公共利益，同时交通过程必然涉及特定与非特定个体的生命权、健康权、财产权、迁徙自由等个体的权益；与此相对应，政府和警察机关的交通安全管理决不仅仅是一项职权，更是政府的职责与义务。

---

[1]　李震山：《警察行政法论——自由与秩序之折冲》，元照出版公司2007年版，第57页。

（一）交通安全的公法权利属性

根据现代公法理论，人权经历了从第一代人权向第二代、第三代人权的发展历程。所谓第一代人权以美国《独立宣言》、法国《人权宣言》为代表，主要包括生命权、自由权、财产权、安全权、反抗压迫的权利、追求幸福的权利等；第二代人权是国际共产主义运动下形成的人权观，以苏联宪法、国际劳动工组织通过的国际公约为代表，主要包括平等就业权、同工同酬权、社会保障权等基本权利；第三代人权则反映在《联合国宪章》、国际人权宪章等一系列国际法文件中，其内容包括民族自决权、生存权、发展权、和平权、自然资源所有权、继承人类共同遗产权等基本权利。①

依据基本权利的传统分析框架，交通安全本身并不构成一种类型化的权利形态。但是毫无疑问，交通安全问题的重要性却不言而喻。"衣、食、住、行"是人类生存与发展的重要因素，交通则是"行"的核心体现。按照马斯洛的需求理论，安全是人的五大需求中排在生理本能之后的第二位需求，是人在这个世界上存续、活动的根本保证。亚当·斯密在《国富论》中把政府的职能首先界定为保护社会以及社会中的个人作为对公民基本政治需求的回应，政府的一项基本责任就是向公民提供公共安全。② 基于交通以及交通安全的重要性，公法上对其进行特别的规制和调控，以保障公民的交通安全权益成为必要和可能。

德国和日本的理论研究与立法实践表明，交通是实现宪法上迁徙自由、出行权、劳动就业权、受教育权等其他基本人权的基础。"安全则是交通最重要的考量"，也是实现其他基本权利基础的基础。

首先，交通安全具有人权保障功能。在早年城市交通不发达的时代，为了促进交通运输的发展，对于交通安全的法律调控机制以主观过错与客观后果为归责原则，更注重管理角度的公法调控，其功能定位于"安置保障"，保障对象主要为交通参与人。随着城市交通的发展，城市交通安全引发的严重社会风险，使得运用交通安全公法调控机制的同

---

① 参见张翔《基本权利的规范建构》，高等教育出版社2008年版，第38页以下。
② 参见王雪丽《城市公共安全体系存在的问题及其解决方略》，《城市问题》2012年第7期。

时注重私法机制的调控作用，以克服风险社会中城市交通安全问题引发的社会恐慌，进而实现城市交通关系人的"人权保障"。基于"人权保障"要求的城市交通安全法律调控机制的具体建构是：其一，交通安全立法中的行人优先权的制度设置。基于"人权保障"要求，相对于机动车的通行权，行人的生命权、健康权则更为重要，因此我国《道路安全法》体现了"以人为本"的立法指导思想，如增列抢救优先、人行横道设置盲道等规定，出现了行人优先权的制度设置。同时，交通安全立法如何进一步实现行人乃至交通相关人的优先权配置，进而在其私法机制中得到体现，需要进一步研究。其二，科学合理的道路交通事故损害填补机制建设。由于城市交通的相关人在道路交通事故中处于弱势地位，要实现有效充分的"人权保障"目标，就特别需要建设科学合理的交通事故损害填补机制，如基于私法责任承担的机动车强制保险、交通事故救助基金等。因此，如何以《道路交通安全法》所设定的相关机制为切入点，探讨其中的人权保障意义及其具体实施，将成为本部分内容的研究重心。

其次，交通安全是公民社会权的保障。社会权是包括生存权、工作权、受教育权等的一组权利，交通安全对社会权利具有工具性价值。交通发展能改善人民生活，使适足生活水准权得到保障。交通发展能扩大选择工作的范围、改善工作环境。交通发展能保障学习机会权、学习条件权和学习成功权。但交通发展也会对公民社会权造成损害，譬如在城市交通发展过程中，涉及大量的房屋拆迁问题，这涉及公民住房权问题，是故探究交通发展过程中的公民社会权救济机制具有重要价值。

基于交通以及交通安全的重要性，公法上对其进行特别的规制和调控，以保障公民的交通安全权益成为必要和可能。交通安全能否构成公民公法上的权利，同时国家能否承担响应的公法上的义务？随着社会的发展和人权观念的演进，我们逐步在法学和法律上得到了肯定的答案。①

（二）公法上交通权的形成与发展

维护交通安全与秩序是政府和警察机关的重要职能，授予警察机关以

---

① 参见〔德〕亨利·苏勒《德国警察与秩序法原理》（中译三版），李震山译，登文书局2005年版。

交通安全管理权也是世界各国的通行做法。近年来，在德国、法国、日本等国家，随着福利国家和社会权理念的兴起，公民"交通权"观念逐渐生成并不断发展。

在德国，传统警察行政法认为，交通管理旨在实现安全与秩序等公共利益，警察机关有较大的裁量空间和判断余地，交通参与者和道路利用人有容忍和服从之义务。警察机关在道路安全管理过程中，一方面，民众的权益即使受到客观影响，也仅仅是一种"反射利益"，而不能主张公法上的权利；另一方面，政府与警察机关享有交通安全职权，但其职责的边界却并不明细，安全管理职能没有发挥好，交通安全情况恶化，难以追究法律上的责任，而只能追究其行政与政治责任。① 近年来，随着公物法理论与人权观念的发展，德国学者提出了"交通权"和"道路通行权"的概念，认为道路通行权是德国基本法上"行动自由"的重要内容，主张对警察交通管理行为与措施进行必要的法律规制，保障道路利用人的公法权利。② 与民众的交通权相对应，为民众提供安全保护服务则成为政府的职责与公法上的义务。

在日本，学者首先从学理上证成"交通权"，近年来，理论研究成果逐步被相应的立法案所吸纳。日本学者认为，"交通权是以日本《宪法》第 25 条为中心，人民追求幸福及选择职业、居住地自由之权，皆立足于'交通移动'"，"'移动'日益重要，交通能够让个人实现自我，宪法所保障人民的交通权能落实地方振兴。交通不单纯是移动的方法，而必须从实现自我以及社会保障的观点赋予交通的新义"；交通之于公法上的价值在于，"其一，信息的传递与流通，其二，创造和实现生存价值；其三，作为其他人身权与财产权的基础"③。从日本《宪法》第 25 条所确立的"生存与社会福利权"出发，认为安全、便捷而无障碍的"交通的移动"是人民自由择业、迁徙和选择居住地等基本权利的基础，《整合交通基本法案》指出，"交通为国民诸多活动的基础"，该法案第 2 条明确："全体国民拥有借由移动使其健康及基本生存的权利；任何人，在不违反公共利

---

① Steiner（Hrsg.），Besonderes Verwaltungsrecht 7. Aufl，1999.

② 参见［德］亨利·苏勒《德国警察与秩序法原理》，李震山译，登文书局 2005 年版，第 47 页。

③ 参见［日］户崎肇《交通运输的文化经济学》，陈彦夫、王姵岚译，台北翰庐图书出版有限公司 2012 年版，第 36 页。

益的前提下，有自由移动的权利。"日本 1999 年《交通权宪章》第 1 条规定，全体人民拥有平等的交通权，其交通权受到保障；该宪章第 2 条规定：全体人民遇到交通事故或交通公害是应受法律保护。与"公法上的交通权"相对应，强调政府和警察机关有为国民提供安全、便捷的交通服务的义务。① 《整合交通基本法案》第 8 条规定："日本政府与地方自治团体，应当提供国民交通相关情报与政策制定，并负有以国民利益为考量，给予最大交通权的责任。"由此，学理上的"交通权"正式上升为一种立法例上的"交通权"。

(三) 交通安全相对应的国家保护义务

正如德国、日本等国交通权的提出与发展，交通权包括交通安全构成公民在公法上的重要权利，那么与公民交通权相对应的则是交通安全的国家保护义务。

德国公法学认为，基本权利具有"客观的价值秩序"功能。"这意味着国家公权力应将基本权利视为宪法的价值决定，从而在一切的活动中将基本权利的实现作为基本的指向，为基本权利的实现提供实质性的前提条件。"② 基本权利的国家保护义务是基本权利作为客观秩序（面向）这一概念在理论上的延伸。客观价值秩序表示基本权利是一种规范或者价值，各国家机关在履行职权时必须加以遵守和贯彻。"所谓基本权利之保护义务，依判例及学说之见解，系指国家负有保护其国民之法益及宪法上所承认之制度的义务，特别是指国家负有保护国民之生命和健康、自由及财产等义务。"③

我们认为，目前交通（安全）权虽然并不能构成宪法上的基本权利类型，但是基于交通（安全）本身的重要性，及其对于生命、健康权、迁徙自由、居住自由、劳动就业权等基本权利的基础性作用；加之德国和日本公法上对与"交通权"的承认，我们应当赋予交通权以类似于基本权利的地位，正如公法上对于"环境权"的承认与发展一样。

基于此，交通（安全）权同样具有"客观价值功能"，与此相对应，

① 参见 [日] 户崎肇《交通运输的文化经济学》，陈彦夫、王姵岚译，台北翰庐图书出版有限公司 2012 年版，第 49 页。

② 参见张翔《基本权利的体系思维》，《清华法学》2012 年第 4 期。

③ 参见张翔《论基本权利的防御权功能》，《法学家》2005 年第 2 期。

国家应当承当相应的国家保护义务。首先，制度性保障义务。要求国家建立和维护有助于交通（安全）权实现的各种制度。其次，组织与程序保障义务，要求国家设立和维护交通（安全）权所赖以实现的组织与程序。最后，其他各种排除妨碍的义务。即运用刑法、民法、行政法律手段排除第三人对于交通（安全）权的侵害与妨碍。

（四）交通安全国家保护义务的实现路径

"国家是为人民而存在，不是人民为国家而存在。"[①] 国家的行为实际上是指具体行使国家权力的国家机关的活动，包括国家立法机关、司法机关与行政机关，以及与公权力活动有关的机关的活动。在现代国家职能基本化约为立法、行政与司法三个种类的情况下，交通权的国家保护义务主要表现为下面三种形态：立法者负有制定完善、妥当的法律规范的义务；行政权负有切实执行保护性法律的义务；司法机关以保护义务为准则。这其中，以政府的行政保护义务为重点。

首先，政府之于交通权的制度供给义务。禁止行政主体通过行政立法侵犯公民的交通权，也不得随意制定规范性文件限制交通权。从积极意义上，意味着行政机关有义务制定完善的规范体系，保护民众的交通权并防止遭受非法侵害。

其次，政府之于交通权的组织和程序保障义务。现代行政机关行使职权的手段主要是抽象行政行为与具体行政行为。无论抽象还是具体行政行为都应当遵循行为的合法要件，具有主体、权限、程序上的正当性，以维护民众的交通权益。

最后，政府之于交通权的排除妨碍义务。行政机关的权力与交通权益的实现密切相关。在实践中侵犯民众交通权益往往是由于政府滥用权力或渎职失职所致。受到侵犯的权利能够得到有效的救济，行政机关必须为此承担相应的法律责任，这样才能使基本权利得到真正保障。民众可以通过行政诉讼、行政复议或申诉，以追究行政机关的责任，维护自身交通权益。

---

① 转引自魏迪《论基本权利的国家保护义务》，《法学研究》2008 年第 3 期。

四　从惩戒到预防：城市交通安全保障的重心转向

（一）风险社会与城市交通安全风险

人类已经迈入风险时代。[①] 随着风险社会的到来，城市交通安全风险逐渐凸显。当前，我国大中城市已经进入汽车时代，汽车拥堵已是重要的"城市病"，同时机动车增加引发的安全问题已经成为困扰现代城市的一大难题。人们在获得现代交通工具带来的诸多便利的同时，也承受着大量交通安全问题带来的恐惧，也就是说，城市交通安全问题实质上是一个风险社会的"我害怕"的问题。如德国学者贝克就指出："在从阶级社会到风险社会的转变中，社群的性质也开始发生了变化。概括地说，这两种类型的现代社会表达着两种完全不同的价值体系。阶级社会在它的发展动力上仍旧与平等的理念相联系。风险社会就不是这样。它通常的对应方案……是安全。'不平等的'社会价值体系被'不安全的'社会价值体系所取代……阶级社会的驱动力可以概括为这样一句话：我饿！另一方面，风险社会的驱动力则可以表达为：我害怕！"[②] 正是基于对现代城市交通安全风险的忧虑和对交通安全的渴求，早前侧重于事后执法惩处的法律规制机制已经难以为继，应当更多侧重于对交通安全风险的预防与管理。

所谓风险，在国内外学术界的界定不尽相同。我国学者刘新立在《风险管理》一书中认为："风险是指客观存在的，在特定情况下，特定时间内，某一事件导致的最终损失的不确定性。"[③] 根据风险的定义，我们可以将道路交通安全风险理解为：客观存在的，由于各种因素（人的不安全行为、物的不安全状态、个人因素和环境因素）所导致的人们在进行城市交通活动中最终损失的不确定性。

城市道路交通安全风险是风险范畴中的一种，也是与人们生活息息相关的重要风险类型。城市交通本身就是一个复杂系统，人、车、路之间以

---

① 参见［美］H. W. 刘易斯《技术与风险》，杨健、缪建兴译，中国对外翻译出版公司1994年版。

② ［德］乌尔里希·贝克：《风险社会》，何博闻译，译林出版社2004年版，第57页。

③ 刘新立：《风险管理》，北京大学出版社2006年版，第3页。

及它们与周围的环境之间构成互动的动态系统，其紧密程度和复杂程度十分高。在这个系统中，倘若有一方出现差错，就会威胁交通安全，可能造成人员伤亡或财产损失，这也正是道路交通安全风险存在的机理。一般认为，城市交通安全风险具有以下三个特征：

首先，城市交通安全风险是主客观的统一。道路交通安全风险来源于自然环境和人本身这两个方面。"城市交通系统之所以复杂，关键是因为有人的参与；客观的道路交通条件以及自然环境，确实会影响交通安全，导致交通事故，产生损失，但同时，由于'人'在交通系统中的主导地位，道路交通安全风险很大程度上依赖于人的决策和行为。每个人对交通安全的反应和认知直接影响其参与交通的行为和方式，这是关系道路交通安全的重要因素。"①

其次，城市道路交通安全风险是与损失相关的。"并不是任何未来的不确定性都是风险，只有当未来可能发生损失时，才可以称为风险。"②道路交通安全风险的损失主要包括人身伤亡，人的生命或健康受到威胁或损失；财产损失，如车辆损坏、道路创伤，拥堵影响、环境污染影响等。

最后，城市道路交通风险具有损失的不确定性。"这里的不确定性包括发生与否不确定；发生的时间不确定；发生的具体空间不确定；造成的损失不确定。"对于交通安全的未来结果，如果能够万无一失地预测到损失的发生以及造成的后果，就不存在风险了。作为纯粹风险，城市交通安全风险既是一种私人风险，同时也属于社会风险范畴。交通安全风险可能导致单位个人受伤或者死亡，影响单位个人的生命财产安全；道路交通是公共产品，它的主要提供者和管理者都是政府，而使用者则是广大的人民群众。城市道路交通的公共性决定了城市交通安全风险的公共与社会属性。

（二）城市交通安全风险因素与风险管理

世界卫生组织《预防道路交通伤亡世界报告》揭示了当今世界道路安全风险因素。其中城市交通安全风险主要由四种因素构成，即"暴露

---

① Cheng W. M., "Some Problems and Their Solving Methods in Comprehensive Safety Evaluation", *China Safety Science Journal*, 1999, 9（4）.

② ［美］H. W. 刘易斯：《技术与风险》，杨健、缪建兴译，中国对外翻译出版公司1994年版，第47页。

的机会、在特定暴露条件下发生碰撞的潜在概率、发生碰撞后造成损伤的概率、伤害的转归"。国内大多学者在传统的交通安全致因理论模型的基础上，"从人的不安全行为（驾驶人和非机动车驾驶人、行人、乘客的不安全行为）、物的不安全状态（道路因素和车辆因素）、基本原因（个人因素和环境因素）三方面对交通事故的致因进行分析，并从人、车、路、环境、管理这些方面去减少道路交通安全风险"[1]。

城市交通安全风险管理就是在充分进行风险沟通的基础上，政府和个人对道路交通的风险实施控制、降低、规避和转移等措施，以减少交通风险的概率。城市交通风险的管理包括政府的公共风险管理和民众个人自我的交通风险管理。其中，政府的风险管理居于主导地位，也是本书研讨的重点。政府风险管理倾向于风险规避和风险降低。具体而言，城市交通建设与管理部门在职责范围内，从道路交通的规划、设计、建设、管理等方面充分地进行风险评估，对风险度大、损失严重的道路交通风险源进行规避或者取缔，尽可能地避免交通事故的发生；公安交警部门通过加强执法力度，对违章交通行为进行控制，降低违章行为的发生，从而降低风险。另外，政府通过与公众的沟通，政府应了解公众对城市交通的具体需求，并根据公众的需求改善交通管理工作，以满足公众的出行需要和安全需求。

城市交通的风险沟通包括两个方面：一是政府向公众传递道路交通信息，以使公众能够尽量掌握交通方面的有用信息；二是公众将其道路风险认知传达给政府，促使其道路交通安全决策更加符合民意，更加有效，"综合来讲，就是一个双向沟通的过程"。

（三）城市道路交通风险管理与安全预防

我国已经进入交通事故高发期，形成了"四高一多"的特点，即交通事故死亡人数高、事故致死率高、经济损失高、事故增长率高以及事故原因繁多等。[2]传统的城市交通安全管理体制机制已经难以满足现有交通系统的要求。城市交通风险管理的本质是将交通安全管理关口前移，变突

---

① 世界卫生组织：《预防道路交通伤亡世界报告》，2004年。

② 杨耀武：《我国城市交通安全风险管理的政府职责》，《哈尔滨学院学报》2009年第10期。

发性的事后管理为常态性的事前管理，事先遏制危险的发生，将原有的
"事后惩治"转变成"事前预防"。

1. 树立城市交通安全可预防性观念

"在历史上，道路交通事故曾被认为是发生在某人身上的意外事件，
并且是道路运输的一个不可避免的后果。术语'事故'给人一种不可避
免和无法预见的印象，因而似乎是无法控制的事件。然而，事实并非如
此，道路交通伤害是可以通过合理分析和采取措施加以控制的。"[①] 我们
应当认识到，城市交通安全事故之中，多数道路碰撞事故是可以防止和预
测的，它属于人为问题，如能进行合理分析并采取相应对策，是可以纠
正的。

2. 树立城市道路交通安全伤害可以避免的观念

根据联合国研究报告的分析，在普发的交通安全事故之中，"若干因
素增加了交通事故伤害风险，其中包括车速不妥和超速，不系安全带，不
用儿童安全设施，酒后驾车，两轮机动车辆驾驶员不戴头盔，道路基础设
施设计不当或保养不良，车辆老化及保养不佳，或缺少安全性能"[②]。针
对这些风险要素所采取的管理措施将大规模减少交通事故。

3. 坚持交通安全管理"风险预防原则"[③]

将城市交通安全要素预先贯穿在道路设计、建设、管理之中，加快路
网改造步伐，治理交通安全隐患，提高路网的整体服务水平。增加对交通
流量大的公路安全设施的投入，改善通行环境，加大道路交通工程设施的
投入，提高道路安全水平。完善道路交通监控系统、通信系统、救援服务
系统等，广泛采用标志、标线等道路语言，推行道路交通工程设施与道路
建设主体工程同时推进原则，提高城市道路安全水平。

（四）城市交通安全预防管理的机制构成

城市交通安全管理以对风险隐患的预防和预控为主，提前预见城市发
展过程中可能遭遇的各种公共危机，对城市辖区内的潜在风险要从源头上
积极防范和控制，及时传递和发布各种安全信息，制定系统可行的应急处

---

① Centers for Disease Control and Prevention, Motor Vehicle Safety: A 20th Century Public
Health Achievement, Morbidity and Mortality Weekly Report, 1999, 48: 369 – 374.

② 世界卫生组织：《预防道路交通伤世界报告》，2004 年。

③ 高秦伟：《论欧盟行政法上的风险预防原则》，《比较法研究》2010 年第 3 期。

置预案。

1. 建立城市交通安全管理风险评估机制

根据《道路安全管理法实施条例》第 3 条的规定，地方各级人民政府应当组织有关部门对城市建设项目进行交通影响评价。政府要充分分析经济社会发展可能给道路畅通和交通安全带来的直接和潜在的影响，准确把握本行政区域内道路交通安全存在的问题，提高城市规划和道路建设的科学性，保障发展的可持续性和协调性。政府应对所辖范围内的道路交通安全状况作出总体评估，并建立城市建设项目交通影响评价制度。对城市道路交通安全事故发生的原因以及预警系统的运行状况进行调查，对救援工作进行评价，对各项工作中存在的问题进行总结、分析。同时还要消除造成的后果，需要政府围绕城市道路交通安全本身对社会公众进行正面的引导和教育，通过各种方式的努力消除心理方面的不良后果。[①]

2. 城市道路交通安全管理的信息发布机制

风险管理的重要内容是风险认知和风险沟通，而交通状况信息与情报的交流是进行风险认知和风险沟通的前提与基础。[②] 建立有效的信息发布机制，是城市道路交通安全风险管理的一个重要组成内容。信息的发布是城市道路交通安全管理者及时向道路使用者发布指令或提供信息，确保行车安全的有效手段。为了使道路使用者及时了解交通信息，很多城市开通了交通广播电台。也可以利用现代科技，诸如手机、交通信息咨询电话服务系统及声讯电话来提供某个区段内的气象、事故、施工等道路行车条件的概况，对于城市道路交通安全的管理起到辅助作用。所发布的信息内容应遵循及时、准确、简洁、相关的原则，让道路使用者始终处于关注状态，避免因提供过多无关信息，从而干扰其正常行驶和判断。[③]

[①] 张开驹:《城市道路交通安全评价及安全措施研究》，硕士学位论文，南京林业大学，2012 年。

[②] See Promising, Promotion of Mobility and Safety of Vulnerable Road Users, Leidschendam, Institute for Road Safety Research, 2001.

[③] 杨廷飞:《城市道路交通安全长效管理机制研究》，硕士学位论文，福建师范大学，2009 年。

五　部门协作与社会合作：城市交通安全行政法协同治理

(一)　分工与协作：政府间协作机制

1. 现行体制弊端与"大部制"改革呼声

2004 年颁布实施的《道路交通安全法》确立了我国交通安全的管理体制。从该法的规定中可以看出，我国现行交通安全管理体制是各级政府统管道路交通安全；公安部门具体负责道路交通安全工作；交通部门和建设部门负责道路交通的规划及道路基础设施的建设等工作的分工模式。近年来，交通安全管理中的政出多门、职能交叉、权责不清，部门设置的随意性较强，部门设置的规范性不足，管理层级偏多，纵向职责同构、横向职能交叉等问题相对突出，已成为影响城市交通安全的体制性障碍。迫切需要突破现行城市交通安全管理的体制障碍，理顺交通管理体制与运行机制，为交通安全和城市可持续发展提供体制保障。

鉴于现行交通安全管理体制的种种弊端，一种构建交通安全管理"大部制"的呼声应运而生。"大部制就是在政府的部门设置中，将那些职能相近、业务范围雷同的事项，相对集中，由一个部门统一进行管理，最大限度地避免政府职能交叉、政出多门、多头管理，从而达到提高行政效率，降低行政成本的目标。大部制，是国外市场化程度比较高的国家普遍实行的一种政府管理模式……并在公共管理变革中有了新的发展，如决策权和执行权的分离等。"①

基于对"大部制"的推崇，部分研究者提出，应当重构交通安全的管理体制，整合交通安全管理职能，重新构建城市交通安全的主管部门。即在理清我国公安部门、交通部门与城市建设部门、市政部门管理职责与分工的基础上，进一步明确划分公安部门和交通部门的管理权限。将城市道路规划、工程建设、交通安全执法、运输管理、安全教育等职责统一交由交通部门负责，其将整合成为我国城市道路交通安全的综合主管部门。② 该

---

① 石亚军、施正文：《探索推行大部制改革的几点思考》，《中国行政管理》2008 年第 2 期。

② 于志刚：《我国道路安全管理新体制研究》，《交通标准化》2006 年第 10 期。

观点同时认为，应当明确交通部门在道路交通管理上的主体地位，改变原来由公安机关、城建部门共同负责管理的混乱局面。交通部门统一负责城乡道路、城市道路交通安全管理以及对车辆与驾驶员的管理；统一负责与道路交通安全有关的法律法规的执行与实施；统一负责从整体、全局的角度考虑城市道路交通安全规划，使全国各道路交通安全主管部门都有一致的行动目标和执行依据。①

2. 交通安全管理"大部制"的不可能性

这种交通安全管理的"大部制"模式，将传统的城市道路设施建设与管理职权和城市道路的安全管理职权整合到一个政府部门进行管理。对城市交通安全事务实行集中统一管理，将原分属于公安交管部门、交通管理部门、建设管理部门、市政管理部门、规划管理部门的相关职能予以整合，遵循统一规划、协调发展、机构精简、节约成本、便利环保的原则，形成统一管理、上下一致、职能明确、权责清晰的城市交通安全管理体制。这种观点单纯从理论上讲，特别是将交通安全管理职能整合进新的大部门体制之中，多少有点理想主义，其实践的可操作性较小，成功概率也较小。

首先，交通"大部制"只可能是相关职能的相对集中，而难以实现安全管理职能的完全集中。交通安全管理活动涉及道路规划、设计、建设、施工、公安交管、市政工程、安全监督等众多部门，且不说将这些部门的交通安全管理职能全部集中到某一个部门之中，就算是将公安部门的交通安全管理职能整合进大交通部门，都是几乎不可能完成的任务。

其次，政府部门间的职能分工依然是现代行政管理的常态。交通安全管理"大部制"改革也许会有利于解决长期存在的部门机构重叠、职责交叉、政出多门的矛盾，有助于减少和规范交通运输领域的行政审批，简化公务环节，提高政策执行效能。但是，交通"大部制"不可能一劳永逸解决城市交通安全问题。

最后，我国先前交通"大部制"的改革实践表明，"大部制"改革本身存在缺陷。2008 年国务院机构改革首次按照"大部制"模式来对职能相同或相近的政府机构进行整合归并，综合设置，以减少机构重叠、职责交叉，提高政府效能。但五年来，大部制改革也留下了一些遗憾，主要是部门职能未

---

① 参见杨廷飞《城市道路交通安全长效管理机制研究》，硕士学位论文，福建师范大学，2009 年。

能有机整合，内部运转不协调，大部门决策协调能力亟待提升，等等。

综上，那种构建交通安全管理"大部制"的设想过于理想，不太现实，难以实现。

3. 构建跨部门的城市交通安全监管协作体制

城市政府职能部门，需要从目前的"单兵作战"状态向"协同治理"的方向转变。事实上，许多发达国家的城市交通安全管理都是集成式的综合联动体系。随着对交通安全问题认识的逐步深入，发达国家意识到道路交通安全不是个别机构单独能够解决的问题，而需要多个部门的共同协作。正如有学者所指出，"交通安全问题的解决需要中央政府、地方政府、产业界、警察、公众、非政府组织、媒体等多方面主体的合作"[1]。

面对转型时期错综复杂的城市交通安全形势，要使有限的交通安全资源发挥最大效用，就必须打破旧有条块分割式的城市交通管理，要在行政部门间构建伙伴型合作关系，加强相关政府部门之间的沟通和联络，建立综合性、多功能的整体联动型交通安全治理体系。我国城市道路交通安全涉及公安、交通、建设、规划、农机、卫生、质量技术监督、环保、保险、法院以及汽车制造产业等许多方面，在政策制定以及实际工作方面的许多问题需要相关部门和社会力量协调与配合，政府应当健全工作协调机制，通过建立交通安全委员会或者部门联席会议等形式，加强相关问题的组织协调。应进一步强化政府内部的部门间合作，重塑城市交通安全治理工作流程，通过优化程序和明确责任，使多部门的联动响应机制能真正落到实处。总趋势必将是从"部门分割"转向"部门整合"，从"各自为战"转向"整体协同"。[2]

(二) 单向与互动：城市交通安全治理机制的社会化协同

1. 政府主导之下社会力量的作用空间

对于城市道路安全治理而言，不仅仅政府部门之间的协作配合具有重要意义，交通安全问题还需要非政府组织与社会力量的参与配合，建立政府和非政府组织的伙伴型合作关系。实践表明，多部门的共同参与在发达

---

[1]　See Tiwari G., "Traffic Flow and Safety: Need for Newmodels in Heterogeneous Traffic", In Mohan D., Tiwari G., eds., *Injury Prevention and Control*, London, Taylor & Francis, 2000: 71 - 88.

[2]　陈道银：《风险社会的公共安全治理》，《学术论坛》2007 年第 4 期。

国家降低交通事故发生率方面发挥了积极的作用。

根据世界卫生组织的研究报告,"社会力量与非政府组织可以通过宣传道路交通伤害的问题、鉴定解决办法的有效性、质疑不起作用的政策以及组成改善道路安全游说联盟来促进道路安全"。在美国,由于"母亲反对酒后驾驶组织"的成功说服,制定了许多禁止酒后驾车的法律。非政府组织"欧洲运输安全理事会"对欧盟委员会能量与运输总干事的道路安全和技术部以及欧洲议会有很大的影响。一些活跃的非政府组织在其所在国组织了一些促进道路安全的活动,如阿根廷的交通事故受害者及其家庭协会、印度的生命之友、肯尼亚和土耳其的安全国际道路旅行协会、黎巴嫩的社会觉醒青年协会和南非的活着驾驶协会等。①

2. 从单向管理到合作治理的转变

向市民提供交通安全服务是城市政府的一项重要责任,但这并不意味着城市政府是提供交通安全服务的唯一主体。在城市交通安全治理中,既要借助政府的公共管理优势,同时也不应忽略私人部门、市民社会和新闻媒体等体制外力量的技术优势。这样不仅能够有效提升城市的整体抗风险能力,还可以弥补单方面政府管理的不足。政府主导作用在任何时候都是不可或缺的,城市政府在交通安全治理过程中,应该在责任范围内担负起领导者、组织者和协调者的角色。另外,城市政府可以将部分交通安全管理职能通过向社会转移或委托代理等方式剥离出来,引入市场机制,充分调动私人部门、市民和新闻媒体等体制外力量的参与积极性,积极构建多元主体间良性互动的复合型城市交通安全治理体系,以此实现交通安全资源的有效配置。②

可以在借鉴国际经验的基础上,积极培育和发展市民社会,充分发挥市民、非政府组织和城市志愿者等社会化力量在城市公共安全治理中的重要作用。目前各地存在的志愿者组织、各类法律顾问团、环境保护组织、维护公共交通安全组织等非政府组织都已经在城市交通安全治理中发挥了重要作用,这些都是值得提倡和鼓励的。对于新闻媒体而言,新闻媒体应该成为负责任的交通安全信息传播者和公共安全守护者。一方面,第一时

---

① See Hummel T., Land Use Planning in Safer Transportation Network Planning, Leidschendam, Institute for Road Safety Research, 2001.

② See Promisng, Promotion of Mobility and Safety of Vulnerable Road Users, Leidschendam, Institute for Road Safety Research, 2001.

间向公众及时报道公共安全事件的最新进展情况，让公众清楚地了解事件发生的每一个过程，关注危机事件发生中政府的应急处置和事后恢复状况，使公众形成交通安全意识，更好地预防和化解危机，这是新闻媒体的职责所在。另一方面，在交通安全事件的报道中，媒体必须始终恪守自己的社会责任，不能滥用自由，要在报道的程度和范围等方面把握好"有为"和"不为"的尺度。[1]

3. 构建城市交通安全社会化管理机制

城市交通安全管理社会化是公安机关交通管理部门顺应形势任务发展的需要，在开展道路交通安全管理工作中，针对交通要素流量大、动态性强、涉及社会层面广等特点，积极争取各级政府的重视和支持，充分发动和利用社会资源加强道路交通安全管理工作的"新型行政管理理念和管理模式"。[2]

具体来说，所谓城市交通安全管理社会化，就是全社会齐抓共管道路交通安全工作。其基本理念是打破以往公安机关交通管理部门是道路交通安全管理唯一职能部门和唯一行政责任主体的惯性思维，变单打独斗为齐抓共管，由公安机关交通管理部门牵头组织，各级地方政府及相关政府职能部门、运输组织共同配合，参照社会治安综合治理的行政理念，将各种社会管理与行业自律管理资源有机整合，最大限度地加强和提升对机动车驾驶人、营运机动车（主要是客运车辆）等动态交通要素的管理效能，通过强化源头管理手段，更好地保障道路交通安全。从实际效果而言，城市道路交通安全管理社会化贯彻落实到位的地区，客运车辆驾驶人和广大交通参与者的交通安全法治意识普遍提高，客运车辆的危险隐患普遍在源头管理阶段得到排除，道路交通安全隐患治理成效明显，道路交通通行秩序相对良好，道路交通事故四项指数普遍下降，在交通秩序和道路交通事故预防领域有效地保障了道路交通参与者的根本利益，大大提高了公安机关交通管理部门的执法能力，实证了道路交通安全管理工作只有实现社会化管理才是根本出路。[3]

---

① 参见王雪丽《城市公共安全体系存在的问题及其解决方略》，《城市问题》2012 年第 7 期。

② 参见胡志文《道路交通安全管理社会化立法问题研究》，硕士学位论文，湘潭大学，2005 年。

③ 参见公安部交通管理局主编《交通警察执法手册》，中国人民公安大学出版社 2004 年版，第 119 页

（三）高权与柔性：城市交通安全治理方式的变革

我国交通安全管理主要依靠公安交警部门，涉及交通事故管理、车辆管理、驾驶员管理、信息化系统的建设和运营等。以公安交警部门主管城市交通安全问题的治理模式，本质上是传统警察与秩序行政之下的高权行政的体现。公安机关习惯于通过行政处罚、行政审批、行政强制措施等法律手段，以警察机关强制力为保障，通过设定与运用有效的法定义务、行政管理法律措施，发挥法律的制裁、威慑、惩戒、引导功能，促使城市交通的参与者和行为人依法参与交通活动。

从国际比较来看，20 世纪 90 年代以来，积极发挥"软法"（soft law）的作用，① 综合运用各种非强制性行政行为手段已经成为行政法治的显著趋势。例如，在欧盟国家，一种功能"合作网络"成为城市交通安全治理的有效组织结构形式和运行机制，逐渐成为发达国家城市交通安全治理的新模式。与传统的政府交通安全服务的供给机制相比，合作网络以政府为核心，依靠合作协议、伙伴关系、合同外包、志愿者平等协作方式来提供交通安全服务，从而能够更高效地处理政府与市场、社会的关系，达到资源的优化配置。合作网络的多元、高效、协作、变通及民主的特征和优势，为探寻城市交通安全服务的有效供给提供了重要启示。②

当前，我国城市交通安全治理更多侧重于交通安全管理。在城市交通安全管理过程中，那种"管理就是执法、执法就是处罚"的观念依然大有市场。应针对不同对象、时间、区域，采取合法、合情、合理的柔性管理，将高权管理与柔性管理相结合。探究城市交通安全管理领域非强制性监管方式的作用空间，更多运用行政奖励、行政合同、行政指导和行政规划等柔性行政行为方式来推动城市交通安全的良好治理。③ 以行政规划为例，目前我国针对交通安全的专门的专项行政规划尚处于空白地带。放眼域外，2005 年美国联邦政府通过《安全、可承担、灵活、高效、公平运

---

① 参见罗豪才、宋功德《公域之治的转变——对公共治理与公法关系的一种透视》，《中国法学》2005 年第 5 期。

② 参见王雪丽《城市公共安全体系存在的问题及其解决方略》，《城市问题》2012 年第 7 期。

③ Daniel C. Esty, Good Governance at the Supranational Scale: Globalizing Administrative Law, 115 Yale L. J. 1490（2006）.

输法案》，明确规定大都市区开展交通规划必须考虑"改善交通安全、缓解环境压力、促进经济发展、实现交通公平、改善生活质量"等八项目标。由此可见，"交通安全"是大都市区综合交通规划最为关注的主题。自 1966 年以来，美国联邦政府颁布多项交通安全法规，明确要求州政府、大都市区规划组织和地方政府机构从道路安全战略计划、交通安全规划、交通安全实施计划三个层面，进一步制定适应自身特点的交通安全改进策略。针对我国城市日益严峻的交通安全形势，也应当加强行政规划的引导功能和交通安全管理的计划性和可预见性。2011 年 4 月，交通运输部印发的《交通运输"十二五"发展规划》提出了构建"便捷、安全、经济、高效"的综合运输体系发展战略目标，明确指出安全是交通运输发展的永恒主题，是交通运输可持续发展的基本保障。该规划要求交通系统发展要加强安全生产管理，加强交通安全监管和应急体系建设，更好地保障经济社会持续健康发展和人民群众安全便捷出行。针对我国城市日益严峻的交通安全形势，应当加强城市交通安全专项规划的编制工作。各城市需要结合城市综合交通规划，提出交通安全发展战略，制定具体的交通安全发展目标和衡量指标体系，改善现阶段交通安全目标流于形式的发展局面。同时，开展专项交通安全规划，制定城市年度交通安全分析报告，从人、车、路、环境四大方面，提出交通安全改善项目，制订交通安全改善实施计划。建立科学高效的交通安全改善项目评价机制，协调考虑安全改善与城市土地利用、机动性改善等发展目标之间的关系，合理分配交通发展资金等也应成为交通安全专项规划的主要内容。[1] 与此同时，我国城市亟须成立专门的交通安全规划研究机构，协调公安交警、城市规划、路政、教育等各部门之间的关系，消除行政壁垒导致的信息难以共享问题，完成城市交通安全工作的分析研究，制定城市年度交通安全分析报告，提出交通安全改善建议。另外，需要加大公众的参与力度，鼓励成立专门的交通安全规划研究组织，开展年度交通安全研讨论坛，分享城市交通安全规划的先进技术和经验，不断提高交通安全规划水平。[2]

---

[1] 王雪松、彭建：《美国城市交通安全规划的经验和启示》，《汽车与安全》2016 年第 4 期。

[2] 同上。

第三章

现代城市交通安全的刑法调控机制研究

　　刑法作为法律体系中重要的社会调控规范，一直是城市交通安全的重要调控机制，通过罪与刑的惩治逻辑来预防严重危害交通安全的行为，从最后防线意义上维护交通安全。作为维护城市交通安全的最严厉规范机制，城市交通安全的刑法调控有其自身的独到之处，体现为刑事实体法与程序法调控相结合、交通专门犯罪治理与一般犯罪治理相结合以及危险预防与实害禁止相结合的主要特征。而随着我国城市交通建设的飞速发展，交通领域体现出系统性、全局性的风险高发和难以预测的风险社会特征，威胁交通安全，因此三种调控机制都必须应对这种风险高发态势作出相应调整。刑法关注风险社会态势下由于风险的系统性、不可预测性、专业认识性、抽象性和集合性特点给交通安全刑法调控机制带来的影响，从而相应性地在发展危险驾驶罪为核心的交通犯罪体系、明确危险入罪认定和适用的依据以及设置专门程序保障刑事一体化三个方面进一步完善城市交通安全的刑罚调控机制，与交通安全调控的时代需求相协调。

一　当前城市交通安全刑法调控机制特征

　　交通安全作为刑法保护目标的公共安全的重要部分，一直是刑法所要维护的重点法益之一。而刑法调控城市交通安全机制主要通过将危害交通安全行为规定为犯罪并处以刑罚实现，所以这一机制围绕刑法规定的特征展开，体现了有别于其他社会调控手段和其他法规范调控手段的独特之处。

（一）刑事实体法和刑事程序法调控相结合

交通安全的刑法调控机制涉及刑事实体法和刑事程序法（诉讼法）

两方面的结合适用，两者缺一不可。刑事实体法提供交通安全相关的犯罪与量刑的具体标准，是对刑法保护交通安全而发挥威慑、正面引导和再犯防止等机能的关键调控方式。但刑事实体法调控发挥机能作用的前提是对交通领域犯罪行为的司法定罪量刑，这就不得不依靠刑事诉讼程序机制，依靠刑事程序法的实施。刑事程序法以刑事诉讼为中心，提供确定犯罪与量刑过程中正当诉讼程序的标准，包括关键的证据搜集和认定程序、审判程序等。所以交通安全刑法调控机制的发挥是刑事实体法和程序法共同作用的结果，在这一过程中二者缺一不可。

刑事诉讼法作为刑事程序法对刑法的实现起到基本的保障机能：一是就组织保障而言，刑事诉讼法通过刑事诉讼过程中参与的机关和其他主体的全面规定为定罪量刑程序提供了基本组织保证；二是就公平参与而言，刑事诉讼法通过对参与主体的权力、权利以及义务的全面而明确的规定为各诉讼参与主体在刑事诉讼程序中的顺利参与和权利表达提供充分保障，也能保障全面搜集可靠证据，最大化地还原事实；三是就诉讼效率而言，刑事诉讼法通过对诉讼程序全过程的详尽规定保证了定罪量刑进程的顺利有效率进行，有助于刑法功能的实现。① 同时在刑事诉讼过程中，以刑事诉讼法为核心的刑事程序法体现了自身独立的价值，正当程序可以保障所有的诉讼参与人都能在通过刑法维护交通安全过程中尽可能地维护自身权利，防止冤错，实现公平正义。

（二）交通专门犯罪治理与一般犯罪治理相结合

目前刑法中规定的涉及交通安全的犯罪既有专门适用于交通领域，专门针对交通安全法益的专门犯罪，也有不是专门适用于交通领域，也非仅针对交通安全法益而是针对一般人身财产或公共安全法益的一般犯罪规定。交通领域内危害安全的犯罪行为不仅可能威胁交通安全而构成交通安全领域的专门犯罪，也可能在交通领域威胁一般的人身、财产或公共安全法益，如道路驾车故意撞人行为直接威胁人身安全，所以也可能构成一般犯罪。从严密保护法益的角度出发，交通安全的刑法调控不仅是通过交通专门犯罪规定，而且也通过一般犯罪规定来进行的结合式调控。

刑法中交通领域的专门犯罪明确针对交通安全法益，包括破坏交通工

① 参见汪建成、余诤《对刑法和刑事诉讼法关系的再认识》，《法学》2000年第7期。

具罪、过失破坏交通工具罪、破坏交通设施罪、过失破坏交通设施罪、危险驾驶罪和交通肇事罪六种犯罪。这六种犯罪按照犯罪行为属性和对交通安全保护的直接与否可以分为两大类：一是物质破坏型交通犯罪，刑法通过这些犯罪禁止对交通工具和设施等物质条件的破坏来间接保护交通安全，包括破坏交通工具罪、过失破坏交通工具罪、破坏交通设施罪、过失破坏交通设施罪四种犯罪，其特点是犯罪行为并非直接造成交通安全的破坏，而是间接通过对工具和设施的破坏来增加交通安全的风险，对这些行为的入罪是通过维护交通工具和设施的方式间接维护交通安全。二是危险驾驶型犯罪，以危险的驾驶行为及其造成的危害后果为内容的犯罪，其规范保护目的是直接保护交通安全，包括危险驾驶罪和交通肇事罪。其特点是双规式规范，一方面对直接威胁交通安全的驾驶行为入罪规定形成危险驾驶罪，另一方面对造成严重危害后果的危险驾驶行为单独规定交通肇事罪加重处罚。

《刑法修正案（八）》设立、《刑法修正案（九）》扩张的危险驾驶罪是交通领域用以维护交通安全法益的专门犯罪，危险驾驶罪规定的行为都是交通领域实践中严重的威胁交通安全的典型行为，如危险驾驶、追逐竞驶、客运或校车严重超载超速、违规运送化学品威胁公共安全等，体现出符合交通风险预防规律的精准设定预防目标、高效维护交通安全的专业性和专门性。同时这也表明刑事立法日益专业化的趋势下，专门犯罪越来越成为刑法规定的重点。

此外，在维护交通安全过程中，其他具有一般适用性的犯罪也可以用于交通安全领域，比较常见的有以危险方法危害公共安全罪、故意杀人罪和故意伤害罪。目前司法解释中明确将比较严重的交通肇事中体现出危害公共安全法益、对交通领域人身财产的结果能够认识并对危害持希望或放任态度的故意行为，比如醉酒驾车连续冲撞，认为超越交通肇事罪直接构成一般性危害整体公共安全的以危险方法危害公共安全罪。①

（三）危险预防与实害禁止相结合

交通领域的犯罪体现出明显的实害型犯罪和危险型犯罪相互补充的机

---

①　参见 2009 年 9 月 11 日颁布的最高人民法院《关于醉酒驾车犯罪法律适用问题的意见》规定："今后，对醉酒驾车，放任危害结果的发生，造成重大伤亡的，一律按照本意见规定，并参照附发的典型案例，依法以危险方法危害公共安全罪定罪量刑。"

制，体现出交通安全的刑法调控机制一方面特别强调禁止交通领域实际的人身财产损害发生，而对发生实害后果的犯罪如交通肇事罪相对于危险犯罪加重处罚；另一方面也提前对发生实际损害的交通安全危险进行前置预防，是将前置危险预防与重点实害禁止机制结合起来保障交通安全。实害犯是指以发生对法益实际损害为必备构成要件要素的犯罪，传统刑法考虑到刑法谦抑性的要求，以实害犯为中心，以禁止实害为必要而限缩刑法调控的范围。① 但实害犯在认定时的复杂考量对较为宏观的法益如交通安全来说认定非常困难，不能起到很好的安全保障效果，因此刑法逐渐引入危险犯概念，将处罚的犯罪行为阶段提前到行为产生危险之时，可以更好地防患于未然。其中又分为具体危险犯和抽象危险犯两类，其中具体危险犯是以行为所造成的实际危险状态为必备要件的犯罪形式，而抽象危险犯是将危险属性隐含在行为危险中而无须另行认定危险的危险犯形式。从谦抑性考虑而言，具体危险犯应优先于抽象危险犯设置，因为其更能限制犯罪的认定范围，减少扩张适用。《刑法修正案（八）》之前刑法规定的交通犯罪中只有破坏交通工具罪和破坏交通设施罪是具体危险犯，以产生特定的危害交通安全的危险状态为前提，其他皆是实害犯，体现出实害犯的中心性。但《刑法修正案（八）》增设了直接限制产生交通安全行为的危险驾驶罪，并在其中规定了以醉驾为代表的抽象危险犯，使得处罚阶段进一步从实害或具体危险状态前置到行为发生阶段。《刑法修正案（九）》更是进一步扩大了危险犯的适用范围，危险犯特别是抽象危险犯的比重进一步增大。交通安全领域的刑法调控逐渐增强以前较少的危险犯的比重，出现从实害犯中心向危险犯中心的转换。

将交通安全中的危险驾驶行为的入罪不法基准设计为危险犯甚至抽象危险犯——即仅凭丧失安全驾驶能力而驾车的行为来推定或拟制作为可罚性根据的对公共交通安全法益的一般危险——是诸多发达法治国家的立法通例。这种第二次世界大战后颇为兴盛的危险犯抽象化和行为化立法模式典型地体现了面对风险高发的刑事政策的发展特性：因应严重和难以预测的社会风险，为尽可能提前预防危险行为向实害之转化从而将法益抽象化和保护前置化，因此带来突破实害犯不法标准的向危险犯之尽力扩展。而危险犯作为独立的犯罪典型模式，其体现的超越结果认定的行为不法基

---

① 参见王皇玉《论危险犯》，《月旦法学杂志》2008 年第 8 期。

准，一方面可将大量超个人法益保护概念化从而扩展法益范畴，另一方面将保护阶段提前至产生危险的纯行为阶段以大幅前置刑事不法的涵摄边界，典型地适应了风险高发的提前预防需求，从而成为当下社会法益保护和规范维系越来越倚重的应对良策并迅速扩张。① 道路交通系统作为风险高发的经典场域体现着事故风险多重因素和交错连接的特点，道路交通事故的因果关系和交通行为风险判断向来存在大量的判断疑难，等到事故发生再行保护往往为时已晚且难以分清责任，因此亦存在提前预防之保护需求。特别是就醉驾等具备高度交通安全风险性的行为，以抽象危险犯的模式入罪可以机能性地有效满足风险之前置的特殊要求：首先可以不局限于具体法益保护范畴而将道路交通安全作为一体的抽象法益进行保护，方便从危险行为中直接推定对抽象法益的侵害危险；进而可以将推定存在抽象交通安全风险的行为直接入罪，即以纯行为不法的规范介入方式避免具体因果的判断难题，从风险产生时即避免风险向人身财产损失等实害之转换。

然而尽管抽象危险犯为危险社会情势下的刑事规范保障提供了更有效的技术手段，但对其采用却需保持审慎的节制，其原因在于抽象危险犯伴随而来的刑事可罚性范围扩张和对抽象性超个人法益的强调与刑事法传统所着重之法益侵害论相背离，从刑事谦抑的原则出发，抽象危险犯之适用实属应对社会风险以维系法益保障的无奈之举。②

二　城市交通的风险社会背景及其对刑法调控的影响

传统刑法秉持着法益保护为核心的基本理念，受其决定罪刑法定、实害犯中心、刑法谦抑等刑法原则同时决定着刑法交通安全调控的基本原则，城市交通安全的刑法调控机制也基本遵循了这些基本原则。然而交通领域近年来交通违法行为大量发生，交通事故高发，已经成为社会高度风险领域。③ 传统以实害为中心的谦抑式刑法调控机制面对风险高发的交通

---

① 参见苏彩霞《"风险社会"下抽象危险犯的扩张与限缩》，《法商研究》2011 年第 4 期。

② 参见林东茂《危险犯的法律性质》，《台大法学论丛》2004 年第 2 期。

③ 据报道，我国机动车总量只占全球的 2%，但年均死于交通事故的人数占全球的 20%，是世界水平的 10 倍。参见高福生《汽车时代对醉驾不能"再温柔"下去了》，《决策探索》2009 年第 9 期。

领域出现了明显的不足和滞后效果。因此刑法对交通安全的调控机制需要考量适应其所面临的风险社会这一重要的背景影响，进一步反思修正。

（一）城市交通的风险社会背景及风险特征

风险社会是由德国学者贝克提出来的用来描述当下社会人为系统性、崩溃性风险的高发和不可预测特征的研究认识。[①] 这一对社会的认识理念有效解释了当代社会在全球化、网络化和高度技术化的情况下不安因素增多、冲突加剧、风险剧增的现实，因而成为广为接受的理论研究预设。随着我国经济的飞速发展，城市道路交通建设飞速发展、机动车保有量大幅增长，其不仅带来了交通的便利和经济社会生活的改善，同时也出现了交通事故大增、交通安全存在严重危险的状况，交通领域中出现大量威胁交通安全的人为的系统性风险，成为维护保障交通安全所必须面对和预防的主要对象。交通领域的安全现实印证了风险高发和难以预测的风险社会的特征，需要以风险社会的特征作为研究前提。而在风险社会的态势下，交通安全体现的风险特征及其对交通安全刑法调控机制的影响主要有：

第一，交通风险的系统性特征。交通系统的复杂关联性导致系统性、全局性的交通风险高发，交通风险体现出牵一发动全身的特征。由于道路交通中的参与元素复杂多样且高度相互关联，整体互相嵌合度高，因此威胁交通安全的因素一旦出现，都有可能造成严重的整体风险态势，发生全局性崩溃性后果。如一个信号灯的损害可能会造成多起前后连续冲撞的交通事故，一次醉酒驾车可能造成多起交通事故，都可能导致道路交通系统的严重堵塞崩溃。这就要求应对的刑法调控机制必须秉持系统性、全局性的风险控制思路，"不以恶小而不为"，对威胁到交通安全的行为必须高度重视、提早介入、未雨绸缪，重视对危险犯的规定和适用，否则等系统性风险转化成实害就已经为时已晚。

第二，交通风险的不可预测特征。交通领域的复杂连接和高度嵌合带来的另外一个难题是交通风险到实害的因果关系越来越难以预测和把握。导致交通实害结果的原因充满了难以预测的偶然和不确定性因素，复杂关联程度超越一般认知。因此，交通事故很难认识真正发生流程和因果关

---

① 参见 ［德］ 乌尔里希·贝克、威廉姆斯《关于风险社会的对话》，载薛晓源、周战超主编《全球化与风险社会》，社会科学文献出版社 2005 年版，第 12—23 页。

系，责任分配变得异常困难，由此造成了传统以实际损害结果为必备要素的实害犯如交通肇事罪在因果关系认定和责任分配时捉襟见肘，屡屡出现认定难题。① 一方面，出于消除实害犯认定难题，跨越因果认定和责任分配的阶段性困难，刑法产生了前置于实害判断而直接预防风险的前置化介入的需求。除非将刑法的调控对象从发生实害提前到发生危险的阶段，前置化预防产生风险的行为，否则难以解决这一由于风险的不可预测带来的实害犯认定难题。另一方面，出于对风险的尽可能认识，必须重视交通领域中刑事诉讼程序的针对性研究，充分发挥各方的举证机能，才能尽量还原事实，尽可能地发现因果关系线索，认定交通犯罪。

第三，交通风险的认识专业性特征。交通领域是高度组织化、专业化的关联系统领域，领域内的交通设施、交通工具和交通运行等原理具有高度的专业化和专门化特点，很难为普通人所理解和把握。因此与上述高度专业化的交通安全因素相关，交通风险的认识和预测也具有强烈的专业化色彩，普通人尽管参与交通活动，但实际上由于知识所限，对交通风险难以发现预测。交通风险的这种专业性特征对刑法调控提出了专门化的需求，必须在尊重和了解交通的专业知识规律的基础上才能有针对性地发现风险和预防风险，而这是一般性的犯罪所不可能完成的任务。一方面，只有针对交通领域的独特专业性、体现交通风险预防规律的专门化犯罪才能更好地完成对交通安全的刑法保护任务。因此在刑法调控中应该尽可能增设专门的交通安全犯罪，在专业的交通风险认识规律的基础上有针对性地调控风险。另一方面，对已经发生的案件来说，交通风险的认识专业性特征要求必须研究建立专门的交通犯罪认定证据规则和特色诉讼流程。只有如此才能充分地科学认定证据和确认事实，保障还原案件真实情况，保证定罪量刑的准确性。

第四，交通风险的抽象性和集合性特征。虽然维护交通安全的目的是保障交通领域每个个体的人身和财产安全，但交通安全本身是整体性的法益，其保护个人人身和财产法益的方式是抽象的和集合式的，并不特指某个特定的个体，而是无差别针对不特定的交通领域参与对象。因此受此决定，威胁交通安全的风险本身也具有抽象的和集合性的特点。交通风险不必一定到威胁到具体特定个人的人身财产安全风险才能视为存在，而是应

① 参见陈晓明《风险社会之刑法应对》，《法学研究》2009 年第 6 期。

该在产生一般性的、不特定的个体人身财产法益威胁时就视为存在。这种抽象性的风险特征要求刑法在调控交通风险时必须明确抽象性风险的内涵和认定标准，不能将抽象风险进行具体化认定，如此才能达到科学性和明确性的要求，这就体现出对以相对抽象的危险为犯罪性质的危险犯特别是抽象危险犯设置的强烈需求。

（二）风险社会对交通安全刑法调控机制的决定性影响

1. 完善专门犯罪，确立交通犯罪专门体系

由于交通风险的认识专业性特征，刑法在调控交通领域时不得不需要关注交通的专门需要，尊重交通运行的自主规律，因此在设置犯罪时应优先设置体现交通专业规律认识的专门犯罪，用专业交通知识结合刑法学规律对交通专门犯罪设立进行研判和论证，以此保证对交通风险预防的针对性和有效性，提供刑法调控机制的科学和实效。一方面，在将交通行政违法行为上升为刑法中的专门交通犯罪行为时，需要从交通专业性的角度进行分析和考量，确定具体认定标准；另一方面，将某种具有普遍适用性的一般犯罪分立设置专门的交通犯罪时，也需要从交通专门性的角度进行分析论证。例如从过失致人重伤罪、过失致人死亡罪等中将相关发生在交通事故中的违规行为设立为交通肇事罪，就必须从交通专业规律的角度论证这一犯罪有比一般过失犯罪更重要的维护必要性，从而需要单独设立，甚至特定情况加重处罚。

进一步而言，当专门犯罪相对较多，且针对的行为具有不同层次和不同属性特征时，应当从交通规制专业化的角度查漏补缺，形成更具专业性的交通犯罪专门体系。从西方国家的有效立法经验来看，在刑法上对整体危险驾驶行为进行专业化分析并适当入罪化处以相应刑罚，形成专业交通犯罪体系，才是治理道路交通安全的治本之道。① 与这个趋势相一致，我国危险驾驶犯罪的设立并扩张，从专业性角度用来专门惩治现实中确实造成严重交通安全损害的危险驾驶行为；其改变了原刑法中仅有交通肇事罪这一事后针对违规驾驶的专门交通犯罪的规定，将作为交通事故中最常见最突出的危险行为直接入罪，规定为危险驾驶罪，并设计了比一般危险驾

---

① Vgl. Urs Kindhauser, Strafgesetzbuch Lehr – und Praxiskommentar, Baden – Baden：Nomos, 2006，S. 46.

驶的行政违法行为更严厉的刑事惩罚。这无疑可以对造成交通事故的危险驾驶行为进行更有效的事前专门威慑和打击，从治本的意义上大大减少交通事故发生的可能性，可谓长效治理交通秩序的专门犯罪立法手段，其进步意义毋庸置疑。然而与西方国家相对完善的交通专门犯罪体系进行比较，我国危险驾驶罪的规定虽然打击重点突出但相对来说还比较简单，而且与其他交通领域专门犯罪还未能实现体系化，尚有可以进一步完善之处。

2. 明确危险标准，确立危险犯证成和适用机制

在风险社会的态势下，刑法处罚阶段前置趋势进一步明显，在风险高发的交通安全问题上，刑法相关规定如对危险驾驶罪的增设与扩张更体现出了这一趋势。然而随着风险社会态势下危险犯的必然扩张，影响刑法调控机能的一个新问题就是危险犯的危险标准该如何界定？这一标准不仅决定着刑法以后设立危险犯的具体证成依据，也决定着危险犯具体的适用原则。

这一问题在实害犯中并不突出。实害是以实际发生的物理性损害结果为标准的状态，因此可以清晰、明确地通过观察确认，较少出现争议。而危险标准相较之下不仅难以认定，而且标准不清。与实害结果不同，危险是指法益侵害的可能状态，是一种抽象意义上发生可能性，而非明确的实害性结果。① 因此其具体的验证和确认标准都并不清晰。更复杂的是，危险犯内部还区分为具体危险犯和抽象危险犯两类。其中具体危险犯的具体危险是指以危险造成具体危险状态为标准，而抽象危险犯的抽象危险是以从行为中直接抽象出来的危险为标准，两种危险的性质本身就存在差别，需要分别确认其标准。因此交通安全的刑法治理领域中，在设立危险犯之外，更重要的是如何识别危险，认定危险的问题。这一问题随着风险社会现象的突出越来越重要，不仅在立法上需要明确危险犯设立的需求下，究竟哪些风险适合纳入刑法规制确立立法证成的危险标准，还要在司法上明确已经设立的越来越大量适用的危险犯中危险应该如何认定。

3. 实现刑事一体化调控机制，增加专门刑事程序

风险社会的情势下，交通领域内的安全风险出现了流程上的复杂和认识上的困难等情形。所以，当实害结果发生以后，就需要高度完善的证据

---

① 参见劳东燕《风险社会中的刑法》，北京大学出版社 2015 年版，第 54 页。

认定程序和方法来尽可能地还原事实，发现因果流程，减少认定上的困难。而这一任务要靠程序的尽可能的科学完善才能实现。也即通过诉讼权利的完善充分保障诉讼参与人充分反映和表达案件所涉证据事实、提供证据，通过完善合理的质证和辩论程序对证据进行可靠充分的认定来全面还原案件事实，法官才能在认定事实的基础上结合实体法作出合理判决。而这就要求完善刑事程序法设置，对交通安全进行刑事实体法和程序法相结合的一体化调控。

虽然当下我国刑法调控机制存在刑事实体法和程序法相互配合的基本架构，但由于在实践中过于强调刑法功能和实体调控，部分忽视了程序法的调控机制，导致实体法与程序不能很好衔接，这在某种程度上影响了调控效果。刑事程序法起到了基本的保障机能，而对实体法的过分重视导致了交通安全领域的调控机制主要以实体法的定罪量刑为主的观点。然而一方面，在刑事实体法适用过程中有许多复杂的程序法问题需要解决；另一方面，更重要的是有很多问题是实体法和程序法的竞合交叉性问题，诸如醉驾酒精临界值的定位问题，需要从实体法和程序法相结合的视角进行深入探究。这就需要重视程序法的发展完善问题，将刑事实体法和程序法的配合上升到刑事一体化的高度。

刑事程序一体化调控进一步的要求是刑事实体法要与刑事程序法同步发展完善。而相对于刑事实体法在交通领域的多种专门犯罪可以适用的情况，作为刑事程序法的刑事诉讼法中并没有专门针对交通犯罪的认定程序。因此，交通犯罪的程序性适用依靠的是普通的和一般性的诉讼流程规定。然而如前所述，在风险社会背景下，交通领域内的风险具有难以预测和认识专业性的特征。一方面，交通安全风险的难以预测性要求刑事诉讼程序必须针对性地搜集证据，查清案件事实，梳理因果关系。而要达到这一要求，就必须有针对性地设计交通犯罪认定专门程序、依靠专门知识方能实现，单纯依靠现有的刑事诉讼流程无法有效实现这一目标。另一方面，许多交通领域内的证据认定和诉讼程序都必须充分考量交通领域内的专业性问题，这些专业性问题只能通过专门程序进行单独的特别设计才能保证其科学性和有效性。比如醉驾认定在我国高度依赖驾驶人员血液酒精含量的认定，而血液酒精含量涉及侵入性搜证、人身强制、测量标准等多个专业性问题，是刑事诉讼法很少规定甚至没有规定的，只能按照血液酒精含量检测的专业知识和标准进行专门的机制设计。因此，要完善交通安全的刑法调控机制，首先就要承认交通领域风险的认识专业性，设计专门的刑事法内容体现融入这种专业特征。在我国刑法已有专门的交通安全相关犯罪的情形下，刑事程序法显得相对滞后，必然会影响交通安全领域相关犯罪的定罪量刑，从而整体上影响交通安全的刑法维护机能。所以应当填补交通犯罪领域专门程序的空白，增加专门刑事程序机制。

三　完善调控机制之一：发展危险驾驶罪为核心的交通犯罪体系

以危险驾驶行为为代表的交通犯罪行为目前已经成为我国道路交通安全的重大威胁，我国道路交通安全形势非常严重。虽然刑事立法对破坏交通设施和工具等交通安全保障物质条件的行为规定了交通犯罪，并进一步对直接严重的威胁交通安全的行为规定了危险驾驶罪和交通肇事罪的专门犯罪来追究刑事责任和施加刑罚；[①] 但是从交通犯罪专门立法的科学性和体系性要求的角度，目前的交通犯罪专门体系仍不完善，成为限制交通安全的刑法调控发挥作用的不足；因此要完善调控机制，就必须发展完善危险驾驶罪及其为核心的交通犯罪体系。一方面，危险驾驶罪作为直接规定交通违法行为的危险预防犯罪，在风险社会前置预防需求越来越强力的情况下，越来越成为整个交通犯罪体系的核心罪名，实践中占据主要的犯罪数量。但其自身从专业性和科学性的角度出发还有进一步完善之处。与我国对危险驾驶行为只在危险和实害意义上区分危险驾驶罪和交通肇事罪两罪化且二罪界分不明不同，许多国家是通过几个罪名更加详尽地对危险驾驶罪的不同程度进行了层次区分，予以不同罪名和对应性量刑，立法体系性更加清晰。另一方面，危险驾驶罪周边犯罪不够周延，混淆不同危害交通安全的行为法益。比如肇事后逃逸在刑法中仅作为交通肇事罪加重情节处罚，但是其侵害的法益其实与危险驾驶并不相同而具有独特性，但却未予以单独考虑。这造成了交通肇事罪运行一系列难题。所以，必须从交通专业化的角度完善危险驾驶罪及其为核心的交通犯罪体系，只有如此才能

[①]　在严重的危险驾驶致人重大伤亡的案件中，法院除了适用交通肇事罪的规定之外，对造成特别严重危害后果的案件，更适用过失杀人罪（张金柱案）和以危险方法危害公共安全罪（孙伟铭案）等刑罚最高可至死刑的犯罪规定，对肇事者予以重判，以示严惩和威慑。

科学和专业地实现对交通安全的刑法调控。而借鉴国外立法尤其是与我国立法模式类似而交通犯罪体系又比较系统和专业的德国立法，可以反推进我国交通犯罪体系的发展完善。

（一）他国经验：危险驾驶犯罪为核心的体系规定模式借鉴

鉴于危险驾驶的危害性，西方发达的法治国家基本上都立法详细地规定了危险驾驶犯罪，比如日本在 2001 年通过修正案的形式在其《刑法典》第 208 条补充了五种危险驾驶致死伤罪的规定，采用列举式模式进一步明确犯罪构成并大幅加重对危险驾驶致人死伤的法定刑幅度。而英国是在《道路交通法》中规定了各种危险驾驶犯罪，将醉酒和药物驾驶、疏忽危险驾驶、驾驶致人死亡分别定罪，罪名规定同样严密。相对于其他发达国家的刑法规定，德国《刑法典》是规定危险驾驶犯罪的体系化的完善代表：首先，其第 315c 条规定了包括醉酒驾驶和超速驾驶在内的两大类共九种具体行为的道路危险驾驶罪，并且详尽规定了犯罪的主观状态（故意和过失皆可构成本罪）和犯罪完成形态（未遂标准）的问题。其次，其《刑法典》第 316 条则单独规定了专门的"酒精和药物影响驾驶罪"，作为对第 315c 条的补充规定。最后，其第 142 条还专门针对交通事故发生后未尽说明和等待义务的逃逸行为规定了单独的擅自逃离肇事现场罪。从这些完善的规定中可以看出完整的交通犯罪体系的规定模式：

第一，德国《刑法典》规定了单独的危险驾驶罪，其客观方面采取了列举式的规定模式，详尽列明了可以入罪的各种危险驾驶行为。其第 315c 条一共列明了两大类的危险驾驶行为：第一类是丧失驾驶能力的行为，包括醉酒驾驶和服药驾驶以及因精神和身体上的缺陷而无法安全驾驶共两种情形；第二类是违反交通规则的行为，包括错误占道、十字路口或视线不良时超速驾驶、视线不良时不靠右行驶等七种情形。这种规定模式的好处是罪状明确，定罪标准客观清晰，缺点是缺乏灵活性，无法及时应对新出现的危险驾驶行为形式，比如现在备受诟病的开车打手机现象就无法涵盖在内。与之恰好相反，英国的危险驾驶罪对危险驾驶行为的罪状采取了抽象概括式规定的形式。其所谓的"危险驾驶"是指如果在一个有能力又审慎的司机看来，在某交通工具处于可能造成危险的状态下，行为人仍然驾驶的行为。这样的总括式规定其优点是可以应对未来出现的各种新的危险驾驶的行为，但缺点是缺乏明确性，可能给法官比较大的自由裁量权。要想取得理想的规范效果，应该将列举式和总括式两种模式结合来规定危险驾驶罪的具体罪状。

第二，为了更有效地预防人身和财产免受交通肇事的侵害，德国刑法在危险驾驶罪的客观方面采取了"危险犯"的标准，不要求危险驾驶造成人身伤亡或他人财产损失的实害结果才能入罪，只要产生了足以造成人身伤亡和财产损失的危险即可构成危险驾驶罪。① 相对于只处罚交通肇事行为的实害犯标准，"危险犯"的标准毫无疑问将处罚的范围加以扩大、处罚的时机提前到发生交通事故之前，这样可以更好地实现预防交通事故的目的，从而其对交通安全法益保护的力度也更强。这与多国法律规定的危险驾驶犯罪标准相一致，代表了一种立法趋势。

第三，就危险驾驶犯罪的主观状态来看，德国的规定认为故意和过失的心理状态都可以构成本罪。德国《刑法典》第 315c 条第 3 款规定了"（危险驾驶）过失造成特定危险和过失的危险驾驶行为并过失造成特定危险"的都构成危险驾驶罪，其处罚相对于故意危险驾驶而故意危及他人人身、生命和财产安全的行为要轻微一些。由此可见，不管是故意还是过失实施法定九种危险驾驶的行为，造成特定的人身伤亡和他人财产损失的危险，都构成危险驾驶罪。所以，故意和过失都被囊括在危险驾驶犯罪的主观状态之中，而且德国刑法非常明确地将对行为和对危险后果的不同心理状态分开，并且是故意与过失皆可，不同的心态在量刑时存在差异。这样明确的主观心理状态层次区分使得适用法律认定罪犯主观状态时，可以非常明确清晰。②

第四，针对作为交通肇事主要诱因的酗酒或者吸毒（或摄取违禁药物）后驾驶现象日益突出，德国《刑法典》专门在其第 316 条规定了"酒精和药物影响驾驶罪"："驾驶交通工具者如果其酒精或药物的消耗量使其处于不能安全驾驶的情况，又未依第 315c 条（即前述危险驾驶罪的规定）处罚的，应处一年以下有期徒刑或罚款。"可以看出，德国刑法中的这个规定并不要求醉酒和服药驾驶的行为有造成人身伤亡或财产损失的危险才能定罪，只要是行为人因为酗酒或者服药到达无法安全驾驶的程度即构成本罪。这样的规定着眼于驾驶行为时的特征，带有"行为犯"的

---

① 参见林山田《刑法各罪论》（下），林山田自版，2005 年，第 301 页。

② 参见张明楷《刑法学》，法律出版社 2000 年版，第 566 页。

性质。而造成"无法安全驾驶的情况"之判断并非以"驾驶人神智是否清醒"等主观标准为依据，而是要通过酗酒达到的酒精浓度和药物的数量来计算，其标准通过固定的交通法律加以明确规定，只要驾驶者体内酒精含量达到了交通法律规定的客观含量标准，都可以被定罪。这种以驾驶者身体内含量作为损害驾驶能力依据的做法具有客观易度量的特点，增强了罪名的可操作性和稳定性。这与德国《刑法典》第315c条规定的危险驾驶罪中的醉酒或服药驾车行为有明显不同——危险驾驶罪中的醉酒或服药驾车行为要求必须危及他人的人身、生命和财产之安全，达到"危险犯"的标准。因此在德国刑法中，对醉酒和服药驾驶的定罪，造成特定人身、生命和财产危险的适用第315c条，未造成特定的危险的适用第316条。而第316条不以危险为条件的规定模式就是所谓的"零容忍"规则。采取同样立法模式的国家有许多，如英国在其《道路交通法》、芬兰在其刑法典中也都有同样的规定。① 这些规定都不要求实际损害甚至实际危险的发生，只要测试驾驶人酒精度或者药物含量达到使行为人丧失驾驶能力的固定标准即可定罪，从而大大加强了对单纯醉酒和滥用药物的驾驶行为进行惩处的力度，防范交通事故于未然。

第五，德国将交通肇事后逃逸的行为与危险驾驶行为区分开，单独定罪。德国《刑法典》第142条的"擅自逃离肇事现场罪"规定："交通肇事参与人在发生交通事故后，在下列情况下离开肇事现场的……（1）应说明自己的身份、车辆情况，或该人的行为与发生之事故有关而应陈述以证实身份、车辆和参与方，但未说明或陈述就离开的。（2）在没有人证实之前，根据实际情况应等待相当时间，未等待就离开的"构成本罪。即使并无任何人员伤亡和财产损失发生，仅仅是逃逸本身作为一种不负责任的行为，都是一种犯罪。这种定罪模式特点是将逃逸行为与造成交通事故的危险驾驶行为分开对待，认为其本质上是一种不负责任的不作为，从而在立法导向上加强了对交通肇事者诚实和救助义务的强调，无疑能尽量减少交通肇事的危害性，保障受害人的权利受到最大救济；② 因为如果交通肇事者都能尽量负担其诚实和救助义务，可使交通肇事所造成的财产损

---

① Vgl. Christian Armbrüster, Grenzen für Grenzwerte der Fahrsicherheit —Die Gefährdung des Straßenverkehrs durch Alkohol, Arzneimittel und Drogen, Juristische Rundschau, 1994 (5).

② See Ivan D. Brown and Alan K. Copeman, "Drivers' Attitudes to the Seriousness of Road Traffic Offences Considered in Relation to the Design of Sanctions", *Accident Analysis & Prevention*, 1975 (1).

失和人身伤害都能得到最大限度的减轻，受害人也能最大限度地进行
求偿。

（二）现存问题：危险驾驶犯罪规定之特点与不足

我国刑法随着危险驾驶罪的增设和扩张体现了刑事专门化立法的进
步，这可以弥补过去刑法仅有造成实害才处罚的交通肇事罪从而使得规范
范围过于狭窄的缺点，形成了危险驾驶罪和交通肇事罪并存的双罪体系。
单与国外尤其是德国相对复杂的危险驾驶犯罪体系相比较，这样的规定有
自身的特点，但同时亦有其不足。

第一，规定的危险驾驶犯罪行为历经扩张目前共有醉驾、追逐竞驶、
客运和校车严重超载超速以及违规运送化学品危及公共安全四种典型行
为，采取的是列举式的规定模式。这四种行为是我国危险驾驶诸行为中最
突出、也最容易造成交通事故的行为，将之纳入刑法规制、设置较重的刑
罚可以突出打击重点，更有效地发挥刑法的威慑力。但是是否仅只规定这
四种危险驾驶行为入罪值得商榷。现实中除了此四种行为之外，像无驾驶
能力强行驾车、错误超车、逆向行驶、超载行驶以及近距刹车等都是容易
造成交通事故的危险驾驶行为，其所造成的危害甚至超越上述四种行为。
仅将刑法中危险驾驶罪的行为局限于此四种行为略显片面。① 置其他同样
危险程度的危险驾驶行为于不顾，会造成刑罚与行政处罚的不均衡，进一
步会带来刑罚处罚的不公平性，② 不能全面预防和震慑危险驾驶行为。对
比德国详细列举危险驾驶犯罪的有效经验，我国刑法中的危险驾驶罪仅列
举四种行为有些狭窄。

第二，我国危险驾驶罪的规定中，对不同行为分别规定了不同的定罪
标准，但有相当的标准都不清晰。一是追逐竞驶需达到"情节恶劣"的
程度，才构成犯罪，即采"情节犯"标准。但是仅用"情节恶劣"四个
字作为定罪标准过于模糊，导致该条规定的严谨性和可操作性相对较弱，
也不符合刑法严谨性的要求。而危险驾驶罪仅用"情节恶劣"作为重要
的定罪标准，仅从法条上并无法确知情节上达到什么程度才算是恶劣：是

---

① 参见李川《论危险驾驶行为入罪的客观标准》，《法学评论》2012 年第 4 期。

② 《刑法》中危险驾驶罪规定的这两种危险驾驶行为要处以拘役和罚金的刑罚，而具有同
样危害性的其他危险驾驶的交通违规行为仅因为刑法没有规定就只能处以最终 15 天拘留和 2000
元以下的较轻的行政处罚，二者明显具有不均衡性。

行为造成的特定的危险、特定的危害结果还是行为本身的某些特征才是"恶劣"的标准，无法从条文中知晓，这显然会导致法条的不可预测性，也会带来司法中应如何确定危险驾驶罪的难题。这就不如德国采用的"危险犯"的标准更加明确。① 二是对醉酒驾车行为采举动犯的标准，只要醉酒驾车即构成犯罪。然而何为"醉酒"？驾驶者体内酒精浓度为何构成本条规定中的"醉酒"尚无明确答案，这无疑使得该条罪状具有了空白性。而目前《道路交通安全法》中醉酒的标准是由国家质监局发布并实施的《车辆驾驶人员血液、呼气酒精含量阈值与检验》国家标准。但这种国家标准作为一种行政规范性文件，其能否直接作为国家基本法之一的刑法中的"醉酒"标准，尚存疑问。如空白罪状需借助行政性规范才能加以确定，则与罪刑法定原则相悖，实则将一定立法权违规放之于行政权力之手，存在相当不确定性。三是客运校车严重超载超速所规定的严重性要求也极端模糊，从中无法知道严重的实质上标准为何。只有违规运输化学品典型地体现了危险犯的形式，相对明确地以危及公共安全为指标。

第三，危险驾驶罪对主观心态规定模糊，容易造成法律认定时的矛盾和困难。危险驾驶行为往往伴随着复杂的心理状态，可以分为对行为和对危险结果不同的认知状态。而危险驾驶罪的心理状态无法明确是故意还是过失，参考德国《刑法典》的具体规定，危险驾驶行为可能产生三种主观心态：故意实施危险驾驶行为并对造成危险结果持间接放任的心态；故意实施危险驾驶并对危险结果是过失的心态；对危险驾驶行为是过失的心态，以及对危险结果的发生也持有过失的心态。这三种心态所体现出的行为人的主观危险性各有不同，因此刑事责任应有差异，所以德国《刑法典》对其有差异化量刑的规定。而我国危险驾驶罪的主观心态无法从法条上看出，其所规定的犯罪的主观心态是包含着上述三种情况，还是仅指其中主观危险性最小的过失危险驾驶并对危险发生持过失的心态，需要进一步明确。而且上述三种主观心态的犯罪行为其刑事责任应有差异，需要在量刑时有所区分。② 相对于德国刑法这种精细化的主观心态的规定，我国危险驾驶罪需进一步明确其主观心态。

---

① 参见李川《适格犯的特征与机能初探》，《政法论坛》2014 年第 5 期。

② Vgl. Christian Armbrüster, Grenzen für Grenzwerte der Fahrsicherheit —Die Gefährdung des Straßenverkehrs durch Alkohol, Arzneimittel und Drogen, Juristische Rundschau, 1994 (5).

　　第四，对认识受限型驾驶行为，只规定了醉酒驾驶构成犯罪。但对与醉酒驾驶有同样危害性的过度摄取毒品或药物驾驶（即服药驾驶）则没有规定。纵观包括德国刑法在内的世界各国刑法皆将醉酒驾驶和服药驾驶共同进行规定，盖因二者都是由于外界物质作用于神经系统影响了驾驶者的控制驾驶行为的能力，引发无法安全驾驶的问题。二者行为性质相同，对社会的危害性相同。诚然在我国服药后驾驶的行为尚不突出，但如果仅因为醉酒驾驶问题比较突出，就在刑法规定中忽视同样具有危害性的服药驾驶的行为，无法有效地全面预防危险驾驶行为，因此值得商榷。[1] 对酒驾和药驾，因该同样视之，皆都加以规定。

　　第五，对交通肇事后逃逸的行为并未单独定罪。而单独的肇事逃逸行为应该是交通犯罪处理的重要组成部分。在我国的刑法规定中，交通肇事后逃逸行为作为交通肇事罪的一个量刑加重情节，这实际上将交通肇事的危险驾驶行为与逃逸行为混为一谈，无法增进对交通肇事的救助。逃逸行为与危险驾驶行为其实是两个行为，逃逸行为之故意的心态是出于对责任承担的恐惧和害怕，从而对于逃避行为而持有的希望或放任的心态；这与危险驾驶的主观心态是完全不同且自成一体的，是一种新的罪过。而且逃逸行为与危险驾驶行为亦不具有因果上必然性，危险驾驶行为并非一定会体现为逃逸行为，因此二者不是直接关联的，而是相对独立的。[2] 更重要的是，交通肇事行为和逃逸行为性质根本不同，交通肇事行为违反的是交通法规规定的安全驾驶义务，是一种违法作为；而交通事故后的逃逸违反的是对自己的肇事后果的承担义务，是一种逃避应该举证和救助的作为责任而不作为的行为。将逃逸行为仅作为一个加重情节甚至交通肇事罪的构成情节，无疑混淆了二者的性质。例如对那些并未造成危害结果仅仅是逃逸的行为就没办法被交通肇事罪中的逃逸情节囊括，从而降低了对逃逸行为处罚的广度和力度，不利于交通肇事后责任的承担和损失的减轻。

（三）发展完善：我国危险驾驶犯罪立法体系之设置

　　鉴于以上对危险驾驶罪及其周边行为的规定的分析，借鉴西方国家特

---

　　[1]　See. C. H. Wecht, S. A. Koehler, "Road Traffic, Determination of Fitness to Drive", Driving Offense, 2001 (3).

　　[2]　参见喻贵英《交通肇事罪中四种"逃逸"行为之认定》，《法律科学》2005 年第 1 期。

别是德国对危险驾驶犯罪的体系性规定，我国的危险驾驶犯罪立法体系可以进一步完善：

一是在客观方面应对危险驾驶罪的罪状进一步全面规定，采取列举式和总括式相结合的规定模式。一方面，无论是德国刑法还是日本刑法都对危险驾驶的行为构成的犯罪都进行了细致化的列举规定。危险驾驶的行为的种类具有多样性，列举式的规定有利于明确危险驾驶的范围，从而增强刑法适用的明确性，减少司法适用的模糊性。我国刑法可以参考德国刑法的模式，明确规定无技能驾驶、妨害驾驶、无视信号等与现有危险驾驶罪行为同等危险的行为于危险驾驶罪之中。[①] 另一方面，列举式的规定也有缺陷，就是无法涵盖层出不穷的行为新种类。危险驾驶的行为之列举也存在这样的问题，因此法律也在明确列举之后，对危险驾驶犯罪的行为性质进行总括性规定，如参考英国的法律，规定危险驾驶行为为"违反驾驶谨慎义务，造成人身伤亡和财产损害的危险的行为"。

二是在刑法上对危险驾驶行为的入罪标准方面，应将两种行为所采用的"情节犯"和"举动犯"的不同标准一致为"危险犯"的标准，以危及公共安全为指标。参照多国特别是德国的经验，"危险犯"的规定模式显然比模糊的"情节犯"和"行为犯"更明确和科学。[②] 危险驾驶罪的客观方面应扩大为只要是造成了人身伤亡和财产损失的危险可能性的违规驾驶行为，包括规定的四种行为都应加以入罪，由此限定了"危险犯"的标准。而对危险的认定可通过人大的立法解释针对不同的危险驾驶行为加以明确：如追逐竞驶到何种时速可达到危险的标准，驾驶员酒精含量达到何种标准即可视为造成危险存在的醉酒驾车，超载超速的严重标准是什么等。同时"危险犯"的规定模式也区分了危险驾驶罪和交通肇事罪，使得二罪可以相互补充和配合。根据"危险犯"和"实害犯"对犯罪结果的不同要求，对造成重大人身伤害和财产损失的实害后果的危险驾驶行为，由于其危害性较大，按照交通肇事罪的规定处罚较重。而对只是造成人身和财产的危险可能性尚未造成实害结果的按照危险驾驶罪来定罪处罚，由于其尚未造成物质性危害结果，因此刑事责任相对较小，因此处罚

---

① 参见黎宏《日本刑法精义》，中国警察出版社 2004 年版，第 307 页。

② See Rune Elvik, Peter Christensen, "The Deterrent Effect of Increasing Fixed Penalties for Traffic Offences: The Norwegian Experience", *Journal of Safety Research*, 2007 (6).

也较轻。

　　三是应对危险驾驶罪的主观方面加以明确具体的规定。参考德国《刑法典》对危险驾驶犯罪主观心态的详细规定，故意实施危险驾驶行为并对造成危害结果的危险持间接放任的心态、故意实施危险驾驶并对危害结果的危险是过失的心态，以及对危险驾驶行为是过失的心态并且对危害结果的发生也持有过失的心态都应纳入危险驾驶罪主观心态的范围。当然我国刑法中规定的故意和过失仅针对是否发生特定结果的心理态度而言，这与德国刑法中主观心态主要是针对犯罪构成要件行为有所不同。所以在本罪法条中所明示的主观心态也应明确是仅针对是否发生人身财产损害的危险的态度。所以危险驾驶罪的故意是指明知自己的危险驾驶行为会发生人身和财产损害的危险，并且放任这种危险发生；而危险驾驶罪的过失是应当预见自己的行为可能发生人身和财产损害的危险，因为疏忽大意而没有预见，或者已经预见而轻信能够避免，以致发生这种危险。此外在同样的客观行为的情况下，间接故意要比过失的心态体现更多的人身危险性，刑事责任应该更重，所以在量刑时应体现差异性。

　　四是应将造成交通事故后的逃逸行为单独确定为交通事故逃逸罪。交通事故逃逸的情形其实非常复杂，既有可能是为了不履行救助义务，也有可能是为了躲避举证、逃脱侵权责任。而这些驾驶人为了逃避应当承担的责任而故意采取的不作为行为与错误作为的危险驾驶行为有性质上的明显区别，很难为危险驾驶罪所涵盖。借鉴西方国家的立法经验，可以将造成交通事故的驾驶人不负告知责任、谎报个人情形并逃脱以及对人身财产损失不救助等逃避交通事故责任的行为单独定罪，就能对造成事故的驾驶人起到明确的威慑作用，使其更加有效地采取措施维护受害人的损失免受进一步恶化，也有利于受害人未来有效求偿保护自身权益。

　　危险驾驶罪的规定迈出了完善危险驾驶罪立法体系的重要一步，对我国危险驾驶犯罪体系的形成有里程碑式的意义。然而从专业性视角而言，只规定了四种危险驾驶行为的危险驾驶罪的规定相对简单且周边缺乏配套交通犯罪规定，难以对威胁交通安全的行为进行全面的威慑和预防，所以未来需要在其基础上参考他国的立法进一步加以完善，从而建立起我国的专门交通安全犯罪体系。

四 完善调控机制之二：明确危险犯的 证成和适用依据

与应因行为处罚阶段前置以降低社会风险的危险犯之扩张趋势相适应，我国在交通道路之实害犯罪——交通肇事罪之外增设并扩张了具有危险犯性质的危险驾驶罪，以缓解仅罚实害犯对交通安全秩序保护之不足，通过刑事禁止性规范对危险驾驶行为之控制提前制止交通风险，增强交通安全法益之保障力度。然而与实害犯具有明确的实害结果可以认识不同，具有"行为非价"特征的危险犯核心要素的"危险"概念本身具有规范上的抽象性和适用场域之限定性。对危险之客观标准的理解直接关涉对以危险驾驶罪为代表的交通领域危险犯之入罪标准在立法原理和司法实践上之明确判定，是在风险社会由实害犯中心向行为犯中心转型后解决交通安全问题所必须理解和明确的，也是完善交通安全刑法调控机制的关键环节。

(一) 作为危险犯客观标准之"显见可能性"

采用相对清晰的危险之"显见可能性"指标（Naheliegende Moglich-keit）而非含混的危险性大小作为界定特定危险行为入罪之危险判定标准是德国的成熟经验值得借鉴。也即当行为所造成的对法益侵害之危险不仅存在而且具有"显见可能性"时，对法益保护之现实紧迫性已是箭在弦上，超出了实害犯规范（甚至包括未遂和预备犯之规范手段）和行政禁止规范之有效预防范围，只能通过刑事规范对该种危险行为的单独禁止才能周延对该法益之保护，实现一般预防之目的，此时依据谦抑原则该行为方可具有入罪之必要性和正当性。

危险之"显见可能性"之成立需进行经验性和规范性的双重判断，其指示的内涵为：首先，危险本身即是一种实害发生的可能性，但作为危险行为入罪标准之"危险"，不仅要求此种实害有发生的盖然性，而且具有显而易见的盖然性。其次，这种显而易见的盖然性体现为危险使得法益不受侵害的局面产生了显见恶化的风险危机：法益之恶化趋势使得法益受损具有高度的盖然性；实害之未发生只能依靠偶然因素的介入。[①] 依循此

[①] 参见德国法院判例 BGH，NStZ 1996，83。

种进路，危险之"显见可能性"的判断标准采取两段递进模式，一是要判断危险的显见性，即危险使得法益产生显见的恶化危机，法益之受损害具有高度的盖然性；二是还需要进一步判断危险的急迫性，即受到实害的盖然性程度之高几乎无可挽回，任何具有规范救助义务的主体都不可预料会必然介入，以致实害之未发生只是侥幸，只能取决于偶然因素的介入。前者之判断需从一般生活经验事实出发结合具体行为模式推断实害发生可能性与未发生可能性之相较大小即优势可能性之判断，并以之为参考确定危险之高度盖然性，从而确定相涉法益是否"显见恶化"。而后者的"偶然"（Zufall）之判断则属于规范性判断，需先明确当危险产生之时，并无一般规范性义务或措施之必然介入可以消除这种危险转化为实害的可能性，危险之所以未能转化成实害，皆因不可预期亦不可信赖之偶然情势的发生。①

通过两段论范式，"显见可能性"的观点为危险犯之成立厘定了一个相对清晰的判断指标，这种指标既符合刑法谦抑原则对危险犯作为最后手段性的限制，也为危险犯罪行为与其他具有危险性的行政违法行为甚至合法行为提供判别依据，为立法论和教义学意义上何种危险行为应入罪即其刑事可罚性根据提供相对明确的严格标准。

除了具有立法原理上的指针意义之外，危险"显见可能性"之标准亦可为具体司法实践中危险行为之入罪提供科学周延的认定指标。当然，对不同类型的危险犯，危险的"显见可能性"标准具有不同的指导意义。传统刑法理论上将危险犯一般分为抽象危险犯和具体危险犯两类，对抽象危险犯和具体危险犯之区分虽然有不同的理论观点，但仍以构成要件说为其主流。这种学说认为：具体的危险犯是以发生危险作为构成要件要素的犯罪；抽象的危险犯虽然与前者一样，也以发生危险作为处罚根据，但它是不以发生危险作为构成要件要素的犯罪。② 抽象危险犯的客观行为本身即表明了入罪程度之危险的存在，因此"危险"本身无须作为构成要件因素再行认定。从危险的"显见可能性"角度来说，就是抽象危险犯之规定的行为本身即可推定具有显见性和急迫性的危险，行为本身即是体现

---

① H. Demuth, Zur Bedeutung der "konkreten Gefahr" im Rahmen der Straßenverkehrsdelikte,, Der normative Gefahrbegriff, VOR 1973, S. 431ff.

② 参见鲜铁可《论危险犯的分类》，《法学家》1997 年第 5 期。

危险"显见可能性"的充分客观构成要件要素，因此司法实践中无须在行为之外证成风险的显见性和急迫性，甚至亦无须考虑否定危险存在之反证的否定犯罪可能性。[①] 虽然抽象危险犯所具之危险"显见可能性"已无须在司法实践中单独证明，然而其仍然可以作为司法实践中辅助证明是否构成入罪危险行为之间接标准。即司法实践中对抽象危险犯之行为的解释和认定除了要符合行为的法律教义学含义之外，亦不能偏离危险的"显见可能性"这一本源标准。而具体的危险犯仅靠行为本身无法确定危险已经达到入罪的危险程度即危险具有"显见可能性"，因此需以行为造成一定的"显见可能"的危险的结果为必要的独立构成要件因素。所以在司法实践中必须独立于行为构成要件要素之外单独证成危险存在且具有显见性和紧迫性、已达致"显见可能性"之程度。所以相对于抽象危险犯中仅具有对行为确证的辅助作用，危险的"显见可能性"标准在具体危险犯认定中具有更为基础和重要之独立地位。

（二）基于客观标准不明的危险认定难题——以危险驾驶罪为例

危险驾驶罪作为标准的危险犯，存在厘清其"危险"的客观标准之必然需求。危险驾驶罪在立法到司法两个层面上的相关难题，都典型地代表着危险认定模糊所造成的危险犯认定难题，从而影响到了交通安全的维系。

第一，在立法上哪些危险驾驶行为应予入罪以及入罪之危险驾驶行为是否合理值得探讨。在我国刑法尚未确立危险驾驶罪之时，在可科行政处罚的交通行政违法行为中已存在大量的对交通安全法益具有威胁性的危险行为，包括从载客超过额定人数、无证驾驶到非法停放等涵盖面极广的危险驾驶行为。但我国立法机构在确定危险驾驶罪之规范性禁止行为时，并未将违反行政规范义务的危险驾驶行为一概入罪，而是仅提取了四种严重威胁交通安全行为确定为危险驾驶罪之罪状，将大量的其他具有法益威胁性的危险驾驶行为仍留给行政禁止性规范调整。一方面，这样的做法总体上体现了刑法的谦抑原则，考虑到刑事规范规制的最后性和补充性，仅将少量不得不由刑事禁止性规范加以制止的行为入罪，其立法原则和立法方向具有合理性。然而另一方面，对哪些危险驾驶行为应该从行政违法行为

---

① 参见林珏雄《新刑法总则》，中国人民大学出版社 2009 年版，第 76 页。

提升为犯罪行为，由刑法加以规制，则值得商榷。是否无证超速驾驶行为等其他危险驾驶行为相对于醉酒驾驶机动车等危险驾驶罪行为就缺乏入罪的必要性？大量的危险驾驶罪之立法理由的研究主要集中在刑事政策的角度，[①] 认为之所以将醉酒驾驶等行为入罪，更多是基于民众和社会热烈关注的程度与行政执法手段捉襟见肘的考虑。然而提升为危险犯的危险驾驶行为除了在刑事政策上应具备合理性之外，更根本的是在刑法理论上应该遵从危险犯罪与危险行政违法行为的客观界限标准，达致危险犯应具备的适格性质。这都需要从危险犯理论出发，首先确定相对清晰的危险驾驶行为入罪的客观标准，进而以此检视当前立法的规定。

　　第二，从司法角度出发，现行危险驾驶罪之司法解释和司法认定亦存在相当难题。我国新设立的危险驾驶罪规定了四种行为，在司法认定时由于客观标准之不明确有其困难之处。比如立法规定道路上驾驶机动车追逐竞驶行为只有在情节恶劣的情形下才构成危险驾驶罪。"情节恶劣"是我国刑法中特有但常用之限制规范方式，本身具有一定的模糊性，既可以是定罪情节，即构成所谓的特定犯罪之"情节犯"的规定属性，也可以是量刑情节，即作为加重处罚之依据。当"情节恶劣"在性质上属定罪情节之时，其本身既可以作为客观犯罪构成该当性要件之客观行为的组成部分，也可以成为相对独立于行为之外需另加判断的独立的客观犯罪该当性构成要件要素。[②] 因此就驾驶机动车追逐竞驶行为入罪而言，是否"情节恶劣"本身即是入罪之"危险"程度的法定表述性体现，判定和证明了"情节恶劣"就已满足危险之证明要求？还是需要在"情节恶劣"已认定之外另行判定和证明"危险"之存在与程度，"情节恶劣"只是入罪行为之必要组成部分？这个问题在"危险"之客观标准模糊的情形下几乎无从判断。此外，就醉酒驾驶机动车而言，我国司法实践中对醉酒驾驶之认定继续沿用《车辆驾驶人员血液、呼气酒精含量阈值与检验》的国家标准。且不论该标准在法律层级上之形式合理性，就实质层面而言，依据该标准，当机动车驾驶者每百毫升血液酒精含量达致 80 毫克即可认定醉酒驾驶，而 20 毫克到 80 毫克仅认定为饮酒驾驶，属行政违法行为受行政处罚。纯粹以客观酒精含量指数来推定行为之危险性的司法认定方式虽然符

---

① 参见欧阳本祺《危险驾驶行为入罪的刑事政策分析》，《法商研究》2011 年第 5 期。

② 参见李翔《情节犯研究》，上海交通大学出版社 2006 年版，第 42 页。

合一定的科学调查依据且对司法确证而言简单便宜，但难免有过于绝对之嫌。① 如由于驾驶者酒量不同，机动车驾驶人虽仅未达到血液百毫升80毫克的醉酒标准值但已不胜酒力、完全丧失安全驾驶之控制能力者，其行为实际上已经是具有相当危险性的醉酒驾驶，但在司法中仍依客观酒精含量数值推定则仅属于酒后驾驶而不达醉酒入罪标准，显见不合理性。因此纯粹以酒精含量标准作为醉酒驾驶行为入罪的绝对认定标准是否符合危险犯理论上之客观判断原则，值得商榷。

（三）"显见可能性"之危险标准的立法与司法适用——以危险驾驶罪为例

当危险犯之危险的客观判断标准不明时，模糊而笼统的对"危险"之认识将会导致危险犯入罪认定不论从立法上还是司法上都产生困难。上述危险驾驶罪在立法和司法上之现实困境就体现出对该罪的认定应提供其"危险"相对明确的客观标准。危险之"显见可能性"作为客观危险的判断标准对危险驾驶罪之困境提供了有效的解决之道。

1. 立法论上作为危险驾驶行为之入罪标准

就作为立法原理上的入罪标准而言，前述危险的"显见可能性"标准可作为检视危险驾驶罪立法规定的具体参照。从这个标准出发，道路上醉酒驾驶行为与情节恶劣的驾驶机动车追逐竞驶行为本身确实具有对交通安全法益侵害之显见性和急迫性，具有入罪的理论合理性。一方面，从显见性的角度判断，醉酒驾驶行为对驾驶者之酒精含量要求较高，一般此种情形下驾驶者已完全丧失安全驾驶机动车之判断和控制能力，在行人机动车交织往返之道路上，从生活经验角度判断显然发生交通事故致使实害之可能性远大于不发生交通事故之可能性，相较于一般较低酒精含量之"酒后驾车"对法益侵害之危险的"遥远可能性"，更会造成道路安全的明显恶化危机，具有对交通安全法益之实害的高度盖然性。而情节恶劣的追逐竞驶、客运校车严重超载超速、化学品运输的危及安全，从一般人经验的角度，也比无证驾驶、违章停车更容易发生交通事故，具备造成实害之优势可能性，对交通安全法益存在着即刻明

① Ivan D. Brown and Alan K. Copeman, "Drivers' Attitudes to the Seriousness of Road Traffic Offences Considered in Relation to the Design of Sanctions", *Accident Analysis & Prevention*, 1975 (1).

显的恶化威胁和显见风险。另一方面，从急迫性的角度考虑，在危险具有如此高度盖然性之情形下，如果任凭在众多行人和车辆通行的道路上述四种行为肆意发展，危险转化为事故并造成交通安全之实害几乎不可避免，无法合理预期实害结果不会发生；而即使实害没有发生，其不发生之原因也无法合理信赖和预计而皆系偶然因素介入所致，比如醉酒驾车或追逐竞驶时所处的道路偶然无车或少车、醉酒驾车者偶然被交警拦下等。所以此四种行为皆具有造成"显见可能性"之危险的性质，对法益之威胁更为显著和急迫，可罚性根据能够通过对危险之"显见可能性"之论证而理论证成。

然而即便如此，在确定危险驾驶罪之行为表现时，依然要问除了以上四种已入罪行为之外，是否其他危险驾驶行为就不具备造成危险之"显见可能性"，也即是否还有他种危险的驾驶行为达到危险的"显见可能性"标准而应予立法入罪。

首先，不管是国外立法例还是现实经验都表明，影响行为控制能力从而使得驾驶者丧失安全驾驶机动车能力从而造成道路安全危险之"显见可能"的犯因性因素绝不仅限于醉酒。几乎所有其他国家的危险驾驶犯罪行为中，都将药物影响同酒精影响的驾驶行为同等规定，视服用特定药物后丧失控制能力的驾驶行为与醉酒驾驶行为具有相同的危险"显见可能性"而规定为犯罪。经验亦表明，服用毒品和其他精神作用药物皆可导致等同于其或严重于醉酒所导致的主体控制能力丧失，由此陷入的对道路交通的危险亦等同其至大于醉酒驾驶行为所导致的危险，其同样具有"显见可能性"。[1] 因此受药物影响（包括毒品在内的各种精神药物）而不能安全驾驶行为应与醉酒驾驶行为同样立法入罪。如美国许多州采取的DUI（Driving Under Influence）立法模式，即采取药物和酒精影响下的不能安全驾驶行为规定为一罪的方案，[2] 值得借鉴。

其次，除了已入罪的四种行为之外，还存在他种能造成道路交通"显见可能"的危险的行为存在，这些行为亦应该纳入危险驾驶犯罪的规定之中。诸如在机动车道路上反向行驶、在人行道上违法行驶等行为

---

① Taylor, L. E., *Drunk Driving*, Little Brown Company, 1981, p. 31.

② Rune Elvik, Peter Christensen, "The Deterrent Effect of Increasing Fixed Penalties for Traffic Offences: The Norwegian Experience", *Journal of Safety Research*, 2007 (6).

同入罪的危险驾驶行为一样，应以其造成危险是否具备"显见可能性"
为指标进行分别检视和论证，可证成之特定种类危险驾驶行为表明其他
规范手段已无法有效禁止此种行为保护交通安全法益，因此达致需入罪
由刑事禁止性规范惩罚之程度。例如在许多国家刑法典中皆纳入危险驾
驶犯罪但我国仍以交通违规行为处理之在人行道上驾驶机动车行驶行为
之判断。首先就危险之显见性方面，从生活经验出发，人行道之专门区
隔即是为了保障道路上行人之安全，在人行道上驾车行驶毫无疑问有造
成实害之优势可能性，使得人行道之设置及其安全保障形同虚设，发生
对行人实际损害亦有高度之盖然性。其次从规范角度出发判断危险之急
迫性方面可见，人行道之设置和区隔本身就是社会对行人的安全保障设
置，而机动车在人行道上行驶驶身就是对此种社会规范性安全设置之破
坏，此时并无其他可期待或可信赖的义务性措施介入制止此种行为之继
续。实害之事故的未发生只是偶然因素如车辆临时缺油或当时暂时没有
行人的原因，如果没有这些偶然因素而进行下去，则导致实害事故几乎
不可避免。在人行道上驾驶机动车同醉酒驾驶机动车等入罪行为一样可
以通过危险之"显见可能性"证成其入罪必要性，因此未来应在立法
时考虑其入罪之可能性。相对而言，也有相当的交通违规行为虽然具有
一定的危险性，但在危险之"显见可能性"标准之判断中只要显见性
或急迫性两层标准缺失其一，则不应将之纳入刑法规制。如路边违章停
车等道路交通危险行为从经验判断不会致使造成实害事故的可能性远大
于未造成实害事故的可能性，不具备危险高度盖然性，即无对道路安全
明显恶化的威胁即显见性，即使无偶然因素介入发生事故的可能性也较
小，危险之"显见可能性"无法证成。

因此对危险驾驶的应入罪行为应按照其造成的危险是否具有"显见
可能性"之标准进行检视归纳，其范围显然不限于已入罪的四种行为。
相成例证的是德国《刑法典》第315c条规定的危险驾驶罪规定了包含
醉酒服药后驾驶在内的在高速公路及机动车道路上反向行驶、停车未保
持安全距离等九种严重危险驾驶行为，[①] 这值得未来我国该罪之立法进
一步借鉴，将具备造成"显见可能性"危险的违规驾驶行为进一步
入罪。

---

①　参见许久生、庄敬华译《德国刑法典》，中国方正出版社2002年版，第156页。

2. 司法论上作为犯罪构成之危险要素判断基准

危险的"显见可能性"标准也为现行的危险驾驶罪之两种行为在司法上的认定提供了具体的判断标准，有助于其现实难题之解决。值得指出的是，由于规定的特殊性，现行刑事立法中的危险驾驶罪既非单纯的抽象危险犯也非纯粹的具体危险犯，而是一种结合了两种危险犯种类的混合危险犯。即现行刑事立法中之危险驾驶罪包括的两种行为分属不同的危险犯性质，因此危险的"显见可能性"标准的司法运用也体现为不同的判断意义和标准。

（1）具体危险犯中危险判断基准——以"情节恶劣"判断为例

以驾驶机动车追逐竞驶行为只有在"情节恶劣"的情形下才构成危险驾驶罪为例说明具体危险犯的具体判断。从其立法方式和立法理由分析，在危险犯之分类上应属于具体危险犯。在立法表达方式上，"情节恶劣"附加于"驾驶机动车追逐竞驶"之后，表明其是该行为构成危险驾驶罪的必要限制条件，而不是追逐竞驶行为之一部分，是独立于追逐竞驶行为之外的危险驾驶罪构成要件要素之一，因此应视为独立的定罪情节。作为定罪情节的"情节恶劣"在性质上亦有不同之归类，既可能指示为造成实害后果形成实害犯，也可能指示为行为达致危险程度之恶劣手段[①]或直接造成特定危险形成具体危险犯。而危险驾驶罪本身显然具有危险犯的性质，因此作为危险犯的定罪情节的、用来限制追逐竞驶行为入罪之"情节恶劣"显然非指造成实害后果，而是指示行为之危险性的犯罪构成要素。作为指示危险性的犯罪构成要素，"情节恶劣"既可以直接指示造成具体危险之"显见可能性"的结果——如造成道路上人身和财产可能受损的明显和急迫的危险，也可以借由指示行为手段、方法之恶劣或环境、时间因素表明具体危险之形成——如采用蛇形飙车方式或在交通高峰时段或交通繁忙区域飙车。这些恶劣的情节必然以形成对交通安全的"显见可能性"危险为标准。而不管是直接指示具体危险结果形成还是通过手段方法之恶劣等方式指示具体危险之形成，其判断都要相对于追逐竞驶行为之外另行判断，而非从追逐竞驶行为本身得以直接推定，因此此种

---

① 有观点认为"情节恶劣"包含行为之特定方法或手段之恶劣，应属行为内容之一。笔者认为"情节恶劣"之规定在行为规定之外单独存在，而不属于行为之内容，否则就没必要将情节恶劣单独列出，而直接糅合于行为之规定之中。所以"情节恶劣"应理解为行为之特定方法和手段所体现出的对法益之威胁的危险。

危险驾驶行为可以说是具体危险犯。

如前所述，危险驾驶罪之在道路上驾驶机动车追逐竞驶、情节恶劣的行为在性质上属于具体危险犯，情节恶劣就是对行为需达致对交通安全法益"显见可能"的危险的要求，即具体危险的体现。因此"驾驶机动车追逐竞驶行为"与"情节恶劣"各自都属于犯罪构成要件客观要素，在司法确证其犯罪构成客观要素时，除了需举证追逐竞驶行为之存在之外，还需另外举证"情节恶劣"之存在。从刑法教义学的视角检视，"情节恶劣"存在严重的语词模糊之难题，有违罪刑法定原则之明确性之嫌，[①] 未来应以更明确的"造成交通安全显见可能的危险"之危险结果的规定代替。然而在现行立法框架下，可以采取司法限缩解释的方法明确该行为的具体危险犯的性质，以危险之"显见可能性"作为判断"情节恶劣"之实质标准，甚至可按照危险之"显见可能性"基准作出对"情节恶劣"之司法解释，以此部分消解"情节恶劣"之模糊性难题。也即应通过司法解释或司法认定的方法，将"情节恶劣"之标准确立为对交通安全之"显见可能"的危险，用危险的客观判断标准作为"情节恶劣"的标准：追逐竞驶的行为所造成的对交通安全之威胁需达到显见性和急迫性的程度方为"情节恶劣"。显见性要求从一般主体视角都可看出追逐竞驶之行为对法益造成明显的恶化危机，发生实害后果之可能性远大于未发生之可能性，因此具有造成事故实害之高度盖然性，即危险具有显见性；急迫性要求从规范上判断，如果任凭高度盖然性之追逐竞驶行为发展下去，存在发生交通事故侵害交通安全法益的必然性，又无可预期和可信赖的社会义务主体之控制手段的介入，仅在偶然因素的介入情形下才可能意外避免事故之发生。如此可为追逐竞驶行为之"情节恶劣"提供相对明确的司法标准，缓解情节犯规定之内涵的不确定性。

危险"显见可能性"的标准具体可以从两个方面为追逐竞驶行为入罪之"情节恶劣"提供严格和确切的检验基准。一是从显见性角度出发，当追逐竞驶行为不具有经验判断意义上的造成交通安全恶化危机时，即便在规范意义上无他人可期待之规范制止行为之必然介入，仍然不构成犯罪。如甲乙两人驾车在已经修建完工但尚未开通的高速公路上驾驶机动车追逐竞驶、但未造成实害之行为。由于高速公路尚未开通，则无其他机动

---

① 参见叶高峰、史卫忠《情节犯的反思及其立法完善》，《法学评论》1997年第2期。

车进入道路行驶，此时虽然仍有一定的危险性如碰撞护栏等，但由于道路之平静空旷，从一般生活经验角度难以得出发生造成实害后果之事故可能性很大甚至盖过了不发生实害事故的结论，更难以认为会造成交通实害之高度盖然性，所以此时并不具备危险之显见性；即便从急迫性的规范角度看，可能该路段并无相关责任人看守且飙车人也未尽注意时速限制的信赖义务，也即无义务主体之行为必然介入制止这种追逐竞驶行为的发生，从规范意义上不可预期和信赖社会控制措施之介入而具有偶然性，亦不能认为构成危险之"显见可能性"而予入罪。此种行为单就显见性要素而言即达不到危险之"显见可能性"之标准，也就不能视之"情节恶劣"。但需注意的是，以上所讲的情形与夜半在车辆相对稀少的道路上追逐竞驶机动车有所不同。虽然夜间车辆相对稀少，但是并无法排除夜晚道路上其他机动车出现之可能性。而由于追逐竞驶行为伴有高速超速行驶以及安全规则忽视，则一旦处于两车之危险半径内的车辆皆存在严重危险，换言之，只要正常经验上追逐竞驶的车辆半径内有可能出现其他车辆，发生实害事故之可能性就极大。而即使是在夜间，道路上遇到其他机动车之可能亦存在，而一辆其他机动车都没有遇到的可能性反而相对较小，因此依然从经验可期发生交通事故之可能性大于未发生交通事故之可能性，优势可能性为参考之高度盖然性仍然可以确认存在。这种以危险半径内触发危险因素之可能性来衡量危险之盖然性的模式亦称"危险区域"论，即以触发危险区域之实害发生之因素即导火索因素的发生之可能性大小作为危险之显见性之判断指标。[①]

　　二是从急迫性的角度出发，当追逐竞驶行为具有经验论上的危险显见性，但在规范意义上已有可信赖主体之必然介入，这种基于规范义务的介入可以期待也可以信赖而非偶然，则追逐竞驶行为依然不能入罪。如甲乙两人驾驶车辆在车辆较多的道路上追逐竞驶，从经验角度判断，行为危险之显见性颇为明显，发生事故之可能性当下远大于未发生事故之可能性，可以说危险性要素已然开启。但如果两驾驶者作为飙车"惯犯"已被交警一直盯梢跟踪，甫一上路已被警察拦下处理，此种情形下可以说危险已不具备急迫性。因为具有制止此种危险驾驶行为之规范义务的警察在此的介入具有必然性：警察已经跟踪盯梢多时，此时两驾驶者再行飙车时被拦

---

　　① Horn, Konkrete Gefaehrdungsdelikte, Köln, 1973, S. 165.

截绝非偶然，因此可以期待，此种情形已经不满足急迫性之制止因素介入纯系偶然的要求，所以此次两驾驶者飙车行为已不具备危险的"显见可能性"而达不到"情节恶劣"的要求，所以不能入罪。但如果追逐竞驶行为之所以未造成实害后果端赖不可期待的偶然因素，如用于追逐竞驶之车辆缺油故障或驾驶者临时生病退出等，则危险仍可视为具有急迫性，可视为"情节恶劣"。综上可见，只有当追逐竞驶之行为既满足经验判断上危险之显见性又满足规范判断上之急迫性时，才可认为其行为符合"情节恶劣"之要求应予定罪处罚，危险之"显见可能性"之双重判断基准缺一不可。

（2）抽象危险犯中危险判断基准——以醉驾犯罪为例

不难看出道路上醉酒驾驶机动车在危险犯性质上比较明显，属于抽象危险犯的范畴。以此为例说明"显见可能性"标准的抽象危险犯判断。在本行为的罪状规定中并无其他单独且具体的要求达致某种危险的客观犯罪构成要件要素而是仅凭行为本身即可构成犯罪，即醉酒驾车行为之可罚性依据是依靠从该行为依凭一般社会经验所直接推定的对交通安全法益的危险"显见可能性"，这显然符合抽象危险犯之性质特征。因此要满足醉酒驾车行为入罪需要，不必在醉酒驾车行为确证之外另行证明其造成之"显见可能"危险，但危险的"显见可能性"标准仍可为醉酒驾车行为提供辅助认定标准，保证司法认定时不能偏离此种标准。

我国司法实践中依靠酒精含量作为来确定醉酒驾驶行为的绝对标准，从危险犯之立场检视，就如同抽象危险犯一样隐含了对行为危险性的直接推定。然而这样过于绝对的推定从危险的"显见可能性"标准来看，不尽合理。在特定情形下，如驾驶者之酒精含量虽未达到醉酒标准但已完全丧失控制能力之情形下，按酒精含量标准不视为构成醉酒驾驶行为入罪，会偏离了危险之"显见可能性"的入罪标准。就显见性而言，未达酒精含量但丧失了控制驾驶能力而驾驶机动车，交通事故发生之可能性已远远大于未发生交通事故之可能性，经验判断上具有造成实害之高度盖然性；而从急迫性的角度而言，除非临时被交警查获等偶然因素的介入，造成交通事故之实害几乎无法避免。因此该种行为造成道路交通事故的显见性和急迫性皆非常明显，同酒精含量达致醉酒状态之行为之危险的"显见可能性"相同甚至更为严重，因此从危险之"显见可能性"标准判断已经具有了定罪处罚之应然性。

这说明单纯的酒精含量不易作为绝对的醉酒驾驶行为认定标准，应辅以对危险的"显见可能性"的判断。基于此种原理，发达国家在司法实践中多采取了灵活的酒精含量认定方式。如具有代表性的德国双层认定模式，在司法认定中同样存在绝对酒精含量标准与相对酒精含量标准，① 但此种标准并非直接界定罪与非罪的司法标准，而是仅作为司法衡量中刑事责任确证之方法参考。当驾驶者酒精含量达致较高的绝对酒精含量（相当于我国的 80 毫克/100 毫升）时，行为之危险的"显见可能性"可直接推定，无须考察其他证据即可确认该驾驶行为已符合客观构成要件要素。而当驾驶者酒精之浓度仅达致相对酒精含量（相当于我国的 20 毫克/100 毫升）时，行为之危险程度的判断需结合其他个体证据因素如走 S 线、延展平衡等来衡量是否构成完全丧失驾驶能力、对交通安全法益构成"显见可能"的危险。② 这种以酒精含量推定为原则，以其他证据体现的危险"显见可能性"标准相结合来考量的相对推定醉酒驾驶行为方法弱化了客观标准的绝对性，值得我国借鉴。

衡量入罪之醉酒驾驶行为之性质标准仍然从根本上应归结至危险之"显见可能性"之有无，以此为基准参考酒精含量建构双层认定标准。一是从司法便宜的角度出发，需设计建立在严谨学术研究基础上的绝对醉酒含量值，这种含量值的严谨性需达到在学理上已经证实此种绝对酒精含量对人之神经系统的麻痹作用会导致绝对的丧失控制驾驶能力、达致危险之显见和急迫的"显见可能性"程度，因此方可进行直接推定，因为已经有了科学性的经验证明此种酒精含量之上的主体驾驶机动车必至危险之"显见可能"，所以无须其他证据配合证明。二是从司法严密的角度出发，需对酒后驾驶者之酒精含量在未达绝对值时具体考察行为之危险是否达致"显见可能"程度，来决定是否构成醉酒驾驶犯罪行

---

① 美国亦有类似的区分认定方法，称为"可辩解的法律假定"（Indisputable presumption）与"不可辩解的法律假定"（disputable presumptions）。参见 C. H. Wecht, S. A. Koehler, "Road Traffic, Determination of Fitness to Drive", *Driving Offense Encyclopedia of Forensic and Legal Medicine*, 2005（1）。

② Christian Armbrüster, Grenzen für Grenzwerte der Fahrsicherheit: Die Gefährdung des Straßenverkehrs durch Alkohol, Arzneimittel und Drogen, Juristische Rundschau, 1994（5）.

为，而非一概放弃入罪。① 此时就需按照危险"显见可能性"的标准来检视酒后驾驶行为：从显见性的角度出发，即要以一般生活经验来判断驾驶者之酒后行为表现对交通安全造成显见恶化的危机，发生交通事故从而对交通安全之危害的可能性大于交通事故未发生之可能性，危险之发生具有高度盖然性。这是一种事实判断，这种判断通常有事前判断和事后判断两种方法。② 可通过驾车行为时之表现如酒后在道路上大幅蛇形变道驾驶或多次急停急刹，亦可通过驾驶行为后之临检表现如无法按要求走 S 形或达致延展平衡来得出，实害发生之可能性因行为人对驾驶控制能力之丧失已经具备显见风险，实害之发生盖然性较高；从急迫性的角度出发，需从规范角度判断如非偶然因素之介入，高度盖然性的酒后驾驶行为进行下去，交通事故之发生和实害之造成是必然。之所以危害之未生端赖于偶然因素之介入，如酒后驾驶者离家较近之短暂驾驶已经到家或被警察临时撞见拦下制止。当从显见性和急迫性之角度皆达致危险"显见可能"标准时，酒精含量虽然较低亦应视为应入罪的醉酒驾驶行为，如此方符合危险犯之基准要求。

在交通安全领域风险扩张态势下，如对危险犯之"危险"之客观标准在理论上界定不清，就无法对危险行为入罪的立法标准和司法认定予以明确解释和阐明，危险犯极易成为公权机关自由裁量权过度扩张之借口，有违刑法谦抑之嫌。③ 危险的"显见可能性"标准不仅为包括危险驾驶罪在内的危险犯入罪提供相对明确的标准，亦为检视和防范危险犯之滥用设置了一道安全阀。

---

① 有学者如 Schröder 将此种由抽象危险行为之可罚性与危险判断之具体标准相结合、需由法官对抽象危险行为进行一般性判断之危险犯种类称为"抽象—具体危险犯"，认为其介于抽象危险犯与具体危险犯之间，立法者无法自行决定危险之要件，因而交由法官做一般性判断。参见 Schröder, Abstrakt – konkrete Gefährdungsdelikte? JZ 1967, S. 522ff. 但亦有学者如许玉秀认为此种危险犯种类并无存续之必要，以酒精浓度判定危险行为之成立纯粹是对醉酒客观标准之信赖问题。参见许玉秀《无用的抽象具体危险犯》，《台湾本土法学杂志》2000 年第 8 期。

② 事前判断多是对行为之后果的抽象判断，主要基于行为表现及一般法则判断危险之可能性；事后判断是修正事前判断之具体判断，主要基于行为时客观情势来修正补充事前判断之不足。参见德国法院判例 RGSt6，189。

③ 参见苏彩霞《"风险社会"下抽象危险犯的扩张与限缩》，《法商研究》2011 年第 4 期。

五 完善调控机制之三：设置专门 程序实现刑事一体化

交通安全领域的专业性和独特性通过对交通专门犯罪的认定和适用程序体现出来，是一般的诉讼程序所无法涵盖和规定的。在刑事一体化的要求下，实体法中专门犯罪体现交通领域专业性和独特性的同时，在程序法具体对犯罪的认定过程中也必然要求程序凸显交通领域的特殊性和专业性，而需要结合刑事实体法专门设计和考量。即作为交通安全领域调控机制的一部分，从刑事实体法和程序法一体化的机制要求出发，交通刑事诉讼程序必须紧密结合交通专门犯罪的特点和专业色彩，通过吸纳考量这类犯罪认定过程中所涉及的交通领域特殊境况和交通专业知识规律，制定出科学的符合交通领域实际的专门程序规则。这一特殊专门程序主要集中于三个方面：一是证据标准的认定机制，特别是醉驾犯罪的证据标准的认定机制。这是因为醉驾构成危险驾驶罪的认定不仅是所有交通犯罪认定中最为常见、数量最多的，也是整个交通专门犯罪中最具争议，也最体现出交通专业性的犯罪认定问题。醉驾认定适用的酒精临界值标准具有非常强的交通专业特殊性和专业性，且是实体法与程序法的交叉之处（从实体构成要件或程序认定标准意义而言），其认定标准需要从一体化的视角，结合交通专业认知进行专门分析和设置，其中包括酒精临界值标准的证据性认定问题。二是诉讼中的权利保障机制的专门性问题，比如实践中特别突出的在醉驾案件中被告人的权利应该如何保障的问题，这就需要结合案件体现的交通领域的特殊性和专业性来进行研究。三是刑事一体化机制的构建问题。同样以特别需要专门程序设置的醉驾犯罪为核心，特别是出罪时应考虑交通领域特殊性设置专门的结合刑事实体法与程序法的一体化来加以特别认定。

（一）醉驾犯罪证据标准专门认定

我国目前的刑事司法实践中对入刑醉驾标准沿用旧有《道路交通安全法》之行政执法认定基准，即按照公安部起草、国家质量监督检验检疫总局发布的《车辆驾驶人员血液、呼气酒精含量阈值与检验》（GB19522—2004）的国家标准（以下简称国标）之规定，车辆驾驶人员血液酒精含量值达到 80 毫克/100 毫升及以上就符合醉酒之标准，而车辆驾驶人员血液酒精含量值达到 20 毫克/100 毫升以上未满 80 毫克/100 毫升的为饮酒后驾车，① 驾驶行为虽然不构成醉酒驾车触犯刑责，但仍依《道路交通安全法》予以行政处罚。醉驾犯罪采用酒精临界值标准的依据是个专业问题，究竟交通安全领域对这一临界值的认定依据，作为证据标准怎么适用？为达到这一标准如何采样？这都需要进一步通过专门程序机制的设立来进行回答。

醉驾犯罪酒精临界值用来证明醉驾犯罪构成符合性的证据要素时，其具体的适用标准、证明效力和证明方法就成为司法领域的证据法问题，由司法机关具体把握。我国司法实践中将这种酒精临界值作为绝对标准适用，驾驶人员血液酒精含量达到这一标准就成立犯罪，未达到就不成立犯罪。然而由于交通领域危险判断的特殊性，这种绝对性认知就出现了许多难题，既不能说明酒精含量超过临界值但没有交通危险的行为为什么仍然构成危险驾驶罪，也不能说明酒精含量未超过临界值但已经不胜酒力产生交通危险的行为为什么不构成危险驾驶罪。

1. 德国专门酒精值证据标准的认定借鉴

德国最高院刑庭在长期实践中结合交通领域的特殊性和专业性逐渐形成了区分"绝对不能安全驾驶"和"相对不能安全驾驶"两种情境而采用不同证据判断指标的判例指导原则。当驾驶人血液酒精含量达致 110 毫克/100 毫升的临界值及以上的，法官即可认为酒精浓度证据已可证明行为人"绝对不能安全驾驶"，无须其他证据配合就可判定行为人至少构成德国刑法第 316 条之酒后驾驶罪。② 而当血液酒精含量达致 30 毫克/100 毫升以上但未及 110 毫克/100 毫升时，仅认为驾驶人安全驾驶能力堪虞，行为人的意识和控制能力皆会受到酒精影响，存在醉酒而不能安全驾驶的可能性。但其醉酒程度是否能达致酒后驾驶罪犯罪构成要件所要求的危险，须配合其他境况证据（Indizenbeweise）如人体平衡实验结果不具备

① 《车辆驾驶人员血液、呼气酒精含量阈值与检验标准》中文本称为"饮酒驾车"，而在《道路交通安全法》中称为"饮酒后驾车"，其指示的酒精临界值相同，由于司法实践中常将此种情形称为"酒后驾车"，本书下文采用"酒后驾车"或"酒驾"之称谓，并与醉酒驾车之"醉驾"行为相区别。

② 参见德国法院判例 BGHSt 21, 157。

行为控制能力来证明。①

　　而之所以在证据法上意义上区分"绝对不能安全驾驶"和"相对不能安全驾驶"两种酒精临界值，是由于这两种酒精临界值恰恰划分了两种不同的驾驶能力受损可能性和证据效力条件区间。正如 Horn 的观点所论，根据血液酒精临界值所区分的"绝对不能安全驾驶"和"相对不能安全驾驶"并非危险程度上的划分或醉酒状态的直接区分，而只是在证据准则的意义上区分了体现不同的证明要求和证据内容的两种条件情形。②

　　需要注意的是，虽然德国司法实践认为达到"绝对不能安全驾驶"之酒精临界值标准可以直接证明驾驶人不能安全驾驶而驾驶，达到入罪标准，但在证据法上"绝对不能安全驾驶"的酒精临界值的证明力不能视作一种法律推定，而只是法官根据科学性经验法则而形成的高度确信：科学已验证了达到此种较高酒精临界值的情形下行为人无法再具有安全驾驶的认识和控制能力。所以判例法中法官对此种酒精临界值效力确认并非来自规范确认，而是科学经验法则。此种对酒精临界值的确信一旦形成，无须反复验证其科学性和证明力，而是依靠科学验证的先例形成约束力。而且此种约束力一旦形成，可以排除个案中具体的间接反证。③

　　但"相对不能安全驾驶"之酒精临界值需与境况证据综合推论才能证明酒后驾车达到不能安全驾驶的刑事归责程度，④ 因此允许反证推翻之可能性。"相对不能安全驾驶"的酒精临界值与"绝对不能安全驾驶"不同，其仅能证明存在不能安全驾驶的可能性而非确定性，而具体是否具有安全驾驶之能力须待其他境况证据配合才能确定。如在驾驶能力检验结论为不能安全驾驶的境况证据配合情形下，才能综合证明构成酒后驾驶罪。由于此时酒精临界值标准仅提供一种可能性，因此如有比境况证据效力更

---

① 参见德国法院判例 BGHSt 25，360（364）。

② Vgl. Hans – Joachim Rudolphi, Eckhard Horn, SK – StGB, Luchterland, 1984, S. 316 – 317.

③ 参见魏大喨《台湾高等法院八十八年度上易字第四八五六号判决补充理由——刑法第一百八十五条之三酒后驾车不能安全驾驶之刑事责任》，《台湾本土法学杂志》2000 年第 8 期。

④ 境况证据不必须是自身足够证明犯罪要件成立之直接证据。只要结合其他证据可以在逻辑链条上环环相扣的证明犯罪成立，即符合要求。反证某一境况证据的不成立，打破证据链条，当然亦可作为有效的开罪证据。Vgl. Roxin, strafverfahrensrecht, Beck C. H., 1995, S. 93.

优先之反证存在，即当然可以排除犯罪构成要件的符合性而不能予以归责。①

2. 我国的酒精临界值认定的专业标准

而我国的司法实践中，往往将国标中两个酒精临界值（20 毫克/100 毫升 和 80 毫克/100 毫升）视为区分"醉酒"和"酒后"的绝对标准。即同样是以两个酒精临界值划分的两个酒精含量值区间（不少于 80 毫克/100 毫升以及 20—80 毫克/100 毫升之间），但我国司法实践视这两个酒精含量值区间是直接区分驾驶控制能力差别的实体性界分，而非证明条件差别：机动车驾驶者酒精含量值大于 80 毫克/100 毫升可以从绝对意义上认为行为人已经丧失安全驾驶机动车能力从而造成了抽象危险而可予以刑事归责；而酒精含量值位于 20—80 毫克/100 毫升的机动车驾驶者也可以绝对地认为其尚未完全丧失安全驾驶机动车之能力，其所造成的危险尚只是遥远可能性，尚未达到刑事规制的程度，因此只是酒驾行政违法行为。

我国将酒精临界值作为证据标准的认定过于绝对，以为用法规推定的形式就可以满足证据标准的合理性要求，而忽视了其背后的科学规律性渊源。对证据标准的绝对性认定并非如实体法般来自法律的强行推定，而是来自对科学经验法则的确信。② 因此之所以可以认定驾驶人酒精含量高于 80 毫克/100 毫升的可视为绝对的醉酒驾车，是因为这个标准是经过科学验证的符合人类经验认识的规律性法则，即科学实验已经表明了人类酒精含量高于 80 毫克/100 毫升的会完全丧失安全驾驶机动车之能力，③ 由此对科学经验法则的信任使得司法机关无须再去个案中具体考察行为人是否

---

① 这种理论的一种现实应用就是美国许多州所采取的与相对不能驾驶相类似的"可推翻的法律推定"之酒精临界值。当达到此酒精临界值时，推定行为人达到醉酒状态，处于酒精实际影响下。但只要辩方能举出比控方具有更强说服力的优先证据（preponderance evidence），比如驾驶能力的当时测试情况表明行为人更能表现出操控驾驶的能力，即可以推翻此种推定。而达到更高的类似于绝对不能驾驶的酒精临界值时，则视为"不可推翻的法律推定"之醉酒。See Taylor, L. E., *Drunk Driving*, Little Brown Company, 1981, p. 248.

② 基于科学经验法则形成的司法确信在西方证据法理论上视为是对自由心证原则之限制，在我国对自由心证地位尚未明确的情形下，可将科学经验法则之证明力来源视为经验法则的可靠性。参见蒋贞明《论经验法则的适用与完善》，《证据科学》2011 年第 2 期。

③ 当然这种经验法则并非必须要直接的科学实践经验总结，也可以是参考各国科学经验标准的间接经验借鉴，只要其性质上来自受到认可的科学验证，就具备作为经验法则的可靠性。

实际上完全丧失驾驶机动车之能力从而置交通安全于显见危险之中。

对我国的两个酒精临界值在性质上也应视为体现不同的证据证明条件要求的具体境况划分。应参考德国经验建立双层的绝对/相对不能安全驾驶之酒精临界值证据标准体系。一方面，80 毫克/100 毫升的醉酒临界值标准同于德国司法实践中的"绝对不能安全驾驶"的酒精临界值标准，血液酒精含量在此标准之上的机动车驾驶人即可证明其醉驾行为之成立。[①] 而与德国的"绝对不能安全驾驶"的酒精临界值标准之法源不同，我国目前的数值标准是由行政法律文件规定而非来自司法机关判例法则。司法机关对行政法律文件的适用具有可选择性，如认为该国标的醉酒标准体现了科学准则而希望沿用、使之成为普遍证据准则且形成司法约束力，借鉴德国经验形成一定的判例法指导原则不失为有效途径。我国最高人民法院正搜集醉驾犯罪案例以形成指导判例，正是因循此种模式的体现。[②] 另一方面，借鉴德国经验，可将国标中规定的 20 毫克/100 毫升视为德国司法实践中证据法意义上的"相对不能安全驾驶"酒精临界值标准，此种标准并非在实体法意义上排除醉驾犯罪的成立可能性，仅在证据法意义上表明酒精浓度位于 20—80 毫克/100 毫升的驾驶人在其他境况证据之配合下，可以达致醉驾入罪程度的证明力（如驾驶意识能力测试结果为丧失驾驶能力），亦可以因为境况证据反证不构成醉驾犯罪（如驾驶意识能力测试结果为削弱的驾驶能力而非丧失）。而公安人员此时负有查明证据、配合公诉机关提供情境证据的相关义务，而非简单地因为血液酒精浓度值低于醉酒标准而放弃提请公诉之可能性。

此外，就是否允许反证的问题上，相当于"绝对不能安全驾驶"的酒精临界值标准在证据法上的证明力具有绝对性，可以排除境况证据之反证，这是前述基于科学经验法则形成的司法确信。但饮酒驾驶的酒精临界值标准并非具有证据法上的单独证明力，需其他境况证据配合，因此应允许其反证的可能性。这是由于，正如德国的通说认识，基于科学研究结论仅表明的是血液酒精浓度达到"绝对不能安全驾驶"酒精临界值之上者几乎皆丧失了安全驾驶能力，但未达该临界值者是否都没有丧失安全驾驶

---

① 当然，基于科学研究方法和路径之差别，酒精临界值也会在数值上有所差别，但性质上可以视为同样经过科学验证的具备经验法则性的可靠规律产物。

② 参见《最高人民法院：酒醉驾车审判指导案例将尽快发布》，http：//www. gxnews. com. cn/staticpages/20110519/newgx4dd4e167 - 3817354. shtml。

能力则并未加以科学验证从而不可直接推论。① 总之我国的醉驾和酒驾酒精临界值标准仅是区分不同证据证明规则的两种证据条件，前者证明醉驾犯罪成立不需要其他境况证据配合，达致此酒精临界值标准本身即能证明醉酒不能安全驾驶已构成危险驾驶罪；而后者在达致酒后驾驶酒精临界值标准之外还需配合其他证据方能证明达到醉酒不能安全驾驶入罪程度。

（二）交通犯罪案件中专门诉讼权利保障机制

1. 在交通犯罪案件的刑事程序中设置对质权

我国在醉酒驾驶案件中，法院过度依赖司法鉴定证据，而在司法鉴定证据的准确性确实受到诸多质疑的情况下，我国立法机关、司法机关和学术界不能置若罔闻。美国解决该问题的方法是通过对宪法第六修正案中的对质权进行全面解释，进而要求保障被告人的对质权来实现的。与控诉者进行对质的权利可以追溯到古罗马时期。② 对质，"又称对质询问（我国台湾学者称'对质诘问'），是指让二人同时在场，面对面进行质问。对质询问既是查明事实的一种方法，又涉及当事人的一种基本权利即对质权"③。对质权是国际人权公约所保障的被告人的基本权利，而该项基本权利则主要包括被告人出席法庭与不利于自己的证人面对面的权利和交叉询问的权利。有学者形象地将该权利称为"眼球对眼球的权利"④。由此可见构成对质最基本的要素是两点，即"面对面"（Face to Face）和"质询"（Exam-ine）。

通过交叉询问所留出的空间，能够有助于保障对抗式刑事诉讼，能够防止被告人受到匿名控告者的侵害。⑤ 从发现真实的角度来说，对质权的意义在于保证证人提供的是宣誓证言，防止证人作伪证，迫使证人接受交

---

① See Kretschmer – Bäumel, E., "Drinking and Driving in Germany: Behavioural Patterns in Influencing Factors—a Temporal and Cross-cultural Comparison", *Alcohol*, *Drugs and Traffic Safety*, Vol. 2, 1993.

② Coy v. Iowa, 487 U. S. 1012, 1015（1988）.

③ 龙宗智：《论刑事对质制度及其改革完善》，《法学》2008 年第 5 期。

④ 易延友：《眼球对眼球的权利——对质权制度比较研究》，《比较法研究》2010 年第 1 期。

⑤ 参见樊崇义、王国忠《刑事被告质证权简要探析》，《河南省政法管理干部学院学报》2006 年第 5 期。

又询问，为陪审团提供对证人察言观色的机会等。① 这是为发现真相而发明的迄今最大的法律引擎。另外，对质权的保障还有利于"防止政府权力的滥用"和有利于"增进社会公众对案件裁判、作出裁判的程序以及法律的信任"。②

尽管对质权在保证诉讼公正进行和维护被告人合法权益等问题上都具有极为重要的作用，但是在我国，刑事诉讼中证人的出庭率极其低下。根据最高人民法院综合统计得出的数据，"全国法院一审刑事案件中，证人出庭率不超过10%；二审刑事案件中，证人出庭率不超过5%"。宁夏高级人民法院有关统计数字显示，"2002—2007年，在一审刑事案件中，证人出庭率分别为11.24%、3.15%、6.7%、5.68%、5.07%、5.57%。在刑事案件审判中，证人出庭率呈现出逐年下降的趋势，证人出庭率年均仅为5%。但就是这样一个低比率，也高于全国平均水平"③。在以法律手段促使证人出庭并且赋予刑事被告人对质权的做法在法治国家已经十分普遍的情况下，我国法律既没有规定证人必须出庭的具体情形，也没有赋予被告人与不利于己的证人当庭对质的权利。将证人是否出庭，是否保证被告人对质的机会完全委诸法官自由裁量和检察官指控犯罪的需要。④ 这些都表明，在我国，被告人的质证权被"虚置化"⑤。

这种无对质权情形下的刑事审判会产生诸多不良后果：因为在证人不出庭而使得被告人无法实现与证人对质的机会时，无辜者被错误定罪的可能性会增加；不利于实现对被告人的定罪的准确性和量刑的公正性；以及使程序公正受到了极大的伤害，从而使法院裁判单独建立在实体真实的基础之上，而没有程序公正加以支撑。

因此，我国诸多学者建议在我国程序法中设置对质权，有学者认为，在我国可以通过"以立法解释或者司法解释的方式来确立对质权制度，并设置和完善相应的保障机制"。具体而言包括："设置庭前证据开示制

---

① Cornelius M. Murphy, "Justice Scalia and the Confrontation Clause: A Case Study in Originalist Adjudication of Individual Rights", 34 *American Criminal Law Review* 1245 (1997).

② 陈永生：《论辩护方当庭质证的权利》，《法商研究》2005年第5期。

③ 熊秋红：《刑事证人作证制度之反思——以对质权为中心的分析》，《中国政法大学学报》2009年第5期。

④ 参见易延友《中国刑诉与中国社会》，北京大学出版社2010年版，第168—172页。

⑤ 参见熊秋红《从保障对质权出发研究证人出庭作证》，《人民检察》2008年第24期。

度，即控辩双方在法庭开庭审判前都应当向法庭提交相应的证据目录和证人名单以及证人拟作证的内容，以便双方对对方的证据进行质证，并决定是否要求对方提供的证人出庭作证。设置强制传唤作证机制及证人拒绝作证的惩罚机制。对侵犯对质权的审判设置无效制度，即侵犯对质权而进行的审判应当认定为无效。"① 另有学者认为在我国的刑事诉讼理念和文化中，需要首先建立"对质权"的概念，"将对质赋予一种权利属性"。在"建立'对质权'的理念与制度的基础上"②，促使和保证证人出庭。还有学者认为首先要建立"多层次的刑事被告人对质权权利体系"，将对案件基本事实有争议作为所有刑事案件中被告人行使对质权的启动条件。其次"建立刑事诉讼分流机制"以保证重大疑难案件被告人的对质权。

上述学者通过理念的构建和具体的制度措施建议意图实现我国刑事诉讼中对质权。但是这些建议存有局限性，体现在其仅仅解决了证人（主要是不利证人）接受对质的问题，没有解决其他对于证据起到关键作用的主体尤其是司法鉴定人是否需要接受质证以及对质权是否一定要求出庭接受对质的问题。

2. 鉴定人纳入受对质的范畴及其出庭接受对质的分析

通过上述措施设置对质权并严格执行对于普通证人来说具有合理性和可行性，但是对于司法鉴定人来说则很难实现。首先司法鉴定人在我国刑事诉讼法中不属于证人的范畴，如果仅仅将对质权的约束对象理解为证人，则涉司法鉴定证据的案件的被告人尤其是醉酒驾驶案件中的被告人就无法申请鉴定人接受对质，那么是否司法鉴定人有接受质证的必要就需要进行探讨。另外，如果将鉴定人纳入对质权制约的对象中，即如果所有的鉴定人都必须接受质证，那么在醉酒驾驶这种案件高发以及对鉴定证据过于依赖的案件类型中，让鉴定人均出庭接受质证是否可行也就成为疑问。

正如前文所述，我国目前虽有相关的法律法规规定鉴定人出庭作证的制度，但是在司法实践中鉴定人出庭的概率微乎其微。在司法实践中，司法鉴定证据素有"证据之王"的美誉，在刑事诉讼中的地位举足轻重。一般来说，司法鉴定人出庭参加质证，对其出具的鉴定结论的合法性、科学性和可靠性等问题接受被告人的对质和公诉人员、审判人员的询问，不

---

① 易延友：《证人出庭与刑事被告人对质权的保障》，《中国社会科学》2010 年第 2 期。

② 龙宗智：《论刑事对质制度及其改革完善》，《法学》2008 年第 5 期。

仅是司法鉴定人的法定义务，也是实现刑事审判程序正义，保证审判结果公正的需要和必然要求。具体而言，"从科学性的角度，司法鉴定活动所依据的材料和信息是有限的，且作出判断的时间也是有限制的，不可能像科学研究一样能作出绝对客观的结论"①。司法鉴定活动本身存在缺陷性的可能导致法官或者当事人很难通过文书中的内容发现错误，"在中国，因为鉴定人不出庭作证而得不到纠正的鉴定错误，成为产生冤假错案的主要原因之一"②。只有让司法鉴定人出庭接受质证，才可能发现司法鉴定过程中可能存在的缺陷和错误。另外从法律性的角度而言，要求鉴定人出庭接受质证不仅是司法鉴定人应尽的法律义务，也是当事人实现平等诉讼权利的需要，而且是法官审查司法鉴定意见的必然要求。正因为司法鉴定证据本身存在的缺陷以及程序正义的要求，对质权的设置需要将司法鉴定人纳入其范畴之内，而不应将对质权仅设置为针对不利证人的权利。

在一般案件中，由于使用司法鉴定报告的频率较低且案件对司法鉴定证据的依赖不具有唯一性，要求司法鉴定人出庭接受对质不会对检察机关、司法鉴定人和鉴定单位产生过度的压力。但是醉酒驾驶这样的案件存在数量过大的问题，据公安部交通管理局提供的消息，在《刑法修正案（八）》和修改后的《道路交通安全法》实施的 7 个月中，全国公安机关共查处醉酒驾驶 33183 起，全国公安机关已侦查终结并向人民检察院移送审查起诉的案件 19836 件。按照这一统计保守推算，一年内将要起诉的醉酒驾驶案件将会达到 34000 余起。如前文所述，醉驾案件对于司法鉴定证据的依赖性畸重，加上司法鉴定人数量上的限制和工作要求的制约，导致在醉酒驾驶案件中司法鉴定人无法轻易地出庭接受质证。

司法鉴定人出庭接受质证在我国也同样会产生财政和时间上的压力。尤其是"一些偏远地区法院委托省会城市甚至北京、上海等大城市的权威鉴定机构进行鉴定时，因出庭的路途遥远，花时长，费用大，使鉴定人出庭的可能性很小。加之鉴定人出庭作证的合理费用支出如何负担缺乏统一的法律规定，也严重影响了鉴定人出庭作证的积极性"③。因此要求在醉酒驾驶案件中所有的司法鉴定人出庭接受质证就存在很多难以克服的困

---

① 杜志淳、廖根为：《论我国司法鉴定人出庭质证制度的完善》，《法学》2011 年第 7 期。

② 陈瑞华：《刑事诉讼的前沿问题》，中国人民大学出版社 2000 年版，第 562 页。

③ 施晓玲：《鉴定人出庭质证的相关法律问题》，《中国司法鉴定》2010 年第 3 期。

难，无法要求立法做客观不能的规定。

3. 实现醉驾案件的被告人对鉴定人对质的可行路径

既然司法鉴定人需要接受被告人的对质，且在醉酒驾驶案件中，司法鉴定证据地位畸重，鉴定人不接受对质可能导致错判，而醉酒驾驶案件又无法要求鉴定人对每一起案件都出庭接受对质，那么如何解决这个矛盾就需要寻求相关的措施。笔者认为既然对质权属于被告人享有的一种权利，则可以由被告人进行选择，首先可以借鉴美国的《通知和要求条例》的经验，对醉酒驾驶案件的鉴定人的出庭由被告人进行申请。其次可以借鉴美国为应对梅伦德斯—迪亚兹案的判决而使用的远程双向视频技术，实现对醉酒驾驶案件被告人的对质权的保障。

（1）规定被告人要求鉴定人出庭接受质证的申请制

因为并非所有的被告人及其辩护人都对司法鉴定报告的准确性持有质疑，所以很多被告人在接到控诉机关使用司法鉴定报告的通知后会放弃要求鉴定人出庭的权利。这样不仅没有侵害被告人的对质权，而且也不会浪费司法资源。这样就可以借鉴美国弗吉尼亚州的《通知和要求条例》的经验，法律并不预先强制所有的醉酒驾驶案件的检察机关必须提供鉴定人出庭接受质证，而改为由检察机关在开庭前 30 日将血液酒精浓度的司法鉴定报告复印件送达到被告人及其辩护律师以及法院，并告知他们检察机关将在法庭上使用该司法鉴定报告作为控诉证据。被告人在收到该司法鉴定报告复印件之日起 10 日内向法院提交是否申请鉴定人出庭接受质证并提出合理的理由。法院在收到申请后 5 日内审查被告人所提出的理由是否合理，并作出是否同意被告人的申请的答复并通知检察机关，如果法院同意被告人的申请，则检察机关必须提供鉴定人出庭接受质证。

就我国醉酒驾驶案件而言，因为很多醉酒驾驶确实发生在驾驶人员摄入大量酒精之后，比如驾驶人员在喝了一整瓶 500 毫升的酒精度为 50 度以上白酒即行驾驶车辆，后被警察以醉酒驾驶的名义逮捕，最终经司法鉴定为醉酒驾驶。这样的案件如果仍然任由被告人不受限制地要求鉴定人出庭接受质证无疑会导致司法资源的浪费。因此需要被告人在向法院提出申请的时候陈述其对司法鉴定报告所认定的事实的怀疑有合理的理由。这种合理的理由包括：被告人能够提供相关的人证或者物证证明自己没有摄入任何酒精，或者摄入的酒精微量等不足以使体内酒精浓度超过法定标准的理由等，才可以申请鉴定人出庭接受对质。另外，对于鉴定人出庭接受质证的申请，被告人还必须要承担鉴定人出庭的必要费用。这在国外已有相关的立法例。如德国《刑事诉讼法典》第 71 条、第 72 条规定：对鉴定人要依照证人、鉴定人补偿法予以补偿。日本《刑事诉讼法》第 173 条规定："鉴定人可以请求交通费、日津贴费、住宿费、鉴定费，接受因鉴定而需要的费用的支付或者偿还。"这可以缓解因为要求鉴定人出庭接受质证的财政压力。被告人确实摄入大量酒精后进行驾驶，对自己醉酒驾驶行为没有任何异议，且需要承担鉴定人出庭的交通费用、食宿费用和误工补贴等负担，就会理性进行选择，不会没有任何顾虑地申请鉴定人出庭而导致司法资源的浪费。

（2）有条件地使用远程双向视频技术

即便有申请制可以过滤一部分无必要的鉴定人出庭，但是由于醉酒驾驶案件的基数较大，单一地采用申请制仍然无法彻底地缓解鉴定人出庭接受对质的压力。还必须结合使用相应的技术手段——远程双向视频技术来实现被告人对质权的保障和司法机关压力的缓解双重目标。通过双向视频技术作证和物理出庭没有什么差别。该技术对于证据并不会产生不利影响，鼓励它的实施对于控诉方和被告人都有好处。

使用远程双向视频技术能够满足对质的两个关键要件——"面对面"和"质询"，这种面对面虽然不是物理上的近距离，而是通过双向视频技术实现被告人、辩护人、检察官和法官等都能够清晰地看见和听见远在司法实验室的司法鉴定人员的言行举止的方式来拟制的近距离感。但是通过清晰的视觉和声音传播系统，这些法庭活动的参与主体能够和司法鉴定人实现无异于鉴定人出庭的质询效果。

通过远程双向视频技术，被告人及其辩护律师可以就鉴定人是否受到过相应专业训练，是否具有鉴定所需要的专业知识，是否拥有从事司法鉴定业务的职业资格进行发问，同时可以对鉴定结论所依据的科学原理与技术方法是否是可靠的、成熟的进行质疑，还可以对鉴定过程中鉴定人是否遵照正确的实验步骤进行操作，试剂是否有效，技术设备是否足够精密、先进等一系列关乎司法鉴定证据准确性和可靠性的问题进行质询。同时法官也可以对被告人与鉴定人的对质过程进行观察，并就相关的疑问对鉴定人进行远程询问。并最终对司法鉴定报告是否可采纳作出判断。

因此，我国相关的程序性法规和司法解释可以规定在对有条件的地区的法院和司法鉴定机构要求采用远程双向视频技术。在醉酒驾驶案件中，被告人可以选择或者要求鉴定人出庭接受对质，或者申请运用远程双向视频技术进行法庭对质。如果鉴定人有合理的理由无法亲自出庭，则只能采用远程视频技术进行对质。

（三）醉驾犯罪刑事证据一体化规则专门设置

刑事证据规则，是指在刑事诉讼过程中收集、运用、审查、判断证据认定案情时必须遵守的准则。① 刑事证据性规则的意义在于规范诉讼过程中的取证、举证、质证和认证活动，它是能够指导司法证明实践具有可操作性的准则，因此刑事证据规则具有规范性、程序性与具体性的特点。② 而刑事证据规则的最终目的是提高证据的证明效力，"证据规则决定一个事实认定者在解决事实问题时可以使用什么材料，大多数的证据规则都是关于什么应被接受为证据的问题"③。作为倚重酒精含量鉴定证据定案的醉驾犯罪，如何确保各项证据的收集与认定具有规范性与程序性，正是醉驾案件办理过程中急需解决的问题；如何从理论上总结出可供醉驾案司法证明实践操作的规则，并表明在醉驾案面临形形色色证据的同时，何种证据可以作为定案证据，是醉驾案定罪量刑核心之所在。

1. 证据规则之一：单独呼气酒精测试结果不能作为定案证据予以使用

《关于办理醉酒驾驶机动车刑事案件运用法律若干问题的意见》第6条规定："血液酒精含量检验鉴定意见是认定犯罪嫌疑人是否醉酒的依据。犯罪嫌疑人经呼气酒精含量检验达到本意见第一条规定的醉酒标准，在抽取血样之前脱逃的，可以以呼气酒精含量检验结果作为认定其醉酒的依据。"该解释明确确立了呼气酒精含量测试结果可以作为定罪证据使用，然而，这一规定明显不妥。根据我国办理醉驾案有关法规及刑事证据学相关法理，呼气酒精测试结果不能作为定案证据使用；或是在有其他证据相印证的情况下，也只能作为醉驾案立案侦查的依据使用。我国诉讼证明模式是印证式的。证明模式，是指实现诉讼证明的基本方式，即人们在诉讼中以何种方式达到证明标准，实现诉讼证明的目的。印证证明模式，

① 参见房保国《刑事证据规则实证研究》，中国人民大学出版社2010年版，第23页。
② 参见宋英辉《刑事诉讼学研究述评》，北京师范大学出版社2009年版，第571页。
③ ［美］乔恩·R.华尔兹：《刑事证据大全》，何家弘等译，中国人民公安大学出版社1993年版，第71页。

即要求认定案件事实至少有两个以上的证据，其证明内容相互支持（具有同一指向），排除了自身矛盾以及彼此间矛盾，由此而形成一个稳定可靠的证明结构。证据是否确实，正是通过证据间的相互印证才能确认的。[①] 单独呼气酒精测试结果，无论是否有其他证据可以相互印证，均不能支持其证明醉驾型危险驾驶罪的成立。排除呼气酒精测试结果作为定案证据，意味着在诉讼印证证明模式之下，所谓的相互印证，一定是能够作为定案证据的材料与其他辅材料之间的印证，绝非不分主次，任何材料之间的印证均可证明案件的成立。

呼气酒精测试结果可以作为立案侦查依据，不应作为定案证据。国家标准规定"血液酒精含量大于或者等于80毫克/100毫升"为醉酒驾驶；公安部《关于公安机关办理醉酒驾驶机动车犯罪案件的指导意见》（以下简称《指导意见》）规定："对当事人被查获后，为逃避法律追究，在呼气酒精测试或者提取血样前又饮酒，经检验其血液酒精含量达到醉驾标准的，应当立案侦查。当事人经呼气酒精测试达到醉驾标准，在提取血样前脱逃的，以呼气酒精含量为依据立案侦查。"可以说，这两个行政法规对于呼气酒精测试结果的性质作了明确。这表明，一方面，根据国家标准规定，呼气酒精测试并不属于该标准中规定的"血液中的酒精含量"，而是气体中的酒精含量，不宜将其作为醉驾案的定案证据；另一方面，呼气酒精测试结果虽然不能作为认定醉驾犯罪成立的依据，但根据《指导意见》，呼气酒精测试结果可以作为醉驾案件立案侦查的依据，其延伸意义则是可以为警察预测驾驶人员是否有可能处于醉酒状态提供盖然性指导。

然而，实践中有司法人员或者司法部门对上述规定视而不见。一种相当有影响的观点认为，"如果醉酒驾驶嫌疑人在进行血液酒精测试前使用各种不正当方法逃避规范测试的，当然也可以依现场呼气测试结论作为定案证据，因其同样具有证据的客观性、合法性与关联性"[②]。对于这种观点，实践中已有呼声回应，如某地方公安部门认为，"只要掌握充分证据，就是测试不到酒精含量，一样可以按照醉酒驾驶来处理"，"只要是现场逃逸的司机，被抓获归案后，要立即抽血，如果测试不到酒精含量，

[①] 参见龙宗智《中国法语境中的"排除合理怀疑"》，《中外法学》2012年第6期。

[②] 黄祥青：《对刑法修正案（八）中盗窃罪与危险驾驶罪相关问题的理解与适用》，《人民法院报》2011年5月4日第6版。

或酒精含量没有达到醉酒标准的，交管部门必须要认真调查，进行取证，比如，调看酒店或路边监控录像，调查与开车人一起喝酒的人，通过外围证据以及证人证言，还原'酒驾'者的本来面目，只要证据确凿，'零'酒精含量，也可按醉驾来处理"①。据此，如果无法查验驾驶人员的血液酒精含量，只要有呼气酒精测试结果，就可以定醉驾型危险驾驶罪。这些观点和做法均存疑问。前述表明，呼气酒精测试的主体并不符合鉴定主体资格要求，这导致该结果在作为证据的合法性上存在问题；该测试结果也受多种因素的影响而并不准确，其客观性更是值得怀疑；在无法与血液酒精测试结果印证的情况下，仅仅与证人证言等旁证相印证，并不具备定罪证据所要求的证明能力。将呼气酒精测试结果作为定案证据，不但与《指导意见》将呼气酒精测试结果作为"立案侦查""依据"的规定相违背，也与证据法的基本原理相违背。刑事诉讼的定罪证据必须充分确实，而"'证据充分'即凭现有证据足以认定案件事实，更须有多个证据，且其所含信息具有同一指向"②。仅凭呼气酒精测试根本谈不上证据充分的问题；直接采信呼气酒精测试结果作为最终证据使用，是扩大定罪、侵犯人权的不妥做法，必须予以警惕。虽然呼气酒精测试结果已达到醉驾案定罪标准，但根据上文分析，由于缺乏最重要的血液酒精测试结果，故不能定罪。此种结论，也有相关行政法规的支持。根据《公安机关办理醉酒驾驶刑事案件》第34条规定，血液酒精含量检验鉴定结论与呼气酒精测试结果不一致的，应当以血液酒精含量检验鉴定结论为准。

　　2. 证据规则之二：单独血液酒精测试结果经查证属实后可作定罪证据使用

　　醉驾案独特性决定了可以仅凭血液酒精含量鉴定证据定罪，且不违反孤证不立原则。根据一系列行政性法规或规范文件的规定，驾驶人员血液酒精含量是否达到80毫克/100毫升，是判断其是否构成危险驾驶罪的唯一标准。换言之，在醉驾案中，只要驾驶人员血液酒精含量值达到80毫克/100毫升，没有其他证据也可证明醉驾犯罪成立；其他证据再充分，没有血液酒精含量测试结果，也无法证明醉驾犯罪成立。"案件只有一项

---

① 具体参见通讯员苏交轩、记者朱俊俊《想逃逸躲酒精检测？没用了证据一锁定，就可按"醉驾"处理》，《现代快报》2011年9月8日第11版。

② 参见龙宗智《中国法语境中的"排除合理怀疑"》，《中外法学》2012年第6期。

有罪证据，由于该证据形成了'孤证'，得不到任何其他证据的印证，处于真伪难辨、虚实不明的状态，裁判者当然无法仅凭该项孤证来认定案件事实。"[1] 对于刑法中其他犯罪诸如杀人抢劫贪污等，证明行为人有罪的证据绝非一项；但对于醉驾案而言，其他证据都无法证明驾驶人员有罪，只有血液酒精含量证据才可以；换言之，醉驾型危险驾驶罪属于本身只重视"一项有罪证据"的罪名，这正是其特殊性之所在。在英美法系国家，醉驾行为入罪同样也是依赖血液酒精含量这一证据，"在醉酒驾驶犯罪的案件中，案件的审判可以依靠科学而具体的刑事技术证据，比如体内酒精呼气器，根据现行的法律，某人可以基于一个证据而被定罪"[2]。对于醉驾型危险驾驶罪而言，血液酒精含量是案件的直接证据及原始证据，其证明力高于醉驾案中的任何其他证据，依据它，完全可以认定犯罪成立。仅凭血液酒精含量证据定罪，不违反孤证不立原则；仅凭呼气酒精测试或者其他相关旁证定罪，才会落入孤证不立原则所说的范围。在客观真实的前提之下，案件的直接证据能够单独包含案件主要事实的信息，既能够证明犯罪已经发生，也能够证明犯罪是犯罪嫌疑人所实施，而不只是如同间接证据那样只能证明犯罪构成要件的某一环节或片段。因此，对于案件直接证据，是能够证明案件主要事实成立的。可以说，在醉驾型危险驾驶罪中，血液酒精含量就是能够证明案件主要事实的直接证据。而孤证不立原则主要是"为了保护被告人的权利，防止案件事实的误认，对某些证明力显然薄弱的证据，要求有其他证据予以证实才可以作为定案根据的规则"[3]，血液酒精含量鉴定意见的证明力非但不是"显然薄弱"，而且能够直接证明案件主要事实，在醉驾案所有证据中，证明力最强。

尤其是，孤证不立原则对于仅凭口供定罪的案件具有特殊的警示意义，而不是针对醉驾这种主要根据生物学测试结论定罪的案件。在我国，"口供为证据之王"，仅凭口供定罪的现象曾经且现在仍然是刑事司法实务中较为普遍的现象。由此，孤证不立原则对于防止仅凭口供定罪具有特别的针对意义。《刑事诉讼法》第 64 条规定："对一切案件的判处都要重

---

① 参见陈瑞华《论证据相互印证规则》，《法商研究》2012 年第 1 期。

② Boaz Sangero, Mordechai Halpert, "Why a Conviction Should Not Be Based on a Single Piece of Evidence: A Proposal for Reform", 48 *Jurimetrics Journal* (2007).

③ 参见刘善春、毕玉谦、郑旭《诉讼证据规则研究》，中国法制出版社 2000 年版，第 320 页。

证据，重调查研究，不轻信口供。只有被告人供述，没有其他证据的，不能认定被告人有罪和处以刑罚；没有被告人供述，证据充分确实的，可以认定被告人有罪和处以刑罚。"据此，仅有被告人的口供而无其他相关证据印证的，则口供作为证据本身的证明力尚存疑问。仅有口供，事实难测，无法证伪；如据此定罪，才违反了孤证不立原则。最近备受瞩目的"张高平案"中，"唯一的直接证据""来自'牢头'袁连芳供述"，而最重要的 DNA 鉴定证据则被排除，司法人员仅据此口供证据将张高平确定为少女王某强奸杀人案的罪犯，此案即为违反孤证不立原则定罪的典型案例。但在醉驾案中，无论是否有口供，都不会据此对驾驶人员定罪；它必须要验证驾驶人员在驾车时血液酒精含量已经达到醉驾的标准后才能确定。"目前审理醉驾案件几乎无须考虑驾驶者是否处于醉态，而变成一个生物学问题——证明驾驶者的酒精含量是否大于或等于 80 毫克/100 毫升。"[1] 显然，孤证不立原则对于仅凭口供定罪的案件尤其具有针对性，对于根据生物学测试结论定罪的醉驾案，当其根据驾驶人员的血液酒精含量定罪时，是其犯罪成立要件要求使然，并不违反孤证不立原则。

另外，没有呼气酒精测试结果而仅有血液酒精含量测试结果，也未必是真正意义上的孤证。孤证不立或者孤证不能定案，是我国刑诉法学界与司法实务界的共识。"案件只有一项有罪证据，由于该证据形成了'孤证'，得不到任何其他证据的印证，处于真伪难辨、虚实不明的状态，裁判者当然无法仅凭该项孤证来认定案件事实。"显然，所谓孤证，在刑事诉讼中，是指有罪证据是孤立的。孤证概念是相对的，绝对孤证并不存在，醉驾案也不例外。根据司法实践，总体上醉驾案的证据应包括以下主要方面：（1）查获经过；（2）证人证言；（3）犯罪嫌疑人供述及现场同步录音录像；（4）呼气酒精含量检验单和血液中酒精含量鉴定结论；（5）血液提取笔录；（6）犯罪嫌疑人的身份证明材料。可见，血液酒精含量测试结果是有罪证据，也是能够直接证明案件待证事实的主要证据；仅有此项证据，是相对于没有呼气酒精测试结果的案件而言的；除此之外，即或没有呼气酒精测试结果，也有证人证言、犯罪嫌疑人的供述或者其他证据证明其系属饮酒后驾车。如果说直接证据是相对的，而在现实案件中，间接证据的数量是绝对的，"在诉讼程序中人们发现并于审判程序

---

① 杨志琼：《美国醉驾犯罪的法律规制、争议及启示》，《法学》2011 年第 2 期。

提交的证据大多是间接证据,对于喜欢著名的米勒类推标准(Miller Analogy Test)的人来说,直接证据相对于间接证据,仅仅是间接证据的冰山一角"①。换言之,直接证据是悬浮于海面上的冰山一角,间接证据才是构成整个冰山的大部分。如果有其他能证明案件事实某一片段的间接证据如证人证言等,且"经法庭举证、质证后""作为醉驾定罪的补强证据"②,当血液酒精含量这一直接证据与其他间接证据相印证,形成被告人醉酒驾车的证据链,当然能够证明其醉驾案犯罪的成立。总之,根据血液酒精含量测试结果定罪恰恰体现了醉驾案的独特性,而不违反孤证不立的证据法基本原则。只要经过查证属实,证明血液酒精含量鉴定证据是客观准确的,而且其来源合法,取得程序没有违反法律规定,就可以作为定罪证据使用。

---

① 参见赵信会《英美证据评价制度的定位》,《法律科学》2010 年第 4 期。

② 参见吴伯初《应完善醉驾行为定罪的证据收集》,《江苏法制报》2011 年 5 月 9 日第 6 版。

第四章

现代城市交通安全的私法调控机制研究

　　道路交通安全的要素主要由道路、车辆、人构成，交通事故则是三者关系紧张的产物。道路交通经济学上认为"交通事故是机动车宿命的弱点"，而法律上则将其评价为"被允许的危险"。法律的任务是如何填补这种"被允许的危险"所造成的损害：一方面要通过相应行政法律规制预防该类危险的发生，另一方面应通过相应的私法规则为该类危险发生引致的后果为受害人提供救济。

　　人民的行路权属于自由权，为现代法治国家宪法所保障的三大基本人权之一，因此，除为防止妨碍他人自由、避免紧急危难、维护秩序或公共利益所必要者外，对其权利行使不得以法律限制。行车权则为人类进入汽车时代后所派生的权利，由法律赋予；法律为赋予的同时，自得基于公众利益考量而增设一定的限制，在比例原则下，使行车权人与行路权人之间的利害及权利义务维持合理的平衡。

　　机动车的使用为人民生活带来了便利，但同时也限缩了人民行路权的行使，并带来前所未有的伤亡与损害。无论为何种严格的监控，交通事故损害的发生仍然无法避免。国家有责任制定新的公共政策为之因应：对于汽车使用人，除要求其具备一定的资格、遵守一定的规则外，尚需对交通事故所可能导致的损害具备一定的赔偿能力；在交通事故发生时，责令车祸加害人对受害人赔偿或对受害人提供一定的保障，实为国家行使警察权的一种方式。①。

　　为达成对车祸受害人提供一定保障的目的，可采用的私法调控手段有多种：除一般侵权法规范外，有以提供保证或提出财力证明方式者，有以投保方式者；对于后者，尚有采过失责任制、严格责任制及绝对责任制

---

　　① 施文森、林建智：《强制汽车保险》，元照出版公司 2009 年版，第 6—7 页。

者，也有采无过失保险制者；同时，还可辅以救助基金制度为补充。

随着城市交通文明的发达，任何国家均应针对其国情及相关法令与制度配套，选择针对汽车使用人的负担最为合理、对车祸受害人的保障最为周全的方式。而在加害人财力不足、风险无法为保险分散的情形下，则附以交通事故损害赔偿基金的方式，以为对受害人的补充救济方式。

一　私法调控机制之一：交通事故损害侵权法制

（一）交通事故责任基础

1. 过错责任

通说认为，现代民法建立在过错责任基础之上，也就是说行为人必须在主观上有可归责的过错存在，才能对他的行为造成的损害课以损害赔偿责任；因过错责任以当事人主观上具有过错为其承担侵权责任的必要条件，受害人必须证明加害人有主观上的过错，才可能获得侵权损害赔偿。

19 世纪初法国《民法典》为代表的大陆法系国家民法采单一过错责任立法模式。1930 年判决案[1]中被告在执行公务过程中驾驶单位汽车撞伤了原告的孩子。一审法院经审理发现被告对于事故的发生并无过错，但是依据法国《民法典》第 1384 条第 1 款规定"任何人不仅因自己的行为造成的损害负赔偿责任，而且对应由其负责之人的行为或由其照管之物造成的损害负赔偿责任"，法院对该规定作出了新的解释，该条适用范围被扩展，以致原告胜诉。被告不服提起上诉。上诉法院审理时认为，运行中的汽车处于人的控制之下，并非法律所指"物的行为"，因此本案仍应适用过错责任原则，而不能适用法国《民法典》第 1384 条第 1 款的规定；既然被告在驾驶机动车的过程中没有过错，也就不符合侵权责任的成立要件，二审法院因此判决原告败诉；原告对判决不服，遂向最高法院提请三审；最高法院依严格责任三审判决撤销二审法院的判决；但二审法院并不认可最高法院的观点，仍坚持适用过错责任原则，以致最高法院不得不再次组织三审，最终废弃二审法院判决。尽管案件审理过程凸显了不同观念的冲突，但该案成为该国在交通事故侵权领域由过错责任转为适用严格责

---

[1]　王军：《侵权法上严格责任的原理和实践》，法律出版社 2006 年版，第 67 页。

任的标志。

2. 危险责任

随着社会发展，交通事故多发，受害人难以证明加害人是否有过错。如坚守过错责任原则，则相对多的受害人将因难以证明加害人过错而无法获得损害赔偿。严格责任原则遂登上历史舞台。自工业革命起已降，特别是在现代社会中，由于先进科学技术的广泛使用，从精密机械到食品等诸多产品蕴藏着大量人们无法控制的危险，以致在现实生活中经常发生严重的损害事故。在这种情况下，如一味坚守过错责任，受害人要求侵权行为人承担损害赔偿责任之前，必须证明侵权行为人过错的存在。同时，对于危险产品的利用（如本书探讨的机动车）又构成了现代文明社会人类生活必不可缺的一部分，两者遂发生严重冲突。学界开始讨论基于危险归责的危险责任理论；而为回应社会对于这类危险活动损害事件合理解决的期待，各国也纷纷以立法或判例方式确立危险责任。"市民生活侵害等于过错归责"的过错责任、"危险活动损害等于危险归责"的危险责任这种双重归责格局开始形成。

危险责任可以在两个层面上反映：一是基于对物的利用即活动的危险责任；二是基于物本身，即物的危险责任。前者与其责任基础及过错责任相通，都是对于个人行为负责的原则；后者则是基于物的危险自身，并不评价人的过错。

危险责任的归责原则理论，建立在危险来源、危险控制和危险利益统一的思想之上。也就是说，危险源的控制者（德国法上称为保有人，大多数情况下是所有人，也可能是使用人或经营者）因其使用或控制危险物将可能带来危险，该等控制者可自主决定自己使用该危险物或避免使用或采取减少危险的措施，而该控制者事实上使用或控制危险物时，也将因其使用或控制而享有利益即危险利益；既然如此，他必须对这种危险带来的损害承担责任。所以，危险责任的根本目的在于对危险损害的合理分配，通过将危险负担转移到引起危险的人，重新平衡受害人与危险控制者的权利义务关系。

危险责任是特定危险的控制人对于该危险源所具有的危险性所应负的责任。损害的发生如果与该危险性相关联，无论控制人本身是否存有过错，控制人即应负责。以机动车交通事故损害为例，德国《道路交通安全法》第7条及日本《机动车损害赔偿保障法》第3条即为显证。

危险责任以特殊危险为必要，即损害的发生概率很高，行为人虽然尽到注意也难以避免损害的发生（所以，很多国家将时速较低的机动车排除在危险责任范围之外），或者损害的发生与否尚不可知（如新型食品、药品），或者损害结果特别巨大。

危险责任的归责原因为危险源的控制人因控制该危险物引起的风险，因其控制而赋予其责任，所以在危险物控制人无法控制该危险或该危险的发生不可避免时，多数国家立法允许排除其责任，如机动车被盗情形。

3. 交通事故的危险责任

交通事故的危险责任，可以理解为自己行为的无过失责任，以危险的发生为其危险责任的成立要件。就责任主体言，按照危险责任理论，危险责任的归责原因为控制危险源（危险控制），因其从事危险活动，并且因该危险活动而受有利益（报偿主义），所以对于因危险发生而使他人权利受到侵害，对此侵害承担损害赔偿责任。所以，应以控制机动车这一危险源并因使用机动车这一危险物而获得利益的人为侵权责任主体，并非必然将机动车所有人界定为责任主体。前已述及，在机动车被他人盗窃情形，机动车纵有危险，机动车所有人也不能够控制该等风险，因而不应将其作为责任主体；除非机动车所有人对于其失去对机动车的控制有过错，则另当别论。另外类似的情形如，依政府特许经营权协议获得交通运营的经营者应当对其交通事故负责，而非由作为所有人的政府承担危险责任。

所以，交通事故危险责任的主体应当是机动车控制人，而非所有人，虽然所有人在多数情形下也是机动车的控制人。当然，"控制"并非法律上的概念，类推民法上概念，大致与"占有""使用""收益"这些所有权的功能相同，也有国外判例将其视为事实上的"处分"。这种关系"非法律关系，乃经济上及事实上关系所生。即所获运行利益与运行支配权之两种标识具备时，所有权之关系并非问题"[1]。机动车控制人大约可包括下列之人[2]：私人机动车所有人（含保留使用权买卖的买受人），出租车、营业车辆业者，汽车租赁业者，代保管汽车的修理业者，汽车销售业者，汽车保养与整备业者，路上运送汽车业者。而对于未经控制人同意而无权使用的人，如德国、日本立法均令其自行负担交通事故的损害赔偿责任。

---

① 曾隆兴：《汽车交通事故损害赔偿制度之比较研究》，1984年自行出版，第330页。

② 林汝洁译：《日本汽车保险》，台湾保险事业发展中心1991年印行，第36页。

基于诚信原则，过失相抵作为侵权赔偿法制中损害赔偿范围的一般规则。[①] 因为就一般社会观念而言，责任人只对自己的行为负责，对于他人过错行为导致的损害，自无负责的道理。不然，如加害人还需对受害人自己过错所生的损害同负损害赔偿责任，自然与公平理念背道而驰。而如果受害人对于其受有损失仅有一般过失而加害人有故意或重大过失时，则不应适用过失相抵规则。[②]

交通事故危险责任作为一种无过失责任，机动车控制人无论是否存在过失，只要其控制的机动车对他人造成损害，就要对受害人承担损害赔偿责任。但这并不意味着不需要考虑受害人的过错。债务人应负无过失责任时有过失相抵原则的适用，为学说及司法实务的共同认知。[③] 在交通事故中，事故的发生通常由双方混合过错造成，加害人与受害人有时甚至难以区别，而其过错程度及损害多寡也不尽相同。在这种情况下，适用过失相抵规则处理损害赔偿问题，最为公平；只是在适用危险责任的情形，同等条件下课予加害人一方更重的责任，即符合危险责任制度的目的。

（二）交通事故归责原则

民事责任的有无及承担责任的大小以归责作为基础。侵权责任法以侵权的责任为中心，而归责原则是归责的先决问题。"在侵权行为法中，侵权行为的分类、侵权责任的构成要件、举证责任的分担、免责条件、损害赔偿的方法及原则、减轻责任事由等，都需要以归责原则为指导，都受归责原则的制约。"[④] 交通事故的损害赔偿，首先应当明确归责原则。建立在侵权责任基础上的交通事故的损害赔偿，亦应首先明确归责原则。

1. 域外法交通事故归责原则

（1）德国法的危险责任

德国是汽车的诞生地，早在 1909 年德国颁布的《汽车交通法》中即规定：汽车保有人在运营过程中致人死亡、伤残的，应当承担损害赔偿责任，但能证明损害发生时由于不可避免的事故导致的除外，从而在交通事

---

① 史尚宽：《债法总论》，三民书局 1973 年版，第 292 页。

② 马俊驹、余延满：《民法原论》，法律出版社 2005 年版，第 1044 页。

③ 何孝元：《损害赔偿之研究》，台湾商务印书馆 1968 年版，第 50 页。

④ 郭明瑞、房绍坤、唐广良：《民商法原理》（三），中国人民公安大学出版社 1999 年版，第 389—390 页。

故领域的归责方面引入了严格责任。1952 年，德国修订《机动车法》并更名为《道路交通法》，赔偿范围扩大到营利性运营车辆的乘客及财产损失。在沿袭严格责任的基础上，明确"于事故系由非基于机动车构造、部件瑕疵及不可避免事故所致者，排除前项责任。可归责于被害人或未从事驾驶运行的第三人或动物之行为，且保有人及机动车驾驶人均已遵守注意义务时，其事故的发生视为不可避免"。同时，该法将与有过失原则一并纳入，规定了交通事故侵权责任的减轻和免除条件。

2003 年德国通过了《修改损害赔偿条文的第二次法律》即新《损害赔偿法》，并对《道路交通法》再次进行修改，将适用范围从机动车扩展到牵引挂车，同时用"不可抗力"取代原法中"不可避免的事故"的描述。

德国《道路交通法》第 7 条确认了机动车交通事故侵权损害赔偿的归责原则为严格责任。一旦发生交通事故，受害人无须举证证明责任人应当对损害承担赔偿责任，即可要求责任人赔偿，除非责任人能证明交通事故的发生系由法定的免责事由"不可抗力"所致。

不可抗力一般被理解为"与运营无关的、从外部由不可抗拒的自然界的力量或者第三者造成的事件，而这一事件根据人的判断和经验是无法预见的。并且，这一事件是无法运用可换算为经济价值的手段予以避免或者使其不产生损害；并且在理智地对情况进行分析的情况下，即使尽到了可期待的最大限度的注意义务，也无法予以避免或者使其不产生损害；并且也不可能因其发生的经常性而予以容忍"[1]。在审判中，认定不可抗力的情形非常严格。但对于多车事故而言，"不可避免的事故"这一规定仍有其适用余地，因为要求理性的驾驶人对于这类事故蒙受损失是不公平的。[2]

《道路交通法》第 7 条对免责事由的修改主要源于德国法学理论的发展。立法者认为：首先，严格责任的主要作用在于损失补偿而不是过错惩戒，因此，没有必要将严格责任与注意义务联系起来；其次，其他相关法律原则上只是将不可抗力作为免除严格责任的理由；最后，在实际生活

---

① ［德］马克西米利安·福克斯：《侵权行为法》，齐晓琨译，法律出版社 2004 年版，第 273—280 页。

② 同上书，第 276 页。

中，一般是老人与儿童会在道路交通中作出不恰当的行为。

（2）法国法的物之管领责任

作为大陆法系的另一个代表，法国交通事故损害赔偿责任的严格化发展趋势与德国类似，但其并非依赖成文法而是通过法院判例逐步确立了机动车交通事故侵权损害的特殊类型。在发展过程中，1930 年及 1982 年法院的两个判决发挥了重要作用。

1982 年判决案①中原告在马路上被汽车撞倒，汽车驾驶人在交通事故损害赔偿诉讼中主张原告行走不小心发生了交通事故，被告认为原告的过错也是导致发生交通事故的原因，所以要求减轻自己的赔偿责任。法院在判决中明确指出："除非被害人的过错已经具备'不可抗力'的特征，达到'不可抗力'的地步，即对物的管领人而言，被害人的过错是不可预见且不能抵抗的事由，否则，物的管领人不得援用被害人过错，主张免除全部甚至部分的赔偿责任。"依据该判决，只有受害人的过错达到不可抗力的程度时，应负责任者才可以免责；如果受害人仅具有一般过错，应负责任者应全部负责而不可以主张免除或减轻。

物的管领人，是指在损害发生时，对于致损之物在事实上独立行使使用、指挥或控制的人。该等人既可能是所有权人，也可能是法律上或事实上的占有人或使用人。当致损物的行为人为管领人时，其系依第《法国民法典》第 1384 条第 1 款规定承担无过错责任；当管领人与致损事故行为人相异时，管领人系依第 1382 条和第 1383 条规定，承担过错责任。

在适用过程中存在如下难题：对于管领人责任而言，《法国民法典》第 1385 条动物所有人责任及第 1386 条建筑物所有人责任规定至为明确。而该法 1384 条第 1 款后句，系一般原则性规定。对于机动车意外事故致损案件的损害赔偿，如仅以此规定，似嫌牵强。1982 年判决将加害人的免责事由限制在不可抗力范围内，即排除了受害人过错的因素（当然受害人故意除外）。该判决对机动车受害人的保护过于强硬，受到学者、法官、律师乃至社会大众的围攻，并直接催生了《1985 年 7 月 5 日法律——以改善交通事故受害人地位以及加速损害赔偿程序为目的》。这使得责任人责任更加严格化，并将驾驶人、管理人有条件地纳入强制保险保障范围，使之具有无过失保险的特质。

---

① 陈忠五：《法国交通事故损害赔偿法的发展趋势》，《台大法学论丛》2005 年第 1 期。

（3）英美法的严格责任

一般认为，严格责任发轫于英美法系国家，在较早的判例中确认了这样的规则：行为人即便行为合法，对他人损害也应予以赔偿，除非加害人证明该损害不可避免地发生。19世纪时，普通法在归责原则上一般采过错责任原则，但发展到20世纪时，严格责任的归责原则在学说中复兴，并进而影响到立法。在严格责任归责原则下，受害人只要能够证明自己的损害系由加害人所致，就可能自加害人处获得损害赔偿；加害人不能提出合理的抗辩事由，就无法免除承担损害赔偿责任。

在侵权损害赔偿领域，德国法上的危险责任、法国法的物之管领责任与英美法的严格责任的适用基本一致。德国民法中坚持一般的过错责任原则，而将危险责任作为过错责任的例外进行规定。其1909年《汽车交通法》（嗣后演变为《道路交通法》）规定，受害人因汽车的使用而伤亡或受有财产损失，除非事故基于受害人故意、不可抗力、无法避免的事件或第三方因素介入，汽车占有人应承担损害赔偿责任。进而，过错责任为一般原则、危险则为补充的二元归责体系在德国得以确立。

与严格责任、危险责任相似的是无过错责任原则，即对于加害人而言，对其加害行为，不考虑有无过错，加害人均应对受害人承担赔偿责任。王泽鉴先生亦认为："行为人对特定损害之发生纵无过错，亦应负损害赔偿责任，虽已逐渐建立完整之体系，惟关乎其名称尚未统一。在台湾地区一向称之为无过失责任，在德国统称为危险责任，在英美法上则多称为严格责任。名称虽不同，基本上均指同一事物而言。"[1]

2. 我国交通事故归责原则

（1）我国交通事故归责原则的演变

我国交通事故的归责，经历了三个阶段。

无过错责任原则时期。1986年颁布的《民法通则》第123条之规定，被多数学者认为是规范交通事故损害赔偿的请求权基础，司法实务中，司法机关在审理机动车导致的人身伤亡交通损害赔偿案件时，也是按照无过错责任原则理解适用该法第123条。

过错责任原则时期。1992年国务院颁布实施《道路交通事故处理办法》，确立了机动车交通事故的过错责任原则。该办法第19条规定：

---

[1]　《王泽鉴法学全集》第2卷，中国政法大学出版社2003年版，第179页。

"一方当事人的违章行为造成交通事故的,有违章行为的一方应当负全部责任,其他方不负交通事故责任。两方当事人的违章行为共同造成交通事故的,违章行为在交通事故中作用大的一方负主要责任,另一方负次要责任;违章行为在交通事故中作用基本相当的,两方负同等责任。"尽管这个条文是关于事故责任认定原则的规定,由于事故责任直接决定了交通事故民事赔偿数额的大小,所以也可以视为机动车损害赔偿的归责原则。

多元归责原则时期。2004 年 5 月生效的《道路交通安全法》对道路交通事故的参与主体进行了分类,并对机动车、非机动车、行人三类主体分别确定了不同的归责原则。该法第 76 条确立的原则为:承保交强险的保险公司在承保限额内承担绝对责任;超出限额部分,分别如下处理:(1)机动车之间交通事故适用过错责任原则,(2)机动车与非机动车、行人之间发生交通事故,适用机动车一方的无过错责任原则,但在损害赔偿中同时采用过失相抵。这种规定,一方面没有明确有过错的受害人过失在损害赔偿中如何相抵,另一方面加重了无过错的机动车方的赔偿责任。

(2)我国目前的交通事故归责原则体系

2008 年立法者对《道路交通安全法》第 76 条进行了修正,在此前的多元归责原则体系基础上,补充了机动车一方无过错的限额内绝对责任,即在机动车与非机动车之间发生的交通事故,适用机动车一方的绝对责任,但机动车一方无过错时,限制其责任为 10% 以内,从而确定了目前适用的道路交通事故损害赔偿的归责原则体系。2010 年生效的《侵权责任法》第 48 条明确规定:"机动车发生交通事故造成损害的,依照道路交通安全法的有关规定承担赔偿责任",实现了《侵权责任法》与《道路交通安全法》对于交通事故损害赔偿的归责原则的统一。

对于机动车和非机动车、行人之间发生的交通事故,对机动车一方采取较为严格的归责原则已为学界共识。但具体如何适用,学者观点不同。有学者认为《民法通则》第 123 条高危作业包括机动车驾驶活动,因而该无过错责任原则的规定适用于交通事故的损害赔偿。[①] 但也有学者认为,机动车驾驶活动不应全部纳入高危作业的范畴,因而交通事故的损害

---

① 梁慧星:《论制定道路交通事故赔偿法》,《法学研究》1991 年第 2 期。

赔偿不应适用《民法通则》第 123 条规定,[1] 并进而主张该规定所规范的部分情形不应适用无过错责任原则,而应适用过错推定责任。[2] 机动车已成为人们日常代步工具,机动车驾驶活动的危险难以归入异常危险,其危险程度也远不如火车、飞机的危险高,所以,将机动车交通事故作为高危作业规范对象,理论上不能自洽。

是不是交通事故主要因为机动车一方原因造成,就应赋予机动车一方更严格的责任?据法国的一项调查显示,70% 的交通事故是因非机动车、行人过错造成。[3] 可见,交通事故并非主要基于机动车一方原因,更多是相对方或双方的混合过错导致。对交通事故采取较严格责任的基础究竟为何?可能的答案是:(1)损害性质不同。交通事故中机动车一方作为加害人其遭受的主要是车辆的物质损害,而非机动车、行人作为受害人所遭受的主要是人身损害。对于机动车一方的财产与非机动车、行人的人身损害而言,当然有必要对人身损害一方提供更多的保护。(2)回避风险的难易不同。无论交通事故源于何方过错,在避免交通事故损害后果的能力上,机动车一方可较容易地凭借机械装置完成事故规避动作,其避险能力远大于非机动车、行人。(3)风险转移可能性。多数国家对于交通事故损害赔偿设置了强制保险制度,机动车一方的责任可最终通过保险的方式予以转移,对机动车一方采取较严格的归责原则,基本不会对其日常活动构成实质限制。[4]

综观各法域对于交通事故归责原则的确立,具有如下特点:(1)归责原则严格化。由于交通事故频发,在人们日常生活中占据各类损害事件的前列,多数国家以特别法的方式确立有别于一般侵权归责原则的特别归责原则,以达成保护交通事故受害人的目的。(2)多元归责体系。交通事故类型、后果各不相同,对不同事故责任主体采不同归责原则。(3)注重损害填补。以强制保险为切入点,合理分配交通事故的损害。

---

[1]　王利明主编:《民法·侵权行为法》,中国人民大学出版社 1993 年版,第 513 页。

[2]　王利明:《侵权行为法研究》(上卷),中国人民大学出版社 2004 年版,第 332 页。

[3]　同上书,第 323 页。

[4]　杨曙光:《机动车交通事故损害赔偿法律问题研究》,中国人民公安大学出版社 2010 年版,第 34 页。

（三）交通事故损害赔偿主体

机动车交通事故赔偿主体是指依照侵权责任法规定应承担机动车交通事故所造成的损害赔偿责任的单位或个人。在机动车所有人与驾驶人不同时，由谁承担损害后果，需要明确界定：或采驾驶人的自己责任，或采所有人的替代责任；在机动车登记主体与实际主体不符时，也需要加以明确。

依我国《民法通则》第123条规定，从事高速运输工具对周围环境有高度危险的作业造成他人损害的，应当承担民事责任。该规定采取"作业人"的概念，并未明确规定民事赔偿责任的主体究竟为机动车驾驶人抑或所有人。

依《道路交通安全法》第76条规定，除承保交强险的保险公司承担责任外，由"机动车一方"承担赔偿责任。同样，该条也没有具体明确民事赔偿责任主体。

反观已失效的《道路交通事故处理办法》第31条，该条规定"交通事故责任者对交通事故造成的损失，应当承担赔偿责任。承担赔偿责任的机动车驾驶员暂时无力赔偿的，由驾驶员所在单位或者机动车的所有人负责垫付。但是，机动车驾驶员在执行职务中发生交通事故，负有交通事故责任的，由驾驶员所在单位或者机动车的所有人承担赔偿责任；驾驶员所在单位或者机动车的所有人在赔偿损失后，可以向驾驶员追偿部分或者全部费用"。该规定确定了机动车驾驶人的自己责任原则；作为例外，驾驶人的职务行为造成损害由雇主承担雇主责任，驾驶人无力清偿时由雇主或所有人垫付，但雇主、所有人对外承担责任后有权向驾驶人进行内部追偿。

《侵权责任法》第六章除于开始时将道路交通事故损害赔偿指引向《道路交通安全法》外，另就几种特殊情形作出了规定：

该法第49条规定："因租赁、借用等情形机动车所有人与使用人不是同一人时，发生交通事故后属于该机动车一方责任的，由保险公司在机动车强制保险责任限额范围内予以赔偿。不足部分，由机动车使用人承担赔偿责任；机动车所有人对损害的发生有过错的，承担相应的赔偿责任。"由此形成了机动车使用人承担责任为主、所有人承担责任为补充的归责方式。但其衍生的问题是，机动车使用人究竟应如何界定，仅限于驾驶人，还是享有运行利益的第三人，抑或同时包括驾驶人及享有运行利益的第三人？在两者均纳入使用人的情形，驾驶人及该享有利益的第三人之间责任又应如何分配？

该法第 50 条规定："当事人之间已经以买卖等方式转让并交付机动车，但未办理所有权转移登记，发生交通事故后属于该机动车一方责任的，由保险公司在机动车强制保险责任限额范围内予以赔偿。不足部分，由受让人承担赔偿责任。"即原所有权人不能支配该机动车的营运，也无法从其营运中获益，故原所有权人不应对机动车交通事故损害承担责任。[①] 这也与我国《物权法》确定的机动车物权变动的规则相符。不过，此处直接规定由受让人承担赔偿责任，似乎缺少了第 49 条关于使用人与所有人分离情形规定。是否机动车转让未过户时，使用人与受让人不同，均由受让人承担责任？笔者认为，此条关于受让人的规定实际就是确定所有权人，因此，并无专设条文予以规范的必要。

该法第 51 条规定："以买卖等方式转让拼装或者已达到报废标准的机动车，发生交通事故造成损害的，由转让人和受让人承担连带责任。"机动车禁止拼装，达到报废标准的机动车不得使用。转让该两类机动车，转让人具有明显过错，因而，由转让人和受让人对于该机动车发生的交通事故的损害承担连带赔偿责任。

该法第 52 条规定："盗窃、抢劫或者抢夺的机动车发生交通事故造成损害的，由盗窃人、抢劫人或者抢夺人承担赔偿责任。保险公司在机动车强制保险责任限额范围内垫付抢救费用的，有权向交通事故责任人追偿。"机动车处于被盗窃、抢劫或者抢夺状态时，由于所有人非自愿地失去对于该车辆的控制，对其发生交通事故既无法预见，也无法避免因此造成的损失，故不应承担交通事故的损害赔偿责任；发生交通事故的机动车处于盗窃者、抢劫者或者抢夺者控制之下，交通事故的损失当然应由该人承担。

以上情形，虽然采取了类型化的方式进行规范，但并未付包括未经机动车所有人同意驾驶、好意同乘、修理及出质期间驾驶等情形下的交通事故的损害赔偿责任进行规范。《道路交通安全法草案（第二次审议稿）》

---

① 参见最高人民法院 2001 年 12 月 31 日颁布的《关于连环购车未办理过户手续，原车主是否应对机动车发生交通事故致人损害承担责任的请示的批复》。

第71条第1款曾对机动车交通事故责任主体有过非常明确的规定："（一）驾驶人是机动车所有人、管理人的，由驾驶人承担；（二）经机动车所有人、管理人授权驾驶机动车的，由机动车驾驶人或者所有人、管理人承担；（三）未经机动车所有人、管理人授权驾驶机动车的，由驾驶人承担；（四）驾驶人与机动车所有人、管理人就机动车事故责任的负担事先已有书面约定的，从其约定。"第2款同时规定："机动车所有人、管理人依据前款规定承担赔偿责任的，有权向驾驶人追偿。"笔者认为这种概括性的立法更加科学、严谨。

需要特别说明的是，作为交通事故损害赔偿的主要法律依据之一的《道路交通安全法》第1条确定了立法目的，即"维护道路交通秩序，预防和减少交通事故，保护人身安全，保护公民、法人和其他组织的财产安全及其他合法权益，提高通行效率"。可见，人身与财产安全的保护仅是该法的目的之一，不仅预防事故目的位列其前，而且维护交通秩序与提高效率在立法目的中居于首尾位置。因而，其第17条及第76条的关于事故损害赔偿的规定的法律目的，究竟是秩序的维护、效率的提高，还是预防和减少交通事故，抑或保护人身、财产安全？我们无法得到明确的答案。作为规制侵权行为责任的基本法律规范，《侵权责任法》虽然以保护民事主体的合法权益为第一要务，并于第六章专门规定机动车交通事故责任，但对于交通事故损害赔偿，经由第48条规定，"转致"由《道路交通安全法》处理，仅对租赁、借用、买卖、盗抢、逃逸等特殊情形的责任主体进行了明确，对于交通事故损害赔偿原则的规定则付之阙如，至为遗憾。

二　私法调控机制之二：强制保险法制

在适用危险责任的归责原则时，交通事故加害人的责任将非常容易成立；而其造成的损害后果为多少则难以估计。如果将所有的事故损害责任均课予加害人终极地负担，虽然很大程度上体现了"危险负担"的理念，并有助于起到相应的威慑作用；但于加害人财力不济时，受害人的利益还是无法得到有效保护。赔偿确保的有效方式即通过保险的方式将该财务损失风险分散给社会大众，也就是将某一机动车事故加害人的具体个案的损失，通过责任保险的方式，转由所有可能造成同类风险的机动车责任保险的投保人分摊。交通事故危险责任的实行，需借助由责任保险制度，方能得以完满实现。所谓"侵权行为责任之客观化，促进了责任保险的发展，而责任保险之发展，则保证侵权行为责任之客观化"①，不无道理。

由上可知，侵权法上危险责任原则的贯彻，有赖于责任保险的存在；经由责任保险，可使危险责任的负担得到确保，同时也可扩大危险责任的适用范围。但实际生活中，结果并非总是如此。损害赔偿是一种民事活动，而民事活动遵循私法自治原则。加害人是否缔结责任保险，系其自主决定事项。在其未投保机动车交通事故责任保险的情形，如发生事故且其财力不支，则理想状态中合理的责任保险分散风险的制度对于受害人而言不具有任何实际意义。基于风险社会及社会公益的考虑，强制保险应运而生。通过法律强制的方法，赋予强制缔结责任保险正当性，不仅维持了加害人的赔偿能力，更重要的是使受害人的损害请求得到了确保。从而，使保险制度的功能发生了一定的变化：由最初的分散被保险人的责任转变为向受害人提供损害赔偿的确保。

（一）交通事故损害的保险模式评析

基于以上交通事故损害的种类，就受害人而言，其人身损害可经由投保人身意外伤害保险、财产损害可经由财产保险获得损害填补；就加害人而言，可经由责任保险或无过失保险而获得损害填补。

1. 保险模式

（1）责任保险

责任保险指的是以被保险人依法应当对第三人承担的损害赔偿责任为标的而成立的保险。责任保险中的第三人是因被保险人行为而受有损失的人，是保险合同的双方当事人之外的第三方。责任保险的标的为被保险人对第三人的赔偿责任，目的是填补被保险人对第三人承担赔偿责任所受的损失，所以又被称为第三人保险（Third Party Insurance）或第三者责任保险（Third Party Liability Insurance）。② 可以看到，第三人是责任保险存在的必要条件，责任保险的本质属性为第三人保险。以德国法为代表的国家，包括日本等国，对于交通事故损害保险采取了强制责任保险的模式。

---

① 温汶科：《侵权行为责任之社会化与责任保险之作用》，《法学丛刊》1972年第2期。

② 邹海林：《责任保险论》，法律出版社1999年版，第30页。

（2）损害保险

损害保险又被称为第一人保险，是一种以被保险人的生命、健康以及财产权益为保险标的，以意外事故造成的风险为承保危险的保险。被保险人就是第一人，当被保险人因意外事故的发生而致人身或财产受到损失时，由保险人向被保险人进行保险给付。因而，损害保险的意义是为了保护其自身免受意外事件造成的经济上的不利后果，民事责任的归责原则在该意外事件的发生中并不需要考虑。[①] 从这个角度来说，责任保险与损害保险有显著的区别。加拿大魁北克省是该强制保险模式的典型代表。

（3）无过失保险

责任保险制度对于作为被保险人的交通事故受害人来讲殊为不利。在大多数交通事故中，作为责任保险被保险人的加害人同时又是受害人，甚至是交通事故的唯一受害人。采取责任保险法制可能导致的后果是：同样的交通事故，其他有过错的受害人可以获得保险给付，而没有过错的被保险人作为受害人则无法获得任何保险给付。以美国马萨诸塞州为代表的国家、地区实行该种强制保险模式。

"随着工商业的进步与保护受害人法益思想的发展，责任保险的功能逐渐从'填补被保险人因赔偿第三人所致之损害'向有'填补被害人之损害'发展。"[②] 无过失保险正是这一发展的成果。

交通事故无过失保险"指一切将劳保、社会保险或汽车医疗费用给付条款加以扩张而承保车祸事故所导致的体伤或死亡的保险"[③]。无过失保险存在于保险人与受害人之间，为仅有两方当事人的契约；无过失保险将被保险人本人、家属、乘客、第三人均承保在内，交通事故发生时，受害人得径行向保险人求偿，即使受害人为被保险人以外的第三人，该第三人仍被视为被保险人，其向保险人求偿的权利不受影响。在发生多车交通事故的情形下，作为受害人的各车的被保险人、驾驶人、乘客均向自己的保险人求偿。

[①]　Marc A. Franklin, *Injuries and Remedies*: *Cases and Materials on Tort Law and Alternatives*, 2nd ed., The Foundation Press, 1979, p. 708.

[②]　刘宗荣：《新保险法：保险契约法的理论与实务》，中国人民大学出版社 2009 年版，第 346 页。

[③]　施文森、林建智：《强制汽车保险》，元照出版公司 2009 年版，第 16 页。

　　无过失保险属于第一人保险，同时明显区别于无过失责任保险。[①] 无过失责任保险属于责任保险的范畴，只不过该类保险的责任基础为无过失责任，虽然与传统的过失责任的责任构成要件不同，但必须以被保险人对于第三人的责任成立为前提。我国现行的交通事故强制保险属于强制无过失责任保险类型。

　　无过失保险与传统侵权责任险最大的不同，在于前者将被保险人本人纳入了承保范围。[②] 由于扩大了承保范围，其涵盖了对第一人即被保险人的人身伤害险、对第二人即乘客以及车外第三人的责任保险，其实质是一种包括了意外伤害人身保险和责任保险的综合性保险。[③]

　　2. 强制责任保险法制评析

　　（1）优点

　　强制责任保险制度之所以能在德国、日本等国得以施行，既有其制度合理之必然性，也与立法者回应社会诉求、对法律作出技术性处理相关。归纳起来，强制责任保险法制的优势主要体现在如下方面：

　　方便实现矫正正义的功能。以侵权责任为前提，责任基础清楚，加害人就自己的加害行为承担相应责任，且不得依保险就自己在交通事故中遭受的损失获得补偿，符合人们的道德判断。以受害的社会大众法益作为政策目标，对责任保险实施强制，具有正当性。

　　避免道德危险。被保险人不是责任保险法制中责任事故的直接保护对象，其事故损失不能获得责任保险的保障，这不仅符合社会大众的价值判断，也会增加被保险人道德风险行为的成本，有助于被保险人提高注意义务，便于实现预防和减少交通事故发生的目的。

　　保费低廉。由于责任保险仅限于对受害第三人的保护，保障对象范围的有限性与保险赔偿正相关，从而使可保险费维持在较低的水平，对投保人财产侵害较少，有利于增强投保人的投保意愿。

　　保险给付范围广。责任保险标的系被保险人对第三人依法应付的赔偿责任，该责任不仅包括人身损害赔偿，还包括财产损害赔偿；同时，非经济损失从法理上讲也属于责任范围，同时受害人可以要求全部赔偿，而无

　　① 施文森、林建智：《强制汽车保险》，元照出版公司 2009 年版，第 18—20 页。

　　② 同上书，第 385 页。

　　③ 江朝国：《强制汽车责任保险法》，智胜文化事业有限公司 1999 年版，第 23 页。

须受有无过失保险法制中常见的责任限额的限制。

在采取严格责任的侵权责任归责情况下，法律可直接规定加害人承担责任或推定加害人应负责任，采取举证责任倒置等立法技术操作，使受害人免于承担举证不能的风险。虽然强制责任保险本质上为被保险人损害填补契约，受害人求偿权需法律特别规定或合同约定，但现今各国立法基本上采取突破，赋予受害人对保险人的直接请求权。各国立法一般通过追偿权制度设计，承保了责任保险中的不保危险如被保险人故意等，加强了受害第三人的保护。

（2）缺点

基于民事责任为基础的交通事故强制责任保险机制，既然建立在民事责任基础之上，必然可推导出如下结论：首先，受害人要想获得损害填补，必须证成其基于交通事故损害赔偿责任而依法取得的权利。其次，交通事故损害赔偿责任确定后，必然在受害人与责任人之间建立侵权损害赔偿的法律关系，在受害人与责任人主体竞合或无法确定责任人时，因没有应负责任之人，保险人也无给付义务，逻辑上受害人的损害赔偿请求权无法获得满足。最后，这是基于民事责任基础的责任保险法制必然遭遇的尴尬。

即便对于追求责任严格化的侵权责任法，也不得不面临这样的拷问：它还是不是侵权责任法？以交通事故损害赔偿为例，只要机动车"牵连其中"引起交通事故，造成受害人损害，机动车的驾驶人或管领人即需负责，不但不得以自己没有过错主张免责，也不得以不可抗力、第三人行为作为免责事由，仅当被害人犯有不可原谅的错误且为交通事故唯一原因时方可主张免责。这种近乎自动、当然的损害填补机制，是否仍是传统法学意义上的责任或民事责任抑或侵权责任？

责任保险法制也面临类似的诘问："故意的危险不保"是保险法的基本原理；而基于受害人的保护理念，保险人对被保险人的故意行为仍对受害人承担责任。保险人对故意的被保险人有追偿权，虽然可以经由法律确定，但法律确定这一规则的正当性基础究竟如何？换言之，在此情况下，还是不是传统保险法意义上的责任保险？同样，责任保险建立在三方关系基础之上；受害第三人对于保险人享有直接请求权可以由法律突破，是否符合第三人利益合同的法理？这些对于保险法的突破，显然是想借由民事侵权制度与责任保险制度的配合，实现受害人损害填补功能，但问题在于，与其他不以侵权责任为必要条件的损害填补机制相比，强制责任保险法制是否是最公平合理且最有效率的损害填补手段？

总之，强制责任保险法制下，保障对象范围小，保险给付相对滞后，保险保障不确定，实际成本较高。并且，强制侵权责任保险法制将被保险人故意行为纳入保障范围、给予受害人直接请求权虽然方便了受害人利益保护，但侵蚀了责任保险的法理。

3. 强制无过失保险在我国具有适用性

目前国内主流观点认为，在当前的社会环境下，我国不具备实行无过失保险机制的条件。[①] 但是，这一结论的得出，并无充分的调查数据来提供验证。

本书认为，从现实需要出发，我国可以考虑采行无过失保险机制。除上面分析支撑本论点之外，补充理由如下：

第一，以民为本是我国社会共同凝聚的理念，在我国社会保障制度尚未完善的情况下，为所有机动车交通事故受害人提供平等、基本的保障是我国机动车强制责任保险立法的首要任务。无过失保险具有保障对象广、赔付迅速的优点，非强制责任保险制度所能及。为达成法制目标，无过失保险制度应为优先选择。

第二，强制责任保险制度固然可以在保障受害人方面提供保护，但该制度的施行要么在理论上破坏了责任保险的法制原理，使其陷入逻辑上的矛盾，要么在实践中无法达成立法目标。强制责任保险不能跳脱侵权法的基础，而侵权法的主要目标是实现矫正正义；无过失保险法制与侵权法脱钩，以分配正义作为基石。因而，侵权法制的性质决定了侵权保险法制不是实现机动车交通事故损害填补保险法制的最佳选择。

第三，实践中的无过失保险法制虽然存在一些缺点，但可以通过制度性安排得以完善，使之符合我国的基本国情。对于制度性安排的具体分析，下文将有详述，兹不赘述。

我国现行强制责任保险的责任基础系就交通事故的损害负绝对责任，但如果被保险人能举证证明对于发生无过失者，得承担不超过 10% 的责任。即采混合制或折中制。然观德国《道路交通法》，其第 7 条于 2003年修正时仍保留不可抗力的免责规定。应当说我国的交通事故责任的规定

[①]　参见梁慧星《关于中国道路交通事故赔偿的法律制度》，《安徽大学学报》（哲学社会科学版）1995 年第 6 期。

使机动车一方负较重责任。加重责任或为强制保险立法趋势，但在采强制绝对责任保险而又限额给付的情况下，加重了加害人的负担。施文森先生多次言及，以社会主义为立国理念的祖国大陆，如果能改采无过失保险制，对于实现权社会人民的福祉，特别是保护汽车使用人及车祸受害人之利益，将大有助益。[①]

（二）我国现行强制保险立法实践的缺陷与完善

《道路交通安全法》明确"保护人身安全，保护公民、法人和其他组织的财产安全及其他合法权益"为其立法目标之一，该法第 17 条确定了我国实行第三者责任强制保险制度，并于第 76 条确立了第三责任强制保险的原则，对于我国交通事故损害填补体系的完善具有划时代的意义。

《机动车交通事故责任强制保险条例》明确了机动车强制责任保险的性质、受害人范围、保险保障项目及限额、保险金给付程序、保险人的免责事由及其追偿权、统一费率和"不盈不亏"经营原则、监管机关的职责等，为机动车交通事故损害赔偿的处理提供了具体的指导，成为交通事故损害赔偿争议处理的主要法律规范和司法审判的法律依据，对于交通事故受害第三人的利益保护具有重大意义。

1. 立法目的

（1）现状及其分析

作为交通事故损害赔偿的主要法律依据之一的《道路交通安全法》第 1 条确定了立法目的，即"维护道路交通秩序，预防和减少交通事故，保护人身安全，保护公民、法人和其他组织的财产安全及其他合法权益，提高通行效率"。可见，人身与财产安全的保护仅是该法的目的之一，不仅预防事故目的位列其前，而且维护交通秩序与提高效率在立法目的中居于首尾位置。因而，其第 17 条及第 76 条的关于事故损害赔偿的规定的法律目的，究竟是秩序的维护、效率的提高，还是预防和较少交通事故，抑或保护人身安全、财产安全？我们无法得到明确的答案。

作为规制侵权行为责任的基本法律规范，《侵权责任法》虽然以保护民事主体的合法权益为第一要务，并于第六章专门规定机动车交通事故责任，但对于交通事故损害赔偿，经由第 48 条规定，"转致"由《道路交

---

① 施文森、林建智：《强制汽车保险》，元照出版公司 2009 年版，第 39 页。

通安全法》处理，仅对租赁、借用、买卖、盗抢、逃逸等特殊情形的责任主体进行了明确，对于交通事故损害赔偿原则的规定则付之阙如。

《机动车交通事故责任强制保险条例》（以下简称《交强险条例》）将机动车交通事故受害人的保护目的赫然列为第一位，应值赞许。虽然在表述上多了"道路"两字，依其第44条规定，在道路以外的地方通行时发生事故，比照适用本条例，显见其保护范围并未进行实质限缩。

相较之下，《交强险条例》至少从文意上清晰地表达了它的立法目的：机动车道路交通事故受害人应当依法得到赔偿，同时道路交通安全水平应能得到提高。但是，这两个目的本身也存在着逻辑上的矛盾：受害人依法得到赔偿，其制度设计依赖于对方财务能力确保、风险分散及补偿可得性，关注的是分配正义与效率；而交通事故安全的促进，必然以预防、减少事故发生为要务，其制度设计必有赖于对道路违法者的惩罚与制裁，产生吓阻作用，关注的是矫正正义与安全。"外国立法例上，明确以'维护道路交通安全'作为交通事故强制责任保险法规的立法目的者，似乎并不多见"①，交通事故损害保险要实现提高交通效率的目的，不仅有赖于车辆碰撞相互免赔的条款设计，更需要强制无过失保险制度，才能使事故加害人与受害人因保险而分散风险和获得保障，防止冗长的责任确定过程导致的车辆堵塞。而这与强制责任保险的制度恰恰反道而行。因而，立法者希冀交强险制度达成的损害赔偿目标与交通安全之间恐难以协调共存，恐怕只有无过失保险方能满足损害填补与交通效率的要求。

因而，如坚持采行强制责任保险法制，将无法从根本上实现交通安全的目标；如欲实现交通安全的目标，应采行无过失保险法制。

（2）完善建议

现行法制规定的立法目的为"保障机动车道路交通事故受害人依法得到赔偿，促进道路交通安全"，其双重目的在强制责任保险法制下无法得到实现，已在前文述及。而其所谓"依法得到赔偿"中的"赔偿"仍然需建立在法定基础之上。本车的车上人员及驾驶人受损害时无法获得赔偿，在抢救费用超过责任限额或肇事车辆逃逸、未投保等情况下，交通事故受害人也无法依法获得赔偿。所以，本规定本身存在着逻辑上的矛盾。

明定有机动车损害赔偿保障法律的国家，如日本、韩国、我国台湾地

---

① 陈忠五：《强制汽车责任保险法立法目的之检讨》，《台湾本土法学》2005年第70卷。

区等，虽然表述方式各异，但无不明定强制保险目的在于保障受害人人身损害之目的。我国台湾地区更于立法中明确受害人"迅速获得基本保障"为其立法目的，类似的还有法国《1985 年 7 月 5 日法律——以改善交通事故受害人地位以及加速损害赔偿程序为目的》直接以"以改善交通事故被害人地位以及加速损害赔偿程序为目的"作为法律名称的副标题。强制保险的立法目的，在于因机动车交通事故导致伤残、死亡所产生的损害，得由强制保险的存在，所有受害人能获得迅速、基本的保障。因此，强制保险系为交通事故受害人损害填补的保险法制。所有受害人平等受到保障，指明本法采强制无过失保险法制；有关提供受害人的基本保障，应认为包括因交通事故侵害受害人生命或身体所致的损害中有关财产上损害与非财产上损害，都属于本法范围，而不含单独财产损失部分，方符合本法目的。

强制保险立法目的应当明确如下几点：所有受害人平等获得保险保障、保险应为受害人提供基本保障、保险人为受害人提供的基本保险保障应当迅速。在采取强制无过失保险模式下，保障交通安全也可作为其目标。

2. 规范模式

（1）现状及其分析

作为行政法规的《交强险条例》确立的"机动车交通事故责任强制保险"虽与《道路交通安全法》规定的"机动车第三者责任强制保险"在字面上存在一定差异，但从其内容上仍可看出该条例系基于机动车交通事故的"第三者责任"而创设，因而并无实质差异。

从该法规名称上，我们可以看出：该保险为强制保险，并且是事故责任强制保险。从而，可以看出立法者的意图是我国的机动车交通事故损害强制保险制度采强制责任保险模式。需要说明的是，对于投保义务的确定，《交强险条例》采用的是"从车原则"，即机动车的所有人或管理人负有强制投保义务，而不是采取"从人原则"的驾驶人负有投保义务。

《交强险条例》所遵循的立法模式，源于《道路交通安全法》第76条规定。而该条规定，诚如刘锐先生所言，是"强制责任保险和强制无过失保险强行结合的怪胎"[①]，理论上模仿台湾模式，但逻辑混乱，实践

---

① 参见刘锐《道路交通安全法第 76 条重构》，博士学位论文，中国政法大学，2005 年。

中也因无相应制度支撑，导致社会公众无所适从，司法审判也是各执一理。

无论是《道路交通安全法》规定的"机动车第三者责任强制保险"制度，还是《交强险条例》规定的"机动车交通事故责任强制保险"制度，我国机动车交通事故损害强制保险采用强制责任保险制度应属确定无疑。但无论是《道路交通安全法》第76条，还是《交强险条例》第21条的规定，在学者们看来，由保险公司在法定的责任限额范围内予以赔偿且很少有抗辩事由的规定，都使得我国的强制保险制度更像是强制无过失保险制度。

首先，遵循责任保险的一般法理，保险人在对被保险人承担赔偿责任时，应当以被保险人负有对第三人确定的侵权责任为前提，究竟采过错责任或严格责任以及举证责任如何负担是另外一回事。《道路交通安全法》仅在交强险责任限额不足情形下，设定了侵权责任的归责方式；但《侵权责任法》对于机动车交通事故损害赔偿的问题指引向《道路交通安全法》，没有对交强险赔偿范围内侵权责任作出任何规定，因而，交强险的赔付没有任何归责基础，怎么能称为责任保险？同时，在交强险责任范围内，受害人对于真正加害人无任何请求权基础，是否剥夺了受害人的诉权？

其次，由交强险承保公司在责任限额范围内予以赔偿，虽未明确被赔偿对象为何，但依其文意应当是向受有"人身伤亡、财产损失"的受害人赔偿方为合乎逻辑。如此，责任保险法制的三方关系被保险人与受害人双方关系所取代。即便很多国家通过立法的方式，赋予受害人对保险人的赔偿直接请求权，但如此规定仅是基于简化程序的目的，绝非彻底变更法律关系主体之意。

最后，《道路交通安全法》第76条第2款规定与《交强险条例》第21条的规定，虽然文字看似相同，表达结构也基本一致，但内容不同。在前者，其规定的免责事由是否及于交强险被保险人？根据第76条第1款的规定，机动车一方显然区别于交强险保险人，因而答案应当是否定的。果真如此，我国交强险保险人承担的则为世界上最严苛的、没有任何免责事由的绝对责任。虽然依人们的一般经验判断免责效力应及于交强险保险人，但缺乏法律规范的支撑；除非将交强险保险人纳入机动车一方，视为一个整体。但这样同时又出了问题：交强险责任限额外机动车一方需承担相应责任，是否也需要交强险保险人一并承担？或许有第二种解释，该第 2 款系对侵权责任的规定。但仍然有问题：从侵权责任内部来看，除非受害人本人故意，非受害人的非机动车驾驶人或行人故意造成事故导致受害人损害的，即所谓第三方介入行为，不应成为加害人免责的事由；从外部侵权责任与强制保险的关系而言，该规范仅涉及侵权责任免责，未涉及交强险保险人的免责，第三人故意与否，与保险人承担保险责任无关。在后者，因《交强险条例》系对交强险制度本身的规定，因而受害人故意作为保险人免责事由，规范本身应属正当。但是否又违反了上位法《道路交通安全法》第 76 条的规定呢？

（2）完善建议

首先，应明定交强险为无过失保险的原则。机动车交通事故强制无过失保险，作为机动车交通事故损害填补制度，可以不是一种从可能的应负责任者角度出发的民事责任，而是一种从受害人角度出发的损害填补机制。从交通事故责任人角度考察，不是基于对机动车辆驾驶或管理所生的行为责任或基于机动车的物的行为责任；从交通事故受害人角度考察，依法享有的获得损害填补的权利，既不是基于契约责任，也不是基于侵权责任，而是直接基于法律的强制性规定，交通事故受害人对机动车交通事故损害赔偿的保险人，享有直接请求损害填补的权利。①

就其给付原因而言，强制无过失保险，顾名思义，不需考虑机动车交通事故加害人对于交通事故的发生是否存有过失，除法定免责事由外，保险人对于受害人的损失予以补偿。

就其保障范围而言，强制无过失保险，以对交通事故中受有损害的受害人给予平等的保护为目标。因而，所有受害人，包括加害人，均为保障对象，但受害人故意造成事故导致损失的应列为不予保障范围。强制无过失保险，以对受害人的人身损害提供基本保障为首要目标，人身损害基本保障为其当然的保障范围。财产损失非属受害人基本保障范围，无过失保险应明确将其排除在保障范围之外。超过基本保障的财产损失如列入保障范围，在目前状况下将会抬高保费，影响投保率，因而暂不宜纳入。

就其与侵权责任的关系而言，无过失保险法制并不必然排斥侵权责任

---

① 陈忠五：《法国交通事故损害赔偿法的发展趋势》，《台大法学论丛》2005 年第 1 期。

法的运作，无过失保险关注受害人损害的补偿，侵权责任法关注加害人的责任，受害人损害经由保险人填补的情况下，自无向加害人再为求偿之理。因而，可以规定在受害人受有保险人保险给付的范围内，加害人免于承担侵权责任；为避免受害人诉权受到侵蚀，可以赋予受害人选择权：受害人可基于侵权责任要求加害人赔偿从而放弃向强制无过失责任保险人的求偿，也可选择向保险人求偿，在保险人进行保险给付范围内，加害人免予承担责任。

其次，应确立微利经营原则。现行强制保险法制采用"不盈不亏"原则，其立意在于保护投保大众，但实际上对于强制保险发展存在诸多弊端：第一，在"不盈不亏"原则下，保险人无从发挥核保专业知识及投资经验与投资能力（而核保专业知识便于保险人选择优质危险，投资经验与投资能力便于保险人通过资金运作，防范风险），不利于保险业的经营发展。第二，由于实行监管机构制定的统一费率，对于驾驶习惯良好的投保人不公。虽然定有降低费率实施优惠和提高费率实施惩罚的制度性保障，但由于设有幅度限制，对于个体投保人仍有不公，也不利于保险人对于高度属人性的机动车事故风险进行保险核算。如采最低赔偿限额制，则允许保险人提高赔偿限额，保险人更需要充分利用核保知识进行保费设计。因此，建议将"不盈不亏"原则改为"微利"原则，适当放宽对于保险人设定费率的限制，使其能为投保人提供更优质的服务，同时将其超额部分的盈利反馈给投保大众。

最后，应确立"从车"兼"从人"原则。目前施行的强制保险系采"从车"原则，即机动车的所有人或管理人为强制投保义务人。但机动车交通事故多由驾驶人引起，在侵权法上更多的是将驾驶人评价为侵权主体。目前我国持有机动车驾驶执照的人数多达机动车数量的3倍以上，机动车所有人以外的驾驶人肇事占有多数比例。宜将机动车驾驶人纳入投保义务人范围，并以投保强制保险为领取驾照的必要条件。具体理由在适用对象的投保人部分详述。

3. 保障主体

（1）现状及其分析

《交强险条例》第3条明确强制保险将本车人员排除在受害人之外，保险人仅交通事故中的其他人员的人身伤亡、财产损失负责。也就是说，该条例采纳小"第三人"概念，保障主体不含被保险人及本车人员。需要说明的是，虽然法律规定的机动车第三者责任保险，但该第三者应当是保险人、被保险人以外的人，也就是说，法律并未将本车人员甚至被保险人排斥在外（当然，如依责任保险法理，被保险人当然不属于第三者），给人以"强制无过失保险"的想象空间；而条例则毫不动摇地回归到强制责任保险的模式，并且将本车人员也排除在第三者之外。

我们认为，现行法制存在以下缺陷：

首先，受害人范围受到限缩。《道路交通安全法》第 76 条并未对受害人或第三人进行任何限制性规定，而《交强险条例》则明确把被保险人和乘客排除在第三人的范畴之外。

对于第三人是否应包括乘客问题，根据相关立法资料显示，在我国《交强险条例》制定过程中，曾有过热烈的讨论，并且形成了对立的两种观点。当时相关部门曾热切希望将乘客纳入强制保险的保障范围之内，并在条例第五次修改稿中规定："客运出租汽车和从事营业性公路客运的机动车乘客责任强制保险适用本条例。"但这一良好愿望没有得到实现，对立的观点事实上占了上风，并被立法者所接受，在实务处理中，由于车上人员责任险的存在，使这种做法并不必须为之。如果将车上乘客归为第三人，那不仅加重了保险人的负担，而且使车上人员责任险变得可有可无。这将严重挤压保险人的利润空间，使我国保险公司的经营处于更加被动的地位。因此我国保险行业协会和保险公司表示强烈反对，《交强险条例》遂将乘客排除在外。[①] 但这种做法显然是不公平的。运营车辆一般投保有车上责任险，而私人车辆一般不投保，出现了不同车不同命的现象。强制保险制度设立的目的是保护交通事故受害人的利益。目前我国公共交通乘客占有较大数量，常有事故发生；同时单车事故也频频发生，伤亡惨重。仅因覆盖商业车上人员责任险、侵蚀保险人利益集团利益的原因而将车上乘客排除在外，显然不具正当性。随交通发达，客运量日增，乘客受机动车致损可能性亦随之增大。将乘客限制于该保险制度以外，其风险仅能由乘客意外保险分散，显然不符合强制保险保护受害人利益之立法旨意。

《交强险条例》规定的被保险人是投保人本人及其允许的合法驾

---

① 赵明昕：《机动车第三者责任强制保险的利益衡平问题》，《现代法学》2005 年第 4 期。

驶人。① 于此情形，则有同一保险单下存在几个被保险人的情形。如果作为被保险人的投保人和他邀请的合法驾驶人（根据法律规定，驾驶人也是被保险人）同乘一车，而于行驶中致损。保险人对于被保险人于使用期间致其自己损害自不负损害赔偿责任。但允许的驾驶人致列名被保险人在车外损害，或作为投保人的被保险人驾车致车中作为乘客的其允许的驾驶人伤害，受害人得否以乘客身份要求保险人求偿？尽管最高人民法院《关于审理道路交通事故损害赔偿案件运用法律若干问题的解释》（以下简称《交通事故损害赔偿解释》）规定投保人于车外被其允许的驾驶人驾驶机动车致使投保人遭受损害，有权请求承保交强险的保险公司在责任限额范围内予以赔偿，这一观点值得肯定。但该解释将投保人为"本车上人员"作为除外条件，即仍不认可乘客为第三人；同时，该解释将列名被保险人作为第三人，有扩大解释之嫌。

其次，被保险人范围不清晰。在责任保险法制下，保险人对被保险人导致的损害依法应承担的责任承担给付义务，对于被保险人自己受有的损害不予给付，因此，在责任保险法制中准确界定被保险人意义重大。依据《交强险条例》的规定，被保险人是指投保人及其允许的合法驾驶人。如此规定，至少存在以下几个问题：

合法驾驶人的判断标准不清。假定被保险人允许一拥有驾驶资格的驾驶人驾驶，但该驾驶人的驾驶资格证记载的准驾资格与实际驾驶车型不符。该驾驶人是否能认定为"合法驾驶人"，保险人对其导致的第三人损害负有给付义务？抑或认定为未取得驾驶资格，对其导致的事故责任保险人免于承担责任？

被保险人与其允许的合法驾驶人间相互致损被排除在保险保障范围外。确定被保险人身份的目的在于确定交通事故的责任人以确定保险人是否承担保险责任，而非排除受害人享有保险保障的权利。在被保险人与其允许的合法驾驶人间相互致损的情形下，应以交通事故发生时点作为判断基准，使得被保险人具有唯一性，其他具有被保险人资格的受害人应当评价为受害人并受保险保障，方为合理。《交通事故损害赔偿解释》已将车外受损的本车投保人纳入第三人范围，可推知被保险人允许的驾驶人在车

---

① 本书以为在强制责任保险法制下，被保险人应为投保人及投保车辆驾驶人，而不仅限于合法驾驶人。

外受有损失亦可得到保险保障。该规定所体现的司法思路值得肯定，但是否有违法律解释的精神，尚值得推敲。

在被保险人拥有多辆机动车相互间致损时，因受害人拥有的"投保人允许的合法驾驶人"身份而被作为被保险人，其损失也不能获得赔偿。本问题与上面所述问题实质上一致，一旦上面问题得到解决，本问题也将迎刃而解。

（2）完善建议

现制规定"道路上行驶的机动车的所有人或者管理人"负有强制投保义务，同时规定将其作为车辆所有人办理车辆牌照的资格条件；违反强制投保义务者，除应责令其依法投保外，还可以处以罚款，即所谓"从车"原则。这种规定基本上系从强制责任保险的责任基础理论得出，因为一般来讲，机动车的所有人是交通事故的责任人。

本书认为，强制汽车保险的目的，在于保护行车事故的受害人，因而应当以在道路上驾驶机动车的人为承保对象。如不问汽车所有人是否自行驾车、是否领有驾照，又不责令其对何人驾车作出说明，径行订立保险合同。在无照驾驶人致损时保险人对外承担赔偿责任，但又可向无照驾驶人追偿，这一结果难以让人信服。

考察域外法制，我们可以看出：在德国，汽车的持有人（korper 或 keeper，即实际使用人或占有人）对于车祸损害负绝对责任，强制汽车责任保险以持有人为实施对象。一般持有人为所有人，但于所有人未领有驾照或虽有驾照但不自行驾驶者，以被保险车辆的实际驾驶人为强制保险的承保对象。而在法国，类推适用民法关于物的责任的规定，以汽车的管理人（custodian）为强制保险对象。所谓汽车管理人指一切因使用汽车肇事、需对所致损害依法负赔偿责任的人，包括使用人、管理人及所有人，含义基本与德国法规定相同；英国与美国相似，原则上以汽车所有人为承保对象，但如果汽车所有人并不驾驶汽车或未领取驾照，以实际使用汽车的人为承保对象；而我国台湾地区"公路法"规定汽车所有人应依强制汽车责任保险法投保强制汽车责任险，特殊情况下由使用人或管理人为投保义务人。

可见，推行强制汽车险的欧美先进国家，多以车辆使用人即驾驶人为强制投保对象，且多以驾驶人的肇事与违规或向保险人求偿的记录决定保费负担，甚至为是否同意承保的首要考量（美国有些州对于不良驾驶人可以拒保，由危险分配计划安排）。如单纯以所有人为承保对象，对保险费率的厘定势必采行从车制，对无肇事记录或违规记录的所有人不公平，从而对驾驶习性不良的所有人也不得经由调增保费以促使其遵守交通法规。因而，采取"从人"原则，即以驾驶人为投保义务人、强制投保义务为取得驾驶执照的必要条件，应当是一个较好的选择。

我国机动车保有量在2012年已达到1.2亿余辆，但拥有驾驶资格的人为4亿余人，许多交通事故是由这些新增的"马路杀手"所致。合法驾驶人占多数比例的不是机动车所有人。驾驶人导致的危险由所有人承担投保义务，于理不合。如采"从人"原则，一方面便于保费与肇事、违规记录挂钩机制的形成，另一方面也有助于扩大投保人范围、降低作为机动车所有人的保费负担，同时也符合风险负担原理。作为补充，对于无驾驶执照的所有人购买的车辆，则以车辆所有人或实际使用人为投保人。

被保险人，系受保险合同保障，于保险事故发生时，对保险人享有保险金请求权的人。因现制采强制责任保险法制，强制保险的被保险人，应当是对交通事故受害人依法应负赔偿责任的人。被保险人被界定为"投保人及其允许的合法驾驶人"，由此当然可以引申出的结论是投保人允许的不合法驾驶人及投保人未允许的合法驾驶人驾驶车辆发生的事故不属于强制责任保险的范围，即便强行规定保险人应向受害人赔偿垫付费用再向致害人追偿，仍欠缺正当性基础。同时，投保人如果未取得驾驶资格驾驶车辆肇事，投保人作为"未取得驾驶资格"的驾驶人，依前述规定也是由保险人对受害人进行抢救费用垫付后，向该投保人追偿。如此，作为"被保险人"的投保人负担缴纳保费义务而无法获得保障，是否也有失公平？

从保障交通事故受害人利益的角度出发，只要是被保险机动车发生交通事故引发损害赔偿责任，无论使用人使用机动车是否取得机动车所有人许可，即使在机动车被盗抢情形下，保险人都应当向受害人承担保险给付责任。采取无过失保险就可解决上述问题。因为无过失保险已将传统的侵权责任保险转变为损失保险，以被保险人为直接的承保对象，所谓被保险人，概指一切无过失险下有权请求保险给付的受害人，即除了保单载明的最为被保险人的投保人以外，还包括投保人的家属、投保人允许使用车辆之人、投保人允许乘坐车辆之人、被车辆撞伤的车外第三人。

由上可以看出，无过失保险法制下的被保险人与受害人实际上达成了统一。因为无过失保险与传统侵权责任保险最大的不同，就是后者本质上不将被保险人本人承保在内，"加害人对自己所造成之损害并无责任可言，本不在责任保险之保障范围内"①。

4. 保障范围

（1）现状及其分析

《交强险条例》第3条及第21条规定，受害第三人的人身伤亡和财产损失，由交强险保险人在责任限额内予以赔偿。此系仿德国立法模式，不限于保障受害人第三人的人身损害，体现了立法者扩大受害人利益保护的本意。

《交强险条例》第23条规定，实行统一的责任限额，并把责任限额分为三个项目，即死亡伤残、医疗费用以及财产损失，同时还别出心裁地创设了被保险人的无责任的赔偿限额，前三项结合，实际上有六类限额。而具体责任限额由保监会会同相关主管部门规定。《道路交通安全法》确定实施责任限额制，但条例更进一步采取了总责任限额加分项责任限额的方式，同时规定了被保险人的"无责任赔偿限额"。2006年《交强险条例》开始实施时总责任限额为6万元，这一限额在2008年被提高到12.2万元。其中死亡伤残赔偿限额从5万元倍增至11万元，医疗费用和财产损失限额小幅提高，分别由8000元提高至1万元、由1600元提高到2000元。

尽管交强险保单数额统一进行了提高，但其在承保范围、保障范围、限额设定等保障范围等方面仍存在诸多需要完善之处。

首先是承保范围问题。依《交强险条例》第24条规定，未参加机动车交通事故责任强制保险的车辆肇事的，不属于交强险的承保范围。因我国对于交强险的投保采取"从车"原则即由车的所有人或管理人投保交强险，而非采取"从人"原则即驾驶人负有投保交强险的义务。

《交强险条例》第22条规定，由于驾驶人未取得驾驶资格或者醉酒的情形发生的交通事故，保险人仅承担垫付抢救费用的义务。由此引发两个问题：第一，驾驶人醉酒如非交通事故的原因，而仅系牵连其中的事故如连环撞车的被撞车辆致车外第三人受有损失，但驾驶人仍应承担民事赔

---

① 江朝国：《论强制汽车责任保险法（草案）受害人之概念及相关问题》，载江朝国《保险法论文集》（一），瑞兴图书股份有限公司1997年版。

偿责任，在此情况下是否需排除保险人的责任？第二，车辆所有人允许未取得驾驶资格的人驾驶车辆，是否存有过错？对于车辆交通事故是否应承担相应的民事责任？在此情况下排除保险人的责任是否合理？对抢救后伤残或须接受长期治疗的受害人非常不公，岂能因加害人的违规或不法行为而剥夺受害人依法应享有的保障？

其次，保险保障范围有待进一步理清。我国现行强制保险的保障范围囊括受害人的人身损失和财产损失，似仿德国立法模式，其立意良好，但是否适于目前国情值得商榷。

综观世界各国的相关立法，强制保险的保障范围很少将受害人的财产损失包括在内。因为机动车交通事故损害强制保险立法的首要目的是确保受害人能快速获得基本保障，因此，多数国家均规定，保险人经营原则是"不盈不亏"或微利经营。在保险人不得用对抗被保险人的免责、抗辩事由对抗该受害第三人、尽力保障受害人利益的情况下，保险人的利益必然受到极大的压缩。这是为了社会公共利益对保险人的个体利益进行的一种迫不得已的限制。交强险的目的既然是为受害人提供基本保障，从保障的需要性、紧迫性看，最需以强制保险方式保障的，应为机动车交通事故所致受害人的人身损害，而非财产损失。财产损失的赔付，虽然数目不高，但从精算角度言，足以影响保险人大幅调高利率，进而推高投保人的保费支出水平。在目前统一费率的情况下，保险人保费收入不提高而赔付增加，势必导致拒赔、惜赔、拖赔现象的蔓延。

在人身损害方面，不仅交强险保单将精神损害纳入赔偿范围，《交通事故损害赔偿解释》也将精神损害赔偿列入优先求偿的范畴。精神损害赔偿作为人身权受到侵害的补偿，固然重要；但与维持人的生命性命相关的救治费用相比，显然后者更具基本保障属性。在分项限额给付制度继续存在、保险给付不足以满足基本医疗费用的情形下，是否应将精神损害赔偿纳入赔偿范围并赋予其优先权，应有探讨的余地。

再次，限额及分项规定不合理。《道路交通安全法》确立了交强险采责任限额制度，《交强险条例》将在全国范围内明确实行统一的责任限额。其中又将责任限额分为死亡伤残、医疗费用、财产损失赔偿限额，除此之外还创设了被保险人无责任的赔偿限额。无论在责任限额分项模式还是具体数额方面均存在问题。

赞同采取分项限额模式的理由是，"我国一直以来实行的是单一责任限额方式，其存在的问题是人身伤亡和财产损失的风险程度和保障水平不十分匹配。从三者险风险特点看，财产损失发生频率高，但案均损失小，人身伤亡发生频率低，但案均损失大。……因此，实行分项责任限额不但可以根据人身伤亡和财产损失的风险特点进行有针对性的保障，而且可以减低赔付的不确定性，有效控制风险，降低费率水平。同时，实行分项限额也是目前国际上普遍采用的做法"[1]。该理由并不充分。在实行分项限额制度下，各单项限额间不能互补，导致死亡伤残责任限额部分中的余额不能用来替代医疗费用、财产损失超过限额部分的实际损失。如果同一起交通事故中存在数个受害第三人，每人真正可获得的保险给付将更少。据此，现行的分项限额模式无法填补交通事故实际损失，其责任替代作用有限，使得受害第三人和被保险人都无法获得充分保障。"分离限额制之保费负担虽然较低，但极易误导被保险人，造成保额不敷实际需要，致无法获得充分保障。"[2] 将死亡伤残赔偿与医疗费用赔偿分开规定其限额，这可能是全球独创。

另外，责任限额的金额不足以为受害人提供基本保障。虽然现在的总责任限额较开始时有翻倍的提高，但仍难于为受害人提供基本保障：首先是抢救费用限额不足。按照现行规定，抢救费用属于医疗费用限额的范围，其上限为 1 万元。对于一般轻微事故抢救，1 万元也许能满足所需，但显然无法给重伤事故特别是多人重伤提供足额保障。以交通事故中经常出现的颅脑伤为例，入院抢救费用一般每例在 3 万元以上。其次是医疗费用限额过低。因所有分项限额均为同一交通事故所有受害人共享，而不是每次事故中每个受害第三人的医疗费用限额。"受害人的单项损失只能限于在对应的分项责任限额内获得赔偿，当某一项责任限额未用尽时，其所剩余限额不能填补于其他损失。"[3] 因此，在出现多个受害第三人的情况下，由数个受害人共同分配这 1 万元。显然医疗费用限额难以满足医药、诊疗（含抢救）、住院、后续治疗等费用。在人身损害责任限额极低的情况下，同时规定财产损失补偿并容许精神损害赔偿的存在，其合理性也值得怀疑。

---

① 刘焙等：《机动车交通事故责任强制保险条例释义》，法律出版社 2006 年版，第 63 页。

② 林勋发：《〈机动车交通事故责任强制保险条例〉评析》，载胡晓珂、陈飞主编《保险法律评论》（2010 年第 1 集），法律出版社 2010 年版，第 87 页。

③ 师安宁：《交强险法律解析》，《人民法院报》2006 年 8 月 9 日第 5 版。

设定被保险人无责任赔付限额在逻辑上也存在问题。被保险人无责任和被保险人即使无过错也应承担责任两者之间，泾渭分明。因我国强制保险法制系采强制责任保险法制，既然被保险人对受害人的受害无责任，而保险人又必须以被保险人应向受害人承担赔偿责任为前提才能向保险人进行保险给付。在这种情况下，保险人当然无须进行保险赔付，除非是采取无过失保险法制，才会出现被保险人无责任而保险人应当进行给付的情形。

最后，分项限额中有被保险人无过错赔偿限额的规定，那么，其他责任限额必然是因过错而承担的赔偿限额。于此情形，是否仍要受害人举证被保险人的过错，抑或对被保险人采取过错推定？过错的归责原则如何？虽然《道路交通安全法》第76条第1款后句有机动车一方无过错的绝对赔偿责任，但该项责任是交强险不足以赔偿部分的归责所致，与交强险无关；交强险既然没有归责基础，何来无责任赔付问题？

（2）完善建议

首先，应明确承保危险、不保危险。在现行强制保险法制下，保险人实际承保的风险限于合法驾驶人无恶意或重大过失时对车外受害人造成的损失，在其他情形下保险人并不负责，由救助基金垫付后再向责任人追偿。所以承保危险并不全面，因而与强制保险保障交通事故受害人的目的扞格。

在责任保险体制下，被保险人自身损害因责任保险的第三人属性当然无法获得责任保险的保障；被保险人的故意行为属于责任保险的不保事项，保险人对于被保险人的故意致害行为当然也可以免责。但于无过失保险法制下，因其具有第一人性，被保险人自身损失作为意外损害当然属于保险人承保范围；被保险人的故意行为以及非法驾驶人的致损行为，对于实施该致损行为之外的受害人而言，亦均为意外事件，受害人受有损失，当然也可受到保险保障。

基于公序良俗及道德危险的考虑，借鉴美国法的经验，[①] 对于下列危险应当排除在承保范围之外：故意通过交通事故对自己或他人造成伤害之人，因从事犯罪行为或逃避追捕而受机动车碰撞而受有伤害之人，无权使用机动车而使用并受有伤害之人，在受酒类药物或麻醉品影响状态下驾车

---

① 施文森、林建智：《强制汽车保险》，元照出版公司2009年版，第365—366页。

而受有伤害之人。就损害来源而言，承保危险应以驾驶人对机动车的使用所导致的损失为限。使用，指在道路上将机动车作为运输工具而使用，因而静止停放的车辆中人员窒息死亡无权请求赔付。同时，可借鉴他国的经验，将危险性低的特种车辆和有资力赔偿的车辆危险排除在承保危险范围之外。即将时速比较低、危险性小的特定工程用车和农业专用机械排除在"机动车"范围之外，同时由于政府不存在无资力赔偿的问题，因此，政府公务用车也可被排除在强制保险之外。

其次，应确定给付范围。我国现行法制对于强制保险的给付范围包括受害人的人身伤害和财产伤害损失，与德国、韩国等一致，采取了对受害人广泛的保障方式。

围绕保险给付范围的争议主要在于要不要将财产损失纳入，并形成了两种对立观点。一种观点认为，保险给付的范围应包括财产损失，其依据之一是财产权的重要性，"财产虽为身外之物，但当财产是维系生命的必要条件时，其价值就与生命等值了。"[①] 依据之二是如果将财产损失纳入保险保障范围，可以提高处置交通事故的效率，在没有人员伤亡的一些轻微事故中，只是造成受害人随身携带的小额财产的损失，在有保险保障的情况下，可以方便解决纠纷，便于提高通行效率。另一种观点认为，不宜将财产损失纳入强制保险保障范围，其依据在于"虽然各国和地区有不同的做法，但总体来说，目前大多数国家（如日本、新加坡和我国台湾地区）只保障人身伤亡，而物的损失主要通过商业保险加以解决"[②]。

第一种观点的不足之处在于，没有认识到人身损害填补的迫切性。从财产损失和人身损害的关系看，虽然两者都属于"损害后果"的范围，但从"以人为本"理念和损失可弥补性的角度看，人身损害的填补时效性更强，应得到优先保护；而财产损失的时效性要求相对不高，可以通过事后经济赔偿的方式加以填补。多数人都认为，最需要通过强制保障的是受害人的人身损害。第二种观点更容易反驳，因为"根据国际保险法学会的最新统计，在建立机动车强制责任保险的 164 个主要国家或地区中，有 122 个国家或地区的保险范围同时包括人身伤害和财产损失，42 个国

---

① 李青武：《机动车责任强制保险制度研究》，法律出版社 2010 年版，第 154 页。

② 翁艳玲：《机动车第三者责任强制保险中保险公司的赔付责任》，转引自张新宝、陈飞《机动车交通事故责任强制保险条例理解与适用》，法律出版社 2006 年版，第 148 页。

家或地区仅包括人身伤害（主要为亚洲国家）"①。

强制保险保障范围的大与小，主要取决于一国或地区经济社会的实际情况，取决于强制保险制度的发展程度。我国强制保险的保障范围不应包括受害第三人财产损失。其一，在目前强制保险用于支付赔偿的保费收入相对有限而交通事故多发，两者呈现负相关的情况下，机动车强制保险无法做到对受害人的人身损害和财产损失均予以有效保障。其二，增加保障项目，在维持基本人身保障的情况下，无疑将提高费率，随之必然增加投保人的缴费负担，导致投保大众对强制保险的抵触情绪。其三，影响赔付效率。其四，影响保险公司经营。所以，应当借鉴域外机动车强制保险的先进经验，将强制保险的给付范围限定于给受害人提供基本保障这一层次上。

最后，应取消分项给付限额。各国立法对于机动车强制责任保险责任限额的划分并没有统一模式，各种模式之间也不存在好坏的问题，关键在于是否基于一国国情，尽其所能及时、有效地填补交通事故受害人损失。美国的机动车强制责任保险就实行的是单一限额制。而同样实行分项限额制的国家和地区也与我国不同，如我国台湾地区现行的是"每一受害人分项限额制"，其分项标准是"每次事故和每个受害人"，而大陆地区则以"每次事故"为分项标准。

在过失责任保险制下，因与一般侵权行为法相一致，保险人虽然就每一伤残死亡甚至每一意外事故设定最高赔偿金额，对于被保险人就超过保险金额部分损害的求偿不产生任何影响，保险人这种设限方式，仅被视为控制承保危险责任的一种方式。但如果强制责任保险一方面将赔付基础提升至严格责任或绝对责任，另一方面又就赔付项目加以列举以及就每一个人的应赔偿金额设定上限，必然为被保险人就超过赔付项目及赔偿金额上限部分所应负担的赔偿责任部分带来如下不利：

（1）强制责任保险法既然就保险金额设限，在法理上应当认为被保险人仅在限额范围内负其加重责任，超过限额部分仍得依民法侵权行为的规定负其责任。如果受害人基于其所受损失超过法定保险金额而诉请被保险人赔偿时，法官是否会先入为主而不再要求原告就被保险人的过失尽举

---

① 郭左践主编：《机动车强制责任保险制度比较研究》，中国财政经济出版社2008年版，第36页。

证责任？

（2）强制保险的目的既然在于对受害人提供基本保障，如其所设定的赔付少于依侵权行为规定所得求偿的项目或赔付金额过低，是否这种小额给付反而促使受害人就超额部分诉请受害人赔偿，致使被保险人因而负更重的责任？

责任保险法制如果对保险金额设定上限，仅宜按每一受害人危险设限，不宜就给付项目再行设限，这是强制责任保险应遵行的分际。强制责任保险法制之英、德法，英法不设上限，德法虽设上限但金额极高，并鼓励加保，对加保金额适用同一法律，几近不设上限。我国采无过失责任保险制，实际上属于责任险与无过失险结合，是属于误解，还是故意标新立异？尚不可知。

在无过失保险法制下，单纯地以受害人因机动车交通事故遭受人身伤害这一事实为赔付基础，既不追究加害人的过失，也不过问受害人对于事故发生是否有可归责性。这一法制的目的仅在于对受害人迅速提供救济，所以无论对于赔付项目或金额均可以设定限制，一般包括医疗给付、伤残死亡给付、所得损失、精神损害。无论对于何项或对于每一受害人的赔偿，均以法定保险金额为限。如果受害人认为其所受的损失远超过法定金额，即得按照侵权行为的规定诉请加害人赔偿。如因获胜诉判决，其赔偿金额中相当于无过失保险赔偿金额部分应先行返还给保险人，余下部分由受害人获得。

因而，可以以保险给付限额的底线，取消财产损失赔偿限额，废除保险人无责赔偿限额，同时考虑单一事故赔偿限额和每人赔偿限额的分项设计，合理确定浮动保险费率的计算依据，为保险公司间的竞争、受害人利益的充分保障、被保险人的谨慎驾驶提供制度支持。

三 私法调控机制之三：救助基金法制

（一）我国救助基金之制度价值与理论特性

道路交通事故社会救助基金（以下简称"救助基金"）是指依据国家法律、法规设立的，通过法定渠道筹集的，依照法定情形用于补偿机动车交通事故责任强制保险（以下简称"交强险"）无法保障的，不以营利为目的的公益性社会救助基金。因此，救助基金制度不仅作为交通事故受害人救济体系的一环，具有弥补交强险不足的功能，还是对交通事故这一不幸事件造成的弱势群体的一项社会救助。我国《机动车交通事故责任强制保险条例》（以下简称《交强险条例》）第24条、《道路交通安全法》第17条及《社会救助暂行办法》第47条等法律规范明确反映了救助基金制度的上述两种定位。因此，该救助基金的理论基础、制度构建及运行设计均应符合其角色定位，即既与交强险制度紧密衔接，又需体现以人为本的社会福利性质。

1. 救助基金制度价值之分析

首先，我国现已进入汽车时代，汽车保有量已跃居世界第二位，伴随而生的是交通事故频发，我国已经连续十余年是世界上交通事故死亡人数最多[1]的国家，这使得受害人蒙受重大的人身伤害和财产损失，受害人家庭因此遭受生活困顿、经济窘迫甚至失去至亲的灾难性后果。救助基金作为交通事故受害人、受害家庭最后的救济途径，正如韩德培教授所言，"生存权是一切人权的起点，作为第一人权，是贯穿着基本人权发展始终的人权，它随着人类的进步和社会的发展，随着人类同自然界斗争的不断胜利而不断丰富和发展"[2]。能够反映出，建立道路交通事故社会救助基金正是保障人的生存权的重要制度措施。

其次，救助基金制度能够综合体现补偿争议、纠正正义与分配正义。救助基金的存在使得交通事故受害人或其家人无须提起侵权诉讼或向保险公司主张权利这些烦琐程序，仅依照法律规范的条件和程序即可取得补偿，从而实现补偿正义；而通常来说纠正正义系指向侵权人主张损害赔偿，但救助基金中包含追偿机制这一重要内容，并且追偿款项亦是救助基金资金的重要来源之一，该设置充分体现了纠正正义；同时，在交强险保费中提取一定比例，这一救助基金重要的资金来源渠道亦间接体现了分配正义的目标。

最后，在交通事故受害人的损害补偿方面具有三元化救济体系，[3] 分别是通过追究侵权责任由责任事故人赔偿、依据交强险由保险公司赔偿、由救助基金补偿受害人的损失。三者相比较而言，可以说，救助基金是为

① http://www.chinadaily.com.cn/hqgj/jryw/2012-07-12/content_6419817.html.

② 韩德培主编：《人权的理论实践》，武汉大学出版社1995年版，第364页。

③ 王卫国：《过错责任原则：第三次勃兴》，中国法制出版社2000年版，第66页。

了追求赔付效率而建立的，该制度无须侵权人、保险公司等多主体介入，节省了诉讼费、律师费等费用支出，实现了经济上的高效率，而且还大大节约了受害人索赔的时间成本，提高了补偿效率。

2. 理论特性

从上述理论阐述来看，道路交通事故社会救助基金是基于交通事故这一特殊事件在社会救助领域设立的一项专门基金。第一，救助基金只能适用于在道路上发生交通事故的特定受害群体，而不能适用于其他诸如最低生活保障、医疗补助等事项，而且虽然针对交通事故，但也仅能依据《道路交通事故社会救助基金管理试行办法》（以下简称《试行办法》）第12条列明的三种情形进行补助，不能随意扩张救助范围。第二，作为社会救助的一种，应具有显著的社会公益性和优抚性，不具有营利、增值等特性。因此，救助基金只能对交通事故受害人及其家人给予最低限度的救助，而不能实现充分补偿。上述规范明确救助基金仅垫付道路交通事故中受害人人身伤亡的丧葬费用、部分或者全部抢救费用，不包含其他医疗费用，更无须提精神损害、财产损失等。第三，作为区别于侵权责任和保险责任的救助基金，其设立的根源是为了给交通事故受害人最后的及时的救济，因此，在该制度落实的过程中，应确定其公开性、公平性、及时性。

（二）我国救助基金制度现行规范的缺陷与完善

从美国北达科他州于1947年建立的第一个救助基金算起，救助基金制度已有近70年的发展历史，在其广泛运用的过程中，有诸多可供借鉴的宝贵经验。反观我国救助基金制度，直至2009年10月才有了实际上可操作实施的《试行办法》，地方政府陆续明确了该制度并制定了多项实施细则。但是这些规范无论是制度设置上还是在实践操作中都存在着诸多问题，比如救助基金的法律性质不清、组织管理机构失范、救助资金来源较窄、保险公司交强险保费提取比例不明确、受害人及其家属对救助基金的直接请求权缺失、基金违反救助义务的责任及承担等。立法的不统一、缺漏导致救助基金在实践操作层面更是乱象丛生，均使该制度设计的初衷落空、受害人的合法权益难以保障。下面笔者从立法规范中分歧最多或者最为缺失的几部分入手，对救助基金的这些关键法律问题加以探究和厘清，以期从制度上加以规范和完善。

1. 救助基金的管理主体

（1）救助基金的主管机关

救助基金主管机关系指对救助基金的筹集、管理和使用负有监督、管理职权的政府部门，是从外部对救助基金进行监管的机构。鉴于救助基金的社会救助之公益性、社会福利性，突出政府职责是切实必要的。《试行办法》第3条、第4条明确规定：财政部会同有关部门制定救助基金的有关政策，并对省级救助基金的筹集、使用和管理进行指导和监督。地方财政部门负责对同级救助基金的筹集、使用和管理进行指导和监督。因此，国家层面的法律规范是将财政部门作为救助基金的主管机关。从我国目前各地的做法来看，山东、山西等省份与《试行办法》一致，规定财政部门是救助基金的主管机关，而浙江、河南、福建、黑龙江等省份不仅明确了财政部门的主管机关地位，还在此基础上都成立了由财政、保监、公安、卫生、农业（农机）等部门组成的救助基金管理领导小组或联席会议，负责协调、研究救助基金的运作，审定救助基金主管部门提交的重要议题和有关事项，这是对救助基金的有益探索，集多机关的合力能够更好地实施开展救助基金工作。

此外，广东包括广州、深圳等地及河北省明确了公安部门是救助基金的主管部门。笔者认为，公安部门虽有大量处理交通事故的经验及熟悉操作流程的优势，但其一，救助基金主要涉及财务管理、收支审计等事项，财政部门显然更具优势，而交管部门则无法对基金管理进行有效的监督；其二，公安交管部门在处理交通事故纠纷、解决受害人的损害赔偿问题上，有滥用基金的可能，财政部门相较而言更为中立和公正。因此，公安交管部门作为救助基金的主管部门并不可取。

另外，除上述几种方式外，江苏省成立了省救助基金协调小组为救助基金的主管部门，省救助基金协调小组下设办公室，办公室设在省财政厅。陕西省建立了省道路交通事故社会救助基金联席会议，履行救助基金主管部门职责，联席会议办公室设在省公安厅。江西省各级政府成立了同级救助基金管理委员会，为救助基金的主管部门，办公室设在同级财政部门。这些机构均是由财政、公安交警、保监（省级）、卫生、农业等部门组成，能充分发挥各个行政部门的统一协调作用，同时其办公室的设置也反映了不同部门之间亦有责任主次的分配。

综上而言，笔者认为，浙江省的财政部门为主管部门，其上的领导小组负责协调、统筹基金运作以及江苏省的协调小组为主管部门，各部门各尽其职，财政部门职责较重，这两种综合模式相较单一模式优势较为明显。但江苏模式需要注意部门之间扯皮、相互推诿责任的情形，我国各地的救助基金可以此为借鉴，确保主管部门发挥其应有的职责功能。

（2）救助基金的管理机构

鉴于我国救助基金强烈的公益属性、财政补贴系重要的资金来源等特点，我国救助基金多坚持行政管理模式。如浙江、河南等地明确省、市、县（市）应设立具有独立法人资格的救助基金管理机构，更为具体的有陕西、福建系由省和设区市、县（市）人民政府设立救助基金管理机构，广东、长沙等是公安机关确定同级救助基金管理机构，山西是财政部门确定管理机构，北京则由主管机关联席会议下设救助基金管理办公室，设在市公安局公安交通管理局，具体负责救助基金的管理工作。上述省市均是政府通过直接或间接的方式对救助基金进行管理。而江苏、黑龙江、河北三地则在规范中另辟蹊径，明确政府可以采取政府购买服务的方式，聘请相关专业机构作为救助基金管理人，负责救助基金日常运营管理。

江苏目前聘请了紫金保险公司作为管理人对救助基金进行管理，这为我国救助基金管理机构的合理化、高效性进行了有益的探讨。笔者认为，江苏模式对救助基金的管理来说更为合适。一方面，救助基金的特性之一为及时性，强调高效率救济受害人，若政府直接负责管理难免产生基金运作上的官僚化和低效性，有违制度设计的本旨；另一方面，救助基金的管理和落实需要专业化人才和技能，通过采购聘请的专业机构在此方面优势明显，像德国、日本和我国台湾地区均是将救助基金委托给保险公司等私法主体代为经营管理，不仅能提高管理水平、节约管理成本，更能快速实现救济目的。

2. 救助基金的补偿制度

（1）救助基金的补偿主体

救助基金具有补充交强险制度之功能，而在我国，不能得到交强险保障的主体除了脱保车辆肇事的受害人与肇事车辆逃逸的受害人之外，还有一些主体因为相关立法的规定而无法获得保障。《交强险条例》第3条规定，有权得到交强险赔偿的主体为"本车人员、被保险人以外的受害人"，而被保险人是指投保人及其允许的合法驾驶人。也就是说，事故车辆上的乘客、非汽车驾驶人的投保人、被保险人以及不合法驾驶人或未经投保人允许的驾驶人等多类情形下按照我国交强险的规定是不予赔偿的。但《试行办法》第35条规定，受害人是指机动车发生道路交通事故造成除被保险机动车本车人员、被保险人以外的受害人。该规定与《交强险条例》第3条完全相同，这意味着交强险不予赔偿的主体在救助基金中同样不能获得补偿。笔者认为，如果说交强险在此方面的疏漏是基于保险险种、投保率等商业考量，作此规定是有动机的，但救助基金作为公益性的社会救助方式，作为受害人最后的救济途径，万万不应排除部分受害人请求救济的权利，否则有违救助基金制度设立之初的人权保障和公平正义的理念。

再者，交通事故中除了人身或财产权益遭受侵权行为侵害的直接受害人外，还有因直接受害人遭受侵害而被损害的间接受害人，[①] 如因直接受害人死亡而支出殡葬费用的人、丧失抚养权利的未成年人、丧失赡养权利的老人等。而《试行办法》中仅明确了受害人即因殡葬费用支付有需要的受害人亲属有权主张救济，此范围过于狭窄，建议根据救济需求适当拓宽该范围。

（2）救助基金的补偿事由

按照《道路交通安全法》《交强险条例》《试行办法》的规定，我国救助基金为受害人提供救济的范围非常狭窄，仅包括抢救费用超过交强险责任限额的、肇事机动车未参加交强险的、机动车肇事后逃逸的三种情形。而国内外实践表明，交强险无法补偿受害人的远不止这些情形。比如肇事车辆投保交强险的保险公司破产或丧失清偿能力，虽然目前我国能够经营交强险业务的保险公司具有较强经济实力，但在激烈的内、外竞争情况下，尤其是外资的进入与冲击，并非没有破产的可能，此时保险公司无法保障受害人的情形即出现，救助基金应将其纳入补偿范围。

同时，为确保救助基金补偿制度适用的准确性和公平性，还有些不予补偿的事项、主体应当在立法中予以列明，以避免实践中产生争议。第一，非机动车辆发生交通事故的受害人。鉴于非机动车的速度和重量较低，发生事故时造成的损害相对较轻等特点，不宜将此类受害人纳入保障范围，否则将是对救助基金的不当分流，不利于机动车交通事故受害人的及时补偿。第二，受害人有严重过错或系唯一责任人的交通事故。如果受

---

① 樊启荣：《责任保险与索赔理赔》，人民法院出版社2002年版，第89页。

害人有严重过错导致交通事故发生，或者明知事故发生时的车辆为未投保车辆仍搭乘，该类受害人应排除在救助基金救济范围外，否则将是对公平正义理念的违背，且损害了应获得救济的受害人之合理权利。第三，受害人已从其他途径获得补偿的，如医疗保险、工伤保险、侵权人处等，则救助基金无须对该类受害人进行补助。

（3）救助基金补偿的损害范围与责任限额

出于救助基金的资金总量有限、受众广、救急性等特点，我国《试行办法》第 2 条明确救助基金补偿的项目仅为丧葬费用、部分或者全部抢救费用，但是与受害人的多元损害对比，这一补偿范围实在太窄。首先，就该损害范围本身而言，实践中很多管理机构误读了《试行办法》第 12 条关于 72 小时的抢救费用的规定，依此规定，72 小时之外即很难获得救济，则此时抢救过程中的受害人该如何处理？故，立法首先应当明确救助基金补偿受害人的全部抢救费用。其次，除丧葬费用和抢救费用外，为符合我国国情和目前的经济发展水平，救助基金应进一步拓宽损害补偿的范围，酌情将交通事故中受伤严重的受害人的医疗费用、死亡补偿金纳入其中。最后，随着救助基金的发展，一旦损害补偿的范围拓宽，立法应明确规定补偿损害的顺序，如先是丧葬费用、抢救费用，再是医疗费用、死亡、伤残补偿金，然后还可以将住院费、误工费、营养费及精神损害补偿费用纳入救助范围。

为合理高效地支配救助资金，救助基金可以借交强险制度规定各项补偿的限额。实际上，确有地方规定救助基金补偿的限额，如北京市①明确"对垫付抢救费的，由救助基金管理办公室将费用直接拨付医疗机构。抢救费用最高不得超过交强险赔偿限额"，温州市②则规定"抢救费用垫付额度每人最高限额为 3 万元；丧葬费用垫付额度最高金额按浙江省上一年度全社会在岗职工月平均工资标准的 6 个月总额为限"。上述明确的限额对受害人及其家属来说在申请时能有一个心理预判，不失为良好的制度指引，通常来说，救助基金系在交强险的责任限额内承担补偿义务。从救助基金的定位来看，它是交强险制度的补充，过高的补偿限额反而不利于交强险制度、救助基金制度自身的长足发展，也不符合扶危救困的制度

①　《北京市道路交通事故社会救助基金管理试行办法实施细则》第 12 条。
②　《温州市区道路交通事故社会救助基金管理暂行办法》第 14 条第 2 款。

理念。

3. 救助基金的追偿制度

追偿权是对救济基金制度进行救济的方式，不仅符合侵权法上的损害填补原则，防止受害人双重获利，而且使得事故责任人承担起应有的责任，有效平衡当事人之间的利益关系。因此，确有必要在救助基金制度中规定该权利。从我国现有立法来看，在救助基金追偿权的设置上存在如下问题：

第一，追偿权的义务主体仅系交通事故责任人，此规定过于狭窄。除了交通事故责任人外，其一，事故责任人之保险公司可作为义务主体。因为事故责任人可能将赔偿责任风险转嫁给保险公司，或者为交强险，或者为商业险，此时救助基金可直接向保险公司追偿，不仅简化了救助基金向责任人、责任人再向保险公司追偿的烦琐环节，而且保险公司的偿付能力明确强于普通责任人，向保险公司追偿更为有利，尤其是在肇事逃逸的情形下。其二，对于双重获赔的受害人，救助基金应享有返还请求权。依据侵权法规则，任何人均不能从侵权行为中获利，即使是受害人，因此，救助基金应能请求受害人返还基金给付的金额。

第二，在追偿保障机制上，《试行办法》第 24 条笼统规定了有关单位、受害人或者其继承人有义务协助救助基金管理机构进行追偿，具体的单位里仅规定了公安交管部门在侦破交通事故逃逸案件后通知救助基金管理机构的义务，却缺少进一步实现追偿权的保障机制。在追偿权的落实上应着眼两个方面，一方面是明确交警部门的通知和协助义务。实践中通常是交警部门在侦破交通肇事逃逸案后找到赔偿义务主体，所以交警部门将这些信息及时告知救助基金管理机构是实现追偿权的前提，此规定在广东、江苏、上海等地的实施细则中有所规定，笔者建议《试行办法》对此予以完善。另一方面是救助基金应享有扣留肇事车辆或驾驶证的请求权。如广东地方规范①中规定，公安交通管理部门扣留交通事故车辆的，在车辆发还前应当通知救助基金管理机构。救助基金代为垫付抢救或丧葬费用的，救助基金管理机构可以与交通事故责任方协商，约定在交通事故责任方结算垫付费用前，由救助基金管理机构扣留交通事故车辆或者由交通事故责任方提供担保；救助基金管理机构也可以向法院申请诉前保全，

---

① 《广东省道路交通事故社会救助基金管理实施细则》第 32 条。

扣留肇事车辆直至责任方结算垫付费用。当然这一规定系授权性规定并非强制性规定，但在社会信用缺失、追偿难度巨大的情况下，对救助基金制度来说当有助益。

4. 救助基金的争议解决方式

目前已经出台道路交通事故社会救助基金管理办法或实施细则的地方，在规范中均涉及救助基金垫付费用的争议解决机制。针对救助基金管理机构与交通事故责任人之间的追偿纠纷，管理机构依法提起追偿垫付费用民事诉讼自无疑问。而受害人及其家属（或者说救助基金申请人）与救助基金管理机构就垫付费用的审核、数额等发生争议如何解决？《试行办法》第 16 条明确，救助基金管理机构与医疗机构就垫付抢救费用问题发生争议时，由救助基金主管部门会同卫生主管部门协调解决。各省份相继在此基础上进一步明确。然而，从这些规范中不难发现，目前我国道路交通事故社会救助基金争议解决的方式效力层次低。争议发生时，大多局限于救助基金管理机构的内部监督，缺乏外部监督的必要制约，如诉讼解决机制。

在其他争议解决方式上，亦有行政复议、行政诉讼和民事诉讼等方式。笔者认为，应根据救助基金管理机构的性质分别确定。目前我国救助基金管理机构多为行政性质，若切实保护交通事故受害人之救助请求权，行政途径的畅通是必要条件。深圳市相关规范[①]明确了这一点，即申请人对不予救助的决定或者救助数额不服的，可以依法申请行政复议或者提起行政诉讼。救助基金属社会救助，这与《社会救助暂行办法》第 65 条相呼应，申请或者已获得社会救助的家庭或者人员，对社会救助管理部门作出的具体行政行为不服的，可以依法申请行政复议或者提起行政诉讼。但是对于像江苏模式，将救助基金的管理委托给保险公司，只能通过民事途径解决，其与其他省份的行政诉讼方式在时效、举证甚至其他裁判规则上的巨大差异如何平衡，将是全国统一立法时需要重点考量的问题。

（三）我国救助基金制度良性运转的其他配套制度

上文对救助基金制度的管理、补偿、追偿及争议解决制度进行了深入分析，并提出了相应的立法建议。然而一项制度在实践中的运行完善更需

---

① 《深圳市道路交通事故社会救助暂行办法》第 19 条。

要明确高层级的法律依据及其他配套制度的建设。

1. 确立统一的中央级国家救助基金运行制度

目前国家层面的救助基金制度规范仅一部《试行办法》，系由财政部门牵头保监会、公安、卫生、农业四部委制定的部门规章。其效力层次较低，对省级政府部门规范作用有限。其中规定救助基金的体制为统一政策、地方筹集、分级管理、分工负责，该体制违背了救助基金的本旨，因为随着机动车在现代工业社会的高度普及，救助基金的资金在全国范围内流动，而难以以现行的地域（省级行政区域）分界，分别实行。此外，政府履行职责的层层分解方式使得不同市县在设计和落实救助基金制度上存在较大差异，如福建省、浙江省，故而同命不同救助的情形屡见不鲜。因此，由国务院制定行政法规，[①] 对全国各地救助基金的运行进行统筹管理，并且在国家层面上[②]实行统收统支、支收统一的方式实现共同账户管理，对完善救助基金制度是急需且必要的。

2. 加强其他配套制度建设

除对前述救助基金的管理主体、补偿制度、追偿制度等制度运行细节进一步完善外，笔者认为还应当从以下两方面入手确保该制度的落地生根。（1）建立健全监督管理制度。其一，细化基金审核、发放程序，对交通事故案情复杂、受害人伤情严重、需垫付金额较大的案件确立专家审核、复核、评议及事后抽查机制。其二，加强资金监管机制，建立明确的财务管理及资金使用考评制度，防止违规或不符合垫付标准的资金使用行为，确保救助基金发挥扶危救困的作用。其三，注重救助基金资金使用的社会公开，强化社会监督。救助基金制度的透明化有利于增强民众信心，提高政府公信力。（2）加大政策宣传力度。民众对救助基金的认识不足亦是阻碍该制度发展的重要原因。政府一方面要加强对公安交管部门办案民警的培训，因为这些民警是民众了解救助基金制度的最直接最切实的渠道。另一方面还需要依托网络、报刊等媒介，加大这项惠民政策的宣传力度，以更好地发挥基金救济的作用。汽车时代的到来为人们的生活提供了便利，也给人类社会带来严重灾害。21 世纪初期，世界卫生组织公布的

---

① 李理：《交通事故社会救助基金立法的若干问题》，《中国青年政治学院学报》2005 年第 3 期。

② 侯永康、黄民主：《道路交通事故社会救助基金的建立与运行之构想》，《公安研究》2005 年第 3 期。

数字表明，全世界每年约有 70 万人死于交通事故。[①] 要解决交通事故的损害问题，必须正确把握交通事故的成因与本质，法律应对也必须建立在对交通、道路交通、道路交通事故等概念的科学认识之上。

[①] 谷志杰等主编：《交通事故处理及其预防》，中国人民公安大学出版社 2002 年版，第 3 页。

附

现代城市交通法治发展报告
（2011—2015）

2011—2015年现代城市交通法治状况与未来展望

摘　要："法治"是现代城市交通发展历程中一直贯彻始终的鲜明主题。本课题组以2011—2015年城市交通法治实践为样本，总结我国城市交通法治在法治理念、法治体系、交通执法、公共交通、民众出行以及交通法治教育等方面的基本状况，在历史的反思中归纳我国城市交通法治积累的基本经验，并对未来交通法治发展的基本趋势作出预测和展望。

关键词：2011—2015年；城市交通；交通法治

随着我国城市化进程的不断加快以及人们生活水平的不断提高，人们出行日益增多，对出行的速度和质量要求也日益提高。但日益拥堵的道路和不断恶化的环境却表明了我国城市交通目前所处的困境，其带来的问题并非仅仅是交通拥堵，还有城市环境的污染、经济损失……

解决好城市交通拥堵和城市交通系列问题成为各级政府关乎民生的重要职责，也成为衡量各级政府保障公民出行权利和检验政府城市交通公共服务质量与水平的重要标准。政府要紧紧围绕出行的安全、速度和效率的出行质量目标作出不懈的努力。而基于现有的通行基础条件，在当前解决城市居民出行问题的诸多对策中，全面明确和有效地把握城市交通法治实施状况是化解问题的关键。

2011—2015年是我国"十二五"战略规划布局与实施的阶段，是我国城市扩张的重要时期，也是我国交通法治建设逐步健全和趋于完善的时期。可以说，"十二五"期间，是我国城市交通快速发展的五年，也是我国城市交通法治化建设的五年。2013年交通运输部《关于全面建设交通运输法治政府部门的若干意见》正式实施，开启了在新形势下全面建设交通运输法治政府部门的起点，进一步提出了交通运输和城市交通依法行政的新的要求；2014 年十八届三中全会通过了《关于全面推进依法治国若干重大问题的决定》全面布局法治中国、法治交通、法治城市交通建设的目标与任务；2015 年《立法法》修改，赋予所有的设区市以地方立法权，为差异化的地方城市交通法治提供了基础和可能。

在 2011—2015 年我们面临十分严峻的城市交通治理的形势下，各级政府积极有为，城市居民广泛参与，正迈向城市交通法治化治理的康庄大道。

一　绿色城市交通从理论走向实践

作为现代化主要载体的工业化，与之相伴的是一个从农业社会形态走向工业社会形态的程式化的路径依赖。与发达国家较为循序渐进式的城市化相比，我国加速推进的工业化使得我国城市化呈现出跳跃式的不均衡特点。不平衡的城市发展条件，二元的社会保障造成城市尤其是较为现代化的大城市人口急速膨胀。在城市的交通基础设施建设与发展并没有做好充分准备的条件下，便产生了诸多我们称为"城市病"的系列问题，城市交通拥堵便是顽疾之一，城市交通呼唤着可持续的发展要求。

城市交通的供给既要能满足群众的出行需求，又能符合"两型"社会的建设要求实为最佳目的。绿色交通是治愈当前包括城市交通治理难题的一副良剂。城市绿色交通呼应了城市可持续发展的要求，旨在发展多元化的城市交通体系，减少交通拥挤，降低大气污染，促进社会持续、公平发展建设节省交通费用的城市交通运输系统，其表现出"节能减排、绿色环保、资源节约"的特征。

在编制《国民经济和社会发展第十二个五年规划纲要》时，首次将"绿色"理念和发展写入规划并单独成篇，绿色发展是该规划的重要原则，提出构建绿色交通运输体系，体现了"适度超前"的交通运输发展战略；2012 年党的十八大作出"经济建设、政治建设、文化建设、社会建设、生态文明建设"五位一体总体布局，"平安、文明、绿色、高效"成为我国城市交通改革和城市交通发展与法治化的方向。

城市绿色交通是一个从理念、规划到技术、模式、措施和保障的综合体系，应当统筹规划、全面推进、循序渐进。2011—2015 年，中央和地方政府以系统化的方法对城市绿色交通的路径进行探索并取得了实效。绿色城市交通正从理论走向实践，从理念走向应用。

　　——重视城市交通系统的规划，践行城市交通治理的规划先行。杭州市建立了绿色城市交通评价指标体系，并以此为基础，建立了杭州市综合交通规划和慢行系统规划（包括非机动车廊道布局图、步行单元主导功能示意图、非机动车换乘枢纽点布局、滨河慢行系统规划），为解决城市病未雨绸缪。

　　——城市绿色交通减少私家车保有和使用率、发展绿色城市公共交通。2014年，上海巴士集团新添置了近1300辆新能源公交车，其中763辆为混合动力公交车，533辆为纯电动公交车。截至2015年5月，广州市共推广应用新能源汽车4490辆，电动公交数量为100台。山东寿光公交现有公交车257辆，其中新能源混合动力公交车60辆，纯电动公交车183辆，新能源公交车和纯电动公交车占比达94%以上，是山东省内一次性投放新能源公交车数量最多的首家县级城市公交运营企业，同时也是省内首家投放使用纯电动公交车的县级公交运营企业。深圳市通过倡导市民自行车出行减少城市私家车保有和使用率，目前由政府出资发放的自行车卡就有3400张，使用率也较高，每天达1200人次。发展电动公交车同样是不错的选择，其具有零排放效果，如中山市每年都购进14辆纯电动公交车，逐步改善城市公交的动力结构。

　　——减少城市交通工具对不可再生能源的消耗、积极寻找可再生绿色能源，提高城市交通工具技术水平与标准。青海省积极推广沥青路面就地冷再生技术、温拌沥青路面混合料应用技术和沥青路面就地热再生技术等。2010年工信部为准确把握汽车燃料消耗，降低能耗，颁布了《轻型汽车燃料消耗量标示管理规定》。

　　——先行试点示范，降低能耗与排放，使城市交通对土地的占用和噪音的影响降至最小。近年来，一些地方通过建立生态示范区的方式来贯彻绿色交通理念，比较有名的如正定生态区、中新生态城等，从规划到建设和管理都体现了绿色交通的理念。

二　城市交通法治体系逐步完善

　　法治中国的推进对立法提出了更高的要求，中国特色的城市交通法律制度体系的建设，已经从有法可依进入到良法治理的深层推进阶段。

2011—2015 年是中国特色的城市交通法治实现从有法可依到良法治理的嬗变过程。从源头上保障城市交通发展不仅做到有法可依而且要实现良法治理。在这五年间，我国城市交通立法融于交通立法之中，规范性交通法律文件不断完善和发展，已经形成具有 7 部法律、27 部行政法规、358 件部门规章的法律体系。

（一）关于中央性制度规范的完善

随着法治体系的初步建立，城市交通法治立法建设从注重弥补空缺转向提升现有立法质量，从法的制定手段转向法的修改、补充和完善的立法手段，中央城市交通立法的科学性和实践性指向不断增强。

2011—2015 年城市交通法律的完善主要表现为现有规范的修改：专门规制城市交通的单行法在我国并不存在，实质也无必要，关于城市交通的现实问题在现有的规范体系的规制下能有效得以解决。2011—2015 年全国人大及其常委会并没有出台综合规制交通运输的专门法律，只是适应道路交通安全形势的新变化，修改了《道路交通安全法》这一综合规制道路安全的基本法。2011—2015 年城市交通行政法规的完善表现为创制与修改的双重进路：2012 年 4 月 5 日国务院颁布了《校车安全管理条例》，2012 年 11 月 9 日国务院修订《道路运输条例》等。2011—2015 年交通运输部部门规章及其软法规范的完善同样因循了制定与修改的进路：新出台《出租汽车经营服务管理规定》和《交通运输行政执法证件管理规定》等，新出台了《交通运输部关于全面深化交通运输法治政府部门建设的意见》的软法规范等，修改和完善了《机动车驾驶员培训管理规定》等规范性文件。

中央性城市交通制度规范是实现城市交通法治化的前提和基础，在实现有法可依的前提下，通过对涉城市交通法律、行政法规、部门规章的修改和完善，不断增强其科学性，为城市交通法治化打下了坚实的根基。

（二）地方性制度规范的完善

2015 年《立法法》修改赋予所有设区市以地方立法权。基于我国各个城市的规模、发展程度、人口数量、通行交通基础条件的巨大差异，在中央立法的统一要求下，通过地方性法规和规章的形式来针对具体城市交通的状况进行"精准"治理，实为行之有效的途径。

城市交通状况具有较大的差异性，每个城市的交通基础设施条件不同，城市的吸引力不同，居民道德修养不同，因而地方性立法相对于全国性立法而言在治理城市交通问题时往往表现为地方性立法针对性强、相对灵活的优点，更容易取得治理成效。我国各城市所在地的人大和政府，结合本地区交通、当地经济发展、环境生态等具体情况，配合城市功能地位，一方面做好科学制定城市交通的立法规划，另一方面适时出台符合当地交通状况特点的地方性法规或规章。制定的地方性法规有《上海市查处车辆非法客运若干规定》（2014 年 6 月通过）等，修改的地方性法规有《上海市道路运输管理条例》（2011 年第四次修改）、《上海市公共汽车和电车客运管理条例》（2011 年第四次修改）等，制定的地方性政府规章有《北京市机动车停车管理办法》（2014 年 1 月 1 日）、《山西省汽车租赁管理办法》（2012 年 2 月 24 日）等。此外在 2011—2015 年间，针对软法规范较为混乱、规制不统一、多头要求的问题，各地方人大和政府着重做好交通领域内相关红头文件等软法规范的清理工作，避免多头管理，互相抵触。

在 2011—2015 年期间，针对城市交通治理的立法针对性不断增强。如针对环境污染问题，很多地方出台了严格尾气排放标准与检查的规定；针对道路交通拥挤、私家车呈现倍增的趋势，一些地方出台了限制私人轿车持有和使用区域、加大小汽车在市区的使用成本、支持优先发展公共交通的制度规范。立法针对性是立法科学性的前提，针对性、科学性的治理城市交通的规范性文件的出台大大增强了城市交通问题的治理效果。

三 城市交通执法日渐科学与文明

城市交通治理除了科学立法的前提，更为关键的是城市交通治理规范的严格执行和和普遍遵守。我国城市交通治理的核心问题并不是缺乏治理规范，而是执法的软化，严格的执法是实现城市交通治理有序的关键。在 2011—2015 年间，城市交通执法通过综合执法与规范执法程序的改革实现了城市交通执法体制和执法方式的进步。

——城市交通综合执法体制的建立。城市交通涉及公安交警、路政、城市管理等多个政府工作部门，目前交警部门负责人员和车辆管理，城管负责市容管理，交通部门负责运政、路政，这种看似分工负责的机制如果没有很好的沟通和协调机制必然产生因"经纪人"的本性的政出多门或不作为的"多头执法"问题。这种交通部门与公安交警部门的城市交通管理权的分工有利于实现其分权、制衡与监督，但是容易引发公安门与交通部门的分歧与矛盾。在当前较为严峻的城市交通治理环境下，城市交通管辖权的分割，执行权的分散不利于治理效率的提升，如果城市交通执法体制滞后，必将与城市急速扩张的趋势形成鲜明的对比而形成较为严重的城市问题和城市病症。

高效的城市交通治理要求在针对城市交通的行政执法过程中多方联动，协同管理，而不是条块分割，各自为政。国务院积极推进大部制改革，2009 年批准了在原交通部的基础上组建，国家民用航空局、国家邮政局等部门均在此次"大部制"改革中划归交通运输部管理的改革方案。为进一步理顺各种关系，真正为做到依法治交创造了有利条件。在实践中，各地方交通行政主管部门已经认识到建立综合性交通执法体制的必要性，并从各自实际出发，进行了有益探索。在深圳、上海等城市人口较多，城市交通压力较大的城市，较早进行了综合交通执法的探索和试点，建立了一体化的城市交通治理监管机制和体系，实践证明取得了较好的成效：既有利于克服交通、交警、城管部门消极不作为的推诿，也有助于解决利益导向的积极"多头"管辖的作为，有助于提升执法效力和保护相对人合法权利，最终有利于城市交通状况的改善。自 2014 年年初开始，以建立综合执法体制为目标的永城市交通运输执法体制改革历经 8 个月方告结束。2014 年运城市交通综合执法支队加大对"黑客车""黑出租"的打击力度，规范公交车、出租车营运行为，"查处擅自从事道路运输经营等违法、违规案件 597 起"，实现了运城城市交通环境的明显改善。

——建立了城市交通文明执法的正当程序。很长一段时间城市交通执法领域中以罚代管等不规范现象在我国曾普遍存在，甚至成为一种主要的城市交通治理处罚方式，其目的的正当性受到了普遍质疑。经过这五年来的努力，以罚代管现象虽仍然存在，但是已经得到了有效遏制。城市交通执法正当程序基本建立，"钓鱼式""隐蔽式"执法方式被叫停。

针对我国目前较为严峻的城市交通问题，为有效打击交通违法经营、交通违法犯罪等行为，规范交通营运秩序，有的地方交通运输部门采取了一些非常规的城市交通执法方式，如"钓鱼式""隐蔽式"城市交通执法方式。发生于 2009 年 9 月 8 日上海市闵行区的交通行政执法案例，堪称城市交通"钓鱼式"执法的典型，"钓鱼式"城市交通执法方式在针对城市"黑车"治理方面确实取得了立竿见影的成效，但却遭到了公众的一致谴责和强烈批评。认为这种行政执法方式违背了正常行政执法程序与行政伦理，也引发了社会各界对我国城市交通管理与政府行政执法程序的深入思考。学界围绕"钓鱼式"执法的批判如雨后春笋接踵而至，主要认为城市交通的"钓鱼式"执法违反了程序正义的原则，且因相对人在执法人员引诱下实施了违法行为，其"故意"因而丧失，不具备行政违法责任的构成要求。各地纷纷出台规定叫停城市交通执法中的"钓鱼式"执法，首先是地方立法对"钓鱼式"执法方式进行了排除，国内最早对叫停"钓鱼式执法"的规范文件是《湖南省行政程序规定》，后城市交通"钓鱼式"执法方式逐渐被全面叫停。

自"杜宝良事件"以后，城市交通执法部门偏好的"隐蔽式"执法受到质疑和批判。"隐蔽式"起源于城市交通执法，其标准图像是将电子眼置于一个非常隐蔽难以被发现的处所，或者是在没有电子眼的条件下，交警躲在某个隐蔽的角落，"守株待兔"地等待违法违章的司机上钩。隐蔽执法从起因和目的都发生了偏斜，大部分是为了获得创收收入，当属"执法陷阱"，有悖于行政执法"公开性"原则，导致公正丧失，容易造成民众对执法部门的信任危机。深圳最早叫停了城市交通"隐蔽式"执法，浙江湖州市交警支队向社会公布非现场执法地点23期，公布206个固定电子警察、视频抓拍、智能卡口的路口路段。

四　城市公共交通优先发展

从行业的属性上来说，城市公共交通是准公共物品，公共物品具有非排他性和非竞争性，就非排他险和非竞争性两个特征而言，城市公共交通由于通常需要付费才能享受到服务，因此具有一定的排他性，但除出租车的消费由于竞争性较强，更接近私人物品之外，城市公共交通的整体在消费上并不具有竞争性。因此，城市公共交通是处于公共物品和私人物品之间的准公共物品。城市交通的公益属性，公共交通在整个交通运输中的主体地位，赋予政府以发展城市交通的主体责任担当。从市民的愿景管窥，安全、文明、高效的出行成为市民对政府作为的热切期待，政府应当从权利保障的角度把方便群众出行、维护交通秩序作为城市交通管理的主要任务。

基于对于公民出行权的政府保障责任，城市交通取得了公益的属性。

一方面，投资和建设城市交通是各级政府义不容辞的职责，政府是城市交通公共产品的供给者。切勿走入误区，将公共道路建设作为营利性的产业来对待，通过公共道路建设来增加当地政府的财政收入。另一方面，地方政府要逐步加大对城市公共交通的投入。面对城市的扩张、人口的增长、私家车的增长，政府必须不断增加城市交通建设的财政预算。"修路的速度必须高于或等于城市人口增速"，否则城市的交通状况将不断恶化。从一些中小城市近年来也面临堵车等城市问题就可以看出，"城市病"正从大城市向中小城市蔓延。

城市治理是个综合系统工程，面对城市的急剧扩张，城市交通的公益属性要求政府必须积极作为，在私家车遍地开花、急速增长的趋势下，积极发展城市公共交通便成为首选，既公共交通优先的政策。2012年，国务院为实施城市公共交通优先发展战略，出台了《关于城市优先发展公共交通的指导意见》，提出了"在规划布局、设施建设、技术装备、运营服务等方面，明确公共交通发展目标，落实保障措施，创新体制机制，形成城市公共交通优先发展的新格局"。在国务院《关于城市优先发展公共交通的指导意见》的政策支持下，很多地方政府通过多种途径和方式来优先发展公共交通，包括：降低公交费用、增设公交站点和延长公交营运时间，积极筹资建设城市地铁等轨道交通。

但是，较为遗憾的是，自2009年起，交通运输部就起草了《城市公共交通条例》，一直处于修改、征求意见和报批的过程中而没能通过，2015年10月10日交通运输部网站消息，交通运输部方面表示将继续加强与国务院法制办的沟通和协调，促进《城市公共交通条例》尽早获得通过。而城市交通在过去的几年时间内却发生了难以让人预期的问题：拥堵不堪！城市公共交通优先发展面临从理念、政策到路径的界定模糊问题！国务院《关于城市优先发展公共交通的指导意见》作为软法规范显然针对城市公共交通治理显然力不从心，立法的滞后性已显而易见。相比较而言，源于实践的需要催生了地方规范的优先生成，广东省中山市虽不是交通压力最大的城市，却较早对城市公共交通的发展作出了思考，先后出台了《中山市优先发展城市公共交通实施方案》等6个规范性文件，并对中山市的公共交通进行了远景规划："到2020年建成以快速公共交通和轨道交通为骨架，以常规公交为主，出租车为补充的多层次的市域公共客运交通系统。"并提出了增加跨市交通线、大站交通快线、市内直达交通专线、学校学生专线、旅游包车专线等减轻城市交通压力的措施。

五 民众出行权保障逐步推进

城市居民出行权属于出行权、自由权的范畴，本义可以理解为市民在城市中自由出行的权利。出行权包括至少四类权利，分别是："出行通行权、出行占用权、出行选择权、出行知情权。"实质上出行权的外延要远超出这四类，还包括出行保障和出行救济权，并且出行权的内容应与出行方式、经济发展水平具有一定的关联性，因而是一个动态的范畴。

对于出行权属于基本权利的认识趋于统一。出行权是公民的基本权利之一，其历史十分悠久。出行权首先属于基本人权的范畴，出行权就是公民依照自然和社会属性享有的、不可剥夺的基本人权。

上述关于出行权权利属性的证成表述为自由权的属性，更有学者认为出行权具有生存权的特点，认为出行权具有了最低级意义上的生存权表征，这实则可以理解为出行权的多维度特征。但是多数学者认为：出行权对于我国公民而言是一项宪法未明确列举的基本权利。有学者认为城市居民出行权与城市居民交通权在内涵上无实质性的区分，在外延上范围基本相当。

城市居民出行权体现了公平出行的设定与实施要求。一方面，体现了不同主体平等的出行权。对于残疾人出行权要给予特殊的优待。残疾人同健全人一样，都享有出行权。但受制于各种主客观因素，实际生活中残疾人出行困难。随着平等的理念由形式平等发展至实质平等，对社会上难以实现基本权利的弱势群体应实行倾斜保护，以矫正形式平等带来的结果上的不平等。从盲道建设、优先通行，残疾人专座等方面保障残疾人公平出行权，严格实行《城市道路和建筑物无障碍设计规范》。另一方面，合理划分机动车与非机动车的城市道路资源。在城市化与私家车急速增长的时期，为有效化解机动车交通堵塞问题，在城市交通改造中占用、压缩甚至取消人行道和非机动车道现象较为常见。"资料显示，5%驾驶机动车的人却占用了85%以上的城市道路资源。"据统计，目前中国城市居民步行和自行车出行一般占全方式出行的60%，受到严重挤压的人行道和非机动车道无法畅通，行人被挤到非机动车道或机动车道，人车混行状况导致交通事故频发、隐患倍增。行人和非机动车必须享有平等的道路通行权利，要以确保"公共交通设施畅通"和"行人和非机动车安全、畅通出行"为基本前提，要保障大多数人的公平出行权利。

城市居民的出行权是一项基本权利，对国家公权力而言则是一项基本的义务，理应受到国家公权力的保护。日益恶化的城市拥堵不仅产生了一系列的经济社会问题，也严重影响了城市居民出行权的实现。政府作为公共产品的供给者，负有积极与消极的义务，一方面要积极改善城市交通条件、积极预防，另一方面政府承担消极的和救济义务，使得市民出行权不受政府和他人非法侵害。为有效缓解城市交通拥挤、减少污染，倡导绿色出行，大力发展公共交通成为各个城市在化解城市病、保障城市居民实现出行权的过程中的不二选择。2012 年湖南长沙市出台了《长沙市推进社会管理法治化实施纲要》，指出城市交通管理首先要保障人民群众的出行权，"我们将城市交通管理纳入了民生保障的范畴，加大了社区停车场建设开放力度，规范停车场管理"。落实公交优先政策，加强公交专用道的设置和管理。加大了对交通违法行为的整治，加强了对高峰时段重要堵点的疏导力度来保障城市居民的出行权。

六 城市交通法治宣传与教育的深入

城市道路交通状况除了受到交通基础设施条件的影响，更取决于城市居民道路交通观念，因而道路交通宣传教育活动的作用举足轻重。只有遵守交通法规的观念逐步增强，才能使交通行为逐步规范化，虽然这是个缓慢的进程。

——"全国交通安全日"专题宣传教育活动。设立专门的"全国交通安全日"不仅具有形式的象征意义，体现出政府对交通安全的重视，更有通过"全国交通安全日"这样一个纪念日的载体实现对公民的交通安全的宣传、教育、警示的实质作用。2012 年 11 月 18 日，国务院向公安部作出正式批复，同意将每年 12 月 2 日设立为"全国交通安全日"。2015 年 11 月 10 日—12 月 8 日开展了以"拒绝危险驾驶、安全文明出行"为主体的宣传教育活动。12 月 2 日"全国交通安全日"是全年道路交通安全宣传的重中之重，其重要性不言而喻。"全国交通安全日"不仅起到宣传教育作用，而且通过多部门的联动专项集中治理还能起到警示作用。

——宣传报道载体多样与丰富。公共宣传媒介基于对象广泛的资源优势成为交通安全与文明的宣传教育的主要载体，各地方先后都建立了交通电视台和交通广播台，为城市交通的安全、文明、快捷出行营造氛围、普及知识、教育警示、咨询服务，能切实起到弘扬城市交通法治理念及促进遵守交通法规的重要性作用；利用专门型的交通报刊和休闲类的城市晚报等平面媒介，进行交通安全和文明的系列报道，刊载比较典型的交通违法行为，设置"曝光台"，引发社会价值认同；通过开设交警、交通部门的微信公众号、官方微博等互联网新型媒介，发布城市交通实时动态、宣传交通政策法律知识，用图片、视频等报道典型案例，吸引市民注意，进行安全教育警示。宣传报道的内容与载体、手段、文字等要相契合，并与当下的城市交通主题及国家法治建设主题相契合。如在 2015 年着重开展"危险驾驶罪"的案例宣传，利用普法宣传阵地，利用新媒体平台开展警示教育，酒驾警示成为当年度的重点。

　　——安全文明宣传用语的人性化。传统的安全用语宣传较为生硬，如"严禁闯红灯""无证驾驶、酒后开车一律拘留"等，因为较为强制性的语言表达、缺乏人性化容易使接触者产生抵触情绪，不仅难以接受甚至适得其反，难见宣传效果。而人性化的安全文明用语的征集活动本身就是最好的宣传方式，人性化的安全文明警示用语更能打动人心。较为正式的报告语言容易使民众对宣传用语产生抵触情绪和心理，不但起不到宣传教育的效果，反而落得形式主义的恶名。而亲昵的富有人文关怀的用语却能收到意想不到的效果，如"情牵文明之行，心系安全之路""纠正您一次违章，送给您一片关爱""心存安全念，家盼亲人归"等。这些富有文学性、艺术性的安全文明警示用语情真意切，使民众感受到关爱的真情。2015 年 3 月咸阳市市公安局交警支队联合市文明办、共青团咸阳市委，在全市范围内开展"文明交通我宣言"交通安全文明用语征集活动，掀起了遵守交规、参与文明交通的热潮。2014 年 12 月 15 日肃宁交通局印发了《交通行政执法用语规范》等。这些都起到了良好的教育与宣传的效果。

　　——分类针对不同群体开展有针对性的城市交通宣传教育活动。城市交通的参与者涉及面广、人员众多，集中宣传力量、拓展宣传手段，重点对城市建设的渣土车、出租车公交车司机、校车司机、危化品运输企业的司机、在校中小学生等开展针对性的城市交通安全文明的宣传教育活动。

　　如针对城市建设的渣土车治理，2015 年南京市重典治渣，出台了至少 13 个文件,针对渣土市场的各环节包括渣土企业的资质、运输许可,到渣土运输过程中的超速、超载、抛洒,渣土车的牌号标示等整个渣土市场的过程实施无空白监管。从 2015 年 8 月 15 日起,由市容部门牵头,交警、路政、运政等多部门参与,开始长达 4 个月之久的渣土专项治理活动,取得了明显效果。针对中小学生交通出行安全问题,多数城市开展了针对中小学生的交通安全文明教育活动。2013 年 1 月杭州市长桥小学制定了《杭州市长桥小学法制副校长及校外辅导员工作制度》。再有开展送交通安全法律法规、安全知识"八进"(进部队、进社区、进学校、进人员密集场所、进机关、进企业、进农村、进施工队伍)活动。让学生、家庭、企业负责人及每位城市交通参与者知法、懂法、守法,进一步提升整城市的法治交通意识、文明交通水平。

——开展交通安全通报和警示教育活动。对重大交通事故肇事逃逸案及时报道,既是对社会和公众有所交代,也是对社会和市民的警示与教育。对于涉及危害公共城市安全和造成较为严重的生命和财产损失的典型案例通过微博、公众号等进行警示教育。北京市二环曾有摩托车飙车,成都一女司机在驾车途中因行驶变道原因遭后车男司机逼停,随后遭到殴打致伤。这些案例经媒体和市民曝光后引起了强烈的社会反响。既教育了当事人,也警示了有不良交通违法和不文明倾向的相对人。

综上,伴随着收入水平和生活水平的提高,中国走入汽车社会,城市居民得以首先受益。在加速实现现代化、工业化的过程中,城镇化又使得大量的农村居民转变成市民。然而我国城市的交通基础设施和市民文化道德修养似乎并没有为此做好准备,这构成了当前我国城市交通问题症结的根源。在现有的交通基础条件、人口条件和素养之下,城市交通治理的法治化实为根本出路。城市交通治理的法治化建设应当直面问题,回应难题,方能取得实效。

然而城市的病症却不仅表现如此,经济社会发展的不平衡性带来了我国城市发展程度的巨大差异性,所谓一线、二线、三线城市的划分验证了城市的差异及吸引力,大大小小各类城市应对城市病的压力呈现不均衡性。以法治作为当前化解城市病的主要手段不能诉求一种统一的"模板式"的制度体系,符合本地城市特点的地方性法规、规章和软法规范等地方规范性文件应当发挥更大的作用。

在 2011—2015 年的城市交通治理中,更具有针对性的立法完善,综合执法体制和正当的程序，富有成效的法治宣传与教育发挥了重要作用，城市居民出行权作为基本权利生成并获得了一定程度的保障，绿色城市交通的理念因城市生态的恶化受到重视。

城市交通的建设和完善不能依靠法治建设的单兵突进，城市交通规划的科学性与前瞻性，交通基础设施的建设和优化，市民文化与道德修养的提升，市民节约资源、保护环境的生产方式、生活方式、出行方式的改变才是治本之道，而这更是一个循序渐进的改变过程。

城市交通治理，只有起点，没有终点；改革与观念转化、修养提升，永远在路上。机制创新，制度创新，更没有止境。面对经济社会发展新常态，城市交通法治仍然面临诸多的新问题等待破解。

七　预测与展望：未来城市交通发展基本趋势

可以预见的是，在"十三五"期间，我国仍将伴随着城市化进程的加快，人口仍然会向城市涌动；随着城市居民消费水平的提高，城市机动车特别是小汽车的数量仍会持续增长，城市交通将面临不断增长的压力。

（一）适应"互联网＋"时代的城市交通立法将逐步完善

互联网技术变革了人们的生产、生活和思维方式，也影响和塑造了城市居民的出行方式。近年来随着互联网和移动大数据的发展，通过互联网手机软件预约用车，实现点对点服务的网约车区别于传统出租车和商务车的新型城市居民出行方式应运而生。常见的有专车、快车等，专车包括一号专车、优步专车等。学界将其统称为网约车，主要通过互联网和大数据平台实现其运行和监管。

网约车带来了城市居民出行方式的变革：一方面，极大地方便了城市居民的出行。面对城市交通拥堵、出行停车困难，践行绿色出行的理念，部分城市居民放弃购车和驾驶私家车出行的选择，但当遭遇快速出行的需求之时，传统公共交通难以满足其要求，又遭遇若干时段"打车"困难。网约车无疑满足了人们快速出行的需求。另一方面，网约车又可将社会闲置车辆综合利用，既可以为车主增加收益，又能满足社会出行需要，提高汽车使用率，减少市场行驶车辆保有量，减轻城市交通压力并节约资源。

与此同时，问题接踵而来。网约车将导致传统产业与新兴产业利益的强烈冲突，网约车自身存在诸如车辆状况、司机背景、乘客安全、权利保障、对出租车市场造成不公等问题，以及政府监管方式变化所引发的监管困难。2015 年 10 月 10 日交通运输部发布《网络预约出租汽车经营服务管理暂行办法（征求意见稿）》所引发的激烈争议就是最好的例证。针对互联网技术条件对网约车的法律规制是适应交通科技发展的需要。

（二）轨道公共交通发展法治化

公共交通优先发展将是今后政府解决市民福利和化解城市拥堵的必然选择。传统汽车公共交通因容量小、能耗高、占用空间面积大、通行速度和效率低，将保持适当保有量并逐步减少，城市轨道交通将迅速发展。立体式的城市轨道交通能有效解决城市汽车公共交通所面临的问题：轨道交通速度快、通行效率高，轨道交通依附于高架和地下，不占用地面空间、节约土地资源，轨道交通安全系数高，轨道交通容积量大、可有效满足市民出行需求。2011—2015 年我国平均每年建成轨道交通线路约 300 千米，共有 17 个城市开通了城市轨道交通，诸如北京、上海、广州、深圳、南京等地轨道交通的运营里程远超过了世界发达国家的城市，而且目前中等城市的轨道公共交通正在规划和建设之中，中部省会城市合肥目前就有 3 条轨道交通线同时在开工建设。

城市轨道交通的大发展是大中城市应对交通拥堵、践行公共交通优先发展的不二选择，但是在城市轨道交通的建设和运营中也暴露出高端人才缺乏、运营安全风险增大、政府出资压力较大等问题，尤其是投融资机制不健全和人才培养的缺陷成为制约城市轨道交通的瓶颈。城市轨道交通的法治化成为当前急需解决的首要问题，目前对于城市轨道交通的规制主要由地方性法规或规章调整，立法技术不高且规定千差万别，特别是城际轨道交通的连接将会带来规范适用的冲突问题。应当尽快出台专门性的城市轨道交通法律或行政法规，回应城市轨道交通融资、土地使用、联合开发等现实问题，使城市轨道交通的建设和运营能做到有法可依、法治统一。

（三）智能交通技术法治配套将随之跟进

解决城市交通拥堵问题既与城市人口数量和素质、通行条件有关，也与交通管理和通行效率有关。在无法较快改变城市人口容积和城市交通基础设施的前提下，技术就成为化解矛盾的关键，智能交通技术在今后解决城市问题中将大有用武之地。

建立在高新技术基础之上的智能交通，被认为是代表了交通现代化的发展方向，是进入信息时代我国交通运输业的发展模式。城市智能交通具有非常宽泛的外延，包括了城市交通管理智能化，信息智能化，收费智能化，公共交通调度、信息和售票的智能化，城市停车管理智能化等。

城市交通智能系统（Intelligent Transportation Systems，ITS）一方面着力于构造安全、效率的居民出行。通过对城市交通信息监控、交通控制、事故预测与预警、救援、定位、信息查询等智能化城市交通系统的构建，保障居民出行安全，提高居民出行效率，减少出行的时间、财力成本。另一方面城市交通智能化要求支持低碳与绿色的节能环保型交通设施、车辆和交通管理系统。智能交通包含了广泛的内涵和全面的要求，其内在包含着节约城市土地资源、降低城市交通工具能耗的基本要求，因而智能交通必然是绿色与低碳的城市交通。智能系统可以提升通行效率，智能化的交通信息服务、智能轨道公共交通的发展等将极大地降低城市交通工具的能耗，既能实现个体节约的私益，又能实现节约资源、保护环境的公益。

在城市智能交通技术中，必须紧紧抓住城市交通系统中的 GPS 定位技术、传感器技术、数字导驶技术、陀螺和电子地图等关键技术有所突破，才能在智能化城市交通管理过程中取得实质性的进步，有效化解矛盾。智能交通技术的研发、使用、运营、管理等问题仍然是当前城市交通发展中的规制空白，规范性法律文件应回应现实需要而尽快生成。

（四）政府对城市交通的监管模式将趋于缓和

从公共产品的供给职责来看，有关城市道路等基础设施理应由政府依靠国家财力和物力提供、维护和保障，传统干预行政在保障民生、维护秩序方面发挥了积极的作用。但是当前，崇尚管制的干预行政已经无法应对当今社会多元的利益诉求、个人福利的实现以及社会利益的最大化。英国、美国、加拿大、日本等国家不规制或缓和规制的做法为从干预行政向给付行政的嬗变提供了思路，城市交通民营化作为城市交通监管规制缓和的模式应运而生。城市交通民营化在遵循市场规律的基础上，通过促使民营化得以施展魅力的权能——特许经营权利来实现。"受管制的公用事业要接受包括价格管制、服务质量要求、公共运营商管制在内的多种管制约束。"城市交通的民营化最早作为化解政府财力不足的应对之策，其所具有的优势慢慢得以彰显：服务质量和水平提升，产业市场活力增强。我国城市交通的民营化范围包括出租汽车出租公司、公交公司、城市轨道公司等的民营化，并进一步向城市交通的其他方面进行拓展。在我国的试点和应用过程中既有成功的案例，也有失败的典型。

不容忽视的事实是，公共交通民营化后，恣意涨价、公共安全缺乏、服务质量难保等一系列问题接踵而至，导致对城市交通民营化的信心退减。理想的路径是：在政府的担保之下，通过制度构架和规则细化建立对城市交通民营化的信心。

（五）城市交通执法将更为规范

在建立城市交通综合执法机制的基础之上，全面梳理并建立城市交通执法部门的权力清单制度。综合执法机构无论采取什么样的模式，都不能替代和淹没可以作为行政主体的路政、交管等相关行政机关的在组织法框架下应享有的权力和承担的责任。因而既要厘清综合执法机构的权力、责任清单和相关黑名单，也要厘清综合执法机构组成机关的权力、责任清单和相关黑名单。城市交通执法权力的治理应当秉持"规范主义控权模式为主、功能主义建构模式为辅"的治理模式，主要从立法调控、执法治理、司法技术三个向度展开制度设计。

城市交通执法的标准化将不断增强，以标准化作为城市交通执法规范化的主导路径，建立包括执法装备标准、执法行为标准、系统信息建设标准和执法文书标准。城市交通执法标准化主要依赖于城市交通行政的裁量基准来实现。

城市交通执法的刚性与柔性并举，界限将逐渐清晰。刚性的城市交通执法主要针对城市交通严重违法行为和犯罪行为，严格执法并追究其行政及刑事责任。如《刑法修正案（九）》第八项将刑法第133条修改为在四种情形之下在道路上驾驶机动车处拘役并处罚金。城市交通执法公开透明度将不断增强，并接受社会监督。城市交通的柔性执法将针对轻微交通违法行为：城市交通执法将更为人性化，坚决取消以罚代管的不合理现象。对于诸如轻微的交通违法行为，可以采取劝说、警告、教育后免于罚款的"劝告式"柔性化执法方式。对于轻微的交通违法行为的柔性化执法，既可以改变政府貌似以罚款为主的"唯利是图"的执法形象，同时可以有效地向轻微违法行为人普及道路交通安全知识，也有利于建立和谐的城市交通治理行政主体与相对人的关系，进而实现和谐城市交通的愿景。

（六）民众交通法治观念和维权意识将不断增强

城市居民交通法治观念的增强是一个渐进的而较为缓慢的过程，城市居民交通法治观念的增强也被认为是解决城市交通问题的固本之计。推动我国城市居民交通法制观念增强的因素首先在于法治国家建设的推进。自十八届三中全会以来，国家全面布局和深入推进法治中国建设，全面推进法治中国建设理所当然包括了法治的城市交通的逻辑内涵，这将为城市居民法治观念的增强提供了背景和动力。其次在于对城市交通法治进行卓有成效的宣传教育工作，尤其是引人印象深刻的警示教育增强民众遵守法规的戒惧心理。最后，城市居民素质逐渐提升。每年涌入大中城市的多为应届大学生，城市居民接受交通法治教育具有更优越的资源和信息优势。同时城市相对于小城镇和农村，严格的交通法规的执行无形中会强化居民的交通法治观念。

交通法治的背景和交通法治观念的增强衍生出城市居民较强的维权意识，并且将在今后的城市交通法治发展中不断增强。出行权需要宪法、法律予以确认，并且要求国家承担起保障出行权的国家义务：获得国家尊重和认可，获得国家预防保护和救济保护。今后城市居民出行权将会从理论的证成进入到法律的文本，进而成为受国家保护、不容社会侵害的现实权利。

我国城市交通面临着城市化的人口迁移、早期规划的欠合理性、人口素质等多方因素的影响。在依法治国的背景和号角下，城市交通是法治不可或缺的疆域，随着科技的发展，城市交通会不断面临新的问题，然而法治注定是解决城市交通问题、维护交通秩序、保障市民基本权利的利器。

参考文献

一 译著

[古希腊] 亚里士多德:《政治学》, 吴寿彭译, 商务印书馆 1981年版。

[古罗马] 西塞罗:《论共和国论法律》, 王焕生译, 中国政法大学出版社 2003 年版。

[德] 黑格尔:《逻辑学哲学》, 梁志学译, 人民出版社 2002 年版。

[德] 黑格尔:《美学》第 1 卷, 吴黎平译, 商务印书馆 1972 年版。

[德] 黑格尔:《小逻辑》, 商务印书馆 1980 年版, 第 403 页。

[德] 奥托·迈耶:《德国行政法》, 刘飞译, 商务印书馆 2002 年版。

[德] 哈特穆特·毛雷尔:《行政法学总论》, 高家伟译, 法律出版社 2000 年版。

[德] 汉斯·J. 沃尔夫等:《行政法》, 高家伟译, 商务印书馆 2002 年版。

[德] 亨利·苏勒:《德国警察与秩序法原理》, 李震山译, 登文书局 2005 年版。

[德] 乌茨·施利斯基:《经济公法》, 喻文光译, 法律出版社 2003 年版。

[德] 梅迪库斯:《德国民法总论》, 邵建东译, 法律出版社 2001 年版。

[德] 马克西米利安·福克斯:《侵权行为法》, 齐晓琨译, 法律出版社 2004 年版。

[德] 达伦多夫:《现代社会冲突——自由政治随感》, 林荣远译, 中国社会科学出版社 2000 年版。

[德] 提姆·勃兰特、[西] 赛巴斯·TH. 弗兰森:《建筑招投标》,

马琴、万志斌译，中国建筑工业出版社 2010 年版。

［德］乌尔里希·贝克：《风险社会》，何博闻译，译林出版社 2004年版。

［德］E. 策勒尔：《古希腊哲学史纲》，翁绍军译，山东人民出版社 1992 年版。

［法］勒鲁：《论平等》，王允道译，商务印书馆 1988 年版。

［法］卢梭：《社会契约论》，何兆武译，商务印书馆 1980 年版。

［法］孟德斯鸠：《论法的精神》，张雁深译，商务印书馆 1995 年版。

［法］托克维尔：《论美国的民主》（下卷），董果良译，商务印书馆 1998 年版。

［美］罗尔斯：《正义论》，何怀宏等译，中国社会科学出版社 1988年版。

［美］H. W. 刘易斯：《技术与风险》，杨健、缪建兴译，中国对外翻译出版公司 1994 年版。

［美］L. 亨金：《权利的时代》，信春鹰等译，知识出版社 1997年版。

［美］伯纳德·施瓦茨：《行政法》，徐炳译，群众出版社 1986 年版。

［美］德沃金：《认真对待权利》，信春鹰、吴玉章译，中国大百科全书出版社 1998 年版。

［美］凯尔森：《法与国家的一般理论》，沈宗灵译，中国大百科全书出版社 2003 年版。

［美］奥斯特罗姆·V. 等：《制度分析与发展的反思》，商务印书馆 1992 年版。

［美］保罗·萨缪尔森、威廉·诺德豪斯：《经济学》，萧琛等译，华夏出版社、麦格劳·希尔出版公司 1999 年版。

［美］斯图亚特·R. 林恩：《发展经济学》，王乃辉等译，格致出版社、上海三联书店 2009 年版。

［美］丹尼尔·F. 史普博：《管制与市场》，余晖、何帆译，格致出版社、上海三联书店、上海人民出版社 2008 年版。

［美］格里高利·西达克、丹尼尔·F. 史普博：《美国公用事业的竞争转型：放松管制与管制契约》，宋华琳译，上海人民出版社 2012 年版。

［美］林·亨特：《人权的发明：一部历史》，沈占春译，商务印书馆

2011 年版。

[美]《潘恩文集》，马清槐译，商务印书馆 1981 年版。

[美] 乔恩·R. 华尔兹：《刑事证据大全》，何家弘等译，中国人民公安大学出版社 1993 年版。

[挪威] A. 艾德等：《经济、社会和文化的权利》，周列译，中国社会科学出版社 2003 年版。

[日] 大桥洋一：《行政法学的结构性变革》，吕艳滨译，中国人民大学出版社 2008 年版。

[日] 大沼保昭：《人权、国家与文明》，王志安译，生活·读书·新知三联书店 2003 年版。

[日] 谷口安平：《程序的正义和诉讼》，王亚新、刘荣军译，中国政法大学出版社 1996 年版。

[日] 户崎肇：《交通运输的文化经济学》，陈彦夫、王姵岚译，台北翰庐图书出版有限公司 2012 年版。

[日] 室井力主编：《日本现代行政法》，吴微译，中国政法大学出版社 1995 年版。

[日] 我妻荣：《债权在近代法中的优越地位》，王书江、张雷译，中国大百科全书出版社 1999 年版。

[日] 盐野宏：《行政法》，杨建顺译，法律出版社 1999 年版。

[日] 植草益：《微观规制经济学》，朱绍文等译，中国发展出版社 1992 年版。

[意] 莫诺·卡佩莱蒂：《福利国家与接近正义》，刘俊祥等译，法律出版社 2000 年版。

[英] F. H. 劳森等：《财产法》，施天涛等译，中国大百科全书出版社 1998 年版。

[英] 罗德尼·托利编：《可持续发展的交通——城市交通与绿色出行》，孙文财等译，机械工业出版社 2013 年版。

[英] 亚当·斯密：《国民财富的性质和原因的研究》，郭大力、王亚南译，商务印书馆 1997 年版。

[英] 阿蒂亚：《合同法概论》，程正康等译，法律出版社 1982 年版。

[英] 伯特兰罗素：《权力论——新社会分析》，吴友三译，商务印书馆 2008 年版。

〔英〕达霖·格力姆赛、〔澳〕莫文·K. 刘易斯：《公私合作伙伴关系：基础设施供给和项目融资的全球革命》，济邦咨询公司译，中国人民大学出版社 2008 年版。

〔英〕戴维·米勒、韦农·波格丹诺编：《布莱克威尔政治学百科全书》，邓正来等译，中国政法大学出版社 1992 年版。

〔英〕弗朗西斯·培根：《培根论说文集》，水天同译，商务印书馆 1987 年版。

〔英〕弗里德里希·冯·哈耶克：《自山秩序原理》，邓正来译，生活·读书·新知三联书店 1997 年版。

〔英〕亨利·梅因：《古代法》，沈景一译，商务出版社 1959 年版。

〔英〕霍布斯：《利维坦》，黎思复等译，商务印书馆 1985 年版。

〔英〕洛克：《政府论》，叶启芳、瞿菊农译，商务出版社 1964 年版。

〔英〕霍布斯：《利维坦》，黎思复、黎廷弼译，商务印书馆 1986 年版。

〔印〕阿玛蒂亚·森：《以自由看待发展》，任赜、于真译，中国人民大学出版社 2009 年版。

欧亚 PPP 联络网：《欧亚基础设施建设公私合作（PPP）案例分析》，王守清译，辽宁科学技术出版社 2010 年版。

《马克思恩格斯全集》第 1 卷，人民出版社 1956 年版。

《马克思恩格斯全集》第 2 卷，人民出版社 1995 年版。

《马克思恩格斯全集》第 3 卷，人民出版社 2002 年版。

《马克思恩格斯全集》第 25 卷，人民出版社 1974 年版。

《马克思恩格斯全集》第 47 卷，人民出版社 1997 年版。

《马克思恩格斯选集》第 1 卷，人民出版社 1995 年版。

《马克思恩格斯选集》第 3 卷，人民出版社 1995 年版。

二 中文著作

陈白钢、史卫民主编：《中国公共政策分析》，中国社会科学出版社 2006 年版。

蔡定剑：《民主是一种现代生活》，社会科学文献出版社 2011 年版。

陈慈阳：《宪法学》，元照出版公司 2005 年版。

瑞华：《刑事诉讼的前沿问题》，中国人民大学出版社 2000 年版。

陈新民：《行政法总论》，三民书局 1995 年版。

陈新民：《宪法基本权利之基本理论》，元照出版公司 2006 年版。

李铁主编：《城镇化改革的地方实践》，中国发展出版社 2013 年版。

樊启荣：《责任保险与索赔理赔》，人民法院出版社 2002 年版。

范扬：《行政法总论》，邹荣校，中国方正出版社 2005 年版。

方立天：《魏晋南北朝佛教论丛》，中华书局 1982 年版。

房保国：《刑事证据规则实证研究》，中国人民大学出版社 2010 年版。

法治斌、董保城：《宪法新论》，元照出版公司 2006 年版。

公丕样：《权利现象的逻辑》，山东人民出版社 2002 年版。

龚向和：《从民生改善到经济发展：社会权法律保障新视角研究》，法律出版社 2013 年版。

谷志杰等主编：《交通事故处理及其预防》，中国人民公安大学出版社 2002 年版。

管欧：《交通法规概要》，三民书局 1984 年版。

郭明瑞、房绍坤、唐广良：《民商法原理》，中国人民公安大学出版社 1999 年版。

郭庆藩：《庄子集释》，中华书局 1997 年版。

郭庆珠：《行政规划及其法律控制研究》，中国社会科学出版社 2009 年版。

郭忠华、刘训练：《公民身份与社会阶级》，江苏人民出版社 2007 年版。

郭左践主编：《机动车强制责任保险制度比较研究》，中国财政经济出版社 2008 年版。

过秀成：《城市交通规划》，东南大学出版社 2010 年版。

黄亚平：《城市规划与城市社会发展》，中国建筑工业出版社 2009 年版。

韩德培主编：《人权的理论实践》，武汉大学出版社 1995 年版。

韩世远：《合同法总论》，法律出版社 2004 年版。

韩延龙、苏亦工：《中国近代警察史》，社会科学文献出版社 2000 年版。

何伯森：《工程项目管理的国际惯例》，中国建筑工业出版社 2007

年版。

何孝元：《损害赔偿之研究》，台湾商务印书馆 1968 年版。

黄茂荣：《法学方法与现代民法》，法律出版社 2007 年版。

惠生武：《公安交通管理学》，中国政法大学出版社 2008 年版。

江朝国：《强制汽车责任保险法》，智胜文化事业有限公司 1999 年版。

江玉林主编：《中国城市公共交通可持续发展重大问题解析》，科学出版社 2010 年版。

姜明安主编：《行政法与行政诉讼法》，高等教育出版社、北京大学出版社 2012 年版。

《交通大辞典》编辑委员会编：《交通大辞典》，上海交通大学出版社 2005 年版。

劳东燕：《风险社会中的刑法》，北京大学出版社 2015 年版。

黎宏：《日本刑法精义》，中国警察出版社 2004 年版，第 307 页。

李步云主编：《人权法学》，高等教育出版社 2005 年版。

李建良：《宪法理论与实践》，学林文化事业有限公司 1999 年版。

李翔：《情节犯研究》，上海交通大学出版社 2006 年版。

李永军：《合同法》，法律出版社 2004 年版。

李芸：《都市计划与都市发展——中外都市计划比较》，东南大学出版社 2002 年版。

李震山：《警察行政法论——自由与秩序之折冲》，元照出版公司 2007 年版。

李震山：《警察任务法论》，登文书局 1998 年版。

李德顺：《价值论》，中国人民大学出版社 2007 年版。

李青武：《机动车责任强制保险制度研究》，法律出版社 2010 年版。

李庆臻：《科学技术方法大辞典》，北京科学出版社 1999 年版。

林珏雄：《新刑法总则》，中国人民大学出版社 2009 年版。

刘南：《交通运输学》，浙江大学出版社 2009 年版。

刘光容：《政府协同治理：机制、实施与效率分析》，华中师范大学出版社 2008 年版。

刘军宁等：《市场逻辑与国家观念》，生活·读书·新知三联书店 1995 年版。

刘善春、毕玉谦、郑旭：《诉讼证据规则研究》，中国法制出版社 2000 年版。

刘欣葵、韩蕊：《城市规划管理制度与法规》，机械工业出版社 2012 年版。

刘炤等：《机动车交通事故责任强制保险条例释义》，法律出版社 2006 年版。

刘宗荣：《新保险法：保险契约法的理论与实务》，中国人民大学出版社 2009 年版。

陆化普、黄海军：《交通规划理论研究前沿》，清华大学出版社 2007 年版。

马怀德主编：《行政程序立法研究》，法律出版社 2005 年版。

马俊驹、余延满：《民法原论》，法律出版社 2005 年版。

孟鸿志：《行政法学》，北京大学出版社 2008 年版。

苗力田：《古希腊哲学》，中国人民大学出版社 1989 年版。

牛锦红：《近代中国城市规划法律文化探析》，中国法治出版社 2011 年版。

潘海啸、杜雷编：《城市交通方式和多模式间的转换》，同济大学出版社 2002 年版。

潘开灵、白烈湖：《管理协同：理论与实践》，经济管理出版社 2006 年版。

彭中礼：《民生法治发展模式建构研究》，中国社会科学出版社 2011 年版。

清华大学"城市可持续交通"课题组：《中国城市可持续交通：问题挑战与实现途径》，中国铁道出版社 2007 年版。

尚勇：《当今世界技术创新与科技成果转化》，科学技术文献出版社 1999 年版。

施文森、林建智：《强制汽车保险》，元照出版公司 2009 年版。

石亚军主编：《透视大部制改革：机构调整、职能转变、制度建设实证研究》，中国政法大学出版社 2010 年版。

史尚宽：《债法总论》，三民书局 1973 年版。

罗豪才：《软法与公共治理》，北京大学出版社 2006 年版。

宋英辉：《刑事诉讼学研究述评》，北京师范大学出版社 2009 年版。

孙中山：《三民主义》，中国长安出版社 2011 年版。

《孙中山全集》，人民出版社 1981 年版。

汤唯、孙季萍：《法律监督论纲》，北京大学出版社 2001 年版。

陶学荣、陶睿：《中国行政体制改革研究》，人民出版社 2006 年版。

汪行福：《分配正义与社会保障》，上海财经大学出版社 2003 年版。

汪金敏、朱月英：《工程索赔 100 招》，中国建筑工业出版社 2009 年版。

王军：《侵权法上严格责任的原理和实践》，法律出版社 2006 年版。

王俊豪：《政府管制经济学导论——基本理论及其在政府管制实践中的应用》，商务印书馆 2008 年版。

王利明：《侵权行为法研究》，中国人民大学出版社 2004 年版。

王利明主编：《民法·侵权行为法》，中国人民大学出版社 1993 年版。

王名扬：《法国行政法》，北京大学出版社 2016 年版。

王名扬：《英国行政法》，中国政法大学出版社 1987 年版。

王顺民等：《超越福利国家——社会福利的另类选择》，亚太图书公司 1999 年版。

王卫国：《过错责任原则：第三次勃兴》，中国法制出版社 2000 版。

王泽鉴：《侵权行为》，北京大学出版社 2009 年版。

《王泽鉴法学全集》第 2 卷，中国政法大学出版社 2003 年版。

王泽鉴：《债法原理》，中国政法大学出版社 2001 年版。

文国玮：《城市交通与道路系统规划》，清华大学出版社 2013 年版。

吴浙：《中国区域经济数字地图·东部沿海地区（2012—2013）》，科学出版社 2013 年版。

翁岳生主编：《行政法》，中国法制出版社 2002 版。

肖海军：《营业权论》，法律出版社 2007 年版。

徐云：《绿色新概念》，中国科学技术出版社 2004 年版。

许育典：《宪法》，元照出版公司 2006 年版。

许宗力：《宪法与法治行政国行政》，元照出版公司 2007 年版。

薛晓源、周战超主编：《全球化与风险社会》，社会科学文献出版社 2005 年版。

杨临宏：《行政法：原理与制度》，云南大学出版社 2010 年版。

杨建顺：《行政规制与权利保障》，中国人民大学出版社 2007 年版。

杨建顺：《日本行政法通论》，中国法制出版社 1998 年版。

杨解君：《法国行政合同》，复旦大学出版社 2009 年版。

杨曙光：《机动车交通事故损害赔偿法律问题研究》，中国人民公安大学出版社 2010 年版。

杨兴坤：《大部制：雏形、发展与完善》，中国传媒大学出版社 2012 年版。

姚爱国：《城乡规划管理实务指导》，吉林大学出版社 2013 年版。

易延友：《中国刑诉与中国社会》，北京大学出版社 2010 年版。

尹田：《法国现代合同法：契约自由与社会公正的冲突与平衡》，法律出版社 2009 年版。

叶必丰：《行政行为的效力研究》，中国人民大学出版社 2002 年版。

应松年主编：《中国当代行政法》，中国方正出版社 2005 年版。

尤光付：《中外监督制度比较》，商务印书馆 2003 年版。

余凌云、聂福茂：《警察行政法学》，中国人民公安大学出版社 2005 年版。

余凌云主编：《全球时代下的行政契约》，清华大学出版社 2010 年版。

俞可平：《治理与善治》，社会科学文献出版社 2000 年版。

张国珍：《建筑安装工程概预算》，化学工业出版社 2004 年版。

张明楷：《刑法学》，法律出版社 2000 年版。

张千帆：《宪法学导论——原理与运用》，法律出版社 2004 年版。

张文显主编：《法理学》，高等教育出版社 2003 年版。

张文显主编：《法理学》，法律出版社 2007 年版。

张翔：《基本权利的规范建构》，高等教育出版社 2008 年版。

张晓春、林群、李锋等：《创新与提升：深圳城市交通规划设计实践（1996—2016）》，同济大学出版社 2016 年版。

张新宝、陈飞：《机动车交通事故责任强制保险条例理解与适用》，法律出版社 2006 年版。

张燕、马宗武主编：《港口经济辞典》，北京人民交通出版社 1993 年版。

张月明等编：《清单计价及招投标 660 问》，中国市场出版社 2005

年版。

章剑生：《现代行政法基本理论》，法律出版社 2008 年版。

赵坚：《集约型城镇化与我国交通问题研究》，中国经济出版社 2013 年版。

中国可持续交通课题组主编：《城市交通可持续发展——要素、挑战及对策》，人民交通出版社 2008 年版。

中国社会科学院语言研究所编：《现代汉语词典》，商务印书馆 1989 年版。

周枏：《罗马法原理》，商务印书馆 1996 年版。

周天勇：《中国行政体制改革 30 年》，格致出版社、上海人民出版社 2008 年版。

周永坤：《法理学——全球视野》，法律出版社 2010 年版。

周佑勇：《行政裁量基准研究》，中国人民大学出版社 2015 年版。

周佑勇：《行政裁量治理研究——一种功能主义的立场》，法律出版社 2008 年版。

周佑勇：《行政法基本原则研究》，武汉大学出版社 2005 年版。

周佑勇：《行政法原论》，中国方正出版社 2005 年版。

周元、王海燕：《民生科技论》，科学出版社 2011 年版。

邹海林：《责任保险论》，法律出版社 1999 年版。

三　论文

陈春妹、王晓明：《城市交通发展观念的三大转变》，《北京规划建设》2006 年第 5 期。

蔡君时：《美国公共交通的立法》，《城市公共交通》2000 年第 1 期。

曹国华、黄富民：《"交通引导发展"理念下城市交通规划研究——以江苏省为例》，《城市规划》2008 年第 10 期。

常善：《交通事故当事人的权利与义务》，《汽车运用》2001 年第 4 期。

陈道银：《风险社会的公共安全治理》，《学术论坛》2007 年第 4 期。

陈福阵：《交通事故损害赔偿的三种权利主体探析》，《消费导刊》2009 年第 6 期。

陈国鹏：《"互联网＋交通"视角下缓解城市交通拥堵的私家车共享

模式研究》，《城市发展研究》2016 年第 2 期。

陈行：《从香港新市镇开发看"TOD"规划理念》，《重庆与世界》2013 年第 2 期。

陈军：《公私合作执行行政任务的国家责任探析》，《西部法学评论》2016 年第 1 期。

陈奇星：《上海行政管理体制改革 30 年的回顾与思考》，《上海行政学院学报》2008 年第 5 期。

陈瑞华：《论证据相互印证规则》，《法商研究》2012 年第 1 期。

陈绍军等：《交通项目的公众参与社会评价——以安徽中等城市交通项目为例》，《城市发展研究》2012 年第 5 期。

陈燕萍：《探索适合中国特征的 TOD 开发模式——以深圳市地铁深大站站点地区 TOD 开发为例》，《规划师》2000 年第 10 期。

陈永生：《论辩护方当庭质证的权利》，《法商研究》2005 年第 5 期。

陈征：《基本权利的国家保护义务功能》，《法学研究》2008 年第 1 期。

陈峥：《公私部门合作中的风险分配：理想、现实与启示》，《公共行政评论》2010 年第 5 期。

陈忠五：《法国交通事故损害赔偿法的发展趋势》，《台大法学论丛》2005 年第 1 期。

仇保兴：《中国城市规划十大怪现状》，《旅游时代》2007 年第 7 期。

崔建远：《强制缔约及其中国化》，《社会科学战线》2006 年第 5 期。

崔运武：《论我国城市公用事业公司合作改革的若干问题》，《上海行政学院学报》2015 年第 4 期。

邓文斌、梁青槐、刘金玲：《城市轨道交通系统的利益关系分析》，《北京交通大学学报》（社会科学版）2004 年第 1 期。

丁煌、高峻：《整体性治理的实践探索——深圳一体化大交通管理体制改革案例分析》，《行政论坛》2011 年第 6 期。

陈晓明：《风险社会之刑法应对》，《法学研究》2009 年第 6 期。

杜立夫：《公民与公民权利再探讨》，《当代法学》1997 年第 3 期。

杜文、叶怀珍：《现代综合运输理念探析》，《交通运输》2005 年第 6 期。

杜志淳、廖根为：《论我国司法鉴定人出庭质证制度的完善》，《法学》2011 年第 7 期。

段进宇、梁伟:《控规层面的交通需求管理》,《城市规划学刊》2007年第 1 期。

樊崇义、王国忠:《刑事被告质证权简要探析》,《河南省政法管理干部学院学报》2006 年第 5 期。

樊桦:《我国交通运输管理体制改革的回顾和展望》,《综合运输》2008 年第 10 期。

范冠峰:《如何破解我国大城市交通拥堵的困局》,《理论界》2009年第 2 期。

范永辉:《由深圳经验看我国城市交通管理体制改革》,《综合运输》2005 年第 2 期。

方新军:《权利客体的概念及层次》,《法学研究》2010 年第 2 期。

丰伟:《"中心城市交通行政管理体制改革研讨会"综述》,《学术动态》2004 年第 1 期。

付子堂、常安:《民生法治论》,《中国法学》2009 年第 6 期。

付子堂:《构建民生法治》,《法学研究》2007 年第 4 期。

高福生:《汽车时代对醉驾不能"再温柔"下去了》,《决策探索》2009 年第 9 期。

高俊杰:《论民营化后公用事业规制的公益目标》,《现代法学》2014年第 2 期。

高秦伟:《论欧盟行政法上的风险预防原则》,《比较法研究》2010年第 3 期。

高向宇:《城市交通基础设施的建设与管理》,《公路》2001 年第3 期。

龚向和:《城市交通发展与市民文化权利保护——南京"法桐让路"事件的思考》,《东南大学学报》(哲学社会科学版)2012 年第 3 期。

龚向和:《国家义务是公民权利的根本保障——国家与公民关系新视角》,《法律科学》2010 年第 4 期。

龚向和:《理想与现实:基本权利可诉性程度研究》,《法商研究》2009 年第 4 期。

龚向和:《论社会权的经济发展价值》,《中国法学》2013 年第 5 期。

顾昕:《公共财政转型与政府卫生筹资责任的回归》,《中国社会科学》2010 年第 2 期。

郭继孚、刘莹：《对中国大城市交通拥堵问题的认识》，《城市交通》2011 年第 3 期。

郭文帅、王杨堃：《深圳市综合交通管理体制改革的经验与启示》，《综合运输》2014 年第 8 期。

韩钢：《平等权的存在形态及其内涵》，《齐鲁学刊》2010 年第 2 期。

韩晓岚、费鹏：《上海市公交基础设施投融资新模式探索》，《技术经济与管理研究》2003 年第 2 期。

郝成、李静：《北京、香港、纽约城市轨道交通投融资模式对比分析》，《城市轨道交通研究》2009 年第 1 期。

郝振清：《交通运输行政处罚自由裁量基准刍议》，《生产力研究》2011 年第 4 期。

洪朝辉：《论中国城市社会权利的贫困》，《江苏社会科学》2003 年第 2 期。

候永康、黄民主：《道路交通事故社会救助基金的建立与运行之构想》，《公安研究》2005 年第 3 期。

胡改蓉：《PPP 模式中公司利益的冲突与协调》，《法学》2015 年第 11 期。

胡敏洁：《转型时期的福利权实现路径——源于宪法规范与实践的考察》，《中国法学》2008 年第 6 期。

胡子祥、吴文化：《城市交通管理机制及其发展》，《综合运输》2001 年第 7 期。

黄锴：《法律续造在行政处罚法中的适用及限制——以"黄灯案"为分析对象》，《政治与法律》2013 年第 8 期。

黄群：《德国 2020 高科技战略》，《科技政策与发展战略》2010 年第 9 期。

黄沿坡：《城市道路交通安全规划探讨》，《广东公路交通》2013 年第 5 期。

季卫东：《法律程序的意义——对中国法制建设的另一种思考》，《中国社会科学》1993 年第 1 期。

贾义猛：《大部门体制改革：从探索实行到坚定推进——以铁路和交通运输行政管理体制改革为例》，《行政管理改革》2011 年第 11 期。

姜明安:《行政规划的法制化路径》,《郑州大学学报》2006 年第 1 期。

姜明安:《论新〈行政诉讼法〉的若干制度创新》,《行政法学研究》2015 年第 4 期。

蒋贞明:《论经验法则的适用与完善》,《证据科学》2011 年第 2 期。

李川:《论危险驾驶行为入罪的客观标准》,《法学评论》2012 年第 4 期。

李川:《适格犯的特征与机能初探》,《政法论坛》2014 年第 5 期。

李公祥、尹贻林:《城市基础设施项目 PPP 模式的运作方式选择研究》,《北京理工大学学报》(社会科学版)2011 年第 1 期。

李宏伟:《民生科技的价值追求与实现途径》,《科学·经济·社会》2009 年第 3 期。

李建华:《公共政策程序正义及其价值》,《中国社会科学》2009 年第 1 期。

李理:《交通事故社会救助基金立法的若干问题》,《中国青年政治学院学报》2005 年第 3 期。

李龙:《论人性化执法》,《华中科技大学学报》(社会科学版)2004 年第 5 期。

李绍谦、汤伟文:《把行政裁量权降为零——南县国土资源局改革土地行政审批的主要做法》,《国土资源导刊》2006 年第 5 期。

李霞:《论特许经营合同的法律性质——以公私合作为背景》,《行政法学研究》2015 年第 1 期。

李昕:《全球暖化下的城市规划政策——以加州为例》,《国际城市规划》2011 年第 5 期。

李忠奎:《交通基础设施国有资产流失原因及改革方向分析》,《水运管理》2003 年第 8 期。

梁根林:《"醉驾"入刑后的定罪困扰与省思》,《法学》2013 年第 3 期。

梁慧星:《关于中国道路交通事故赔偿的法律制度》,《安徽大学学报》(哲学社会科学版)1995 年第 6 期。

梁慧星:《论制定道路交通事故赔偿法》,《法学研究》1991 年第 2 期。

廖芳：《北京交通基础设施投融资的实践与思考》，《交通科技》2016年第 4 期。

林东茂：《危险犯的法律性质》，《台大法学论丛》2004 年第 2 期。

林圣康：《广州市交通设施建设管理现状与对策分析》，《广东公安科技》2003 年第 3 期。

刘尔思：《我国城市交通设施建设投融资方式研究》，《云南财贸学院学报》2004 年第 6 期。

刘方强、周心愿：《RCP 项目融资模式解析》，《建筑经济》2008 年第 3 期。

刘风景：《立法目的条款之法理基础及表述技术》，《法商研究》2013年第 3 期。

刘健、毛其智：《影响北京城市土地与交通协调发展的因素分析》，《城市规划》2008 年第 3 期。

刘奇志、宋中英、商渝：《城市规划法下控制性详细规划的探索与实践——以武汉为例》，《城市规划》2009 年第 8 期。

刘启川：《我国交通警察权力配置：价值维度与改革框架》，《政治与法律》2016 年第 5 期。

刘莘：《公共安全与秩序行政法》，《江苏社会科学》2004 年第 6 期。

刘圣中：《决策与执行的分合限度：行政三分制分析》，《中国行政管理》2003 年第 6 期。

刘士林：《文化在大都市交通系统中的意义》，《江苏行政学院学报》2007 年第 3 期。

刘伟忠：《我国协同治理理论研究的现状与趋向》，《城市问题》2012年第 5 期。

刘艳红：《交通过失犯认定应以结果回避义务为基准》，《法学》2010年第 6 期。

刘振强：《道路交通事故安全——关系民生的重大问题》，《中国汽车界》2009 年第 1 期。

刘治彦：《大城市交通拥堵的缓解策略》，《城市问题》2014 年第 12 期。

龙宁、李建忠、何峻岭等：《关于城市交通规划编制体系的思考》，《城市交通》2007 年第 2 期。

龙宗智:《论刑事对质制度及其改革完善》,《法学》2008 年第 5 期。

龙宗智:《中国法语境中的"排除合理怀疑"》,《中外法学》2012 年第 6 期。

卢利强、卢涛、岑鑫明:《城市道路交通设施管理机制的研究》,《中国公共安全》(学术版) 2009 年第 4 期。

卢毅、李华中、彭伟:《交通发展规划向公共政策转变的趋势》,《政策论坛》2010 年第 4 期。

陆静:《深圳:优化综合交通管理体制》,《运输经理世界》2010 年第 8 期。

陆远权:《协同治理理论视角下公共危机治理探析》,《沈阳大学学报》2010 年第 5 期。

罗豪才、宋功德:《公域之治的转变——对公共治理与公法关系的一种透视》,《中国法学》2005 年第 5 期。

罗豪才、宋功德:《认真对待软法——公域软法的一般理论及其中国实践》,《中国法学》2006 年第 2 期。

骆梅英:《行政许可标准的冲突及解决》,《法学研究》2014 年第 2 期。

马驰骋:《行政规划裁量理论特性研究》,《重庆交通大学学报》(社科版) 2012 年第 1 期。

孟鸿志:《行政规划裁量与法律规制模式的选择》,《法学论坛》2009 年第 5 期。

莫纪宏:《论人权的司法救济》,《法商研究》2000 年第 5 期。

欧阳本祺:《危险驾驶行为入罪的刑事政策分析》,《法商研究》2011 年第 5 期。

欧阳英:《论权利与公共物品之间的内在关联》,《哲学研究》2004 年第 9 期。

庞松:《论交通结构调整与交通可持续发展》,《交通环保》2001 年第 10 期。

彭小兵等:《城市交通群体性事件处置机制研究》,《重庆大学学报》(社会科学版) 2014 年第 2 期。

钱大军、王哲:《法学意义上的社会弱势群体概念》,《当代法学》2004 年第 3 期。

曲新久:《危险驾驶罪的构成要件及其问题》,《河北学刊》2012 年第 1 期。

全永燊、潘昭宇:《建国 60 周年城市交通规划发展回顾与展望》,《城市交通》2009 年第 5 期。

任喜荣:《作为"新兴"权利的信访权》,《法商研究》2011 年第 4 期。

桑业明:《论交通文化的本质》,《长安大学学报》(社会科学版),2010 年第 3 期。

上官丕亮、孟凡壮:《文化权的宪法解读》,《学习与探索》2012 年第 1 期。

上官丕亮:《究竟什么是生存权》,《江苏警官学院学报》2006 年第 11 期。

沈跃东:《论程序行政行为的可诉性——以规划环境影响评价公众参与为视角》,《行政法学研究》2012 年第 3 期。

施晓玲:《鉴定人出庭质证的相关法律问题》,《中国司法鉴定》2010 年第 3 期。

石亚军、施正文:《探索推行大部制改革的几点思考》,《中国行政管理》2008 年第 2 期。

宋宗宇:《建设工程合同溯源及其特点研究》,《重庆建筑大学学报》2003 年第 5 期。

苏彩霞:《"风险社会"下抽象危险犯的扩张与限缩》,《法商研究》2011 年第 4 期。

苏涵、陈皓:《"多规合一"的本质及其编制要点探析》,《规划师论坛》2015 年第 2 期。

苏力:《法律与科技问题的法理学重构》,《中国社会科学》1999 年第 5 期。

苏苗罕:《计划裁量权的规制体系研究》,《云南大学学报》2008 年第 3 期。

孙虎成:《深化财税体制改革背景下交通基础设施投融资改革思路研究》,《交通运输部管理干部学院学报》2015 年第 2 期。

唐洪:《完善我国道路交通安全管理体制的若干思考》,《湖北警官学院学报》2012 年第 10 期。

滕宏伟：《重庆交通发展中的民生思路》，《重庆交通》2013年第1期。

田勇军：《交通行政处罚中"一事不再罚"之"一事"问题探析》，《交大法学》2016年第1期。

万鄂湘、毛俊响：《文化权利内涵刍议》，《法学杂志》2009年第8期。

汪建成、余净：《对刑法和刑事诉讼法关系的再认识》，《法学》2000年第7期。

汪进元：《论宪法的正当程序原则》，《法学研究》2001年第2期。

汪文雄等：《城市交通基础设施PPP项目产品服务价格形成机理》，《建筑管理现代化》2009年第2期。

汪玉凯：《中国行政体制改革20年的回顾与思考》，《中国行政管理》1998年第12期。

王东：《PPP主体关系中的政府：角色定位与行为机制框架》，《中国政府采购》2015年第3期。

王飞等：《公交枢纽站综合开发模式的探索——以汉市武胜路公交枢纽站改造为例》，《城市交通》2011年第6期。

王洪明：《浅析工作期间发生交通事故的权利救济》，《交通企业管理》2008年第4期。

王皇玉：《论危险犯》，《月旦法学杂志》2008年第8期。

王静霞：《新时期城市交通规划的作用与思路转变》，《城市规划学刊》2006年第4期。

王利明：《民法的人文关怀》，《中国社会科学》2011年第4期。

王琳：《交通基础设施建设投融资的SWOT分析》，《现代商业》2012年第6期。

王明礼、王艳雪：《民生科技的价值取向与实现途径》，《科学学研究》2010年第10期。

王茜、万青：《准公共物品私人参与供给下社会收益及政府政策有效性研究》，《经济科学》2009年第6期。

王青斌：《论行政规划中的私益保护》，《法律科学》2009年第3期。

王锡锌、章永乐：《专家、大众与知识的运用——行政规则制定过程的一个分析框架》，《中国社会科学》2003年第3期。

王锡锌：《专家、大众与知识的运用》，《中国社会科学》2003 年第 3 期。

王锡锌：《自由裁量权基准：技术的创新还是误用》，《法学研究》2008 年第 5 期。

王雪丽：《城市公共安全体系存在的问题及其解决方略》，《城市问题》2012 年第 7 期。

王雪松、彭建：《美国城市交通安全规划的经验和启示》，《汽车与安全》2016 年第 4 期。

魏迪：《论基本权利的国家保护义务》，《法学研究》2008 年第 3 期。

魏建新：《利益视角下的行政决策听证》，《广西社会科学》2015 年第 2 期。

魏礼群：《积极稳妥推进大部门制改革》，《求是》2011 年第 12 期。

魏连雨、康彦民：《城市交通的可持续发展》，《河北省科学院学报》2000 年第 3 期。

吴兵、董治、李林波：《城市公共交通规划中的民众参与问题研究》，《山东交通学院学报》2008 年第 3 期。

吴太成、胡启：《加快改善交通运输环境为保增长保民生保稳定服务》，《乌蒙论坛》2009 年第 3 期。

吴毅洲：《基于 TDM 的城市交通拥挤对策研究》，《交通科技》2005 年第 3 期。

吴忠民：《民生的基本涵义及其特征》，《中国党政干部论坛》2008 年第 5 期。

夏勇：《作为情节犯的醉酒驾驶——兼议"醉驾是否一律构成犯罪"之争》，《中国刑事法杂志》2011 年第 9 期。

鲜铁可：《论危险犯的分类》，《法学家》1997 年第 5 期。

肖陆军：《科学发展观与构建民生型政府》，《重庆师范大学学报》2008 年第 2 期。

肖渭明：《公共采购强制招标法律制度研究》，《行政法学研究》2003 年第 2 期。

馨元：《公民概念之演变》，《当代法学》2004 年第 4 期。

邢会强：《PPP 模式中的政府定位》，《法学》2015 年第 11 期。

熊秋红：《从保障对质权出发研究证人出庭作证》，《人民检察》2008

年第 24 期。

熊秋红：《刑事证人作证制度之反思——以对质权为中心的分析》，《中国政法大学学报》2009 年第 5 期。

徐健：《公共建设规划、开发利益与社会公正》，《法治研究》2009 年第 2 期。

徐晋：《有关机动车停车交通违法行为法律适用的思考》，《交通与运输》2008 年第 3 期。

徐生钰：《PPP 模式在南京地下基础设施中应用的案例分析》，《地下空间与工程学报》2015 年第 6 期。

徐循初：《对我国城市交通规划发展历程的管见》，《城市规划学刊》2005 年第 6 期。

许玉秀：《无用的抽象具体危险犯》，《台湾本土法学》2000 年第 8 期。

许宗力：《论行政任务的民营化》，载《当代公法新论（中）——翁岳生教授七秩诞辰祝寿论文集》，元照出版公司 2002 年版。

闫庆军、徐萍平：《基于外部性的交通拥堵成因分析与缓解策略》，《经济论坛》2005 年第 5 期。

阎焰：《北京市交通行政管理体制的变革》，《中国道路运输》2004 年第 7 期。

杨彬权：《论担保行政与担保行政法——以担保国家理论为视角》，《法治研究》2015 年第 4 期。

杨登杰：《执中行权的宪法比例原则——兼与美国多元审查基准比较》，《中外法学》2015 年第 2 期。

杨洁、过秀成：《关于城市交通规划编制法治化的若干问题思考》，《东南法学》2013 年第 5 期。

杨解君：《公共决策的效应与法律遵从度——以"汽车限购"为例的实证分析》，《行政法学研究》2013 年第 3 期。

杨向前：《民生视域下我国特大型城市交通拥堵问题研究》，《城市规划》2012 年第 1 期。

杨耀武：《我国城市交通安全风险管理的政府职责》，《哈尔滨学院学报》2009 年第 10 期。

杨永忠：《自然垄断产业普遍服务的理论基础、成因与政策》，《生产力研究》2006 年第 2 期。

　　杨志琼：《美国醉驾犯罪的法律规制、争议及启示》，《法学》2011 年第 2 期。

　　姚建宗：《新兴权利论纲》，《法制与社会发展》2010 年第 2 期。

　　叶高峰、史卫忠：《情节犯的反思及其立法完善》，《法学评论》1997 年第 2 期。

　　易延友：《眼球对眼球的权利——对质权制度比较研究》，《比较法研究》2010 年第 1 期。

　　易延友：《证人出庭与刑事被告人对质权的保障》，《中国社会科学》2010 年第 2 期。

　　殷凤军、叶茂、过秀成：《大城市新城交通规划推进机制设计》，《城市发展研究》2015 年第 10 期。

　　于志刚：《我国道路安全管理新体制研究》，《交通标准化》2006 年第 10 期。

　　余睿：《公法权利视角下的公共财产用益权探析》，《学术论坛》2015 年第 5 期。

　　余睿：《公共财产所有权的法律属性》，《江西社会科学》2015 年第 1 期。

　　余睿：《论行政公产的法律界定》，《湖北社会科学》2009 年第 10 期。

　　俞洁、杨晓光等：《基于 TOD 模式的成长型城市公共交通规划》，《交通运输工程学报》2007 年第 3 期。

　　喻贵英：《交通肇事罪中四种"逃逸"行为之认定》，《法律科学》2005 年第 1 期。

　　岳建明：《我国智能交通产业的发展及技术创新模式探讨》，《中国软科学》2012 年第 9 期。

　　张成福：《责任政府论》，《中国人民大学学报》2000 年第 2 期。

　　张菁：《构建国际化一体化的综合交通运输体系——深圳市交通运输委员会主任黄敏先生访谈录》，《综合运输》2010 年第 12 期。

　　张康之：《走向服务型政府的"大部制"改革》，《中国行政管理》2013 年第 5 期。

　　张莉娜：《浅谈解决中国城市交通拥堵问题的主要思路》，《现代企业文化》2009 年第 5 期。

张善根：《人权视野下的民生法治》，《法学论坛》2012 年第 6 期。

张天培：《关于优化交通资源配置的思考》，《综合运输》2006 年第
12 期。

张霆：《南京市交通设施市场化投融资模式研究》，《河海大学学报》
（哲学社会版）2010 年第 6 期。

张伟、于洁、刘兴坤：《日本民生科技发展战略和政策支持体系、经
验与启示》，《科学管理研究》2010 年第 4 期。

张文显：《民生呼唤良法善治——法治视野内的民生》，《中国党政干
部论坛》2010 年第 9 期。

张文艳：《浅析城市交通管理体制改革》，《交通企业管理》2011 年
第 7 期。

张翔：《基本权利的受益权功能与国家的给付义务——从基本权利分
析框架的革新开始》，《中国法学》2006 年第 1 期。

张翔：《论基本权利的防御权功能》，《法学家》2005 年第 2 期。

张欣：《关于城市交通拥堵的探讨》，《科技与企业》2013 年第
11 期。

张新兰、陈晓：《落实公共交通设施用地策略研究》，《城市规划》
2007 年第 4 期。

张雪宁：《论工程项目成本判定的难操作性》，《江苏工程造价管理》
2011 年第 3 期。

张言彩：《交通基础设施建设对社会经济的影响》，《交通科技与经
济》2006 年第 6 期。

张艳玲：《道路交通安全管理问题研究综述》，《道路交通与安全》
2008 年第 4 期。

章志远、黄娟：《公用事业特许经营市场准入法律制度研究》，《法治
研究》2011 年第 3 期。

赵刚：《加强民生科技已成为各国政府制定科技政策的新导向》，《中
国科技论坛》2008 年第 1 期。

赵明昕：《机动车第三者责任强制保险的利益衡平问题》，《现代法
学》2005 年第 4 期。

赵文芝：《建设新北京交通体系的政策与行动》，《城市交通》2006

年第 4 期。

赵信会：《英美证据评价制度的定位》，《法律科学》2010 年第 4 期。

赵紫星：《公路交通基础设施投融资现状与改进建议》，《当代经济》2012 年第 17 期。

郑春燕：《城乡规划的司法审查路径以涉及城乡规划案件的司法裁判文书为例》，《中外法学》2013 年第 4 期。

郑洁：《重庆市综合交通体系重点建设项目融资模式研究》，《重庆交通学院学报》（社会科学版）2006 年第 2 期。

郑玉颜、关敬辉：《城市轨道交通建设中面临的几个问题》，《城市轨道交通研究》2010 年第 6 期。

周汉麒、洪文胜：《加快推进武汉城市交通建设投融资体制改革》，《学习与实践》2005 年第 7 期。

周江评：《美国公共交通规划立法及其政策启示》，《城市交通》2006 年第 3 期。

周江评：《中国城市交通规划的历史、问题和对策初探》，《城市交通》2006 年第 3 期。

周伟：《论禁歧视》，《现代法学》2006 年第 5 期。

周详：《"醉驾不必一律入罪"论之思考》，《法商研究》2012 年第 1 期。

周佑勇：《论行政裁量的利益沟通方式》，《法律科学》2008 年第 3 期。

周佑勇：《特许经营权利的生成逻辑与法制边界——经由现代城市交通民营化典型案例的钩沉》，《法学评论》2015 年第 6 期。

朱芒：《论我国目前公众参与的制度空间——以城市规划听证会为对象的粗略分析》，《中国法学》2003 年第 3 期。

朱蕊、王守清：《资源补偿项目（RCP）融资模式特许权要点设计——以某湿地公园项目为例》，《建筑经济》2011 第 9 期。

四　外文论著

Boaz Sangero，Mordechai Halpert，"Why a Conviction Should Not Be Based on a Single Piece of Evidence：A Proposal for Reform"，48 *Jurimetrics Journal*，2007.

C. H. Wecht, S. A. Koehler, "Road Traffic, Determination of Fitness to Drive", *Driving Offense Encyclopedia of Forensic and Legal Medicine*, 2005 (1).

Centers for Disease Control and Prevention, Motor Vehicle Safety: a 20th Century Public Health Achievement, Morbidity and Mortality Weekly Report, 1999.

Cheng W. M. , "Some Problems and Their Solving Methods in Comprehensive Safety Evaluation", *China Safety Science Journal*, 1999, 9 (4).

Christian Armbrüster, Grenzen für Grenzwerte der Fahrsicherheit: Die Gefährdung des Straßenverkehrs durch Alkohol, Arzneimittel und Drogen, Juristische Rundschau, 1994 (5).

Connelly Brian L, Miller Toyah, Devers Cynthia E. , "Under a Cloud of Suspicion: Trust, Distrust, and Their Interactive Effect in Interorganizational Contracting", *Strategic Management Journal*, 2012, 33 (7).

Cornelius M. Murphy, "Justice Scalia and the Confrontation Clause: A Case Study in Originalist Adjudication of Individual Rights", *American Criminal Law Review*, Vol. 34, 1997.

Daniel C. Esty, "Good Governance at the Supranational Scale: Globalizing Administrative Law", 115 *Yale L. J.* 2005.

Drzewick, "The Rights to Work and Rights in Work", in A. Eide, C. Krause and A. Rosas eds. , *Economic, Social and Cultural Rights A Textbook*, 2nd Rev. Ed, The Hague Martinus Nijh off Publisher, 2001.

F. Hanpe, F. James & O. Grary, *Law of Torts*, 6.13 (2d ed. 1986).

Turner, "The Definition of Agreement Under the Sherman Act: Conscious Parallelism and Refusals to Deal", 75 *Harvard Law Review* 1962.

Game C. , "Britain's '5 Percent' Local Government Revolution: the Faltering Impact of New Labour's Modernization Agenda", *International Review of Administrative Sciences*, 2002, 68 (3).

Gomez – Lobo, Szymanski S. , "A law of large numbers: Bidding and Compulsory Competitive Tendering for Refuse Collection Contracts", *Review of Industrial Organization*, 2001, 18 (1)

Graham Finney & David A. Grossman, "Public Private Partnerships in the

Twenty First Century", in Frederick S. Lane ed. , *Current Issues in Public Administration*, Belford/St. Martin's Press, 1999.

H. Demuth, Zur Bedeutung der "konkreten Gefahr'im Rahmen der Straßenverkehrsdelikte", *Der normative Gefahrbegriff*, VOR 1973.

Hammami, Ruhashyankiko & Yehoue, *Determinants of Public Private Partnerships in Infrastructure*, IMF Woring papers, 06/99, 2006

Hansen Morten Balle, "Marketization and Economic Performance", *Public Management Review*, 2010, 12 (2).

Higgins P. , James P. , Roper I. , "Best value: Is it delivering?" *Public Money & Managent*, 2004, 24 (4).

Higgins P. , James P. , Roper I. , "The Role of Competition in Best Value: How Far Does it Differ from CCT?" *Local Government Studies*, 2005, 31 (2).

Horn, Konkrete Gefaehrdungsdelikte, Köln, 1973.

Hummel T. , Land Use Planning in Safer Transportation Network Planning, Leidschendam, Institute for Road Safety Research, 2001.

Isabelle Backouche, *La monarchie parlen entaire, 1815 – 1848*, Paris: Pygmalion, Gerard Watelet, 2000.

Ivan D. Brown and Alan K. Copeman, "Drivers' Attitudes to the Seriousness of Road Traffic Offences Considered in Relation to the Design of Sanctions", *Accident Analysis & Prevention*, 1975, (1).

J. Gregory Sidak & Daniel F. Spulber, Deregulatory Takings and the Regulatory Contract: The Competitive Transformation of Network Industries in the United States, Cambridge University Press, 1998.

J. Salwyn Schapiro, *Liberalism: Its Meaning and History*, Princeton: D. Van Nostrand Co. , 1958.

Joseph L. Sax, "The public Trust Doctrine in Natural resources Law: Effective Judicial Intervention", 68 *Mich. L. Rev.* 1970.

K. C. Davis, *Discretionary Justice, A Preliminary Inquiry*, Chicago: University of Illinois Press, 1969.

Kloot Louise, Martin John, "Public Sector Change, Organisational Culture and Financial Information: A study of Local Government", *Australian*

Journal of Public Administration, 2007, 66 (4).

Kretschmer – Bäumel, E. , "Drinking and Driving in Germany: Behavioural Patterns in Influencing Factors—a Temporal and Cross-cultural Comparison", *Alcohol*, *Drugs and Traffic Safety*. Vol. 2, 1993.

Marc A. Franklin, *Injuries and Remedies: Cases and Materials on Tort Law and Alternatives*, 2nd ed. , The Foundation Press, 1979.

Oliver P. Flied, "The Withdrawn from Service of Public Utility Companies", *The Yale Law Journal*, 1925, 35 (2).

Rune Elvik, Peter Christensen, "The Deterrent Effect of Increasing Fixed Penalties for Traffic Offences: The Norwegian Experience", Journal of Safety Research, 2007, (6) 2.

Samuecson P. A. , "The Pure Theory of public Expenditure", *Review of Economics and statistics*, 1954 November.

T. H. Marshall and T. , *BottOmore Citizenship and Social Class*, London Pluto Press, 1992.

Taylor, L. E. , *Drunk Driving*, Little Brown Company, 1981.

Tiwari G. , "Traffic Flow and Safety: Need for Newmodels in Heterogeneous Traffic", In Mohan D. , Tiwari G. , eds. , *Injury Prevention and Control*, London: Taylor & Francis, 2000.

Vgl. Christian Armbrüster, Grenzen für Grenzwerte der Fahrsicherheit — Die Gefährdung des Straßenverkehrs durch Alkohol, Arzneimittel und Drogen, Juristische Rundschau, 1994, (5).

Vgl. Hans-Joachim Rudolphi, Eckhard Horn, SK-StGB, Luchterland, 1984.

Vgl. Roxin, strafverfahrensrecht, Beck C. H. , 1995.

Wamuziri S. , Seywright A. , "Procurement of Construction Projects in Local Government", *Proceedings of The Institution of Civil Engineers – Municipal Engineer*, 2005, 158 (2).

后　记

　　本书是我作为首席专家负责承担的 2011 年国家社科基金重大项目"现代城市交通发展的制度平台与法律保障机制"的结项成果。重大项目必须基于国家重大现实需求。组织并申报这个重大项目，主要是基于多学科交叉研究求解交通困局的重大现实需求。当下，我国正处于城镇化、机动化的加快发展时期。随着我国新型城镇化建设的不断推进，交通发展与城市发展之间的深层次矛盾日渐突出，严重的交通拥堵与日趋恶化的交通环境、交通安全等问题，成为困扰着我国城市发展和城市居民生活质量的重大难题。面对越来越复杂的城市交通问题，仅靠某个单一学科显然无法深入系统地加以解决，而需要社会科学与自然科学多学科联合攻关、交叉集成的研究。然而长期以来，研究城市交通问题主要集中在自然科学技术层面的对策研究，人文社科层面的研究则基本上处于一种"集体无意识"状态。同时，由于现代城市交通问题涉及法学、交通工程、城市规划、管理学等多重学科，也必然导致一种"双向交叉研究"的需求。一方面，自然科学技术层面的研究迫切需要提升到人文社科层面，特别是交通行业的现实问题亟待从法学、法治层面加以统领；另一方面，人文社科层面的研究尤其是法学层面的研究，迫切需要深入交通领域存在的现实问题之中并从现有的自然科学研究成果中加以凝练和提升。为此，除借助传统法学学科的力量之外，必须整合交通运输规划与管理、城市规划、土木工程管理等工程科学领域的优势资源，借助人文社科与自然科学结合的力量，多学科交叉研究求解交通困局。其次，这种多学科的交叉集成，也是基于我所在的东南大学法学学科发展的整体战略谋划。东南大学是一所以工科见长、多学科协调发展的综合性、研究型大学。科学为人文奠基，人文为科学导航。2006 年法学院成立之初，我们立足于学校自身学科生态环境，在学科建设上秉承"交叉集成、特色发展"理念，通过联合学校交通、建筑、土木工程等强势学科，不断开拓法学与工程学科相交叉的跨学科研究与特色学科建设。先后经历了"城市法治—工程法治—交通法治"这样一个不断探索的过程，相继成立了"城市法治与发展研究所""工程法研究所""交通法治与发展研究中心"等特色研究机构，共同进行了多年的交叉合作研究和跨学科建设，并在交通法学研究领域取得了较为丰硕的科学研究成果。可以说，对本课题的研究，正是我们多年来进行交叉特色学科建设的结果。其意义不仅仅在于多学科交叉研究求解交通困局，更深层次的意义在于，通过多学科的深度整合以打造"跨学科研究、交叉学科建设与复合型人才培养模式"三位一体的创新平台。

　　重大项目的组织申报不易，实施研究则更难。特别是要打破学科之间的壁垒，推动学科之间的交叉融合和协同创新，谈何容易。对此，我们秉承"以问题为导向、以团队为基础、以机构为平台、以项目为纽带"的跨学科研究理念，紧紧围绕现代城市交通发展过程集中存在的"两个问题"（交通拥堵、交通安全），以科学发展的"两个理念"（以人为本、可持续发展）为指导，深入城市交通发展的"四个领域"（交通管理、交通规划、交通建设、交通安全），从法制建设的"三个层面"（理念、体制与机制）展开研究。在研究团队与平台建设方面，以"东南大学交通法治与发展研究中心"为平台，联合交通学院过秀成教授团队，进一步牵头组建了一支有突出科研能力的交叉学科研究团队，并于2012年获批"江苏省交通运输行业政策法规重点研究基地"。以重大项目为纽带和引领，团队成员先后又获批十余项交通法治研究领域的国家及省部级科研项目，并与权威媒体及行业协会共同打造"城市停车治理论坛（中国·南京）""新能源交通政策论坛"两个论坛品牌，主办了十余次交通法治高水平论坛，致力于回应和化解现代城市交通领域社会热点问题和难点问题，通过汇集民智民力进而提出改进国家城市交通治理的法治方案，发挥了重要的交通法智库作用。经过五年多的研究，本项目最终完成了包括著作《现代城市交通发展的制度平台与法律保障机制研究》与研究报告《现代城市交通法治发展报告（2011—2015）》在内的两项研究成果。前者主要围绕"现代城市交通的可持续发展与民生保障问题研究""现代城市交通规划及其法治化治理研究""现代城市交通运输管理体制及运行机制研究""现代城市交通设施建设及其投融资制度研究"及"现代城市交通安全的法律调控机制研究"五部分展开，而后者则在对研究期间城市交通法治发展进行系统总结后，分别以"总报告""专题研究""高端论坛与决策咨询"上中下三编的结构形式呈现了课题组相关研究成果。其中"总报告"，除了对现状经验的总结和梳理，以及呈现近五年来我国城市交通法治发展取得的成效之外，重点根据本课题组研究的成果对未来城市交通法治发展的趋势作出预测和展望。"专题研究"主要是聚焦公共交通治理、交通拥堵治理、交通安全之酒驾治理、网约车规制、收费通行规制、交警权力规制等问题所展开的专题研究成果。"高端论坛与决策咨询"主要为近年来课题组围绕该项目召开的重要学术会议、推进解决城市交通治理难题的法治对策建议以及依托重大项目取得的系列相关决策咨询项目。可以说，在本课题团队的共同努力及各界同仁的大力支持下，本项目业已基本完成了研究任务并顺利结项，其对于推进国内现代城市交通法治化研究的辐射效应，亦已逐步表现为规模化、专业化与精细化。

本项目的研究虽然由我作为首席专家牵头负责，但成果的取得主要应当归功于我们这支交通法研究团队。这是一支跨学科交叉合作的一流学术团队。自 2011 年以来，大家为了共同的目的，从不同学科聚在了一起，相互支撑、真诚合作，披肝沥胆、风雨同舟，建立了深厚的友谊与信任，不仅顺利地完成了重大项目这一艰巨的研究任务，而且全力为推进我国交通法治事业发展建言献策，不断发出自己的声音，在全国范围内获得了较大的影响力。尤其是本项目子课题负责人、交通学院的过秀成教授不计个人得失、无怨无悔、全身心投入到交通法治这个全新的跨学科研究领域，并发挥了核心的领军作用。回想当初他在百忙之中陪同我一起去北京参加本课题的申报答辩，义无反顾地率领他的部分团队成员加入到本项目的研究，一路走来，无不历历在目，令人感激。本项目的子课题负责人还有法学院的孟鸿志、龚向和、刘艳红和顾大松，他们对于各自所负责的子课题亦是兢兢业业，付出了大量艰辛的劳动。顾大松同时还是课题组总协调人，全程参与了课题的前期申报论证、答辩、开题、中检及整个研究过程的组织协调工作，主持了几乎所有的相关论坛、学术会议及决策咨询建议，极大地推进了系列相关成果的产出和本项目的顺利结项。课题组成员熊樟林、刘启川协助完成了整个书稿的修改、校对等工作，刘启川还承担了《现代城市交通法治发展报告（2011—2015）》的汇辑、整理工作。李煜兴、高歌、杨洁等课题组的其他主要成员及参与研究人员，都为本项研究的顺利完成作出了积极的努力。非常庆幸有这么一支团结奋进的团队，感谢各位的精诚合作及为课题所付出的汗水和心血。

本项目的研究还得到了来自其他各个方面太多的支持和帮助。特别需要提及的是 2012 年 3 月 25 日本项目在南京举行开题论证会，专程前来出席会议的领导和专家有交通运输部政法司副司长柯林春，江苏省交通运输厅副厅长汪祝君、总工程师金凌、运输管理局局长汪学君，上海交通大学法学院叶必丰教授，郑州大学法学院沈开举教授，北京行政学院金国坤教授，南京交通台"智勇在线"主持人智勇，东南大学建筑设计院总规划师段进等。各位专家在充分肯定课题的"重大性、交叉性、现实性"的同时，从各自学科及城市交通实践的角度，对课题研究提出了许多有益的建议。柯林春司长、汪祝君副厅长还特别表示将全力以赴、大力支持课题研究工作，以本项目为契机建设重点研究基地，全面加强与课题组之间的战略性合作，以期获得更具有针对性和重大实际应用价值的研究成果，切实服务于政府在交通法治领域的科学立法与决策。各位领导和专家在开题论证会上所提出的宝贵建议及后续的大力支持，有力地指导和促进了本项目的顺利实施，在此必须表示由衷的敬意和感谢。

本项目虽已结项，但交通法治的研究仍在路上，任重而道远。期待着东南大学交通法研究团队以此为新的起点，再接再厉，跨学科交叉融合、跨行业集成创新、跨地域协同攻关，争取更多更好的成果，为共同推进中国的交通法治与发展作出更大的贡献。

本书研究与写作的分工如下：

引言、后记　周佑勇

第一编负责人　龚向和

第一章　唐济宇

第二章　龚向和、周忠学

第三章　唐济宇

第四章　胡朝阳

第五章　周忠学

第二编负责人　孟鸿志

第一章　过秀成、杨洁

第二章　孟鸿志、陈道英、孟星宇

第三章　孟鸿志、张彧、刘彬

第四章　孟鸿志、王传国

第三编负责人　顾大松

第一章　顾大松

第二章　刘春

第三章　顾大松、吴伟强

第四编负责人　过秀成

第一章　余睿

第二章　张马林

第三章　张彧、过秀成

第四章　翟冬、周佑勇

第五编负责人　刘艳红

第一章　刘启川、周佑勇

第二章　李煜兴

第三章　刘艳红、李川

第四章　高歌

附　刘启川

周佑勇

2017 年 3 月 9 日

于南京·东南大学